脱贫攻坚口述史丛书

脱贫攻坚口述史

北京卷

主　编　李　良
副主编　张恒彬
　　　　赵振业
执行主编　李树泉

中共党史出版社

图书在版编目（CIP）数据

脱贫攻坚口述史．北京卷 / 李良主编；张恒彬，赵振业副主编；李树泉执行主编．-- 北京：中共党史出版社，2023.12

ISBN 978-7-5098-6254-4

Ⅰ．①脱… Ⅱ．①李… ②张… ③赵… ④李… Ⅲ．①扶贫－工作概况－北京 Ⅳ．①F126

中国版本图书馆 CIP 数据核字（2022）第 251939 号

书　　名：脱贫攻坚口述史（北京卷）
作　　者：李良（主编） 张恒彬　赵振业（副主编） 李树泉（执行主编）

出版发行：中共党史出版社
协调编辑：王媛
责任编辑：王媛
责任校对：申宁
责任印制：段文超
社　　址：北京市海淀区芙蓉里南街 6 号院 1 号楼　邮编：100080
网　　址：www.dscbs.com
经　　销：新华书店
印　　刷：北京中科印刷有限公司
开　　本：710mm × 1000mm　1/16
字　　数：606 千字
印　　张：40.25
版　　次：2023 年 12 月第 1 版
印　　次：2023 年 12 月第 1 次印刷
书　　号：ISBN 978-7-5098-6254-4
定　　价：96.00 元

此书如有印装质量问题，请联系中共党史出版社读者服务部　电话：010-83072535

目　录

概　述

2021 年 2 月 25 日，全国脱贫攻坚总结表彰大会在北京隆重举行。习近平总书记在大会上发表重要讲话，庄严宣告我国脱贫攻坚战取得全面胜利，充分肯定了脱贫攻坚取得的伟大成绩，全面总结了脱贫攻坚的光辉历程和宝贵经验，深刻阐述了脱贫攻坚伟大斗争锻造形成的脱贫攻坚精神，对巩固拓展脱贫攻坚成果、走中国特色社会主义乡村振兴道路、促进全体人民共同富裕提出了明确要求，为我们在新发展阶段继续前进指明了方向，注入了强大精神动力。

开展扶贫协作以来，特别是党的十八大以来，北京市委市政府团结带领全市人民，坚持以习近平总书记关于扶贫工作的重要论述为根本遵循，坚决落实党中央各项决策部署，把扶贫协作作为光荣的政治任务、义不容辞的分内之事，用心用情用力推进各项工作，全市先后选派干部人才 7795 人次，实施项目 7800 多个，全力助推河北、内蒙古、新疆、西藏、青海五省区 73 个县级贫困地区如期摘帽，200.6 万贫困人口全部脱贫，圆满完成了党中央交给北京的扶贫协作任务。在近两年国家扶贫支援工作考核中，北京考核成绩均位居全国前列。在全国脱贫攻坚总结表彰大会上，北京市有 25 名个人和 20 个集体受到党中央、国务院表彰。

回顾多年推进扶贫协作走过的历程，北京作为援助方，全市上下坚持首善标准，注重“输血”与“造血”相结合，广泛凝聚各方力量，不断加大帮扶力度，增强受援地区自我发展能力，打造出一批北京特色扶贫品牌，推动形成了专项扶贫、行业扶贫、社会扶贫互为补充的大扶贫格局，帮助受援地区解决了区域性整体贫困问题，改善了群众的生产生活条件，提升了当地公共服务水平，增强了基层治理能力，增进了民族交流交往交融，给受援地区经济社会发展带来巨大变化，为受援地区乡村振兴打下坚实基础。面对艰巨的脱贫攻坚任务，受援地区广大贫困群众不等不靠，用双手创造美好生活，靠奋斗实现脱贫奇迹，彰显出自强不息、艰苦奋斗的精神风貌。扶贫协作也促进了北京市创新链、产业链、供应链的延伸，锤炼了一支能打硬仗、能打胜仗的扶贫协作干部人才队伍，极大地激发了全市广大党员干部的担当奉献精神。

一、落实国家扶贫开发战略，积极开展对口支援

针对东西部地区发展不平衡、经济水平差异较大的实际情况，北京市树牢大局意识，全面开展对口支援工作，聚焦对重大工程实施地、边疆民族地区、深度贫困地区的支援，作出应有贡献。

对口支援湖北巴东。按照中央关于对口支援三峡库区移民工作的决策，北京市自 1992 年起对口支援湖北省巴东县。长期心系库区，情结巴东，开展大力支援。党的十八大以来，特别是“十三五”期间，聚焦库区移民小区帮扶、特色产业发展、基本公共服务等脱贫攻坚重点领域，助力巴东精准脱贫，与全国同步建成小康社会。围绕移民小区综合帮扶，加强基础设施建设。支持建设“神农小区北京园”、移民小区综合市场、巴东体育场，改造升级移民小区市政道路黑色化及配套设施。扶持特色产业，增强发展潜能。援建野三关京援扶贫硒食品产业园，支持旅游业和茶叶、中药材等特色农业发展，在北京消费扶贫双创中心设立巴东馆，开展特色产品进京展销活动。通过发展特色产业，巴东县走出一条绿色发展、循环发展、低碳发展和城乡一体化特色路子。围绕“两不愁三保障”，实施安全饮水、教育医疗条件改善等民生帮扶。北京市累计援助资金 9.2 亿元，实施项目 253 个，为促进巴东县经济社会发展作出积极贡献。2020 年，巴东县 18 余万名建档立卡贫困人口脱贫，贫困发生率从 39.09% 降至 0.34%。

对口支援西藏拉萨市。按照中央“对口援藏、分片负责、定期轮

换”决策部署，1995年起，北京市把对口支援西藏拉萨市作为光荣使命，结合当地实际，全方位开展对口支援工作。2011年率先在拉萨市设立援藏指挥部，形成前后方统筹联动工作机制。党的十八大以来，北京落实精准扶贫方略，积极创新援藏模式，不断加大援藏力度。加大医疗、教育帮扶力度。以拉萨市人民医院创建成三级甲等医院为标志，助力当地实现卫生扶贫攻坚目标。援建拉萨北京实验中学，从全市优质学校抽调优秀教师，援助拉萨市学校，通过智力脱贫实现生活脱贫。着力开展产业扶贫。打造拉萨市净土健康产业、高原畜牧业、农业观光产业等一批项目，产生较好产业带动效益和扶贫效益。重视智力帮扶。培训各类干部人才和农牧民，挂职锻炼、跟岗培训的医生、教师等专业人才，为当地留下一支带不走的人才队伍。对口援藏以来，投入市级援藏资金近50亿元，建设项目500多个，有效推动了拉萨市经济社会全面发展。

对口支援新疆和田地区、兵团第十四师。和田地区是国家级集中连片深度贫困地区。1997年2月，第一批北京援疆干部抵达和田。北京市坚持促进民族团结融合的主线，动员首都各界广泛参与，开展两地交流交往，着力打造“京和一家亲”工程。2010年，北京市启动新一轮援疆，对口支援和田地区和田市、和田县、墨玉县和洛浦县，以及新疆生产建设兵团第十四师5个贫困团场。紧紧围绕社会稳定和长治久安总目标，高效推动援疆工作。坚持因地制宜，发展产业促进就业。加大教育援疆资金投入，新建、改扩建中小学、幼儿园，推进“组团式”教育援疆，完善医疗基础设施建设，持续改善城乡居民生活条件。拓宽消费扶贫渠道，和田大枣、核桃等优质产品走入首都千家万户。仅“十三五”期间，北京市就投入援疆资金105.9亿元，实施571个援助项目，助力脱贫攻坚。截至2020年11月，和田地区4个贫困县（市）及十四师5个贫困团场陆续摘帽，绝对贫困问题得到历史性解决。

对口支援青海玉树“一市五县”。玉树藏族自治州是青海省最贫困的地区之一。2010年，中央确定北京支援玉树仅数月，突如其来的大地震给玉树社会经济发展带来巨大创伤。北京市专门成立青海玉树指挥部，第一时间组织力量投入灾后重建，拉开对口支援玉树的序幕。2013年完成灾后重建任务后，继续聚焦精准扶贫，注重输血和造血相结合，重点从民生、医疗、教育、产业扶贫等多个领域帮助玉树决胜脱贫攻坚，实现跨越式发展。实施精准扶贫民生工程，开展“组团式”医疗帮扶，成功创建玉树州首个三级综合医院。实施教育扶贫，开发特色产业，注重智力支援，增强玉树发展的内生动力。对口援青以来，北京市累计投入对口支援资金26.6亿元，实施各类援建项目319个，助力超19万贫困人口脱贫。经过长达10年持续发力，2020年4月，玉树市及称多、囊谦、杂多、治多、曲麻莱“一市五县”退出国家贫困县序列。

二、优化升级东西部扶贫协作，促进京津冀协同发展

北京市在1996年启动京蒙对口帮扶基础上，根据中央关于进一步加强东西部扶贫协作的部署，自2016年起陆续对口帮扶内蒙古自治区赤峰、乌兰察布、通辽、兴安盟的31个贫困县（旗），并以京津冀协同发展为契机，对口帮扶河北省张家口、承德、保定三地23个贫困县（区）。

助力内蒙古贫困旗县脱贫。2018年，全面深化京蒙扶贫协作三年行动启动，北京市推动内蒙古贫困旗县决胜脱贫攻坚。加大重点产业项目支持，鼓励支持北京企业到内蒙古投资，北京成为内蒙古第一大投资来源地。乌兰察布市马铃薯加工和村级光伏电站建设项目，兴安盟突泉县肉牛和奶牛产业等一批精品工程建成投产，成为当地支柱产业。发挥市场优势，为农畜产品销往北京打开绿色渠道。促成新发地批发市场与当地农民专业合作社签订长期采购合同；积极推动优质特色农畜产品“七进”消费活动；打造赤峰市“赤诚农品”平台，与京企开展长期供销合作；推动知名电商平台实现自治区贫困旗县全覆盖，年度线上销售额达数亿元。定向实施就业扶贫，向自治区贫困旗县全面开放劳动力市场，提供跟踪式就业服务；定期举办专场招聘会、建设扶贫车间、开发公益性岗位，满足贫困群众就业需求；多批次举办各类培训班，帮助6万多名贫困人口实现就业。深入开展教育医疗卫生合作。组织首师大等高校与各盟市建立战略合作关系；组织16区中小学校与贫困旗县学校建立对口帮扶关系；推动全市数字学校同步优质课程资源共享。选派医疗扶贫专家团队对自治区因病致贫人口实施医疗救助；建立区、县、乡三级远程医疗网络，搭建远程会诊和教学平台，提供会诊、教学、培训等多

种医疗服务。北京市累计投入援助资金45.96亿元，实施扶贫协作项目2000余个，超过30万人次贫困人口受益。截至2020年3月，北京市对口帮扶的内蒙古贫困旗县全部符合退出条件，圆满完成帮扶任务。

探索京张扶贫协作特色路子。京张扶贫以生态帮扶为重点，产业、民生、消费帮扶齐头并进，开创出一条独具特色的京张扶贫协作路子。实践探索特色生态扶贫模式，在改善区域生态环境的同时，切实推动当地群众就业增收。聚力产业扶贫，累计投入帮扶资金14.26亿元，引进企业182家，共建产业园区16个，援建扶贫车间95个。共建共享资源，解决“两不愁三保障”突出问题，全市多所学校与当地多所学校建立长期合作关系，逐步缩小城乡教育水平落差；全市多所医院与当地乡镇卫生院结对帮扶，实现疑难病症远程会诊，提升基层诊疗能力；建立“流动村卫生室”，帮助解决贫困群众看病难问题。京张开展扶贫协作以来，北京市累计投入财政援助资金25.86亿元，组织实施协作项目998个，55.15万贫困人口受益。截至2020年2月，对口帮扶的13个县（区）全部摘帽，扶贫协作取得丰硕成果。

助力承德脱贫攻坚圆满收官。2016年起，北京市承担对口帮扶承德市滦平县、丰宁县的任务。基于当地优良的生态环境，致力于打造首都优质农产品供应首选之地。着力培育绿色农业产业，打造“承德山水”区域公共品牌，涵盖九大特色扶贫产业，认定扶贫产品数百个；培育农业产业化龙头企业和农村合作社，实现对贫困户全覆盖。加强就业扶贫，设立阿里脱贫基金——淘宝大学培训基地，开展电商业务培训；构建覆盖县乡村三级的公共就业服务平台，帮助近万名贫困劳动力实现就业；培育认定一批扶贫工厂、扶贫车间，促进就近就地就业。着力补齐民生短板，组织对口帮扶地区中小学校长、骨干教师定期赴京进修，组织“手拉手”老校长下乡活动，提升当地办学水平；北京朝阳医院等市属医院与当地医院建立对口合作关系，带动整体医疗服务水平。共建生态文明先行示范区，开发跨区域旅游新线路，打造京北第一草原旅游扶贫片区。京承开展扶贫协作以来，北京市累计投入财政帮扶资金超4亿元，实施对口帮扶项目100多个，直接带动贫困人口1.9万人脱贫。滦平县、丰宁县分别于2019年5月和2020年3月退出贫困县序列，京承扶贫完美收官。

京保携手打赢脱贫攻坚战。2016年，北京市对口帮扶保定市6个贫困县，2018年又新增2个贫困县，实现与保定8个贫困县全部结对帮扶。开展京保教育扶贫协作，新建、改扩建学校，实施校际协作促进计划；分门别类开展培训，覆盖当地全部教育人才；安置建档立卡贫困家庭学生就业，对贫困学生全面提供免费体检和大病救治。深入开展产业协作，实施产业脱贫项目700多个，京车产业园、中关村保定创新中心、涞源县玖兴养鸡项目、阜平县硒鸽健康产业园等优质产业相继落地。拓展消费扶贫，认定扶贫产品1000多个。投资实施龙门天关、百里峡、南峪休闲康养等一批旅游项目，带动近6000人脱贫。经过北京市系统帮扶，保定贫困县不仅实现脱贫目标，还在落实京津冀协同发展战略中加快了发展步伐。截至2020年2月，8个贫困县陆续摘帽，京保扶贫交出首善答卷。

三、强化责任担当，完成南水北调水源区对口协作任务

自2014年北京市与河南、湖北两省水源区开展对口协作工作以来，北京市累计安排协作资金35亿元（河南、湖北各17.5亿元），实施协作项目995项，重点在水质保护、精准扶贫、产业转型、民生事业、交流合作等领域支持水源区经济社会发展，助力水源区贫困县脱贫摘帽，圆满完成中央交办的政治任务。

重点实施入库河流及支流污染治理及生态修复工程、环库生态隔离带建设等重大工程，组织北排集团、首创集团等优势企业参与水质保护，一批污水垃圾处理领先技术用于支持水源区绿色发展。推动特色产业发展，鼓励引导北京多家大型国有企业以“组团式”投资运营方式探索产业发展和扶贫协作新模式，打造京豫协作示范工程——淅川渠首北京小镇项目，支持建设淅川软籽石榴、内乡贡菊、丹江柑橘、竹溪茶叶等一批农林产业化基地，带动水源区数万名贫困群众脱贫致富。积极开展消费扶贫，500多个特色优质农产品借助北京消费扶贫产业双创中心进入北京市场。着力解决教育、医疗等民生领域突出短板，推动京豫、京鄂等教育、医疗合作。市属高校分别与水源区13所高校建立结对合作关系；40家医院结对合作，开展医疗专家赴水源区义诊，直接惠及

群众数千人。

回顾多年扶贫协作伟大实践，我们深深体会到，助力受援地区全面打赢脱贫攻坚战：

——最根本的在于有以习近平同志为核心的党中央坚强领导。习近平总书记对脱贫攻坚作出了一系列新决策新部署，科学回答了脱贫攻坚一系列重大理论和实践问题，并率先垂范、身体力行，到扶贫一线深入调研，走遍集中连片特困地区，让我们深刻感受到上下齐心攻坚克难的决心和力量，为我们注入了不竭动力。

——得益于协同高效的体制机制保障。成立市扶贫协作领导小组加强统筹，坚持各级书记一起抓，市区每年到受援地区对接，狠抓作风建设，确保廉洁扶贫，让鲜红的党旗始终在扶贫协作战场上高高飘扬。实践证明，党的领导和我国社会主义制度是我们聚力攻坚克难、确保扶贫协作顺利开展的根本保证。

——得益于认真贯彻精准扶贫方略，激发了贫困地区群众自立自强、艰苦奋斗。瞄准建档立卡贫困人口，围绕“两不愁三保障”目标标准，因人因户因村分类施策，推动资金项目人才向深度贫困地区聚焦、向基层倾斜，确保扶到点上、扶到根上。实践证明，精准扶贫是助力受援地区全面打赢脱贫攻坚战的制胜法宝。

——得益于全市上下团结协作、真抓实干，社会各界广泛参与、积极行动。扶贫支援部门大力协调推动各项工作，市级各相关部门各负其责，各区紧盯结对贫困地区所急所需，前方团队与受援群众并肩作战，社会各界以各种形式踊跃参与扶贫协作，真心实意助力脱贫攻坚。

——得益于广大扶贫支援干部人才的无私奉献。他们牢记重托、执着奉献，将责任书写在贫困地区的田间地头，铭刻在受援地区人民心间；舍小家、为大家，同贫困群众想在一起、过在一起、干在一起，坚定履行党对人民的承诺，生动彰显了脱贫攻坚精神。一个个感人的事迹、一曲曲动人的乐章，汇聚成了助力脱贫攻坚的强大精神力量。

脱贫摘帽不是终点，而是新生活、新奋斗的起点，巩固拓展脱贫攻坚成果、推进乡村振兴仍然任重道远。脱贫攻坚目标任务完成后，北京市下一阶段东西部协作的重点是内蒙古，对口支援的重点是新疆、西藏、青海，对河北的帮扶纳入京津冀协同发展任务。我们要更加紧密地团结在以习近平同志为核心的党中央周围，立足新发展阶段、贯彻新发展理念、融入新发展格局，不断开创北京市东西部协作和对口支援工作新局面，为率先基本实现社会主义现代化作出应有贡献！

扶贫之所在　我心之所向

马新明

摆脱贫困，是中国人民千百年来孜孜以求的梦想。2021 年 2 月 25 日，习近平总书记在全国脱贫攻坚总结表彰大会上庄严宣告，经过全党全国各族人民共同努力，我国脱贫攻坚战取得了全面胜利！我们完成了消除绝对贫困的艰巨任务，创造了又一个彪炳史册的人间奇迹！作为脱贫攻坚伟大历程的亲历者、参与者、推动者和见证者，千百年来的梦想在我们这代人身上实现，我感到无比光荣！自 2010 年赴西藏拉萨担任北京市第六批援藏干部副领队，到 2020 年底从北京市扶贫支援办党组书记、主任一职离任，这十年中，脱贫攻坚成为我国全面建成小康社会的标志，也是我的人生主题词。

为贫困地区做点实事，报效祖国，一直是我的梦想

我出生在云南省丽江市宁蒗彝族自治县战河乡子差拉村马家窝子自然村，那里海拔 2600 多米，属于深度贫困村。饥饿与渴望求知陪伴了我的童年。读小学时，因为极度贫穷，父母身体又不好，不能下地干

活，我只好辍学，承担起家里所有的农活。“千里彝区无乞丐”，家乡的父老乡亲听说我为上学而绝食，省下买盐的钱支持我上学，还包下了我家的农活。1991 年我以丽江市文科状元的成绩考上中国政法大学，获得首批“希望工程”的资助，得以顺利完成学业，并进入北京市级部门工作。

可以说，没有党的培养，没有爱心人士的帮助，就没有我的今天。因为这种特殊的经历，我从内心对党充满了感激，对社会充满了感恩。为贫困地区做点实事，报效祖国，一直是我的梦想。

2010 年 4 月的一天，在向北京市委宣传部领导汇报工作时得知，组织上希望去援藏的那位同志有困难去不了，我主动请缨去援藏。作出这个决定，一方面考虑我身体能够适应，吃苦耐劳是我的本色，加上适应民族风俗习惯等方面我有优势；另一方面我一直笃信，党和人民的需要，就是我努力的方向。我到西藏艰苦地方工作，能够锻炼自己的品质和意志，能够为当地群众多做些有意义的事，丰富人生阅历，体现人生价值。

得知我报名援藏的消息后，很多亲朋好友都劝我“三思而后行”。我对他们说：“我来自深度贫困地区，又是少数民族干部，如果没有国家多年的培养，我可能现在还在穷山沟里放牛牧马。我要知恩图报，反哺社会。在我看来，援藏就是一个很好的报答机会，能够为贫困地区、少数民族做一些实实在在的事情。”

援藏六年，是我一生中最难忘的时光

2010 年 7 月，我踏上援藏征程，一干就是 6 年。这 6 年是我一生中最难忘的时光，我参与了拉萨的很多重大建设，包括完成拉萨“六城同创”、公共交通体系改革，连续组织四届雪顿节，建成拉萨文体中心、德吉罗布儿童乐园、拉萨北京实验中学，实现拉萨广播电视台增频上星，积极推介北京 50 多家企业在拉萨投资……这些既凝聚着我的努力付出，也承载着美好的回忆。

组织举办雪顿节，让我深感藏文化的博大精深。我到拉萨第二天，就由我主抓拉萨最大的节庆活动——雪顿节，每年雪顿节历时一周，有展佛、藏戏演出、赛马等 20 多项活动，参与人数达百万。我连续负责组织四届雪顿节，这期间雪顿节被评为全国最知名的节庆之一，既弘扬了民族文化，也锻炼了自己的能力。

牵头拉萨公交改制，让我深切体会西藏日新月异的变化。在此之前，拉萨市民出行主要靠招手停车上车的小公共，与国际旅游城市很不协调。2010 年，在拉萨市委市政府的坚强领导下，我和同事们用不到两个月时间，578 辆小公共顺利退市，同时完成新公交的购置、司乘人员招募培训、线路规划建设、新公司运营等工作，开启了拉萨市公共交通发展的崭新时代。

最难忘的是处置甲玛沟山体滑坡事件，至今历历在目。2013 年 3 月 25 日，拉萨甲玛矿区因山体自然滑坡造成 83 人遇难。灾情就是命令，在 5000 米的高原上，救援、善后处理、媒体管理……一系列工作有序展开。我主要负责媒体报道和舆情管理，连续 60 个小时没有合眼。最终，一周内妥善解决了所有善后事宜，没有任何的负面炒作，有的遇难者家属送来感谢信和锦旗。这件事让我受益良多，只要用心用情用力投入，就会得到人民群众的理解和支持。

在少数民族地区，尤其是西藏，社会管理是项艰巨任务。怎样做好工作？我的体会，一要勇于担当、敢于负责，不推诿、不退缩、不敷衍。二要充分调研，摸清情况，吃透中央的民族、宗教政策，硬性任务柔性操作。三要心里装着群众。把群众利益放在首位考虑，才能得到群众的理解与支持。四要做好宣传教育工作。一对一、挨家挨户进行交流，沟通思想，实行信息先行发布制度，确保正确信息引领舆论。五要依法处理，用法律的尺子来考量各项工作，做到公平与正义。

援藏期间，我从来没有把自己当援藏干部、镀金的看客，而是真情实意地融入。我常对大家说："我自己天生骨子里就是农民，和农牧民群众在一起，就如同和自己的亲人在一起，心里头踏实！"

为完成《文成公主》公演任务，一个多月没回家

《文成公主》是我援藏岁月刻骨铭心的纪念，我的电脑里至今还保存着为此修改过的 300 多份文件。

西藏文化资源丰富深厚，是世界文化遗产中的一颗明珠。2012 年 5 月，自治区主要领导提出，拉萨作为国际旅游城市，要打造一台高水平的旅游演出节目，争取 10 月初在国家大剧院首演。这项任务，要求很高，难度很大，时间又很短，几乎不可能完成。我接到任务后，思考再三，最终和团队选定以家喻户晓的文成公主的故事作为演出主题。短短 4 个多月的时间里，从确定选题、组织创作、组建公司、寻找融资、招募演员、场馆建设，我和团队马不停蹄、夜以继日、齐心协力。首演前夕，我与演员和工作人员同吃同住，一个多月没有回家。2012 年 10 月初，大型史诗音乐剧《文成公主》在国家大剧院成功首演，充分展示了汉藏民族亲如一家和友好往来，精彩的演出广受赞誉。梅帅元导演感慨："拉萨是个创造奇迹的地方。"

7 年多来，《文成公主》实景版演出已突破 1000 场，接待观众 200 余万人次，累计收入超过 8 亿元。《文成公主》已经成为拉萨亮丽的文化名片，看过的人无不交口称赞。同时，该剧成为西藏文旅产业扶贫的典范，每年为群众增加收入 5000 余万元。剧中 800 多名演职人员，95% 以上为当地藏族群众。很多群众白天是农牧民，晚上是演职人员，连各家各户的牦牛、马、羊、藏獒，都成了舞台上的"明星"。当地人不仅实现了自身发展，整个村子也实现了全面脱贫。

《文成公主》剧中有这样一句歌词："天下没有远方，人间都是故乡，有爱就是天堂。"这就是我的心声。

二十多年来第一对援藏夫妻

我爱人孙伶伶是我的中国政法大学校友，报名援藏那年，她在中国社科院日本研究所工作。我将自己的决定告诉她之后没过几天，她告诉我，中国社会科学院也有援藏任务，西藏社会科学院需要一名援藏干部担任《西藏研究》英文版编辑，她已经报了名。我至今还记得她当时说的话："到西藏同甘共苦、建功立业。"于是，我们俩一起去援藏。

在拉萨，我们住在北京援藏公寓，家里经常有援藏干部、拉萨同事、结对的藏族"亲戚"做客，不管多晚，开门的人都是跑前跑后协助我工作的孙伶伶。在西藏工作除了辛苦与挑战，几乎任何人都绕不过身体的困扰。我患了痛风，用断过一根用于登山的铝合金拐杖，拄过双拐，坐过轮椅；孙伶伶患了溃疡性结肠炎，头发大把大把地掉，她就把长发剪成了短发。

2013 年，三年援藏届满时，实景剧《文成公主》正如火如荼地排演。那段时间，我的痛风很严重，膝盖如同碗口般粗肿、红胀而光亮，孙伶伶曾流着眼泪劝我回北京。我说，我一定要看到《文成公主》公演。后来，在组织的支持下，我们俩决定再干一届，继续为西藏发展献力。

我和爱人是 1994 年中央确定对口援藏 20 多年以来，第一对援藏夫妻，而且是连续两届 6 年援藏。虽然付出很多，但收获更多。我们做了自己该做的事，却得到了很多荣誉和褒奖，我们被树立为"援藏干部楷模"，《人民日报》首次用整版进行报道宣传，中央电视台新闻联播、焦点访谈等全国媒体也作了大量报道。

带头扛起光荣使命和责任，书写助力脱贫攻坚的首善答卷

2016 年 9 月，我调回北京，在短暂担任西城区委副书记 10 个月后，2017 年 7 月组织上任命我为北京市对口支援和经济合作工作领导小组办公室（2018 年更名为北京市扶贫协作和支援合作工作领导小组办公室）党组书记、主任，肩负起首都扶贫支援工作的重任。

习近平总书记说："东西部扶贫协作和对口支援，是推动区域协调发展、协同发展、共同发展的大战略，是加强区域合作、优化产业布局、拓展对内对外开放新空间的大布局，是实现先富帮后富、最终实现共同富裕目标的大举措。"北京市自身没有国家标准下的贫困人口，主要承担中央交给的东西部扶贫协作和支援合作任务，涵盖内蒙古、河北、西藏、新疆、青海等 7 个省区和新疆生产建设兵团的 90 个旗县。作为首都，北京始终将扶贫支援作为必须完成的政治任务、义不容辞的责任和分内之事，用心用情用力全方位助推帮扶地区脱贫攻坚，全力推动习近平总书记关于扶贫工作的重要论述落地生根、开花结果，形成了生动实践。我把北京的扶贫支援工作提炼概括为"五首模式"。

一是坚持首要意识，强化顶层设计推动。时刻牢记"看北京首先从政治上看"的要求，市委书记蔡奇、市长陈吉宁亲自挂帅，成立市委、人大、政府、政协 6 名市级领导担任副组长，55 家成员单位、10 个专项小组及前方指挥部和挂职干部团队组成的市扶贫支援工作领导小组，形成统筹有力、上下联动、前后互动的扶贫支援工作体系。每年召开市委常委会、市领导小组会等重要会议，研究部署扶贫支援工作。蔡奇、陈吉宁等"四套班子"主要领导每年亲自率团到受援省区进行对接，研究推进重点任务。健全的组织、政策、投入、监督等八大工作体系，制定实施的《北京市扶贫协作和支援合作工作领导小组工作规则》等 40 余项政策和制度，为扶贫支援工作提供有力制度保障。

二是坚持首善标准，持续加大精准帮扶。北京在全国率先大幅提升县均帮扶资金，起到示范引领作用。党的十八大以来，累计安排帮扶资金 370 多亿元，80% 以上资金用于精准扶贫。安排扶贫支援项目 7822 个，与受援地区建立项目协同推进机制，推动项目早开工、早完工、早见效。选派干部人才 7795 人次到受援地区开展扶贫协作，实现结对帮扶贫困县挂职干部人才全覆盖。构建“4+1”培训体系，培训各类干部人才 39 万人次，增强了脱贫攻坚内生动力。

三是坚持发挥首都优势，构建大扶贫格局。深入开展携手奔小康行动，与受援地区 660 个贫困乡镇、1373 个贫困村结对。广泛动员社会力量参与，动员 1500 余家企业参与产业扶贫，1.3 万家社会组织和 35 万余名爱心人士参与精准帮扶。深入开展“万企帮万村”行动，近千家企业参与，受帮扶贫困村达到 1023 个。加大正面宣传力度，在全社会营造了良好舆论氛围。

四是发扬首创精神，形成北京特色扶贫模式。深化“组团式”教育扶贫，有效提高了受援地区教育水平，受援地区领导称北京的教育扶贫“稳定了干部的心”。持续开展“组团式”健康扶贫，帮助提升受援地医疗水平的同时，实现了贫困群众“在家门口能看得上病、看得好病”。强化扶智扶志，组织“专家行”“院士行”活动，打造一支带不走的扶贫干部人才队伍。率先开展消费扶贫行动，销售受援地区特色产品 538 亿元，有效带动贫困群众增收脱贫。

五是争创首位效益，持续走在全国前列。京冀、京蒙东西部扶贫协作 2018—2020 年连续三年在全国脱贫攻坚成效综合考核中走在全国前列。对口支援西藏、青海、新疆工作持续位居全国首位。2020 年 11 月 14 日，随着北京对口支援的新疆墨玉、洛浦两县宣布脱贫摘帽，北京扶贫支援地区纳入中央考核的 73 个县级地区全部脱贫摘帽，200.6 万建档立卡贫困人口脱贫。北京的帮扶给受援地区经济社会发展带来巨大变化，当地干部群众称赞北京真情实意、真金白银、真抓实干、真帮实扶、真功实效。

一次我在拉萨市街头打车，开车的司机是藏族人，很健谈。他问我是从哪里来的，我说是从北京来的，他马上热情地说：北京太好了，我们的首都！党中央让你们支援拉萨，让我们过上了好日子，感恩党中央，感恩习主席，感谢北京！在青海玉树的大山上镶嵌着“感恩祖国，感谢北京”的大字，这是藏族老百姓对祖国的真情感恩、对北京的无限感激。

有两件事令我终生难忘，一是高考，为了备考，白天做不出来的数理化题，晚上做梦都在解题。二是做扶贫支援工作，很像备战高考，经常会梦到扶贫，在攻克着每一道扶贫难题，可以说是想扶贫、干扶贫、梦扶贫。北京市扶贫支援办的一项重要任务是深入一线调研推动工作，我也因此养成了一个习惯：在办公室放一个行李箱，随时准备出差。我和同事们如此投入，为的就是早日实现消除贫困这个中华民族千百年来的梦想。

2020 年的最后一天，在北京助力受援地区全面打赢脱贫攻坚战之际，我的使命也阶段性地画上了一个句号，走上了新的岗位。

（石龙学　整理）

三年援藏一生情

朱建红

2016年7月19日，这是一个特殊的日子。按照党中央新一轮援藏任务需要和北京市委部署，我有幸成为北京市第八批援藏干部方阵中的一员。这一天，我告别妻儿老小，离开首都，带着各级领导的嘱托，怀揣奉献边关的梦想，和北京市第八批援藏干部开启了为期三年的援藏征程。我是北京援藏指挥部副指挥，分管办公室、宣传联络部和审计监察部，同时又担任拉萨市副市长职务，分管市文化局（文物局）、市新闻出版广电局（版权局）、市体育局等职能部门。既要肩负拉萨市副市长职责，抓拉萨经济文明建设；又要担负援藏指挥部副指挥职责，依规依纪抓援藏干部管理。

身心俱到，做拉萨人民的“班切”

“扎西德勒”是一句藏族同胞之间的祝福语，它的释义是“吉祥如意”。现在每到节日，我都会收到这样的藏语祝福语音。

发送语音信息的人，是我在拉萨援藏期间结对子、认亲戚的藏民，他们大多不会汉语，但却一直记得我们做过的工作、感谢我们的付出……

记得进驻拉萨当天，我就经历了援藏干部入藏的头一关，和大多数同事一样，高原反应给了我一个下马威。眼睛干涩，头疼恶心，难以入眠，各种高原反应带来的身体不适接踵而来。

然而，身体的不适应并没有成为我开展援藏工作的阻力，反而成为我积极投入工作的号角。想想“老西藏精神”和“两路”精神，这点困难也就不算什么了。慢慢地，身体各项生理指标趋于正常，我熬过了“高原反应”这道坎。

身入藏，首先要心入藏。作为拉萨市副市长，我主动走进基层贫困户，和他们结对子、认亲戚，在藏民中开展“一对一帮扶”工作。

我先后在当雄县乌玛塘乡郝如村和尼木县普巴乡普巴村认了6对亲戚。每逢节日，我都会去看望他们，给他们送去米面油等生活必需品和慰问金，主动与他们促膝交谈、拉家常，渐渐地成为他们心目中的“班切”（亲戚）。

记得有一户藏民家人患了包虫病，当地的医疗条件无法对其救治，我当即协调北京援藏医疗队为其治疗，经过一段时间治疗后患者得以康复。了解到一对藏民夫妻离异，孩子辍学。我和他们村支书商量后，为其安排工作、解决住房，孩子得以顺利入学。还有一户贫困藏民孩子双耳失聪，极大影响了其学习生活，高昂的生活费用让其看不到未来。我四处联系慈善基金会、北京儿童医院等开展手术，让她重新感受有声世界。

因为语言上的差异，我们每一次的交谈都不是十分顺畅。但当我们双手紧紧相握的那一刻，我总能体会到他们内心的那份热情。那份热情是给我工作的肯定，是一条条跨越千里而来的“扎西德勒”。

2018年2月17日，大年初二，拉萨大昭寺发生了火灾。得知火灾消息后，作为分管文物局的副市长，我当即中断休假，连夜从浙江老家赶到火灾现场，投入到事故的善后工作之中。

大昭寺是我国第一批重点文物保护单位之一，被联合国教科文组织列入《世界遗产名录》，是世界文化遗产。我牵头组织清理修缮大昭寺失火部分主体建筑，研究大昭寺火灾事故的对外新闻发布口径，确保舆情平稳。同时，我及时举一反三，带领市属各部门彻底排查拉萨古城的安全隐患，组织优质的第三方评估机构对拉萨古城的消防、建筑质量进行风险评估，并制定安全整治方案，开展集中整治。

身到，更要心到。我主动从思想上、行动上、感情上与工作相融、与驻地相融、与群众相融，与当地干部心往一处想，劲往一处使，团结和依靠当地干部，与他们像石榴籽那样紧紧抱在一起。

力抓文化，创建国家公共文化服务体系示范区

建设国家公共文化服务体系示范区，是党中央重大决策的一项战略性文化惠民项目。针对拉萨市创建国家公共文化服务体系示范区，我带领相关部门开会部署、检查指导、调研学习、答辩演讲，拉萨市顺利通过文旅部创建国家级公共文化服务体系示范区的制度答辩和评审答辩，成为西部地区公共文化服务体系的“样板间”。

雪顿节是藏族人民的民族节日，是藏族文化传承绵延的具体表现，也是国家非物质文化遗产之一。这一节日对保持藏族民族文化独特性、增强民族团结和维护世界文化多样性有积极意义。高质量举办雪顿节，开展好藏族同胞的传统节日，既能让民族文化深入民心，又能以节庆活动为契机，带动文化和旅游事业发展，促进拉萨经济社会发展。为了达到这两个目标，身为分管副市长的我常常夜不能寐。

经过多次基层调研并召开专家座谈会，我决定在节日活动项目种类和质量上下功夫，丰富项目内容的同时紧抓项目质量，牵头在拉萨八个区建设西藏民族歌舞团；推动恢复藏族老百姓喜闻乐见的民族传统马术表演，引入北京服装学院举办藏民族服装服饰展示活动，开展宣传雪域高原风光、文化摄影展，精品唐卡展等活动，促进民族文化交流融合；带领文化系统创作以“中国梦”“扶贫攻坚”“民族团结”等为主题的晚会，利用农闲时节组织开展“藏戏演出季”活动，每周末在宗角禄康公园演出一场。我还带队检查哲蚌寺、色拉寺周边环境和路线，确保展佛活动的安全。同时加大市场运作力度、扩大新闻宣传范围，雪顿节的品牌影响力日益扩大。

2018年9月7日，在内蒙古呼和浩特召开的中国节事与旅游大会上，雪顿节荣获“纪念改革开放40周年”中国优秀节事奖，彰显了拉萨城市的独特品位和文化内涵，对拉萨的旅游、文化等事业起到了巨大的推动作用，也吸引了更多国内外游客前往拉萨旅游。

我深入乡野郊区考察文物保护，检查所有寺庙的消防和文物保护工作，推动建设西藏博物馆、非物质文化遗产博物馆、擦擦文化展览馆和拉萨第一家市级图书馆，极大丰富了拉萨人民的精神文化生活。在拉萨第五批非物质文化遗产项目评审中，我牵头推进了拉萨河生态文化保护试验区创建工作，研究成立象雄文化保护和研究工作领导小组和非遗保护中心，推动西藏非遗博物馆的布展策展工作，成功举办首届中国·西藏拉萨——阿里象雄文化国际学术研讨会，首次邀请国外专家来拉萨参加会议，提升了我国在象雄文化研究领域的国际话语权。

我牵头研究协调拉萨市广播电视台搬迁工作，参与研究和保障自治区广电中心的建设项目，督促落实直播卫星“村村通”“舍舍通”和农村电影放映等惠民工程，农牧民群众听广播难、看电视难、看电影难的问题基本解决；推动拉萨市各县开展数字影院建设，实现每个县区都有一座现代化的数字电影院；筹建了曲水县、当雄县等县级广播电视台，结束了拉萨市无县级广播电视台的历史；为易地扶贫搬迁贫困户2421户9543名群众建设有线电视网络；在全市农村推广“流动电影车”“流动图书车”“流动舞台车”，全面完成了228个农家书屋和231个寺庙书屋建设工作，实现了全市农家书屋、寺庙书屋全覆盖，为农牧民送去丰富的精神文化生活，群众精神文化生活的获得感日益增强。

智抓产业，率先实现两区两县脱贫摘帽

没有调研，就没有发言权。围绕拉萨经济社会发展宏观战略和各族群众关心的热点、焦点问题，我常常入乡进村，准确地获取第一手基层调研资料，为拉萨市经济建设布局提出具有较强针对性、操作性、可行

性的意见和建议。

我在调研中发现，当雄县乌玛塘乡的地势和土质适合生产砖瓦，而且当地砖瓦市场需求大，劳动力过剩。经过反复论证后，我推动用援藏资金来支持村民创业就业，从援藏资金内协调出50万元，作为精准扶贫项目，帮助乌玛塘乡郝如村建设砖瓦厂，不仅解决了当地建档立卡贫困户的就业问题，还壮大了乡村集体经济实力，实现群众在家门口轻松就业增收，以就业带动产业扶贫，为驻地贫困地区实现脱贫摘帽贡献力量。

2018年10月25日，第十三届中国北京国际文化创意产业博览会在中国国际会展中心举行。此前，西藏自治区将参加文博会的任务交给了拉萨市，时间紧，任务重，筹备时间前后不到半个月。我作为牵头负责的副市长，把此次展览当作一次展示拉萨、宣传拉萨、发展拉萨的契机，安排了企业参展。其中有拉萨特有的雪莲、藜米等农产品；也有彰显藏族特色文化的唐卡、藏香等文创产品；还有藏装、牦牛围巾等一大批商贸产品展示在全国人民面前。在这次展览中，我们与9家企业签订了意向合作协议，吸引总投资181亿元。

支援拉萨扶贫要做到把“输血”和“造血”相结合，把“硬件”和“软件”相结合，把“派出去”和“请进来”相结合。我统筹指挥部和拉萨市各业务部门，着重培育藏区特色产业。推动尼木县藏鸡养殖产业项目，建成了西藏规模最大的现代化藏鸡养殖场，推动城关区“净土乳液”项目，成为西藏首个拥有自主品牌的乳品加工厂。一个个主导产业投产、量产，带动了大批农牧民增收致富，一大批昔日贫困山村阔步走向小康。

产业扶贫是治本之策，也是支援拉萨经济建设的主要发力点。我主导以产业扶贫、扩大就业为主要抓手，加大力度安排扶贫项目，以项目落地投产带动当地劳动力就业和农牧民增收，助推拉萨市脱贫攻坚，形成了13个特色产业品牌，推动拉萨市两区两县实现脱贫摘帽。其中，2017年7月，城关区率先脱贫摘帽；2018年9月底，堆龙德庆区、尼木县、当雄县实现脱贫。2018年，尼木县卡如乡入选国家农业农村部中国美丽休闲乡村旅游精品工程。

严抓党建，树起北京援藏干部“金名片”

援什么？怎么援？这是我在支援拉萨那段日子里常常思考的问题。北京市援藏干部，不仅代表着个人，也代表着首都公职人员的形象，代表着中国共产党员的形象。

我注重党的领导作用，以党建带动援建，不仅在指挥部党委做表率，在拉萨市政府同样严格要求自己。时刻把“特别能吃苦、特别能战斗、特别能忍耐、特别能团结、特别能奉献”的“老西藏精神”和“首善、创新、奉献、律己”的北京援藏精神，作为激励自己前行的动力。根据援藏团的实际情况，在指挥部成立了 1 个党总支 15 个临时党支部，把援藏干部人才全部纳入指挥部党委教育、管理、监督、服务范围。

在工作中，发挥党建作用，引领推动脱贫攻坚。坚决贯彻落实中央和北京市委决策部署，贯彻落实自治区党委和拉萨市委的决策部署，不断提高政治素养、增强政治敏锐性，自觉做到在思想上、政治上、行动上与以习近平同志为核心的党中央保持高度一致。我坚持以习近平总书记“治国必治边、治边先稳藏”的重要战略思想和“加强民族团结、建设美丽西藏”的要求，及“依法治藏、富民兴藏、长期建藏、凝聚人心、夯实基础”的重要原则为指导，坚定不移地同分裂势力作斗争，坚决维护祖国统一和国家安全。

作为北京援藏指挥部分管党风廉政建设的领导，我严格以身作则，管好班子，带好队伍，对于党风廉政建设的重要工作、重大问题、重点环节、重要案件，做到亲自部署、亲自督办。同时，要求指挥部各临时党支部把党风廉政建设作为支部建设的一项重要内容，和援藏业务工作同谋划、同部署、同推进、同考核，把党风廉政建设责任落实到每一名党员干部，做到党风廉政建设工作全覆盖。

在援藏项目上，我积极与北京市对口支援与合作办公室、拉萨市受援办和北京拉萨两地的审计局、财政局沟通联系，切实做好北京援藏项目的审计和财评工作，保持北京援藏项目经得起质量的检验、时间的考验。

严管和厚爱相结合。针对高原环境存在的客观困难，我带领审监部及时研究服务援藏干部人才的各项措施，为援藏干部人才解决医疗、食堂、用车、宿舍等后勤保障方面的问题。每逢节假日，组织援藏干部人才开展爱国主义教育活动或者文艺演出、竞赛等活动。同时，在北京市总工会和北京市直机关工会的支持下，成立援藏指挥部工会工作委员会。我作为工会工作委员会主任，想方设法研究如何充分发挥工会组织的服务保障功能，定期为援藏干部人才发放高原防护用品和劳保品，对困难援藏干部人才进行关怀慰问，让援藏干部人才心无旁骛地投入到援藏工作当中。

脱贫攻坚是系统工程。我积极加强与指挥部指挥班子和其他班子成员的沟通协调，共同推进指挥部各项工作有序、优质、高效开展。在研究援藏工作的时候，注重抓规划、抓前期、抓质量、抓进度、抓安全、抓运营管理，把精准扶贫、精准脱贫放在突出位置，把援藏资金重点向农牧民、基层和贫困地区倾斜，让“十三五”援藏资金和计划外资金最大限度地助推脱贫、改善民生、促进拉萨经济发展。

一滴水放入沙漠，瞬间就会干涸，只有放到大海里才能汇集成浪。如果把人生比作一段旅程，援藏工作将是我一生中最难忘的“筑梦之旅”。生命中有了援藏的经历，一辈子也不会后悔。

（王锦　整理）

深化医疗援藏　助力健康扶贫

任轶

2018年8月，受组织委派，我暂时告别北京积水潭医院办公室主任岗位，远赴圣城拉萨，开启医疗人才“组团式”援藏生涯，挂职拉萨市人民医院党委副书记、院长。

从医疗人才“组团式”援藏来讲，推进拉萨市人民医院实现如此快的发展建设，助力全市健康扶贫事业，我认为是我们历届“组团式”援藏干部共同努力的成绩，是将近100名援藏专家日夜奉献的成果。

三年援藏，我对于西藏医疗扶贫事业感受比较深的就是全区各大医疗机构取得了前所未有的成果，但无论是医疗设施还是人才技术等方面还是有一定的差距，加之本地环境的特殊性，基层群众对就医意识、医疗知识缺乏等原因，本地医疗事业的发展还需要多方面的推进开展。到拉萨市人民医院的初期，我就深有感触，受本地强烈的紫外线和干燥的天气以及高原缺氧环境的影响，自己就有一些紫外线过敏、头晕等一系列身体不适的症状，但既来之则安之，一直暗暗告诉自己在任何困难面前都不能退缩，坚守医者之心和援藏使命。

8月6日，在我刚到拉萨的第三天，一通电话打破了傍晚的宁静，“ICU有个重病人，ICU主任已气管插管，需请专家急会诊……”一通电话后，我就紧急赶到急救现场，了解患者情况，开展救治指挥；8月

7日凌晨的时候，抢救仍在继续，进行多学科会诊，明确了治疗方向；次日，再次组织援藏专家会诊，经过积极抢救，患者明显好转；8月10日凌晨将患者成功转院至成都，继续后续治疗，抢救圆满完成。当时时间紧迫，整个过程也是惊心动魄，那次简单的现场抢救指挥，我就深深感受到本地群众对先进医疗技术的渴求，拉萨市人民医院急需发展的现状以及西藏医疗事业发展的紧迫性，也深深明白“没有全民健康就没有全民小康”的深刻含义。由于受到各项设施、交通等各方面条件的限制下，本地老百姓“看病难、看病贵”问题较为突出，西藏医疗设施、技术等落后致使看病难、治病成本高等一系列问题亦是导致本地群众“致贫”的重要原因。在援藏几年里，我了解到在医疗条件受限的情况下，西藏本地群众只能拖家带口前往内地求医，这给本就生活困难的家庭雪上加霜。因此，脱贫更要铸就全民健康之路，保障本地群众的就医需求。拉萨市人民医院作为全区“大病兜底”医院之一（全区仅有两家），我们要发挥援藏优势，推进医院建设，突破因病致贫的口子，让老百姓在自己的家门口享受高质量的医疗服务才是硬道理。为助推健康扶贫工作，近三年来，我们因地制宜，久久为功，坚持医疗人才“组团式”援藏工作围绕健康脱贫、改善医疗“软硬件”建设等内容为突破口。

第一，从学科和人才建设方面入手。我与各位援藏专家协同本地干部，制定学科规划，有的放矢，推进“五大中心”及各学科的新建和强化工作，并取得一定的成效。2019年3月20日，医院导管室正式试运行并开展了第一台冠脉造影手术；5月6日，全科医学科正式收治患者；同月，北京高原适应研究康复中心拉萨分中心正式成立；6月期间，日间手术室顺利完成第一台手术，日间病房的投入使用，有效缩短患者住院日期，大大降低就医成本。2020年4月将神经内科等专业有机整合并创建了卒中中心；7月，开设小儿骨科，填补区内该项诊疗空白；新建皮肤科、临床心理学、精神科等多个学科；先后与北京积水潭医院等4家医院签订骨科、神经内科、呼吸内科和神经外科“以院包科”科室，至此“以院包科”科室达到8个。医院先后获批自治区危重症孕产妇救治中心、危重症新生儿救治中心，通过了中国胸痛中心基层版认证并成功授牌；获批自治区生殖健康诊疗服务能力提升试点单位，国家住院医师规范化培训基地落户该院；完成国家综合防治卒中中心创建；荣获全区唯一一家国家级母婴安全优质服务单位称号，成功建设全国首家省级助产士培训基地等各项成果和荣誉。同时，我们3年组织援藏专家与150余名本地干部签订“传帮带”协议，带领实施开展儿童髋关节超声检查、儿童消化道超声检查、胎儿磁共振心脏和脊柱扫描等60项新技术、新项目，由带着“徒弟学”到指导“徒弟做”的转变，努力打造一支留下来的医疗队伍等一系列重大举措，促使新科室、新项目不断运行，为医院“大病兜底”建设填注新能量，真正把技术留在西藏，让本地群众切实感受到本地医疗水平的提升。

第二，在不断调研中持续规范医院的管理，提升医院效益，从而推动医院的良性发展。在北京工作期间，我基本从事医院管理工作，经验相对丰富，初到拉萨市人民医院，发现了许多问题，也提出并实施了很多措施，并从第五批“组团式”援藏开始引入5名管理人员，持续推进公立医院医改工作，推进章程制定，建立健全内部管理机构、管理制度、议事规则、办事程序等，修订完善各级各类制度110余项，优化和再造流程70余项，进一步完善院长办公会、早交班会议制度，建立中层干部会制度，组织举行首次临床中层干部竞聘会、首次护士长竞聘活动，激发干部职工积极性；完善绩效分配方案，科学规范、真实有效地填报绩效数据，传达有关绩效改革政策，持续、稳步、不断深入推进医院现代化建设。

第三，积极开展医疗扶贫走基层，做好医疗宣教工作。扶贫事业既要纵观全局，也要创新谋划。我们每年组织北京援藏专家和本地医务人员100余人次，开展健康宣教及义诊咨询活动，开展送医送药送健康义诊和健康宣教活动20余次，累计免费发放药品近30万元，健康宣教3000多人次，提升基层群众就医意识和医疗服务水平。并组织带领援藏医疗团队前往寺庙进行义诊咨询，用科学的医疗技术为僧侣进行健康体检、健康宣教及健康咨询，在解决他们疾病困扰过程中引导他们相信科学，以切身的经历和感受积极引导广大信教群众增强健康意识，自觉自愿到医院接受科学诊疗服务。

同时，我们充分发挥援藏资源优势，积极实施开展“爱膝行”等专项救治行动，至今已完成项目救助15例建档立卡户患者，投入北京医疗健康专项扶贫救助资金170余万元，并组织制作了藏汉双语人工关节置换宣教纪录片，面向广大患者进行广泛宣传；与凤凰网公益专项基金开展儿童大病救助工作，以扶贫创新的方式，促进健康扶贫工作纵深发展，以“筑巢引凤”的新举措为藏区广大贫困地区带来福音。

第四，稳中求进，积极抗疫。2020年新冠肺炎疫情暴发，这既是一场无硝烟的战争，也是对各大医疗机构的考验。当时，我本来定好了返京日程，但疫情就是命令，防控就是责任，主动放弃休假，我们所有援藏干部也积极响应上级指示，放弃休假，迅速与本地干部职工投入疫情防控工作。作为疫情防控定点救治医院，我们责无旁贷，既要做好疫情防控工作，也要发展医院各项建设，先后调配3批次300余人次医护人员至疫情防控一线发热门诊、留观病区、儿科发热门诊、核酸采样等工作岗位，建立医院三级预检分诊点43个，抽调轮换预检分诊人员200余人次。面对医院物资紧缺的状况，我首先想到的就是保护好每一位冲锋一线的白衣战士，第一时间通过多种渠道，筹集口罩、护目镜等价值17余万元的防护物资；组织援藏专家以网络视频等形式，围绕疫情防控工作流程、管理、措施等方面开展培训55场，培训达1000余人次；协助拉萨市卫健委组建新冠肺炎心理危机干预医疗队，并安排援藏专家担任心理危机干预医疗队队长和心理援助热线组组长；与本地干部一起制定规划，完成400平方米的发热门诊和隔离病区工程建设，造就了拉萨“火神山”病房；筹集资金140余万元，对医院现有的检验科实验室进行改造，建成核酸检测实验室，日最大检测量达1800例，全面提升医院疫情防控水平。2020年，医院累计接收发热病人就诊2104人次，隔离留观666人次，累计解除隔离留观665人次，核酸检测24585人次，为全区疫情防控作出了贡献。同时，我们努力将疫情影响降到最低，下半年迅速复工复产，门急诊量达15.14万人次，较2019年下半年基本持平；全年住院人次达到11410人次，同比增长0.78%；手术台次达到3751台，同比增长8.03%；平均住院日由2019年的9.84天降低到9.67天。实现了医院稳中求进，各项医疗事业持续发展的良好局面。

最后，感谢各级组织的信任，给我一次援藏的机会。我们常说“三年援藏行，一生援藏情。”三年的援藏生活，我深刻认识到，医疗人才“组团式”援藏工作不仅能为西藏广大群众立竿见影解除病痛，带来健康福祉，也进一步密切了党中央与西藏各族人民群众的血肉联系，是功在当下、利在千秋，促进民族团结的伟大事业，更是全区干部群众脱贫致富，走向高质量生活的伟大举措。三年援藏虽然接近尾声，但支援西藏的钟声久久不息。即使今后离开现在的岗位，我也将持续关注西藏医疗卫生事业的发展，持续关注拉萨市人民医院的建设，持续为本地的医疗建设献出自己的一份力量，让三年援藏行变成一生援藏情，同时也相信今后的每一批援藏干部必将再筑新的高原梦想，共筑更好的明天。

创新医疗帮扶模式　助力精准扶贫结硕果

王娜

说起我与精准扶贫工作的结缘，始于 2016 年。那一年，我所在的北京市垂杨柳医院接到了原国家卫生计生委、中组部等六部委“组团式”援藏指令，我作为医院对口支援工作的负责人，在院领导的统筹安排下，负责整体协调与安排。3 年间，在区卫健委的统筹协调下，我院共派出 3 批次 15 名医疗人员远赴西藏拉萨市堆龙德庆区人民医院（以下简称堆龙医院），从科学管理到医疗能力，从日常工作到等级评审，我们在实践中不断思考创新，积累并传递经验，工作取得了很大成效。

既然是精准扶贫，就要力争做到精准对接，如何去做？我们在这方面下了一番苦功。在各级政府部门的指导和大力支持下，医院探索打造出了“三精一深化”的医疗援藏帮扶“垂医模式”，即精心筹划、落实责任，精细调研、靶向定位，精准帮扶、能力提升，深化内涵、资源整合。没有想到，帮扶模式的创新，爆发出巨大的生产力，仅用两年时间，我院就完成了援藏责任书要求的 5 年工作任务：建立了内科、外科、妇产科和儿科技术团队，为当地培养了 17 名骨干医师；堆龙医院门诊量、住院人数年均增长超过 8%，手术量年均增长超过 60%。更是在支援的第二年，就成功助其晋升二级乙等医院，比援藏任务要求提前了整整 3 年。

回想当年，我刚接到任务撰写项目方案时，就感受到这是一次不同以往的支援任务，领导班子高度重视，多次会议研究，最先确立了对口支援工作原则："以上级文件要求为宗旨，以帮扶医院需求为导向，以培养学科带头人、学科建设为主线，全力完成各项支援任务。"

"京藏医联一家亲"不只是说说而已，我切身体会并感动于全院上下积极响应的劲头，医护人员报名人数远远超过了需求人数，我们不得不根据堆龙医院业务需要优中选优，有针对性地派遣普外科、骨科、妇产科、儿科、急诊科等重点专业骨干分批进藏，在当地医院"传帮带"。我们的医生普外科杨志勇、骨科王岩松、护理部冯清还被任命为堆龙医院副院长，协助医院科学管理。

其实在第一批援藏人员入藏前，2016 年 4 月，我们医院就已经组织第一批专家团队赶赴西藏，对堆龙医院进行了全方位调研。我们把这次调研叫"大会诊"，为的是做好"靶向定位"。通过对堆龙医院医疗资源的深入摸底，对医疗人才梯队、接诊主要病例、转出病例主要原因、医院业务开展等内容进行充分研究分析，进一步明确了堆龙医院未来五年的战略发展目标，确立重点培育靶向学科。

掌握第一手资料后，我们和堆龙医院瞄定了"升二级"的总目标。具体如何做？大家进一步研讨、细化，明确了"四个一"，即每年带出一支技术团队、新增一个服务项目、解决一项医疗急需、突破一个薄弱环节的年度分目标，最终目标是提升医院综合实力、实现患者外转率下降。

授人以鱼，不如授人以渔。我也一直嘱咐我们的医疗队员要真正变"输血"为"造血"，提升当地医务人员的医疗能力和服务水平。就如何开展这个问题，我们概括出八个字："一推一拉、一带一管"。一方面推选医疗团队骨干进藏，拉动当地医疗水平；另一方面接收堆龙医院年轻医师进京学习，由我院制定严格的进修计划带管进修，参与临床、科研、管理工作，学成后返回原单位开展新技术、新项目。这种带教帮扶的优势是让我们避免了"医疗水平跟着支援医生走"的窘境，换来的是受援医院医疗水平的真正提高。

措施定了，接下来就是最大化发挥支援效果。我在院领导的指挥下，开始交错安排进藏和进修人员。举个例子，针对堆龙医院开展腹腔镜的技术需求，我院第一年派出普外科医生进藏支援，为科室开展此项技术奠定基础，同年接收堆龙医院普外科人员来京进修，提高他的个人技术能力和水平。结束进修回藏后，第二年又派出一名普外科医生，在西藏指导进修完成的当地医生能够独立开展技术，这也叫“扶上马，送一程”，让技术落地，把效果砸实，为当地建立起一支带不走的医疗队。

经过两年的不懈努力，堆龙医院已经能够独立开展腹腔镜手术、妇科常见手术、阴道镜及剖宫产手术，建立了普外科、儿科专业技术团队，急诊、手术室接诊能力也在不断提高。

我也真心为这些来自受援医院的进修大夫取得的成绩感到高兴，比如普外科的葛军大夫，在完成学习计划的基础上，掌握了腹腔镜下疝气、胆囊、阑尾等手术，并能够独立操作，学习期间还发表了一篇论文。急诊科阿旺嘉措，熟练掌握急诊救治基本技能，清创、缝合等技术明显提高。妇产科王仕会、张相梅，作为助手参与300余例妇科和产科手术，并分别独立完成剖宫产近30例……这些西藏医生把在北京学习到的先进技术和治疗理念，应用到了藏民的医疗服务中。

我还记得，葛军在进修结束的成果交流会上说过，“我们亲身感受到，垂杨柳医院是真心实意做带教的，医院领导、科教科、临床主任都非常重视，为我们安排食宿，购买专业书籍和笔记本，制订进修计划，定期检查学习记录，院长亲自参加每季度的座谈会，出题考核我们的进修成果，科主任更是手把手带教操作，在保障安全的前提下尽量为我们提供实践的机会，大大提升了独立操作能力，为我们回到西藏后开展各项业务增添了信心。”

三年来，院领导多次入藏，我同医务、护理、疾控、院感这些重点部门的专家也轮番上阵，现场对接并指导堆龙医院的等级评审工作，为其出谋划策，助其迅速整改。这些都为堆龙医院顺利晋升二级医院、备战二甲评审打下了坚实的基础。

在医疗帮扶的同时，参与受援医院管理也是一项重要内容。我院协助堆龙医院建立完善了绩效考核制度，体现“多劳多得、优劳优得”的机制，调动了全院职工的工作积极性，受援医院综合管理水平明显提升。

随着医疗援藏工作的进行，我院对上级提出的“组团式”帮扶也有了新的思考和领悟。所谓“组团式”帮扶，本义指的是由管理、临床、医技这些不同专业人员共同组建一个医疗小组对口支援当地医院。如何更有效地帮助堆龙医院，发挥帮扶工作的最大效能呢？我们医院是这样做的，首先实现了区域医疗机构的组团，也就是说在原朝阳区卫生计生委协调下，与北京市第一中西医结合医院、朝阳区妇幼保健院、朝阳区双桥医院以及垡头社区卫生服务中心等朝阳区属四家医疗机构“组团式”支援西藏。第二步，在调研和工作开展过程中，实现了京藏两地的组团，充分调动堆龙医院内部积极性的同时，助力当地政府提升对堆龙医院的重视和支持，协调区域资源，将堆龙医院的战略定位从二级提升到三级，争取到硬件、软件更大力度的支持，帮助当地医院全方位成长。还有就是不同支援方式的组团，医院会不定期组派专家团队入藏开展业务指导，帮助当地医院整改，组织大型义诊、手术演示、病例讨论会，帮助当地医院提升各项业务能力和水平，医院的知名度和美誉度自然也就随之提升了。

在“大后方”，我还协调组织各部门科室建立起了“医院—科室—医生”交互的立体式沟通渠道，首先是各临床科室搭建远程会诊平台，利用“互联网 +”进行线上线下多元化交流。还有我们在“前线”的援藏医生，他们作为我院的帮扶基点，对接在京的各科专家，通过微信、电子邮件、网络视频连线、直播平台等沟通手段，更加直观和快捷。在京的专家可以第一时间为远在西藏的患者进行远程会诊，提供治疗建议，还负责提供来京治疗的各项服务。比如 2017 年 12 月，神经外科就通过这个方式，接诊了专程进京治疗巨大颅咽管瘤的西藏小朋友旦增曲珍。这件事被媒体报道后，我院受到社会各界的广泛关注和赞誉。

最后我想说一件令全院倍感骄傲的事，医院的对口帮扶工作得到了各级政府部门的高度认可，不仅在国家、北京市大会上作经验交流，而且 2021 年荣获中共中央和国务院颁发的全国脱贫攻坚先进集体称号，这是我们医院一直力行公益的成果。20 年来，我们援建的足迹踏过了西藏、新疆、河南、河北和内蒙古等地，可以说，对口帮扶工作是我们一直坚持也是用心在做的事，作为垂医人，我们无悔付出，我们更感自豪。今后，我院也将更加无所畏惧，勇往直前，不负党和国家的重托，不负受援医院的信任，不负这份荣誉！

守初心担使命　扎根雪域高原

赵岩

2019 年 7 月，我受组织委派，到西藏开展对口支援工作，挂职西藏自治区拉萨市堆龙德庆区委常务副书记、常务副区长。这期间，我率领门头沟援藏团队在两地党委政府的坚强领导下，在北京援藏指挥部的正确指导下，坚定传承“永远跟党走”的红色基因，聚焦北京援藏指挥部“五大工程”建设，紧密围绕堆龙城市管理和社会发展，充分发挥援藏干部人才专业优势和援藏项目示范引领作用，系统打造“点线面”相结合的援藏工作布局，全方位、宽领域、高质量做好项目、产业、智力、民生援藏工作。在推进援藏项目建设、深化东西部协作、城市管理提升、公共医疗教育、基层组织振兴、挂职干部分管等工作领域达到新的高度。谋划实施的 30 个援藏项目和资金 90% 以上向基层和农牧民倾斜，助力堆龙德庆区朝着高质量发展的目标阔步前行。

三个距离暖人心，对口支援显真情

三个距离暖人心，北京到拉萨航线的距离为 3650 公里，2019 年 7

月，我带领援藏团队一行收拾行囊，从北京奔赴拉萨，正式开展“组团式”援藏工作，两年来的工作足迹达近 60 万公里。我来到堆龙这片上谷福地后便马不停蹄地深入基层调研，常流连忘返于山间地头，了解农牧区民风民情和村集体真实需求，始终将 80% 以上的援藏资金和援藏项目向农牧地区倾斜，助力两地密切开展交流交往交融活动，团队工作足迹可绕地球 15 圈。我们与堆龙人民群众心与心的距离慢慢接近到 0 公里，通过不断地上山下乡，亲身感受藏族同胞的急迫之需，谋划实施一系列民生援藏项目，持续深化京藏两地人民情谊和民族团结。三个距离的跨越融合，是我们用实际行动和真心真情一步步走到堆龙人民心坎里的体现。

五大工程聚动力，东西协作促振兴

我以北京援藏指挥部“闭环工程、种子工程、组团工程、携手工程、振兴工程”五大工程为指导，谋划实施了一批像德吉藏家旅游“+”、饮水供水系统提升改造、京白梨试种、乌骨羊试养和幼儿园校园文化及校园安全提升等 30 个援藏项目，涉及援藏资金近 3 亿元，助推堆龙人民同全国人民一道迈入全面小康社会。

严格实施闭环工程。紧紧抓住援藏项目这个根本，加强制度建设，我率领团队建立了援藏项目申报“三步走”和“四率一效”目标责任等多项闭环管理机制，认真执行“援藏项目结对管理联系人制度”和“北京援藏工作领导小组月例会制度”，实现了项目规划、建设和效益发挥全过程管理，彰显北京援藏项目的引领、示范和带动效应。

科学实施组团工程。紧紧抓住堆龙城市管理短板，我和其他五名行政干部组成城市管理小组团，创新开展生活垃圾分类、城市环境卫生提升和城管执法力量下沉工作，大幅提升堆龙城市精细化管理水平。聚焦堆龙基本公共医疗难点，成功实现堆龙区医院与门头沟区医院、阜外医院开通远程心电和远程影像，成立消化内科，一如既往推动堆龙区人民医院创建二级甲等医院，使藏区人民便捷地享受北京的医疗服务。

精心实施种子工程。着眼治藏、兴藏、建藏的战略目标，按照谋长远打基础的要求，把有限力量尽量安排在涵养基础、培育内生力量上来，引进具有高附加值的京白梨、高山芦笋、乌骨羊等动植物进行种养殖实验，推动高原特色农牧产业示范园建设，辐射带动农牧民增收致富，发展壮大村集体经济。

持续实施携手工程。坚定东西部协作促小康，持续推动深化与门头沟区携手奔小康结对帮扶行动，用大手拉小手推动堆龙发展，全面实现医疗教育、消费扶贫、文化旅游、镇街管理、精品民宿和高端产业等多领域的精准对接，推动两地交流交往交融更加紧密多样，深切表达两地结对兄弟情深和京藏民族的团结一心。坚定实施振兴工程，以功成不必在我的精神境界和功成必定有我的历史担当，坚守初心、勇担使命，结合西藏资源禀赋和自然承载力，深入分析比较优势，持续助力基层组织、文体旅游、净土健康、现代农牧等产业发展，为堆龙振兴出谋划策，贡献力量，推动社会事业高质量发展，民生福祉显著提升。

点线面惠民生，乡村振兴早实现

经过深思熟虑，我带领援藏团队系统打造了“点线面”相结合的援藏工作布局，助力巩固脱贫攻坚成果与全面乡村振兴有效衔接。

以“波玛村、马村、门堆村”等村落为示范“点”，集中力量干大事。形成了汇聚小康安居工程、基层组织政权、基层精神文化、生活垃圾分类、健康饮水、校园文化和民族团结等民生领域的典型示范点，持续加强基层党组织对乡村振兴的全面领导，有力促进民族团结的观念牢牢扎根千家万户，有效改善搬迁群众生产生活条件，村民的获得感、幸福感、安全感更加充实、更有保障、更可持续。

以 2020 年饮水供水系统提升改造工程项目和 2021 年“美丽乡村·幸福家园”健康饮水项目为“线”，功在当下，利在千秋。总投入援藏资金 4800 万元，新建 38 处水源，布局 100 余处直饮水站，以时间轴为坐标，实现了从过去农牧地区挑水吃水困难，到 2020 年全区挨家挨户打通自来水，再到 2021 年升级为无偿享受健康直饮水，有效解决农牧民群众吃水难、水压小、水质差等突出民生问题，为堆龙人民安全健康饮水提供保障。

以幼儿园校园文化及校园安全提升项目为“面”，全面覆盖幼儿教育。投入援藏资金 4300 万元，在全区 35 所幼儿园创新打造特色课堂，加强对孩子们的爱国主义教育、全国通用语言普及教育和文明礼仪教育，全面营造安全健康、快乐向上的校园文化，把爱我中华的种子埋入每个孩子的心灵深处，绵绵用力久久为功，让中华民族的爱国主义精神流淌在一代又一代堆龙儿女血液里。同时，校园还为孩子家长和当地村民提供普通话教学服务。

春风浩荡满目新，征衣未解又跨鞍，脱贫攻坚任务如期完成，而我永不止步。从脱贫攻坚到乡村振兴，我将为建设团结富裕文明和谐美丽的社会主义现代化新堆龙续写青春赞歌！

不忘初心　做世界屋脊上的筑梦人

仇丽燕

2017 年 7 月至 2019 年 7 月，我作为北京市第三批“组团式”援藏成员，到拉萨北京实验中学进行援藏工作。如今，结束任务回到北京，但是巍峨的群山、湛蓝的天空、洁白的云朵、广阔的草原，还有随处可见的牦牛、黝黑而淳朴的笑脸，这些朴素的西藏元素始终在我的脑海中挥之不去。神圣的雪域高原对于旅行者来说，是最为圣洁美丽的向往；对于 300 万藏族同胞来说，她是虔诚的信仰；而对于我们这些援藏人来说，则是心中的信念所在、是魂牵梦绕的第二故乡。

有志而来　有为而归

2017 年的春天，我所在的北京市顺义五中接到了援藏任务，要求派遣一名地理教师赴藏支教。我校五名地理教师中，一位老师身体一直不好，两位老师年龄已近五十，还有一位虽然年龄符合要求，但孩子恰逢高考。于是，校长找到了我，希望我能够担此重任。我明白，校长也是综合考虑了我们地理组各位教师的情况后，最终选择了我。可是，我真的很犹豫，我也有我的困难和苦衷。

十多年了，我一直独自带着孩子生活，女儿今年刚刚上初一，正处在她求学道路上非常关键的阶段。我的父母年龄已近古稀，高血压、糖尿病、心脏病让他们不敢远离家门一步。

一边是家庭的责任，一边是国家的政治任务，我真的整日整夜地在徘徊犹豫。然而，作为一名21年党龄的共产党员，党性修养、家国情怀都使得我必须作出唯一的选择。那就是党需要我，我就必须服从，这是作为一名共产党人的职责，更是不可推脱的历史使命。

强忍着万分的不舍，我把孩子送进了寄宿制的中学。临行的前夜，听着孩子的呢喃，我所有的坚强碎了一地。妈妈安慰我说，“去吧，干你该干的去，家里你放心，还有妈和爸呢。”我也像孩子一样抱着妈妈哭，能说的不过是“对不起”三个字。为人子，不孝，让白发苍苍的父母，还要继续操劳；为人母，不仁，在孩子最需要的时候，却让她独自前行。但是，为人师，做党员，我坚信此生合格。

倾心教育　笃信同行

我所支教的学校是拉萨北京实验中学，学校安排我担任初一年级三个班的地理教学工作，还担任初高中地理组教研副组长。没时间去调整高反带来的不适，我要求自己要在最短的时间内了解教材、学校和学生情况，扎实有效地开展工作。看着教室里那一双双晶莹剔透的眼睛，满满的求知欲让我深感肩上责任的重大。

我多想把自己的所有都奉献给他们，多想把我所有的知识都一股脑儿教给他们，多想为他们插上一双翱翔蓝天的翅膀。但是，我明白，不能急功近利、拔苗助长。为了达到教学最优化，我多次与藏族老师探讨适合藏族孩子的教育方法，并结合藏区学生的实际情况开展教育教学。自制教具，自制课件，克服语言交流的不甚流畅。把课堂的速度一再放慢，想方设法构建更加开放、和谐、高效的课堂。

充分发挥学生的互帮互学积极性，有效实施小组合作学习探究的模式，使全体学生积极主动参与课堂全过程，让学生在轻松、愉快的氛围中学习地理，爱上地理。

雪域温情　静静荡漾

“天下没有远方，有爱的地方就是故乡……”对很多援藏干部来说，拉萨已成为自己的“第二故乡”。

这里生活的人们，艰苦的环境却造就他们的淳朴和善良，他们的脸上永远挂着憨憨的笑，最让我感动的是藏民孩子的眼睛，那样纯净清澈，倒映着世间最美好的一切。课堂上他们每个人都瞪大眼睛紧盯着老师，那眼神里充满了渴望和期待。尽管我们在这里上课很辛苦，上着上着就觉得气喘吁吁、口干舌燥。尤其是刚开始的那段时间，由于课程紧张，高反严重，经常在课上出现胸闷气短，说不上来话的现象。这时候，学生们会关切地询问，帮我打来热水，周末回家还会把自己舍不得多吃的土特产拿出来让我尝尝，这份浓浓的师生情谊一直温暖着我，感动着我，融化着我。

藏汉一家　第二故乡

随着天气的转凉，有一天，我忽然发现有个别学生的手冻了，于是我把自己的芦荟膏给她仔细涂上。在聊天的过程中我才知道，在一些偏远的地方，条件很是艰苦，与我们生活的拉萨市区相去甚远，那里的孩子们还真的需要更多的温暖关爱。我觉得自己应该做点什么力所能及的事，而且是必须要做的。

于是，我开始在自己的家人和朋友、同事间宣传募捐，奉献爱心。我的女儿听说后，主动要求整理自己的棉衣，说自己也必须要献份温暖，并坚持用自己的零用钱把整整两大包打理整齐的衣服邮寄到拉萨。集合各方力量，我们凑了几百件棉衣，选择了拉萨地区相对比较贫穷的尼木县中学作为我们的援助对象。

11 月的拉萨氧气含量更少了，别说是搬东西，就是独自行走也止不住气喘吁吁。6 点多，天还漆黑一片，早晨冷得伸不出手。为了早一点把衣服送到孩子们手里，我们几个却干劲十足。十几大包的衣服从三楼一步步运到皮卡车的车斗里，顾不上休息，就带着我们满腔的热忱奔赴尼木。我们的征集爱心活动也受到了很多方面的重视，这次捐赠活动随行的就有《拉萨日报》的记者和新华社的记者。

经过三个多小时的车程，我们终于来到了尼木县城。这是县城吗？还不如北京郊区的小乡镇繁华。县城很小，几乎一眼就可以望到头，尼木中学坐落在路边，在县城里还是显得很大气的，可想而知，当地对教育的重视。中学的校长和尼木教育局相关领导都在门口张望，我们不由得加快了脚步。握住的双手传来的不仅仅是温度，仿佛还有他们满满的期待以及孩子们对于美好明天的期盼。

捐赠仪式开始了。我们走到学生中间，一瞬间，我的眼眶却是酸酸的。这哪里是初一学生应有的身材，他们和我闺女一样的年级，身高却像内地三四年级的学生。看到我们走近，一个个垂着头，腼腆地笑。看着孩子们羞涩而又期待的眼神，纯洁的笑容，看着捧在我手心里那一双双布满冻疮的手，我的心是那样的疼。伸手搂过一个孩子轻声询问她的姓名，看她眼里的感动，我的心都化了。那一刻，我无比思念着远方的女儿。而现在，我能做的仅仅是亲手把一件件棉衣尽可能多地穿在孩子们身上。用这些少得可怜的棉衣，给他们的冬天增加一丝的暖。活动结束后，网上各大媒体都在转播我们此次捐赠的活动报道。我看着各媒体转发的照片，看着照片中记录我为孩子穿上棉衣的一瞬间，心情还是难以抑制的激动，更是感到自己作为一名援藏教师、一名共产党人肩上沉甸甸的责任与使命。

我们生活在一个伟大时代，每一个人都怀揣着民族复兴的伟大梦想。两年的援藏生活，我从未忘记自己的初心，时刻牢记使命。响应党的号召，保质保量完成党交给我的任务，到祖国最需要的地方去成为海拔最高的追梦人，这样的生命才更有价值更有意义。

“造血式”扶贫助受援地加速奔小康

何维

2019 年 7 月，时任中关村科技园区通州园管理委员会正处级干部的我，很荣幸被组织选派为北京市第九批援藏干部，挂职拉萨市城关区委常务副书记、常务副区长。

打开学生饮用奶市场

如何提升当地的“造血”功能？一到拉萨，白天我就和当地干部开展调研，晚上梳理一天的工作成果。很快，我发现学生饮用奶这一市场潜力巨大。

与此同时，位于城关区的西藏净土乳业有限公司正在发愁。他们的生产能力毋庸置疑，但从 2019 年 1 月正式投产后，却迟迟打不开市场，陷入运营困境。然而，要进入学生饮用奶市场并非易事，拿下“中国学生饮用奶”标识便成了至关重要的一步。

于是，为了拿下这个标识，我就带着净土乳业有限公司总经理扎西索朗来到了北京，我们花了几天时间，把中国奶业协会、中国农业大学及北京市相关部门都跑了个遍，了解申报要求，寻求指导和帮助，回来后我们就按照各项要求逐一落实。

2020 年 2 月，中国奶业协会决定对净土乳业生产地基和奶源基地进行现场评估认证。受疫情影响，评估工作于 5 月 16 日启动。6 月 11 日，中国奶业协会发出通告，允许西藏净土乳业使用“中国学生饮用奶”标识，净土乳业由此成为西藏自治区 7 家奶企中第一家取得该使用许可的企业。我当时的心情无比激动，这意味着净土乳业拿到了打开 65 万名学生饮用奶市场大门的一把重要钥匙。

果然如我们所期盼的，取得学生饮用奶生产资质对于净土乳业，乃至于拉萨市奶业发展来讲都意义重大。净土乳业产能利用率从原来的 1% 快速提到了 26.1%，产量从平均每天生产 1 吨多提升到了每天生产 30 多吨。拉萨市学生饮用奶市场份额有 8500 余万元，西藏自治区学生饮用奶市场份额有 3.4 亿元左右，净土乳业自取得学生饮用奶生产资质后短短近 3 个月时间，向学校市场供应了 15.3 万件学生饮用奶，实现了销售收入 812 万元，并且正在逐步扩大市场份额。

我们努力去寻找企业效益提升之路，最终的目的是让员工受益，让当地百姓的钱袋子越来越鼓。净土乳业叉车工强巴丹增在来企业之前，主要靠种田放牧为生，收入不稳定，每月大概只有五六百元的收入，现在随着企业效益越来越好，他的工资也越来越高，每月可以拿到 4000 多元，是过去的好几倍，而现在越来越多的牧民像强巴丹增一样，获得了更加稳定优厚的收入，日子也过得越来越红火。看到他们脸上洋溢着满足、幸福的笑容，我觉得是对我们援藏干部最大的嘉奖。

援藏生活虽然只有三年，但我们追求的援藏工作效果却是持久的。因此，在打开学生饮用奶市场后，我们希望把眼光放得更开阔、长远，要向全国市场“进军”。于是，我积极协调引进高端智库北大纵横、蓝色光标等优质企业，结合净土乳业实际，推进“两水一奶”营销推广，打造高原品牌。并坚持线上线下“两条腿”走路，在天猫、京东等线上销售平台开设“门店”，在拓展市场的同时，也降低冷链、物流、仓储等成本。目前，净土乳业正朝着越来越好的方向大步前进。

以援藏项目为抓手改善民生

一边抓产业，一边更要重民生，当地医疗、教育、生产生活的方方面面如何改善提升，都是我援藏工作中要着力解决的问题。

孩子们可以模拟体验医生、教师、司机、厨师等不同职业，提前在幼儿园里“接触”社会、了解社会，提升综合素养，培养小公民意识。2021 年，这样的生活教育活动在西藏自治区拉萨市城关区第九幼儿园即将成为现实。拉萨市城关区第九幼儿园 2016 年正式开园，现有班级 15 个，在园幼儿 450 人。但由于地区人口数量大，现有教学楼已不能满足周边群众子女入园问题。2020 年，该幼儿园改扩建项目便列为我们援藏的重点项目之一。

2020 年，在拉萨市城关区，实施续建、新建援藏项目共 12 个，除了城关区第九幼儿园改扩建项目外，还有城关区乳制品加工厂扶贫建设项目、城关区好客藏家民俗旅游村建设项目、城关区扎细街道团结新村小康社区基础设施改造项目、纳金路北社区新时代文明实践站项目、神力时代广场天桥项目等，内容涉及产业就业脱贫类、改善群众生产生活类、医疗教育扶贫类、智力支援类、动员社会力量扶贫类、交流交往交融类、其他类共 7 大类。

2020 年 3 月初复工复产以来，我立足援藏职能，强化统筹、提升服务，逐一现场调度。从谋划项目实施、推进前期手续办理、加快实现项目开工、跟踪审计落实资金、推动交流协作等环节，我们坚持实行“每月汇总受援工作开展情况、每季度召开受援工作推进会、每年对各受援单位开展综合考评、每年开展与受援地的集中交流互访、20 万元以上项目必须结算审计”等具体措施，切实有效推进援藏项目建设工作。

与此同时，我清醒地认识到，要想让援藏工作取得切实效果，必须多点发力，深化京藏两地交流。带领城关区招商引资考察团赴京与首钢集团、首农集团开展工作交流和业务洽谈；带领城关区发改委、城管局、市场监督管理局等部门到北京交流学习先进经验；拓展对口支援新领域，协调通州区红十字会募集社会善款100万元，资助城关区近千名贫困学生……我不断创新思路，重点通过产业联动、技术拉动、就业带动、培训互动等全领域、多角度的帮扶模式，积极引进对接项目，实现两地产业、软硬件等全方位对接，帮助城关区开发资源、培育产业，增强发展能力。

作风建设不松懈

我带头组织落实“三会一课”制度，采取定期理论学习、业务辅导、外出实践等方式，不断抓好党员队伍建设，提高党员理论水平整体素质。我深知，在援藏工作中，不光要干实事，更要坚持不懈抓作风，按照总书记的嘱托，发扬“特别能吃苦、特别能战斗、特别能忍耐、特别能团结、特别能奉献”的“老西藏精神”。

经过近两年的工作实际，结合思想作风建设成果，我总结出了“八实”“六位”“五感”“三动”“两下”。“八实”即诚实老实做人、扎实踏实工作、务实求实学习、朴实充实生活；“六位”即提高政治站位、工作精准定位、准确选位、有效落位、到位不越位；“五感”即带着对当地群众深厚的感情开展工作，才能有感知感慨感悟，进而感染当地群众；“三动”即凡事先感动自己才能触动他人，推动事业；而“两下”则是要么拿下，要么放下，对援藏工作精准科学研判，肯下苦功夫，但不好高骛远。这些没有虚话套话，全部源于我们的工作实际，源于我们每一次调研、走访牧民家庭、对接工作。也正是坚持重意识、严纪律、强作风、讲廉政，才促使我们一个个援藏项目扎实落地，最终惠及当地百姓，带动当地群众一道奔小康。

“在西藏，最缺的是氧气，最不缺的是精神。”这是我们的一句口头禅。的确如此，在比奉献中，每一个援藏干部都不甘落后。白天工作晚上进行理论学习，夜查至凌晨一两点，每天夜里必须吸氧才能入眠，身体小有不适仍坚持工作……这样的工作节奏我们都已经习以为常。在高强度的工作下，皮肤晒出了高原色，体重平均下降了近20斤，但看到当地百姓的日子越来越好，我们觉得一切的付出都是值得的。

援藏时光已过半，即使每天从早忙到晚，我却还总觉得时间不够。接下来的援藏工作任务还很艰巨，要补齐突出短板，强化内生动力，集中力量办大事，科学谋划、实施援藏项目，坚持把改善民生、凝聚人心作为经济社会发展的出发点和落脚点，让当地老百姓感受到“看得见、摸得着、用得好”的帮扶效果。过往皆为序章，未来必将可期，我们有信心、有底气向党和政府交上一份援藏工作的满意答卷。

（牛春霞　整理）

做好三项帮扶工作　助力尼木脱贫振兴

赵东杰

2019 年 7 月，我受组织选派，阔别北京顺义区张镇，远赴西藏拉萨开展扶贫工作，挂职西藏拉萨市尼木县常务副书记、常务副县长，兼任北京援藏指挥部尼木分队领队、第七临时党支部书记。

帮扶发展生猪产业，打造“造血式”扶贫新模式

2021 年 9 月 12 日是一个周末，我记得很清楚，当时回到顺义对接生猪养殖技术人员培训工作。中午接到了分队成员、挂职尼木县农业农村局副局长的微信视频，“这是第 152 头仔猪。赵书记，您看小猪长得多漂亮！咱们这批母猪下仔平均合到了 8 头。”他一手抚摸刚出生的小猪崽，一手举着手机跟我视频。可能是太开心了吧，他激动得有点语无伦次。实际上，我跟他一样激动开心。一年多的辛苦没有白白付出，生猪养殖初步见到成效。

刚进藏的时候，我了解到尼木县是一个以农为主、半农半牧的县，畜牧业产值绝大部分来自牦牛养殖。而牦牛产值虽然大，但是生长周期

长，养殖效益低，农牧民每年养的牦牛数量不少，实际却挣不到什么钱。我和分队成员一边调研，一边讨论尼木县养殖业发展思路。能不能借鉴顺义区生猪养殖经验，在尼木县发展生猪养殖呢？

经过两个多月的调研分析，我发现尼木县发展养猪有几个有利条件，一是尼木县地理位置偏远，自然隔离条件好；二是人口牲畜密度较小，生物安全条件得天独厚；三是高海拔空气清洁，动物病虫菌害较少；四是尼木县群众有着较为丰富的牲畜养殖经验；五是拉萨地区猪肉供应严重不足，90% 靠外调来满足本地需求，有很强的生猪产品消化能力。

但是，能养猪并不意味着就能把养猪产业做成、做好、做大、做强，人力、物力、财力，产业项目实施的关键要素尼木县一个也不具备。如何开好局、起好步，是面临的最大难题。

国家政策给尼木县发展生猪养殖提供了机遇。2019 年 9 月，国务院办公厅印发了《关于稳定生猪生产促进转型升级的意见》，农业农村部印发了《加快生猪生产恢复发展三年行动方案》，西藏自治区和拉萨市也相应出台了支持生猪产业发展的政策。我积极协调尼木县九届县委，结合尼木县实际，抓紧制定了《尼木县加快生猪生产标准化养殖发展三年行动实施方案》，提出要在尼木县建成一个标准化的种猪、苗猪、商品猪繁育生产基地，目标是养殖 1000 头能繁母猪、年出栏 20000 头生猪，并在第一时间把方案报到了拉萨市政府和北京援藏指挥部。

发展生猪养殖的想法得到了北京援藏指挥部的肯定和支持。2020 年，尼木县拿到了北京援藏资金 2959.47 万元。我又通过协调后方，从顺义区对口支援资金中挤出 500 万元，加上自筹资金 811.53 万元，共计投资 4271 万元，开启了尼木县续迈乡生猪养殖基地建设的新征程。

经过紧张的施工建设，2020 年 9 月，生猪养殖基地一期项目建成投入使用。为了解决生猪养殖技术问题，我和分队成员克服疫情影响，几次回京对接顺义区农业农村局、北京顺鑫控股集团、顺义鹏程有限公司等单位，安排生猪养殖技术培训事宜。一是采取“请进来”的办法，先后联系顺义区选派 15 名技术人员开展短期援藏，进驻猪场实地进行防疫免疫、接生仔培、种猪饲养等生产管理技术培训和指导。二是采取“送出去”的办法，从分队工作经费中抽出 14.7 万元，支持尼木县选派

16 名技术学员赴内地猪场培训学习。

养猪不光靠技术，管理也同样重要。我支持续迈乡党委书记、养猪场场长洛旦创新管理模式，采用干部下沉“点对点”抓产业的方式，乡干部和援藏干部一起蹲点猪场，携手作战，建立健全猪场的生产经营、安全生产、技术操作规程、员工岗位职责等生产管理制度，同时采取“党组织 + 合作社 + 贫困户”的运营模式，以续迈乡农牧民特色农产品合作社为经营主体，按照“四个机制”“两个全覆盖”“两个 90%”的要求，带动 23 户贫困户参与生产经营工作。这样，乡里产业发展了，老百姓也能够得到利益。2020 年 9 月猪场建成投入使用以来，累计购进生猪 918 头，出栏 573 头，生产销售猪肉 13 万斤，实现收入 298.03 万元，实现利润 30.2 万元，带动 23 户农牧民群众实现劳务分红 28.9 万元，户均分红 12565 元。

续迈生猪养殖基地一期建成运营，是万里长征迈出的第一步，但是这成功的第一步给了我极大的鼓舞和信心。我在北京援藏指挥部“十四五”项目规划会上汇报，“未来五年，尼木县计划投资 3 亿元，实施尼木县种猪繁育及产业化推广示范基地建设项目，探索建立‘规模养殖 + 分散养殖’模式，预计实现饲养能繁母猪 1200 头、年出栏生猪 32000 头的养殖规模目标。同时，通过进一步完善产业链和供应链，建立起饲料生产、生猪生产、屠宰、加工、猪肉冷藏、运输、销售完整链条，支持尼木县生猪产业高质量可持续发展。”

2021 年，尼木县种猪繁育及产业化推广示范基地建设项目的援藏资金 8450 万元获得审批，新猪场已经开工建设。尼木县的生猪养殖产业正在前进路上高速奔跑，正在积极拥抱一个即将到来的振兴时代。

帮扶培养科教人才，留下一支带不走的科教队伍

我虽然人在西藏，但心底里始终牢记自己是一名顺义区的干部，不论想做什么，顺义区都是我最大的后盾。

为了促进尼木县全面发展，我充分发挥自身的桥梁纽带作用，与顺义区保持密切沟通联系，扎实推进顺义区和尼木县签订结对帮扶协议，切实开展携手奔小康行动，对接顺义区组织47家各类单位参与尼木县结对工作，7个镇、街（企业），8家医院、3所学校、6家社会组织、11家企业、12个村（社区）与尼木县实现结对帮扶全覆盖。

2019年以来，顺义区选派短期援藏干部人才两批共47人进藏，安排尼木县选派专业技术学员131人赴京，在医疗、教育、农技、文化旅游、创业致富等方面开展双向交流，正在为尼木县培养一支“带不走”的科教队伍。

通过种养农技人才培养，全县156座温室大棚蔬菜种植运营步入正轨，12个航天蔬菜品种、20多个一般蔬菜品种走上了西藏人民的餐桌，小西红柿、小西瓜等高端果蔬品种更是进入拉萨百益超市，成为拉萨市民菜篮子的新选择。猪场312头能繁母猪正常繁育，预计来年拉萨市民就能吃上本地自繁自育生产的放心肉。

教育人才培养方面，为提升尼木县教师队伍专业技能水平和实践教学能力，顺义区先后选派20名教师开展为期一学期至一学年的短期教育帮扶工作。教师们在县中、小学、幼儿园以听评课、示范课、磨课、指导教研、交流探讨、师徒结对等形式，传授先进教学理念和优秀教学经验。特别是针对两地共建的“尼木顺义爱心幼儿园”，尼木县出设施，顺义区出技术，实施派副园长、派教师、派班主任的“三派行动”，致力将该幼儿园打造为“社会称心、家长放心、幼儿欢心”的拉萨市一流幼儿园。

医疗人才培养方面，顺义区八所医院开展结对帮扶，支持年度援藏医疗团队和短期援藏医疗团队开展工作，着力弥补尼木县在骨科、急诊、麻醉、妇科等方面的医疗短板，尼木县人民医院医疗服务水平显著提升。

科教帮扶在脱贫巩固各领域取得显著效果。到2020年底，尼木县藜麦、牦牛等10个农产品获得有机证书，藏鸡、藏鸡蛋取得国家地理标志证明商标。果蔬菌产值达到280余万元，带动244户农牧民群众户均增收2500元。藏鸡存栏16万多只，带动2000多人脱贫增收。藏香产值实现 3898 万元，带动 345 户群众户均增收 1.8 万元。乡村旅游接待游客 13.36 万人次，旅游收入 4995.34 万元，带动 326 户群众户均增收 1.6 万元。

帮扶销售农副产品，引领尼土尚品“出县进京”

尼木县的藜麦、雪菊、藏鸡蛋等高原特色农产品，正在被越来越多的人喜爱。但是，由于地理位置偏远，运输成本高，尼木农产品的销路一直不太理想。尤其近两年，受到疫情影响，群众看着好东西卖不出去，既心疼又着急。

遇到困难，我第一想到的还是顺义区。在顺义区委区政府的支持下，尼木县在顺义区仁和镇设立了第一家净土产品直营店，直销尼木县的高原特色农产品，直营店 3 年 74 万元的店铺租金全部由顺义区仁和镇承担，不仅解决了产品销售的后顾之忧，也为尼木产品畅通在京销售渠道提供了最直接的保障。

为保证在京销售的产品质量，我找到顺义区市场监督管理局，对尼木县特色农产品进京销售产品的包装、质量等进行分析，进一步把好当地特色农产品食品安全质量关。

为促进产品销售，我紧跟时代步伐，创新工作方法。2020 年 8 月，北京市顺义区与尼木县联合举办“千里为邻 · 共奔小康”对口帮扶直播带货活动，顺义区 20 多名爱心企业家代表参与现场的直播互动，2 万余名社会各界爱心人士在线收看。直播当天，尼木县的蓝青稞、藜麦、雪菊等特色农产品销量达 33 万元。

打通产品销售“最后一公里”，产业才能真正发展，农牧民才能真正实现稳定就业和增收。我充分运用顺义区“5+5+N”精准扶贫模式，引导尼木县企业与顺义区供销社、顺商集团、顺鑫控股等多个平台对接合作，利用“啤酒节”“郁金香展”等节庆活动展销尼木产品。同时精选北京顺鑫石门国际农产品批发市场突出位置设立尼木县特色商品展厅，推动尼木净土产品走进中石油北京分公司加油站便利店，并联系北京市扶贫支援办、北京市双创中心、顺义区总工会以及各结对帮扶乡镇拓展尼木县扶贫产品销售渠道，有力推动尼木特色农产品直接融入北京消费市场。2020年，尼土尚品取得在京销售额700多万元的好成绩。

我觉得，我仅仅是一个引领尼土尚品“出县进京”的先行者。我相信，通过我和后来者的努力，尼土尚品一定能够在顺义区、北京市站稳脚跟，并且逐步向全国拓展销售，为尼木县脱贫巩固和振兴发展贡献一份力量。

西藏有一种花叫格桑花，到目前为止，它还没有统一的植物认定，包括波斯菊、翠菊等在内的花卉都被认为是格桑花。但是格桑花有一个共同的特征，它来自五湖四海，却都能忍耐严寒风雪，扎根雪域高原，成为藏族人民心中的幸福吉祥之花。我在想，我们千千万万的援藏工作者不正像这格桑花一样吗？我们远离家乡故土，来到西藏边陲，克服高海拔、低压、缺氧、言语不通等诸多困难，在这里开展援藏工作，就是为了把党中央和全国人民的关心关怀关爱送到藏族人民手里和心中，让藏族同胞和全国人民一起，同步过上安居乐业、幸福和谐的生活。

北京雪花　高原起舞

应雪花

2019 年 7 月，时隔 16 年我有了圆大学支教梦的机会，看到援藏公告，我毅然决然报了名，虽然家里有年迈的父母，两个年幼的孩子，但在梦想面前却受到了爱人最伟大的支持！这年 8 月，我离开昌平区长陵学校英语教师岗位，随北京市“组团式”教育援藏团队来到美丽的西藏拉萨，在拉萨实验小学支教，受聘为“拉萨市城关区兼职教研员”。

作为一名党员教师，我积极参加各项政治理论学习，用心领会有关的扶贫政策与民族政策，带着“首善”“首念”“首策”的援藏初心，我许下诺言，用这短短的两年支教时间，一定点亮梦想、不负韶华，尽心尽力地完成援藏任务。

“励”在逆境

理想很丰满，现实太骨感。当高反还意犹未尽、频频作祟时，我接到与自己专业不对口的工作。根据拉萨市实验小学的特殊需求，我以一名英语援藏教师的身份承担了一年级（3）班的班主任工作和一年级

（3）班、（7）班两个班的语文教学工作，专业有别，经验不足，给我的工作带来了极大的困难。为了可以顺利而有价值地完成工作，我做出了超出寻常的努力和尝试。为了适应当地教育教学的特殊性，并把北京的教育教学理念融入其中，我不断摸索、探究，并大胆进行尝试、实施，得到了家长的赞誉和支持。

由于语文学科是崭新的领域，我每天备课、批改经常忙到深夜，再加上无时不在的高反影响，我病倒了。住院期间，微信中接连不断的视频问候让我倍感鼓舞，有些家长和孩子们还转着转经筒，以他们最虔诚的方式为我祈福，这份纯粹的感动，温暖到心里。为期一个月的住院治疗后，我不顾医生的两周休养建议，出院第二天就回到了工作岗位上，因为我心里惦念着孩子们，更深知家长和孩子对我的顾盼。当我走在去往班级的楼道时，不知谁喊了一声，孩子们一涌而出，争着抢着一人拉着一个我的手指头回到班里，这一刻孩子们正襟危坐，异常安静，一同起立，用藏式对最尊敬的人的欢迎动作欢迎我回到讲台，这份纯真的举动，宁静到我心里。

第一个学期，虽身处逆境，但看着自己 120 个藏族孩子们在一天天健康快乐地成长，看着他们取得一次又一次的进步，体会着孩子们对我的喜爱和需要，感受着家长对我的认可，我内心感到无比欣慰和充盈。

“功”在课堂

到拉萨实验小学东城分校工作后，承担三、四年级四个班的英语教学任务，初始的英语课堂反过来给我上了彻彻底底的反思课：孩子们对英语缺乏兴趣；机械跟读和机械背记单词、负重作业问题严重；不懂合作、没有自信；等等。看到这样的现象，很心疼，当时就立志，我要改变他们！

于是我对英语课堂进行了整改，结合孩子们能歌善舞的特点为他们制订细致的英语学习计划，并将歌舞与英语教学结合在一起，创造了

"歌舞英语"，还自编歌曲、歌谣；把 drama 带入课堂，每节课加入了表演读、表演说和分层表演的环节，让孩子勇于表现自己，找到英语自信。鼓励孩子自创"拼读拍手操"，采用"一拼、一写、一遮法"，引导孩子自主拼读记忆单词。把作业转变为作品的方式留给孩子，份份认真用心，张张值得保留。我还设计简单易操作的过程性评价方法：从获得星星开始（孩子们努力获得的一颗颗小星星在他们看来极其珍贵），十颗星换小贴画（我手绘简笔画，孩子们觉得找我来换贴画儿像抽盲盒一样，兴奋与成就感油然而生），十个小贴画抽取礼物（聊天中了解的学生最喜爱与需要的小东西），将鼓励、肯定与表扬贯穿于课堂始终，使每名孩子都能体验到成就感和快乐！记得一次课后，旦增桑布跑到我面前，兴奋地说："Snow，刚才上课我觉得就像在林芝呼吸氧气一样舒服，就是下课太快了，我还没上够呢！"听到孩子这样说，其实我心里比他还开心，这就是我简单的幸福！

此次整改给英语课堂注入了"新血液"，改变了当地孩子对英语学习的态度，受到了当地领导同行和家长的一致好评，我也被孩子们亲切地称为北京 Snow 老师！

"领"在教研

在一年半的英语教学工作中，我做了三次引领示范课和三次主题讲座。每次讲座与课都会根据老师们的教学需求，结合对课堂整改的教学实践进行，把北京的一些教学理念、教学策略和方法都渗入其中，必要时还以老师们为临时学生进行微格讲解。示范课和讲座后，老师们纷纷交流感受：觉得英语课还可以上得这么轻松、有趣、有效；讲座也可以脱离坐着读理论性的材料，也能这么接地气，得到当地老师们的认可。

回归英语岗位后，我和当地德吉白玛老师一直保持着师徒关系，我们共同备课、讲课、听评课，一起夜里备课、说课、评课、探讨问题是常有的事。在日常教学中，德吉白玛老师也会对照我们两人的课表，找她的空课或调出空课来我的课堂听课，课下或夜里提问题共同探讨，此等勤奋努力让德白老师的教学能力有很大提升，并在当地各项课堂大赛中获得优异成绩。

去支教，我就是想影响老师们和孩子们，并能最大限度地改变一些，即使是一点点星星之火，希望可以照亮和温暖所及的地方。虽然在每周 20 多课时的强工作量下，持之以恒地坚持很辛苦，但我深知，作为北京教育援藏团队中的一员，作为西藏第一位英语援藏老师，肩负的使命不仅仅是向学生传授知识，更重要的是变“输血”为“造血”，将北京的教育教学理念带到拉萨，并将其留在那儿。

“梦”在高原

2020 年 5 月 22 日，我有幸作为教育援藏代表，去拉萨市重点扶贫县尼木县帕古乡完全小学开展送教下乡活动。一堂 40 分钟的课，孩子们从怯懦躲闪到活跃参与，从说蹩脚的英语单词到说完整的英文句子，从提问无反应到与我的思维碰撞，从陌生初见到挤在窗前依依不舍地喊着我的名字挥手道别，他们发生的转变，我也为之动容。

在英语示范课后我与当地英语老师们分享了自己的备课思路和上课资源，看到老师们的专注与投入，体会到与老师们思维的碰撞、心灵的沟通，我当时真的是特别幸福，一种欣慰到灵魂的幸福！当时就想用尽全身的力气跑到对面的山顶，大喊！

在回来的路上，我心里一直涟漪不断，深切体会到久违的成就感与满足感。遇见这里纯朴可爱的孩子们，回眸他们脸上泛起的高原红，再次莫名地触碰到我内心深处的援藏初心，这就是我援藏之初，心中的拉萨，想象中的学校，准备投以全部爱的孩子们，这就是我想为之努力奉献的地方。虽然在很强的日常工作量下还备课到深夜，虽然一路途经 3 个多小时的颠簸，虽然 4300 米的海拔让我感到不适，但我内心是充盈的、欣慰的，为我自己能下乡送教并顺利圆满地完成组织交给我的任务感到幸福，为我能发出光热温暖到孩子们感到欣慰。老师这个工作虽没有多么高端，但一定是用生命影响生命的工作，我喜欢并享受着这个过程！

“爱”在远方

我离开年迈的父母，离开爱人和两个可爱的孩子，带着自己的那份教育情怀与初心，来到西藏拉萨，把精力、时间和爱都奉献在这片一直向往的土地上。我和家里的爱也变得遥远、珍惜、别样而独特。

我收获了“调侃的爱”：爱人自己带两个孩子着实辛苦，不仅如此，他还要照顾两个老人的衣食住行，琐事难以想象，但他从未道苦，反而调侃地对我说：“现在你不在家，不用照顾你，省心多了！”

收获了“内敛的爱”：每次给父母视频，父母都会把手机迅速交给孩子们，我必须跟爸妈强调：“先别叫孩子，我想跟您说说话！”父母会躲闪着说：“没什么可惦记的，都好着呢！”然后又把孩子们叫来了！

还收获了“写出来的爱”：除了每天跟孩子视频外，我与大妞儿之间有一种特别的交流方式——英文通信，她用心保留着我的每张来信！记得有一次二丫把我给大妞儿的生日信撕破了，她特别伤心，小心翼翼地把信纸一块块粘起来，仿佛是在粘贴她与我的心声。

亲情如春雨，润物细无声，正是这份无私的爱坚定了我的援藏初心，也正是这份温暖的爱成为我努力工作的坚实后盾，成为我圆满完成援藏任务的坚毅力量！

回头看，从当时“想来”，到来了“想做”，到现在“所做”，我真的是用情、用心、用力了。特别庆幸自己有机会能体会到“老西藏精神”，“特别能吃苦、特别能战斗、特别能忍耐、特别能团结、特别能奉献”，当我真正生活、工作在这片雪域高原，看似这些理论性的精神标语确是生活在此的人真实经历的写照，确是西藏人生活中的真精神！

现在已经回来工作了，与当地的老师、学生还保持着联系，他们工作的努力认真、为人的朴实无华、处事的热情洋溢深深感染着我！虽然远隔千山，却近在咫尺，生活中我们依旧分享喜乐，工作上也是交流互助，以后不会变了！两年援藏路，一生援藏情！我的援藏情结不会结束，故事也不会结束。

让歌声飞越雪域高原

魏学东

伟大教育家陶行知先生说："捧着一颗心来，不带半根草去。"教师这个职业，是用心在传递的事业，每一个成功的教师，每一次教育的梦想，每一朵绽放的教育之花，都是爱的教育的最好解释。无论在何时，无论在何地。

2019年的夏天，我有幸作为北京市第九批"组团式"援藏干部人才队伍中的一员，从北京怀柔区第一中学，来到雪域高原西藏拉萨实验小学进行为期两年的援藏支教工作，受聘为"拉萨市城关区兼职教研员"。来到雪域高原进行为期两年的援藏支教工作，工作地点变了，生活环境艰苦了，教学条件有很多不一样，尤其是教育教学思维方式遇到了很大的挑战。在最开始的时候，有过痛苦，有过困惑，甚至有过抱怨，但因为有内心的坚持，有一份教育的情怀，我的内心渐渐沉静了下来。尤其是在党的十九大精神鼓舞下，在北京援藏指挥部以及各级领导的教育和指导下，我开始对自己的角色和定位有了更清醒的认识，开始探寻工作的最佳契合点，深入研究当地教育的特点和发展态势，逐渐挖掘和尝试课堂教学中如何培养学生的学科素养，把音乐美、艺术美，把几十年来我对人生的经验和感悟一点点渗透到课堂中，渗透到孩子们的内心里。

探索教育模式，让知识更丰富

人生最大的勇气是拼上一切的决心。初到西藏，挑战无处不在。对我来说，更觉艰难。天命之年、独生子，八十老母、父已早逝，患病妻子，自身病痛……但当我开始接触这些天真可爱的孩子们，看到他们幸福的笑脸，我也有了勇往直前的无尽动力。

尽管孩子们都上了初中，但是大部分尤其是牧区的孩子，从小学开始就没接触过正规的音乐教育，对艺术所表达的内涵更是知之甚少。为了让孩子们更多了解我国艺术文化的瑰宝以及艺术带给人的美，我结合学生自身特点重新备课，以音乐为主线，用讲历史、讲故事、讲家国情怀的形式引导孩子，形成了独具特色的教学模式。比如我在讲到《洪湖水浪打浪》这首歌时，我会讲述湖北出土了大量的乐器编钟和古琴，讲述武汉人民舍小家为大家众志成城抗击新冠肺炎疫情，等等。

每一次上课，我都满怀热情，和孩子们共同唱响每一个音符。每堂课我都会选择不同民族、不同地区的民歌为孩子们演唱：彝族、赫哲族、布依族；湖南、河北、四川、内蒙古、青海……我还把社会上比较流行的健康向上的歌曲让孩子改编成藏语来演唱，比如《夜空中最亮的星》《稻香》《凤凰花开的路口》《FLY》等，音乐旋律所表达抒发的情感直击人心，让孩子们难以抗拒。慢慢地，孩子们爱上了音乐课，爱上了这位北京来的“阿爸”“阿爹”“老爸”。

活跃课堂气氛，让教学更高效

正向引导，激发兴趣。在进藏最初几个月的教学中，我发现藏族的孩子在课堂上特别腼腆，不敢回答问题也不敢跟教师互动。教师提个简单的问题学生都是乱哄哄地回答。单独把学生请起来回答问题，他们不是挠头抓耳就是面红耳赤不敢出声。我试着用手机随时随地给孩子拍照片、录视频，从他们在操场上运动、校园一角安静地读书、课下嬉笑打闹到他们在课堂上的表现等，再利用休息时间把视频剪出来，在课堂放给孩子们看。几个月下来，我发现这个方法极大地激发了孩子们的天性。当孩子们看到自己的影像出现在教室的大屏幕上，他们从最初的不好意思、害羞，转变成现在只要我掏出手机就会过来做各种夸张的表情，争着抢着在镜头前表演，他们的表现欲被彻底激发了。我深信音乐是有力量的，初三年级的旦增多吉，是来自西藏周林县的特困生。他本是一个不爱与人交流、不善言辞的孩子，尤其是 2020 年 3 月，他因意外手臂骨折，每天打着石膏上学，他的情绪不好，精神也很萎靡。了解到情况后，我从生活上关心他，给他买吃的、药物、手套、棉靴、羽绒服，在课堂教学中我也特意对他多提问，多让他在课堂上演唱和表演，还邀请他每周在合唱团旁听两小时……内向的他现在变得爱笑、幽默又开朗。

探索改进，精益求精。为了检视自己的课堂效果，我买来专用的三脚架和稳定器，力争把每一节课都录制下来，回到宿舍仔细回看，挖深度、找问题，当所有问题处理完，我会认真地再录制一遍相同的课，把视频资料留给艺术教研室。我想，当我援藏结束后，这些相对成形的视频资料或许能对当地老师有一些参考作用。

培养新人，着眼未来。我们要会教书，更要会育人。教育的根本任务在于立德树人，教师要会教书与育人，让教书与育人相得益彰。在日常教育教学中，我一直积极参加教研组组织的备课、听课、评课活动，精心钻研业务知识，努力提高自身业务水平。在教研会上，我把内地的教学改革理念向西藏的同人推荐，辩证地吸收内地一些值得借鉴的教学方法，并且结合西藏的实际教学状况，在加强同藏族同人的相互交流学习中，研究可行的西藏教学方法。通过做示范课、带藏族教师徒弟，积极做好“传帮带”工作，实现教学质量的共同提高。

促进交流交往，让感情更凝聚

真正的教育，不管在什么地方都是一样的，那就是用爱为了孩子的成长而真心付出，就是在教育的天地里默默守望，在付出和给予中感受生命的价值和意义。所以，我们再苦再累，都要无怨无悔，在奉献和关爱中享受教育的快乐和幸福！

走访藏家，收获感动。《荀子·修身》说："路虽弥，不行不至；事虽小，不为不成。"为了与当地藏族同胞深入沟通和交流，了解他们的生活状况和受教育状况，我利用业余时间，走进学生家里、走进藏族同胞身边，记录本地藏语、土话，随记随学；气候不适，皮肤干燥脱皮，高原反应半夜难眠，我咬牙克服。我深入附近藏族村庄、牧区，采风、学唱藏族民歌，走访、了解他们生活状况，给他们介绍目前北京的生活状况和对孩子成长、对教育的理解，也从当地老百姓身上收获了很多启发和感动。

了解到当地尤其是边远牧区的生活条件差，组织派出学校——怀柔区第一中学的师生为藏区农牧民和学生捐助棉衣、棉被、防寒服、书籍……十几件包裹由西藏民政局工作人员送往牧区。2020 年 9 月，怀柔区教委领导赴藏，就学校具体情况同拉萨实验小学领导深入密切交流，对拉萨实验小学各项工作的成绩和优异的办学成果表示了充分肯定，为支持拉萨实验小学办学，捐赠了 300 个 U 盘、1 万元图书和 3 万元御寒物资。捐赠仪式中，怀柔区教委领导在讲话中对援藏教师的辛勤工作表示了肯定，同时对教育援藏教师工作也提出了要求。

不忘教育初心，让歌声更嘹亮

来西藏支教的两年里，我感觉自己真的在为教育梦想而奋斗，一直在挑战着未知而不同的领域，我从努力适应这里的环境，细心观察这里的人和事，用心与每一名师生交流和沟通，到逐渐对西藏的教育形势有了深入的理解，到成为拉萨北京实验中学的一名教师，每一步都扎扎实实，每一天都过得丰富充实。这些经历触动了我的内心，促进了我的进步，甚至让我常常忘记了自己的病痛。

这次难忘的经历，是我人生路上的荣耀。2021 年 2 月 25 日，雄壮的国歌和振奋的乐曲在人民大会堂响起，我接过国家领导人颁发的奖章和证书，内心无比骄傲和感动。近距离注视着、聆听着习近平总书记在主席台上关于脱贫攻坚全面胜利和展望未来的报告，我感到非常激动，仿佛又听到歌声飞越在高原之上，那么动听，那么美好。

感谢北京市的各级领导，感谢与我一起援藏的兄弟姊妹，感谢我家人，感谢临近 80 岁的老母亲，感谢患病的妻子；感谢藏族孩子们和这片土地；感谢教育的力量带给我的成长和收获。

我是一名在平凡的岗位上默默坚守的普普通通的一线教师，在扶贫的道路上没做什么惊天动地、轰轰烈烈的大事，就是坚持用心、用情、用爱、用百倍的勇气去完成我的教育理想。“缺氧但不缺精神，艰苦不怕吃苦”这句话，希望在我的身上得到体现，也向大家证明，即使是一名普通的教育工作者，也可以通过自己的努力为国家的脱贫攻坚事业尽一份微薄之力。两年的援藏经历必将成为我一生的感动和牵挂，必将指引我在以后的工作和生活中更加无惧风雨、砥砺前行。我将不忘初心，一如既往，以学生发展为己任，守望完整幸福的教育人生，用心做好党和政府赋予的历史使命，用毕生所学去完美“教师”这个称号。

助力拉萨市党委系统信息化创新发展

邬建锋

2018 年底，作为西藏自治区的首府城市，拉萨市全部县区实现整体脱贫。正如习近平总书记指出：“脱贫摘帽不是终点，而是新生活、新奋斗的起点。”2019 年 7 月，组织选派我到西藏开展支援合作工作，挂职拉萨市委副秘书长，分管机要、保密工作，负责北京与拉萨相关对口支援联络事宜，同时还担负西藏拉萨指挥部办公室文秘相关工作。援藏伊始，我就在不断思考如何发挥好北京市党办人的光和热，充分利用好短暂的三年援藏时间，尽快在助力受援地某些领域创新发展上破题开篇并落地见效，打造留得下、用得好的“重资产”，在新的起点上助推拉萨市委办公室乃至全市工作提质增效。

带着这样的思考，我认真学习习近平总书记关于脱贫攻坚及乡村振兴一系列重要论述，结合所担负的工作任务，深入县（区）、市直单位广泛开展调查研究，逐步摸清了情况，厘清了援建思路，并将“扶智”作为基本着眼点，把预期援建目标聚焦到“创新推进信息化”“分管业务法治化”和“援建工作规范化”上来。其中，法治化和规范化两个目标主要是围绕党办人“三服务”职责来考虑和实施的，而信息化则是借助北京先进理念，发挥特长优势，依托信创项目打造支援合作精品，着力提升拉萨党委系统信息化建设水平。这一项目经过近两年的持续实施，取得较为明显成效。

梳理现状，直面三大难题

习近平总书记指出，没有网络安全就没有国家安全，没有信息化就没有现代化。党委系统信息化既是建设“巩固前哨”和“坚强后院”的重要途径，同时又是提升“三服务”效能的有力抓手。我到拉萨市委办公室任职时，正值信创项目启动建设，有幸成为该项目牵头负责人，随即我就组织有关部门和人员投入到筹备和具体实施工作中。随着对信息系统现状等相关事宜了解的逐步深入，我发现问题没有预想的那么简单，距离顺利达成建设目标，至少要解决好三大难题：

难题之一是信息系统建设面临复杂情况。具体来说，当时内网系统只有四个应用，部分为自治区统一部署，部分为自建，除信息管理系统外，其他系统内基本没有历史数据；政府办、发改、自然资源等九个外网系统虽然都在运行，但均没有符合标准的安全防护措施，也就是处于“裸奔”状态。我深刻认识到，要实现建设目标，一方面这些系统牵扯多方利益，统筹难度较大，项目实施存在诸多潜在不可控因素；另一方面，除少数单位和人员外，信息化素养不高的问题极有可能成为一个重要瓶颈，将制约应用系统的真正推广使用。

难题之二是各项保障条件不完善的问题比较突出。拉萨信创项目投资较大，但西藏自治区没有符合要求的招标代理机构来协助完成招投标工作，只能组织分管部门人员自行编写有关文件、自行走完相关流程，存在不少风险隐患点；项目实施后，原有机房已不能满足需求，如果实施改扩建，分保配套建设必须要保证与项目同步甚至提前完成，保障措施不允许跟不上；同时，原有系统一直由密码部门技术服务中心实施运维，虽然安全保密性略好，但编制受限也极大制约了运维效能。诸如此类问题，我感到从开始就是要放弃等靠要的思想，严格遵守相关法律法规的前提下充分发挥主观能动性，既要办成事，又要培养人。

难题之三是时间紧、任务重与保质保量之间存在矛盾。作为自治区建设规模和投资量最大的单体项目，特别是北京市委办公厅相关部门协助规划的信息化项目，自治区有关领导和部门从设计之初就给拉萨明确了“样板”定位、赋予了试点任务，在本身工期就比较紧张的情况下，难点攻关、团队协作、时序统筹和配套建设几乎不能出现差池和反复，我真切地感受到以首善标准推进建设内容一一落到实处存在不小压力。

借鉴“北京模式”，寻求多点破题

面对这些难题，我从2019年8月任务明确之后开始全力投入，带领一班人一步一步按要求开展了设计方案编制、招投标组织、项目建设以及配套分保项目的启动与实施等工作，经过认真细致的努力，2021年4月29日完成了项目初验，目前已进入试运行阶段，预计7月底竣工，这一时间比自治区计划提前四个月，进度和质量在各地市中均保持领先。

“我们的内网参照的是‘北京模式’，目标就是实现全市依托电子公文的大协同与重点单位的无纸化办公。”拉萨市密码管理局局长在汇报项目情况时总喜欢以这句话开头。“北京模式”从顶层设计时就有机融入项目建设过程中。

在充分调研摸准拉萨市相关情况的基础上，拉萨市委办公室向北京市委办公厅发出邀请。2019年11月，北京市密码管理局负责同志带队的专家团一行赴拉萨实地指导，围绕拉萨实际需求达成六点支援合作意向，特别在信创项目“把脉”“开方”上重点发力，传播先进理念和介绍成熟经验，助力拉萨发挥后发优势，借助信创工作做大做强内网，大力提升服务市委市政府中心工作能力。

借鉴相关理念和做法，我在拉萨市委领导的大力支持下，坚持高起点谋划，针对不同系统“烟囱林立”且普遍缺乏安全防护措施的现状，反复调研并征得9家单位同意后，将原政务外网OA分别改造一并纳入内网，同时为6家市委部门单独部署子OA系统，定制设计20余个协同应用和30余个OA应用，其中，主动对接重点任务督查督办和为基层减负工作需要，依托内网建设领导批示件和共享交换平台等系统，促进应用与业务深度融合；打通党政协同办公平台和“两办”子OA平台，助力拉萨市依托内网实现基于电子公文的“一张网”，大力提升政务信息化水平。

补短板、强弱项、建机制虽然不是项目建设的主要内容，但是却影响和制约着整体效能的发挥，我认为既然项目已经启动，就必须坚持系统思维，特别是着眼长远需要，健全完善配套保障机制和措施，使最大的劲，不留遗憾。于是，我积极争取本级支持启动分保配套建设项目，着眼未来5—10年需要改扩建内网中心机房，按照最新要求逐项落实分保建设内容，督导各县区和市直单位完善终端环境配套改造；推动并改变原有内网运维模式，通过购买服务方式提升了运维效能，使有限人力更好投入到内网管理工作中；谋划县区“网吧”模式，争取自治区相关部门支持并作为试点，依托现有条件实现内网安全接入范围的最大化。

援藏时间短暂，三年时间能做的事十分有限，我觉得自己的作用不应该仅仅体现在统筹谋划、狠抓落实的过程中，更重要的是培育提升团队自身发展的“造血”能力，结合任务强化“传帮带”。2019年底国家有关采购文件出台后，信创项目的招投标方式发改部门确定为自行邀标，没了“拐杖”大家问我咋办，我说没问题，我们自己搞定！在此过程中，我多次召集发改、财政、经信、司法、公共资源交易中心相关负责同志咨询政策、审核把关，保障了文书严谨细致、指标设置科学、流程依法合规，促使相关人员“知其然，更知其所以然”，在后续分保项目和拉萨市委办公室其他信息化项目实施时，团队人员已能自主或指导开展标书编写工作。针对部分人员没有先验知识、信息化素养偏弱的问题，我督促集成单位坚持目标导向和问题导向相统一，以可视化形式组织实施需求调研，仅用一个半月就完成所有应用系统的需求确认；秉承这一思路，在系统使用培训环节，我带领团队人员提出采取以培训人员如何使用图形化操作手册的形式，替代传统的直接培训人员技能的方式，用来应对终端使用人员接受能力不强、变更频繁等问题，在实际培训工作发挥重要作用，同时也为今后解决此类问题提供方法路径。

“一分部署，九分落实。”项目建设的关键是狠抓落实，特别是认真抓好各项具体工作的末端落实。我深知在工作节奏不快的拉萨，要在这么短的时间内达到预期效果，我不仅要发挥榜样和示范作用，更需要带领团队加快节奏、提高效率，督促大家按分工推动落实。我坚持对重点任务实施集中调度，召集相关会议 60 余次，保证建设各环节质量和进度基本符合预定目标；2021 年 4 月完成项目初验后，组织绘制甘特图倒排工期，细化明确责任分工，实行挂图作战，保证建设工作稳步有序推进。

项目竣工、系统正式投入使用只是开始，后续还会有很多难题等待着我和团队去攻克，但我相信，只要秉承初心，以首善标准践行支援合作使命，就没有攻克不了的难关，就一定能把凝结着历届北京援藏干部辛勤汗水和无私奉献的事业进一步推向前进。

（姜可心　整理）

拉萨交通新局面是这样形成的

徐海波

在拉萨，每当我看到来自北京的朋友，都会感到十分亲切，同时也勾起了对北京的家和亲人的思念。雪域高原的艰苦众所周知：西藏的平均海拔在 4000 米以上，内地人来这里工作生活，多说话、多走路常常会觉得气喘、心跳加速。在高原工作，身体付出远远大于内地。即便如此，我还是非常珍惜到拉萨援藏的这段时光，并希望在这 3 年中，能为拉萨做些实事。

我是这么说的，也是这样做的。仅仅两年多，我就用自己的实际行动，为拉萨交通助力出一个良好开端。

用“北京经验”为拉萨“缓堵”

西藏经济社会的快速发展，使拉萨的私家车每年呈递增趋势。2005 年，拉萨出现历史上第一次大规模的堵车；2010 年，“停车难”成为拉萨交通面临的第二个难题；2020 年，全市车辆达到 29.5 万辆，年增长率达到 8%。由于城市道路建设与机动车增长速度的不均衡，致使部分主要道路成为交通拥堵节点，形成顽瘴痼疾。虽然经过近10年的治理，但收效甚微。上下班高峰堵车，成为拉萨人最“闹心”的事。

2019年7月，我作为第九批援藏干部来到拉萨，担任拉萨市交通运输局副局长。之前，我担任北京市交通委朝阳运输管理分局副局长，对于城市的堵车问题，早已司空见惯。尽管如此，拉萨市区交通干道严重的堵车状况，还是超出了我的想象，为拉萨“缓堵”这个念头第一时间占据了自己的脑海。按照拉萨市委市政府的部署，拉萨较为突出的两个拥堵节点——拉萨市柳梧大桥桥头和拉萨市北环路与蓝天路交叉口的治理改造项目，作为首批缓堵试点项目摆到了我的面前。

对于拉萨交通拥堵的现状，拉萨市委市政府非常重视。由北京援藏指挥部总指挥牵头，专门成立交通拥堵节点改造领导小组，带领拉萨市交通运输局、发展改革委、自然资源局等相关单位推动此项工作，我有幸参加了此项工作，邀请了北京城建研究院、北京交通发展研究院等方面的专家，充分借鉴北京市多年来交通疏堵先进经验，认真研究论证、实地踏勘，制定并完善北环路与蓝天路交叉口、柳梧大桥南桥头等交通疏堵节点方案。2020年3月5日，该方案在专题会上获得讨论通过。2021年1月柳梧大桥南桥头节点工程全部完成，北环路与蓝天路交叉口节点工程可行性方案完成。

当前拉萨交通不畅的燃眉之急亟待解决，长远的规划更要推进。我按照“坚持首善标准，弘扬实干精神”的要求，依托“首都资源”，借鉴“北京经验”，发挥“小组团”理念，协调北京交通发展研究院开展“拉萨市中心城区交通拥堵综合治理方案（2021—2025年）”课题研究和编制。我积极出谋划策，全力协助推进相关工作，与北京公交集团援藏干部一同提供公交优先策略支持，从城市交通综合治理规划层面进行延伸、落地、转化。

我深知，在城市道路复杂的拉萨，要短期内有效解决堵车难题，绝非易事。但是作为北京援藏干部，我有最坚强的后盾，那就是北京市交通委员会的优势资源和管理经验，这些都是可以在工作中帮助我和同事破解瓶颈的法宝。

借“北京做法”助力拉萨网约车发展

2019年6月12日，是我来拉萨后比较开心的一天。当天，我与拉萨市道路运输管理局局长一起发放了拉萨市首批《网络预约出租汽车经营许可证》。从这一天开始，首约汽车、帮邦行以及牦牛出行成为第一批获得拉萨市网约车合法经营权的网约车平台，拉萨市网约车行业由此迈入法制化规范发展的轨道。

拉萨网约出租平台的建立，为优化乘客出行体验、助力群众就业提供了极大的便利，同时促进了拉萨网约车行业新老业态的协调发展，更大程度满足市民多样化的出行需求。

拉萨网约出租平台的建立，同样得益于北京市在网约出租行业的先进经验。推行实施网约车之初，我反复与北京市交通委员会相关部门联系、沟通，汲取北京出租汽车改革的经验和做法，会同分管的拉萨市道路运输管理局对已制定的《关于积极稳妥推进出租汽车行业改革的实施意见》《网络预约出租汽车经营服务管理实施细则（试行）》再次把脉，从实施层面提供指导意见、配套服务规范和考核办法，确保政策实施得以落地。

首汽约车是北京首汽集团旗下著名的一款网约车平台，在北京有很高的知名度。拉萨网约出租平台建立后，利用北京市援藏干部的优势，我联系到“首汽约车”，向其介绍拉萨本地网约出租车情况，并建议“首汽约车”提供其科技优势和自主研发的车载终端，让拉萨的司乘人员得享优质舒适的出行体验。

2020年6月5日，我带队到首约汽车、帮邦行以及牦牛出行三家网约出行软件公司，就网约车平台申报事项进行经营场地、许可材料现场核实。9月10日，首汽约车正式入驻拉萨运营，12月底共计八家网约平台陆续入驻拉萨，拉萨网约车市场逐步规范起来。

以创新推动拉萨农牧民出行

到拉萨一年多，我有不少记录工作的照片，其中最喜欢的一张是当雄县当杰村藏族村民在客运班车前排队候车的照片。照片上村民们洋溢着比冬日暖阳更温暖的舒心笑容，这种温暖激励着我，让我更加坚定了为拉萨交通事业发展鞠躬尽瘁的援藏初心。

要致富，先修路。我认为，路修好了，公共交通也必须跟上。2019年国庆期间，我来到海拔4840米的当雄县恰嘎村驻村7天，第一次体会到了真正的“地广人稀”——全村共300余户、1500余人，却分成了8个片组。每个片组距离较远，农牧民外出进城打工，或者到县域内购买生活物资，都需要乘坐公共交通出行，解决这一问题成了当务之急。近年来数批交通口的援藏干部，都为之付出了诸多心血，然而直至我到来时，拉萨全市仍有12个行政村未能开通农牧村客运。

习近平总书记在中央第七次西藏工作座谈会上强调，做好西藏工作，必须把改善民生、凝聚人心作为经济社会发展的出发点和落脚点。对此，我感受颇深。交通是民生的一大基础，改善贫困地区的交通状况，带动当地老百姓脱贫奔小康，这是援藏干部的职责使命所在，更成为我学习贯彻中央第七次西藏工作座谈会精神的实际行动。

先调研，再决策。针对拉萨市各区县的实际情况，市交通运输局组织各区县采取因地制宜、一村一策解决公共交通。柳吾乡的3个行政村，使用的是城市公交延伸方式；央热村使用的是农村客运线路延伸方式；而在墨竹工卡县的8个行政村，则需先加快道路改建。经过几批交通援藏干部的共同努力，2020年5月底，拉萨市实现了57个乡镇和227个行政村农牧村客运100%全覆盖的目标。

对这一成绩，我并没有满足。我觉得，这只是“万里长征”的第一步。今后，还要和同事们在提升客车线路频次、做好运行监测方面继续改进，让当地农牧民出行更加方便。

我的三年援藏工作计划目前排得满满当当：推进拉萨城市交通堵点治理，实施拉萨市网约出租车改革，改善农牧村出行民生问题，提前谋划拉萨城市交通综合治理，以交通助推拉萨产业建设，对标对表开展出租车乱象、非法营运、超限超载等专项整治。2021 年上半年，我再次与拉萨交通产业集团和拉萨市邮政管理局分别就城市公共交通路线优化以及推动农村通邮两个课题进行研究，力争在短暂的援藏工作期间，多做一些实事。

2020 年，我所分管的拉萨市道路运输管理局先后荣获交通运输部全国交通运输系统先进集体，西藏自治区运管工作、安全生产、农村客运先进单位，西藏青年五四奖章集体等荣誉，个人也荣获交通运输部脱贫攻坚表现突出个人表扬。和其他北京援藏干部一样，我正以实际行动在雪域高原谱写“不负韶华，不负人民”的人生之歌。

用真情和汗水奉献雪域高原

王义斌

援藏是能让每一名援藏干部深深感到光荣与自豪的任务，2019 年，我积极响应组织号召，毅然踏上为期三年的援藏征程，光荣成为北京市第九批援藏干部的一员，挂职拉萨市人社局党组成员、副局长。

不忘初心，强化思想认识

“缺氧不缺精神、艰苦不怕吃苦、海拔高境界更高”。这是铭记在援藏干部心中的一句话，它的力量源泉来自对党的忠诚，对事业、对责任、对人生的坚定信念。援藏以来，曾因高原反应难受过，也曾因失眠而痛苦过。失眠成为来西藏最难适应的事，很多时候我都很担心这样下去的结果。坚持、坚持，再坚持，我时常给自己加油、鼓劲，每天总是以饱满的激情投入到工作中。我们不是生而英勇，而是选择了无畏。勇闯高原援藏以来，肩负光荣而艰巨的援藏使命，克服高原缺氧、身体不适，激发治边稳藏的家国情怀。深入学习贯彻党的十九大精神和中央第七次西藏工作座谈会精神，认真贯彻以习近平同志为核心的党中央提出的“治国必治边、治边先稳藏”的重要论述，增强“四个意识”，坚定“四个自信”，做到“两个维护”。在援藏工作和生活中，坚持过好高原关、政治关、工作关、团队关和廉洁关，以援藏指挥部闭环工程、组团工程、种子工程、携手工程、振兴工程“五大工程”为抓手，在落实落细上下功夫。在新的起点上推动西藏长治久安和高质量发展，履行好首都援藏工作责任，为拉萨的人力社保事业，作出贡献，诠释一名首都援藏干部对敬业奉献的执着和初心使命的坚守与担当。

深入调查研究，认真履职担当

工作中我紧紧围绕北京援藏中心工作，服务大局、保障民生。深入拉萨各县区，延伸基层单位，深入社区到群众中、贫苦户中广泛调研，摸情况、理思路、谋发展。践行群众路线，保持“亲”“实”作风。走访、了解，以真心换真情，很快融入了当地群众中，为藏籍大学毕业生积极推荐区外就业岗位，结交藏族亲戚，为藏族亲戚提供生活帮助，看望生活困难户，切实送去温暖，加深民族情谊，铸牢中华民族共同体意识。积极发挥援藏干部“纽带”作用，加强京藏合作。为推进北京人社对口援藏工作向纵深发展，提前谋划“十四五”对口援藏工作，协调促成北京市人力资源和社会保障局与拉萨市人民政府签订了《对口支援拉萨人社工作协议书》，从政策援藏、就业援藏和智力援藏三个方面奠定未来五年人社工作对口援藏工作基础。

刘阳，是一名拉萨籍高校毕业生。2020 年 6 月，毕业于中央财经大学，目前就职于北京市的某保险集团股份有限公司。提到刘阳的这份工作，拉萨市民刘阳的家长言语间就很自然地流露出了对北京就业援藏工作和北京援藏干部的感激之情。因疫情原因，2020 年 9 月，北京就业援藏招聘会只能改为网络招聘会，求职者只能网上报名，网上审核，网上录取，网上面试。由于其他原因，刘阳错过了报名时间。刘阳的家长和我素不相识，打听到我负责就业援藏工作后，他向我讲述了女儿刘阳的情况。女儿从小身体先天原因不能在高原生活，所以女儿一直由老人带着在内地生活，毕业后，小孩来不了西藏，她身体不适合在高原工作，所以盼着北京就业援藏能提供在北京工作的岗位。随后，我将这一情况反映给北京市后方部门，积极帮刘阳网络报名。同时给他讲解藏籍大学生区外就业政策，积极出主意，想办法帮助解决工作岗位。刘阳的家长饱含深情地对我说："我在西藏工作30多年，孩子一直没能照顾，现在孩子就业问题是全家的一大心病。"我听在心里，记在心上，多方努力，积极主动去协调相关单位，最终帮助刘阳找到了现在所从事的专业对口的援藏就业岗位，解决了一家人的心中所盼和后顾之忧。

"十三五"期间，北京共提供就业援藏岗位3287个，促进69名西藏籍高校毕业生实现区外就业。结合就业援藏工作，我认真了解新形势下制约拉萨市高校毕业生就业创业工作的瓶颈问题，找准根源，准确施策，推进高校毕业生就业创业工作不断创新发展。加大就业援藏岗位支持力度。协调北京人社局每年度提供事业单位、国有企业及非公企业就业岗位，开展就业援藏专项招聘工作。特别是在西藏及西藏周边省市设有分公司的国有企业开发就业岗位，促进拉萨籍高校毕业生就近就业；在每年组织现场招聘会的基础上，结合新冠肺炎疫情防控形势，推进建立常态化的网络招聘模式，利用就业网络平台定期开展拉萨专场招聘活动，促进藏籍高校毕业生更好就业。

健全工作机制，创新工作理念

按照谋长远打基础的要求，把有限力量尽量安排在涵养基础、培育内生力量上，为拉萨人社系统带来新观念、新思路、新作风。坚定"功成不必在我、功成必定有我"的决心，坚守初心如磐、使命在肩的责任，为西藏振兴出谋划策。按照业务分工，自己分管科室多，工作繁杂，业务工作量大，发挥多年基层工作经验和积累的业务优势，努力提升拉萨市人力社保工作。坚持解放思想、实事求是、与时俱进，在科学理论的指导下，夯实工作基础，强化制度体系建设，努力实现分管工作规范化、标准化、科学化。深入县区、乡村，并延伸到县区教育、卫生、农牧等基层单位调研、走访、座谈与专技人员面对面交流。认真推进事业单位岗位设置工作，优化全市事业单位岗位结构比例调整，为专业技术人员调整晋升打通政策通道。积极协调，妥善解决了数百名储备人才职称评聘历史遗留问题，维护专业技术人员利益。认真完成机关事业单位工作人员增资审核、特殊津贴调整的信息化应用，提高工作效率。落实国企工资调查机制，通过调查研究、广泛征求意见、完善政策、制定健全制度体系，建立科学严谨的考核指标，制定《拉萨市市属国有企业负责人薪酬制度改革实施方案》，确定薪酬组成及测算办法，落实完善考核评价办法、薪酬支付和管理，规范福利性待遇、薪酬监督管理机制。同时，为规范市属国有企业负责人薪酬分配，出台了《拉萨市市属国有企业负责人基本年薪基数认定暂行办法》《拉萨市市属国有企业负责人薪酬管理监督检查办法（试行）》等配套办法，完成国企负责人薪酬改革工作，完成了多年未推动的工作。严格工伤认定程序，规范劳动鉴定工作流程，确保工伤职工及时享受保险待遇。加强社保窗口行风建设，广泛开展基金安全教育，深入开展社保内控和基金安全调研，分析社保基金安全的状况，研究加强基金安全管理的措施和方案，建立健全社保基金内控和基金监督管理制度，建立风险防控机制，强化制度体系建设，努力实现分管工作规范化、标准化、科学化。

援藏就意味着吃苦，援藏就意味着奉献。我把岗位当作阵地，把工作当作事业追求，把西藏当作故乡守护，与当地干部群众想在一起、干在一起。我想尽一切办法克服生活中的困难，积极去适应艰苦的环境，不忘初心，牢记使命，认真总结援藏以来工作的得与失，进一步增强宗旨意识，树立无私奉献和艰苦奋斗的精神，圆满完成三年的援藏工作任务，用真情和汗水奉献雪域高原。

（张志林　整理）

奉献雪域高原　助力脱贫攻坚

何景阳

2017 年 4 月，在国家统计局的统一组织下，我作为北京市统计局选派的援藏干部，来到西藏自治区统计局开展统计帮扶工作。在圆满完成为期八个月的首批短期援藏任务后，经西藏自治区统计局党组请求北京市统计局党组同意，将援藏时间延长至十个月。之后，我又不负组织重托，充分发挥自身优势，积极报名参与了第二批援藏工作。这一期间，我与西藏结下了深情厚谊，深深爱上了这片热土、爱上了这里的人民，希望为统计援藏事业和西藏脱贫事业作出自己更大的贡献。

不忘初心，深入贯彻中央治藏方略

西藏不仅有蓝天白云、神山圣湖，庄严的寺庙和虔诚的信徒，还有 4000 多公里的边境线。去往西藏之前，我做了充分的准备，认真学习了习近平总书记系列重要讲话精神和治国理政新理念新思想新战略，特别是治边稳藏重要战略思想，以确保自己的思想与以习近平同志为核心的党中央保持高度一致。

习近平总书记强调，新时代党的治藏方略是做好西藏工作的根本遵循，必须长期坚持、全面落实。作为来自首都北京的一名国家公务人员和一名共产党员，我坚决维护国家统一和民族团结，做到忠诚于党和人民。

牢记使命，履职尽责助力脱贫攻坚

西藏是全国深度贫困地区中唯一的省级集中连片特困地区，是脱贫攻坚之初全国贫困发生率最高、贫困程度最深、扶贫成本最高、脱贫难度最大的区域。自治区共有 74 个县，均为国家级贫困县，其中 44 个属于深度贫困县，特别是阿里和那曲分别有 7 个县和 11 个县，但其中的 6 个和 10 个都处于深度贫困之中，西藏自治区的脱贫攻坚任务艰巨而繁重。

面对前所未有的困难，进藏工作后，我时刻不忘肩负的重任，以共产党员的标准严格要求自己，坚决服从组织安排，主动承担艰巨任务，先后承担了自治区统计局机关党建、农业普查和农村统计等工作，并立足统计主业，为脱贫攻坚提供强有力的统计数据支撑。

一是深入一线调研，掌握精准数据。我所在的农村处，正是自治区统计局承担脱贫攻坚任务的责任处室。围绕自治区脱贫攻坚建设目标，我立足统计主责主业，与广大干部一起，学习最新政策，掌握一线实情，通过加强农牧业发展、农牧民生活状况和农村地区基础设施建设等方面的基础监测，为精准扶贫和全面小康建设提供准确有力的统计服务保障。

在农业普查中，我和同事一起，通过多种方式进村入户，深入了解西藏发展现状，深切感受农村的落后、农业的单一、农民的艰辛，为决策部门提供数据支持，服务精准扶贫。在农业普查事后质量抽查中，我们远赴距拉萨 1400 多公里的阿里地区，这里有我国面积最大的县，但人口尚不足两万人，从一个村到相邻最近的另一个村往往要翻山越岭大半天，一路上只有荒漠。到村民家里，简陋的房屋里只有简朴的锅灶，受教育、讲卫生更是任重道远。在粮食产量调研督察中，我们也深入日喀则粮食主产区，看到的是土地贫瘠、作物单一、产量低下，引进来的大棚、加工厂，也难以发挥出全部效能。在统计年定报培训中，我向各地市统计一线人员了解当地农村农民生活和面临的发展难题。越深入基层，我越感受到西藏与内地发展的巨大差距，越感受到西藏脱贫攻坚的不易和艰辛。

二是强化统计基础，提升服务能力。与内地相比，西藏统计基础薄弱，服务扶贫工作能力亟须加强。统计机构不够健全、人员力量不足，特别是基层普遍存在身兼数职的情况，工作大多疲于应付，并且人员更换频繁；各项工作要求和规范性措施也不尽完善，缺乏系统性建设。为此，在广泛调研征求各方意见、充分借鉴汲取北京经验的基础上，我牵头组织并首次编印了《西藏自治区统计局2017—2018年农村统计报表制度》，还针对统计基础薄弱的实际情况，借鉴北京统计的有效做法，推动制定了《关于加强农村统计工作的通知》和《关于制定印发〈农村统计工作考核办法（试行）〉的通知》。编印一本制度，出台两份文件，细化了时间要求、明确了质量规定，进一步推动了自治区农村统计制度化、规范化建设进程。同时，为了切实提升统计分析研究能力，更好地服务脱贫攻坚工作，我一方面做好数据积累和专题调研，了解基层，把握实情，积累掌握了大量反映农村实际情况的第一手资料，深入研究变化趋势和原因分析，提升统计分析研究能力；另一方面加强政策研究，及时关注国家和自治区党委政府的主要决策部署和政策规划，拓宽研究领域，加大研究深度，提升服务脱贫工作能力。

雪域情深，感悟“老西藏精神”

援藏工作期间，我接触了很多的西藏人，历经了许多的西藏事，感受了颇多的西藏情，更体悟到了博大的“老西藏精神”。

自治区统计局机关党委专职副书记是一位土生土长的藏族大姐，工作起来认真负责、严谨细致、一丝不苟，一切用原则说话，按规矩办事。通过与大姐一起工作，我深深感受到了西藏统计人“缺氧不缺精神、海拔高要求更高”的高贵品质，坚定了我学习和传承“老西藏精神”、“两路”精神的决心和信心。

工作中，我与地市和各县的农业普查工作人员接触很多，发现基层人员力量明显不足，普遍存在身兼数职的情况，但不管工作多艰巨、多繁重，大家都能保证在规定时间内按要求完成任务。特别是在维稳任务紧张时，大家往往连饭也吃不上，好几天都睡不上一个囫囵觉，但从不抱怨，从无懈怠。正是由于有藏族同胞，特别是基层人员的心系大局、上下一心，无私奉献、任劳任怨，才保证了西藏农业普查和各项统计工作能够与全国同步推进。

带头负责农村统计的大哥是一位在西藏出生的汉族人，父辈早年援藏留了下来，献了青春献子孙，说的就是像大哥他们这样的人。工作之余，大哥还带我参观博物馆、观看藏艺表演，还教我唱藏歌、跳藏舞，更好地融入当地生活。现在大哥的父母年龄大了，孩子在内地上学，上不能照顾父母、下不能照看孩子，在西藏统计岗位上一干就是几十年。从他们身上我看到了在藏干部的不易和坚韧，看到了谁是最可爱的人。

艰难困苦，玉汝于成。2020 年 10 月 15 日，国新办在拉萨宣布西藏“两不愁三保障”全部实现，74 个贫困县全部脱贫摘帽，62.8 万建档立卡贫困人口实现脱贫，历史性消除了长期困扰西藏各族群众的绝对贫困问题。经过援藏工作的锻炼，经过革命乐观主义精神和“老西藏精神”的洗礼，我相信在未来我会更加奋发作为、担当有为，努力在促进西藏统计事业和各民族共同繁荣发展上作出更大的贡献。

（吴梓萌　郭越　整理）

把援藏资金用在“刀刃上”

李俊法

2017年，49508万元；2018年，46719万元；2019年，43676万元……这是北京援藏指挥部的援藏资金“账单”。面对这样一个庞大的资金，从2017年8月，我从北京市财政局国库处副调研员岗位上，受组织选派进藏工作，任北京援藏指挥部财务管理部部长。进藏工作伊始，我就在琢磨：到底怎样做才能践行“首善援藏、创新援藏、科学援藏、全面援藏、真情援藏”的理念，如何创新实践才能确保资金安全，才能提高援藏资金使用效益？带着一系列的思考，开启了援藏征程。回顾三年援藏经历，我和一起援藏的战友们始终坚持以助力拉萨全面打赢脱贫攻坚战为目的，认真履行职责，主动担当作为，克服高寒、低压、缺氧等困难，推进211个援建项目（含续建项目）落地实施，助力拉萨提前一年完成整体脱贫攻坚任务并经过国务院扶贫办考核验收，确保了扶贫资金安全和资金使用效益。

积极做好资金保障，助力受援地脱贫攻坚

拉萨市始终把如期打赢脱贫攻坚战作为全面建成小康社会的中心任务，坚持脱贫攻坚与对口援藏相结合，切实发挥北京等援藏省市的作用，重点就加强东西部协作达成了一系列合作成果，助力拉萨市脱贫提速。拉萨市“十三五”规划实施420个扶贫产业项目，对于这些利民惠民的项目而言，资金保障才是项目落实的核心。按照中央政治局委员、北京市委书记蔡奇提出的“提高资金使用效益，防止闲置和损失浪费”的指示精神，针对计划内和计划外扶贫援藏资金分别由两个渠道拨付受援地的现实情况，积极向后方财政和扶贫办等部门建议，与拉萨市受援办、财政局等有关部门协商，进一步简化、优化项目资金拨付手续，规范拨付程序，明确管理责任。2017年分两次将计划外扶贫项目资金拨付到拉萨市财政局指定账户，2018年根据京拉双方共同研究确定的《2018年北京市对口支援西藏拉萨市援建项目计划》，加快资金拨付进度，上半年一次就将计划外扶贫项目资金全部拨付到位；从2019年开始计划外资金与计划内资金拨付方式开始保持一致，均由北京市财政局直接拨付到西藏自治区财政厅，再由西藏自治区财政厅拨付拉萨市财政局，纳入当地预算管理，不再通过指挥部账户核算，切实减少中间环节，使北京援藏指挥部能够腾出更多时间和精力协调指导督促扶贫资金的使用与管理。2019年和2020年所有援藏资金均在3月份全部拨付到位，每项资金都明确到了具体的扶贫项目，都提出了严格的管理要求，真正实现了计划外和计划内扶贫资金同渠道拨付、同方式管理，确保北京财政资金真正用于精准扶贫、精准脱贫项目。

完善制度规定，为扶贫项目资金保驾护航

“信任不能代替监督，人少不能降低标准。如何让指挥部的财务工作适应新形势对扶贫资金管理的新要求、确保资金安全规范高效运转，尤其是在扶贫任务明显增加、标准不断提升的情况下？”这不是什么虚谈，是摆在面前实实在在的问题。到拉萨之初，北京援藏指挥部已有很多现行的财务管理制度，只是有些制度已经与新形势对财务管理工作的要求不相适应，不能更好地发挥应有的规范作用。就这样，“健全制度规定，规范管理流程”的想法开始在我脑海中浮现，结合指挥部财务管理实际，对北京援藏指挥部党委制定的《北京援藏指挥部党委“三重一大”议事规则》中涉及资金管理的条款进行修改完善，使指挥部重大项目决策和大额资金使用更加符合规定、切合实际。根据指挥部远离北京、人少事多矛盾突出，尤其是专职干部与指挥部班子成员和挂职干部压茬（相差一年）轮换的特点，明确了“既要规范安全、又能确保工作高效运转”的工作思路，查找管理上的风险点和隐患，编制完成《北京援藏指挥部内部控制手册》，对北京援藏资金进行全流程规范；先后修订完善了《北京援藏指挥部日常经费使用管理办法》《北京援藏指挥部固定资产管理办法》等 20 多个针对不同经费和资产的管理监督办法，进一步堵塞管理漏洞，防范风险，实现了第八批和第九批援藏干部轮换的无缝衔接以及管理机制的顺畅运转。

加大管控力度，推进项目资金落地生效

加强监督检查，确保资金投向准确、投量合理。近几年，北京市在自身财政资金保障压力不断加大的情况下，将助力拉萨脱贫攻坚作为

一项重要的政治任务，每年安排4个多亿专项资金用于拉萨脱贫攻坚项目。作为北京市财政局选派的援藏干部和指挥部的财务部部长，管好用好这些扶贫项目资金是义不容辞的责任。我针对往年存在的扶贫项目资金申请积极但推进实施慢等情况，决定由财务管理部、审计监督部、项目管理部组成检查组，会同拉萨市财政局、受援办等部门联合对有关区县援藏项目资金管理使用以及项目推进情况进行检查，督促相关区县在依法合规、保证质量的前提下，加快援建项目实施和工程进度，及时完成投资计划，避免资金滞留；协调拉萨市财政局、审计局将北京援藏项目纳入监督计划，形成监管合力，对一些效益不高脱贫带动不明显的项目及时进行调整，确保扶贫资金发挥应有作用，有效防范管理风险。

强化绩效管理，提升经费使用效益。将落实《国务院办公厅关于转发财政部、国务院扶贫办、国家发展改革委扶贫项目资金绩效管理办法的通知》等文件精神作为重要抓手，针对扶贫项目资金绩效管理现状，积极与拉萨市财政局沟通协调，召开京拉两地专题协调会，就绩效目标申报、事前绩效评估、绩效跟踪、绩效评价等工作进行协商，邀请专业人员对参与扶贫项目的援藏干部进行绩效管理培训，对京拉两地绩效管理职责进行明确，督促拉萨当地将北京市财政安排的所有扶贫资金纳入绩效管理范围，所有扶贫项目资金全部补报了2018年绩效目标，并在以后年度申报扶贫项目资金预算时同步申报了扶贫项目支出绩效目标，全面加强绩效管理，基本实现了“编制有目标、执行有监控、完成有评价、结果有应用”的全过程预算绩效管理，为进一步提高扶贫项目资金使用效益、落实资金监督责任提供了保证。

正视考验和困难，积极担当作为

亏欠家人再多依然选择负重前行。“你都48了，还去西藏干吗，再干几年在北京直接等退休不是更好？”决定去援藏的时候，我已经48岁，已近“知天命”的岁数，家人自然是极力反对去西藏的，道理很简单，一则那里自然条件摆在那，自己上了岁数，万一出个意外；二则老母亲年纪大了，需要人照顾。“西藏是很遥远，可是你不去，我不去，那谁去，我们怎能辜负组织的信任？”与爱人的这段对话，我自己就感觉有些没有底气，因为我深知：家人反对我援藏，也是在关心我，只是这种痛，只能藏在心里。到西藏以后，70多岁的老母亲只能委托妹妹照顾，尤其是老人还做了一次大手术，身体状况一直不好。每每想起这些，心里就不好受。不过让我欣慰的是，女儿说过的一段话：“爸爸，你去援藏了，我代您尽孝。”当时女儿正在备战研究生考试，学习也很忙，但是她每天都会主动跟奶奶视频聊天，问问老人的身体状况、生活状况，可能是因为我来援藏，感觉女儿这几年明显懂事了。而我只有加倍努力工作才能回报组织的信任和家人的付出。

顶住双重压力努力履职尽责。到西藏工作后，与身边的同事比，自己年龄偏大，在低压缺氧状态下，在加班加点成为常态的情况下，身体有时出现不适应不舒服是正常的。由于饮食不规律、高原反应大等，我患上了糖尿病，有时害怕影响心情连测都不敢测；神经根型颈椎病时常出现放射性疼痛，有时只能打上封闭再去工作。在身体不适和工作任务重双重压力下，我始终认为我是来援藏的，就不能被这些困难吓倒，在工作中拿出不服老不服输的劲头，与一帮年轻人“一较高低”，和大家一起为助力拉萨市全面打赢脱贫攻坚战、圆满完成北京市委市政府交给我们的任务努力奉献。三年来，我始终牢记初心使命，在加强资金管理的同时，更加重视资产管理，先后组织对北京援建拉萨市群众文化中心项目形成的7.6亿元固定资产进行盘点归类，安全、完整、及时移交给拉萨市管理使用。目前，该项目已成为拉萨市新的地标性建筑，正在发挥应有的作用。对指挥部4000余项分布在不同地方的固定资产定期进行盘点清查，对指挥部租赁京藏交流中心干部公寓的租赁范围、租金标准、搬迁后运行费用等进行测算，对援藏干部公寓的建安成本、租赁成本和购置成本等进行多次分析，保证了指挥部顺利搬迁以及集中居住后的高效运转。

讲政治顾大局正确对待个人得失。坚持把学习党的十九大精神和习近平新时代中国特色社会主义思想以及习近平总书记关于扶贫工作的重要论述作为首要政治任务，围绕打赢脱贫攻坚这一中心工作，切实增强大局意识和政治鉴别力，思想上、行动上始终同以习近平同志为核心的党中央保持高度一致；严格落实中央八项规定，自觉在廉洁自律方面锤炼自己，坚决做到廉洁方面不张口，不伸手，维护了北京援藏干部队伍的良好形象。“三年援藏行，一生援藏情”，援藏是我自己的选择，也是最无悔的选择，为了祖国的边疆建设，我愿意付出一切。

在援藏扶贫工作中践行初心

王宇翀

西藏，对很多人来说，是个美丽、神秘却又让人望而却步的地方。2019 年 7 月，我主动报名参加中组部第九批援藏，任西藏拉萨市扶贫开发办公室党组成员、副主任，2020 年 8 月兼任北京援藏指挥部规划发展部部长。当时有着“无知者无畏的冲动”，更多的是“好男儿志在四方”的豪迈和守疆固土的家国情怀的驱使。选择扶贫岗位，是希望能参与打赢脱贫攻坚战的伟大事业，能为高原边疆民族地区的贫困群众如期脱贫做点工作。

用心投身援藏扶贫事业

进藏后，我遇到的首要挑战是过“高原关”，高原低氧低压等对身体造成的影响客观存在，长期以来的失眠，造成白发加速、记忆力减退、血压升高等等。但通过学习习近平总书记关于治边稳藏、扶贫工作重要论述和日常下乡调研，对西藏自治区的特殊地理、经济社会发展基础、群众生产生活、民族宗教文化等深入了解，我充分认识到西藏在国家大局中的战略地位，做好党的各项工作特别是脱贫攻坚工作，对维护祖国统一和民族团结、边疆稳定和国家安全的重大政治意义。我真切地感受到，作为一个共产党员，有责任有义务为党分忧、为国戍疆、为民谋福利。

进藏之初，我为自己制定了“高、稳、慎、缓”的四字原则、“五个不负”的援藏工作目标和“1514”三年援藏工作规划。两年来，按照北京援藏指挥部“过好五关”“五大工程”的总体部署，我积极学习发扬“老西藏精神”，坚持缺氧不缺精神、艰苦不怕吃苦、海拔高境界更高，积极投身拉萨市脱贫攻坚事业，用心用情用力做好援藏扶贫各项工作。我在拉萨市扶贫办、拉萨市脱贫攻坚指挥部、北京援藏指挥部身兼数职，不顾高原环境下的个人身体健康，经常加班加点工作，深入高海拔贫困村和建档立卡贫困群众家中，起早贪黑下乡奔波、进村入户访贫问苦，积极促进民族交往交流交融，真心为当地贫困群众如期脱贫、过上更好生活努力作出自己的努力。

用情助力拉萨脱贫攻坚

2019 年 7 月我到援藏岗位时，拉萨市所有县区经过三年攻坚已实现整体脱贫摘帽，进入了脱贫巩固提升期。群众脱贫的基础是否牢靠？还面临着哪些返贫的风险和问题？还存在哪些短板弱项？带着这些问题，我深入到拉萨市各县区、功能园区的建档立卡贫困群众家中，调研了解“两不愁三保障”情况、收入就业情况、政策落实情况，特别是仍存在的问题困难等；深入扶贫产业项目企业、农牧民合作社、村委会了解扶贫项目建设、经营管理、带贫效益和村集体经济情况等，深入易地扶贫搬迁安置点调研搬迁群众后续生产生活情况；检查指导拉萨市精准扶贫“六脱”措施落地情况，督促开展脱贫巩固提升“百日行动”。

通过调研掌握情况，我一直在思考研究拉萨市巩固提升脱贫成果的思路举措，撰写了数篇调研报告和理论文章，提出了有关思考建议。结合西藏的资源禀赋，聚焦如何做强特色优势产业，我牵头编制了《拉萨市河谷经济建设中青稞、牦牛和文化旅游扶贫产业发展规划（2020—2025年）》，提出做精青稞产业、做强牦牛产业、做优文化旅游产业的思路，切实为拉萨市巩固脱贫成果提供产业就业支撑。牵头编制《拉萨市“十四五”巩固拓展脱贫攻坚成果同乡村振兴有效衔接规划》，提出了“抓巩固、防返贫，补短板、提质效，作衔接、促振兴”的总体思路。策划设立“拉萨市防返贫社会帮扶资金”，多方筹集资金160万元，协调相关部门建立资金管理机制，切实保证将防返贫资金用到急需的群众身上。

在抓日常工作中，我切实把履职尽责和群众利益放在首位，为做好“12317扶贫监督举报热线”事项调查，多次深入林周县松盘乡、堆龙德庆区东嘎镇处理有关扶贫举报反映的问题，调查问题事实，创新工作方法，依法帮助解决有关问题，向群众做好政策解释和思想政治工作，努力化解信访矛盾。为抓好疫情防控形势下复工复产指导，我多次深入到包联县区的扶贫产业项目点了解复工复产情况、运营管理、利益联结机制和带贫效益等，帮助研究解决存在的问题困难。认真抓好脱贫攻坚工作总结和主题宣传，抓好脱贫攻坚成效考核、扶贫项目资产后续管理、扶贫项目绩效评价等工作，切实保证了拉萨市脱贫攻坚顺利收官。在此过程中，我带领扶贫干部经常下乡进村入户开展工作，可谓起早贪黑、废寝忘食。有一次在林周县松盘乡拉木村入户工作结束时已经是下午4点多，我们还没有吃午饭，饿得饥肠辘辘、浑身无力，再加上有点高反，那种难受的感觉至今让我印象深刻。但是想到我们的工作能让拉萨市贫困群众如期真脱贫、脱真贫，过上更好的生活，这种难受的经历多有几次又何妨呢。

用力推进援藏扶贫协作

在做好受援单位岗位工作的同时，我一直在思考如何发挥援藏干部的作用和优势，深入促进两地援藏扶贫协作。在调研掌握拉萨市脱贫攻坚情况的基础上，我积极发挥桥梁作用，进藏两个月后促进受援单位与后方单位签订对口支援合作交流框架协议，通过产业帮扶、技术帮扶、人才智力支持等开展扶贫协作和对口支援合作。我充分利用在援藏指挥部兼职的便利，切实发挥援藏干部团队优势，密切北京援藏工作与拉萨市巩固脱贫成果深入对接，以产业就业、民生保障改善为重点，推动北京援藏加大产业、教育、医疗扶贫力度，助力北京对口两县两区建档立卡群众 4771 户 18710 人巩固提升脱贫成果。针对拉萨市扶贫产业项目经营管理及效益水平不高等突出短板，我以“请进来、走出去”的方式实施拉萨市扶贫产业经营管理百名骨干培训工程等 3 个援藏项目，提高本地产业发展的“造血”能力。围绕产业发展、经营管理、集体经济发展、美丽乡村建设、乡村振兴等内容，组织赴京集中培训 4 期；邀请北京专家进藏，深入拉萨市县区种植养殖、休闲农业、文旅产业等扶贫项目点进行实地指导，培训本地干部群众 200 余人次，帮助开阔扶贫产业发展思路、解决产业发展中的技术难题、提升经营管理水平。

如何帮助把高原特色扶贫产品卖出去，带动建档立卡贫困群众就业增收，这是我进藏后一直在努力解决的问题。我积极联系各方资源，不断创新帮扶方式，拓展销售渠道。2020 年新冠肺炎疫情期间，我联合电商平台拼多多策划举办了拉萨市“净土拉萨、高原优品”消费扶贫节，这是西藏首场扶贫产品直播带货公益活动。拉萨市 10 个县区、2 个市级部门领导走进直播间推介拉萨市扶贫产品、高原特色产品和文旅资源。活动被新华社、央广网、《中国新闻周刊》《农民日报》等数十家媒体报道，进一步拓展了拉萨市高原特色扶贫产品的销售渠道，深化了扶贫企业的市场主体意识，引导促进建立常态化的直播带货等新兴销售渠道。并通过北京“优农佳品”“北京美丽乡村”等北京市相关部门、县区的微信微博公众号等平台宣传推介，积极联系动员北京市有关单位工会和食堂等开展集中采购拉萨市扶贫产品。在积极开拓区外市场的同时，为有效促进当地“内循环”，联合拉萨市气象局、拉萨广播电视台开展气象节目公益宣传推介扶贫产品活动，有效促进了拉萨扶贫产品在本地市场的内销和“小循环”。两年来累计促进销售拉萨市扶贫产品及高原特色产品 500 余万元。

医疗健康是关系到群众切身利益的民生问题，特别是在自然条件恶劣的高海拔地区显得尤其重要。针对当雄、尼木、堆龙德庆等县区高海拔偏远贫困村群众的看病难问题，我联合北京援藏医疗队专家们深入到当雄县色德村、尼木县彭岗村等村居开展扶贫义诊活动，上门为群众免费进行健康检查、现场诊治、送医送药，深受群众欢迎。同时援藏两年来，我积极协调北京援藏力量，帮助几名贫困家庭大学生和基层干部到北京就医治疗。一位曾到北京就医的干部给我发微信说："您我素不相识，但您一直挂记我的病情，给我大力帮助，感动的心情我会记一辈子的。"能为当地干部群众做一点实事，我感觉很荣幸，唯愿他们能尽快康复，但愿长期以来坚守在这块土地上的人们身体都健康。

两年来我深知，援藏不仅仅是工作，也有利于促进民族交往交流交融、铸牢中华民族共同体意识。我坚持带着感情与当地干部群众交往交流，在日常言行中促进民族团结和京藏两地一家亲。注重尊重藏民族习惯，积极学习藏语、了解藏民族优秀文化。日常到贫困群众家中调研时，随身携带零食以备其家中小孩所需，拉近与群众距离，勉励孩子们靠学习和劳动过上更好生活、为建设中华民族大家园发挥作用。我先后十几次深入到 4800 多米的当雄县纳木湖乡色德村调研，并驻村蹲点一周，深入困难群众家中开展帮扶慰问，为结对家庭孩子购买书籍文具并写上深情寄语。积极联系动员北京市有关单位和个人为贫困村捐款捐物。

2021 年上半年，我联系并争取北京一家企业爱心扶智项目在西藏首次招生，曲水县四季吉祥村的两名脱贫户孩子被招录到北京免费学习计算机专业，公司负责全部学习生活和交通费用。10 月底，我在带队赴京举办培训班的间隙，前往公司爱心基地去看望两个西藏孩子，当问及她们在北京的学习生活时，其中的一个孩子边珍说"可好了"，让我很是高兴。真心希望她们学有所成，并通过这五年的在京学习生活，对北京、对国家、对援藏、对中华民族共同体有更深入、更切身的体会和认识。

在我援藏的前两年里，有幸参与打赢脱贫攻坚战的伟大事业，为西藏拉萨市脱贫攻坚顺利收官、同全国一道全面建成小康社会作出了自己的努力。高原援藏扶贫的经历，将是我一生难忘的记忆和宝贵财富。在接下来的援藏工作中，我将牢记初心使命，再接再厉，坚持首善标准，发挥首都优势，为助力拉萨市巩固拓展脱贫攻坚成果、接续推进乡村振兴和经济社会高质量发展，为建设美丽幸福西藏、共圆伟大复兴梦想，继续贡献首都干部的正能量。

在雪域高原绽放首都环保铁军风采

王宣同

2016 年 7 月，我参加北京市第八批援藏工作，奉命进藏，担任拉萨市环保局党组成员、副局长。

援藏很苦，但吃过之后升华的是精神

援藏确实很苦。首先，高原低压、缺氧、干燥的自然环境对身体造成慢性损害，而且一旦发病，不易康复。即使是常见的感冒，也有可能危及生命。过去三年一起援藏的同志，头发变白变稀、失眠、心脏出现反流是普遍现象。在西藏自治区党委、政府表彰的第八批优秀援藏干部人才中，有四位同志把生命永远定格在青藏高原。三年来，本来消瘦的我更加消瘦，白发已成为主流，嘴唇干裂出血，黝黑的皮肤也使我看起来更像“本地人”。其次，对家人亲友的思念、日复一日的孤独和寂寞对心理也是一个极大的考验。虽然每天都能与家人联系，但长久的分开还是让人体会到“独在异乡为异客，每逢佳节倍思亲”的感觉。有时候心理上的苦比身体上的苦更折磨人。

三年援藏，最对不起的是家人。2016 年 7 月 18 日，我和爱人先把儿子送上回老家的火车。当时 13 岁的儿子第一次单独坐火车。临别的时候，我半开玩笑地说，儿子，如果不能顺利到老家，那咱们就在中央电视台“等着我”栏目再见。在我来到拉萨后不久，在一次聊天中，爱人说，儿子问她，妈妈，你为什么同意爸爸去援藏？这样我不就成了单亲家庭了吗？2017 年清明节，母亲去世，我连夜赶回老家，但没能见上最后一面。想到一年前援藏临行时母亲那不舍的目光，我泣不成声，眼泪中满含愧疚与自责。2017 年 7 月，爱人和孩子来拉萨探亲。当时正值中央环保督察即将开始的关键时期。我一直忙于工作，每天很晚才回公寓。家人在拉萨待了两周，我竟抽不出半天时间陪同。我最感到对不起的是我的爱人。我援藏三年，把家庭重担全给了她。她既要做好自己的工作，还要照顾儿子的一切。我特别担心她的身体，她没有资格生病，如果她生病，家里就彻底瘫痪了。谢谢默默奉献的爱人和自律懂事的儿子。

要说援藏苦，但要看跟谁来比。跟在区县特别是当雄县援藏的同志比，我们在市区，海拔低，生活更方便；与本地同志比，我们援藏是有期限的，而他们献了青春献终身，献了终身献子孙。正是因为艰苦，才能使自己的人生境界得到升华，正所谓：“艰难困苦，玉汝于成。”

援藏很累，但经历过后增长的是才干

援藏确实很累。2017 年 8 月第一轮中央环保督察在西藏展开。每天仅睡三四个小时，有时还要夜以继日。记得有一次局党组会从晚上 7 点一直开到第二天早上 7 点。为了提神，我第一次喝了红牛。为了方便工作，我吃住都在办公室。隔上三五天，身体实在难受的时候，抽时间到公寓里冲一下澡，再返回单位加班。那段时间，我既在督办整改组，又在追责问责组。拉萨市环保局主办和协办的 400 多件问题整改报告我负责第一遍审核。中央督察组关注的重要问题的整改报告我亲自起草。

拉萨市环保局领导说过，如果没有援藏干部的帮助，我们单位很难过中央环保督察这道坎。

2018 年以来，按照局党组部署，我除了分管污防科、生态科和监测站三个科室以外，还同时分管山水林田湖草修复方案编制专班、污染防治攻坚战三年行动计划编制专班、生态文明工作专班、第二次污染源普查专班，成为一名地地道道的“专班班长”。江苏援藏的同事开玩笑说，你真该成立专班办公室了。

2018 年 10 月 20 日自拉萨回北京，向财政部、自然资源部、生态环境部申报拉萨河流域山水林田湖草保护与修复项目。答辩前的四天一直住在珠穆朗玛宾馆。为准备答辩材料，天天加班到下半夜，没有时间回家，直到答辩结束才匆匆赶回家中，真有一点“大禹治水三过家门而不入”的感觉。

在高原上工作，最稀缺的是氧气，最宝贵的是精神。面对日益提高的工作要求，面对“5+2”“白 + 黑”的工作节奏，有时会产生“歇歇脚”的想法。但每每想到北京援藏工作要“立标杆，做示范”的要求，想到局党组援藏前的殷殷嘱托，便会油然而生一种“知难而进、迎难而上、敢于胜利”的勇气和动力。

援藏很险，但闯过之后历练的是胆识

援藏工作确实很险。有些矿山采矿点位于山顶，海拔 5000 米以上，直抵雪线。往往在山下时阳光普照，温暖和煦，等到山顶却是雪花飞舞，寒气逼人。每次去矿山检查，山路崎岖难行，随时都有跌落山崖的危险。全国援藏干部中，已发生数起因交通事故而牺牲的案例。有一次陪同生态环境部开展“绿盾”专项检查，看到被水冲得狭窄而泥泞的山路，几位专家下车后几乎不能站立，而我已经有点“习以为常”了。更让我不能忘记的是，2016 年 10 月 14 日，我刚到拉萨不足三个月，到某大型矿山检查时，执法工作受阻。在那种高远偏僻的环境下，如果处置不当，可能面临生命危险。当我打通监察支队长的电话，支队长没有像往常那样接我的电话，却听到了车间里面的争吵，我马上意识到可能出现了暴力抗法。当时我是带队领导，我马上跟区环保厅监察总队的领导说，咱们赶紧进去，里面有问题。当我往车间走的时候，脑子里闪现出各种可能出现的情况，心里不免有些紧张，但职责所在，不能退却，绝不允许辖区范围出现法外之地，一定要保护我们的执法人员不受伤害。我和总队领导在现场首先制止了争吵和拉扯，然后迅速将情况向市环保局领导汇报。在局领导的协调下，县委和县政府出面平息了事态，并陪同矿山负责人到市环保局道歉，对执法人员受到的伤害进行赔偿。至此，一起暴力抗法案件得到了稳妥处置。

就像一首歌词那样，不经历风雨，怎么见彩虹。只有越是艰险越向前，才能踏平坎坷成大道。只有经风雨见世面，才能长才干壮筋骨。

援藏很难，但挺过之后收获的是感悟

三年前刚到拉萨市环保局的时候，我曾说过，也许当初作出援藏的决定，多少有些仓促，但我坚信，三年后一定能够证明，这是一个明智的选择，一个无悔的选择。数年后的今天，我依然坚信这一点。正如市领导来藏慰问时所说，人的一生总要做几件值得回忆的事情，援藏便是其中之一。三年援藏收获颇丰，受益终生。

第一，我从当地干部身上学到了无怨无悔的工作态度。拉萨的工作节奏是“5+2”“白 + 黑”，但当地的同志很讲政治，随叫随到，坚决服从上级领导的工作安排。2018 年局党组书记和局长先后因为工作超负荷而病倒，但康复后依然全身心投入工作。

第二，援藏工作提供了锻炼成长的平台。三年来，我经常到市委市政府参加各种会议，可以近距离学习市领导在面临复杂形势下，处理棘手问题的决策过程。与有些地区不同的是，拉萨在处理任何问题时，都要同时考虑维护边疆地区社会稳定和加强民族团结两个维度。同样的问题，在拉萨处理起来可能更加复杂。

第三，收获了真情和友谊。天下没有远方，人间都是故乡，有爱就是天堂。单位的领导和同事对援藏干部非常关心，高看一眼，厚爱三分。当我去探望结对帮扶的贫困户时，他们说，我们生活上没有什么困难，感谢党和政府。领导们工作很忙，不用总来看望我们。凡此种种，总有一些温暖让人感动。

第四，在拉萨我心态变得更加平和。当地群众朴实善良，对精神生活的追求远高于对物质生活的追求。在公寓我经常看到，藏族姑娘一边劳动，一边唱歌，流露出满满的幸福感。这无疑是一种宝贵的启示，幸福是一种心理体验，与物质生活的贫富无关。

三年时间，匆匆而过。回望过去，成果令人欣慰。本人具体负责的拉萨河流域山水林田湖草保护修复项目，连续两年向财政部、自然资源部和生态环境部申报，最终成功入选，为拉萨市争取到 20 亿元的中央财政资金。牵头起草的拉萨市污染防治攻坚战三年行动计划已经付诸实施。和我一起工作的同事工作能力得到了提升。

三年援藏行，一生西藏情。2019 年 6 月，我被西藏自治区党委、政府评为第八批优秀援藏干部。在接下来的工作中，我一定不忘初心，牢记使命，发扬“老西藏精神”，脚踏实地，锐意进取，为首都生态文明建设再立新功。

（唐大庆　整理）

用心用情用力　无愧无怨无悔
为拉萨脱贫攻坚事业奉献青春

柴珠峰

2013 年 7 月，我主动报名参加援藏工作，并顺利通过组织考察，成为北京市第七批援藏干部、北京民政系统首位援藏干部，担任拉萨市民政局党组成员、副局长。

援藏干部不能当冬虫夏草

抵藏之后，在拉萨市援藏干部欢迎大会上，时任拉萨市委书记说，拉萨市援藏干部不能当“冬虫夏草”，夏天来冬天走，要确保每年在藏工作时间不少于十个月。我也暗暗下定决心，决不能当逃兵，来了就要当一名踏踏实实的援藏干部。

由于分管业务科室多，我平常走村入户比较多。每次下乡，最大的感受是，西藏老百姓太好了！尽管生活条件比较差，但对党的领导非常拥护，对党和国家的援藏工作有口皆碑，对援藏干部也很尊重。共产党好、习主席好、党的西藏政策好的声音不绝于耳。在这片雪域高原之上，我几乎每天都被感动着，不自觉地融入淳朴的藏民之中。

北京对援藏工作要求很高。北京援藏干部既要体现出较高的政治理论素养、较强的改革创新能力、过硬的纪律作风，也要入乡随俗，有情怀知民意接地气，不然就会脱离群众、工作就会掉链子。我从学藏语唱藏歌做起，学习藏族的文化礼仪、了解他们的生活习惯，不断增强与藏族同胞的感情。我分管行政区划和社区建设、婚姻登记、殡葬事务、社会救助、社会福利、慈善公益等，很多领域基础差、头绪多、事情杂，每天都在不停奔波。干着干着我才知道，哪里有什么“冬虫夏草”，日复一日、年复一年，从没有一点点懈怠，总有干不完的工作。在藏三年，我的探亲假从来没有休满过，周末和节假日也基本都在忙工作。

你的事就是我的事

党的十八大之后，打好打赢脱贫攻坚战逐渐成为民政工作的重头戏。拉萨作为省会城市，经济发展水平在藏区相对较高，但是脱贫攻坚任务依然很重。为确保脱贫攻坚这一重大战略如期实现，拉萨市实行县处级以上党员领导干部结对帮扶贫困户机制，每名干部深入驻村点，联系帮扶一到两户贫困家庭。拉萨市民政局的驻村点是尼木县麻江乡朗堆村，朗堆村坐落在距拉萨市 200 多公里的琼穆岗嘎雪山下，村里海拔 4750 米，几十户村民都以放牧为生。局里驻村工作队一行 3—5 人，由一名科长或副县级干部带队，每年轮换一次，常年与村民们生活在小山村高山缺氧的环境下，条件十分艰苦。

我联系的贫困户是尼玛次仁家。拿到家庭基本情况时，我还专门给驻村工作队打了一个电话，询问这两口子年轻力壮，养育两个孩子怎么会这么困难？工作队的同志说，你过来看看就明白了。很快，赶上藏族的雪顿节，放假一周，我带着疑惑来到次仁家走访。第一次到这高海拔山村里，首先迎接我的是异常明显的高原反应：一下车两只脚就不听使唤，走起路来像踩在棉花堆上一样，脑袋也是晕晕的。尼玛次仁家只有简单的几套藏式沙发，连个像样的床都没有，晚上把沙发当床用，可谓家徒四壁。女主人查思才 40 岁出头，看上去至少有 60 岁了，牙齿掉了五六颗，脖子上长了个排球大小的血管瘤。两个儿子大的 20 多岁，小的 18 岁，虽然念过几年书，但身体都有不同程度的高原病。全家身体状况也就次仁稍微好点。家里牛羊很少，收入非常微薄。

我当时就表了态：既然组织安排我来了，那你家的事情就是我家的事情，我会全力来帮扶。第一，要争取早点帮助女主人查思做肿瘤切割手术，家里没钱我来想办法，拉萨不行就到北京去做；第二，想办法多买几头牦牛来养，适当增加家庭收入；第三，帮助两个儿子找出路，外出打工或就近找份工作（如参军）。这次家访，除了带来的米面油之外，我还给次仁留下 1000 元钱。次仁非要把家里墙上挂着的大半个风干羊肉送给我，我哪能要呢？近距离接触贫困户之后，我才真正明白，高原极寒缺氧环境下，各种高原病频发多发，很多村民生活极度贫困，因病致贫、因病返贫现象十分突出。我对党的援藏政策、脱贫攻坚政策有了更深的理解，对援藏的意义也有了更深的理解。

拉萨市常住人口 50 多万，吃低保的 4 万多人，比例很高。这部分人家庭收入低、经济条件差，往往身体有病、手中没钱，看病难、住院难问题突出。经过大量走访调研，我大胆提出建立“一站式”即时结算的工作机制，将事后报销程序省略，与自治区人民医院、拉萨市及各区县主要医院签订合作协议，由民政部门预先支付备用金，凡是低保人员、孤寡老人和孤儿看病住院，随到随看、随走随结，由医院直接同民政部门对接报销，他们再也不用为押金、垫付医药费的事情发愁了。

现在，次仁一家的生活条件渐渐有了好转，但查思的手术一直没有做成。我承诺一切费用我来解决，她还是不听我的劝，因为宗教信仰的原因，她认为做手术有危险，不愿去拉萨，更不去北京。儿子当兵最后也因身体原因没办成。随着党中央脱贫攻坚政策的深入，拉萨也出台了“以保脱贫”、异地搬迁等多项政策，尼玛次仁一家的生活也有了转变，大儿子还娶了媳妇，生了两个孩子。习近平总书记说的“小康社会一个都不能少”，给尼玛次仁这样的贫困家庭带来了幸福安康的生活。

天下民政是一家

援藏援藏，在藏的只有我一人，背后站着的却是整个北京。援藏期间，我既带来了青春和热血，也带来了北京的优势资源。我多次组织拉萨市民政业务骨干赴北京和江苏参观学习，邀请北京民政局业务部门领导和专家骨干到拉萨交流指导、传经送宝。通过两地民政间持续交往交流交融，拉萨民政很多领域的工作，不仅是脱贫攻坚和救助接济工作，还包括规划编制、慈善协会、标准化建设等，也逐渐从无到有、由弱到强，得到了创新发展。每次交流分享之后，当地的同事总是一个劲儿地感谢。我告诉他们，天下民政是一家，还分什么你我他，还说什么客气话。

援藏期间，我当起了北京和拉萨两地民政部门的“联络员”，拉萨这边碰到难办的事情，特别是现行脱贫攻坚政策不能完全覆盖到的事情，我就向北京的“娘家”求援。三年间，给拉萨民政工作解决了不少实际问题，促进了当地脱贫攻坚成效。这里讲几个我印象比较深刻的例子。

其一，协助解决“双集中”项目经费缺口。按照相关政策，自治区对孤寡老人实行集中供养、对孤儿集中收养，相关机构设施建设被称为“双集中”项目。拉萨市在 2013 年改扩建市老年福利院、2015 年新建市儿童福利院的过程中，先后遇到设备经费短缺的问题，其中儿童福利院涉及 600 多个孤儿吃饭问题。我受拉萨市民政局党组委托，两次回京协调资金支持。北京民政方面特别重视，对拉萨老年福利院改扩建和新建儿童福利院两个项目共给予 400 万元专项资金支持，解决了项目投入使用前遇到的燃眉之急。

其二，推动兴建 SOS 儿童村综合室内活动中心，解决孩子文体活动场所需求的困难。SOS 儿童村是一种以家庭养育形式收养、抚育孤儿的公益救助机构。拉萨市SOS儿童村建于2001年，由十多个家庭和一个青年公寓组成，常年收养200余名孤儿。但儿童村文体设施落后，场所狭小、设备短缺，孩子们最大的愿望是有一个室内文体活动场所。村里倒是有块空地，但苦于没有建设资金。我就琢磨，这是一个独立的建设项目，最好是争取到北京援藏指挥部对民政部门的支持。我利用一切机会，主动向指挥部领导介绍儿童村情况，促成北京援藏指挥部与儿童村结成共建对子，各个支部经常到村里搞共建活动，指挥部和儿童村接触越来越多。有一次，儿童村村长拉姆卓玛在向北京援藏总指挥汇报工作时，瞅准机会提到孩子们建设活动中心的愿望。2015年，北京援藏指挥部筹措项目资金650万元，建成了一座三层楼的现代化文体活动中心。从此，儿童村的孩子们有了一个安全舒适的看书学习、娱乐活动场所。该项目因施工质量、设计水平、完成进度等多项指标名列前茅，还被评为当年拉萨援建项目的样板工程。

第三个故事发生在2015年。当年尼泊尔发生地震，拉萨市震感明显，日喀则市多个县不同程度受灾，近30万人无家可归。为支持日喀则抗震救灾，拉萨市各类救灾物资悉数紧急调往灾区，库存基本清空。救灾物资库不能长时间空仓，为尽快补充库存，做到有备无患，拉萨民政局希望北京能够支援1000顶帐篷。我紧急同北京民政局主要领导联系求助，并很快得到批准。北京方面启动应急程序，马上组织人员、装运物资，紧急调运救灾帐篷3000顶、棉被3000床、棉大衣3000件，连夜装发车，第三天就抵达了拉萨。事后我才知道，这批物资价值人民币900多万元，载满了9节车皮。实际上，也载满了北京、拉萨两地“民政一家亲”的深厚情谊。

无愧于组织的信任和重托

三年援藏，一生情怀。2013年7月至2016年7月的援藏经历，深深铭刻在我的生命之中，也重塑了我的人生观、世界观、价值观。时光匆匆，距离援藏回京不觉已五年过去，但援藏岁月依然历历在目、难以忘怀。我忘不了脱贫攻坚路上的每一个脚印，忘不了京藏携手共创的每一份硕果，忘不了已经摆脱贫困的淳朴藏民，忘不了曾经朝夕相处的每一张笑脸……这份特别的难忘铭刻在心里、环绕在耳畔、烙印在脑海。

至今我还深刻记得离京赴藏时组织的嘱托：援藏为什么？在藏干什么？离藏留什么？这三个问号，是援藏干部永恒的命题。三年间，在全身心投入脱贫攻坚的同时，我积极牵头做好市政府搬迁、堆龙德庆县改区等重点工作，推动拉萨“六型社区”建设、规范社区服务中心建设、牵头成立拉萨市慈善协会和首家慈善超市、创立社会救助“一站式”即时结算机制、扎实抓好拉萨市“以保脱贫”工作……三年里，我想家想孩子流过泪，91岁老母亲在我援藏期间去世，我的满头黑发变成花白……但是我无怨无悔，我对得起这三年的每一天，对得起组织的信任和重托。

习近平总书记说过“我将无我、不负人民”。援藏对于我来说，也是八个字：担当奉献、无怨无悔。

援藏六年：有志而来　决不能无为而归

李文军

2013 年 7 月至 2019 年 6 月，我积极响应北京市委市政府的号召，先后成为北京市第七、第八批援藏干部，带着满怀的激情和梦想历经六年援藏之旅。援藏期间，我主要在拉萨市科技局负责综合计划科、科协以及北京市科技援藏工作。远离家乡，告别亲人，我始终牢记“援藏为什么，在藏干什么，离藏留什么”。

第七批援藏三年时间结束后，当地领导干部热情挽留，我也放不下还在进行的工作，又加入了第八批援藏干部行列，让我有了多为西藏发展、多为藏族人民服务三年的机会。这番援藏经历，虽无轰轰烈烈的生与死，却有刻骨铭心的苦与乐；虽无彪炳千古的功与业，却有努力奋斗的泪和汗。

当好西藏与首都科技资源对接的桥梁与纽带

我是从北京市科委踏上援藏之路的干部，深知科技创新引领发展的重要性，所以想要帮助西藏发展得好，就必须做好在科技服务方面的支撑。科技是我专业领域的事，也是我能做好的事。当地的科技资源薄弱，就得向外找资源，利用“走出去、请进来”相结合的方式，实现拉萨与其他地区的科技资源共享。

发挥首都优势，为西藏发展稳定做贡献，这是援藏干部的职责使命，也是援藏工作的出发点和落脚点。我始终牢记自己既是西藏干部，也是首都干部的双重身份，在北京市政府、市科委以及西藏自治区、拉萨市政府、市科技局的支持下，促成了北京市与拉萨的多次示范合作，为西藏创造了多个首次。

2014 年 7 月，经过我积极协调联系，北京市科委《智能网络化混合电源系统的研制》项目示范点选在了西藏佛学院，开创了京藏企业合作项目的先河。

2014 年 8 月，为了加强拉萨科技咨询工作，大力开展智力援藏，拉萨市确立了构建以“战略咨询、产业规划、项目论证、市场调研、课题申请”为主的科技咨询服务体系的发展目标，为高原地区探索出了科技成果转化新途径。为了更好地引入北京的优质科技资源，2015 年 9 月，我推动成立了北京技术市场协会拉萨分支机构，为拉萨提供实际实用的技术成果，走出一条具有拉萨特色的技术市场发展道路。仅在“2019 年京藏精准扶贫科技资源对接会”上，西藏和北京 40 余家企业和机构通过对接洽谈就达成了 5 对意向签约，一批具有拉萨特色的项目达成合作。

“输血”式援藏向“造血”式援藏转变，为西藏创多个首次

西藏本地创新能力的提升，离不开本地的科学氛围培养。援助，更多的是要“援智”。为此，我提出了“拉萨的社会经济发展及科技创新，根本在于提升当地的创新能力”的工作思路。

为了实现培育本地内生创新能力，实现“授人以渔”的目的，从

“输血”式援藏向“造血”式援藏转变，我积极推进西藏基层科技人才队伍建设。仅在2018年，我在全市选派了农牧民科技特派员630名（自治区级455名，市级175名），建立了4个科技特派员创业服务团队，培育发展了18户科技特派员示范大户；组建了84名“三区”科技人员队伍，活跃在农牧基层，开展种植、养殖、动物防疫等工作，推动了科技与经济、科技人员与农户和基层经济组织的结合，促进了农业和农村经济的发展。

此外，为了便于从外部引入更多的科技要素，我积极推进建设专家工作站，组织科技管理人员走出去学习。2018年3月，在达孜区唐嘎乡泰成乳业成立了牦牛产业专家工作站，推动建设全市科研工作站达10家，拥有牦牛产业、草牧业、新能源、食用菌、藏鸡、藏医药等院士、专家145名。此外，按照市委组织部和北京援藏指挥部工作安排，我组织全市科技管理干部20名赴京，邀请知名专家教授围绕科技扶贫政策、创新创业与科技扶贫等内容进行了为期15天的科技扶贫专题培训。

科技扶贫，一方面要解决人才队伍的问题，另一方面也要解决科技发展主阵地的问题。高新区是贯彻新发展理念和创新驱动发展战略的主阵地，也是发展高新技术产业的重要载体和实现高质量发展的重要力量。但是，我到西藏时，当地还没有国家级高新区。

为此，我开始积极推动拉萨市高新技术产业开发区申报工作。2014年6月，我提出了建设国家级高新技术产业开发区的建议。经过反复论证研究，拉萨市局党组向市委市政府提出了启动申报国家级高新技术产业开发区的请示，引起市委市政府领导的高度关注，决定在拉萨市柳梧新区建设高新技术开发区。我也因此从科技局借调到高新办负责政策和申报方面的工作，编制出台了《拉萨市人民政府关于促进拉萨高新区发展的意见》。

功夫不负有心人，2015年，西藏自治区政府原则同意批准成立西藏自治区级高新区，并由自治区政府上报国务院将自治区级高新区升级为国家级拉萨高新区。同时，为推动拉萨科技文化融合发展，2015年8月，我带队回北京进行答辩，拉萨慈觉林文创园区成功获批“拉萨国家现代服务业文化旅游创意产业化基地”，成为西藏第一个国家级文化创意产业基地。

搭好科技援藏桥梁，聚焦草莓产业助力当地扶贫攻坚

为了帮助西藏打赢脱贫攻坚战，如期完成新时代的脱贫攻坚任务目标，我一直在思考如何将科技援藏与科技精准扶贫工作紧密结合，如何强化精准到具体点、具体事和具体人的力度。

2018 年，为落实北京市和拉萨市科技扶贫工作，在两地政府的大力支持下，我积极促成拉萨市人民政府与中关村管委会签订了《科技助力拉萨扶贫攻坚框架协议》，促进创新资源要素在两地高效流动，为助力拉萨脱贫攻坚搭建了科技援藏的坚实桥梁。

草莓种植一直以来是西藏部分农牧民致富增收的重要渠道。为了帮助当地提高草莓的产量和质量，提高农牧民的种植收益，2018 年，我邀请北京草莓顶尖专家进藏实地调研考察，向拉萨捐赠了《草莓美食》《有机草莓生产指南》《草莓的基本原理——生态与栽培技术》和《“京藏香”和“公主”系列草莓的品种简介》等一系列草莓种植的技术资料。同时协调北京市科委，为拉萨无偿捐助了 8 万株草莓苗，引进了草莓种植先进技术和专家团队，帮助当地草莓种植解决实际种植问题，为推动拉萨草莓产业扶贫奠定了坚实基础。

为了扎实推进科技精准扶贫工作，促进当地农副产品升级，我又积极联系组织北京生产力促进中心和中科院药植所等专家与拉萨开展农业、种植等领域合作，紧紧围绕拉萨净土健康产业发展，整合各方面资金，引进了新品种 20 余种，实施了饲草种植、牦牛育肥、青稞提质增效等专项；开展了三元生猪生长性能、高原绿化新型草皮种植等生产技术研究项目，支持农业科技示范基地建设，提高当地的农业设施信息化水平，推广实用先进技术，开展科技培训，逐步夯实了科技扶贫载体，

培育了科技扶贫示范亮点，科技精准扶贫取得了一定成效。

结对认亲交朋友，将扶贫工作精准到每一个人

援藏期间，除了在日常工作中将扶贫工作做到位，工作之余，我也希望发挥个人的力量，帮助每一位困难的藏族同胞，为群众办实事、做好事。

记得那是2013年的秋天，单位组织开展“结对认亲交朋友”活动，我们要认一门“亲戚”，并与他们同吃同住同劳动。我的“亲戚”是达孜县（现达孜区）帮堆乡克日村二组的巴桑。他们一家三口，妻子常年患病无劳动能力，他和女儿当时又因交通事故导致行动不便。眼看着地里的青稞就要熟透，再不收割恐怕就要烂在地里了。我很着急，想请人收割，又因农忙之际帮工非常难请。于是，我与同村几个老乡商量，组成帮工队，互助帮忙，得到了老乡的积极响应。他们先帮我收割，我再帮他们，也就是农村通行的“换工”。已经多年没干农活的我，收割青稞实在是有点力不从心。但是想想巴桑一家人的困难以及他们寄托在我身上的希望，我咬咬牙，坚持了下来。手磨破了，双脚肿了，胡子长了，脸晒黑了，全身酸痛，手脚乏力。虽说很辛苦，很疲惫，但看到老乡家的青稞收割了，归仓了，我心里很高兴，很有成就感。

六年来，我一共捐款捐物2万余元，资助了拉萨北京实验中学一名初中生，先后与达孜区邦堆村6户和尼木县赤朗村3个困难家庭认亲结对交朋友，定期到他们家中走访慰问，看看他们有什么活要干，缺什么要买，尽我所能，帮助了60余名藏族同胞走上脱贫致富道路。看着他们过上了更好的生活，我忘却了个人乡愁，逐渐融入了这片土地。

“特别能吃苦、特别能战斗、特别能忍耐、特别能团结、特别能奉献。”这最质朴实在的“老西藏精神”时刻在我耳边回响，让我找寻到了精神上的归属感，一步一步践行自己“有志而来，决不能无为而归”的誓言。

功成不必在我　功成必定有我
助力拉萨市打赢脱贫攻坚战

孙金成

2019 年 7 月，我作为北京市第九批援藏干部进藏，担任北京援藏指挥部项目管理部部长，拉萨市发展和改革委员会党组成员、副主任。亲身有幸参与并见证了拉萨市打赢脱贫攻坚战、全面实现小康社会“第一个百年”奋斗目标的决胜之战。借此机会，我想用“三个阶段、三个角色”回顾这个过程。

打赢脱贫攻坚战　发改人的默默支撑

一位投资科藏族同事的父亲看到女儿经常加班到半夜一两点，有时甚至连续干几个通宵，不相信会真的这么忙。某天晚上 11 点多，他自己偷偷开车来到拉萨市发展和改革委员会院子里，看到好几个屋子里的灯都亮着，大家都在认真热烈地讨论修改材料，就默默回去了。这是那位同事的父亲后来跟我讲的，他本来觉得在拉萨市发展和改革委员会这么一个基层单位，应该没那么多事，但通过这次深夜实地了解，才知道原来那么晚加班的不仅仅是他女儿一个人。他开始理解了，也被打动了。他说，看到女儿每天虽然很辛苦，但是看得出来干得很有劲，他觉得女儿是为拉萨市广大群众过上更好的生活在努力，做的是正确的事和有意义的事，必须鼓励和支持。这是在2020年上半年，应对突如其来的新冠肺炎疫情、拉萨市固定资产投资增速出现下滑情况，拉萨市发展和改革委员会全面研究落实“六稳六保”措施时的场景。

即使在平时，发展和改革委员会也不可能是一个闲下来的部门。脱贫攻坚是拉萨市的一场硬仗，发展和改革委员会作为市政府的参谋助手，不可能置身事外，必须始终在稳投资、促发展、保民生等各方面着力发挥协调、保障、支撑的作用，很多时候不站在前台，但需付出比前台更多的努力。

我作为分管投资科的领导，为尽快熟悉工作，提升协调调度工作精准性，进藏后三个月就跑遍了拉萨市有关县区。特别是在疫情期间，经常到项目上进行实地走访，在摸清基础情况前提下，充分发挥经验优势，认真谋划好、部署好、落实好拉萨市重大规划、重大项目以及北京援藏项目。2019年以来，先后组织调度全市近160个市级重大项目，组织协调落实中央预算内资金约56亿元、专项债23亿元、抗疫特别国债13.06亿元，项目开工率从81%提升到95%，实际完成投资254.5亿元。通过一项项梳理、研究和调度固定资产投资项目，充分用好政府专项债、PPP等多种模式，最终实现了2020年全市固定资产投资增速达到5.3%。这些努力的成果，为拉萨市农牧民持续增收、有效避免返贫致贫、实现更加充分的基础设施和公共服务保障提供了重要支撑。

2020年是“十三五”收官之年，也是总结全面实现小康社会“第一个百年”奋斗目标、绘制拉萨市与全国一同实现现代化“第二个百年”奋斗目标的关键之年，编制拉萨市“十四五”发展规划的任务十分紧迫。2020年下半年，我克服高原缺氧的现实困难，带领分管科室同志编制拉萨市“十四五”国民经济和社会发展规划及2035年远景目标纲要，通过反复调研论证、征求各方面意见建议，数易其稿，2021年1月23日，拉萨市第十一届人民代表大会第六次会议审议通过了《拉萨市“十四五”国民经济和社会发展规划及 2035 年远景目标纲要》。拉萨市“十四五”规划纲要的制定出台，为拉萨市在新的发展阶段下持续巩固脱贫防止返贫、加快与全国一道基本实现现代化提供了更加重要的智力支持。

作为北京选派的 157 名第九批援藏干部人才中的一员，进藏以来担任拉萨市发展和改革委员会副主任，分管规划、投资、环资、北京援藏等方面工作，从事的基本上都是“中观”性的工作，既不够宏观，也不是直接的微观事务，大多是协调推进政策、规划、项目、资金衔接落地，更形象地说，是大量“表”的工作，我们往往都戏称自己为“表”哥、“表”姐。像在北京工作一样，我带领同志们在办公室进行大量的投资和经济形势统计分析、召开会议研究复杂事项或调度重大项目，挤时间到实地调研督导，由于日常协调工作量大，“5+2”“白 + 黑”成为常态，但是这些工作往往缺乏基层的“画面感”，而是一个集体加班写材料、弄表格、抓调度、忙调研的一群“表哥表姐”繁忙工作的整幅画面。我被推荐评选为全国脱贫攻坚先进个人，除了是对我个人工作的肯定外，更多是对我们整个拉萨市发展和改革委员会、北京援藏干部团队整体工作的认可。

巩固脱贫攻坚成果　援藏人的无私奉献

在拉萨市发展和改革委员会任职的同时，我还兼任了北京援藏指挥部项目管理部部长。项目管理部专职干部只有一人，其他几个人都是兼职干部，很多工作都需要自己动手策划、实施，所以我在指挥部就变成了一个兵。现在超过一半时间要在指挥部办公，由于协调头绪多、工作内容繁杂，所以要经常进行两边工作的“思维切换”。我带领项目部的同志们，围绕指挥部党委提出实施“组团工程、种子工程、携手工程、振兴工程、闭环工程”五大理念，聚焦援藏扶贫项目的顶层设计、计划执行和效果评价，组织创新完善援藏项目管理制度和机制，努力让援藏项目实施更规范高效，让扶贫效果看得见、能持续，切实增强当地发展内生动力，支持北京市对口支援的城关区、堆龙德庆区、尼木县、当雄县“两区两县”实施一批产业促就业增收项目，并积极开展消费扶贫产品在北京的展销，在打赢脱贫攻坚战基础上，进一步巩固和拓展脱贫攻坚成果。截至2020年底，共组织推进实施106个北京援藏项目，涉及资金7.25亿元，实现项目开工率100%，一次性竣工验收率100%，项目完工率达到94%；持续推进40余个援藏产业扶贫项目，形成了德吉藏家、藏鸡原种养殖基地、现代农业、生猪养殖、藏香等“尼木三绝”展销中心、数字经济产业园等一批扶贫产业和就业项目，培养了当地农牧民就业致富的观念，促进了就业增收；协调拉萨市多家特色企业500余种单品入驻北京消费扶贫双创中心，带动拉萨各类产品在京销售额超过2500万元；注重发挥西藏北京商会作用，引导北京企业到拉萨投资发展，西藏北京商会会员企业已达到170余家，北京引进投资的产业企业已落实在藏实际投资超过180亿元，为当地8400余人提供就业机会。

我任支部书记的北京援藏指挥部第二临时党支部，承担了中央组织部确定的对口支援拉萨市“规划建设管理”小组团援藏任务。我带领党支部成员充分发挥各自岗位战斗支点作用，通过强化党建促援建、引入专业团队等方式，全力推动编制了《拉萨市城市总体规划（2020年—2035年）》《拉萨市综合交通体系规划（2017年—2035年）》《拉萨市城市建设工程规划建设技术导则》；推动完成全长53.1公里的拉萨市中心城区水系修复及生态治理项目；推进编制了拉萨全市道路交通体系规划，加快实施了柳梧大桥南桥头改造等两个城市拥堵节点改造试点，推动落实《拉萨市中心城区停车管理专项规划》，充分利用学校等地下空间增加12个地下停车泊位建设，进一步完善城市运行管理数字指挥平台功能，逐步推动解决中心城区停车难等问题。

作为北京的一名援藏干部，在西藏需要克服的困难大概有三方面：一是高原反应。刚到西藏前几天晚上都没睡好过，反应还是非常强烈，隔一个小时左右就醒过来一次。这是制约援藏干部的最大问题，加班加点工作甚至连续在密闭会议室开会，都会造成头晕目眩。一起援藏的北京市规划和自然资源委员会同事，有一次从上午到下午连续开了四五个会，下午就感到胸闷难受，直接送到医院高压氧舱治疗。在这里连续加班熬夜，对当地干部也是一大挑战。后来虽然基本适应了，但是晚上睡眠也是个难题，很多援藏干部都靠着药物入眠。特别是每年春节休假后，3 月初回拉萨的时候更为明显，这个时候高原气压低，经常头疼头晕。没什么好办法，只能转移注意力，少运动，多吸氧，坚持就行了。一想到在西藏工作生活着 360 多万人，也不差自己一个，就释然了。二是远离家庭。西藏距离北京 3600 多公里，平时很少回京，下班后回到宿舍，都是与家人进行视频，报个平安。“一人援藏、一家援藏”，后方家里的各种困难都需要家人克服，自己有时候看在眼里急在心上，也没有用，家人是坚强后盾，为我们安心援藏作出了重要贡献。有的同事在孩子刚出生的时候就来援藏了，可以预见其家人付出了多少辛苦和努力。每一个援藏干部的背后都有各种心酸和泪水，但是来了就得努力干好，才能对得起家庭的付出。三是适应融入。进藏后必须适应自己的角色，融入本地任职单位，这也是一个挑战。当地工作的人文环境、任务目标、方式节奏与内地不完全相同，第九批援藏干部特别是我所在的第二临时党支部的成员大多都在规建部门分管核心业务科室，如何承担起这份重任和信任，既履行好援藏使命，又牢牢把握法律红线和底线，确保“干成事、不出事”，规范、高效、创造性地完成各项任务，也需要智慧和策略。这需要与当地干部积极融合，积极参加他们的各种集体活动，平时多交心，为他们提供力所能及的帮助，坚决避免“高高在上”的教师爷说教姿态。

践行“老西藏精神”助力迈向新征程

进藏两年后，随着工作的不断深入开展，对拉萨市的了解也越来越多、越来越深入。拉萨市作为西藏自治区的首府城市，在打赢脱贫攻坚战、推动经济社会发展方面与北京一样，全力以赴争先进位。虽然城市规模小，但是“十三五”以来城市发展建设非常快，已经具备了与内地大城市同样的规划建设管理要求，基本成为一个现代化的城市，并非最初想象的闭塞和落后。我作为拉萨市发展和改革委员会副主任，是整个党委政府运行体系中一个小小的螺丝钉，能做的就是把自己任职的岗位工作努力做到最好。在角色定位上，我也经历了一个不断转变的过程。最初刚到的时候，为尽快熟悉工作环境，我把主要精力放在了县区调研，更多聚焦到协调推进一些具体工作和具体项目、起草调研报告、制度规范的文本等方面。一年后，我认识到这不是援藏的初衷使命和正确方法。这样做的话，我离藏的时候，没有太多改变。所以援藏工作更应该是“带人”，从“以我为主”转向“以我为辅”，“授人以鱼，不如授人以渔”。我逐渐不再直接写、直接做，更多转向带领分管科室的同志们做，以他们为主，我重点加强对他们的方向引导、政策指导和审核把关，有时候一个方案、一份材料反复修改十多次，修改过程中我给他们讲清楚为什么这么改，同时也反复问清楚其中每个环节和疑问，让他们知道一件工作该如何思考、如何协调、如何落实，科室同志发现问题、分析问题、解决问题、处理问题的能力逐渐都有了很大提升。之后我再帮助他们发现工作中的制度机制漏洞，建立健全相应工作领域更加规范的制度和机制。比如先后制定出台了政府投资项目咨询评估办法、重点项目前期经费管理办法、规划课题研究专项经费管理办法等制度，并推动建立重大项目库管理系统，梳理形成投资项目政策汇编、投资项目审批手册等。在平时我也注重与科室人员进行交流谈心，进一步引导他们认识到做好工作的重要意义。此外，我们每一个援藏干部还要充分发挥“联络员”的作用，当好桥梁纽带，积极引进一些愿意在拉萨发展的北京企业或项目，促进京藏两地交流交往和民族融合。现在想想，当好“辅导员”“指导员”“技术员”和“联络员”的角色，更容易把援藏工作干好，可以达到“功成不必在我、功成必定有我”的长期效果。等我们离开以后，这些科室的“学生”们都能成为拉萨市各单位的工作骨干，带动一批又一批人为拉萨市发展作出“几何级”倍数的贡献。

2021 年 7 月 21 日至 23 日，习近平总书记来到西藏，祝贺西藏和平解放 70 周年，看望慰问西藏各族干部群众。在见到被晒成了古铜色的援藏干部们时，总书记十分动情，他说：“缺氧不缺精神，这个精神就是革命理想高于天。你们在高原上，精神是高于高原的。这个事情必须一茬接一茬、一代接一代干下去。一方面支援了西藏，集中力量办大事；一方面锻炼了干部、成长了队伍。援藏应该是你们一生中最宝贵的经历之一。”在接下来的援藏时间里，以及未来回内地工作以后，我将进一步深刻领会和贯彻中央关于新时代治藏方略，按照“立标杆、做示范”要求，矢志不渝，不辱使命，全力履行好“辅导员”“指导员”“技术员”“联络员”角色职责，扎实做好北京对口援藏工作，为拉萨市实现长治久安和高质量发展，为促进京藏携手跨进现代化，实现共同富裕作出更大贡献。

用真情打造带不走的医疗队

邓明卓

党的十八大以来，党中央把健康扶贫作为打赢脱贫攻坚战的一项重要举措，作出了一系列重大决策部署。作为贯彻落实中央第六次西藏工作座谈会精神的重要任务，为进一步促进西藏医疗卫生事业发展，2015年中央组织部和国家卫健委有关部门决定组织开展医疗人才“组团式”援藏。2015年8月，北京市第一批医疗人才“组团式”援藏干部进藏，拉开了医疗人才成规模、成建制组团援藏的序幕。

医疗人才“组团式”援藏，助力西藏健康事业跨越式发展

在北京市委、市政府和北京市卫健委、北京市医管中心和北京援藏指挥部全力支持下，2016年7月至2019年7月，我到西藏开展医疗人才“组团式”援藏，挂职拉萨市人民医院党委副书记、院长，北京市医疗人才“组团式”援藏医疗队队长，北京市援藏指挥部第十三党支部书记。

在我援藏的三年期间，北京市共选派北京友谊医院牵头的北京市属22家三甲医院三批次49人次赴拉萨市人民医院援藏，队员既包括医院

管理人员，也包括拉萨市人民医院急需的各临床医技学科专家。既有年近52岁，也有年龄才26岁的。这三批援藏医疗队员中，还有5位队员完成原有的一年援藏任务后又继续延长留藏工作一年。

北京拉萨援受双方上下凝聚思想共识，抢抓历史机遇，强化责任落实，健全推进机制，“组团式”援藏医疗队进藏后，坚持发扬“老西藏精神”，克服工作、生活、家庭、高原反应等困难，快速融入新的工作环境和集体，充分发挥管理和技术优势，积极拼搏，改革创新，在临床一线倾尽所能传道授业解惑，变“输血”为“造血”，真情援藏，医院在基础设施建设、学科建设、人才培养、科学管理等方面发生了翻天覆地的变化，有效提升了医疗卫生服务能力和水平，推动了健康扶贫与支援合作任务的落实。

创建西藏自治区地级市首家三甲医院

我刚到拉萨市全院开放床位仅257张，全院学科只有19个，医疗卫生人才匮乏，制约发展的突出短板差距仍然很大。因为我们肩负着将医院创成“三甲”的艰巨任务，怎么在短时间内圆满完成援藏任务是摆在大家眼前的难题！

“三甲”的创建注定充满艰辛。原有科室设置的不健全为援藏医生们带来了一道道亟待解决的“填空题”。北京市卫健委和医管中心派出专家组对受援医院作了详细评估，主责单位北京友谊医院也制订了专项工作计划，其他参与“组团式”援藏的市属医院领导分批带队到拉萨协调指导工作，在北京和拉萨援受双方共同支持下，我们以医疗人才“组团式”援藏为引领，以医院创三甲为契机，针对工作中的难点和薄弱环节重点突破，在专科学科建设、人才队伍培养、基础设施改造等方面精准发力，按照将医院建成“大病不出藏”兜底医院的目标要求，针对大病病种清单加强重点学科建设，提升薄弱学科发展水平。“以院包科”制度发挥了良好作用，北京市属各个支援医院发挥自己的优势，将最先进的技术带到了受援医院，新建急诊科、重症医学科（ICU）、血液透析中心、心脏重症监护室（CCU）、呼吸科、高压氧舱、感染控制科等19个学科，全部学科达到38个。医院开展了80多项新技术和多例疑难危重手术，刷新填补了拉萨市乃至全区的多项技术空白。通过各方努力，实现了医院综合实力逐步提升，重点专科不断突破，医院核心竞争力有效增强。老百姓在家门口就能享受到区内外一流专家的医疗服务。我还记得，2018年8月6日，一场生死救援在拉萨市人民医院紧张地进行。一位药物中毒患者陷入昏迷，命悬一线。经过我们援藏医疗队员和当地医生为期4天的共同努力，病人的情况明显好转。这次抢救的圆满完成，离不开急诊科、ICU、血液透析中心、高压氧的保驾护航。而就在此一年多前，拉萨市人民医院尚未建立这几个重要学科，许多重症患者无法被收治。

“真正的评价不是自己给予的，而是就诊人数和患者的认可度给予的。”医院医疗质量的提升，带来了业务量的显著增加。我刚接到援藏任务时，市人民医院日均门诊量只有400多人次，3年后则达到了1200多人次。床位编制从247张上升到450张，住院量增长达到50%以上。拉萨市人民医院完成了“一年大变样、两年上台阶、三年出成果”的目标，成为西藏自治区地市级医院达到“三甲”标准的排头兵。在提高西藏医疗卫生能力、实现“大病不出藏”，助力健康精准扶贫等方面取得了历史性突破。

打造一支带不走的医疗人才队伍

专家请进来了，设备引进来了，科室建起来了，但“输血”只能解得了燃眉之急，医院的持续发展最终要依靠内生动力。“援藏医生不是去当充饥的粮食，而是要当种子，在受援地开花结果”，我对北京友谊医院党委书记的这句话记忆犹新。

变“输血”为“造血”，通过科学制定医院中长期人才发展规划，充分发挥援藏医疗专家“传帮带”作用，坚持把打造一支永不走的高水平医疗人才队伍作为“组团式”医疗援藏的重点任务。不仅要把专家请进来，还要让当地医生走出去。我们提出“组团式”培训的概念，把受援医院的骨干全部轮训了一遍。利用“组团式”培训模式，前后分12批组织130名医疗和管理骨干人员到北京友谊医院进行培训。邀请国内知名学者专家160余人次开展讲学、带教。全面推行“导师制”培养模式，共遴选155名本地优秀医务工作者与援藏专家结成对子，提升本地医疗人才的专业水平和管理技能。在人才结构上，我去的时候医院只有8位副高以上的主任医师，离开时已经有了50名，人才培养实现了由“输血”向“造血”的转变，人才支撑更加有力，人民群众对医院的技术水平更加认可。

完善管理，创造医疗援藏新气象

通过援藏，我们引入北京的先进管理理念和管理经验，不断提升医疗服务能力和水平。一是加强制度创新。严格按照现代医院管理制度要求，建立PDCA管理制度，形成了100万字的制度汇编。各项诊疗流程更加规范，就诊环境和就诊体验更加优化。二是狠抓医疗质量管理。建立并完善了医疗质量与安全管理体系，定期开展活动，不断提升医疗质量。三是紧紧抓住拉萨作为第四批公立医院改革试点这一有利契机，深入推进医院体制改革。完善医院绩效考核管理办法，实现由粗放式管理向精细化管理转变，激发活力。新设立了拉萨市人民医院科研启动基金，充分借助援藏专家科研能力，从课题立项、申请、实施到质量控制各环节进行全面指导和辅导，切实提升科研水平。为促进教学，建立了临床技能训练中心、电子图书馆。与西藏大学医学院加强协作，建立医教协同机制，积极推进临床教学医院的相关建设，提高医疗卫生人才培养水平。2019年6月，拉萨市人民医院被国家卫生健康委员会评为国家住院医师规范化培训基地。

强化辐射带动，助力健康精准扶贫

通过争取北京援藏资金，我们与北京友谊医院、北京妇产医院等北京市属医院建立了远程医疗系统，西藏老百姓能够在拉萨享受到内地专家的诊治，为看病难看病贵减轻了负担。在援藏期间，我们认真组织开展包虫病、“两癌筛查”等专项疾病预防控制工作。发挥“组团式”医疗援藏优势，积极探索建立分级诊疗制度，与拉萨市所属 7 个区县医院启动了医联体建设。加强对县级基层医疗卫生工作的帮扶指导，培训基层医护人员，带动提升全市医疗卫生发展水平。积极响应北京卫健委和医管中心的部署，组织开展了健康精准扶贫拉萨“光明行”“爱膝行”等高原性疾病筛查、手术及义诊活动。与北京友谊医院北京市李桓英医学基金会签署了精准扶贫结对帮扶协议。北京“组团式”援藏医疗队送医下乡开展义诊活动，深入到乡村、寺庙，深入贫困百姓中送医送药，宣传健康知识。通过多措并举，助力打赢脱贫攻坚战。

通过宝贵的三年援藏经历，我也深刻认识到，医疗人才“组团式”援藏工作是“体现中央关怀、惠及各族群众、促进民族团结”的民生工程、民心工程，不仅能为西藏广大群众立竿见影解除病痛，带来健康福祉，也进一步密切了党中央与西藏各族人民群众的血肉联系。正是援受双方的共同努力，让拉萨市人民医院凤凰涅槃、日新月异。北京“组团式”医疗援藏，取得了显著成绩，得到了当地党和政府，广大人民群众的高度赞誉。2018 年，北京市“组团式”援藏医疗队荣获西藏自治区民族团结进步先进集体奖。

今天，“组团式”医疗援藏仍在继续深入推进。展望未来，“组团式”医疗援藏必将在雪域大地不断结出丰硕成果。拉萨市人民医院的明天会更加美好，拉萨各族群众健康水平将进一步提高，西藏医疗卫生事业的发展将更加辉煌灿烂。

在雪域高原书写教育援藏的北京篇章

崔茂华

赓续传承　描绘新蓝图

北京市“组团式”教育援藏工作始于2014年。第一批援藏校长张大力初上高原，就马不停蹄一头扎进校园工地日夜奔波忙碌起来。过度劳累加上高原反应，让正在壮年的张校长晕倒在工地上。2014年秋季学期开学，新校园如期投入使用。从学校文化的顶层设计到健全学校各项管理制度，学校发展步入快车道。

第二批援藏校长赵隆灏给我留下深刻的印象。第一眼见到他，感觉他就是个地地道道的高原人。皮肤黝黑，面色沧桑。赵校长做事务实、严谨，在他与团队共同努力下，学校实现稳中有进。2017年创建拉萨北京实验中学（以下简称“拉北实”）“京藏宏志班”，成为雪域高原教育精准帮扶的响亮品牌。实施援藏教师“六个一工程”和“京藏优质教育资源互动共享工程”，为学校发展奠定了坚实的基础。

2018年7月至2020年7月，我作为“拉北实”第三任援藏校长，进藏开展工作。援藏期间，如何在原有基础上，促进学校更好发展，这是对我提出的巨大挑战。初上高原，我快速克服高原低压、低氧、低湿等带来身体方面的挑战，快速调整角色并融入援藏教师群体，融入学校和当地的教育环境。提出“三依靠、两团结、一保障、八加强”的工作策略，从办学思想与理念、制度与方法、队伍与资源、课程与特色等方面保障学校健康发展，探索高质量可持续发展的办学之路。

植根高原　播种真善美

梅才让，是留给我印象最深刻的援藏教师。2019 年，作为一个不懈努力进京工作生活十几年的老师，在第二次援藏即将结束的时候，毅然决定放弃北京优越的工作和生活条件调到拉萨，立志一生奉献高原的教育事业。因为他深深地爱上了雪域高原这片圣洁的土地，他已经离不开这里的孩子和高原火辣辣的太阳。最喜欢他乐观开朗、待人热情和工作一丝不苟的样子，他除了正常的教学任务还兼任为援藏教师服务的干事，是援藏教师和当地师生间不可或缺的桥梁与纽带。援藏期间深受广大学生、家长和京拉两地老师的欢迎，被评为拉萨市民族团结进步模范个人。如今，梅老师已经和一位心仪的藏族姑娘共同组建起幸福的小家庭，还有了一个可爱的女儿，他把根深深扎在了高原上。

2018 年 10 月的一天，在北京求学的拉北实学生四郎旺姆因病面临终止学业返回拉萨的境遇，得到消息的我心情特别沉重。因为，我了解该生是个孤儿，从小由叔叔抚养长大。叔叔自己也有两个小孩，家庭条件并不宽裕。而患病中的四郎旺姆特别需要补充营养，北京较好的生活环境才能更好帮助她早日康复。一旦回到拉萨，生活、学习、医疗等各方面条件与北京有较大差距，对身体康复、学业发展都弊大于利。

为了让该生留在北京继续学业，我迅速就该生患病情况向北京、拉萨两地医疗专家进行咨询。当医疗专家建议该生可以留在北京按医嘱服药并定期做检查，在加强营养后会逐渐恢复，我的心里有底了。于是，我把孩子的叔叔（也是监护人）约到学校，介绍该生情况，并把学校和医疗专家的建议及时作了沟通。该生监护人非常感谢我和学校站在孩子及家庭角度着想，特别希望该生继续留在北京就读。我马上把医疗专家、该生监护人和我及拉北实的建议与北京学校的领导老师沟通，在大家共同努力下四郎旺姆终于继续留在了北京就读。为了让孩子补充营养，我把自己的部分工资转给派驻北京的拉北实老师，叮嘱老师对该生要格外关照，及时给孩子补充一些营养品，帮助孩子早日走出困境。2019 年 5 月，四郎旺姆和一起在北京求学的同学回到拉北实，我在孩子教室的后门看到她基本康复，正精神饱满地和同学们一起积极备战高考，我的心里高兴极了。

扶思扶志　创示范高中

习近平总书记指出：扶贫先扶志，扶贫必扶智。扶志就是扶思想、扶观念、扶信心；扶智就是扶知识、扶技术、扶方法。作为北京“组团式”教育援藏创始校和样板校，如何发挥北京教育援藏的优势，激发带动当地广大干部教师干事创业的活力，变“输血”为“造血”，是作为校长的我必须要思考并实现拉北实可持续发展的关键性问题。

援藏伊始，借新学年开学万象更新的新起点契机，我在系统思考并了解学校现状前提下，组织召开了援藏管理团队会、援藏全体教师会、拉北实校委会、拉北实行政会和全体教职工会五个重要会议。与广大干部教师分享教育规划，沟通育人思路，在发展愿景和理念上最大程度达成共识，为落实立德树人重点任务和推动学校稳中求进在思想上、方向上奠定基础。有了正确的办学方向和办学思路，就要凝聚起最大的教育共识与合力，激发出广大教师最大的内驱力，以“踏石留印、抓铁有痕”的精神，潜下心来办教育，静下心来谋发展。

2019 年 5 月 12 日，历经数年积淀和全体师生数月准备的西藏自治区示范性高中评审工作在拉北实举行。专家在听取学校汇报、查阅档案材料、进行师生座谈、进班听课评课和巡视校园环境等诸多环节后满意地离开学校。2019 年 8 月 19 日上午，在西藏自治区教育厅相关领导和全体师生共同见证下，拉北实“西藏自治区示范性高中揭牌仪式暨新学期开学典礼”成功举行。拉北实创校之初提出的“创建西藏自治区具有引领示范作用一流学校”的办学目标得以实现。

八方支援　筑育人合力

到拉北实不久，我发现校园除了楼内照明系统基本正常外，一到晚上，整个校园一片漆黑。作为一所有 2400 多名住宿生的学校，存在较大的安全隐患。同时，学校原有师生饮水设备老化破损，无法正常为师生供应安全饮水。师生的需求就是命令。我马上召集校委会并迅速达成共识，把涉及校园安全和师生基本需求的情况迅速向上级打报告，并及时向北京援藏指挥部汇报争取支持。北京援藏指挥部高度重视，很快批准并下达援藏专项经费帮助学校解决燃眉之急。如今，拉北实校园的夜晚明亮温馨，教室和办公室都更换成 LED 节能灯，师生的视力得到保护，每年还能节约不少公用经费。几十台直饮机亮相教学楼和宿舍、食堂，为全校师生安全清洁饮水保驾护航。

2019 年 5 月，校园文化提升工程也在不停课停学的前提下，历经一个多月紧张有序施工顺利完成。崭新的校园环境更加美丽，为当年拉北实争创自治区首批示范高中奠定育人环境的基础。2019 年底，两栋 96 套教师校内周转房在校园中拔地而起，教师们期盼已久的校园安居工程得偿所愿。安居才能乐业，拉北实办学条件再上新台阶。

宏志圆梦　做温暖教育

2017 年，北京援藏指挥部投入专项经费，在拉北实初一年级首创“京藏宏志班”，招收农牧区建档立卡贫困学生 31 人。2020 年秋季开学，初一至高三6个年级，每个年级各有1个“京藏宏志班”，惠及200余位家庭贫困学生。

学习借鉴北京宏志班办学理念，在师资配备、教学资源、课程设置、发展规划等方面量身定做，全力帮助宏志班学生更好更快成长。发挥了“以教脱贫”的规模化效应，有效阻断贫困的代际传递。教育扶贫工作精准落地，为贫困家庭孩子撑起一片“追求美好幸福生活”梦想的蓝天，为藏区实现脱贫攻坚目标作出贡献。京藏宏志班学生，从入学时成绩年级倒数第一到后来稳居年级前三名。不仅学业水平跨越式提升，综合素质培养也成效显著。

2019年10月2日，2019级初一“京藏宏志班”同学，在完成12天北京游学活动后，踏上返藏的列车。在首都北京短暂的游学之旅，不仅开拓了同学们的视野，丰富了知识储备，结交了友好校的伙伴，更增添了无限的自豪感，感受到伟大祖国的强盛，坚定了人生理想和努力学习的信心。感恩首都北京人民对西藏人民的深情厚谊，感恩伟大的中国共产党和祖国母亲，爱国之心与民族团结的种子已深深植根于高原少年的心田。

2019年9月5日，教育部民族司和西藏自治区教育厅委托拉北实首创的西藏自治区家门口的“初中内地班”正式开学。来自阿里、那曲、昌都等偏远地区的39名初一新生走进拉北实。全力办好内地班，探索办学新机制。

中秋节、国庆节、周末，我带着老师陪伴远离家乡亲人的少年。教藏族孩子包饺子，孩子们也教我跳锅庄。同过生日的孩子一起唱起生日歌，共同庆祝传统佳节。我利用自己专业的优势在劳动节和中秋节期间走进学生课堂，给孩子们上绘画写生课。并把自己画的小作品奖励给课堂上表现优异的学生，孩子们特别开心。温馨丰富的活动，让想家的藏族少年感受到大家庭的温暖，格桑花向阳盛开。

我把党和首都人民对藏族同胞的关爱通过言传身教，渗透进藏族师生的心田，在美丽的校园播种爱，播种希望，播种真善美。未来的教育之路我将初心不改，继续做好“温暖的教育”。

在高原播种绿色种子的援藏园林人

李迎春

西藏是我国生态安全屏障和国家安全屏障重要区域，维护西藏安全是国家长期战略。拉萨作为西藏首府城市，千年历史文化名城，北京市园林绿化局对口拉萨市林草局支援帮扶历经 20 余年，先后派出了八批干部人才，他们在高原践行了首都园林绿化人的初心和使命，一处处精彩的生态景观，助力拉萨生态建设取得显著成就。北京市园林绿化局前八批援藏同志们都克服各种困难，舍小家为大家，发扬首都园林绿化人的拼搏进取、不怕吃苦、执着奋斗的精神，在他们身上我学到了奉献精神、奋斗精神和敢为人先的创新精神。这种精神一直激励着我，鼓舞着我，心里一直有这个梦想，能到雪域高原，踏着首都园林绿化人前辈的足迹，奋勇前进，用我多年在基层苗圃积累的林业知识和经验为高原增添一抹绿色。

2019 年 7 月，受北京市园林绿化局党组推荐，我自愿报名到西藏开展援藏工作。挂职拉萨圣地生态园林建设投资有限公司党委委员、副总经理。当年我 39 岁，在北京市黄垡苗圃任副主任，分管财务、科技、项目、生产、农机 5 个科室，担任工会主席，作为黄垡苗圃主要力量，当时刘春和主任刚刚到黄垡苗圃 4 个多月，工作还未完全熟悉，正是需要我大力支持和帮助的时候，当他接到局里电话征求他意见时，他心情十分复杂，但为了不让我放弃这个机会，还是忍痛果断答应了。当时我家里孩子 12 岁，上小学六年级，父母 70 多岁，身体都不好，在延庆老家独自生活，我在大兴居住，一南一北离家 160 多公里，平时没有时间回去照顾二老，这一去西藏，丢下妻子和儿子，孩子周末要上各种课外班，更没时间回去照看老人，孩子面临上初中，进入青春期，妻子心里很是担心。当时电话中跟妻子沟通了去援藏的事，马上要给上级反馈，在 15 分钟的电话沟通中，感受到妻子内心的恐惧，但她沉思了片刻，说道：我知道这是你的理想，你的事业，如果我不同意你去会拖你的后腿，你会埋怨我一辈子的，你去吧，家里有我，你就放心吧！我们两人在电话中都哽咽了，说不出话来。

2019 年 7 月 15 日登上飞往拉萨的航班。在重峦叠嶂、雪山白云之上，看不到郁郁葱葱的植被，心中一股股酸楚与悲伤，如何为高原添一抹绿色，脑海中萦绕着各种思绪。

克服高反，潜心调研

初到拉萨，我忍受着低压缺氧的痛苦，心率一直在 100 次以上，心情急躁得血压也飙升至 150 毫米汞柱以上，嘴唇发紫，脸色灰暗。但是，当我看到拉萨蔚蓝的天空，洁白的云朵，脑海中总是浮现出茂密的森林，五颜六色的花朵与之相映衬。初到新的工作岗位第三天，邀请公司同事迅速奔赴拉萨南山山体、北山山体生态造林地段和“绿色围城”实地调研。

日步行 10 公里以上，爬上海拔 3800—4000 米的山体，实地踏勘山体造林效果，立地条件、乡土植被类型等实际情况。晚上查阅西藏植物志、拉萨自然生态环境和气象等相关资料，分析当地自然环境与立地条件成因。青藏高原是一个自然环境十分脆弱的区域，西藏是青藏高原的主体，是我国重要的生态安全屏障。人工造林是扩大森林资源、改善生态环境的主要途径之一。

拉萨气候条件为高原温带半干旱季风气候，平均气温约7.5℃，年均日照时数约3000小时，年均降水量约400毫米，年均蒸发量约2100毫米，无霜期133天。盛行河谷风，雨旱季分明，全年降雨的80%—90%集中在6—9月。地带性土壤以山地灌丛草原土为主，土壤的颗粒组成较粗，土壤pH值为6.8—8.1，土壤有机质、氮、磷、钾含量较低。由于受高原地区降水量少、蒸发量大、海拔较高、寒冷等特殊环境条件制约，拉萨地区人工造林难度较大。

一次去南山山体造林项目点调研，了解到该项目是2015年开始建设，已有四年多时间，但看到树木长势很弱并存在一定苗木不断死亡的情况，随即问随行同事苗木来源、当时种植土壤情况、管护情况等造成现状的具体情况。经了解，目前拉萨造林绿化应用的苗木大多是从陕西、甘肃等地运上来的苗木，运输路途长，气候干燥，苗木土球损坏严重，苗木失水严重。造林山体土层薄、严重缺水，紫外线强，苗木存在缓苗慢、成活率低、越冬难的问题。

当时脑海中浮现出十几年前以色列专家到京，带着一种叫“水盒子”的抗旱立地造林技术设施，在黄垡苗圃试验种植了金叶白蜡小苗，只有种植当时浇一次水，灌满“水盒子”，以后再也不用浇水了，几年后，金叶白蜡小苗长成了大树。当即把这个案例技术经验分享给同事们，他们听了都摇头，认为这是不可能的事，在拉萨种树，天天浇水，树还是种不活，怎么会只浇一次水就能长成大树，从他们的眼神和表情中透露出对我说的案例的质疑。

时隔一周，在《拉萨日报》上刊登一则信息，当时报纸上的图片就是“水盒子”试验，在拉萨北山，是西藏一家公司引进的试验技术。当时兴奋极了，收好报纸，找到公司同事，按照报纸上介绍的地点，摸爬滚打地爬上了4000多米的北山，寻找到了拉萨“水盒子”试验项目。试验品种有圆柏、醉鱼草、火炬树，奋不顾身爬到一株圆柏前，俯下身去揭开“水盒子”的盖子，看到满满的水，再往下挖“水盒子”看到浓密的根系，我兴奋地喊着同事们，快过来看，这就是“水盒子”种的树，你们看一看，这根系效果，这就是我跟你们说的“水盒子”，看看这山上的效果也是很好的。几个同事们带着凝重的表情蹒跚着凑到跟前，看到了“水盒子”里满满的水和发达的根系，目瞪口呆了。受援单位同事们都认为我来援藏，就是为了“镀镀金”而已，不可能开展实质性的工作，更没想到还这么“较真”。我的内心是非常激动的，想着通过这次事实说话，进一步让同事们了解我，为今后工作打下坚实基础。

在接下来的实地调研、踏勘中，同事们都是非常尊敬的虚心态度，诚恳汇报并请教我技术上的问题，并如实跟我交流拉萨生态建设中存在的各种问题。历经两个多月，我走遍了拉萨南山、北山及周边山体，基本掌握了拉萨周边山体“树上山”生态造林和“绿色围城”生态建设中存在短板，找出针对拉萨特殊自然环境和困难立地条件下，生态建设存在的瓶颈问题。在高寒、多风、降雨少、蒸发量大、紫外线强、无霜期短、土壤立地差的条件下，当地造林重要苗木种源大部分来自内地，当地乡土树种应用极少，内地苗木未经本地驯化直接应用于工程，造成苗木适应能力差、缓苗慢、成活率低、生长速度慢、发挥生态效益缓慢等系列问题。

找准根源，精准施策

按照北京市援藏指挥部提出“五大工程”建设目标，结合北京市园林绿化高质量发展理念和先进经验技术，提出了在拉萨市研究推广“乡土树种控根容器育苗技术”的构想，经指挥部党委研究同意，作为北京援藏“种子工程”的一项重要支撑任务。

控根容器育苗，该技术适用于不同规格苗木培育与移栽，通过“空气修根”原理，具有育苗周期短、苗木生根量大、苗木移栽方便、移栽成活率高、可反季节全冠移植等优势。这项技术是北京市园林绿化局多年开展国际合作引入成熟的育苗技术，在北京已成功实施多年，并将培育的优质苗木大量应用于北京通州副中心、北京世园会、北京冬奥会等重点绿化工程当中，发挥了良好的效果。

科技引领，智力援助

作为项目负责人，多次与政府部门和林草行业主管部门分享技术与理念，带领拉萨市林业和草原局、圣地园林公司 10 名专业技术人员全程参与项目建设。通过理论培训、实际操作、理念分享、技术交流等多措并举，解决当地 20 余名农牧民就业，从平整土地、区划定点放线、基质配制、容器安装、苗木栽植、修剪和管护等多个环节亲力亲为传授。扶贫与扶智相结合，助力当地农牧民增收，让农牧民掌握一技之长，从事绿岗，持续稳定就业，防止返贫。拉萨籍困难户白玛扎西激动地说："感谢北京援藏干部，他手把手教我们技术，非常有耐心，技术非常好，把我们当徒弟，我现在每月 4500 多元收入，家庭收入比以前高多了。"

绿色梦想，高原绽放

历经一年半的时间，在北京援藏指挥部的大力支持下，在圣地园林公司党委的正确领导下，在同事们和援友们的鼎力帮助下，克服身体高反，心理障碍，思乡思亲的复杂情绪下，从植物种源和技术源头入手，北京援藏"种子工程"顺利实施。298.95 万元援藏资金支持，控根容器技术培育了 6 个品种，4200 株乡土树种，培养专业技术人员 10 人，解决当地农牧民 20 人绿岗就业。为拉萨市建成一处集控根容器育苗、节水灌溉、园林废弃物循环利用、地面覆盖等综合技术于一体的现代化高质量苗木基地，为拉萨市培养一支带不走的高原园林技术队伍，培养一支农牧民专业施工养护与苗木培育队伍。在控根容器育苗技术的支持推广下，大力推广应用到北山山体与宝瓶山山体造林苗木 4 万余株，成活率达到95%以上，如今北山山体移步易景，初步形成了高原园林景观效果并发挥良好生态效益。

援藏工作中时常会遇到小挫折、小困难，有时被人误解或忽视的时候，我时刻想着党中央的治藏方略，要发扬“老西藏精神”和“两路”精神，西藏和平解放70多年来，是无数人民解放军和建设者用青春、生命换来的，现如今西藏社会平稳快速发展，我们这点小困难算什么，只有撸起袖子加油干。2020年10月，中央第七次西藏工作座谈会在北京召开，习近平总书记提出新时代治藏工作方略，提出必须坚持生态保护第一。作为一名党员，一名援藏干部，一直认真贯彻习近平生态文明思想，增强“四个意识”，坚定“四个自信”，做到“两个维护”。全面贯彻新时代党的治藏方略，深入学习党史，奋力为建设团结富裕文明和谐美丽的社会主义现代化新西藏贡献个人力量。

援藏工作两年来，在拉萨市委、市政府各级领导关心关爱下，真正体会到了对援藏干部“高看一眼”“厚爱三分”，在与拉萨市林业和草原局开展援藏项目建设过程中，深深感受到拉萨当地干部的淳朴、敬业和奉献，大部分汉族干部都是藏二代、藏三代，几代人大好青春年华都奉献给了西藏。藏族干部的智慧和包容，友善与真诚，促进了藏汉之间交流、交往与交融。在拉萨感受到了生命的脆弱，人类既是伟大又是渺小的，低压缺氧环境下，高血压、心脏病、糖尿病、痛风、长期失眠等系列疾病困扰着，西藏的人均寿命从解放前平均35岁到现在平均寿命67岁，比内地人平均寿命要短很多。“治国必治边，治边先稳藏”，祖国的繁荣昌盛和长治久安，离不开长期奉献在边疆的解放军战士和无数藏族同胞们，他们是最可爱的人，最可敬的人！我坚信要把在藏的所见、所闻、所感，全部带回北京，分享给同事、朋友和家人，让更多的人了解西藏，走进西藏，建设西藏，做好京藏交流、交往、交融的桥梁与纽带，助力幸福美丽拉萨快速发展！

扎根雪域不忘初心　守护文物牢记使命

姜明君

2016 年 7 月 19 日，我走进西藏，作为北京市文物局的一名援藏干部，挂职拉萨市文化（文物）局副局长，在拉萨市工作了三年时间。三年中，在文化（文物）局党组和市委、市政府的领导下，根据自治区文物局的工作部署，我们以习近平总书记和李克强总理关于文物工作的重要批示精神为引领，以推进拉萨古城申遗为契机，克服重重困难，积极开拓创新，抓重点、推改革、补短板，文物保护力度不断加大，公共文化服务能力显著提升，开创实现了拉萨市文物保护工作的新局面。

服务大局，努力提升文物保护工作实效

我在拉萨市文物局工作期间，实际工作人员仅有三人，三个人要负责全市的 690 处文物点，292 处文物保护单位，压力和困难可想而知。局党组安排我主持日常工作，在人员少、任务重的困难之下，我们把党建工作和业务工作紧密地结合起来，既增强了党性学习，又明确了工作方向，通过党建工作带动促进文物保护工作的全面落实。

通过不断地学习习近平总书记的系列重要讲话，我们深刻认识到习近平总书记关于文化是民族生存和发展的重要力量、中华优秀传统文化是我们民族的“根”和“魂”、保护文物也是政绩等重要论述的内涵精神。通过学习交流市委、市政府提出的“文化兴市”战略，我们统一了思想，确定了文物工作必须服务大局、必须和经济发展协调同步的工作思路，并在实践中取得了成功的经验。堆龙岩画在修建环路工程中的成功保护、直龙寺遗址的保护规划、曲水达东村仓央嘉措行宫遗址保护规划的案例都得到了市委、市政府和自治区文物局的认可和批准。按照国务院的工作要求，2018 年拉萨市顺利完成了第三次文物普查工作。文物保护工作只有服务大局，助力经济发展，才能实现在发展中保护、在保护中发展的良性循环，从而真正提升我们文物工作的实效。

拉萨历史悠久，文物资源丰富，有不可移动文物 690 处，文物保护单位 292 处，丰富的历史文化遗产是拉萨的一张金名片，传承保护好这份宝贵的历史文化遗产是拉萨的职责，我们本着对历史负责、对人民负责的精神，传承历史文脉，处理好拉萨城市改造开发和历史文化遗产保护利用的关系，切实做到在保护中发展、在发展中保护。

借鉴经验，探索拉萨文物保护工作新方法

为了尽快适应工作的需要，初来乍到我便克服了高原反应，经常夜里要加班拟写工作计划和工作小结。局里（实际是一个文物科）的同志刚开始公文写作有困难，我就自己撰写，然后慢慢地教会他们。国家文物局每年的培训机会比较多，局领导多次安排我到内地参加学习培训，一方面是学习，另一方面也是照顾我能够常回家看看。可是我每次都是学习培训结束后，抓紧时间回到拉萨，因为局里人员实在是太少了。

通过第一年的工作了解，我及时掌握了拉萨文物工作特点并尽快进入角色。面对存在的困难和问题，我也借鉴北京市文物局的一些成功经验和做法，逐步取得了一些成绩。比如，“文物保护单位的规范化管

理”、巡视检查记录、“建立文物保护单位隐患台账”等。拉萨市的博物馆事业发展还相对滞后，“走出去”“请进来”的意识还不是很强；在一些活动策划上，缺乏专业人才，缺乏创新意识，内容简单，形式单一，无法吸引观众；文创产品的研发也是捉襟见肘、举步维艰；“七进”（进机关、进乡村、进社区、进学校、进军营、进企业、进寺庙）活动也需要不断加大创新力度，这些问题我都积极地探索和努力推进。另外，援藏期间持续加强野外文物看护员制度，三年时间共计解决低收入人员 320 余人次再就业，为他们争取工资收入 534 万元。

规范管理，扎实推进文物安全工作

文物安全是文物保护工作的生命线。要加强文物安全工作，就必须强化日常安全巡查和执法工作。三年中，我带领同志们一起认真落实《国务院关于进一步加强文物工作的指导意见》，结合拉萨市文物局的工作实际，专门研究制定了《拉萨市文物保护单位消防安全责任制度》，与各县区文物局和文物保护单位签订了文物安全责任书，强化了主体责任的落实；印制了《拉萨市文物保护单位安全检查记录》和《拉萨市区县文物保护单位安全检查记录》，召开了全市文物安全专题会，对安全检查工作和隐患整改工作提出了明确要求和措施，力求做到“巡查有痕”“隐患可追”。

三年中我带队巡查文物单位，共出动 360 人次，检查文物保护单位 350 多个，发现安全隐患 260 余起，已全部完成整改；在日常巡查中我注重强调主动与寺管会加强沟通和交流，确保寺管会在文物安全管理工作中发挥协调和监督的主要作用；同时我们还主动和市消防部门建立文物保护单位消防安全巡查长效机制，共同巡查，一起监管，这些严格规范的管理形式，扎实有效地推动了文物单位的消防安全工作。在 2019 年 5 月拉萨市文物局举办的 2019 年度全市文物安全培训班上，我参与了授课，以《如何做好拉萨市文物安全保护工作》为题，结合援藏工作经验，分析讲解了在基础薄弱、机构不全、人员不足、资金缺乏的前提下如何开展文物安全管理工作、提高全市文物安全管理工作水平，为拉萨文物干部队伍提升文物安全技能和素养贡献了自己的一份力量。

2018 年拉萨市文物局安排部署文物安全执法专项工作，我带队核查处理了拉萨市城关区“吉崩岗拉康”违规使用文物的行为；完成了柳梧乡达东村仓央嘉措行宫保护规划的落实和止贡梯寺遗址保护的核查。通过严格规范日常巡查、监管和执法工作，全市文物保护单位的安全状况有了明显好转，尤其是管理单位和使用单位的文物安全保护意识有了明显提升。

2018 年我们共完成了喜德寺、色拉寺、公堂寺、热堆寺和木如寺等 5 个文物保护单位的修缮和安技防工程，投资共 5000 万多元。从公开招标到工程实施、最后验收，我带领同志们一起严格按照市政府项目管理的具体要求，每个环节都严格把关，尤其是施工期间，我带队多次到施工现场与施工单位、监理单位和文物管理使用单位召开现场会，沟通信息，重点是督查质量，巡视安全，目的就是要顺利圆满地完成每个文物工程。2018 年 5 个寺庙的文物工程得到了拉萨市民宗局领导的大力表扬。

积极创新，探索博物馆发展新思路

习近平总书记在 2013 年 12 月 30 日中共中央政治局第十二次集体学习时强调指出：要系统梳理传统文化资源，让收藏在禁宫里的文物、陈列在广阔大地上的遗产、书写在古籍里的文字都活起来。我积极联系了西藏牦牛博物馆与首都博物馆合作办展。为提高博物馆的知名度，最大限度地发挥其社会教育功能，西藏牦牛博物馆积极探索，大胆创新，终于在“走出去”外展方面，迈出了可喜的第一步。2016 年 10 月 18 日至 2017 年 3 月赴首都博物馆开办“牦牛走进北京——高原牦牛文化展”主题展览，共展出了 500 余件（套）反映牦牛及牦牛文化的藏品，累计接待观众31万余人，包括16位省部级领导参观。展览的有关情况在北京多家媒体报道播出，得到了很好的对外宣传，让更多人了解牦牛及高原历史文化精髓、高原人民的精神智慧，获得了首都人民的热烈欢迎及高度评价，充分体现了京藏两地人民的血脉之情、深情厚谊，将牦牛博物馆真正打造成了让世界了解西藏的重要平台和窗口。随后，2017年和2018年牦牛文化展在拉萨市文物局的大力支持下又到广州和江苏进行巡展，取得了可喜的效果。

加大宣传，提高全民文物保护意识

文物宣传工作，也是发展文博事业的重要途径之一。牦牛博物馆利用《拉萨晚报》等传统媒体和微信公众号等新兴媒体，积极开展深入细致的宣传活动，提高了参观人数和博物馆的知名度。在文物安全工作落实“规范化管理”的同时，我们还重点加大了舆论宣传的力度，尤其是2019年在施工中抢救出的“朵森格”清代石狮文物，从发掘出土、专门保护到移交至清政府驻藏大臣衙门旧址陈列馆，由《拉萨晚报》等媒体对文物保护的情况进行了详细报道，我一方面要亲自部署协调保护工作，另一方面还要查阅资料撰写信息和论文为媒体报道提供相关的史料；朗孜夏的开馆以及在重点时段和消防部门联合举行文物单位消防安全督查活动中，我们特邀电视台、报纸和网信等媒体六次对文物安全检查工作进行跟踪报道，通过宣传不断提高广大群众了解拉萨文物、珍惜身边文物、懂得如何保护文物的意识和能力。2018年市文物局已接到群众举报文物保护方面的问题五起，达东村、八廓街等举报都已得到核查落实。

在中国文化遗产日、5·18国际博物馆日、国际古迹遗址日等文物重要宣传日，我们举办文艺演出、专题采访、主题论坛、知识竞答、发放材料等丰富多彩的活动广泛宣传文物知识、文物法律法规，积极拓展文物宣传工作的渠道和途径，2018年6月组织召开首届中国西藏拉萨——阿里象雄文化国际学术研讨会。

三年中，我始终牢记“文物保护工作也是提高国家文化软实力的一部分”“保护文物也是政绩”的指示要求，紧密结合自治区开展的“四讲四爱”活动，增强“四个意识”，围绕“加强民族团结、建设美丽西藏”的目标，坚持“稳中求进、进中求好、补齐短板”的工作总基调，努力推动了拉萨市文物保护事业新局面的顺利展开。

守护文物　奉献雪域

——援藏工作纪实

李国

2013 年 7 月，根据组织安排，我作为北京市第七批援藏干部来到西藏拉萨，开启为期三年的援藏历程，任拉萨市文物局副局长。三年来带着北京人民的大爱，带着对拉萨各族人民的深情厚谊，真情奉献、无怨无悔，时刻牢记自身肩负的光荣使命，克服远离家乡、远离亲人、生活环境艰苦、高原反应带来的身体不适等各种困难，认真践行智力援藏、技术援藏、人才援藏的工作部署，主动深入基层、深入各族群众，加强调研，扎实工作。援藏以来，我在组织和各族干部群众的关心和支持下，始终保持奋发有为的精神状态，稳步推进拉萨的文物保护工作，圆满地完成了援藏任务，树立了援藏干部讲政治、顾大局、讲原则、重品行、守纪律的良好形象。通过三年援藏工作，个人有进步，工作有成效，事业有提高。

来到拉萨首先是熟悉工作环境，了解当地风俗。在领导和同事们的热情帮助下我很快熟悉了工作环境，并进入了工作状态。拉萨文物数量众多，截至 2015 年底，各级文物保护单位达 292 处，工作量大，专业性强，但文物工作基础薄弱，资金缺乏，专业人才短缺，工作条件艰苦。由于经济、自然及历史等原因造成拉萨市文物保护工作水平相对落后，因此改变文物保护工作基础薄弱现状、打开文物保护工作新局面，让更多人了解、关注、支持拉萨的文物事业，则是我援藏三年的工作任务和工作方向。

积极开展文物安全检查

援藏三年来，我和同事们做了大量的文物保护工作。2014 年至 2016 年连续三年，开展拉萨市八县区的各级文物保护单位文物安全大检查工作。每年制订检查计划，安排检查行程并传达到每个县区的文物局。拉萨市域面积 2.9 万平方公里，下辖八县区，分布有大量的国家级、自治区级和市、县级文物保护单位及野外文物保护点。保护好寺庙及寺藏文物，对于西藏地区的文化传承、维护信教群众的宗教信仰以及反分裂斗争等，都具有深远的意义。

三年中，我带队跑遍了拉萨市的八区县各级文物保护单位，文物安全检查行程近 6000 公里，圆满完成了对传统村落文物安全督察工作，并提交了详细的《拉萨市传统村落文物安全督察报告》和《拉萨市文物保护单位安全隐患排查整治专项行动工作报告》。对各县区文物保护单位在检查中存在的安全隐患，下发整改通知书，统计存在安全隐患和急需修缮寺庙，每年为八县区争取安全保护经费 80 万元左右，为文物保护和安全打下了坚实的基础。

为贯彻落实中央和自治区的安全生产工作会议重要指示精神，2015 年 6 月至 12 月，在拉萨市安全生产大检查督导工作中，我们分别对城关区、柳梧新区和经开区等管辖区域内进行安全生产大检查督导工作。

让我记忆深刻的是，2014 年 4 月在当雄县检查时，当地还是冰天雪地。我来到康玛寺，发现寺内厨房存放有十多个煤气罐，并且离明火很近，一旦发生爆炸，后果不堪设想。我马上向寺管会主任指出这个隐患，寺庙管理方也立即作出了整改。

还有一次，在城关区曲贡遗址现场，我带队检查发现野外文物点看护人员看护不到位，已经脱岗，而且在遗址保护范围内存在私搭乱放现象。我马上同城关区领导协调，要求看护人员切实负起责任，清理私搭乱放的杂物，设置围栏，标注保护范围说明。在城关区相关单位的协调下，通过两天的监督整改，完成了对曲贡遗址保护范围内的清理工作，看护人员也表示今后一定加强管理尽职尽责。

加强文物保护维修，开展老城区清理整治工作

我们积极推进“十二五”文物保护维修工程，对大昭寺、小昭寺、止贡梯寺、聂塘卓玛拉康、下密院等的文物保护规划和维修工程设计方案进行评审，对哲蚌寺、甘丹寺、色拉寺、热振寺、公堂寺、拉鲁颇章、达隆寺和工委礼堂等保护维修工程进行技术交底、自检和初步验收，圆满完成了拉萨市“十二五”期间文物保护维修工程任务，并积极推进“十三五”期间文物保护维修项目规划。

为迎接联合国教科文组织对布达拉宫世界文化遗产历史建筑群反应性监测工作，2015 年 4 月，我带队分别对神力时代广场、虹桥宾馆、凯拉斯酒店、城市百货、香巴拉酒店、八廓商城、大昭寺、八廓街及周边的私搭乱建、超高建筑和非法广告进行清理、拆除和整治工作。

拉萨作为历史文化名城，为了更好地保护和利用文化遗产，每年在“文化遗产日”前夕，我们分别组织与拉萨电视台、《拉萨晚报》、市政管委、市交通局、市公安局警务站等单位进行联系，以多种形式组织开展文化遗产日宣传活动。

推动"数字文保"一期工程

援藏期间，我积极推动了拉萨"数字文保"一期工程。"数字文保"项目是北京援藏项目，该项目投资366.23万元，于2013年4月实施，于2015年底通过验收。拉萨市文物资源丰富，在第三次全国文物普查中，拉萨市共调查文物点936处，包括古遗址216处、古墓葬180处、古建筑366处、石窟寺和石刻101处、近现代重要史迹和代表性建筑72处、其他文物1处。在数字文保项目启动之前，拉萨市文物保护单位的资料和数据管理工作一直都停留在纸质信息载体和手工作业的方式上，而这种方式存在着管理水平低下、信息滞后、数据不完整、不准确、不统一等诸多问题，一定程度上制约着拉萨市文物保护工作的进步和发展。在新的形势下，针对拉萨市文物保护信息化尚处于空白阶段的现状，我带领同志们克服了资金不足、设备陈旧、人员知识结构不合理、管理观念和手段相对落后等诸多困难，从文物保护级别由高至低并结合文物单位的各自特点，以现有文物档案信息资源数字化为基础，以数据库技术和3S技术为手段，整合文物保护信息资源，实现文物保护单位信息管理的准确性、及时性、科学性，提高拉萨市文物保护及考古工作的科技含量与管理水平。

在西藏开展文物信息采集，涉及多方力量，在实地采集过程中，需反复与各单位协调沟通。如在老城区开展工作，部分寺院还需多方联系党委宣传部门、民宗部门，部分全国重点文物保护单位地处党政军大院重地，沟通协调难度大，可谓费尽周折。在寺院实地采集中，部分人员起初不理解、不支持，不愿配合信息采集，我带领同志们经过积极与寺管会工作人员协商、沟通，最后取得支持。为确保文物网站的安全，我们邀请了市保密局、市民宗局、市委统战部、市外宣局、市网信办、市网安支队、自治区文物局宣保处等单位，对数据采集、资料、图片、地图网站内容进行审核并提出意见和建议。“数字文保”一期工程包含数据采集、资料、图片、地图网站等内容，我们克服技术及人为等困难，做了大量的工作，最终工程顺利推进并提前完成。

“数字文保”一期工程共完成了布达拉宫、大昭寺、罗布林卡等50处全国重点及自治区文物保护单位相关信息采集工作，初步搭建了拉萨市文物数字化、信息化工作基础环境和工作机制。该工程的完成不仅极大地促进了拉萨市文物藏品的管理工作，也在实施过程中为拉萨市文物行业有效培养了一批高素质的信息化专业队伍。

努力开展结对帮扶，用真情实意维护民族团结

作为一名援藏干部，能够有机会深入基层与群众同吃、同住、同劳动、同提高，交一户农牧民朋友、做一件好事、写一篇民情日记，对我来说是一次难得的学习机会和体验西藏百姓生活的宝贵机遇。我的结对帮扶对象有三户，东嘎村三组的穷达家就是其中一户，穷达家有四口人，家里没有耕地，靠在外打工来维持家里生活，属贫困户。通过东嘎村三组索朗组长的翻译，我了解到他们最大的困难是她的丈夫有酗酒恶习，不顾家，她自己一个人支撑着家里，大女儿上大学，小女儿上幼儿园，收入低，每年为孩子的学费着急。了解情况后，自2013年9月以来，通过当面交流、电话联系等形式，我及时沟通了解情况并给予帮扶和引导，最终穷达的丈夫改掉了酗酒的恶习，同时我在生活上也为他们解决了一些所需物品，看到一家人其乐融融的幸福生活，我心里非常高兴。在平时生活中，我也是视拉萨为故乡，待群众如亲人，与东嘎村3户困难家庭认亲结对交朋友，定期到他们家走访慰问，与藏族同胞“同吃、同住、同学习、同劳动”，三年累计捐款捐物近5000余元。

三年的援藏结束了，翻看这三年得过的各种荣誉证书，我感到无比欣慰。此外，我也结合本职工作撰写了一系列心得体会和理论文章。按

照援藏指挥部要求，我在新华网、中国西藏网、中国民族宗教网等媒体发表完成《北京援藏干部助力拉萨市文物保护工作取得新成绩》《我的援藏时光》《我的援藏故事》《援藏调研报告——西藏唐卡》等文章，这是我奋斗拼搏的三年中收获的另一项重要成果。

虽然西藏的条件和北京相比是艰苦的，但一生中能有这样的一种经历也是非常难得的，这将是我一辈子的宝贵财富。在这里与藏族同胞结下的手足之情，与同事们结下的兄弟姐妹之情，也让拉萨理所当然地成为我终生难忘的第二故乡。在今后的工作和生活中，我将继续发扬“特别能吃苦、特别能战斗、特别能忍耐、特别能团结、特别能奉献”的“老西藏精神”，使自己不断进取，更好地为广大人民群众服务。

我的援藏时光

李粮企

拉萨在藏语中有“圣地”或“佛地”之意，位于青藏高原的中部，海拔 3650 米，长期以来就是西藏政治、经济、文化、宗教的中心，是一座具有 1300 多年悠久历史的古城。拉萨因为其独特的地域特色和文化内涵而备受关注。而那些散落在全市各地的文物古迹正是这座圣城无价的宝藏。这里留下了我三年奋斗的足迹。

克服艰险，努力适应新环境

2010 年 7 月至 2013 年 7 月，我积极响应党中央和北京市的号召，作为北京市第六批援藏干部，带着北京市委、市政府及全市文物系统干部职工的重托，来到西藏拉萨市文物局开展对口援藏工作，挂职拉萨市文物局副局长。如今，圆满完成援藏任务返回北京。在西藏的三年，因为工作的关系，我跑遍了拉萨市八个县、区的山山水水，对散布于拉萨市内各处的文物古迹如数家珍，很多朋友笑称我是这批援藏干部里跑的地方最多的人，是拉萨文物的活地图。话虽轻松，但其中的艰辛却很少能被别人了解，仅就高原反应一项，我就受了不少罪。我清楚地记得，2010 年 7 月 9 日，满载北京市第六批援藏干部的飞机刚一降落贡嘎机场，走出机舱，第一次踏上高原土地的我，马上产生了高原不适，脚底下像是踩了棉花，头顶发胀，有一种撕裂感。到了下午，这种反应非但没有减轻，反而增加了恶心、呕吐等症状。晚上躺在床上，翻来覆去、脑海中迷迷糊糊，伴随着严重的胸闷、头疼。

第二天一早，援藏的三位领队来到房间探望我，我心中一阵酸楚，心想：我下定决心报名来西藏工作，是想在这里踏踏实实干出一番事业，可如今如果连高原反应这一关都过不去的话，还奢谈什么雄心壮志！由于血压偏高并伴随低烧，第二天下午，随队医生果断将我送入拉萨市人民医院观察护理，在经历了一个小时的输液和吸氧治疗后，我的高原反应症状明显缓解，经过医生复诊确认可以出院。走出病房，我如释重负，迫不及待地想马上投入到新环境中。这一番折腾下来，我想我已经初步跨过了高原反应这一关。

来到拉萨的第一周，首先做的是熟悉办公环境，了解当地习俗，并与上一批援藏干部进行工作交接。刚刚搬入北京市援藏公寓安顿下来，西藏自治区文物局的领导就找到我，希望我发挥专业特长协助他们到地区上去检查项目。经拉萨市文物局和援藏领队同意，我跟随自治区文物局赶赴山南地区洛扎县的色喀古托寺检查工程维修情况。坐在自治区文物局派出的越野车上，一路驶出拉萨，翻越海拔近 5000 米的冈巴拉山口，本以为已经适应了的高原反应，马上被车身的急速转向和颠簸勾了回来，胸膛像是被压了块大石头，不停地喘着粗气。下山后不久，车子又开上土路，在半人高的荒草中和土路上行进。此番经历让我明白，在西藏，众多的县级和乡镇是碎石子路面和不平整的土路，而我们要管理和保护的众多文物单位很多都隐身在险峻的大山中，相邻的两处文物点往往距离百公里以上，交通状况根本没法与内地相比。有时候一百公里的土路，开车需要走三到四个小时。每年的雨季，随时会遇到因大雨冲刷而导致的断路或者山体泥石流出现，非常危险。拿这次到洛扎县的色喀古托寺来说，往返三天时间，其中就有两天半时间花在了路上。

科学筹划，全力投入文保工作

2010 年 7 月底，入藏还不到一个月的时间，拉萨市文物局接到上级部门通知，要求开展汛期文物安全大检查活动，局里决定派我组队来完成这项工作。7 月正值拉萨汛期，几乎每天晚上都会下雨，开展文物安全检查已是刻不容缓。拉萨市域面积 2.9 万多平方公里，下辖七县一区，文物保有量极为丰富，存世有大量的国家级、自治区级和市、县级文物保护单位。在这里，保护好文物建筑及寺藏文物，对于西藏地区的文化传承、维护藏族人民的宗教信仰以及反分裂斗争等，具有深远的意义。

首先，我在各县、区文物局自查的基础上，选取了 31 处有代表性的文物建筑，作为此次检查的重点。其次，确定重点抽查项目：文物建筑本体安全及地基基础、屋面渗漏情况等，并设计了相应的抽查线路。再有，确定工作流程，抽查小组由三人组成，一人负责记录，一人拍照，一人负责丈量并在现场做简单技术分析。自 7 月 26 日至 8 月 7 日，我带领抽查小组白天顶着高原的烈日，晚上住宿在乡镇或县城里，跑遍了拉萨市的各个区、县，总行程近 2000 公里，圆满完成了寺庙等文物安全检查工作，并提交了详细的《拉萨市汛期文物安全检查报告》。当我带着干裂的嘴唇、黝黑的面庞，拖着瘦削的身躯回到单位时，同事们都露出惊讶的神色：我已经彻底地和当地藏族同胞们融为一体。

通过这次下乡检查，让我对拉萨市各区、县的文物分布、文物保存状况以及藏式建筑结构特色和构造方法有了一次全面而直观的了解，同时也为这座圣城深厚而丰富的文化底蕴深深叹服。

加强基础，工作再上新台阶

拉萨市文物数量多，种类丰富，工作量大，专业性强，但文物工作基础薄弱，资金缺乏，专业人员短缺，工作条件艰苦。同时，由于西藏地区的经济发展落后于全国平均水平，特殊的高原气候和自然条件以及历史原因等造成拉萨市的文物保护工作水平相对落后。能不能改变基础工作薄弱的现状，能不能打开文物保护工作的新局面，让大家关注、支持文物工作，是摆在我面前的课题。为了摸清拉萨市文物的基本情况，我亲自带队，几乎跑遍拉萨市七县一区所有重要的文物保护单位，详细了解了各文物点的基本情况，确定三年工作目标和工作思路，重点以开展文物保护规划编制工作、寺藏（馆藏）文物鉴定工作、公布市级文物保护单位、建设“数字文保”信息化平台工程、出台市级文物保护法规等几项工作为抓手，让拉萨市的文物保护工作在短期内提升一个新台阶，让拉萨文物保护工作有可持续发展的方向。以上几项工作分别得到了国家文物局、自治区文物局以及拉萨市党委、政府的支持，几年来已经逐步得以实施。党的十七届六中全会特别是党的十八大召开以来，拉萨市文物保护工作遇到了新的机遇，更多的任务和展望摆在文物工作者面前，也让我和这座圣城结下了一生的不解之缘。

硕果累累，践行援藏工作初心

几年下来，经上级组织、宣传部门批准，我先后接受了包括央视等多家电视台、广播电台、报社等新闻宣传媒体的采访。为西藏卫视录制多档节目；配合《北京晚报》等平面媒体做人物专访。荣获 2012 年度西藏自治区文物工作先进个人，并在《中国文化报》等刊物上发表专题论文。

作为一名来自北京的文物工作者，在和西藏文物保护工作对接中，我亲身感受到，援藏工作绝不是一句空泛的口号，而是真诚无私的付出与奉献。在这里工作，除了身体上的考验，还有牵挂家人的精神煎熬。为了支援西藏的各项事业，我们舍小家顾大家，放弃了北京熟悉的工作环境和家庭的团聚，远离年迈的父母和年幼的孩子，以自己对党、对人民、对民族文化事业的忠诚和赤诚热爱之心，努力做好在拉萨的每一件事情，认真践行智力援藏、技术援藏、人才援藏的工作方针。

回忆援藏时光，我学到了很多宝贵的东西，得到了领导和同事们、援友们的许多帮助和支持，自身得到了锻炼并积累了经验。在接下来的工作中，我将努力运用好自身的知识和经验，继续关注和支持拉萨市文物保护的各项工作，为西藏、为拉萨文物保护事业的提升，尽到自己的绵薄之力。

一次援边行　一生援边情

张益国

2010 年中央新疆工作会议和全国对口支援工作会的召开，奏响了对口支援新疆的号角，我积极响应号召，于 2010 年 12 月来到新疆生产建设兵团农十四师皮山农场医院。2019 年 7 月至 2020 年 7 月，作为第九批援藏干部前往西藏自治区拉萨市尼木县人民医院援藏一年。

融入全面援疆

皮山农场是兵团农十四师四个团场之一，地处昆仑山北麓，塔克拉玛干大沙漠南缘的和田地区皮山县城东北 20 公里处，是一个典型的以维吾尔族为主体的边境少数民族团场、国家级特困团场。皮山农场医院在援疆干部到来之前从未开展过外科手术及麻醉，我们援疆干部的到来，填补了医院多项空白。我们在医院管理方面，进一步完善了医院的各项规章制度，强化医疗服务质量管理，加强医德医风管理，持续改进服务态度，提高医疗服务质量，确保临床医疗安全。在外科手术麻醉方面，我们援疆医生带领当地医生开展了一系列外科手术，开创了皮山农场医院的先例，更加方便了病人就近就医。在医务人员培训方面，通过手把手带教、业务讲座、三基训练学习等，提高了医院的医疗技术水平，留下了一支带不走的医疗队伍，更好地服务当地百姓，加强了维吾尔族汉族的民族团结。

在努力做好援建工作的同时，支援队还加强了对外宣传皮山农场和皮山农场医院。我们往北京、和田前指等多家媒体投稿，同时本人开通了新浪博客，对外介绍皮山农场和医院，让人们知道“这里需要帮助、应该帮助、值得帮助”。《和田日报》、和田信息网、农十四师网、兵团网、顺义时讯等媒体多次以《援和医生“亚克西”》《北京医疗队扶持农十四师医疗卫生事业》《把援疆当成宝贵的财富》为题，报道了我们临床、教学和健康宣教等方面的成绩。

大漠胡杨，它扎根于荒瘠的土地上，枝丫径直地向上伸展。不管是在烈日骄阳下，还是在严冬酷寒中，它始终高昂着不屈的头，尽情挥洒绿荫，笑看朝霞夕阳，依然坚守那一份信念与执着！胡杨的根可以扎到地下 10 米深处吸收水分，这正是它具有旺盛生命力的原因所在。它被和田人民称为“英雄树”，有一千年不死，死一千年不倒，倒一千年不朽之说。“一次援疆路，一生援疆情”，“和田”已不再是我们生命的匆匆过客，而是我们一生的情怀，因为我们注定要像胡杨一样在这片土地扎根、发芽、生长，任岁月蹉跎，时空流转，“和田”在我们人生的书页上留下了永不褪色的印记！

雪域高原医疗援藏

2019 年 7 月 15 日，我们北京市第九批医疗援藏团队来到了雪域高原，开始为期一年的医疗援藏工作。由于有过 2011 年一年的援疆经历，我更加深刻理解了习近平总书记提出的“治国必治边、治边先稳藏”的重要战略思想。带着北京市各级领导的重托，我们踏上了援藏之路。初到高原，我们不仅要克服高原反应带来的身体上的不适，还要尽快开展全新的工作。

拉萨市，一个有着“雪域圣地，高原明珠”美誉的神秘地方。拉萨市是西藏自治区首府，西藏是全国唯一的省级集中连片特殊困难地区，是全国脱贫攻坚的主战场。

作为一名援藏技术干部，我是怎么做的呢？

第一，政治上，在援藏指挥部党委的领导下成立第七临时党支部，在党支部的领导下开展各项工作。援藏期间，认真学习党的各项方针政策，不忘初心，牢记使命。认真学习西藏历史和民族宗教政策、边防政策，虚心向藏族和其他各族干部群众学习。针对西藏处于反分裂斗争前沿的实际，我认真学习中央第六次西藏工作会议精神，深入研读有关西藏自治区情况介绍的书籍，深刻体会到对口援藏工作的深远战略意义，更加坚定了维护祖国统一、促进民族团结的自觉性和主动性。在工作中，我严格贯彻党和国家的各项民族政策，尊重藏族的民族传统，维护藏汉民族的团结。工作中秉持“老西藏精神”、“两路”精神，以实际行动建功高原、建设西藏，以建设发展稳定西藏、造福西藏各族人民为己任，融入当地生活，做到民族团结，发挥自身优势为当地的医疗发展、为西藏的长治久安作出自己的贡献。

第二，发挥自身优势、开展医疗工作。一是临床手术麻醉方面，完成手术麻醉 20 余例，包括全麻、椎管内麻醉、臂丛麻醉等。二是成立疼痛门诊，每周固定时间出一次疼痛门诊，累计诊疗疼痛病人 200 余例，其中疼痛注射治疗 50 余例，包括骨性膝关节炎、腱鞘炎、肩周炎、颈椎病、肱骨外上髁炎、腰椎间盘突出、带状疱疹等疾病的疼痛治疗。三是教学方面，进行一对一带教工作，签署带教协议，进行系统化教学，另外固定每周三下午进行全县继续教育培训。通过不同的途径进行教学培训，尼木县人民医院麻醉大夫基本上能处理日常手术的麻醉，门诊医师对常见疼痛性疾病也能熟练进行诊断治疗，解决了老百姓对疼痛性疾病治疗需求的困扰。

在医疗工作中，令人印象深刻的是 2020 年 3 月返岗第一天，医院急诊收治一老年男性病人，胫腓骨开放粉碎性骨折，右下肢脱套性损伤，右下肢挤压伤，失血性休克，患者软组织钝挫伤严重，神经血管挫伤，骨折端穿出，如果不及时手术，或者处理不当，发生严重感染、骨髓炎风险很大，如果没有给予恰当的固定，锋利的骨折端随时可能刺破大血管，后果更加不堪设想。在我和援藏医生及本地医生的共同努力下，历经三个小时终于完成了手术，成功保住了病人的下肢。

第三，开展健康扶贫、送医送药活动。将健康扶贫作为脱贫攻坚工作的重要内容，完善政策措施，健全工作机制，统筹整合资源，突出重点，有效解决了尼木县农村贫困人口因病致贫、因病返贫的问题。我们所在的尼木县，距离拉萨市区 130 多公里，以农牧业为主。全县辖 6 个乡 2 个镇，33 个村，平均海拔 4000 米以上。在繁忙的工作之余，我们援藏医生与当地医生组成医疗巡诊小组，深入到各乡镇农村，开展定期巡回诊疗，走遍了尼木县的山山水水，进行义诊、巡诊 30 余次，为很多当地百姓解决了就医不便的问题，受益群众达 2000 多人。

第四，参与医院的部分管理工作，如公立医院绩效改革、县乡医共体建设等。在援藏期间，尼木县人民医院正在进行医疗县乡一体化改革，我们援藏医疗团队积极加入尼木县人民医院医共体的建设中。通过参观墨竹工卡、当雄县等兄弟医院改革成绩，结合自己所在医院改革经验，为当地公立医院改革出谋划策。我们根据自己专业特长，制定业务学习计划，为医共体内的县乡医生培训业务技术，提高县域内整体医疗技术水平。

第五，我曾带领尼木县医院医疗队员来到北京市顺义区医院进行短期交流学习，与顺义区医院全方位对接，通过对口支援共同提高尼木县人民医院的医疗技术水平，更好地服务当地百姓。

2020 年是全面建成小康社会目标实现之年，是全面打赢脱贫攻坚战收官之年。“脱贫攻坚越到紧要关头，越要坚定必胜的信心，越要有一鼓作气的决心”。各族人民像石榴籽一样紧紧团结在一起，坚定信心、一鼓作气，西藏必能书写下更美好的脱贫新篇章，描绘出新时代西藏发展新画卷。

总之，作为一名两次援边干部，我感受到这是一种责任，更是一份使命，都说“一次援边行一生援边情”，既然来到了边疆，我就是边疆人，脚踏实地干好每项工作，能在有限的援助时间内为当地的发展贡献自己的一份力量，一切都值了！

万里援疆路　平洛心相连

——平谷区洛浦县携手奔小康口述材料

代帆

根据北京市对口支援工作总体安排部署，2018 年起北京市平谷区和新疆和田地区洛浦县建立结对关系，携手奔小康，启动了帮扶国家重点深度贫困县——洛浦县援建行动。

本轮（2018 年—2020 年）对口支援工作，正赶上脱贫攻坚三年的时间窗口，特别是 2020 年洛浦县要脱贫摘帽，洛浦县建档立卡贫困户 3 万余户 12.2 万人，占全县人口的 42%。洛浦县的建档立卡贫困人口全部是维吾尔族，基本没有读过书，不懂汉语，他们如期脱贫的任务重、时间紧、难度大，但事关政治稳定和民族团结，是重大且光荣的政治任务和历史使命。

平谷区委区政府高度重视，周密部署，要求高起点规划设计构建与援建地区的结对关系。2018 年，平谷区新组建成立了平谷区扶贫协作和支援合作领导小组和领导小组办公室，书记、区长亲自挂帅，办公室设在区发展改革委，制定了与洛浦县携手奔小康的三年行动方案，在高层互访、资金项目、产业合作、智力支持、劳务协作、结对帮扶等各方面均制定了工作计划和任务，把携手奔小康工作提升到对口支援的高度贯彻落实。

2019 年初，我负责平谷区的扶贫协作和支援合作工作，从上一任老科长手上拿过接力棒，我也有很大的压力，上任头一月各项政策文件还来不及学习消化体会，就铺天盖地全是通知任务、计划落实、方案上会、总结上报等等烦琐的工作。头一天区长就专题调度扶贫协作对口支援工作，那会儿的我刚接触到这个领域，扶贫协作是什么，对口支援是什么，携手奔小康又是什么，我是两眼一抹黑，啥都不知道。想下班后学习学习，但是下班还有要加班的事儿，只能加班完后，再学习理论、政策，了解工作的历史渊源和来龙去脉。再就是干中学，遇到什么问题，白天少决策，夜里补政策，把事情想清楚想透彻，再做好汇报和建议，最终拿出解决的办法和措施。这一年，我组织编制了领导小组和领导小组办公室的工作规则、项目管理办法，编制了扶贫协作和对口支援的年度计划、挂牌督战方案，均通过了区政府常务会、区委常委会审议，推动召开了第一次、第二次扶贫协作和支援合作领导小组全体会议，进一步完善了扶贫协作和支援合作的管理体系、工作体系和任务体系。这一年，我区扶贫领域国家、北京市考核的硬指标均超额完成任务，自选动作也形成了九项典型案例，被人民网、新华社等社会媒体广泛宣传报道，在年度考核中我区取得了好等级，并在生态涵养区取得了较好名次。

2020 年，经区委组织部选派，我离开北京市平谷区发展和改革委员会协同改革科科长岗位，到新疆和田地区洛浦县挂职，任洛浦县发展和改革委员会党组成员、副主任，在之前的岗位上，是一个顶层设计的部门，研究搭建扶贫工作的四梁八柱，研究出什么措施、落什么任务能更精准地帮助受援地。但是真正这个框架跟这个现实之间有没有差距？就像你拿着指挥棒，指挥得准不准？从北京市平谷区到和田地区洛浦县，这些帮扶举措跨越了 4000 多公里，有没有变形走样、有没有实现精准帮扶的意图，我到了洛浦后深深地感受到，和田和北京的发展阶段不一样，工作方式方法，客观条件也不一样，对口支援工作要站在受援地的角度结合受援地实际去思考问题，是北京特色与和田实际的充分结合、相互补充和高度融合。按照国家要求，帮扶资金要聚焦精准，要聚焦建档立卡贫困人口，到洛浦后，了解到当地的实际情况，在和田前指和北京后方的视频连线会议上，我们首先提出，在疫情形势下，北京的帮扶资金不仅要聚焦建档立卡贫困户，也要聚焦当地易返贫的边缘户和监测户。经北京后方研究同意后，整个和田地区均把边缘户和监测户纳入保障范围，仅洛浦县新纳入帮扶资金保障的边缘户和监测户就有5700户2.5万人，这一举措极大缓解了受援地边缘户和监测户的返贫压力，为打赢脱贫攻坚战、实现高质量脱贫提供了有力保障。

平谷区每年持续投入财政资金、引导社会资金直接给予支持，增加洛浦县公益性岗位、发展壮大村集体产业，巩固脱贫成果。但把平谷优势和和田实际结合的典型案例，我亲身参与并推动的，还有两项工作，一是实业帮扶，二是消费扶贫。

关于实业帮扶，平谷最大的优势是农业，平谷大桃是国宴专供用桃，农产品大桃的品牌、管理、质量、标准、渠道，平谷区都是行业的领先者和制定者。洛浦也有桃产业，但是种植分散，没有品牌，没有管理，主要产品是土桃，市场销售以采摘和农民散卖为主。2018年，平谷区动员农业种植大户参与携手奔小康行动，组织了一批本地种植大户到洛浦县实地考察，经考察发现，洛浦拥有沙质土壤，日照充足，昼夜温差大，适合大桃生产，当年就有3家农业企业租地落地种植桃树，但在种植过程中，发现最大的困难是应对土地盐碱化。在平谷，大棚桃灌溉用喷淋技术已经很成熟了，但在洛浦，喷淋后的桃叶上出现“留白”，这是盐碱留下的痕迹。第一批带过去的桃苗几乎“全军覆没”，都被烧死了。2019年初，平谷区常务副区长和分管农业的副区长到洛浦调研大桃产业落地情况，了解到土地盐碱化对产业的影响，回京后专门组织北京农科院、区果品办专家集中攻关，商讨方案，功夫不负有心人，通过挖排碱沟、修蓄水池、大水漫灌等办法调整土壤酸碱值。经过一年的努力，土壤酸碱度由11.5降到了8.5，土壤有机质含量大幅提升。2020年春天，约3万株桃苗在洛浦扎下了根，成活率达到78%，荒凉贫瘠的盐碱地上诞生了一座占地300余亩的桃园，2020年6月、7月，洛浦的土地上第一批平谷桃成熟，约5000斤，甜度达到25度以上，比平谷当地的桃还要甜。产业扶贫是群众增收最直接、最有效的办法，但在扶贫之初，村民并不接受种植大桃，“这块荒地倒上水都长不出庄稼，怎么可能种出桃？”不少村民都是在一旁观望。随着大桃试种成功，村民种桃的热情和积极性也越来越高。特别是平谷农业企业家的林下经济试验成功更是免去了村民的后顾之忧。大桃成长期三年，在桃树种下去头两年，村民可以在林下种植小麦或蔬菜，第三年大桃就能收获了，土地完全不浪费。目前，在洛浦县种出好桃只是平谷区产业帮扶的第一步，后续还要花更大力气在培训推广上。根据测算，洛浦县目前庄稼地年亩产值仅 1000 元左右，如种桃可提高到万元左右，平谷种桃模式在洛浦得到推广，能有效提高农民收入，帮助维吾尔族群众居家就近就业。2021 年 2 月，常年在洛浦种桃的平谷农民李广富被评选为全国脱贫攻坚先进个人，他不仅种桃带动就业分红，提高当地农民收入，更重要的是把先进的种植技术、经营理念带到洛浦，以身示范，时刻推广着平谷的种植富民模式。

关于消费扶贫，2020 年初，我刚进疆工作，面临的第一个难题就是疫情影响的扶贫鸭、扶贫核桃滞销。在洛浦，扶贫鸭带动产业下游贫困户 5000 户，核桃收购更是牵动着 8000 个贫困户的切身利益。为了打开销路，我积极联系平谷区扶贫援合办，通过携手奔小康工作平台“飞书”平谷，推动开展消费扶贫专项行动，一次性帮助洛浦县销售白条鸭 48.1 吨，核桃、核桃仁 21.5 吨，销售总额共计 115 万元。我到现场，核对出货清单、查验车况、实时跟踪、精准对接，确保运输配送万无一失。当时，出货清单还出了点问题，一共向北京出售两种鸭型，樱桃谷鸭和四季鸭，但由于产品包装不完善，包装外观分辨不出来，我让工厂工作人员用红色彩笔在樱桃谷鸭周边打上钩用于区分。最终优质的洛浦鸭顺利到达平谷，新疆鸭子的口感得到了平谷群众的认可，在我和工作队的共同努力下，第十批援疆干部共帮助洛浦县销售扶贫鸭达到 1101 吨，销售金额达 1181 万元，北京、天津广大群众都品尝到了洛浦扶贫鸭。为了更好地发展壮大鸭产业，我参与拓展鸭产品链条，动员到北京、南京学习鸭制品生产工艺，打造高附加值的鸭制品和鸭品牌，并在内地和北疆地区开设专柜，多渠道解决鸭产品滞销问题，目前洛浦鸭已经形成了各种鸭制品，并和广东企业合作，重新设计了品牌和包装，并销售到了香港市场。核桃也是同样，在2020年新冠肺炎疫情下，洛浦核桃收购企业濒临破产，滞销核桃堆满了庭院、仓库，关键是一过5月，核桃由新转陈，就更难出货，我也积极和后方沟通，不仅解决了扶贫核桃滞销问题，还在研发产品、生产准入、品牌设计、渠道推广等全方位参与，洛浦核桃今年也首次有了自己的品牌和产品，实现了由收购到生产、企业到产业的关键转型，在疫情形势下更高质量地带动了贫困群众增收，巩固了脱贫成果。看着这些扶贫企业能站得住，扶得起，共渡难关，共同帮助广大贫困群众脱贫，我们累点，为他们干点事情也是分内之事。

2020年11月14日，在我们共同见证下，洛浦县克服疫情影响，建档立卡贫困户全面脱贫、深度贫困村全部退出，洛浦县获批退出贫困县序列，圆满完成脱贫摘帽任务，也为北京市对口支援新疆和田地区、平谷区与洛浦县携手奔小康添上了浓墨重彩的一笔。2021年，根据新一轮对口支援安排，平谷区与洛浦县保持结对关系，在新的起点上，我将继续做好平谷区和洛浦县携手奔小康的纽带和桥梁，为洛浦县乡村振兴和发展改革事业贡献力量。

为和田县脱贫攻坚全面胜利添砖加瓦

杨志

2019年12月，我离开北京市大兴区榆垡镇党委委员、组织部部长、统战部部长、工会主席岗位，前往新疆和田，挂职北京市对口支援和田县工作队领队兼和田县委副书记，正式开启了我的援疆生涯。根据和田县委的工作分工，我除了负责北京援疆项目和人员管理的相关工作外，还负责协助产业招商、消费帮扶、文化旅游等工作，并包联本县的吾宗肖乡。

下沉基层，实事求是扶贫

吾宗肖乡富有“红枣之乡”的美誉，多数农民依靠种植红枣为生。但是从打响脱贫攻坚战后，县委和政府紧紧围绕习近平总书记关于脱贫攻坚重要指示批示精神，立足长远，鼓励和帮助农民群众大力发展产业，以增加农户的经济收入，实现脱贫。刚上任的第二天，我就连续四天前往吾宗肖乡进行调研，根据工作安排，主要调研脱贫攻坚及产业发展情况，刚分给我包联的吾宗肖乡连续两个月在全县排名拿了倒数第一，在全县大会上被点名批评。我作为包联该乡的县领导，虽然刚上任，但也有领导责任，所以第二天我就下沉到吾宗肖乡，帮助其找出问题，把工作做好。通过实地走访，我发现乡里许多农户除了种植小麦、玉米、红枣以及蔬菜等常规农作物外，有的种有饲草料、香菇，养有羊、鹅、鸽等特色产业。通过查看扣分事项和实地走访，吾宗肖乡在脱贫方面连续两个月倒数第一，是因为在部署鹅产业时，没有按照县级要求进行投种和培育，导致出栏期到了以后鹅产量没有达到预期，农民投入钱后存在不同程度的亏损，工作成效也不明显，所以连续两个月考核排名倒数第一。通过进一步调研，我又发现吾宗肖乡在脱贫攻坚工作中还存在一些短板，比较严重的就是扶贫产业链条不完善和产业布局存在漏洞，乡村没有根据农户实际情况进行研判评估，有的农民适合种植饲草，反而给农户安排种植香菇、玉米等；有的农户因为家里本身就养殖有羊，可以扩大养殖规模搞羊养殖，但是在产业布局上，安排了种植饲草料等。同时，我走访了 20 户贫困户，有个别贫困户还存在等靠要的思想，脱贫积极性不高，这无疑暴露出吾宗肖乡脱贫攻坚工作在一定程度上存在工作推进难、后劲发展不足的问题。

掌握这些情况后，首先，我召集了吾宗肖乡党政班子领导，尤其是产业专班成员，专门召开了一个产业部署推进会议，重新梳理了全乡的产业布局，将乡按村、按小队划分片区，根据片区农民群众的实际，结合个人自愿原则，再投入发展相应的产业。通过实地印证，农民发展产业的积极性提高了，取得成效也比较明显。其次，安排一名副乡长与企业对接，通过与企业合作，成立多个“企业 + 农户 + 产业”合作社，以此来解决扶贫产业链条不完善问题，让老百姓既能搞产业挣钱又能搞自己的生产两不误。最后，关于思想上的问题，是解决贫困根子上的问题。针对贫困户还存在等靠要的情况，结合县委工作实际，安排乡干部入户宣讲。我也坚持利用每周一到乡、村升国旗，对农民群众进行宣讲，树立“幸福是奋斗出来的”思想，帮助农民群众算清家庭账、产业账、收入账、教育账等，并结合我自己援疆优势，列举身边脱贫致富能手的幸福生活，通过身边人身边事，不断激励贫困群众发展产业，增加家庭的经济收入，迈入小康生活。并且我亲自带头，组织乡村两级干部与贫困户结对子认亲戚，通过“一带一、一带多”的方式对贫困亲戚进行帮扶，老百姓对我们的工作也非常认可，脱贫的积极性相比以前明显增强了许多，实现了从以前不愿干、不想干到现在想干、主动干、争着干思想的转变。之后，吾宗肖乡脱贫攻坚工作的成绩逐步提升到全县前三名，全年平均成绩稳步在全县前四名。

与时俱进，线上线下助力消费扶贫

受疫情影响，农户家里种植的葡萄、大枣和核桃等农产品出现滞销，严重影响了脱贫攻坚的成效。为此，我召集援疆工作队员召开党支部专题工作会议，研究对策，集思广益，征求各队员意见，最后每个队员都积极动员后方资源进行购买，帮助拓宽销路。

之后，我在手机上翻到一则新闻，某某县的县委书记通过网络直播带货，一天销量达到数千万。这些消息，让我看到消费领域的一片新的天空。在新形势下，要适应新的潮流。我建议县里招商部门联合周边县市在“五一”黄金周之际开展直播带货，县委主要领导和有关同志都非常支持。

随后，在地区统一组织安排下，我开通了“快手”App 直播平台，在“五一”当天直播介绍（售卖）和田县的大枣、葡萄干、核桃乳、恰玛古等农特产品，并结合当地的旅游特色，介绍了县里乌鲁瓦提景区、核桃王、无花果王等自然风景旅游区，不断鼓励各省市游客前往和田县旅游。我的这次直播，累计浏览量约 3000 万人次，订单量约 33 万单，平台总销售额也突破了 1000 万元。在此次直播结束后，我陆续收到了从辽宁、河北、浙江等地寄来的信件，信件中都表示看到我的直播后，很想来和田旅游，品尝和田的香甜瓜果。这些信件我全都进行了回复，并自费买了一些薄皮核桃和大枣，通过物流寄了过去，作为一次推广和田县农特产品的契机。虽然最后没有消息，但是我也感到无比开心，因为这代表着我所做的工作有了反响，在一定程度上起到了很好的作用。

另外，我利用回北京出差的机会，利用后方单位、企业商超进行多方联动，在大兴区纷纷宣传和田的核桃、大枣等农副产品，并组织了大兴区内企事业单位，通过扶贫“832平台”、双创中心等销售平台进行采购，全年累计销售1200万元。同时，通过“手拉手”结对帮扶，在消费领域我首次尝试将和田县新鲜的冬枣、葡萄等鲜果品远销北京，让北京居民亲口尝到了和田的新鲜果品，并逐渐成为北京市民餐桌上的尖货，全年累计销售达800万元。

多措并举，激活餐饮消费市场

2020年第一季度，受新冠肺炎疫情影响，和田县的餐饮、旅游行业受到严重影响。和田县有餐饮企业502家，绝大部分企业濒临关门。为进一步刺激消费，助力脱贫攻坚，结合县委工作实际，我牵头制定了《和田县餐饮行业政策扶持方案》，并召集相关单位商洽，督促落实了扶持方案各项要求。首先是加大对餐饮企业、个体工商户的金融扶持力度，对生产经营遇到困难的餐饮企业、个体工商户，可向金融机构申请为期6个月的8万元一次性小额信贷，3日内限时办结，贷款利率政府财政给予50%的贴息。其次是结合餐饮企业现状，制定符合财力实际的税费减免和水电费补贴措施。对于租用国有资产的个体工商户和企业，租金一律减免50%。再次是在做好疫情防控措施的基础上，对全县12个乡镇的巴扎要求每周按时开市，在县域内安排增加流动销售点，并购买一批流动餐车投放到市场上，解决部分建档立卡贫困户中从事餐饮行业人员经营场所困难的问题。最后是创新尝试以和田县巴格其镇、布扎克乡为试点，引进一家外卖销售平台，指导餐饮企业开展线上销售、线下配送，促进餐饮、快递等企业之间共享资源，推动“中央厨房+线下配送”“不见面”“无接触”配送等新经营模式，同时，鼓励外卖平台加大配送力度，增加相关优惠政策，稳定餐饮消费市场。同时对有从事餐饮行业意愿的群众，由行业单位优化审批程序，凡属于经营餐饮的审批，一律在审批时间上压缩一半，开放餐饮绿色通道。通过制定和实施了这些相关政策措施，有效缓解了和田县餐饮行业及旅游行业等产业的持续低温问题，经过一个月的努力，各餐饮行业和旅游行业都已逐步复苏，受到了县里的一致好评。

在这一过程中，给我印象深刻的就是色格孜库勒乡库木巴格村的建档立卡贫困户阿不都拉，他家中有 4 个孩子，其母亲下肢瘫痪常年卧病在床，妻子劳动能力弱，家庭经济条件很差，收入基本全靠他一个人支撑，勉强生活。在县上增加流动销售点，投放流动餐车后，阿不都拉·麦提肉孜第一时间向乡政府申请了一辆流动餐车，和妻子在乡政府旁边经营起了特色小吃，因为该位置无其他摊位，加上集镇上来往人流量大，阿不都拉的摊位生意非常好，平均每天纯收入 300 元左右。在我到色格孜库勒乡进行调研时，阿不都拉拉着我的手，深切地不停地用不是很标准的国语说着“谢谢！谢谢！”，还邀请我吃他做的特色小吃。据阿不都拉本人反映，在此之前，他家里的收入除了种植葡萄和一些蔬菜外，主要来源是每周抽时间去其他乡镇工地打散工，但平均每个月收入下来只有不到 1500 元，还要照顾母亲和 4 个孩子，根本不够开销。但是有了政府提供的这个免费摊位和流动餐车后，现在开始做生意，五六天就相当于过去一个月的收入，现在感到很满足。

招商引资，帮助群众就业增收

为推动产业经济快速发展，根据工作安排由我带队，重点围绕鞋产业发展、食品生产、农产品销售等，分别前往北京、上海、河北、河南、浙江、陕西和乌鲁木齐等省市进行招商引资。在北京市大兴区委区政府，区商务局、发改委、工商联等部门单位的鼎力支持下，大兴区榆垡镇、长子营镇等领导给予的鼎力相助下，以及我的老师、同学和同事们的大力帮助下，我顺利地先后考察对接了近 30 家生产加工制造类企业，并与北京大学屠鹏飞博士就肉苁蓉种植、产品开发等做了深入交流。通过走访对接，并将和田地区的社会环境和招商引资的政策优势进行宣传，有很多企业感兴趣，并纷纷表示愿意到和田县考察。过去一年，已有至少 20 家企业来和考察，商谈合作事宜。已通过招商落地纺织服装类企业项目 2 个，解决了 635 人就业，助力 276 人脱贫，丰富了和田县纺织服装类企业的业态。

另外，我还先后六次与京东物流对接，并帮助和田县和京东物流签订了框架协议，为有效促进和田县物流行业快速发展，也为和田县今后拓宽农产品销售渠道奠定坚实基础。

援疆的这一年，虽然时间短暂，但是我很充实，我也收获了很多。看着和田县乡村面貌在不断发生变化，看着老百姓每家每户都争着发展产业、创业增收致富，感受老百姓思想观念不断转变，看着和田县市场经济不断向好发展，我更加坚定，在余下的援疆时光里，我将走好援疆路，做好援疆事，为和田县经济社会高质量发展和长治久安贡献自己的力量。

让农民更富、农村更美、农业更强

郭迎芳

自党的十九大召开以来，脱贫攻坚被提上了新的政治高度，打赢脱贫攻坚战是我们党的庄严承诺，是对中华民族和整个人类都有重大意义的伟业。脱贫攻坚是一项极其重大、极为严肃的政治任务，更是各级党政干部不可推卸的重大政治责任。自 2018 年以来，大兴区承担了新疆和田地区和田县（深度贫困区）、新疆生产建设兵团十四师二二四团、内蒙古乌兰察布市察右前旗、内蒙古锡林郭勒盟正镶白旗（深度贫困区）、苏尼特右旗等五个地区的对口扶贫任务，大兴区各级领导和部门对建档立卡贫困户增收工作都给予了高度的重视。

迎接历史挑战，助力脱贫攻坚

在区委区政府的领导下，在区经济协作办公室的工作指导下，区农业农村局主要负责农口系统扶贫相关工作。以产业引领、技术支持为主要措施，帮扶当地发展地方经济，带动建档立卡贫困户增收脱贫，是农口系统各单位在此项工作中主要发挥的作用。我作为区农业农村局承担脱贫攻坚任务的科室负责人，深知这项工作的意义之重要、责任之艰巨，做好帮扶地区建档立卡贫困户稳定增收，获得更多的幸福感，让建档立卡贫困户生活水平能够持续提高，是我接手这项工作以来始终坚持的原则，并将其作为努力的方向。

为了能够调动各方资源和积极性，有针对性地开展工作，我主动沟通对口帮扶地区，积极协调农口各相关单位，充分发挥部门职能优势，重点从农业产业帮扶和农业技术支持等方面，开展对口扶贫相关工作。通过基础工作的扎实推进，政策的有力保障，社会力量的积极参与，圆满完成了建档立卡贫困户全部脱贫的工作目标。我在这项重要工作中，通过自身的不懈努力，工作成绩突出，得到了领导和同事的一致认可。

发挥资源优势，健全工作机制

为了能够把工作做到实处，最大限度发挥对口扶贫工作实效，我积极与各相关部门开展对接协调，梳理各单位行业资源优势，并于 2018 年至 2020 年先后四次带队深入当地开展实地考察，了解当地在产业、技术等方面的实际需求，并且深入贫困户家中进行走访，掌握第一手资料情况，梳理整合各项资源，进行合理匹配。在各单位和各部门的大力支持配合下，依据行业分工不同，有针对性地建立起部门与地区的综合对接帮扶模式，并引导对接双方按照资源匹配合作方向签订框架协议，从林果、种植、养殖、农机服务等方面，多渠道、多角度开展帮扶工作。在开展帮扶工作过程中，多次组织农口系统各单位召开工作推进会，梳理各部门工作进展，同时积极组织农口各相关单位与老宋瓜王、庞安路西瓜等合作企业进行交流反馈，提出产业发展合理化建议，并向内蒙古地区输送优秀农业技术人才，助力当地农业产业发展，带动贫困户增收。

创新发展理念，引导产业落地

在开展扶贫工作过程中，我从发挥农业行业资源优势出发，充分挖掘培养农业产业扶贫项目资源，带动更多优秀农业企业参与对口扶贫工作。为鼓励农业项目落地受援地区，协助当地发展壮大农业经济，我创新工作理念，研究扶贫产业项目特点和地方情况，牵头编制政策文件，大兴区在全市率先出台了《大兴区促进对口扶贫协作的农业政策措施》，成功引导西甜瓜、蔬菜等优质产业落地受援地，并按照相应标准给予落地企业补贴奖励，该项措施获得 2018 年北京市扶贫协作奖——创新案例奖。政策的实施，很快见到扶贫成效，如在内蒙古正镶白旗地区建起的“西瓜之乡”，将庞各庄西瓜技术成功引入了正镶白旗，“小李瓜王”“庞安路西瓜”等具有实力的大兴西瓜企业相继落户正镶白旗，将星耀镇建成名副其实的“西瓜之乡”。“大兴西瓜”“大兴蔬菜”模式成功复制到星耀镇，帮助当地贫困户实现户均增收 5000 元以上，真正让农民过上了好日子，实现了脱贫增收。

取得工作实效，圆满完成任务

在过去的这三年脱贫攻坚工作中，我在本职岗位上发挥表率作用，在平凡的岗位中作出不平凡的成绩。2018 年至 2020 年期间，在相关鼓励政策推动和各项工作的推进下，共有 22 个项目落地受援地，总投资 1.5 亿元，在内蒙古受援地区建成多个农业种植产业园区，通过就业、土地、农资农技等方式累计带动当地 2664 名建档立卡贫困户增收脱贫。同时，为提高受援地区农业生产技术水平，我还积极协调农口各相关部门，连续三年为当地输送优秀农业技术人员 32 名，从种植业、畜牧业、林果业等方面加强技术支持，促进贫困户增收和地区经济发展，并接收7名受援地区农业技术人员赴京交流和培训，提高当地农业工作人员技能水平和管理能力。

坚定工作信念，奋斗疫情防控

作为一名领导干部，一名共产党员，我非常热爱自己的工作岗位，十几年如一日，始终坚持四项基本原则，始终坚持以马克思列宁主义、毛泽东思想、邓小平理论、“三个代表”重要思想、科学发展观、习近平新时代中国特色社会主义思想为指导，认真贯彻党的路线、方针、政策，自觉地从政治上、思想上、行动上与党中央保持一致。对困难群众怀有深厚的感情，对帮扶工作具有强烈的责任心，始终坚持立党为公、执政为民，做到以人为本，心系民情，权为民用，利为民谋。结合对口扶贫开展帮扶活动，积极组织农口各单位及相关农业企业开展援助行动，从思想上、感情上、物质上、技术上多重帮扶困难群众，使当地建档立卡贫困户逐步脱贫解困、提高收入、改善生活。

我在做好对口扶贫工作的同时，还身兼疫情防控工作。区村庄（社区）防控组农村工作组成立以来，我带领工作组成员时刻坚守岗位，全力做好农村疫情防控工作。全力推动村庄管理、乡镇干部包村驻村、重点人群核酸检测和疫苗接种摸排等多项重点任务落实落地。连续二十多天，每天工作时间长达十四五个小时，时常顾不上按时用餐。面对疫情的紧张态势和多变局势，为了能够快速处理各项问题，多次在办公室彻夜待命，坚决保证各项工作任务按时保质保量完成。因为我深知，如此复杂艰巨的疫情防控工作能迅速取得显著成效，最根本的就在于有以习近平同志为核心的党中央坚强领导，在于中国特色社会主义制度的强大力量，在于全党全军全国各族人民始终把“两个维护”贯穿融入各项工作中。

激发后续动力，促进乡村振兴

“十三五”刚刚收官，“十四五”乡村振兴已经打开新局面，按照党中央关于五年过渡期要求，脱贫只是起点，持续增收致富仍是我们为之奋斗的方向，让农民朋友有更多的幸福感、获得感，是我为之不懈努力的动力和目标。我会继续全力做好受援地区的支持和帮扶工作，助力受援地实现乡村振兴。对于已落地产业项目，我会积极与当地政府沟通协商，建立后续发展保障机制，巩固农业产业帮扶成效和后续发展动力。同时，在原有鼓励政策的基础上，按照上级要求，科学研究制定过渡期政策，对参与产业帮扶的企业做到支持政策有序调整，以助力产业发展为主要方向，优化调整内容做好衔接过渡工作。乡村振兴的蓝图正等待我们这些“三农人”去擘画壮美画卷。我要按照党中央的要求，牢记初心使命，永远把人民对美好生活的向往作为奋斗目标，坚定信仰信念，坚定“四个自信”，保持劲头不松态势，持续贡献自己的力量；我要坚持力度不减要求，纵深推进“三农”业务发展；我要遵循标准不降原则，强化落实带头作用。让“三农”工作成果得以日新月异，让我们的农村更美、农民更富、农业更强！

（邱晨　整理）

以医疗援疆实现报效祖国梦想

雷剑

男儿为国枕安危

“十年望月满怀亏，看落梅花听子规，磨快宝刀悬北斗，男儿为国枕安危。”这是父亲在我去新疆和田前的晚上，反复书写的诗句，一遍一遍，不记得写了多久，也不记得写了多少遍，当时我坐在老父亲微微驼背的后面，眼泪一直在眼眶中打转。父亲是名军人，一直以来视报效祖国为己任，接力棒这次传到我的手里，沉甸甸的。从小我就在军人家庭中长大，接受中国历史文化的传统教育，浩然正气的家国情怀早已融入了我的每一个细胞，驱使着我一定要在祖国边疆做些什么。2018 年 3 月，我离开中国中医科学院广安门医院南区副主任医师、北京市大兴区麻醉质量控制和改进中心副主任岗位，至 2019 年 3 月任新疆和田县人民医院担任麻醉科主任。

普及健康知识，服务新疆乡村

新疆和田县对我来说完全是一个陌生的地方，在中国的西部，地域广阔相当于两个半北京，拥有边境线 143 公里，和田县近三分之一属于高海拔无人区，另三分之二是沙漠。那里天气干燥，沙尘暴多发，每天睡觉醒来，桌子上常常有一层厚厚的沙子，偶尔鼻腔里也有带着血丝的沙子。我也是一边适应环境，一边开展工作。

我被分配到了和田县人民医院的麻醉科。那是我刚到和田不久的一天，一个 8 岁小男孩来取克氏针，我仔细一检查，孩子整个肘关节都僵死了。当时我就急了，问孩子家人怎么回事儿，原来当时孩子肱骨髁上骨折，做了内固定手术，孩子家人什么也不懂，以为手术都做了就什么都不用管了，结果过了 9 个月才想起来取克氏针，8 岁的孩子正是生龙活虎的年龄，本来该快速生长的骨骼肌肉这下全给耽误了！看着那个和我孩子同龄的少年，作为一名医生心里像刀割一样难受！这件事让我深刻地认识到当地人最缺乏的是知识，尤其是最基本的健康知识，只有普及知识才能让当地人摆脱贫困。想到这里，我就组织大家利用周末业余时间，到基层去、到村里去、到学校去，到最需要医生的地方去。当地健康医疗知识的普及，急需更多的人一起来做健康宣教工作。一次给和田县北京高级中学老师做院外 CPR 急救知识培训时，恰好学校的维吾尔族校长在开会时突然晕倒、抽搐，现场非常混乱，当期有位学员迅速用我教的技术救治，抓住了最黄金的 5 分钟，抢救非常及时有效。我知道消息，跑步三公里争分夺秒赶到现场，指挥进一步的治疗，校长很快转危为安，出院时，维吾尔族校长用力紧紧拉着我的手对我说：“谢谢你，救了我，谢谢你，雷医生。我现在不能倒下啊，还有那么多的孩子啊！北京亚克西，北京的医生亚克西。”发生在身边的事，再一次告诉我：“坚持就有收获，付出就有回报。”

图书是人类进步的阶梯，知识是改变命运的力量。我在六一儿童节慰问和田县福利儿童院，给孩子们带去许多慰问食物和书籍。孩子们都围着书，兴奋得一本一本地挑着看。我静静地看着他们，像看到自己的孩子一样，书对孩子是多么重要。突然有个很小的女孩，拼命挤到书前，着急地问我："叔叔，有没有带拼音的书？"小女孩的眼睛又大又圆，不管谁看到，都愿意帮助她。看到孩子们对知识的渴求，从孩子们身上看到了新疆未来发展的希望。就那几天我满脑都是书啊，书啊。之后我立即发起了捐书活动，我的同学、同事、朋友，还有许许多多不认识的好心人开始给和田捐书，图书从全国各地捐赠而来，500 本，1000 本，2000 本，最后 12000 本图书，全部捐给和田县图书馆，惠及了约 30 万人口的和田县人民。之后在援疆期间先后继续为和田县多家小学、中学及贫困户送去图书和生活物资。

"授人以鱼，不如授人以渔。"这是我医疗援疆的最主要任务。在援疆的这段时间里，我操作手术麻醉 658 台，授课培训 114 次，病例分析讨论 17 次，急救复苏技术培训 12 次，指挥并参与抢救 9 次。推广应用中医电针麻醉技术做手术，不但降低了患者术中牵拉疼痛反应以及术后恶心呕吐的发生，还提高了当地病床周转率，得到了当地医生的认可。我毫无保留地把自己的技术和理念传授给他们，并为科室建章立制，开始当地医生认为有制度不会干活，慢慢地适应了。无菌观念、操作规范、病历书写记录都有很多需要提高改进的地方。授课培训、急救复苏技术培训、病例分析讨论做好"传帮带，师带徒"的工作。我鼓励医务人员自主学习，坚持每天一次讨论疑难病例；每周一次临床操作演练；每月一次质量评价会，这种工作模式不仅促进了科室医疗水平和整体素质的提高，还培养出 4 名"武艺高超"的徒弟。我亲身经过反复尝试，多次试验把中医科的电针刺激仪改造成了麻醉神经阻滞用的神经刺激器，临床效果非常满意，为当地在神经阻滞麻醉方面开展了 18 项新技术，并且获得了当地一致的好评，填补了医院在科研领域的多项空白。我只是一名医生，有能力的时候做些大事，没有能力的时候做点小事。我本人在这里做多少例手术并不重要，更希望在我离开的时候，当地有更多的医生可以手术，更持久地造福当地人民。

我的援疆工作是与家人全力支持分不开的。得到援疆通知当天下午，正好我爱人告诉我们有了二胎，但她得知援疆的信息后，并没有反对和抱怨，反而非常支持我去援疆，当时我黯然泪下，我一定不能辜负爱人的嘱托。其实每个援疆人都有自己让人感动的故事，就是因为有我们无私的付出，大家默默的奉献，咱们的祖国才会更加繁荣昌盛。新疆的工作有付出，有辛酸，有感动，也有收获，收获了孩子们的笑脸，同事们的友谊，病人们的认可，援疆脱贫攻坚工作让我觉得生命更有意义。

推广中医文化，造福一方百姓

虽然工作环境艰苦，但感人故事真的让人难以忘怀，我记忆深刻的是杨金娥大夫，杨大夫连续两届援疆在当地推广中医药文化。杨大夫被分配到和田县人民医院中医科，来到受援单位以后，全身心投入医疗及专家指导工作，除正常门诊、会诊、查房、带教外，给科里医生随时电话咨询，为有需要的患者和援友随叫随到，不但医院办公室是她的诊室，她自己的宿舍也成为诊室，连我们同去援友的宿舍也都成为临时的诊室。真正为当地患者做到了无时无刻解除痛苦，赢得广大当地同胞的好评。在科里她为年轻医生详细分析讲解慢性胃病、失眠等疾病的针灸治疗，提高了年轻医生治病水平。中医科在连续援助后，在当地发展非常有名，患者住院需要排队约号两周左右。她在生活中还带领援友、邻居、患者练习八段锦、太极拳，将中医养生锻炼融入生活，改变观念，防病为先。

中医有“简、便、廉、验”的特点。简单易行，便于实施，廉价经济，验证有效非常适合在贫困地区推广应用。除这四大特点外中医药文化还可以增强新疆各族群众对祖国的认同、对中华民族的认同、对中华文化的认同。相信中医药文化会在新疆文化润疆中起到非常重要的作用。

让我们像石榴籽一样，紧紧抱在一起

在医院门口有幅石榴画报上面写着“让我们像石榴籽一样紧紧抱在一起”。穿过石榴画报就是儿科，韩英俊大夫就被分配到儿科，由于当地贫困，很多孩子营养不良，患有贫血、腹泻等症状，饮食条件又比较差，疾病不易缓解，尤其是呕吐、腹泻的小患儿，韩大夫经常在宿舍里熬好营养粥，放在保温杯里带到医院，亲自一口一口喂到小患儿口中，并把中医运用到实际工作中去，通过用艾灸、捏脊这种没有副作用的方法调理患儿，患儿的妈妈们总是满怀感激地对韩大夫说“亚克西”。

2018 年 6 月份应上级要求成立新生儿科。所有一切从零开始，韩大夫从规章制度到仪器设备亲力亲为，短短两月就收治患儿 30 余人，包括误吸、窒息、黄疸等危重症患儿，大大降低了当地的新生儿死亡率。如今每次见到石榴我就想起韩大夫抱起小患儿喂粥的画面。

万里迢迢，来到新疆，最大的感受就是咱们祖国的社会稳定是多么重要，当今我们的幸福生活是多么来之不易。展望未来，我将继续，不忘初心，牢记使命。为乡村振兴工作谱写新篇章，扶贫攻坚工作不是结束，而是一个新的开始。我将继续做好中医药文化传承与发展，投入到乡村振兴工作，发扬抗疫战斗意志，体现医务工作者的担当精神，以实际行动为祖国的繁荣昌盛作出贡献。

不忘初心　奉献和田

唐建成

和田县第三小学地处和田市中心，学校硬件设施落后，学生 900 余人，维吾尔族学生占 95%。学校没有正规的操场，学生不能正常进行体育活动。

雪山、戈壁、沙漠、胡杨，大美新疆令人向往。我带着祖国的重托、带着领导和家人的期望，心怀为边疆教育事业奉献的初心与梦想，2020 年 10 月，离开北京市大兴区榆垡镇第一中心小学（现改为海淀五一小学大兴一分校）高级教师岗位，来到新疆维吾尔自治区和田县开始了为期两年的援疆支教生涯。

以真诚的教育心迎接全新的挑战

来到和田县第三小学，领导让我担任一年级数学教师，因为和田地区的工作需要，我毅然接受了这项任务。我是一名已有 25 年教龄的教师，一直任职于我的家乡大兴区榆垡镇第一中心小学。毕业后担任过中高年级班主任，担任过完小校长，负责过学校的党务和安全工作，却从来没有担任过低年级的教育教学工作，压力巨大，我把这次任务当作一次全新挑战。面对刚入学的维吾尔族小学生，我首先要克服语言交流上的困难，工作中我放弃使用扩音器，放慢语速，声音洪亮，尽可能让每一个学生都能听懂我的话，一节课下来口干舌燥。我还借助近几年大兴区突飞猛进的教育优势，与同行的低年级数学教师交流经验，分析低段数学教学特点和教学方式。工作中尽快了解班级每一名学生的学情及家庭情况，一刻不停地为完成数学教学工作做着准备。因为我班学生家长多数都是长期驻扎在乡镇的干部，或者经常加班加点工作的公务员，导致孩子们在家缺乏家长看管，进而学生们在学前没有形成良好的学习习惯。我来到新疆，就代表着首都教师的形象和教学水平，再难也要想办法克服，我下定决心一定要让新疆的孩子们热爱上数学这门学科。为了尽快适应新的工作，我在课前认真备课，反复斟酌每个教学环节，精益求精只为上好每一节课。刚来到和田因为疫情原因学生也是在家上网课，为了让学生和家长更快地了解我，认识我，适应我，每次上网课前一天把第二天要学的新内容拍照发给家长。上课前对学生进行点名签到，力争全班同学都能参与到网课上来。我还借助北京人教版空中课堂教学视频，结合本地学生实际情况进行教学，调动学生们的积极性。除此之外，我在课堂上还采用了多种多样的教学手段和方法，充分地激发了孩子们的学习兴趣，力争让每个学生都有收获，都爱上数学学科。一周连续六天的工作，我把大量的时间花在数学课堂上，课后认真批改每一份作业，晚上回到驻地，还要钻研教材和设计教学环节。同时，为了更加深入了解学生，更好地开展教育教学工作，我积极与家长联系，及时沟通，指导家长关注孩子的学业和习惯，共同商讨提升学生全面发展的办法和措施，援疆的每一天都是忙碌的、紧张的、充实的、奉献的。

面对这样一群热情、质朴的维吾尔族孩子，想起他们天真的笑脸和一拥而上的情景，我心中的一切烦恼和苦闷便都烟消云散。看着学生们越来越工整的作业，越来越多的试卷红钩，我心中想到的是：要珍惜这次援疆机会，要把自己的热情和爱心献给这些可爱的孩子们，一定要让他们对知识充满渴望，享受到学习的快乐。通过我的努力，孩子们逐渐适应我的语速，适应我的教学模式，特别爱上数学课，取得较好的教学效果。

以专业的敬业心指导教学科研

虽然教学任务繁重，但是我还是非常荣幸被聘为和田县骨干教师数学学科培养工作室导师，并与一位北京援疆教师一同参与和田县低段数学教研管理工作，兼任和田县三小两位低段数学教师的指导老师，与和田县及三小的同人一起进行教育科研工作。

在骨干教师学科工作室的工作当中，我与区教研员及北京东城的任和老师共同策划工作室实施方案。我们通过前期与学校低年级数学教师的座谈，走进课堂听课，基本了解了和田地区数学教学现状。于是，我与工作室的老师们多次召开专题会，希望能够建立一套行之有效的教研体系，使每次培训专题更能“接地气”，更有实效性。因此每周四定为我们低段数学教研日，通过课堂教学直播引领，同课异构，利用后方教育资源请专家讲座等方式提高和田县数学教师的教学水平。我于 2021 年 5 月 19 日北京援疆教师送课下乡之机，走进和田县吾宗肖乡中心小学去送课。课前我与班级数学教师了解班级情况和学习进度，为一年级二班上了一节数学课《连加问题》。本节课也进行了全县教学直播，课后我和本校数学教师进行深入的研讨。其中，课堂的教学设计，信息技术的整合，低段学生发现问题、提出问题等都让老师们眼前一亮，给他们留下了深刻的印象，成为教学的样板。

在学校教研工作中，我还利用课余时间积极参与组织听评课活动。每周组织年级数学教师进行集体备课，听评课，撰写评课记录，并对学科建设提出了多条建议。我积极发挥导师教师的作用，参与县级数学学科课题的研究。

细节决定成败，在与老师们的交流中，我一直强调教学环节的精细化、备考设计的精心化，充分发挥自己的教学经验与优势，与当地教师共同研究，一起进步，为提高教师教学水平做着努力，把自己的教学经验毫无保留地传授给大家。

以高度的责任心参与班级管理

和我搭班的是一名刚毕业的新教师，没有教学经验，我就和这名新班主任一起有计划有步骤地开展班级工作，以德育教育为前提，抓好本班学生的各项行为规范，促进学生的身心健康发展。定期为班主任推送班级管理方法的文章，与班主任沟通交流，做好重点生的谈话和培养工作。利用课间找学生谈心，了解他们的家庭情况，帮助他们制定个性化的成长方案。

为了能够从内心驱动学生的学习动力，我以“少年有梦”为主题组织学生开展故事会。通过一个个生动形象的故事，一位位榜样人物的事迹，打动孩子们的心灵，让他们找到榜样，对生活充满向往和追求。和田地区的教育还比较落后，应试教育严重。每天数学课、语文课特别多，个别教师不让学生上体育课、音乐课、美术课等，就是硬塞语数知识，这些陈旧的教学方法制约了孩子们的天性，学生学习积极性很低。我在完成教学任务的情况下利用每天下午第四节课带领班级同学进行小篮球投篮、托球比赛、踢毽子比赛、五子棋等文体活动。学生们太开心了，其他班级的学生看在眼里羡慕不已。通过活动增进了我和学生的友情，学生听我话，愿意上数学课。活动也让学生们放飞自我，理解团结协作的意义，对班级班风建设起到了促进作用。

和田地区疫情防控更加严格，我坚持每天配合班主任为学生发放口罩，收取学生健康表，放学后对班级教室进行消毒，组织学生每周进行核酸检测，缓解班主任许多工作压力。我利用钉钉会议召开了线上家长会，为一年级家长进行线上讲座，从“教育好孩子是家长终生的事业”到“学生良好习惯的培养”……我针对地区现状为家长提供了切实可行的家教方案，让学校教育和家庭教育形成合力，为学生健康成长保驾护航。一年的时间快过去了，班级精神风貌有显著提升，学风积极向上，得到了学校和家长的认可。

以大爱之心无私奉献，手留余香

新疆和田地区相比较其他区域经济欠发达，还有很多孩子的家庭并不富足。除了从首都带来了购买的教辅材料之外，入疆以来，我先后为三小师生以及和田乡镇学校援赠 2000 余元物资，积极参与爱心捐款。当得知乡下有一个维吾尔族家庭 100 余箱苹果滞销，我和援疆的几名党员老师集资把苹果全部买下，赠送给和田县第三小学的本地教师，既解决了维吾尔族群众的困难，又为和田本地教师送去了福利。在下乡送课活动中，我为乡下学生购买学具和书本，他们可高兴了！我认为每一个孩子都值得拥有幸福快乐的童年生活，作为首都教师援疆代表之一，除了以自己的专业素养在课堂上为他们搭建成长的舞台，也希望通过各项公益事业的捐赠捐助活动，改善他们的生活条件。援疆路刚刚开始，为什么要援疆？援疆援什么？是推动我工作的动力，奉献仍在继续，小小善举定能传递爱心，大爱无疆的种子定能在广袤大地上生根发芽。

司 机 老 艾

陈文炯

2018 年 10 月，我离开中共北京市委办公厅法规室主任岗位，至 2020 年 1 月到新疆开展支援合作工作，挂职北京市援疆和田指挥部办公室主任兼和田地委办公室副主任。2018 年 10 月 27 日晚，我坐在京和大厦 2707 房间里，面前的茶几上，两杯刚刚冲开的花茶散发着淡淡的香气，这是于田县特产的玫瑰花茶。在我对面，坐着老艾，他正在讲述自己的故事。这是我来到和田的第十天，也是认识老艾的第一天。

“七朝元老”

老艾不姓艾，他是维吾尔族人，全名叫阿卜杜·艾海提·司马义。老艾其实也不老，这一年刚刚 51 岁。他是土生土长的和田人，1985 年开始在和田地委开车，1999 年被指派担任北京援疆团队的专职司机，从此一干就是 19 年。19 年来，援疆干部换了 7 批，老艾却如同镇守和田的昆仑山，岿然不动，稳稳把着手里的方向盘，陪伴了一批又一批援友，成为京和大厦里著名的“七朝元老”。

“活地图”

2010年以来，党中央审时度势，站在党和国家工作全局的高度，启动了新一轮对口援疆，确定了“社会稳定、长治久安”的新疆工作总目标，擘画了“稳住西北，以利经略东南”的战略蓝图。和田位于新疆最南端，北依塔克拉玛干沙漠，南枕昆仑山，辖区面积24.78万平方公里，总人口252万，稳定和发展两个“三期叠加”的严峻形势相互影响，深度贫困与社会稳定、自然灾害、民族宗教等因素多元交织，是全国“三区三州”深度贫困地区中脱贫攻坚任务最为艰巨繁重的地区。新一轮援疆以来，北京援建和田资金总量超过180亿元，干部人才超过1500人，援疆工程项目覆盖和田地区“一市三县”及新疆生产建设兵团第十四师五个团场。曾有援友开玩笑说，如果把北京援疆项目在和田地图上一一标识出来，恐怕需要一个1∶1等比例地图才能看清楚。虽然是玩笑，但援疆项目覆盖范围之广、涉及地域之分散，可想而知。再加上有些援疆项目深入大山深处和沙漠腹地，人迹罕至、交通不便。有时候，指挥部领导想实地调研一个援疆项目，身边问了一圈，也没人能准确说出项目的具体方位和行车路线。这时，大家都会习惯性地说出一句话：问问老艾吧。你一问，老艾一准儿会把这个项目的具体位置、建设时间、施工单位和行车路线说得清清楚楚，比在线更新的高德地图还靠谱。因为老艾有个习惯，跟领导一起下去调研，他不仅会记清道路，还会仔细看看施工牌，把工程的相关信息记在脑子里，久而久之，他就成了北京援建项目的“活地图”。老艾说：“这几年，我跟着北京援疆领导几乎跑遍了北京援建的一市三县每个村子，从医院到学校，从工业园到村委会，每个村、每个社区，都有北京援疆的印记，可以说，一市三县每个家庭、每个人，都是北京援疆的受益者。”

“昏沙照”

来到和田第一天，我就见识了传说中的沙尘暴。从机场出来，指挥部的同志开车带着我去了大沙漠，说要让我感受一下纯正的和田味道。越野车行驶在漫长的沙漠公路里，路两旁连绵起伏的沙丘一直延伸到天边，永远看不到尽头。行至中途，突遇大风，沙尘随风扬起、遮天蔽日，滚滚黄幔中，落日隐约可见，余晖照在不远处的热瓦克佛寺遗址上，四野茫茫。天地间，万里投荒的个人和穿越千年的古迹，都显得无比渺小。和田地处世界第二大流动沙漠——塔克拉玛干沙漠南缘，因其特殊的地形结构和地理位置，经年累月形成了严酷的荒漠环境，气候极端干旱，降水少、蒸发大，加之塔里木盆地和昆仑山口两股风向的交叉影响，风沙活动频繁而剧烈，年均风沙天数超过 200 天。频发的沙尘天气，使得和田地区农牧业、交通、公共设施、社会活动以及人民群众生命健康都受到严重危害，生态环境十分脆弱，这是和田贫困的重要外因。自然环境虽然无法骤然改善，但老百姓的生活和就业却能人定胜天。多少年来，和田人民就像傲然屹立在沙漠中的胡杨树，把根努力扎在干旱的土地里，枝条伸展到天空中，在这片贫瘠的土地上，发展出一整套自给自足的产业体系。这里面，北京援疆功不可没。新一轮援疆以来，北京援疆把发展产业、促进就业当成头等大事来抓，累计建设标准化厂房和配套服务楼 58.84 万平方米，和田五大工业园区初具规模。开辟和田国家农业科技园先导区，推动当地种植业结构调整。培育 16 个养殖繁育基地，建设农业大棚 4100 座，带动农民兄弟持续增收。通过“百店专柜”“双创中心”等平台，助力和田农副产品进京。投资 52.86 亿元，新建住房 28.7 万套，建设规模 2343 万平方米，带动和田 115 万群众居住条件得到根本改善。投资 11.86 亿元，实施供水、供暖、道路、排污、垃圾处理等生活条件改善项目 50 项，新建改扩建 6 个城镇水厂，实施农村安全饮水工程，帮助 50 万人喝上放心水。投资 12.68

亿元，构建四级诊疗体系，全面提升受援地群众健康水平。这一系列组合拳，极大改善了和田地区的经济社会面貌，也深深改变了和田人民的精神气质。老艾告诉我，外面来的干部，都以为新疆山美水美，结果一到和田赶上沙尘暴，就郁闷了。但在当地人眼里，这些极端天气都不算什么大不了的事。这些年，和田人民从“三股势力”的毒害中走出来，在极端恶劣的自然条件下战天斗地、改造生活，培养出了革命的乐观主义精神。就连沙尘天拍出的照片，都被他们戏称为“昏沙照”，多么浪漫又多么乐观。物质生活的改善，只是摆脱贫困的第一步。精神世界的强大，才是告别贫困的最终保障。习近平总书记讲道：“人心是最大的政治。”史无前例的脱贫攻坚壮举，不但书写在25万平方公里的土地上，更书写在250多万和田人民的心中，这才是和田最大的政治。

2019年初冬的一个午后，我随指挥部领导外出调研，在沙漠深处偶遇一条暗河。河水清澈见底，坐在水边，凉风习习，头顶白云变幻。那一瞬间，我竟感觉不到自己正身处荒漠。

“长相思”

2020年1月3日上午，我在乌鲁木齐迎宾馆参加“第九批省市援疆工作总结表彰大会”，作为北京援疆干部代表，上台领取了优秀援疆干部和“二等功”奖励证书，聆听了自治区党委书记对援疆干部的充分肯定和高度评价。会后，回到自己的房间，我仍然沉浸在巨大的荣誉感和喜悦之中。这时我接到一个来自北京的电话：市委办公厅通知，研究决定我不再留任第十批援疆干部，春节前返京，接受新的工作安排。这个电话让我颇为意外，因为我已做好在和田战斗三年的准备。此时离开，心中唯有眷恋和不舍。

12天后，老艾送我来到和田机场，我们相对无言，依依惜别。返京的航班上，凝视着舷窗外慢慢远去的昆仑山、大沙漠，伴随着脚下逐渐倾斜的大地，我的援疆生活结束了。

回到北京后，我迅速投入了新冠肺炎疫情防控的火热战役，每天披星戴月、昼夜奔忙，繁重的工作和持续的压力，让我根本无暇整理个人的思绪。和田的人和事，在我脑海中似乎慢慢淡出了，鲜活的记忆也渐次模糊，有时回想起来，都不是那么真切，好像一张张褪色的照片。

2020 年深秋的一个晚上，我结束了一天的工作，回到家里，突然留意到书桌下面堆放的几个箱子，那是些从和田打包寄回的个人物品，已经在角落里躺了八个多月。我打开箱子整理起来，在一堆杂物下面，发现了一小袋玫瑰花茶。我放下箱子，坐回书桌前，泡了一杯茶。干枯的花瓣在水杯里逐渐舒展，慢慢恢复了生命的色彩，而我的记忆，也随着花瓣一同鲜活起来：京和大厦楼下的葡萄架，喀拉喀什河谷里盛开的沙枣花，塔克拉玛干沙漠里千年不朽的胡杨木，昆仑山顶万年不化的皑皑积雪，金碧辉煌的团城，墨玉老城的清真寺，洛浦乡间淳朴的维吾尔族老乡和他们的小木屋，和田的一切，全都从我的茶杯里浮现了出来。

一瞬间，我仿佛回到了两年前。那时的我，坐在京和大厦 2707 房间里，对即将到来的新生活，充满了好奇与期待。在我对面，坐着指挥部的司机老艾，他抬起手，开始讲述自己的故事。

（姜可心　整理）

援疆有归期　奋斗无止境

王大猛

把自己融入国家大发展的潮流格局中去体现价值

2020 年 3 月，我离开中共北京市委办公厅督查二处副处长岗位，到新疆开展支援合作工作，挂职北京市援疆和田指挥部办公室主任兼和田地委办公室副主任。

曾有前辈这样说过：“不是每一朵花都能盛开在雪山之上，但雪莲做到了；不是每一棵树都能屹立在戈壁之中，但胡杨做到了；不是每一个人都能踏上援疆之路，但我们做到了！”每一位援疆人的心路虽然各不相同，但大多都有故事。

说出来可能有人不会相信，对我而言，之所以积极响应组织号召选择来援疆，是因为长久以来内心那份家国情怀的驱使。信念是人的行动之锚，引导着人笃定而执着地为之奋斗。从小接受中国历史文化传统的教育，家国情怀早已融入我的血液之中，驱使着我想要到祖国的边疆做点什么。

无独有偶，在单位发出援疆动员的期间，我偶然间看到了一部纪录片《河西走廊》。我听见霍去病不灭匈奴誓不返的壮志豪言，望见张骞屈身数十载英名垂青史的辛酸泪。曾经意气风发的少年郎，在岁月无情的打磨中慢慢沉淀。那一个个被史笔记录下来的平凡或伟大的人物，都以不同的心境、不同的姿态，为开拓、经营祖国边疆，为祖国领土完整而前赴后继。这部纪录片，我看了很多次，每次看都会感动流泪，收获不一样的感受。这部纪录片对我的触动真的很大，我觉得作为个体，要融入国家整体的大格局之中，才能使个人价值得到最大化彰显。这也进一步激发了我想早日来到新疆的愿望。为此，我主动找到单位领导正式申请援疆，并通过了层层选拔，成为北京市第十批援疆干部人才中的一员。

党的十八大以来，以习近平同志为核心的党中央把脱贫攻坚摆在治国理政突出位置，作出一系列重大部署和安排，脱贫攻坚力度之大、规模之广、影响之深前所未有。打赢脱贫攻坚战，实现全面建成小康社会，是我们的党对中国人民的庄严承诺；更是我们的国家、民族伟大复兴的重要时间节点和历史时刻。从我内心来讲，在谱写人类历史新篇章的重要关键时刻，能来到新疆，身处脱贫攻坚事业的前沿一线，将自己生命的一部分融入这一伟大历史时刻，是何其荣耀，又是何其幸福，因为，在这片热土上，我付出了自己的努力和心血。

所以我觉得，援疆有归期，奋斗无止境，援疆不仅是一段经历，更是一种家国情怀的传承，能够在边疆和田参与到脱贫攻坚这场伟大的战役中，我感到无比自豪和骄傲，这也是我人生当中一笔宝贵的财富。

兢兢业业做好本职工作

人在仰望星空的同时，也要脚踏实地。提起援疆，谈情怀容易，但如何让情怀落地，做好具体的援疆工作，对我来说却是一种考验。在北京援疆指挥部，我担任的是办公室主任的职务。众所周知，办公室的工作既“重”也“杂”，既要做好领导的决策参谋，完成好对上对下的服务，还要承担机要、保密、宣传信息以及财务管理等日常工作。由于机制的调整，指挥部办公室的人员由上一批的 8 人减少到 3 人，“人少活不减”的局面也给我带来了不小的挑战。但是，不管遇到怎样的困难，我始终秉承着“以匠心，致初心”的理念，兢兢业业、认认真真地做好每一件事。

在脱贫攻坚的决战决胜之年，我作为负责外宣工作的办公室成员，和中央、自治区、市级的主流媒体一起“见证”了北京援疆给和田当地带来的巨大变化，我和领导同事深入挖掘北京援疆的成功经验做法、重大工程项目以及涌现出的感人事迹，全年在主流媒体及网站刊登稿件 600 余篇，实现了北京援疆宣传工作新的突破。

提到这个数字，其实并不是想彰显自己的劳动成果，而是切实地为援友们的付出以及给当地百姓生活带来的改善而感到骄傲。我们援建的和田团城项目，如今已经成为网红旅游打卡地；我们援建的“三馆一院”项目，也成为当地的文化新地标；我们创新开展的“大学生支教项目”有效弥补了当地国语教师力量的不足，也在 19 个援疆省市中走在了前列；还有我们的“首都文化月”系列活动已形成品牌，成为践行文化润疆的坚实力量……

在为这些成果感到由衷的骄傲和自豪的同时，我也时常在想，我自身的工作，可能并不像其他援友那样显现，比如工程部的援友可以指着一幢大楼说：瞧，那是我们建的；产业部的援友可以指着一家企业说：看，那是我们招的！我的工作就落在了日复一日的重复和一组组枯燥的数据中：全年撰写工作要点、会议讲话、工作总结等指挥部重要文件十余万字；全年组织召开工作会议、办公会、专题会等重要会议 100 余次；全年接待考察调研团组共计 100 余批次、服务保障 5000 余人次……但是在这并不生动的数字背后，却暗藏着我的细心、贴心、匠心和用心。因为我觉得，并不是每一个援疆人都会有轰轰烈烈的事迹，在平凡的岗位，当好一枚螺丝钉，为指挥部工作的正常运转，为京和两地扶贫协作的对接，为援友的工作生活提供最有力的保障，其实也是对援疆的一种贡献。2020 年，我获得了新疆维吾尔自治区开发建设新疆奖章。我想，只要全身心投入，扎实做人做事，总会获得认可。

他们让我时刻感动着

深入乡村基层，感受最真实的一面，倾心用力扶真贫，也是我给自己定下的目标。入疆以来，我投入全部个人业余时间，深入北京对口援助的和田地区一市三县乡镇乡村，开展调查研究，足迹最南至昆仑山深处的普夏、最北至沙漠腹地的塔瓦库勒，与基层群众、民族同志交朋友，换真心，掌握当地情况，研究脱贫发展方式方法，形成了十余万字的一手调研资料。在这个过程中，许许多多参与到脱贫攻坚这场伟大战役的身边人，他们的故事也让我备受感动。

先来讲两位司机的故事。第一位是保障我们交通出行的维吾尔族司机阿卜杜·艾海提·司马义，我们北京援友习惯称他老艾。从 1999 年起他就受地委办分派给北京援疆的指挥长开车。

老艾给我的第一印象就是工作兢兢业业。作为指挥部元老级的人物，老艾可谓是指挥部项目的“活地图”，他充分发挥自己的特长，既当司机也当翻译，不管严寒酷暑，不论时间早晚，只要有任务，老艾总会安全准时地完成。从老艾身上，我也感受到了和田当地同志的热情、好客和真诚。逢年过节，老艾经常会邀请我们干部去他家里做客，让人感到十分温暖。近 20 年来，他把每一批北京援疆干部都当成自己的朋友和兄弟，经常打电话问候，从他的身上，我也深切感受到了我们开展“民族交往交流交融”的成果。

第二位司机师傅名叫张青。他的父亲是曾经穿越塔克拉玛干沙漠解放过和田的沙海老兵。1949 年 12 月 5 日，1800 余名中国人民解放军第一野战军一兵团二军五师十五团指战员从阿克苏出发，昼夜兼程行军 15 日，行程 700 多公里，徒步横穿塔克拉玛干沙漠这一“死亡之海”，解放了和田。还是这些老兵们，他们响应党中央的号召，就地转业，在塔克拉玛干沙漠腹地种田植树、绿化荒漠、屯垦戍边。更多的老兵，要求自己的子女，继续扎根于此、建设家园，化他乡而为故乡。作为红二代，张青师傅完全有资格让自己的父亲为自己创造一个很好的工作生活条件，但是他却没有这样做，他父亲和他从未向国家、向组织提过任何要求。张青和父辈甘于奉献，献了青春献终身，献了终身献子孙，并且他们“扎根新疆、热爱新疆、屯垦戍边”的精神，也激励着我要为和田打赢脱贫攻坚战贡献最大的力量。

在和田县朗如乡普夏村的一次调研中，一名年轻女教师的事迹也深深震撼了我。普夏村坐落在昆仑山深处、喀拉喀什河上游，是一个传统的牧业村，共有 2680 人。虽然距城市不到 100 公里，但自古以来，村民们出山都是骑着毛驴沿着山间的羊肠小道行走几天几夜，要是赶着牛羊出山，或是背（驮）着米面和生活用品进山，往返一趟就要二十几天，山区的牛羊和土特产品卖不出去，外面的日用品运不进来，村民生活非常不便，也造成了全村的深度贫困。而就是在这样条件艰苦的情况下，从喀什来和田的这名女教师与村委会干部一起吃饭，与大家一起共用一个洗衣机，甚至还没法洗澡。但是，为了自己喜欢的教育事业，为了山区的孩子们一直坚守在那里，在艰苦的环境中，她能与孩子快乐相处，实现其人生价值；她还用乐观的心态感染着孩子，让他们都能感受生活在世界上是快乐的。她的乐观开朗豁达，也深深地感染影响着我，鼓励着我扎根和田，倾力奉献、苦干实干，同贫困群众想在一起、过在一起、干在一起，将最美的年华无私奉献给和田的脱贫事业。

还有一位是和我同样来自北京的农民老大哥李广富。李广富是平谷区南独乐河镇北独乐河村，有着 40 多年养桃手艺的普通村民。2018 年年初，他来到洛浦县开始试种平谷大桃。本想着和田地区昼夜温差大、日照时间长，非常适合大桃生长，无奈公司承包的地块存在严重盐碱化，水位高的问题。为让北京“平谷大桃”在和田开花结果，李广富用了将近 3 年的时间，一遍又一遍地在和田试验，改造盐碱地、引进树种。资金周转困难时，他卖了自己在北京的两套房子，也没有轻言放弃。经过不懈努力，2020 年夏天，平谷的大桃在洛浦这片土地上扎下了根，结出了果。虽然因为受到疫情的影响，李广富的“桃园”在经营方面又遭遇了挫折，但是他执着的精神却深深地感染着我。

在南疆，人们将那些扎根在大漠中的胡杨视为最迷人的风景。我想，胡杨获得如此赞誉，不仅仅因为它们有着绚烂的色彩，更因为它们有着一颗与众不同的“心”：其坚毅而顽强，不畏风沙；其无私而担当，深藏功名；其质朴而热忱，守正笃实。金黄胡杨的美是每一片树叶努力绽放生命的结果。我想，我们或许成为不了胡杨，但却可以像树叶一样，凭借一片赤诚的心，在援疆和未来的日子努力绽放，贡献自己的力量。

牢记援疆初心　致力新疆首府地铁建设

邓小勇

不来援疆，不知新疆之大、祖国之美

2017年7月，我离开北京交通发展研究院副总工程师岗位，至2020年9月，到新疆开展支援工作，挂职乌鲁木齐市轨道交通项目建设执行办公室副主任。

对口援疆是国家实施的重要战略，是党中央治疆方略的重大举措，是推动新疆社会稳定和长治久安总目标的重要抓手。作为这一历史性战略举措的参与者和经历者之一，倍感使命光荣。

不来新疆，不知祖国之大；不来新疆，不知祖国之美。自己深知，要想在短短的三年之内，做好本职工作，必须加强学习，必须脚踏实地深入地去了解新疆，用心去感悟她。

刚来时，和援友们一道，秉承“三年援疆路，一生援疆情”，关键自己要用心用情。通过参加包括“不忘初心、牢记使命”主题教育等各种培训，学习了党中央关于新疆若干问题第二次座谈会会议纪要、习近平总书记关于新疆工作的系列重要讲话和批示指示精神，以及《新疆维吾尔自治区去极端化条例》、三个白皮书等重要内容。同时坚持阅读京乌两地组织部门派发的书籍，以尽可能短的时间，全面了解新疆的政治、经济、社会、民族、宗教等情况，思想上更好地融入新疆。努力让自己从思想上、知识面上、专业上成长为一个新疆人。

新疆在党和国家工作中地位特殊，政治思想和廉政建设尤为重要，我们必须保持高度重视。新疆也是脱贫攻坚战的重要战场，脱贫攻坚的胜利，不能落下一个区域，小康路上，不能落下一个民族。

援疆三年，是认识新疆的三年，是不间断学习和政治历练的三年，是“四个意识”强化提升的三年，是思想理论知识系统升华和轨道交通行业经验增长和实践丰富的三年，可谓轨道交通专业能力素养和政治品格定力融合趋一的三年。人非草木，孰能无情，新疆已经深深印入我的脑海，我的心扉。

立足岗位，扎实做好轨道建设工作

轨道交通建设涉及面较宽、具体战线较长、专业性强、要求协调力度大，是我对本职工作岗位的具体认识。所以我一直坚持尽可能地深入一线，扎根关键业务，现场多跑，努力做好轨道交通工作。通过研读地图和实地查看，我现在对乌市的交通地理可以说比较熟悉。一些当地同人，有时也惊讶我对乌市的熟悉程度。

我和乌市同事一道，组织编写了《乌鲁木齐轨道交通管理条例》，先后经乌市人大和新疆维吾尔自治区人大批准，2018 年 10 月 1 日正式实施。随后开展了宣贯地方性法规《乌鲁木齐轨道交通管理条例》。2019 年 4 月，启动乌鲁木齐市轨道交通保护区管理办法草案工作。我参与开展了轨道交通运营监管有关文件规范编制工作。

规划先行。组织开展了轨道交通建规调整工作。为推动二号线二期前期规划工作，加强机场改扩建和高铁站的联动，我和同事一道组织建设规划调整编制工作。2019 年初启动，已完成主报告和配套专题报告的初步成果编制。

我参与组织了轨道交通1号线南段暨全线工程验收和试运营基本条件筹备和验收工作。我参与或牵头组织包括方案制定、票证票价、运营应急预案、竣工验收总体方案、试运行基本条件评审等，并以乌鲁木齐轨道交通工程建设指挥部办公室的名义，组织周例会和现场会，协调和推进工程进度，编写会议纪要和例会记录。我还参与推进轨道交通1号线北段工程沿线配套基础工程的工作。作为全疆首条开通的轨道线路，1号线北段于2018年10月25日开通；1号线南段暨全线于2019年6月28日，正式开通初期运营。

我会同乌市建设局应急安全处、建管处，质监站、安监站等部门组成轨道交通建设行业联合检查组，编制联合检查方案，对轨道交通1号线，2、3、4号线一期四条线路，组织了联合检查和督查工作，涉及环保、安全施工、文明工地、综合治理、文明创城、开复工安全隐患、在建项目调整、施工围挡标语宣传等相关工作。根据政府和局要求，就2、3、4号线一期特许经营合同进行了统筹和梳理，包括文件审阅、协调、督办等事宜。针对重大工程变更事项，加强协调，及时答复，做好衔接等。参与组织专项检查小组，推进在建调整线路的安全隐患消除工作。

根据轨道项目建设工程进度需要，及时协调属地区政府征收部门、有关热水电通等管线产权单位，和轨道交通建设单位以及建管单位，搭台做好建设前期的综合协调作用。

自1号线2018年10月开通试运营以来，我轮流组织试运营研判会，针对开通初期可能出现的问题，及时分析和综合研判，以便及时处置。目前全线初期运营整体有序平稳、安全可控。同时总结经验，做好工程建设收尾工作。

引入第三方运营监管服务，为线路的初期运营提供智力支持。通过生产月调度会、现场检查、挂钩考核、行业交流等方式，推动运营企业规范、专业运营，1号线自开通以来，运营有序平稳。强化新冠肺炎疫情期间防控措施，按照市疫情防控指挥部要求，落实做好各项防控措施，确保线路运营可靠、安全。

建立健全事后监管制度，按《乌鲁木齐市轨道交通管理条例》中关于轨道交通安全保护区的有关规定，启动安全保护区的工作。组织四家轨道交通经营单位，提出轨道线路安全保护区范围。通过组织专班，范围成果提交行业主管部门，由行业主管部门会同自然规划部门、城市管理等部门，通过函询、专家论证会等形式，向社会公示。

我比较注重轨道交通科研方面的工作。开展轨道线网优化和轨道交通运营监管体系等系列研究工作，注重信息化在轨道行业的基础设施建设中的应用。有力地支持了行业监管能力提升与城市空间布局优化，为河马泉新区、高铁片区，新一轮国土空间规划等提供技术服务。

工程建设安全第一，我先后组织开展了行业危大工程、轨道典型事故教训、行业信息报送、行业维稳、安全主体责任落实、前期专项工作等多项培训会和专题会，有利推动行业建设进度。

以心换心，积极促进民族团结

新疆工作的总目标是社会稳定和长治久安。搞好维稳和促进民族团结是援疆工作的重要内容。民族团结是新疆工作的一项关键工作。

三年多来，积极投身于民族团结一家亲、“结亲周”等工作中，参加社区值守等。与维吾尔族同胞结亲戚，开展“五同”活动。走访社区重点户，了解实际困难，积极捐款捐物，给结对亲戚家买米面油、衣物等，辅导亲戚孩子学习，看望住院亲戚，参加国庆日社区升国旗等活动。参加了斋月值班值守、党的十九大、国庆 70 周年等下沉社区活动。和结对亲戚一起观看爱国主题电影《远去的牧歌》，参加廉政警示教育、荒山绿化、社区联谊等系列丰富多彩的活动。给亲戚及其家属，宣讲党和国家惠民政策，践行民族交往交流交融，增进民族情感，为实现新疆工作总目标贡献力量。

通过民族团结一家亲等系列活动，我对边疆地区的发展现状有了更加深入的了解，对党中央治疆方略，特别是党的民族政策、宗教政策、建设小康、脱贫攻坚政策有了更深刻的认识，对做好援疆工作有了更加强烈的责任感和使命感。我觉得，要想和民族群众增进感情，学几句地道的维吾尔族语言，也是一种很不错的方式，比如问候语、祝福之类的词。结对亲戚家吐尔逊·古丽的家庭条件一般，养育了三个男孩，最小的一个男孩 2017 年 9 月刚上初一。我去拜访时，如果碰到他正在做作业，我会辅导他数学和英语，比如朗读英语，耐心讲题，鼓励他打好文化基础，将来更好地建设美丽家乡。一来二去，我跟他们一家每个人都很熟悉，尤其在维吾尔民族重要的节日，都要前往送上真诚的祝福。

临近援疆工作结束，2020 年 7 月，乌市突发新冠肺炎疫情。坚持做好个人防护，严格按照疫情防控指挥部和社区的要求，做好分内事，站好最后一班岗。在疫情封城期间，坚持远程办公，确保正常的工作流转，施工现场封闭管理，做好消毒消杀，努力保持轨道建设行业队伍稳定。定期和结对亲戚保持联络，争取理解支持。解封后，我第一时间去社区看望志愿者，了解轨道行业疫情工作和轨道在建线路的复工复产工作情况，尽量减少疫情对工程进度的影响，为迎接文明城市创建做好准备。

京乌两地，三年多来都给予我本人厚爱和关照。感恩的同时，只有更加勤奋努力，珍惜这份难得的缘分，努力踏实工作，铭记那可贵而又难忘的援疆经历，无悔援疆初心。无论在哪儿，无论何时，永远祝愿大美新疆稳定繁荣，期盼伟大祖国早日复兴，祈福各族人民生活幸福安康。

用画笔记录脱贫壮举　描绘乡村振兴

张建豹

我是北京美术家协会副主席张建豹。2003年起，我开始以扶贫慰问的形式参与文艺扶贫工作。近20年来，先后到过青海玉树、内蒙古、新疆和田、西藏拉萨等地，仅西藏一地，就去过20余次。其实每一次活动，对于我而言都是一场灵魂的升华，涤荡着我的心灵，也不断坚定了我的信念，催促我拿起画笔描绘伟大的时代。山海迢迢，风光各异，遍览山河，颜色万千。数十次深入边远地区为群众执笔，也留下了诸多深刻记忆。2015年10月，新疆和田地区于田县达里雅布依乡之旅，至今仍难以忘怀。

我为山村里的孩子上了难忘的美术课

大漠孤烟，行程漫长。苦涩的盐碱水，数十摄氏度的昼夜温差，十几个小时的越野车“翻沙越丘”，口腔溃疡、重感冒成了我这一次必须要战胜的“敌人”。

达里雅布依乡隶属新疆维吾尔自治区和田地区于田县，地处于田县北部，这个村子人口稀少，周边几个村子的孩子们在这里上学。

我到的时候，孩子们正好在听数学课。也许是书中的知识让他们入了神，完全不知道我的到来。当我拿出画板那一刻，孩子们眼睛里的光芒，令我至今难以忘怀。对于他们而言，美术课是极为陌生的。当我把绘画工具铺开后，所有孩子都热烈地拥上来，围着我，有无数问题，每一双眼睛，都清澈无比，充满了对美的渴望和对未来的遐想。

篮球、衣服、书包，身边的东西就是这次特殊的“美术课”的素材，一种弘扬传统文化、为家国民族传承赓续文明基因的庄严使命感浮现在心，久久萦绕。

“老师，我画好了！”一个7岁的孩子兴奋地举起手中的画作。画中，有爸爸、妈妈和一个小姑娘，他们三人手拉着手在蓝天白云下散步。还有的孩子画了自己在看书，有的孩子画的是他和好朋友在花丛间奔跑……

“很棒！大家都可以像这些同学一样，大胆尝试，你们可以使用不同深浅的颜色进行作画，画出自己心中向往的图样。”我一边做示范，一边不停地为孩子们竖起大拇指“点赞”。

之后，我又以荷花、松树等当地几乎难见踪影的风物作画，创作了十余幅作品，赠给了学校、学生和当地村民。我希望这些作品能够成为当地孩子们眺望世界的一扇窗。

立足本职工作，将艺术与扶贫振兴工作步伐共振

在我的一些作品中，想说说我比较满意的一个——《习主席和我们在一起》，这幅画作诞生于随北京市文联、北京美协赴新疆、西藏等地开展帮扶慰问的过程中。画长6米，宽2米，描绘了藏民朋友幸福地笑着、紧紧簇拥在习近平总书记身边的美好场景。这个画现陈列于西藏军区展览馆第一大厅。

提起这幅画的创作历程，其中的滋味至今难以忘怀。那次入藏工

作，我经历了最严重的一次高原反应，长时间的发烧感冒带来的病痛对我产生了巨大的影响。但是思及这幅画作所蕴含的深意，所描绘的场景，我又始终充满了干劲和勇气。画作中50余个人物，可以说每一笔脸部线条，每一抹明暗处理，每一丝颜色勾勒，都凝聚了心血。后来，这幅画得到了各级领导的充分肯定，西藏军区党委为此专门致信北京市表示感谢。

我非常喜欢莎翁的一句名言："凡是过往，皆是序章。"对我而言，取得的成绩，过往的经历，都是我作为一名人民美术家的起点，我认为对我如此，对于时代来说亦如此。

从黑暗到光明，从贫穷到富裕，我们的党和国家始终没有停下脚步。近几年，当我故地重行，看到当年的黄沙漫漫，变成了绿树成荫，当年出行靠牛马、骆驼，变成了摩托车、小汽车，简易土坯房变成了宽敞明亮的大瓦房……总是能够使我心潮澎湃。特别是2021年2月25日，当我从电视里听到习近平总书记庄严宣告"经过全党全国各族人民共同努力，在迎来中国共产党成立一百周年的重要时刻，我国脱贫攻坚战取得了全面胜利"的那一刻，我几乎热泪盈眶，那个瞬间，我感受到了内心中最柔软、最本源的地方似是被触动了。

多年创作、文艺扶贫工作，我的画笔描绘过许多场景，描绘过许多人物。可以说，每一幅作品都是我个人对于理想、信念形象化地呈现的一个过程。

如今回首，感慨良多：艺术二字，当拆开解读，艺者为道，术者为技，以道驭术，以术释道，方可称为"艺术"。如果我们的画笔能够为社会和时代带来积极、美好的向往，我们的作品才能当得起"艺术"之称，我们才可无愧于"艺术家"之名。

从文艺扶贫事业角度来说，我更进一步认识到了文艺帮扶要融入对口帮扶地区的文化发展中。为此，我建议进一步加强北京市与各贫困地区文艺交流的广度和深度，为当地文艺工作者输送知识，为当地文艺规范发展增加内驱力，为文艺事业整体繁荣发展，厚植土壤，夯实基础。

从我个人角度来看，生逢盛世，使命在肩，在这个伟大的时代里，人民、风景以及故事，都是值得描绘和记录的。我们伟大的中国共产党，带领全国人民，尽锐出战，久久为功，从物质和精神层面坚决打赢脱贫攻坚战，创造了人类历史上的又一个奇迹，在这场征途之中，我能用自己的画笔，在波澜壮阔的历史画卷中留下小小的一笔，将是我一生受益的光荣经历。

乡村振兴的宏伟画卷正在徐徐展开，更深入地融入时代，为更多的群众送去文艺之美、传统文化之美的重要任务，将指引我继续奋进，为人民服务，为人民去创作，为人民送去艺术，永远都没有终点。

（刘航鹭　整理）

用文学润泽边疆少年心

周敏

援疆扶贫，我为“小”读者写“大”文学

我是北京老舍文学院副院长、中国作家协会会员周敏。我记不清自己去了和田多少次。2014 年，当我第一次穿过茫茫的沙漠，跨越起伏的天山，踏进新疆和田这片神奇的土地，似乎就与这里结下了不解之缘。那年到和田正值深秋，金色的沙漠变成了红色的海洋，大片的胡杨林美得像一幅油画。这里不仅有精绝的尼雅古城、浩瀚的塔克拉玛干、丰厚的佛文化遗址，还有欲罢不能的美食——烤包子、酸奶粽子、烤馕、手抓饭，和田的味道就这样渐渐融入了我的生活，这里成为我每次刚离开就想念的故乡。

作为一名儿童文学作家，我渐渐地了解和田，融入和田，喜欢和田的学校和孩子们。从“立足现实，为小读者写大文学”这个切入点出发，为援疆扶贫工作，尤其是“文化援疆、文化扶贫”工作贡献一份自己的力量。2018 年和 2019 年，我创作出版了两部现实题材长篇小说《红柳花开》和《沙海小球王》。

《红柳花开》通过对“京疆小记者夏令营”活动的点滴记述，在精

心构思和合理虚构的基础上，将北京、新疆两地青少年建立起的友谊进行了生动入微的刻画，展示了两地少年逐步互相了解、建立信任，直至结下深厚友谊、同心协力建设美好家园的温馨场面，塑造了具有鲜活感染力的人物形象。

《沙海小球王》的故事发生在塔克拉玛干沙漠腹地，维吾尔族小姑娘穆凯黛丝从小就有一个足球梦想，希望有朝一日能穿上国家队队服，参加国际比赛，为国争光。当她遇到挫折不得不放弃足球梦想时，一位来自北京的援疆足球教练，给了她莫大的鼓励与指导，重新点燃了穆凯黛丝的希望之光。

2019 年 2 月和 11 月，由中国作协、北京市扶贫协作办、北京市文联、北京援疆和田指挥部等单位联合主办，分别给这两部作品召开了创作研讨会。与会专家认为《红柳花开》书写了北京、和田两地青少年真挚的友情，同时以小见大，润物细无声，紧贴扶贫援建攻坚战的时代话题，对于新疆援建工作有着特殊的现实意义，是一部有温度、有筋骨、有内功的文学佳作。《沙海小球王》则更进一步体现了北京对少数民族地区的扶贫，不仅是物质层面上的援助，更为重要的还有精神上、心理上、文化上的交流和理解沟通。小说亲切好读、健康励志，是一份奉献给新疆及全国青少年读者难得的精神食粮。与会专家的肯定给了我很大的鼓励，在脱贫攻坚的伟大历史实践过程中，文化润疆，特别需要重视文化的引领和培育作用，从某种角度来说，一本好书的意义就更加凸显了。

这两部作品先后入选中国作协重点作品扶持项目、教育部中小学图书馆推荐书目、国家新闻出版总署农家书屋书目等多个书单，深受新疆青少年读者的喜爱。

让我感动的边疆孩子，是我创作的源泉

近几年，由于工作安排，我曾数次随北京市文联组织的首都作家团队深入南疆和田校园，为那里的中小学生讲授阅读写作方面的课程。课

堂上，孩子们一双双传神动人的眼睛，一张张求知若渴的脸庞，让我对生活在祖国边疆的广大中小学生，特别是维吾尔族中小学生的成长关注起来，感觉是推开了一扇奇特的门，房间里的所有事物都让我感到新鲜和好奇。从初步认知到深入了解，其间，质的转变发生在 2016 年暑期的一次京疆小记者夏令营。在那次活动中担任辅导老师的我，与十几位来自北京和新疆两地的孩子们朝夕相处了 16 天，其中的几名维吾尔族小姑娘给我留下了深刻的印象。她们显得格外内敛，容易害羞，讲话的时候常常是“话未出口脸先红”，声音则特别轻柔。除此之外，她们对朋友真诚热心、对老师尊重，完成任务不挑肥拣瘦，面对困难时，往往体现出一种韧劲儿，不轻言放弃。那次活动结束后，我以这群夏令营的孩子为人物原型，创作完成了《红柳花开》这部长篇小说。让人高兴的是，今年 3 月，《红柳花开》的维吾尔文版在新疆人民出版社出版了。

说起来，书中的人物都是有原型的，其中两个主角，汉族女孩晓萱和维吾尔族女孩阿依努尔，是到夏令营后认识并成为好朋友的。刚来的时候，阿依努尔的国语水平非常一般，室友晓萱教她学习语言，每天耐心辅导阿依努尔，而阿依努尔也是非常刻苦认真地学习，一个热情助人，一个质朴真诚，这些人物一个个活灵活现地跃然纸上，自然而然地与读者熟悉起来。阿依努尔的原型，是一个叫阿曼尼沙的和田女孩，参加小记者活动时，她是一个品学兼优的高二学生，家庭不富裕，作品里写她的手机就是家里叔叔借给她的。后来我再次去和田时，她凭借高考的优秀成绩，已经拿到了湖北一所大学的录取通知书。我送给她一部新手机方便和家人联络，并鼓励她进入大学后好好学习。直到现在，我们都保持着密切的联系。

《红柳花开》出版后，我把新书邮寄给她，让她看看自己的故事。有次我在北京广播电视台录节目，主持人问我这样一个问题：书中的主人公知道《红柳花开》出版的消息吗？节目录制结束后，我发现阿曼尼沙在微信中给我留言说：“老师您应该回答主持人，她们把这本书放在床头，天天翻看两次，梦里都梦见那次夏令营，它给了我前进的方向。还有，这本书的主人公已经把您当成了自己的北京妈妈。”那次，她说她看我录制的节目时，哭了许久。阿曼尼沙现在汉语的听说读写都特别好了，她和我商量，准备努力一下，考取中央民族大学的研究生。看到她在长大，我很高兴，我说我在北京等她。关于这本书的故事还有很多很多，我也经常想念这些已经长大的孩子们，那时，我会不由自主地翻看《红柳花开》。

而认识《沙海小球王》主人公的原型——穆凯代斯·图尔迪如苏力，属于意外中的惊喜。2018 年 11 月，我受邀到和田采访期间，北京援疆干部张传武几次同我说起穆凯代斯，向我详细介绍这位“和田首位女子职业运动员”的过往经历，并和援疆记者高阳程一起，带我走进了穆凯代斯的家。第一次见到穆凯代斯，让我印象最为深刻的是她眼中不时透出的“光芒”，让人能感受到这个十几岁的小姑娘心中有着某种强大的力量。围坐在她家的火炉旁，我进行第一手素材收集时，站在一旁的穆凯代斯双颊绯红，眼中的光愈发显得灵动起来。像许多南疆女孩一样，她从小就喜欢足球。作为学校女子足球队的队长，多次率队参加自治区和全国的足球比赛，取得很多不错的成绩。后来，穆凯代斯的努力训练、足球天赋和追求足球梦的渴望，引起了北京援疆和田指挥部的关注。在指挥部的支持和资助下，穆凯代斯参加了河北精英足球俱乐部球队的试训。心中有梦的小姑娘没有辜负大家的期望，渐渐展现出良好的爆发力和协调性，以及高超的“球商”和大局观，终于在 2018 年 3 月成为第一位进入职业足球领域的南疆女孩。

回想起接触到的众多维吾尔族青少年朋友，当他们展望自己的未来时，几乎无一例外地谈到，想去大漠之外更加广阔的天地走走看看，但在被问起“走出去”的方法时，他们中的大多数就说不清道不明了。穆凯代斯的班主任——麦热也木古丽·马木提曾经对我说：“穆凯代斯是我们南疆孩子里面唯一一个踢足球走出去的姑娘，她能吃苦而且记忆力很好，做事情很专心。我希望她好好学习，能带更多的南疆女孩走出沙漠，闯出属于自己的一片天地。”穆凯代斯已经在追寻梦想的路上迈出了坚实一步，她的这“一小步”完全有可能带动身边的同龄人拓展思路，共同迈出“一大步”，走向更加多姿多彩的世界。我想，这样扎扎实实的努力，会激起更多的孩子追求梦想的勇气，在他们的成长路上多了一束温暖的阳光。

就这样，我构思酝酿，搜集资料，开始创作《沙海小球王》。对于一名“非资深”球迷来说，写一部关于足球的小说并不容易，写一部讲述维吾尔族女中学生与足球之间的故事的小说难度更大。完成《沙海小球王》耗时半年多，现在想起来，其间的种种兴奋、困惑、感动仍历历在目。除了希望故事本身能带给读者阅读的快乐和榜样的力量，并激励书中主人公的同龄人勇于追逐自己的梦想之外，我希望在读完这本书之后，更多的青少年能够喜欢上或者更加喜欢有着“世界第一运动”美誉的足球，因为足球这种竞技运动所带给我们的震撼，不仅仅局限于它呈现给世人的力与美，更因其能够培养参与者勇于拼搏、永不放弃的精神，并在与队友的通力合作中，增长他们的集体主义和爱国主义情怀。

2020 年 10 月，作为中华文化耀和田首都文化月活动内容之一，我随北京市文联文艺志愿团队在和田地区、墨玉县和洛浦县举办了三场读者见面会，先后与 120 余名大中小学生进行“零距离、面对面”的深度交流并授课。《红柳花开》和《沙海小球王》中讲述的和田少年故事发生在孩子们成长的家乡，强烈的代入感引起当地学生的共鸣，这让我特别开心。新华社、人民网、北京电视台、《新疆日报》等媒体进行专题报道。

“我也想和《红柳花开》中的阿依努尔一样好好学习，去北京看升国旗”“我也想与《沙海小球王》的穆凯黛丝一样坚持梦想，走向成功……”在读后感分享环节，孩子们迫不及待地站起来发言，畅谈自己的阅读体会，纷纷以书中人物为榜样，树立远大志向和理想。

在洛浦县图书馆，我讲完课后收拾东西时，有名学生偷偷塞给我一个纸条，上面的字迹娟秀清晰：“周敏老师，我特别喜欢你的书和你本人，我也特别喜欢你讲的课，我觉得你找到了我的弱点，谢谢你给我传授好的学习方法。”落款名字是——洛浦八年级，努尔曼古丽·麦提图尔荪。这张纸条我当作珍宝一样留存。当时听课的还有一名语文老师叫阿丽亚，她是首都师范大学毕业的大学生。我们俩加了微信。和我沟通时她告诉我，班里的孩子们很开心，收获满满，回到班里还一直滔滔不绝说着听课的感悟。她和我要了讲课的课件，打算过两天再对我的课程给孩子们进行回顾和总结。作为一名作家，自己的创作能够得到读者的喜欢，老师的欢迎，并且能够鼓励和帮助孩子们成长，有什么比这更幸福的呢？

继续努力，做好自己的工作

这些年，我还负责组织协调北京市文联“东方少年中国梦”中小学生作文大赛和田赛区和拉萨赛区的协调落地工作，策划大赛在当地的启动颁奖、阅读讲座、交流指导、朗诵会等多种形式的校园活动，这也是北京的一个知名文化品牌活动走进拉萨、和田，为中国梦传播到更多的少数民族地区搭建文学桥梁。北京援藏、援疆指挥部和当地的宣传部、教育局很重视这项活动的开展，四届大赛下来，拉萨、和田累计有 120 万中小学生参赛，1000 多名学生和 300 多名教师获奖。我们还组织 40 多名各民族获奖老师和学生到北京领奖，和全国各地的获奖小作者一起参加“文学托举梦想”写作训练营。很多拉萨、和田的青少年通过这个活动，点燃了自己的作家梦想。我也跟随着活动，多次走进和田、拉萨、阿里等偏远地区中小学进行多场校园文学讲座，给孩子们送去图书和学习用具，培养学生良好读书习惯，促进民族交往、交流、交融，用文学润泽边疆少年心。

此外，我还参与了北京第八批、第九批北京优秀援疆干部人才的采访创作工作，完成了报告文学 20 多篇，收录在《昆仑作证》《京华春雨润和田》等作品集中，有 5 篇被《前线》杂志刊登。援疆干部、医生、教师舍小家为国家的无私情怀和奉献精神感染着我，他们是我心中永远的榜样。

结合这几年来参与援疆、援藏扶贫工作的经历，我能深切感受到那里发生的可喜变化，尤其在看到《红柳花开》《沙海小球王》这两部小说，在当地青少年中产生广泛而深远的积极影响之后，进一步增长了我的信心与热情，更加坚信自己日后能创作出更多好作品，为文化援疆、文化扶贫事业作出更多贡献！

（张维　整理）

以首善标准完成北京援疆工作

李冰

2018年，我暂时告别北京市人力资源和社会保障局人才档案公共管理服务中心，先后挂职北京市援疆和田指挥部规划发展部、产业发展部干部兼和田地区社保中心副主任。

临危受命，迅速进入工作状态

由于上一位援疆干部因个人原因提前结束援疆，我按照组织安排迅速接替入疆。新环境、新岗位、新职责意味着新角色、新机遇、新挑战。从流动人员人事档案管理和宣传的岗位，转变为援疆投资项目综合管理的岗位；从一名管理职责较为单一的科长，转变为一名分管四个科室的副主任，这是一种历新，更是一种考验。特别是对于援疆投资项目综合管理这一全新的工作领域，我刻苦钻研业务、边干边学，克服工作跨度大、专业性强、难度高的困难，经常加班加点至深夜甚至凌晨，熟悉业务，在两周内就基本掌握了项目管理的基础知识和工作能力，并独立开展分管工作。

在学习业务知识的同时，我丝毫不放松政治思想的提高，面对新的形势任务，我把“四个意识”作为开展一切工作的根本遵循，把政治理论学习作为做好一切工作的首要任务，始终保持常学常新，坚持读原著、学原文、悟原理，把自己摆进去、把职责摆进去、把工作摆进去，努力做到学思用贯通，知信行统一。通过学习习近平新时代中国特色社会主义思想和党的十九大精神，学习习近平总书记关于新疆工作的重要指示批示精神和党中央治疆方略，我进一步深化了对习近平新时代中国特色社会主义思想的理解，确保自己能够在政治上思想上行动上同党中央保持高度一致；不断增强“四个意识”，坚定“四个自信”，做到“两个维护”，确保全面而系统地把握援疆工作的工作重点和工作定位；不断强化首都意识、首善意识，确保全面贯彻新时代党的治疆方略，牢牢抓住新疆工作总目标，不断增强援疆工作的主动性、自觉性。

认真履职，全力助推受援地脱贫攻坚

科学编制项目投资计划。按照国家、北京市、自治区、兵团援疆工作要求，结合“十三五”规划及已拨付资金情况，在与受援地充分沟通的基础上，编制2019年度援疆项目投资计划。在项目安排上，坚持80%以上资金投向民生、基层、扶贫领域，实施了一系列产业就业扶贫、补民生短板、文化教育提升和交往交流项目近260个，助力和田地区16.2万贫困人口脱贫，和田市、和田县和兵团第十四师整体实现脱贫摘帽。通过项目和资金安排，打造系列化载体抓手，进一步提高援疆综合效益，2019年国家对口支援考核结果显示，北京援疆工作再创佳绩，位列全国前列。

用心谋划新时代对口援疆工作。第七次全国对口支援新疆工作会议，是党的十九大后召开的第一次对口援疆工作会议，也是新疆工作取得新成绩、面临新形势的一次重要会议。会议明确了新时代对口援疆工作的努力方向和重点任务，是做好对口援疆工作的重要指导。为完整准确贯彻落实新时代党的治疆方略，紧紧围绕新疆工作总目标，坚持稳中求进工作总基调，坚持新发展理念，坚持以经济发展和民生改善为基础，按照市扶贫支援办的工作要求，我负责制定指挥部《贯彻落实第七次全国对口援疆会议精神推进援疆重点工作的方案》。《方案》主要包括9个部分，23项工作任务，内容紧紧围绕新疆工作总目标，正确把握五个关系，坚持六个精准，坚持全面援疆、精准援疆、长期援疆，进一步在干部人才援疆、推进产业援疆、保障改善民生、促进各民族交往交流交融、文化教育援疆上聚焦发力，结合首都资源优势和和田地区实际，强调抓好“十四五”援疆规划编制和落实兵团向南发展战略。同时，合理设定任务措施及目标，明确时间表和任务图，在确保覆盖全面、重点突出的同时，按照“跳一跳够得着”的标准主动加压，确保攻坚力度只增不减，切实推动我市对口援疆工作高质量、高标准完成，助力受援地区如期脱贫、高质量脱贫、巩固脱贫成果。

不断创新项目管理模式。随着对口援疆力度的持续加大，援疆项目主要采取“交支票”方式实施，为充分发挥援疆项目的投资效益，认真落实“交支票不交责任”要求，我积极思考，结合工作实际采取三项措施加强项目管理创新，不断提升援疆工作质量。一是创建信息系统管理平台。会同专业机构设计开发了“援疆投资项目信息管理系统”，实现了项目管理的规范化、自动化、便捷化，极大地提升了受援地项目管理效率和信息化水平，为长期援疆建疆提供科学便捷的数据管理平台。二是完善项目管理制度。修订指挥部《项目管理办法》，帮助受援地建立项目管理规章制度体系，推动受援地出台《交支票项目管理实施细则》《项目代建库管理办法》《项目评审库管理办法》等，推动项目管理方式由“审批制”向“备案制”、由“前端监管”向“全程监管”转型，实现项目管理方式变革，填补了由第三方服务机构进行项目管理的制度空白。三是凿实“交支票不交责任”。针对新版项目管理办法实施后援疆项目资金管理方式变革，在各部门没有明确规定、其他省市没有先例的情况下，负责起草“交支票不交责任”实施办法，初步实现了对“交支票”项目的责任履行有章可循、责任追究有据可查，进一步提高了援疆工作的规范化、制度化水平，充分落实了北京市委、市政府“把援疆工作当作北京分内事、把援疆干部压到扶贫一线去”的工作要求。

用好抓手做稳做实就业工作。2020 年 3 月，我根据组织安排，由第九批援疆干部转隶为第十批，负责指挥部就业方面工作。习近平总书记强调，就业是最大的民生工程、民心工程、根基工程，是社会稳定的重要保障，必须抓紧抓实抓好。针对和田地区经济发展滞后，人口增长速度快，农村富余劳动力就业困难等实际情况，多措并举开发就业岗位，把解决群众就业问题作为巩固拓展脱贫攻坚成果同乡村振兴有效衔接的重要抓手。一是突出就业导向。提升产业支援促进就业类援疆项目本身吸纳就业能力，保障当地群众参与度。二是精准对接需求。起草指挥部招商引资工作方案，采取“招商引资 + 岗位开发”相结合的方式，进一步加大招商引资工作力度，精准对接就业需求。截至目前，已招商引资落地企业 43 家，协议投资额 64.50 亿元，创造就业岗位 10346 个。三是搭建信息服务平台。安排资金 200 万元，设立和田地区基础公共就业在线服务提升项目，通过覆盖城乡的就业信息“线上服务”平台建设，为全地区用人单位和求职者提供线上招聘求职服务，打通线下 + 线上全方位服务渠道，实现就业服务不打烊，实现地县乡村四级就业互联互通，为劳动者自愿就业、自由择业提供信息服务。四是筑牢兜底保障。积极为弱势群体提供就业保障，结合和田地区劳动力的实际情况，安排资金 1.45 亿元，在一市三县设立巩固脱贫成果公益性岗位补助项目，开发岗位 9196 个，重点支持保安、保洁、保育员等扶贫公益性岗位，通过稳定就业继续做好兜底保障。五是做实项目督导。根据公益性岗位项目实施情况，撰写调研报告，从完善管理制度、精准申报项目、规范实施项目三个方面提出问题及工作建议，为做好“十四五”时期就业援疆打下工作基础。

严以律己，持续改进作风建设

入疆以来，我始终严守党的政治规矩和政治纪律，遵守各项廉政纪律和规章制度，始终保持一流的工作作风和工作状态。认真贯彻落实中央、北京市、自治区的决策部署，始终把政治标准放在首位，把党的十九大精神和习近平总书记关于脱贫攻坚系列重要讲话精神融入援疆工作中，用理论指导实际工作，坚持首善标准，坚持统筹谋划，坚持工作创新，积极推动援疆工作创造新业绩、再上新台阶，不断增强援疆干部的使命感和责任感。

（张志林　整理）

铁肩担使命　帮扶助发展

苗小明

2020 年 3 月，我作为第十批北京援疆干部，暂时告别北京市门头沟区经济社会调查队副队长的岗位，跨越万水千山，带着深深的民族团结情怀，来到新疆生产建设兵团，挂职第十四师昆玉市发改委副主任，开始了三年的援疆工作。援疆以来，我积极参与统筹师市经济社会全面发展，2020 年推进 19 个援疆项目有序实施，涉及援建资金 8466 万元，谋划“十四五”援疆项目 52 个，投入援疆资金 13.62 亿元，力争各项工作取得新的进展和突破。我与维吾尔族职工群众结下了深厚的情谊，在疆期间，与两个维吾尔族家庭“结亲”，时刻关心他们的情况，帮助解决生活上的困难。

以学习促了解，快速融入工作

考虑到发改委是北京援疆工作的重点实施部门，面对新环境、新工作，援疆伊始，我主动深入一线去调查研究，克服距离远、交通不便等问题，利用空闲时间跑遍了师市五个团场，认真汲取基层干部、群众的聪明才智，全面准确掌握基层工作实际，逐步厘清自己的工作思路，不断增强对援疆工作的主动谋划。同时积极参加兵团的各类政策学习与培训，与对口援疆工作结合起来，为进一步开展好工作打下基础。例如：我参加了兵团参与推进“一带一路”建设专题讲座，积极了解兵团“十四五”发展思路；参加兵团发改委“十四五”规划视频培训，了解了“5G”新技术，兵团“十四五”规划中“5G”+“新基建”的规划思路；参加国家发改委城市信用状况监测预警工作培训，了解了城市信用相关考核指标体系；参加兵团发改委、兵团统计局共同举办的“强化统计数据分析运用更好服务经济社会发展”专题学习，对兵团经济社会发展有了进一步了解。

严格要求自我，树立良好形象

援疆以后，我坚持北京“首善”标准，坚定不移执行援疆干部的各种规定，努力维护北京援疆干部的良好形象。

一是塌下心来干事。把十四师当作第二故乡，牢记援疆使命，在工作中以身作则，率先垂范，凡是组织交办的、自己能干的、会干的工作，不讲条件，工作不推诿，待遇不苛求，踏实工作，默默奉献，努力做到帮忙不添乱。

二是注重民族团结。积极了解中央关于维护新疆稳定、促进新疆发展的一系列方针政策和民族宗教政策，了解新疆社会、经济、历史、地理和民俗，尊重和团结民族干部。积极参加十四师昆玉市的各种活动，认真学习十四师“沙海老兵”的无私奉献精神，时刻自觉做到自重、自省、自警、自励。

以项目为抓手，推动产业发展

为了落实习近平总书记“发展产业是实现脱贫的根本之策”，使项目带动产业，产业促进就业，援疆一年多来，作为分管北京援疆工作的发改委副主任，我把工作重点主要放在了援疆项目的实施和审核上。

一是实施推动年度援疆项目。为了推动年度项目的有序完成，我一方面强化项目的调度，通过召开援建项目调度会，充分了解项目的进展情况，听取各方面的意见和建议，及时解决项目实施过程中出现的问题；另一方面，强化项目的日常跟进与管理，不定期深入项目工地进行现场督查，确保援建项目顺利实施。2020 年，我参与实施的对口援疆项目共计 19 个，项目包含医疗卫生、教育、园区产业、人才培训等多个方面，涉及援建资金 8466 万元。2021 年，我参与实施的对口援疆项目共计 33 个，涉及援建资金 27942 万元。

二是完成历史未结项项目的结项工作。我积极争取师市领导的支持，多次召开协调会，与项目建设单位进行了反复沟通，同时积极与北京市援疆和田指挥部各相关部室联动推进，安排指导开展项目竣工验收工作，2011 年至 2019 年期间的七个历史未结项援疆项目得以推进实施，完成验收。

三是做好“十四五”时期的规划编制和项目审批工作。2020 年底，“十四五”时期北京对口支援兵团第十四师项目规划开始编制。为了编制好规划，使对口支援项目既符合北京的援建政策，又符合兵团第十四师的实际需求，同时还要兼顾各个单位和团场的要求，我在规划编制前期充分调研师市需求，和各部门、团场充分沟通，对援建项目进行优中选优，项目规划库通过多次讨论，最后兼顾了资金在年度的平衡、在各援建领域的平衡以及在各地域的平衡，最终审批规划项目 52 个，投入援疆资金 13.62 亿元。

真情付出，做民族团结中的“阿达西”

“阿达西”在维吾尔语中为“朋友”之意，象征着友好、和睦、团结。在援疆生涯中，我与维吾尔族职工群众结下了深厚的情谊，为维吾尔族同胞送法律、送政策、送温暖、送文明，在交流交往中密切党群干群民族间的关系。在疆期间，我与两个维吾尔族家庭“结亲”，时刻关心他们的情况，帮助解决生活上的困难。当我了解到维吾尔族亲戚阿依姆妮萨·麦麦提家生活困难后，就常常到他们家了解实际情况，开展帮助。2021 年 4 月，阿依姆妮萨·麦麦提突发疾病，困难生活雪上加霜，我积极进行捐款资助，帮助他们渡过难关。

虽然年龄差距大，他们家小学六年级的儿子艾力夏提·麦麦提阿迪力依然亲切地称呼我为哥哥。为了迎接艾力夏提的升学考试，我常常通过微信与他交流，询问学习情况。2021 年 6 月，艾力夏提考入了内初班，谁知因为出生证上的号码填写有误，影响了户籍表的开具，得知此事后，我主动帮助阿依姆妮萨·麦麦提想办法解决问题，最终促成艾力夏提如愿就读，一家人非常高兴。

2020 年 10 月，我突发眼部疾病，由于和田地区无法治疗，只能回京就医，被北京同仁医院确诊为视网膜撕裂。手术后，我及时回归援疆工作岗位，当周围同事问我为什么不等到完全好了再回来时，我只是想“能多做点事就多做点事吧，不要辜负了三年的援疆韶华”。

我觉得，三年时间虽不长，但日夜坚守也会托起明日朝阳；一人力量虽有限，但拳拳爱心也能点燃希望之光。我将继续强化帮扶之举，将热爱洒在新疆这片土地上。

（吴梓萌　郭越　整理）

爱心点燃希望　帮扶成就梦想

于丽君

2020 年 4 月至 2021 年 1 月，我告别北京市统计局投资处的岗位，挂职新疆维吾尔自治区统计局固定资产投资处。积极参与援疆工作，充分发挥自身优势，利用近十年投资统计工作经验，为推进新疆扶贫项目及时纳统作出贡献，让祖国的脱贫惠民项目及时精准地反映在统计数字上。同时我积极参加南疆“民族团结一家亲”活动，自费购买米面油慰问南疆贫困户，资助一名家庭困难的维吾尔族小女孩上学。

不忘初心，到祖国需要我的地方

2020 年是不平凡的一年，年初疫情肆虐，但灾难无情，人间有爱，一幕幕全国人民驰援武汉的新闻让我感动不已，我常常问自己，作为一名党员我能在灾难面前为国家、为社会做点什么呢？ 2020 年脱贫攻坚工作吹响了决胜的号角，新疆作为脱贫攻坚的重点地区之一，工作任务繁重，加之疫情叠加，急需援助。当看到国家统计局援疆通知的时候，我知道，作为一个党龄超过十年的党员，不忘初心，牢记使命，要在实践中锤炼党性，要干在实处，走在前列，立足岗位争作贡献。虽然我不是医护人员，但是作为一名统计人，也可以听从祖国的召唤，到祖国最需要我的地方去。虽然我此前从未去过新疆，家里孩子只有 5 岁，但是，当我把援疆的想法告诉家里人时，却得到了全家人的支持。临行前，局长叮嘱我要在努力工作的同时注意安全，期待我平安归来的一天。我非常感动，告诫自己一定不辱使命，给北京统计人争光。

做好扶贫项目统计工作

根据以往工作经历，我被自治区统计局党组分配到固定资产投资处工作。真正做到了对口援疆，因新疆“访惠聚”（访民情、惠民生、聚民心）工作要求，自治区统计局有三分之一的干部职工常年在南疆驻村帮扶，加之疫情形势复杂严峻，工作任务比想象中更加繁重。我暗自下定决心，要将自己的力量与汗水贡献给这片土地。

放下行囊，我很快投身到了自治区统计局投资处的工作中。面对处里工作任务重，人手不足的情况，我主动请缨，要求同时负责投资、建筑业两个专业的统计工作。面对新环境，我积极学习，虚心请教，主动申请深入基层调研，以最短的时间掌握固定资产投资统计全部内容，每月审核投资项目入库材料均在 200 笔左右，同时负责多篇分析材料的撰写和报表的收审。

扶贫项目是我在工作中的重点关注对象。我深入参与了农村安全饮用水工程、富民安居工程、扶贫车间建设、惠民产业示范园建设、中小学及幼儿园危房改造等与脱贫息息相关的民生工程。在工作中，我发现部分扶贫项目存在规模小、材料不规范等问题，便耐心与项目建设单位人员反复沟通，力争做到扶贫项目及时落地，也让祖国的脱贫惠民项目及时精准地反映在统计数字上。每一个数字我都会仔细核实，每一笔资金都做到精准管理，因为我知道，每一个数字都代表了一份使命，每一笔资金都可能是一个家庭的希望。

深入基层为乡亲们送温暖

一份份脱贫项目投资材料让我了解了党和政府脱贫的决心和力度。虽然南疆村里条件艰苦，缺水、有跳蚤叮咬，我还是主动要求深入南疆地区，去实地走访和体验一下。我读过《习近平的七年知青岁月》，我想，再艰苦的条件也不比主席插队条件艰苦。脱贫是党对于全国人民的庄严承诺，我作为一名共产党员，就是要到艰苦的地方去，到群众需要的地方去。

肉孜节期间，我来到喀什地区巴楚县阿克萨克玛热勒乡阿克库木四村开展结亲互动活动。我特意询问了他们过节的习俗，并穿上颜色鲜艳的衣服，以示尊重。我和维吾尔族同胞同吃、同住、同劳动、同学习，为维吾尔族同胞送法律、送政策、送温暖、送文明，在交流交往中密切党群干群民族间的关系。在村上参加升旗仪式、参与汉语夜校教学等活动期间，我发现有村民连鞋子都没有，于是找到驻村书记，要来贫困户名单，自费购买米面油走访慰问贫困户。维吾尔族大爷通过翻译知道我是北京来的干部，紧紧握住我的双手，流下了感动的泪水。

为孩子搭起梦想的风帆

结亲回来，在南疆发生的一幕幕在我脑中久久萦绕，我想要力所能及地再为南疆的贫困同胞做一点什么，将真情转化为行动。

7月，新疆暴发严重疫情，被封在住所的53天里，我阅读了介绍习近平总书记的一系列采访实录，学习了习近平总书记关于扶贫的一系列重要论述，其中提到“不要让孩子输在起跑线上，尽力阻断贫困代际传递”，我萌发了资助一名贫困儿童上学的念头。自助区统计局宋秀红副局长得知我的想法后，牵线搭桥介绍了海地且·阿布拉小姑娘家。海地且·阿布拉妈妈已过世，哥哥患有智障，姐姐上高中，家里仅有爸爸一个劳动力，靠仅有20多亩地的微薄收入养活全家4口人，家庭非常困难。在了解她家的基本情况后我决定要帮就要帮助最有需要的人，我决定资助这位小朋友。她上学上到哪个阶段，我就一直资助到哪个阶段。她今年10岁，比我女儿大几岁，我就把她认成“干女儿”，承诺一直供她念书到大学。让她能够像其他孩子一样，靠读书脱贫改变命运。

从这一天起，我每个月将资助孩子的生活费委托驻村干部准时交到海地且手中。虽然受疫情影响，我没能亲自到村里看望海地且·阿布拉，但是我时时刻刻都挂念着孩子。2020年冬天天气格外寒冷，往年不下雪的南疆喀什地区也下雪了。得知这一消息，我赶忙冲到服装店，买了保暖的外套和鞋子，又买了内衣裤、秋衣裤、绒衣裤、袜子各三套方便换洗，委托驻村干部给海地且送去。当驻村干部把过冬衣物交到海地且·阿布拉手中，并帮她把棉衣穿上，她热泪盈眶，激动得说不出话来，一个劲儿地鞠躬表示感谢。

援疆工作即将结束时，我将自治区统计局给的援疆补助3800元全部留给了海地且·阿布拉，我向海地且承诺，即使回到北京，有机会一定带着我的孩子再回新疆，来看看她的这位小姐姐，我还要带着海地且·阿布拉去北京，看看美丽的祖国首都。

在海地且·阿布拉给我回信中她写道：“大爱无言，至爱无声，或许，您不是要求我回馈什么，但是我知道，滴水之恩当涌泉相报。我一定常怀感恩之心，永葆进取之心，努力学习，不断进步，用优异的成绩来回报您的爱心资助，我也要树立远大的理想，早日成为国家的栋梁，绝不辜负您的殷切期望。”落款是，您的女儿海地且·阿布拉。这封略带稚嫩笔迹的回信深深感动了我，比起我微不足道的付出，我想我收获的更多。

做好扶贫项目的统计工作，深入基层为乡亲们送温暖，尽自己的能力为孩子搭起梦想的风帆，我想这一桩桩一件件小事是每一个援疆的共产党员都会做的，能够有幸参与这一人类减贫史上史无前例的伟大实践，我感觉无比自豪。愚公移山，久久为功。如果有机会，我还会再援疆，再为民族团结、乡村振兴贡献自己的力量。

（吴梓萌　郭越　整理）

以情怀和担当在大漠边疆践行初心使命

吴进宝

2018 年，我受组织委派，挂职任北京银行乌鲁木齐分行驻新疆维吾尔自治区和田地区和田市吉亚乡阿孜乃巴扎村第一书记、工作队队长。早春渐暖，风轻云淡，全国脱贫攻坚总结表彰大会于 2021 年 2 月 25 日在人民大会堂隆重举行，来自全国脱贫攻坚一线的基层干部汇聚于此，接受党中央、国务院的嘉奖。我被授予全国脱贫攻坚先进个人荣誉称号。这一刻，坐在台下聆听总书记的讲话，心中百感交集，奋斗在大漠戈壁深处的三度春秋，仿佛又回到眼前。

政治使命　重任担当

新疆维吾尔自治区党委吹响“访民情、惠民生、聚民心”驻村工作集结号，我主动请缨，2018 年 4 月与单位 8 名队员一同前往和田市吉亚乡阿孜乃巴扎村参加具有伟大历史意义的脱贫攻坚工作。

此时的我已经 52 岁，已到知天命阶段，作为一名有着 20 多年军旅生涯的陕西关中汉子，在武警新疆部队先后担任过副队长、中队长、教导员等职位，曾荣立三等功，在领导眼中，我是一名党性强、基层经验丰富、善于统筹协调、能肩负起向脱贫攻坚堡垒发起总攻重任的领头人，就把第一书记、工作队队长这份政治使命让我扛了起来。

“责任重大、使命光荣。”到和田参与脱贫攻坚这场伟大的战役，对我来说既是一次考验，也是一笔宝贵的财富，我十分珍惜这个机会。第一次踏上南疆这片热土，让早已习惯了北疆丰饶富庶、牛羊遍野的我，着实吃了一惊，漫天沙尘遮天蔽日，自然条件异常恶劣，深感组织交予重任的艰巨。

“三区三州”是国家层面的深度贫困地区，是国家脱贫攻坚最难啃的“硬骨头”，和田地区正是“三区”之一。阿孜乃巴扎村，位于世界第二大流动沙漠塔克拉玛干沙漠的腹地南缘，贫困人口较为集中，基础设施落后，人均耕地面积较少，脱贫攻坚任务最重，是“短板中的短板”。

进村之后，更多的挑战摆在了面前。自然环境恶劣只是第一道难题，开展民族团结一家亲活动，要求与所有结亲住户同吃、同住、同劳动，结束结亲活动，带回来的不仅仅有各种资料，还有跳蚤、臭虫送上的“一份大礼”，满身的大疙瘩小疙瘩，都红成了一片，在沙漠40摄氏度的高温下，又痛又痒，严重时会抠烂流脓。记得刚开始集中开会时，从大家各种又抠又挠的千姿百态动作中，就知道跳蚤又来“拜访”了。虽然想了很多办法，各种杀虫剂齐上，但都效果甚微。“最有效的办法就是减少洗澡，气味和村民差不多了，咬得就少了。”我笑着说起那段艰难却令人难忘的日子。

驻村伊始，我每天上午10点准时分工派活、走访入户，下午整理资料梳理线索，晚上10点召开分析研判会，晚上12点到乡里参加每天的安全工作会，再回村布置工作，我要求“事不过夜”。驻村的前几个月，白天忙完，晚上还要巡逻、值班、夜间清查，凌晨四五点休息是家常便饭。

凝聚人心是更大的难题。驻村的前几个月正值春夏交替，正是南疆风沙肆虐的时候，我带着工作队每天走访入户，浑身都是沙子。而村民们面对陌生的工作队，一直持怀疑态度。“刚来的时候村民都不信任我们，他们觉得我们都是外地人，来到这儿也不了解情况，可能帮扶一两年后就一走了之，解决不了什么问题。再加上语言也不通，想要深入交流十分困难，工作开展起来非常艰难。”这是我发自心中的感慨。

建强组织　赢得信任

我选择从强化党组织建设入手，在广泛入户走访了解情况的基础上，迅速组织党员、村干部展开学习，统筹工作队员与村干部结成帮扶对子，不断提高村干部综合素质。我还引导村党支部积极发展党员，进一步壮大党员队伍。5 年间，已有 65 名村民递交入党申请书，确定入党积极分子 33 人，发展对象 16 人。

工作队多方奔走，在北京银行总行党委和乌鲁木齐分行党委的大力支持下，解决了核桃滞销问题；利用帮扶资金安装路灯，解决了照明问题；走访贫困户，建立精准识别档案，落实惠民政策，拓宽致富门路，办好实事好事，这些真抓实干的工作让村民们心里暖和了起来。

刚刚结束探亲假期，我一回到工作队，几位村民就热情地迎上前来，围着我嘘寒问暖：“你回家啦？感觉你走了好长时间了……”让我感动不已。现在，经常有村民带着自家的鸡蛋、牛奶送给工作队，逢年过节时也主动邀请队员们去家里吃饭，他们用最淳朴的方式表达感谢与信任，也吹散了工作队心头肆虐的黄沙。

驻村工作千头万绪，既有党组织建设工作，又有稳定、扶贫、疫情防控等大大小小的任务，第一书记的工作强度很大。

2020 年加入驻村工作队的“90 后”小伙韩旭强逢人就说：“在工作中，吴书记以身作则，每天早上第一个起床，村里每一项工作都亲自统筹协调，并要求大家‘今日事，今日毕’。”生活中，我经常给大家说，要合理安排工作，注意休息，做到劳逸结合，保持旺盛的工作精力。忙碌之余，我充分发挥特长，经常给大家做可口的饭菜，并教会每个工作队员一道拿手菜，嘱咐大家休假回去做给父母和妻儿吃，感谢他们在背后默默的付出和支持。“有吴书记的地方就有家，这个家很温暖！”大家吃得舒心了，心情就舒畅了。

扶志扶智　授人以渔

正所谓“授人以鱼，不如授人以渔”，脱贫攻坚不是简单地在经济上援助，更重要的是带领村民转变思想，自主脱贫。

阿孜乃巴扎村共有村民358户1672人，耕地面积只有1480亩，人均不足1亩。由于当地气候恶劣，种植的核桃、大枣等农产品品质参差不齐，产量较低，而沙漠地区草场面积少，发展养殖业前景堪忧。

如何带领大家脱贫致富，打赢脱贫攻坚战，不让一个百姓掉队，驻村伊始我就苦思冥想。我带领工作队挨家挨户了解情况，通过走访发现村里有一位艾德莱斯绸非遗传承人，虽申请了非物质文化遗产，但依然保持传统的家庭小作坊生产方式。我给村民分析道：“艾德莱斯绸纺织工艺在新疆已有1000多年的历史，维吾尔族人天生独特的审美造就了这一绚丽的手工艺品。目前很多村民家里都有一台手动织机，但是效率低，带来的经济收入有限。”经过多次讨论，我和工作队决定帮助村民成立专业合作社，扩大生产规模，并专门派人到江浙一带学习花色设计和技法，引进先进工艺。如今已引入现代化的、高效率纺织机器，一天的纺织成品相当于过去手工纺织一周的总量。质量、产量都上来了，我和工作队开始琢磨着将丝绸生产和旅游业相结合，以展示抽丝、织造、扎染为特色，打造和田艾德莱斯绸手工工作坊。如今已建设成国家AAA级旅游景区，成为和田地区文化旅游的一块金字招牌，深受国内外游人的喜爱。

近两年来，我也积极组织村民参加技术培训，鼓励他们到市区学习电焊、驾驶、烹饪技术，争取就业机会，大大提高了村民的稳定收入。

五年弹指一挥，阿孜乃巴扎村已发生翻天覆地的变化。“刚来的时候村里都是沙土路，院子里铺的地毯下面都是厚厚的一层沙。如今，村里新盖了 100 多套富民安居房，硬化的道路铺到了家门口，各条巷道安上了路灯，家家户户通了自来水和天然气，还安上了壁挂炉取暖，村容村貌已有了翻天覆地的变化，村民的生活条件得到极大的改善”。我激动地告诉每一位亲历者和调研检查组。党的政策帮助村民解决了穿衣吃饭、上学、就医和住房的问题，让村民思想有了很大的转变，这也是让我最有成就感的事情。

从一点一滴做起，最终汇聚成汪洋大海。经过国家和自治区第三方验收检查，阿孜乃巴扎村顺利完成了脱贫攻坚任务。2017 年，工作队对贫困户进行精准识别，人均收入低于 3000 元，有 748 人达不到最低收入标准。2019 年底，实现全部脱贫，彻底解决了“两不愁三保障”问题。2020 年底，人均收入首次突破万元大关。驻村工作队连续三年被评为自治区先进工作队，我被党中央、国务院授予全国脱贫攻坚先进个人。2021 年 5 月 21 日，新疆维吾尔自治区党委召开脱贫攻坚表彰大会，乌鲁木齐分行被授予新疆脱贫攻坚先进集体称号。

这份成绩可谓来之不易，我更是感慨万千。“老百姓们可能不知道我叫什么名字，但他们知道我是北京银行派来的，我们每个人都要扛得起这份政治使命，经得起这个考验。”

胜非其难也，持之者其难也。脱贫攻坚取得了全面胜利，乡村振兴再次赋予我更重要的使命。“我既是党员，又是退伍军人，受党培养这么多年，好的作风不能丢。”我坚定地对北京银行乌鲁木齐分行党委承诺：“经过这三年驻村，已经熟悉这里的一草一木，取得了农民群众的信任。请领导继续把这项任务交给我，我会把乡村振兴的衔接工作做好做扎实。”

当我再次回到阿孜乃巴扎村，看到熟悉的笑脸、枝条上满坠的核桃、阳光下色彩斑斓的艾德莱斯绸，内心激发起继续带领乡亲们完成乡村振兴宏伟蓝图的信心和决心。

誓做援疆资金的守护人

马世国

2016年，我受组织委派，从北京市财政局到新疆和田挂职，任北京市援疆和田指挥部财审部部长、和田地区财政局副局长，主抓北京援疆资金管理工作。

誓做援疆资金的守护人

援疆期间，在我们的努力下，一系列重大援疆项目资金及时到位、项目快速启动。实现了资金早投入、项目早启动、群众早受益的目标。

财审部负责年度援建资金的筹集、调度及项目资金的审核拨付，财务内控制度建设等工作。在工作中，我积极与后方沟通协调，主动汇报争取各方的理解帮助。在北京市财政局大力支持下，实现了北京市的年度援疆资金均于当年第一季一次全额拨付到疆，有力保障了援疆项目的顺利实施，践行了首善标准，在援疆省市中起到了标杆作用，受到新疆维吾尔自治区领导的肯定和表扬。

我在北京市财政局主要负责的是宏观的财政工作。来到和田后，我无怨无悔。援疆期间，我经手拨付的资金 70 多亿，每年拨款四五百笔，最多一年高达 600 笔款项，笔笔准确无一差错。

为了加强援建资金科学化、精细化和规范化管理，2018 年，我组织专业精干力量全面梳理总结援建项目资金管理存在的问题和成功经验，结合受援地实际修订完善《北京市援疆和田指挥部援疆项目资金管理办法（试行）》及配套的 5 个《资金拨付流程》和《援建项目资金退款流程》。从制度源头规范和有效防止资金沉淀及项目实施单位挤占、挪用、截留援疆资金的风险，有效推动项目实施进度，提高了援疆项目资金的结项率；规范了结余资金退款流程，大幅度提高了结余资金退缴率；截至 2019 年底，结余资金入库 4.3 亿元，重新安排了 30 个扶贫项目，做到援疆资金效益最大化。

激发党员援疆豪情

在抓业务同时，我更是把基层党支部建设作为首要工作来抓。组织财审部党员到新疆生产建设兵团十四师四十七团驻地，参观“老兵纪念馆”。走访慰问健在的三位“沙海老兵”，激励党员干部为建设和田贡献自己的智慧和力量。

回忆起自己第一次来到和田时的情景，那是 2010 年 9 月 6 日，当时和田市区的规模连内地一个普通的县城都比不上，老机场规模不如北京长途车站，机场内外看不到一辆出租车、机场巴士，飞往北京的航班每周只有一班还要经停乌鲁木齐机场，当时只有南航、国航两家航空公司开通了和田到内地极少部分省市航线，往返内地极不方便。和田宾馆正对着的建设路两侧，当时都是些破旧的平房棚户区。如今，这一带发展成了商业街、金融、文化的中心。现在的风景秀丽的玉泉河公园，当时就是个臭水沟。除了城市面貌的大为改观以外，还有人们生活水平的提高和市民素质的提升。以前，无论买东西还是办事，从来没人排队，现在大家都知道排队了，社会秩序井然有序。这一切的变化，都和援建工作是分不开的，而我作为援疆干部中的一员，不仅是见证者，更是参与者，我为这里面有我的一份贡献而感动自豪。

深度融入、踏实干事

除了在指挥部任财审部部长以外，我还在和田地区财政局挂职副局长，分管国库科（支付中心）、综合科和协管经建科。和田地区财政局的工作与北京援疆工作紧密相关，我一上任就组织修订完善《和田地区北京对口支援项目资金管理办法》及《北京对口支援项目资金地区财政局内部审批流程》等制度。此外，还组织完成了 2017 年度至 2019 年度地区财政总决算编报工作；配合财政厅检查组做好财政专户清理规范工作；在全地区开展违规发放津贴补贴专项整治自查自纠工作。

在紧张繁重的业务工作之余，我还定期带队下村看望和慰问地区财政局的驻村干部，关心一线干部的工作生活，帮助解决实际困难。在下村走访过程中，我了解到一些村级幼儿园、小学的教学设施简陋、教学器材及学习用品严重不足，就组织财审部、地区财政局多方筹措资金，主动联系和田地区财政局、北京市援疆指挥部、怀柔第三小学、北京市朝阳区团结湖第一幼儿园等单位，连续三次发起“北京和田手拉手爱心捐赠助学”活动，为和田市佳苗儿幼儿园、洛浦县杭桂镇村级小学捐赠现金及价值 7 万元教学器材、图书玩具等学习用品。以捐赠助学的实际行动，表达北京援疆干部对和田地区教育事业的关心和支持。我积极响应和田地委对党政干部“结对认亲”的工作要求，与洛浦县杭桂镇阿瓦米斯力木村的麦吐送·阿卜杜勒艾尼结对认亲。麦吐送 68 岁，是一位淳朴善良的维吾尔族农民，是一位老党员。他老伴患哮喘病丧失劳动能力，三个子女中，大儿子意外致残，长期卧床，大儿媳妇改嫁后留下两个幼子，二儿子在村里做保安，闺女已出嫁。一家老小的经济来源主要靠种两分地和二儿子微薄的工资收入，家庭经济非常困难。我心里不禁感慨，作为北京派来的援疆干部、作为一名党员，肩上的责任有多重，还有太多工作需要我们做呀！于是我主动联系北京援疆医生为麦吐送的老伴进行治疗，并用自己的生活补贴为其支付了 500 元自费部分的医疗费，经过科学精心治疗现在麦吐送的老伴病情明显好转，已经基本恢复了正常生活。不仅如此，我还联系驻村工作队定向精准帮扶。每逢古尔邦、肉孜节等节日看望“亲戚”时，我除了送米面油等慰问品以外，会再给“亲戚”两三百元的慰问金，希望他们能在节日里享受到精神和物质的双重愉悦，传递着党和政府对民族群众的关心关怀。现在他们家里破旧草坯房已改建砖混结构窗明几净的新房，并添置了电动三轮车，全家生活有很大改观。

援疆以来，我为困难群众捐款捐物、购买米面油和捐资捐物助学共十余次，受助群众百余人次。以共产党员的责任和担当成为维吾尔族群众心目中的好人、亲人，在促进民族团结的同时，也实现了自己的人生价值。由于在援疆工作中表现优秀、成绩突出，我作为北京市援疆指挥部援疆干部代表，被新疆维吾尔自治区党委、政府评为优秀援疆干部，记二等功一次，并颁发荣誉证书及奖章。

援疆是历练是奉献，更是宝贵的人生经历

虽然和田自然条件艰苦、援疆任务繁重，但这里是党性锻炼的大熔炉、丰富人生的大社会、干事创业的大舞台。在复杂艰苦的环境中，树立了更加强烈的国家观、历史观、民族观、宗教观、大局观，观察问题的视野和角度、思考工作的站位与深度，与以前相比都发生了很大的变化。

援疆工作是我一生的宝贵财富。自己为新时期边疆建设洒下辛勤的汗水、收获民族团结的果实、取得脱贫攻坚的实效。六年援疆工作

有付出有奉献也多了白发，但更多的是充实与收获。边陲艰苦的环境磨炼了我的意志，地区复杂的社情加深了我对国情的理解，人民朴实的情感温暖了我的内心，援疆丰富的工作铸就我的过硬能力和使命担当。

三年援疆路　一生和田情

张锐

2017 年 2 月至 2020 年 6 月，我从北京市农林科学院林业果树研究所研究员赴新疆和田执行北京市第九批援疆任务，任北京援疆和田指挥部规划发展部副部长，和田地区林草局副局长。

响应前方召唤，扛起援疆责任

2016 年 12 月，当接到援疆通知时我已经 56 岁了，按规定我可以不去，但当领导说明“和田前方需要一位搞农业的专家去援疆”时，正是“前方”这个词触动了我，我出身于一个军人家庭，“前方”就好像战场的呼唤，我毫不犹豫地接受了这个任务。我在日记中写道：和平时期不像战争年代那样时刻面临着流血和牺牲的考验，体现一名党员党性的一个重要方面是看他在党组织需要他奉献的时候，能否勇敢地接受并圆满地完成任务。说句实话，对于我这个年龄的人来说，执行援疆任务与所谓的“提职”“升级”都不再有任何关系，三年援疆任务结束后我就将办理退休手续，但是作为一名有着 20 年党龄的党员来讲，我仍将愉快地接受组织交给的任务，珍惜三年的援疆时光，不辱使命，发挥自己的专业特长，为和田地区的扶贫和维稳工作作出自己的贡献。2017 年 2 月 16 日，我随着第九批北京援疆干部人才来到了万里之外的新疆和田，成为北京 20 年选派的援疆干部人才中年龄最大的一位。

发挥专业优势，助力当地脱贫

到任和田地区林业局后，我多次对全地区果树现状进行深入调查和分析，围绕该地区农业两大支柱产业——核桃和大枣发展中存在的问题进行管理、品种更新、销售分析等讲座和田间操作示范，推动了种植技术优化升级，大大提高了当地的经济收入。墨玉县托胡拉乡巴热特拉村是我们单位 2018 年负责帮扶的深度贫困村，全村 400 多户，建档立卡贫困户占 60% 多，脱贫任务非常艰巨，我和大家一起扛起了这个重任。在我的协调下大麦苗精饲草 6 批 50 吨送到巴热特拉村赠送给村里的养殖贫困户，冬春季节正是饲草料短缺的时候，这些营养价值高的大麦草非常受养殖户欢迎，我还多方协调落实了 1000 只鹅苗给该村并进行养殖技术培训，让村里有意愿养鹅的贫困户通过养殖实现增收致富；为村里的贫困户提供几万株菜苗，引导他们发展庭院经济，实现增收；引导农民栽种四翅滨藜，四翅滨藜是一种非常好的饲草料植物，耐寒、耐旱，非常适合在沙漠里生长，将来可以成为养羊农户的一种新的饲草来源，我还积极联系后方单位提供种子在村里试种了 60 亩地的青贮玉米和 10 亩鲜食玉米，并获得了成功，引领更多的人通过新的品种实现增收。在我们的共同努力下，巴热特拉村在 2018 年底如期实现了整村脱贫！

受命建设农业园区，贫瘠沙漠变成农民的聚宝盆

北京市援疆指挥部于2017年以“交钥匙”的管理模式启动了“新疆和田国家农业科技园先导区”建设工程并责成我全权负责这项工作。干旱的荒漠、贫瘠的沙土，这是人们对和田的第一印象。但是在我眼里，这里简直是一个天然的“聚宝盆”！阳光充足，热量资源丰富，对农业生产极为有利；无霜期长且昼夜温差大，可增加瓜果的含糖量；干燥少雨有利于减少病虫害；冬季少有阴天，发展设施农业有着巨大的优势。然而将优势的资源转化为真正的效益，却并不是一件容易的事，园区建在了塔克拉玛干沙漠边缘的茫茫沙海之中，园区建设和农业种植难度都相当大。我邀请了9支农业科研院所的专家团队为园区提供技术支撑并本着可落地、可复制、可推广的原则引进了30种特色农业示范种植项目，筛选了12家和田本地农业龙头企业与专家团队结对入驻园区，保障了园区建设的顺利推进。仅一年半的时间就在沙漠中建起了一座国家级现代农业园区，成为全地区农业现代化科技示范基地、农业科技成果转化基地和农民就业、人才培养基地，为全地区脱贫攻坚发挥着不可替代的效力。

如何将沙漠里毫无养分的沙子“变”成利于植物生长的土壤，通过一次次试验终于摸索出了一种行之有效的好办法：将50%的沙子，加上25%的椰糠，掺上25%的羊粪，就成了最好的土壤。经过改良的“土壤”用水量可以节省50%—70%，而且种植番茄和黄瓜，可以让亩产每年从6吨提高到15吨以上，目前这项技术已在和田地区大力推广，极大地提高了当地设施蔬菜的产量，为维吾尔族老乡实现脱贫贡献了力量。如何加快农民脱贫致富步伐？如何打造一支永远不走的技术团队，让园区实现可持续发展？我推出了一套全新的园区运行机制，实现引进新品种、培训新技术、探索新模式的农业科技推广全链条的创新。从2017年9月开始，先导区引进的30个农业特色示范种植项目顺利种

植，全套种植技术也在随之推广，包括沙漠土壤改造以及节水技术等关键难题都得到破解，一套先进的产业发展模式在这个先导区日臻完善。

让和田农业技术和产业发展实现飞跃是我的援疆愿望。结合当地贫困户实际情况，我和企业一起设计完善了“专家+农户+公司+合作社”全托管企业化运作模式，让农户在公司中当员工、在合作社中当股东，依托专家技术指导、公司集约化管理，充分调动农户的积极性，大规模推广沙漠高产高效节水种植技术，实现企业和贫困户的双赢和可持续发展。

为了用园区成熟技术带动园区之外更多的老乡脱贫，我率先在和田市吉亚乡金叶新村运用上述新模式，第一批 25 户贫困户加入其中，在企业的带动下管理 50 座大棚，收入稳步增加。该村易地搬迁贫困户图尼亚孜·阿卜杜卡德尔种植甜瓜的大棚里，每年纯收入都可以达到 2 万元。这种运行机制可以有效解决投资风险，形成优势互补，实现共赢，带动农民脱贫致富，正在生长的高品质蔬菜、瓜果，将为村民们带来源源不断的财富。

发挥桥梁纽带作用，引领首都智力资源参与和田脱贫攻坚

在北京市农林科学院领导的大力支持下，我积极争取相关资金 40 万元助力和田地区农业转型发展。先后将北京市农林科学院的草莓、鲜食香味葡萄、特色蔬菜、杂交小麦等新品种新技术引进到和田并获得了成功，其增产增收、带动农户脱贫致富效果非常明显。在国内我首次开展了利用日光温室，在冬春季节工厂化生产大麦苗饲草试验并获得成功，并将这些饲草全部赠送给了建档立卡养羊贫困户，提高了他们的养殖收入。在对接“携手奔小康”脱贫攻坚行动中，我充分发挥专业特长，积极帮助北京后方各区分析各自农业优势，开展了一系列卓有成效的工作：北京市平谷区 1.3 万根 12 个优良品种大桃接穗已于 2018 年在

洛浦县嫁接完成，平谷—洛浦 1000 亩以及 90 栋日光温室精品示范桃园项目已全面结果，北京平谷大桃展现在了当地干部群众眼前，受到了百姓的高度评价，这些“星星之火”将来必将能成“燎原之势”，为和田的老乡脱贫乃至于致富贡献力量。

真诚践行援疆理念，结对帮扶当地老乡

我在援疆期间积极响应自治区党委关于开展“民族团结一家亲结亲活动”的号召，主动要求任职单位给自己安排落实维吾尔族亲戚，并多次看望位于驻地 350 公里之外的民丰县萨勒吾则克乡哈达提坎村维吾尔族老乡亲戚，与他们一起同吃、同住、同劳动、同学习，用自己的真情帮助老乡解决生活中的困难，用专业知识帮助老乡增加收入。2017 年 7 月我爱人来和田探亲与我一起“走亲戚”时，我们俩决定 2018 年暑假期间带着普通话基础较好的一户“亲戚”家上小学的孙女阿迪莱·阿迪力到北京来看看我们伟大祖国的首都，感受一下祖国大家庭的温暖。2018 年 7 月 5 日我们俩自费带着阿迪莱·阿迪力来到了北京，天安门、长城……留下了她欢快的身影，中国科技馆、北京市回民小学留下了孩子求知和渴望的眼神。我们还动员北京的朋友为阿迪莱·阿迪力的学校和她的妹妹、弟弟捐赠了价值 3000 多元崭新的图书、衣服、学习用具和玩具。为了使孩子能够记住这次难得的北京之行，我们精心挑选并洗印了近 400 张照片装入相册让孩子带回和田，希望这次北京之行在她幼小的心灵中留下永恒的记忆。有多少在北京孩子看来已经习以为常的东西，对于和田的孩子来说都是有生以来的第一次！这每个第一次，都将铸造她生命旅程中的永恒。

正是在这次看亲戚过程中，已经在北京退休的我的爱人深深理解了北京援疆干部肩头承担的责任，在我的鼓励下，她克服困难于 2017 年 9 月 16 日通过有关部门的审核来到了“和田市京都幼儿园”成为一名光荣的人民教师，由此我们俩也成为北京援疆干部中唯一的一对双双来

援疆的夫妻。

2018 年 4 月新华通讯社北京分社以《北京夫妻南疆育苗记》为题报道了我们的援疆事迹；2018 年 5 月 7 日，中央政治局委员、新疆维吾尔自治区党委书记陈全国批示“北京这对夫妻献身边疆的事迹感人”，随后对我们俩的援疆事迹进行宣传和报道。2018 年 10 月我被授予第八届首都民族团结进步先进个人称号，2019 年 3 月 15 日被授予北京市首都精神文明建设奖。2019 年 7 月获得“北京市扶贫协作奖——创新案例奖”荣誉，2020 年 7 月被评为北京市直属机关工委优秀共产党员。

2021 年 1 月，我年满 60 周岁，光荣退休了，在享受美好退休生活的时候我却常常想起在和田一起工作、战斗了 1000 多个日日夜夜的同事和战友；常常思念可亲可爱的维吾尔族老乡。我爱人也在日夜思念她的幼儿园的孩子，我们真的好想念他们！那里的一人一物、一山一水、一情一景都已经深深融入了我们的血液，使我们无法与之割舍，它已经成为我们生命中的一部分，这份情感不会因为我的退休而减退丝毫。如果有机会我一定会再赴和田，我愿意用毕生的精力帮助和田人民脱贫致富奔小康，正所谓“三年援疆路，一生和田情”！

援疆支教的赤诚之子

张钧

2018年8月，我离开东北师范大学附属中学朝阳学校副校长岗位，来到新疆和田墨玉县支教直至2020年7月。其间，扎根课堂，整理课程资源，多次送课下乡，探视民族同胞，捐助学生，关爱福利院儿童。培训教师，建专家库，编制系列工作手册……

2021年2月25日上午，全国脱贫攻坚总结表彰大会在北京人民大会堂隆重举行。中共中央总书记、国家主席、中央军委主席习近平向全国脱贫攻坚楷模荣誉称号获得者颁奖并发表重要讲话。大会还对全国脱贫攻坚先进个人、先进集体进行表彰。我有幸荣获全国脱贫攻坚先进个人称号。

脱贫攻坚战，或许我是可以胜任的

2018年5月，我得知北京市在遴选第九批第二期援疆教师，当时的朴素想法就是：我想去试试，自己的孩子上大学了，家庭负担不大。我出身农家，对贫穷感同身受，教育扶贫可以在一定程度上阻隔贫困的代际传递。总要有人走出舒适区，我是一名中共党员，在脱贫攻坚发起总攻的时刻，响应党的号召，用初心来筑梦。“组团式”援疆，需要管理者、学科引路人，我自身有一定的工作经验积累，或许可以胜任这份光荣的使命。加之家人支持、领导关怀，促成了这件事。

我的受援校是墨玉县北京中学，这是一所北京市对口援建的学校，是属于“交钥匙”工程学校，当时（2018 年）学校只有 3 年的发展历程，硬件设施较好，校园宽敞漂亮。学校坐落在 315 国道南侧火车站路，2015 年 9 月建校，是一所寄宿制高级中学，70 个教学班，3500 多名学生，近 300 名教师。教师队伍非常年轻，平均年龄不到 29 岁，基础执教水平参差不齐，学生的普通话水平亟待提高，学校对援疆教师望眼欲穿。

我的第一个岗位是语文教研组组长，接下来担任教研室主任、学校党支部副书记、副校长，很快又担任工作队副领队。最开始我没有固定的任课班级，主要是示范性公开课教学任务，高一年级四个汉班、高二年级两个汉班，我都上过课。后来高三有位老师到北京去进修，我开始任教高三 12 班，直到学期末这位老师进修归来。

相当多的学生初中时除汉语学科之外，其他学科都是用维吾尔语学习，而身边同伴平时多用民族语言交流，因此学习普通话机会较少，而语文蕴涵着丰富多彩的传统文化和国家认同。高考学科语文，难度题型和内地试题一样，对高三学生来讲挑战很大。针对高三学生语文水平较低而高考难度较大的现状，我整理了自己多年积累的课程资源，进行有效整合，分解难点，编辑出 20 多个高考专题复习学案，准确抓住学习锚点，大大提升了师生自信力和复习效果。

针对非毕业年级语文教学，我会定期上研究课、示范课，曾尝试用不同课型执教《烛之武退秦师》，引发同组教师针对语文教学效能和美感的思考；面向高二语文教师执教《廉颇蔺相如列传》片段教学，为教师示范“记—读—赏—思—辩—写—改”七环节教学法，引领老师们思考问题导学、智慧导学以及有效的课堂互动；曾经和徒弟同台讲授《故都的秋》，向全校教师示范学科建设中专家引领、同侪合作的有效做法，同时引导语文教师思考“破题入文—披文入情—知人论世—叩问反省”的散文教学流程。

浸润和滴灌，需走进孩子心灵深处

当地维吾尔族学生特别朴实、真诚和善良，这些孩子面对陌生人时多数比较羞涩和腼腆，能感觉到他们想和我沟通但又有点儿害羞、不好意思，所以在课堂内外我就主动寻找机会去和这些孩子沟通，聊聊他们的学习、生活。

在语文课堂上，我借助学科学习，以文质兼美的学科教材为载体，引领学生加强国家认同，感受传统文化魅力。比如在讲到屈原《离骚》时，都会提到中华民族传统节日——端午节，端午节留下来诸多习俗，吃粽子、赛龙舟等，都是和伟大诗人屈原相关的，表达了老百姓对屈原的爱戴，那为什么屈原如此受到老百姓的爱戴，两个原因：屈原是一个伟大的诗人；他是一个伟大的爱国诗人，屈原对楚国是深爱着的不离不弃的，他几次被贬谪，最后宁可葬身鱼腹也不愿意与这个世俗社会同流合污，他憎恨社会当中的种种丑恶现象，希望自己深爱着的楚国强大和风清气正。对国家的深爱和高度认同，让人们永远记住了屈原，屈原其人其诗万古流芳、彪炳史册。在讲到诗人杜甫时，我告诉学生：这位伟大爱国诗人自身颠沛流离，但心中装着国家，他用如椽巨笔描绘大唐王朝由盛转衰过程，自己身居漏室却想着何以能够“大庇天下寒士俱欢颜”。

对于高三学生来讲，还有一个很实在的话题是将来要上什么大学、学什么专业。在生活中我们交流更多的是内地城市、大学和专业。有一次上课时，我把孩子们带到走廊里，指着走廊墙壁上悬挂着的中国地图，告诉孩子们：新疆在祖国什么方位，首都北京在哪里，北京有哪些名校热门专业，东北、华南、华中、东部沿海有哪些好大学。让孩子潜移默化感受祖国幅员辽阔、繁荣富强和日渐强大的现代科技。

因为经常和学生们一起准备班会或是彩排节目，其中也有教育契机，比如在准备“一二九”歌曲比赛时，大量红色歌曲和老歌供孩子们挑选，我就一首一首让孩子们听，当《小白杨》雄浑的旋律响起时，告诉孩子们这是保家卫国的战士，为了国家安宁和社会长治久安，抛妻别子来到边陲，陪伴他们的是孤独和寂寞，换来了我们国家的安宁和百姓的幸福。当他们听到《我的中国心》时，被其中的旋律深深地吸引了，一个海外游子的心声，无论何时何地都不要忘掉，自己是炎黄儿女华夏子孙。每周一升旗时，我都会提醒孩子们凝神静气仰视五星红旗飒飒飘扬，高唱国歌。

时空隔不住援疆支教路

除了在学校的教学工作，还有学校的管理工作、工作队的管理和宣传，还会不定期地送课下乡。

因为学校建校时间短，很多管理不是很规范。我就从规范考务流程做起，从签订保密协议书，到命题、组考、阅卷、登分、分析，一个环节一个环节规范。通过组织系列校本培训，提升备课、教研、辅导批改、课堂环节有效性。组建学校高考研究专家库，开展专题研究、课堂诊断、备课指导、命题研究、专题讲座等教研活动，由同伴互助助推教师发展。指导教研室开展微课研究、教师能力评价等研究活动。

为帮助青年教师提高教学能力，我发起并参与学校教师专业发展视角的“种子工程”，通过结对子帮扶，本着专业引领、实践指导、同伴互助、个人反思的基本思路，通过手把手帮扶、面对面传授、心与心沟通的教学实践，做实事，求实效，引领结对子的受援校教师完成了“五个一”。助力受援校学科教研工作，学校教研室从无到有，各项制度拟定、教师学术成长规划设计以及微课比赛、教师评价、课题培训、教学反思等工作，以前没有，所以事无巨细，我都会参与。

在墨玉县教育局教研室的邀请和组织下，我经常到雅瓦乡、萨伊巴格等周边乡镇送课。在雅瓦乡执教示范课《读古文明诚信》，在课堂教学中我融入了“礼俗”“剪纸”等传统文化元素，经由“读文—明理—践行”的学习流程，采用“有效互动—问题导学”的多种教学手段，课堂上有孩子们的欢声笑语，也有凝眸沉思，听课老师给予了较高评价。在萨伊巴格第二高中执教示范课《故都的秋》。在墨玉县教育教学经验交流研讨会上执教示范课《皇帝的新装》，一条线索、一个中心人物、一个骗局，引发了课堂的一场辩论，讨论话题从“愚蠢”“自私”到“怯懦和盲从”，触及心灵的思考，让孩子们欲罢不能，下课铃响起了，孩子们还围在我身边激烈讨论着。此外，我还面向和田地区网络直播初三复习课，面向和田地区网络培训《优效教学的实践和思考》，在墨玉一小主讲《优课的标准及实现路径》。

2020年新冠肺炎疫情发生后，我延期返疆，在此期间我隔空开展相关支教工作。参与学科建设，指导语文组“网络读书沙龙”“课程开发”“备考策略研究”“备课组工作计划制订”等学科教研活动；指导教学管理，指导教务办和教研室在返疆教师人数不足情况下，如何开展混合式学习，指导处室计划制订、圈定重点工作、常规工作推进、毕业年级质量分析等重点工作；参与学校事务，指导学校“1+3”线上线下教学计划制订，参与绩效工资核算、人事调整等工作；开展学科教学，录制系列微视频，指导毕业年级学生写作、文学作品鉴赏等难点突破。防疫期间的工作经验，为持续的不受时空限制的“滴灌”式援疆支教积累了经验。

满载的亲情，因我们同为华夏子孙

我班上有个学生——米尔妮萨，在一个深秋的中午，我去她家家访。典型的维吾尔族老乡的房子，政府资助建的，两个孩子在门口迎着阳光洗衣服，门厅桌子上摆着专门招待客人的瓜果和馕，米尔妮萨的妈妈瘫痪在炕，父亲笑呵呵地迎候着，房后晾晒着衣服，很多树，几只羊。米尔妮萨告诉我，妹妹出生时妈妈瘫痪，花光了家里所有积蓄为妈妈治病，病没有治好，家里却欠下不少外债，在妈妈出事时，米尔妮萨大约只有六岁，虽然无法回忆当时的情景，但心里还记得起弥漫在家中绝望的压抑的气氛。自米尔妮萨懂事起，她心中便有疑问，家中这样的条件，父亲是如何既为母亲治病，又供养她们兄弟姐妹上学的。后来，米尔妮萨真正懂了……是党和国家，是无数好心人，伸出援手帮他们走出了困境。米尔妮萨享受着党和国家的教育惠民政策，同时家里也享受了社会兜底，让她们整个家没有了后顾之忧。党和国家，不仅在物质上给米尔妮萨的家送去关心关爱，而且在精神上支撑着她的家。爸爸辛勤劳作，米尔妮萨勤奋读书。她悄悄告诉我：她要考到北京去，妹妹也是，她们都立志成为白衣天使，不仅是为治好妈妈的病，更是要回报党回报国家和那些好心人。

罕妮萨・伊利老人是我结下的维吾尔族老乡亲戚。每一位援疆教师都会和当地的一户维吾尔族老乡结亲，定期下村去探望亲戚，送些米面油类的生活必需品。第一次见到亲戚是在村委会，罕妮萨・伊利老人来接我去她家里。冬天的村落更显萧瑟，阳光铺洒略有暖意。一路上，借助驻村干部做翻译，我和老人聊起了家常，老人现在和小孙女一起生活，成人子女不在身边，日常生活和活计多由驻村干部帮助料理。走进院子，空旷而安静，几只鸡安闲地走来走去。进到屋子，光线有些暗，老人撮起一簸箕玉米棒子倒进炉子里，屋子里暖意更浓，老人说她现在生活上没有什么困难，就是自己年龄越来越大，小孙女非常活泼聪明，将来小孙女有出息的那一天自己就看不到了。我安慰着老人，鼓励着小孙女，告诉她们有机会一定到北京来玩儿，提到北京，我感觉老人眼睛亮了许多，接着又说了长长的一串话，驻村干部听完后哈哈大笑，我赶紧问老人在说什么。村干部告诉我：罕妮萨・伊利说如果有机会去北京，她一定要当面向习近平总书记表示感谢，她现在不缺吃穿，都是政府给的，一定要当面感谢。说着老人拿出一袋子麻糖，我明白了这是她要送给总书记的礼物。

初心和使命，激励我们永远在路上

2021 年 2 月 25 日是我终生难忘的日子，就在这一天，我在人民大会堂聆听了习近平总书记向世界庄严宣告：我国脱贫攻坚战取得了全面胜利。

能够成为这场伟大战役的亲历者和见证者是我的荣幸。作为来自农家的孩子，我沐浴着党的阳光成长为一名教育工作者，曾经在长春的东北师大附中工作了 16 年，2012 年来到北京工作。2018 年，当我听到党和政府需要一批教师到新疆和田去支教的时候，积极地报了名。我的工作能够帮助大概七成的学校教师参与到“教师提升种子工程”，师资力量得到巩固，教师队伍得到了进一步优化。有了一颗颗“种子”的破土、发芽，学校教育教学质量显著提升，为当地留下了一批“带不走”的优质教师。作为“70 后”，我生活中经历过苦难贫穷，甚至是饥饿。当生活一天天好起来的时候，走出舒适区去挑战自我，积极响应党和政府的号召，为新疆 2020 年脱贫攻坚战尽自己的绵薄之力，当自己回首过往的时候也会为自己是这场伟大战役的见证者和亲历者而自豪，更为生活在这样伟大的祖国而骄傲。

初心渡玉门　沙海苦作舟

——我难忘的脱贫攻坚岁月

邓鹏翔

2018年3月，我暂时告别北京市发展和改革委员会发展规划处副处长、二级调研员的岗位，挂职任北京市扶贫协作和支援合作领导小组新疆和田指挥部规划财务部部长、和田地区发展和改革委员会党组成员、副主任。

2021年2月25日，是我人生中最难忘的日子。

这一天，全国脱贫攻坚总结表彰大会在北京隆重召开。会上，习近平总书记庄严宣告："我国脱贫攻坚战取得了全面胜利！"此时此刻，我心潮澎湃，这是一份荣誉，更是一种激励。作为援疆干部，我有幸参加了这次盛会，见证这一伟大的历史时刻，感到无比光荣！

这一天，我非常荣幸获得了全国脱贫攻坚先进个人称号。想想自己在脱贫攻坚战中，只是尽了自己应尽的绵薄之力，但祖国却给了我这样高的荣誉，让我深感责任重大。这项荣誉，更应该共同属于我身边广大的为脱贫攻坚默默奉献的同志们！属于关怀我指导我的上级领导！

2013年，我从北京来到了青海玉树，挂职青海玉树藏族自治州发改委副主任，从此踏上了扶贫路。

在青藏高原，缺氧时时让人感觉头晕头痛，呼吸困难，经常要大口喘气；食欲不振、难以入睡，经常失眠，一夜会醒来好几次。

经过一段时间的锻炼和调适，我逐渐克服了高寒缺氧、饮食习惯差异、语言障碍、思念亲人等困难，适应了在高海拔地区开展工作，开始深入调研玉树的社会经济现状，为青海献青春，把他乡当家乡。努力为玉树的发展出谋划策、奔走呼吁、牵线搭桥、引智引资。

经过三年工作的历练，我对幸福和贫困有了更深刻的思考，也更加认识到了扶贫工作的重要性与紧迫感。三年的援青经历，对我来说是一次工作能力的提升，一轮性格的重塑，更是一次心灵的净化！也更加认识到了扶贫工作的重要性与紧迫感。

2016年3月，我报名参加援疆，来到了自然环境较差的新疆和田地区。和田属于干旱荒漠性气候，一年之中有280多天沙尘天气。每天屋里即使不开窗户，桌子上也有一层厚厚的土。在2016年来到和田时，由于与北京时差的不同，我备受睡眠障碍的煎熬，我的体重下降了20余斤。

除了外界的环境影响让我失眠以外，在这场伟大的扶贫攻坚战中，如何体现首都的担当、首都的作风、首都的效率？作为北京市援疆和田指挥部扶贫工作牵头抓总部室的负责人，无形的压力迫使我必须尽快理清思路，拿出方案，精准决策。

牵头抓总，首先要吃透上级的精神。因此，每当国家各部委的文件下发时，我都要认真学习、深刻领会，并且牢记在心，这样才能保证方向上不会跑偏。只有把这些文件精神牢记在心，才能为领导提供宏观决策的参考意见，同时也有利于我随时随地地用上级文件精神指导工作。

援疆项目的管理是我工作的重点，我在着手梳理项目管理的过程中，发现从“十二五”到“十三五”期间，竟有将近一半的项目没有结项，我及时向指挥部汇报这一情况后，便要求每个月开两次项目推进会，一个项目一个项目地捋。但要从根本上解决问题，还必须从制度、机制改革上发力。

我引入北京先进管理经验，帮助受援地建章立制，完善援受双方援疆项目管理制度体系，捋顺了援受双方在项目计划管理、实施管理、资金管理、信息管理等方面的权责关系和关键技术环节。同时建设投资项目信息管理系统和资金预算管理系统，提升项目管理效率和信息化水平，推动受援地增强造血功能和自我发展能力。主导建设代建单位库、评审机构库，规范政府投资项目咨询机构服务市场。深入扶贫一线，协调发改、财政、审计等部门，解决建设单位在项目推进、资金拨付、审计决算方面的“堵点”，促使扶贫项目早结项、早见效。亲手设计援疆资金管理规程，通过梳理历史结余资金，建立资产负债简表，强化了项目结存资金和现金流管理，打通各部门间的资金安排“信息盲区”，确保援疆资金安全和资金使用效率。此外，首次推行援疆项目审计负面清单管理，将防范关口前移，有效减少“审计后无法整改”等情况的发生。

说实话，当初领导信任我，要求我从编制项目投资计划、统筹财政资金管理到项目审计评审“一肩挑”，我瞬间犹豫过。毕竟每年 20 多亿的援助资金，如何把资金用在脱贫攻坚的刀刃上，为老百姓带来实实在在的好处，这是一份沉甸甸的责任。但转念一想，我是一名老党员，关键的时候，需要我迎难而上，克难攻坚，勇挑重担，我不能辜负组织上对我的培养和信任！

回顾这几年援疆工作，如果要做一个小结的话，我总结为 24 个字：“勤于思考”“长于谋划”“细于实践”“勇于改革”“下沉一线”“靠前指挥”。在这期间，我两次修订了《北京援疆项目实施管理办法》，提出规划计划制定过程中需要把握投资节奏平衡、年度计划平衡、区域局部平衡、行业领域平衡和政策保障平衡的“五大平衡”。牵头修订北京市“十三五”援疆综合规划中期评估优化文本和“十四五”援疆综合规划编制。在脱贫攻坚具体工作中逐步探索建立起四方联动机制、联席会商机制、项目资金追踪机制、项目全方位管控机制和联合监督管理机制等“五个统筹机制”。积极推动项目管理体制机制性改革，项目管理由审批制转向备案制，项目资金管理由专户管理转向专项管理，项目审计由结项审计转向过程审计。认真研究新一轮援疆工作规律、近十年项目管理工作规律和援受各方统筹协调工作规律，提出精细管理模式、科技赋能模式、立体动员模式、纵深一体模式、专业化托管模式、市场化运作模式、产城融合模式和“组团式”援疆模式等“八种援疆模式”。

在扶贫攻坚的日子里，我重新认识了人生的价值，更加丰富地理解了人生的意义。我在刚读大学时，也曾为公共卫生在做什么、能做什么而感到迷茫。但在参加援疆工作后，我更加体会到了公共卫生的重要性。以前，和田地区没有一家大型综合医院。2017 年，我全程牵头参与了和田首家综合三甲医院建设的工作。此后，在援疆工作者的帮助下，和田的地、县、乡、村四级医疗卫生系统逐步建立，乡镇卫生院达标率 100%，三年增加床位数约 2000 张，基本医疗的建设工作初见成果，基本保障受援地群众病有所医。回想当年我的母校北京大学“公行天下、卫戍健康”的训诫，作为母校的学子，我也算是认真践行，颇感欣慰了。

脱贫攻坚的确是一项长期艰巨的重大战役，我认为个人的贡献只是沧海一粟，更重要的是离不开各级领导的正确决策和指挥，离不开扶贫团队的精诚协作。在对口和田“一市三县”和“十四师”的扶贫攻坚战中，北京市援疆和田指挥部根据党中央提出的“要坚持精准扶贫、精准脱贫，重在提高脱贫攻坚成效”，结合和田的实际，坚持首善标准，“交钥匙不交责任”“输血更重造血”，多途径促进贫困群众就业增收。在 2020 年，全年实现 118 个深度贫困村退出、4.39 万名贫困群众脱贫。

一转眼，从青海玉树，到连续参与第九批、第十批援疆，我在扶贫路上走过了近 7 个春秋。有人经常问我：“你是怎么坚持下来的？”我说：“人活着可以有很多状态，这一路的扶贫工作经历更加坚定了我的人生信念。我经历过城市的繁华，也体会到贫困地区的艰苦，从另一个角度重新认识了人生的意义。也对幸福与快乐有了更新定义。这是我人生难以磨灭的记忆。当我看到我们的援助为当地带来了改变，这种幸福被放大了很多，和在人才济济的地方释放出来的效果完全不一样，我们能够真正推动当地发展，很有成就感。”

脱贫攻坚的战役刚刚结束，乡村振兴的号角又已吹响，习近平总书记发出新的战斗号令：“脱贫摘帽不是终点，而是新生活、新奋斗的起点。”这个新的起点，就是“全面推进乡村振兴，加快农业农村现代化”。站在新的起点上，我心潮起伏，激情满怀，心中有些期许，在实现乡村振兴的征途中，这片古老的南疆大地，将在我们的参与下，渐渐剥褪了贫瘠的面纱，散发出古玉般润秀的光芒，相信多年以后，回忆这段火红的援疆青春岁月，心中或许再次升腾起“扶真贫筚路蓝缕山河可鉴；踏昆仑披肝沥胆大爱无疆”的豪迈！

我的十年援疆路

翟涛

主动请缨援疆，真诚凝聚力量

2010 年 8 月，当我接到北京市选拔援疆干部人才参加援疆工作的通知后，我向组织递交了主动请战的书面申请。经层层选拔，我主动请战参加援疆工作的行为和请求得到组织的认可与批准，于 2010 年 12 月 25 日，作为北京第七批援疆干部人才中的一员奔赴新疆和田参加对口支援建设工作，开启了人生中的十年援疆历程。自那时起，至 2021 年 8 月援疆结束时，我已连续三次参加对口支援新疆建设工作，先后在和田地委组织部、和田地区广播电影电视局、和田地委宣传部、新疆生产建设兵团文体广旅局工作。

记得刚到和田之初，生活上的落差之大和自然环境的恶劣程度远远超出了我的想象，身体严重不适，全身皮肤及多个器官都呈激烈反应。在和田工作的第一年，我先后被诊断患有胃溃疡、阻塞性肺功能障碍、虹膜睫状体炎等多种疾病。但就是在这种状况下，我仍带病坚持工作，在初到和田身体反应最为激烈的那个时期，顶风冒沙跑遍了和田地区一市七县广泛开展调查研究，既熟悉了工作，又与同志们交流了思想，交换了观点，对工作有了较全面的了解，明晰了工作的着力点和突破点，在此基础上，形成了援疆工作思路。

在和田地委组织部和地区广电局工作期间，我根据和田党员教育工作和广播电视工作的实际情况，积极为受援单位争取计划外援和资金，先后完成“和田地区党员远程教育中心电视采编设备更新”“和田电视台新闻演播室设备升级改造”等多个项目的实施，使和田地区远程教育及广播电影电视设施条件得到极大改善，设备应用和技术保障水平跃居全疆前列，相关业务工作的开展有了显著提高。

在推动实施相关项目的过程中，我突发面部神经炎，尽管当时病情急重，心理压力巨大，但考虑到资金的争取工作还没有完成，为了不对工作产生影响，我对指挥部和受援单位领导隐瞒了病情，坚持在疆工作，直到项目资金得到落实，我才返回北京治疗。

为了丰富和田群众精神文化生活，切实解决和田广播电视专业技术人才匮乏的难题，我在指挥部领导支持下，连续四年组织实施广电系统业务骨干培训项目，先后安排和田地区广电系统百余人赴北京接受培训，协调北京广播电视台选派30多名优秀编辑记者前往和田进行现场教学，使和田广播电视从业人员开阔了眼界，转变了观念，提高了技能和素养。

记得在首次组织开展项目培训工作的时候，恰逢乌鲁木齐发生了暴恐事件，出于安全考虑，即将开展的培训项目面临取消的困境。为确保项目顺利实施，我两次进京，与我的派出单位北京广播电视台领导和相关部门负责同志面对面沟通座谈，以自己在疆工作几年来的亲身经历现身说法，以严格细致的安全保障措施和最大的诚意消除了大家的顾虑，赢得了同事们的支持。

功夫不负有心人，在同事们的无私帮助和努力下，和田广播电视台节目生产软实力显著提升。其间，采制的报道《墨玉大围捕》《艾力卡德尔的唢呐又吹响了》等多部作品获得中国新闻奖和自治区新闻奖一等奖及中国广播电视作品大奖，实现了和田广播电视作品创优工作在获得自治区和国家级最高奖项方面零的突破。其中，反映首都师范大学关心关爱新疆学子的获奖作品《北京有个雪妈妈》在全国率先推出，使北京市对新疆未就业大学生培养工作取得的成就受到中央主要领导同志的关注和批示。

创新宣传工作，真情融入交往

为展示北京援建和田发展新成就，对外推介和田，扩大和田社会影响力，我协调中央和市属新闻单位采访报道和田故事和北京援疆故事。促成了北京广播电视台、日本NHK电视台与和田电视台联合摄制电视纪录片《最后的沙漠守望者》。其间，我克服种种难以想象的困难，七进七出位于塔克拉玛干沙漠腹地深处的达里雅布依原始村落，顺利完成拍摄任务，推动了和田电视台积极探索国际制片合作。

2015年7月，皮山地震发生之后，我退掉当日返京的机票，第一时间带队奔赴皮山震区。在满目废墟的灾后现场，我和同事们创造性地开展工作，亲自主持连线报道，使北京援疆的声音回荡在震区的天空，传遍和田千家万户。我坚守抗震救灾第一线12个日夜，圆满完成抗震救灾宣传报道重要政治任务，坚持共产党员的理想和追求，敢于在急难险重任务面前挺身而出的表现，得到北京市援疆指挥部党委以及和田地委、行署的高度认可，被受援地党委提拔重用。

援疆期间，我真心真意同各族群众交朋友、接地气、通下情、结穷亲，自觉维护团结，增进民族感情。我在和田响应指挥部党委号召，积极捐资助学，领养维吾尔族贫困学生，坚持带领工作队队员开展各项公益活动。2016年1月，在指挥部领导和派出单位及受援单位的支持下，我策划、组织、实施了“和田维吾尔族百岁老人圆梦北京”公益活动并参加春晚节目录制。其间，我协调各方资源，力助古莱外尔老人百年梦想成真，不仅谱写了民族团结赞歌，也使北京援疆工作取得的可喜成绩得以生动形象展示。回到和田，我以关心关爱古莱外尔老人为己任，与古莱外尔老人及其家人结下了深厚感情，每年我都抽出时间专程赶到和田去看望古莱外尔老人和她的家人们。

2016 年下半年，新疆面临的反分裂斗争形势十分严峻。我创新宣传工作，积极回应时代的需要，回应新疆工作的需要，策划实施了“库尔班大叔后人感恩祖国”主题活动，鼓励新疆民族团结模范库尔班大叔的曾孙女如克亚木给习近平总书记写信，向总书记汇报新疆的发展和变化，汇报北京援疆工作取得的成就。习近平总书记的回信引起社会强烈反响，为促进民族团结进步续写了新的历史篇章。

助力脱贫攻坚，真心接受考验

2018 年 8 月，我不计个人得失，服从组织决定，赶赴新疆生产建设兵团第三次参加援疆工作。在新的工作岗位上，我坚守初心，牢记使命，克服种种困难协调中央广播电视总台关心支持兵团脱贫攻坚和公益传播工作，组织创作六部精准扶贫和公益广告在央视免费播出，节约广告价值 1.8 亿元，为助力兵团脱贫攻坚工作发挥了作用。时任兵团党委主要领导和宣传部主要领导同志分别作出批示。

2020 年是决胜全面建成小康社会、打赢精准脱贫攻坚战的收官之年。我在工作中发现，由于历史和自身的原因，库尔班大叔后人中有 16 户家庭仍为建档立卡家庭，生活仍有困难。为了不辜负习近平总书记对库尔班大叔后人的关心与厚爱，确保库尔班后人在全国人民奔小康的路上不掉队，我协调社会爱心企业与库尔班后人共同成立“库尔班 · 吐鲁木农业种植专业合作社”，帮助库尔班后人脱贫致富，致力形成“以库尔班家族全体共同致富带动周边更多群众共同致富”的社会局面和以“关键少数示范带动绝大多数”的良好社会效应。

2019 年年初，在习近平总书记给库尔班大叔后人回信两周年纪念日之际，我带领库尔班大叔后人发起成立“库尔班 · 吐鲁木民族团结互助公益基金”，为南疆地区贫困家庭学生提供帮助，以实际行动回应总书记对库尔班大叔后人的关怀与厚爱。

其间，在和田师专举办“给家乡的父母带封信”公益活动，向在和田师专就读的一百名爱党爱国、品学兼优、家庭经济条件困难的南疆学生捐赠10万元生活补助。在乌鲁木齐市中国SOS世界儿童村举办“携爱同行——库尔班基金温暖计划”公益活动，向14个家庭捐赠厨房电器和淋浴设备，为改善儿童村孩子们的生活条件作出微薄贡献。

9月初，我协调公益组织及社会知名人士发起面向南疆地区贫困家庭的“把爱给你·圆梦求学路”扶贫助学公益活动，为100多名南疆地区贫困家庭学生提供实际帮助。10月中旬，我再次协调公益组织和社会爱心企业，探索以“购买代替捐赠”的公益创新模式，举办多场公益活动，帮助困难家庭学生，让他们切身感受祖国人民的关心，感受祖国大家庭的温暖。2020年初，武汉新冠肺炎疫情期间，我组织实施“库尔班大叔后人爱心大米捐赠抗疫一线”公益活动，向武汉市第七人民医院捐赠价值30万元的物资。《人民日报》等国家主流媒体以“库尔班大叔送米记”等进行报道，《人民日报》官方微博给予积极评价，号召社会各界关注公益事业，一起传递温暖。

截至目前，我带领“库尔班民族团结公益基金”发起的各项公益活动已连续三年举办，累计帮扶南疆贫困地区困难家庭学生5300余名，得到了社会各界的充分肯定和认可，树立了北京援疆干部的良好形象。2019年8月10日，《人民日报》头版头条发表《团结互助是对党最好的感恩》专题报道，同日，《人民日报》客户端以《总书记回信后，库尔班一家干了一件“大事”》为题转载，引起社会热烈反响。

我自2010年参加援疆工作至2021年，已有11个年头。从北京到和田，从和田再到兵团，我职业生涯中将近三分之一的时间，也是生命中最美好的时光都在新疆度过。回首十年援疆路，远离亲人，远离故土，几人能知个中甘苦。回过头看，我做到了在困难和委屈面前不低头，在艰苦复杂环境中不懈怠。特别是，这次到兵团参加援疆工作，尽管心中有委屈，但在服从组织和维护组织面前，在祖国需要与个人得失面前，我坚决服从组织安排，应当说是经受住了组织的考验。

调动科技资源　助力脱贫攻坚

王伟林

瞄准畜牧业瓶颈，推动牧草本地化生产

2017 年 2 月，我响应北京市委市政府的号召，报名成为北京市第九批援疆干部的一员，赴新疆和田地区科技局挂职。告别爱人和两个年幼的孩子，怀着激动又忐忑的心情踏上了三年援疆之旅。

到新疆后，我被分配到和田地区科技局工作。我积极主动地和本地干部群众打成一片，很快就跑遍了和田地区一市七县，了解到了有关和田的第一手信息。既感受到了普通民族同志的淳朴善良，品尝到了当地鲜美的羊肉，也遇到了一些过去闻所未闻的事情。

有一天，我和同事到一个村里调研骆驼养殖，可怎么也找不到地址，遇到两个老人又听不懂普通话，无法交流。就在我们束手无策之时，看到一个阿达西（维语“朋友”）骑着一辆三轮车疾驰而来，车上拉着一捆小麦秸秆。我拦住他一打听，才发现他居然就是我们要调研的养殖户，真是“踏破铁鞋无觅处，得来全不费工夫”。沟通中了解到，他拉着的麦秸是刚买的饲料，一捆 20 公斤居然要 50 元。我是农村长大的，对麦秸是比较了解的，这东西没啥营养价值，牛羊都不爱吃，

拿来烧火煮饭吧又不起焰，基本上只能用来沤肥料。但在和田，这种“废柴”作为饲料居然能卖到每公斤 2.5 元，可以想象当地饲草的缺乏程度。

这件事给我留下了深刻印象，后来我深入了解了一下和田畜牧业尤其是牧草生产情况。和田当地维吾尔族群众喜食羊肉，肉羊养殖既是当地脱贫攻坚重要的支撑性产业，更是重大的民生问题。但受限于和田地区恶劣自然环境的限制，牧草产量极低。和田地处塔克拉玛干沙漠边缘，总面积虽然高达 24 万平方公里，但其中大部分是不可种植与利用的沙漠和戈壁，人均耕地面积不到一亩，老百姓主要用来种小麦核桃等作物，没有草场。又由于路途遥远，不管是从北疆、青海等牧区穿越沙漠，还是从西藏翻越昆仑山运输牧草都非常困难，导致和田地区的牧草价格奇高。因牧草紧缺，每年和田地区所需的 300 多万只羊中，和田本地仅能提供不足三分之一，缺乏饲草已成为制约和田地区畜牧业发展的主要瓶颈。

2017 年“五一”开始，我就努力协调科技扶贫资源，积极推动“沙漠土壤化试验”项目在和田的落地实施，并在此后为项目研究团队提供了全方位支持和配合，当年试验面积达到 200 余亩。通过土壤化改造，可使沙漠中的沙子获得土壤生态力学属性，具备较强的存储水分、养分和空气的能力，从而成为植物生长的良好载体。因为知道和田饲草的紧张程度，我们和项目组意见达成一致，将牧草种植作为研究方向。经过为期两年对多种牧草的研究探索，结合和田独特的地理气候条件，项目组最终选定狼尾草作为和田优质牧草的主打作物。

2019 年，在实验场 13000 余亩沙漠上，狼尾草长至 1.5 米至 2 米高，在有效节水的前提下，不但实现了沙漠变沃野，改善了沙漠的生态环境，还可为当地畜牧业提供大量的饲料。据项目组统计，当年种植的狼尾草，每收割一茬，亩产青饲料 2 吨左右，每年可收割 2 至 3 茬，年亩产青饲料达 5 吨至 6 吨，可晒干草 1.5 吨至 2 吨。按当地市场每公斤干饲料 1.2 元至 1.3 元的最低售价，每亩沙漠年收入可达到 1800 元以上。项目所用沙漠每年可为和田提供干牧草 1.95 万吨到 2.60 万吨，由于质优价廉，所产牧草供不应求，当地有农户开着三轮车跑几十、上百公里到现场购买饲料。该项目为本地养殖户节省了大量成本，同时也为和田地区畜牧业发展开辟了一条新路。除此以外，我还积极尝试探索了实现牧草本地化生产的其他途径，希望能为和田百姓更容易吃上羊肉贡献自己的力量。

发挥桥梁作用，用“互联网 +”助推农产品销售

个人的力量是渺小的，我深知要想真正助力和田的脱贫事业，必须充分发挥桥梁作用，积极调动起北京的科技资源为和田发展助力。适逢国家要大力推进应用“互联网 +”、电子商务、物联网、移动互联网等现代信息技术推动农业改造升级，借着这股东风，我认真对和田各市县的需求进行了调研。

和田地区虽处沙漠地区，但却有优质农产品生长的气候条件，日照充足、昼夜温差大，甚至可以说，只要有水的地方，就具备长出优质农作物的条件。当地所产核桃、葡萄、无花果、哈密瓜、小麦的品质都很好，是全疆优质特色农林产品的集聚区。在和田曾有部分电子商务项目实施，为和田农产品在线销售打下了一定的基础，但当地在农产品的加工、销售及网络营销方面还存在诸多短板。作为两地的桥梁，考虑北京市常住人口超过 2000 多万人，中高收入人群众多，既是国际科技创新中心，更是一个重要的终端消费市场，如何借助“互联网 +”现代农业科技，将和田的优质农产品与北京的终端消费市场连接起来，成了我工作的着力点。

在北京援疆和田指挥部的大力支持下，在我派出单位北京市科委的大力推动下，2019 年“互联网 +”现代农业精准扶贫项目得以立项并成功实施。通过该项目，为和田搭建了电商产地直采平台，以提高和田主要农产品产区销售配套体系为核心，通过给广大农户进行农产品分选、包装培训，配备打包机、网套等设施，实现电商拎包发货。

仅 2019 年 9 月，从周边农户收购并发运的伽师瓜与西州蜜等农产

品就超过 309 吨，间接带动销售 800 吨，解决了当地贫困农户的农产品销路问题，帮助他们实现了增收脱贫。在随后的 2020 年疫情防控工作中，该电商系统再立新功，百姓在居家期间直接通过系统下单，工作人员按时将生活物资送到和田各社区，保障了特殊时期当地百姓的正常生活。

帮助群众盖房，献爱民族团结

在繁忙的工作之余，援疆干部们也经常性地参与“民族团结一家亲”活动，和民族亲戚开展互帮互助，身体力行促进民族团结。2018 年 6 月初，了解到我们工作队一位民族亲戚家里有实际困难后，我们队全员出动携带慰问品，赴墨玉县吐外特乡吐外特村慰问民族亲戚阿卜来提，并帮助他们盖房子。

阿卜来提家的老人和孩子完全没有劳动能力，女主人要操持家务，全家仅有一个男劳力。为解决家里的住宿困难问题，阿卜来提决定另盖一间房子，但盖到一半，因缺少劳力进度非常缓慢，眼看着马上要到农忙季节了，如果仍然不能完工，恐将耽误麦收，阿卜来提非常焦急。当天，大家到场后马上克服扬沙天气和高温酷暑的影响，分工协作，顶着烈日运送水泥砂石等建筑材料，手工搅拌后拉拽至房顶，先后完成砌墙、铺设房顶等各项工作。我本人当时正好脚伤未愈，就做好沟通协调和后勤支持。大家从 11 点一直干到 18 点，终于胜利完成房屋封顶。虽然感到腰酸背痛，还有的手被磨破，但能为民族亲戚提供直接帮助，大家都感到非常高兴！中午，我们用自带食材做了饭，与贫困户和驻村干部共进午餐。附近的百姓们还到村外专门为大家摘来了新鲜的桑葚和杏子，让大家品尝。

真心换真情，女主人坚乃提用不太流利的普通话说：“谢谢你们帮我们盖房子，非常感谢！”在大家离开时，女主人很感动，哽咽着说：“谢谢你们，我永远也忘不了你们！”

三年援疆路，一生援疆情！在这里，洒下过我们的汗水和泪水，也留存着当地同事对我们的关心关怀，每次回想起来，内心都倍感温暖。时间有限，情谊永存，能在和田亲身经历并完成脱贫攻坚的工作任务，我感到很幸运。在国家脱贫攻坚的历史进程中，我只是很不起眼的一个成员；但在和田的经历与收获，却成了我人生中难以忘怀的一个重要阶段，增加了我人生的厚度，也丰富了我思想的深度。和田，注定将成为我心中的特殊符号。今后，我在做好本职工作的同时，一定要继续主动发挥桥梁作用，继续努力为挂职地的乡村振兴和经济腾飞贡献自己的力量！

守正笃实　久久为功

——回忆我的援疆工作

张望才

根据中央的统一部署和北京市的安排，带着首都人民的重托，我作为援疆骨干，于2010年7月提前来到和田开展援疆工作。其间，2010年11月至2011年11月，任北京市对口支援新疆和田指挥部规划发展部（产业合作部）副部长（主持工作）；2011年11月至2012年1月，任北京市对口支援新疆和田指挥部规划发展部部长；2012年1月至2014年1月，任和田市委委员、常委、常务副市长。我以当地民生为己任，严格要求自己，全身心投入到援疆工作中，克服了父亲患癌症、爱人怀孕、女儿出生等诸多家庭困难，扎实工作，认真履责，以良好的工作作风和较为突出的工作业绩完成援疆使命。我的援疆工作可以分为三个方面。

注重思考，坚定与时俱进的学习取向

援疆期间，我从未放松过学习，一直通过文件、书籍、报纸、网络学习，同时也向当地干部群众学习。三年来，先后认真学习了“三个代表”重要思想、科学发展观，认真学习党的十七届四中、五中、六中全会文件，着重学习领会党的十八大精神和习近平总书记一系列重要讲话精神，同时重点学习了民族区域自治和民族宗教政策、分管领域业务知识等。

和田地区社会政治环境较为复杂，因此，做好民族团结、维护安定团结的政治局面尤为重要。本人立场坚定，旗帜鲜明，坚决反对民族分裂势力和非法宗教活动，积极维护民族团结和社会稳定，牢固树立“民族团结是新疆各族人民的生命线”思想。始终按照“稳定是第一责任、发展是第一要务”的要求，正确处理“以发展促稳定，以稳定保发展”的相互关系，牢固树立“三个离不开”思想（即少数民族离不开汉族，汉族离不开少数民族，各民族之间相互离不开），悉心维护民族团结，尊重少数民族风俗习惯，与民族干部群众平等友好相处，工作上支持，生活上关心，从来不说不利于民族团结的话，不做不利于民族团结的事。

通过学习，对国家的宏观政策有了更明确的认识和把握，对开展援疆工作的重要性和必要性有了更深刻的认识，进一步增强了自己做好援疆工作的责任感和使命感，对和田未来的发展充满了信心和希望；对影响新疆社会稳定的主要因素有了清醒的认识，进一步坚定了立场，增强了政治敏锐性和鉴别力；对分管领域工作有了更深层次的了解和把握，进一步提高了工作能力和水平。

坚持首善，推动和田地区科学发展

援疆期间，我牵头组织聘请了各方面专家组成顾问团，从国家发展和改革委员会宏观经济研究院、北京市工程咨询公司、中国建筑设计院等一批国内知名机构选调了强有力的团队开展规划编制工作。承担专项规划编制的北京市20多个委办局组织调研团队赴和田现场考察，用最优秀的专家、最优秀的队伍高水平进行优化设计，从源头上保证规划编制质量。坚持系统长远科学谋划，提出1个综合规划和18个专项规划的规划体系，对未来五年的援建工作进行了整体谋划。坚持充分协商达成一致，在工作中充分听取受援地意见，组织深入农户发放调查问卷500余张，与自治区、兵团、和田地区和兵团十四师沟通一致。

2010年11月，组织相关领域专家在北京对综合规划进行论证完善。北京在19个援建省市中第一个向国家部级联席会议正式报送了综合规划。2011年初，《人民日报》头版对北京援疆规划编制工作给予了报道。2011年2月，国家部际联席会议审核通过了北京援疆五年规划。新疆维吾尔自治区人民政府对北京援疆规划给予高度认可，授予援疆规划编制工作创新奖。

在具体推动下，指挥部结合和田地区和农十四师的实际，提出了交钥匙、交支票、定额补助、设备采购、专项工作五类项目管理方式，并根据五类项目的特点制定了不同的审批流程；我研究起草了《北京市对口支援新疆和田地区一市三县和农十四师援建项目管理办法（暂行）》，规范有关项目管理的程序、职责、监督检查等，并在实际工作中得到贯彻实施；为了加快项目前期工作，推动项目尽早落地，在我的努力下，指挥部与和田地区发改委联合下发了《关于加快推进北京市对口支援和田地区2011年建设项目前期工作的通知》《关于做好北京市对口支援项目前期工作及竣工验收工作的通知》，从而规范前期工作审批流程。

我负责的规划发展部不仅有宏观统计和理论研究，还负责24个项目的具体实施，各类项目进展十分顺利。2012年元旦，我们部门组织实施首都机场和田旅游图片展，为援疆开了个好头，7天吸引了超过百万的观众。组织实施《人民日报》南疆分印点专项工作，结束了当地只能看到3天后《人民日报》的历史，干部群众可以看到当天《人民日报》，有力推动宣传党的政策方针。

任和田市委委员、常委、常务副市长期间，坚持团队式建设与管理，积极主动做好与班子成员的协调工作，做到分工不分家，协力抓大事。同时抓好分管部门班子的团结完整，齐心协力，共同面对工作挑战，共同完成工作任务。带领分管部门，认真梳理交通、保障性住房建设和扶贫开发、棚户区改造等项目，推进项目前期准备工作。及时掌握重点支持方向，努力把更多项目挤进计划盘子。3年以来，国家、自治区共安排中央预算内投资项目超过200个，安排中央预算内资金近6亿元。3年来和田市确定为民实事和重点项目162个，通过按月督查、倒排工期、综合协调等措施，各项目扎实推进。加强市场监管，维护市场商品价格稳定，安排主管单位定期深入市场进行监督检查。争取上级资金支持，积极调整财政支出结构，努力增加社会稳定、民生保障、农业、教育、养老、医疗保险等资金投入。每年上级部门财政转移支付超过16亿元，有效缓解了本级财力压力，为实施民生工程打下了坚实的基础。

经过艰苦努力，北京和田工业园区在新一轮援疆后，被授予自治区级工业园区。作为分管工业园区的领导，我始终把产业援疆作为工作重点。在不懈努力下，援疆资金安排1亿元作为园区的资本金，又从农发行贷款8000万元，为园区建设奠定了基础。目前，园区基础设施已基本完成，超过百家企业入驻，带动了当地百姓就业。其间，俞正声同志在视察和田时，高度认可了我们引进园区的北京高科技企业仁创集团的工作。

攻坚克难，主动打开电力援疆工作局面

援疆期满，回到北京市发展和改革委员会后，我作为能源发展处处长，有幸参与了“电力援疆”工作。新疆是亚欧大陆的地理中心，也是我国重要的能源生产基地。新疆的发展，与能源开发密不可分，其中电力产能存在严重过剩的问题，截至2020年底，新疆全网总装机容量9451万千瓦，同期新疆电网最大发电负荷仅4464万千瓦，新疆电能供应仍严重过剩。为更进一步缓解电力消纳矛盾，“电力援疆”成为援疆工作的一个重要“利器”。作为曾经参加过援疆工作的人，深刻了解“电力援疆”这项工作对新疆的重要性，为了缓解新疆电能严重过剩问题，“十三五”时期，“电力援疆”作为产业援疆政策之一，于2016年开始启动，截至2020年底，新疆方面已累计向全国14个省（区、市）输送电量达到544.8亿千瓦时。“十三五”期间，北京市人民政府与新疆维吾尔自治区人民政府连续五年分别签订了“电力援疆”合作协议，在这五年期间，实际累计完成了交易电量达到了31.66亿千瓦时。五年累计完成交易电量约31亿千瓦时，全额用于支持本市在和田地区的援疆发电企业，通过对口支持新疆和田地区发电企业，累计实现了企业当地纳税约9800万元，直接就业360人。其中维吾尔族职工218人，实现了218个家庭1190人脱贫，对于和田地区社会的稳定和脱贫起到了积极作用。

2021年3月，我收到新疆方面来函，商讨2021年“电力援疆”工作，当天就连夜发送通知，第二天组织各相关单位召开会议，研究新疆方面提出的协议内容。会上各方进行了激烈的讨论，交易价格、电量输送时间、电网输送条件、交易电量等，其中各方对交易电量能不能完成，始终不能形成一致意见。为了推动协议的签署，我又多次组织各相关单位和部门召开会议，强调“电力援疆”的重要性，关乎援疆地区的经济发展、社会稳定、老百姓的收入等，这项工作要有高的政治站位，

要克服种种困难，完成“电力援疆”工作目标。经过多轮协商，最终各方敲定了协议内容，我将相关情况立刻报送市政府审定。2021 年 2 月，北京市人民政府和新疆维吾尔自治区人民政府正式签署《北京市人民政府　新疆维吾尔自治区人民政府 2021 年“电力援疆”合作框架协议》，截至目前交易电量已完成过半，为 2021 年援疆交易电量的顺利完成奠定了基础。

另外，在加强京蒙扶贫协作方面，我按照《关于贯彻落实京冀、京蒙扶贫协作座谈会精神任务分工方案》的相关要求，积极帮助内蒙古提高能源资源综合开发利用水平。为保障首都电力需求，进一步提升绿电供应比例，我委积极支持国电投集团、京能集团推进乌兰察布市清洁能源基地建设。其中，国电投乌兰察布风电基地项目于 2020 年 7 月底正式开工，正在进行大型设备的安装调试。该项目总装机容量 600 万千瓦，预计年发电量 200 亿千瓦时，总投资规模约 400 亿元；京能乌兰察布市可再生能源外送基地项目已取得乌兰察布市政府重要支撑性文件，正在申请列入自治区“十四五”电力规划，该项目规划总装机容量 1800 万千瓦，预计年发电量 600 亿千瓦时，总投资规模约 1200 亿元。

援疆有期，真情无限，我很荣幸参与其中，援疆是一份责任，更是一种使命。援疆没有终点，希望能拓展更紧密的联系合作，携手共进，共促发展。

打造精品工程　提升民生福祉

田洋洋

2018年3月，我响应组织号召，投身到伟大而光荣的援疆事业之中，成为北京市第九批援疆干部团队中的一员。援疆的三年时间里，我肩负起北京市援疆和田指挥部工程建设部主任科员、副部长以及和田地区工业和信息化局环境资源和电力管理科副科长的双重职责，亲眼见证了不少北京援疆脱贫攻坚战役的最后胜利。

援疆初心：为打赢脱贫攻坚战添砖加瓦

来到和田之前，我在北京市建设工程安全质量监督总站担任技术服务室的主任。我是一名“80后”，研究生毕业后，就一直在建筑行业里摸爬滚打，负责建设工程执法管理方面的相关工作。当得知单位有援疆名额的时候，我希望能趁着年轻，到祖国的边疆亲眼去看一看，为边疆的建设出一份力。

萌生报名援疆的想法时，我的儿子才刚刚出生9个月，其实我内心也有很多不舍。而且和田地区地处新疆最南端，四季多风沙，自然环境恶劣，这里还是反恐维稳的最前沿和脱贫攻坚的主战场，稳定和发展两个“三期叠加”的严峻形势相互影响，深度贫困与社会稳定、自然条件、民族宗教等因素多元交织，也是全国“三区三州”深度贫困地区中脱贫任务最为艰巨的地区，家人对我的选择还是有一定担忧的，但最终他们还是给予了我最大的支持，让我用自己多年工程建设行业的工作经验，为和田的脱贫攻坚工作添砖加瓦。

援疆历程：以首善标准践行初心

我所在的工程建设部是北京市援疆和田指挥部承担固定资产投资任务的重要部门，工作涉及改善群众生产生活条件，提升教育医疗硬件设施，推动标准化厂房建设等众多领域，工序复杂体量也大。三年间，我和援友们始终坚持首善标准，创新管理模式，严把安全质量，以优质项目助推受援地脱贫攻坚，有几个工程项目令我印象非常深刻。

第一个是和田市北京工业园纺织园一期工程，这也是我入疆之后接手的第一个项目。当时这个项目非常棘手，因招商企业急需入住，年底就要交付使用，工期非常紧张。通过科学组织、优化管理，我们将正常工期进行了合理缩短，在保证安全质量、手续齐全的前提下，克服了汛期的影响，仅用三分之一的时间就交出了让受援地满意的精品工程，使不可能成为可能。项目建成后，招商企业争相入驻，解决当地就业5000余人，真正实现了“一人就业、全家脱贫”。如今，在北京援疆的和田市、和田县、墨玉县、洛浦县以及兵团第十四师，都有北京工业园区的身影。“筑巢引凤”的五大园区成为受援地脱贫攻坚的动力源，也为和田地区的经济发展奠定了坚实基础。

虽说建筑是冰冷的，但建筑内所承载的故事却是充满温情的。在和田市北京工业园内，有一家名叫京和纺织的北京援疆企业。企业里一位名叫奴尔尼沙汗·亚森的小姑娘的故事，给我留下了很深刻的印象。从技校毕业之后，学习服装设计专业的奴尔尼沙汗·亚森就进入了京和纺织就业，因为勤劳肯干，公司也十分重视对她的栽培，仅仅三四年的光景，她就从组长、班长、工长，成长为厂里质检科的副主任。奴尔尼沙汗自己也说，因为援疆企业的到来，她的人生有了更多的可能。园区的兴建带动了产业的振兴，产业的发展又切实促进了民生和就业，我想，能给更多的“奴尔尼沙汗们”带来生活新希望和无限可能，就是我们干好项目的最大动力。

第二个令我印象深刻的，是北京援疆对教育方面的投入，力度非常之大。我来的那年，正好赶上和田市北京海淀小学和海淀幼儿园建设完工交付使用。说实话，第一次走进这个校园时，我是被深深地震撼了。这是我们北京援疆的交钥匙工程，总投资 2.8 亿余元。这个校园无论从规模、品质还是功能方面，在全和田地区乃至全疆地区都是一流的，甚至都不输北京的一些学校，如今已经成为当地的明星学校。在我援疆的 3 年期间，我们以提升受援地教育水平为目标，以补齐硬件短板为重点，新建学校、修缮校舍……仅我负责推进的各类教育项目就有 6 个，总建筑面积达 7.2 万平方米，新增学位 6566 个，助推受援地教育脱贫，实现扶贫和扶智相结合。这些项目的投入，大幅提升了教育基础设施水平，确保适龄学生能够“应入尽入”，同时也为我们实施“组团式”教育援疆打好了坚实的基础，有效推动当地教育事业的全面发展。

说到教育，我还想讲述一个关于改变命运的故事。这个男孩叫魏恒博，是一名“95 后”。2018 年，为了缓解和田地区汉语教师严重短缺的问题，北京援疆创新开展“汉语大学生支教项目”，面向全国招聘高校大学生赴和田实习支教，助力和田地区教育扶贫。2019 年 8 月，陇南师范高等专科学校的魏恒博成为实习支教团的一员，4 个月的实习支教生活结束后，他作了一个重要决定：留下来。2020 年 7 月，他考入和田市北京海淀小学，成为一名教师。正是因为北京的援疆项目，魏恒博来到了和田，并进入北京援建的小学，开启了他的工作生涯和人生的新篇章，我想，未来还会有更多的“魏恒博”来到和田、留在和田、为和田的发展作出自己的贡献。

民生工程也是我们工程部的重头戏。多年来，北京援疆一直在持续投入开展安居富民房工程。所谓安居才能乐业，有了良好的居住条件，才能让广大群众没有任何负担地发展生产，走上脱贫致富的新路。这也是实现“两不愁三保障”的一项重要指标。在援疆期间，我和同事着力推进富民安居房项目建设，为和田市建设安居富民房 10394 套，总建筑面积 75.08 万平方米，受益群众达 10394 户约 4.2 万人。这组数据背后，体现出的是党和政府带给当地百姓的温暖。当然，除了居住条件之外，我们还致力于改善当地居民的饮用水条件。长期以来，和田市中心城区水质存在氟超标、硬度等指标偏高的问题，居民饮用后容易增加氟斑牙、氟骨症、饮水型地方性氟中毒以及结石类疾病的风险。由我负责推进实施的和田市一、二水厂提标升级改造项目，是和田首个采用 EPC 总承包模式进行建设的工程。这个项目充分发挥了设计单位牵头总承包的优势，技术引领施工全过程，严格把控工程质量，确保工程进度，控制工程投资，体现援建项目的政治性和先进性。项目投入使用后，已让和田市 20 万群众喝上放心水。此外，我还推进了多个项目，对和田市供水管网和城市道路进行新建或改造升级，进一步完善了受援地生产生活基础设施配套建设，提升基层公共服务水平。

其实说到改善民生促进发展，我觉得团城改造项目是我们援建成果最好的一个代表。团城俗称“鸽子巷”，曾经那是一片棚户区，房屋破败，普遍是夯土、砖木结构，当地俗称“笆子房”，每逢刮风下雨，就会断水断电，房子没有抗震功能，一旦遇到自然灾害，百姓的生命财产安全就会受到极大威胁。2017 年，北京援疆正式启动团城改造项目；2018 年，和田团城一期工程投入使用；那年 5 月，我来到和田之后，开始负责团城二期工程的项目建设。14 万平方米、1091 户……现场督导、研究解决困难问题、督促建设进度、回访居民，3 年的时间里，我的脚步从未停歇，我对那里的每一栋建筑、每一处规划都如数家珍，也与团城里的居民建立了深厚的情谊。在我离开和田之前，二期项目全部完工、投入使用，团城也获得了 AAAA 旅游景区的称号，让我倍感欣慰。2021 年 7 月，全国第八次对口支援新疆工作会议召开之际，在央视播出的《雪莲花开——对口援疆纪实》纪录片中，身在北京的我又看到了团城，看到了我的老朋友工程师阿巴拜克·吐合苏，我仍然难掩激动。今天的团城，已成为和田地标式“网红”——传统民居连成街巷，沙漠风情的绿植景观、生机盎然的葡萄架、玲珑精美的鸽子楼……到和田旅游，北京援建的团城是必去的一站。这个项目真正实现了棚户区改造与老城保护的有效结合，展现了国家级非物质文化遗产和田阿依旺民居文化，把全城最脏乱差的地方变成了最具民族特色的国家 AAAA 级景区，在改善居民生活条件的同时，也发展了旅游，解决了就业，成为全疆棚户区改造的典范。看到团城百姓的笑脸，我也为我曾经的付出感到骄傲和自豪。

见证历史：不辱使命留下“首善”烙印

我援疆的最后一年，恰逢国家打赢脱贫攻坚战、全面实现小康社会的关键之年，我们身处的环境、肩负的责任、面对的挑战以及承受的压力，都比以往更复杂、更艰巨，我也有幸见证了脱贫攻坚决战决胜的伟大历史时刻。

援疆 3 年期间，我和援友们聚焦精准扶贫，也帮助当地的百姓办实事。我们在阿克恰勒乡尕宗村建设了商业房活动，包括新建超市、门面房、锅炉房、值班室等 11 间房屋共计 400 多平方米，用于满足贫困村经营办商业需求，切实解决部分村民的就业问题，为村民们脱贫致富点燃希望。我和援友们还深入到和田市玉龙喀什镇依盖其村，参加以庆“六一”及“民族一家亲”为主题的联谊晚会，并现场向依盖其村小学生捐赠书包等学习用品，通过活动，与民族同胞加深了了解，奉献了爱心，增进了感情。此外，我们举办了为和田市玉龙喀什镇阿亚克米克拉村“献爱心”活动，共筹款 15 万元，帮助阿亚克米克拉村 7 户贫困户家庭实施庭院硬化工程，29 户贫困家庭实施旱厕改造工程，大大提升了村民们的居住条件，改善了他们的生活质量，也让整个村庄的环境变得更美。

以上仅仅是我们住建人在和田的一个缩影，我们也不辱使命，当地最好的医院，最好的学校，最好的住房……都是我们援疆的硕果。我们主导的工程项目也几乎囊括了建筑业的所有奖项，比如，和田地区人民医院项目获得了国家最高奖项——鲁班奖，这也是和田地区历史上首次获得此奖项。和田市海淀小学、幼儿园项目获得了国家优质工程奖，同时荣获北京市建设工程质量长城杯和新疆维吾尔自治区建筑最高奖项天山杯，等等。北京援疆工作也得到了中央、北京市、自治区的充分肯定。2018 年 4 月，蔡奇书记带领北京市党政代表团赴和田调研时，称援疆干部为“前方将士、北京好儿女”！这是荣耀，更是责任！

如今走在和田的街道，你会看到街道两旁的高楼大厦，惊叹于这沙漠腹地里涌动的勃勃生机，如果走近就会看到很多大楼的顶端都镶嵌着“北京援建”的标志，一个个砖红色的“天坛”标识在阳光下格外耀眼，因为每一抹砖红色里都倾注了我们一批又一批住建人的心血。我想，那不仅是北京“首善”的烙印，更是中国共产党人“初心使命”的烙印。

奔走于昆仑大漠间的生态环保铁军

荆降龙

我是环保领域的一名专业技术人员，2016年底主动报名参加援疆工作，当时的初心就是认为这是个难得的锻炼机会，想到一个新环境去锻炼锻炼。很快，组织批准我作为北京市第九批援疆干部在新疆和田参加援建工作，挂职担任和田地区生态环境局总工程师。2017年2月16日，我告别了北京的小家，满怀壮志豪情地飞向了那个陌生且着实遥远的地方——和田，并在那片全中国沙化土地面积最大、分布最广、风沙危害最严重的地区度过了3年仗剑天涯般的援疆岁月。3年中，我几乎走遍了和田地区，曾经随队单车进昆仑山区执法，途中翻越过海拔5300米的高原，到大山深处检查非法开采金矿的情况；曾经单程7个小时穿越沙漠无人区去踏勘克里雅河尽头的生态状况，在茫茫沙海中遭遇陷车、救援失败等困境；也曾三天两夜、马不停蹄地横跨700多公里，到不通高速公路的七县一市去开展第二次污染源普查工作；还曾在接受左腿跟腱缝合手术后不久，拖着肿胀的脚踝去推进和田地区的卫星遥感、无人机航拍的生态监管项目。对于我来说，环保工作永远在路上。

主动作为，全面参与各项业务工作

和田地区地处塔克拉玛干沙漠腹地，属于艰苦边远五类地区，更是“三区三州”范畴中南疆四地州中最贫穷最落后的地区，伴随着民生贫困的，还有极度贫困的生态环境，24.8 万平方公里的国土面积中，只有 3.7% 是人类赖以生存的绿洲，沙漠面积占比 63%，戈壁及山区占比 33.3%，年降水量仅为 35 毫米，年蒸发量高达 2480 毫米。

生态环境脆弱是和田地区区域性贫困的重要根源之一，即生态贫困。水资源高度紧张、自然生态脆弱敏感、采矿破坏地表植被、土壤盐渍化风险高、珍稀物种缺乏监管等问题交织在一起，错综复杂。

和田地区经济欠发达，地方财政极度困难，资金配套能力差，2016 年地方财政自给率仅为 8.3%。作为国家重点生态功能区，和田地区大部分县市获得了国家财政转移支付，但也主要用于改善民生等精准脱贫领域，能用于生态环境的经费少之又少。此外，和田地区通过对口支援获得项目和资金支持，也主要用于经济见效快、维护社会稳定的产业和民生类项目。对于具有长效生态效益、资金需求额度大的生态环境项目长期缺乏国家专项经费支持。

2017 年至 2019 年正是和田地区打赢脱贫攻坚战的关键时期，地区上经济建设投入大、涉及环保领域的问题多，给生态环境脆弱、空气质量排名全国垫底的和田地区带来了新的挑战，这让本身就缺少专业技术人员的和田地区生态环境局有些捉襟见肘。我主动作为，参与或牵头完成了和田地区火烧云铅锌矿、玉龙喀什水利枢纽等地区重大项目环评报告审批报送，全国第二次污染源普查，全地区污水处理现状调研报告，昆仑山区联合执法检查，山水林田湖生态修复项目申报，水污染防治项目申报等各项重大工作，始终秉持“勇于担当，严谨务实”的工作态度，充分发挥自身技术优势，努力奋战在和田环保事业的第一线。

勇于创新，引入科技手段提升环境监管能力

随着工作的逐渐深入，我认识到，和田地区生态环境事业的发展不是开展几次培训、支援一些仪器设备就能实现的。而如何解决地广人稀、监管难的问题，如何提升和田环保工作者的专业能力，如何有序开展和田的生态环境改善工作，这些问题经常出现在我的脑海中。2018年我参与了多次昆仑山区的联合执法行动，执法过程中遇到的各种困难，面对的各种危险，都让我更加坚信，和田地区的生态环境事业发展亟须现代化的科技手段。

在大量调研工作的基础上，在北京市生态环境局、北京市科委等单位多位专家的指导下，我编制了《和田地区生态监测系统建设项目》申请书，得到了北京援疆指挥部的资金支持。将卫星遥感技术、无人机航拍技术、数据库管理系统三大先进技术融合，利用卫星遥感技术对和洛墨绿洲9000余平方公里的面积进行了0.8米级的高清影像获取，统计了十六类环境要素，并对绿洲沙化斑块、昆仑山水源涵养区、生态红线区等重点生态环境问题进行了专题研究，并通过植被覆盖指数（NDVI）分析了和田地区近年来的生态环境变化。此外，对3000亩重点区域开展了无人机航拍建模工作，通过3D模型实施环境监管。此外，采购无人机两套，对和田地区环境执法人员进行6人次的AOPA飞行培训，直接提升了和田地区的环境监管执法能力。

该项目的建成全面梳理和田地区的生态环境要素，完成分类统计，直接支持各项业务工作；同时，利用无人机解决了昆仑山等高海拔区域“最后一公里”执法难以取证的问题。此外，还完成了绿洲内部土地沙化斑块区域、昆仑山区雪线等重点生态区域的图像解析及数据统计，对现有生态红线区进行了问题查找，确保生态红线区的安全。将无人机航拍和卫星遥感技术进行“点面”结合是提升和田地区生态环境监管的重要手段，项目前期经过长达半年的调研及准备，行业专家和相关技术单

位对技术路线进行了充分的论证，认为对生态环境监管作用明显；同时，本项目在新疆维吾尔自治区生态环境监管领域仍属空白领域，在和田地区的实施将起到很强的示范作用，具有一定的创新意义；更重要的是，在和田地区脱贫攻坚的关键阶段，通过生态脱贫也将进一步助力于民生脱贫。

为了深入在和田地区推广山水林田湖草是一个生命共同体的理念，在我的建议下，和田地区生态环境局把项目成果共享给和田地区国土、林业、水利、农业等各个委办局，在信息共享的基础上，就能更加有力保护和田地区的绿水青山，就能有效推进和田地区的生态环境发展。

和田的生态环境脆弱问题亟待改善，项目的建成如同对和田地区的生态环境进行了一起全面的体检，为今后的治理工作指明了方向，打下了基础。项目也得到了中央电视台的关注，被收录在《雪莲花开——对口援疆纪实》纪录片第一集中。

项目成功实施的背后也有着默默的付出。2018 年底，我在和田意外受伤，左脚跟腱断裂，回京实施了跟腱缝合手术。为了尽快推动项目进展，我带着“康复为主，适量活动”的医嘱，拖着肿胀的脚踝回到了和田。而一回到那片热土，就一头扎进了工作，跑招投标手续、带队去参加无人机驾驶培训、组织中期验收评审会，等等，顾不上到医院做康复治疗，一心想着项目早日建成，尽快实现和田地区生态环境的现代化监管模式。

情真意切，帮助结亲户脱贫

脱贫攻坚是和田地区三大攻坚战之一，作为一名专业技术人员，我在脱贫领域虽然是一名新兵，但在对待脱贫工作的态度上，就如同对待技术工作，一丝不苟、不流于形式，不走过场，从自己的结亲户入手，为助他一家早日过上好日子，出谋划策，勇于尝试。阿卜杜拉一家是我在和田的结亲户，为了能让阿卜杜拉一家早日脱贫，我主动和阿卜杜拉商议脱贫路径。结合家庭实际和生活现状，为他家购买了一台棉花糖机，通过制作棉花糖销售的方式增加家庭收入，实现脱贫。通过身体力行和思想的沟通交流，进一步激发了阿卜杜拉脱贫致富的内生动力。三年来，每次我爱人带孩子到和田来探亲，我们都会带上北京特产、棉衣等生活必需品，到村里去看望阿卜杜拉一家，阿卜杜拉家的两个孩子穿上新的棉衣格外开心。让我更为高兴的是，阿卜杜拉的大儿子也能用汉语给我发一些问候的信息，我们之间的沟通越来越顺畅，亲戚关系从陌生到熟识，从嘘寒问暖到鼎力相助，从赠送日常的米面油等必需品到赠送棉花糖机和孩子的过冬棉衣，他们已经从“陌生”的亲戚逐渐成为一家人，也越来越密切。

向党旗宣誓，与洪流同行

至今我还记得刚踏上援疆征程出发时的那个情景，2017 年 2 月 16 日，清晨五点半的首都机场，犹如送行的海洋，人山人海，到处都是鲜花和送行的横幅，那一刻，我犹如被带入了一股洪流之中。这股洪流中有着一批又一批“舍小家、为大家”的援疆干部，也有着无数像胡杨一般扎根边疆、守土尽责的和田干部。这股洪流让各族群众切身感受到党的关怀和祖国大家庭的温暖，发自内心地感恩党中央，坚决地听党话、跟党走。我时时刻刻都在被这股洪流感召着，三年的援疆工作对我来说是一种锻炼，一种教育，更是一种洗礼，让我找到了自己的信仰追求。终于，自己在援疆路上，郑重地递交了入党申请书，第一次举起右拳，面对鲜红的党旗宣誓，开始了人生的新起点。那热血豪迈、纯真质朴的感觉永生难忘。

我曾经感悟，生命的长度是有限的，不能改变，但可以拓展生命的宽度和广度。援疆，给了我这个机遇，让我在有限的生命里可以为祖国、为人民作出无限的可能。我终于在援疆工作中找到了人生的意义，就是奉献带来的幸福感，实干带来的充实感，奋斗带来的富足感。我相信这些是多少物质、金钱都不能给予我的。

迟到的拥抱永生难忘

三年来，每一次面对工作的艰险，我都能迎难而上，可提到自己的小家，就一言难尽了。记得第一次爱人带着我那刚满三岁的小公主到和田探亲，才发现，自己真的没那么坚强。

那是 2017 年的 10 月 1 日，掰着手指头等着她们娘儿俩到和田，头一天自己兴奋过度，望眼欲穿，一宿无眠。“十一”当天自己提前到达机场，等着她们娘儿俩的时候，我还憧憬着：孩子看见我一边喊“爸爸、爸爸”，一边伸着两个小手向我跑过来的情景。我等啊、盼啊，终于看到她们了，我三步并作两步地走到近前蹲下身子，伸开两手，准备抱起我的小公主，可谁知道孩子看见我后的陌生，略微侧着头，也不看我，更别说抱了，仿佛根本不认识我。那一刹那的感觉犹如一颗滚热的心“扑通”一下子就掉进了冰冷的水缸。那一刻，我望着她，她望着我，看到她那稚嫩的眼神里带着陌生，而我心里对她满满的爱却复杂得无法表达。

美好的时光总是过得很快，十天的假期转瞬即过，转眼到了分别的日子。再次来到机场，是给她们娘儿俩送行。送别路上，我们逗着、笑着，一直到了安检口，我想看她们过了安检再离开。可就在爱人抱着孩子办理安检手续的时候，孩子突然挣脱妈妈的怀抱，从警戒线下伸着两个小手向我跑了回来，我一把抱起她，她胖嘟嘟的小脸充满不舍，黑漆漆的眼睛望着我，小嘴里喃喃地念叨着“然然想爸爸、然然想爸爸”，这个本该在接机时的拥抱此时出现了，彻底把我的心打碎了，泪水几乎夺眶而出，再也讲不出一句话。我一把把孩子塞给她妈妈，转身就走，摆摆手算是告别。没有一句再见，甚至不敢再多逗留一秒钟，转身离开。

这个迟到的拥抱让我第一次深刻地体会了舍小家的感觉，看看身边的援友，看看和田地区参加“访汇聚”“包户驻户”驻村的当地干部，都在轰轰烈烈地舍小家。有人说，“一个人的选择也许是偶然的，但一群人的选择注定是绚丽多彩的。”我特别欣赏这句话，因为它诠释出我们这一大群人舍小家的目的，那就是和田的社会稳定、脱贫攻坚、新疆的长治久安，国家的繁荣昌盛，这就是我们舍小家而追求的“大家”。

和田地区的生态环境事业尽管取得了一些成绩，但依然任重而道远，仍需要一批又一批的环保人砥砺前行。在 2020 年北京市“共抗疫情、决胜小康”的宣讲活动中，我曾用这句话作为结束，“在新时代的长征路上，我要继续做一名敢作敢为的奋斗者，一辈子都坚持理想，让青春年华在为国家、为人民的奋斗中焕发出绚丽光彩，不负韶华，一路暖阳”。

“用心用情　志智双扶”
首都师大教育扶贫的特色之路

林广成

首师大教育扶贫新模式的开辟

2011年2月底，寒假还没有结束，学校召开“新疆普通高校毕业生赴援疆省市培养”工作的紧急部署会。3月3日凌晨，32名新疆和田的培训学员抵达首都师范大学，开始为期两年的岗前培训。参与培训的有继续教育学院、文学院、国际文化学院、教务处、学生处、后勤等全校十余个院系和相关部门。当时我是学校办公室副主任，承担了这项任务的协调组织工作。从此，我便开始了教育扶贫培训的教育教学和管理工作，一干就是十年。

2010年国家新一轮援疆工作开始，新疆从2011年起开始实施“普通高校毕业生赴援疆省市培养”计划，首都师范大学作为全国首批试点承担此项工作，这也标志着学校教育扶贫工作进入了新纪元。当时，北京共有6所高校同时开展培训，这在北京各高校的历史上都是前所未有的。

2012 年 3 月，随着培训任务的增加，学校决定成立京疆学院，我被任命为党总支书记。5 月 8 日，京疆学院正式挂牌，这是全国唯一一个以教育援疆为主要工作的二级学院，当时引发了社会高度关注。

从 2011 年开始到 2014 年该项工作结束，首都师范大学共为新疆培养了 686 名未就业大学生。其中有 600 余人是教师岗，包括了从幼儿园到初中的所有学科，维吾尔族学员占 98%。同时，京疆学院还负责在北京农业职业学院的 146 名教师岗位培训学员的教学工作，首师大培训的学员人数超过北京市高校培训总人数的一半以上。

随着这项工作的开展，新的挑战和问题也相继出现，无论是受训人数、培训内容还是学员日常管理问题，以前都未曾遇到过。学员在来培训前，新疆的教育部门就已经为他们选好了就业学校和岗位，并确定了培训目标，比如汉语能力要达到“中国少数民族汉语水平考试（MHK）”三级或以上水平，还要完成教育学、心理学、学科教学法等教师专业课程。

这对培训工作提出了比较高的要求，为完成培训目标，学校召开党委常委会专题研究和落实培训方案，举全校之力，由京疆学院统筹全校教育教学资源，全方位保障培训的高质量进行。校领导也进行了分工合作，多次赴和田专题调研培养工作。

为了保证培训方案的科学性，我们专门成立了教学专家指导委员会，来自多所大学的专家同一线授课教师一起研究语言教学中出现的问题，所有的授课教师名单都要在学校常委会上进行审议。同时，还实施了“1+1 互助成长计划”，组织学校研究生和本科生与受训的新疆学员“一对一”学习汉语，在提升学员汉语水平的同时增进新疆学生与内地学生的了解与认识。

作为北京市属高校，我们充分发挥高校党建和思想政治工作优势，以党建抓管理、促教学，把“五个认同”教育融入培训全过程，这是教育援疆和援疆育人的根本宗旨。学校领导带头开展“教书育人”工作，他们经常参加学员的各项活动，和他们一起座谈、一起过古尔邦节、一起新年联欢。京疆学院领导班子和工作人员也充分利用北京历史文化和爱国主义教育资源优势，通过参与式、体验式的教学实践开展爱国主义教育和民族团结教育。

经过两年的培训，学员发生了明显的变化，大部分学员都拿到了MHK（三级）证书。他们走进北京的中小学、幼儿园，进行教学观摩和实践，在“讲一节课”“组织一次活动”的教学实习中提高教学能力。

新疆学员来到北京，来到首都师范大学学习，“视之所及，心之所思，行之所至，成之所达”。他们亲身感受到了内地的高速发展，增长见识，增强了作为中华民族大家庭中一员的自豪感。

尤其让人欣慰的是，我们培养的700多名教师岗位学员回到和田后，缓解了当地教师岗位的紧缺，还涌现出了牙生江和阿达来提这样表现出色的优秀学员。墨玉县教育局负责人说，当年全县入职教师中，首师大京疆学院培训的学员占了近一半。

这是首都师范大学历史上扶贫难度最大的一项工作。我们用心用情做好这项关乎国家发展、民族团结的工作，得到了社会的认可，习近平总书记在一次批示中给予高度肯定，他说：“内地院校都应像首师大一样用心用情培养新疆学生，进而增进民族感情，加强民族团结。”时任全国政协主席俞正声亲自到我校良乡校区调研，并与学员座谈。中央电视台《走基层——一项特殊的援疆任务》以我们的工作为基础，连续五期播出学员们培训感受和工作后的成绩。

首师大教育扶贫模式的深化

在未就业大学生培养工作结束后，我们开始了新疆中小学少数民族骨干教师培训，培训周期是一学年。这个项目可以看作首都师范大学教育援疆工作的升级版，让我们深度参与国家的脱贫攻坚战略。

从2015年9月到2019年7月，我们分四批培训结业了409名来自全疆各地州的小学语文、初中数学和化学骨干教师。与前一阶段的培训工作相比，学员中的民族增多了，骨干教师中有维吾尔、哈萨克、柯尔克孜、蒙古族、回族等近十个少数民族。地域也扩大了，学员来自全疆，但来自南疆四地州的学员占了总数的80%。同时，学员语言水平、教育教学能力差异较大。这些新情况，对我们的教育教学管理以及生活服务等各方面都提出了新要求。为此，我们将国家通用语言（普通话）在教学中的应用能力、教育教学管理能力和学科教学水平作为培训的重点。我们还努力改善了培训条件，学员宿舍调整为两人一间。

在学员培训中，我们充分发挥首都师范大学语言教学和教师专业培训的经验与优势，开展多方位调研，形成了一套科学且具有针对性的培训方案。比如利用北京语言测试中心在我校的优势，以考促学，专题培训，全方位提升他们听说读写的能力，努力达到能力和水平一致。聘请高校教育专家和北京中小学特级教师、教研员来学院上课和讲座，结合学科教学、课程标准解读等综合提升他们的教育教学能力。

每年的春季学期，在北京市教委的协调和海淀、房山区教委的大力支持下，我们都会选取十余所中小学作为“教育教学能力提升与实践”的实训基地学校。让这些骨干教师走进一线课堂，亲身感受北京高水平的教育教学和校园文化。我们也鼓励和要求他们走上讲台，为北京的孩子讲授一节学科专业课程，提升他们教学自信，实践所学的教学新理念。

随着全疆少数民族教师培训项目实施的不断深入，我们也在不断摸索，总结有效的教育教学经验。我认为：高水平、专业化是“首师大模式”最显著的特点。几年来，我们实践了“用心用情、立德树人、首善标准、精准施教”与“思想政治素养、教师专业能力、教育教学实践、国家通用语言和爱国主义情怀”五位一体的援疆师资培养课程体系，并辅以“五项措施保障”培养高水平专业化少数民族教师的“首师大模式”。2018年，在“教育部省属高校精准扶贫精准脱贫典型项目”中位列第一。

根据我们的调研追踪，409位新疆中小学少数民族骨干教师，特别是南疆四地州的300余位教师，“种子”的效应非常突出。他们活跃在一线教学岗位上，培训经历不仅影响着他们自己，也影响着周边的教师和学生。

首师大教育扶贫模式的创新与探索

2019 年，全疆骨干教师培训结束后，我们又开启了“和田地区幼儿园园长赴京挂职培训”项目。首批学员 65 名，是来自和田地区的幼儿园园长、支部书记和管理干部。我们实践了“理论学习 + 挂职实践 + 交流反思”的模式。没想到 2020 年初新冠肺炎疫情突然暴发，第二批学员无法来京。我们依托首都教育远程互助工程——线上首师大“双优云桥”项目，实现学员学习的异地反馈。同时组织北京指导教师和助教通过线上平台对新疆学员“一对一”指导，实践“云跟岗”和“反转式跟岗”，实现了新技术支持下的“云培训”。

除了实施和田地区幼儿园园长“云跟岗”项目，我们还基于互联网平台，通过“人工智能 + 教育”的新技术、新手段，探索跨区域教育扶贫新路径、新模式。比如依托首都教育远程互助工程项目，借助“双优云桥”乐智阅读大数据平台，实施助力和田中小学教师和学生国家通用语言提升、助力银川市“互联网 + 教育”示范区建设项目，还实施了青海玉树州基础教育整体提升工程、内蒙古自治区中部片区四盟市三科统编教材教师培养，通过“人工智能 + 教育”创新少数民族地区教师培养新模式。

首师大教育扶贫模式的拓展与推广

据我了解，除了教育援疆外，首师大以“面对面”“点对点”的形式对其他贫困地区开展了多项扶贫工作。

“面对面”就是深度参与京津冀协同发展，在河北保定、涞源等县建立教师培训基地，选派专家送教培训当地教师。连续三年承接对口协作地区湖北神农架水源地党政干部培训，河南水源地中小学语文、数学教师培训，内蒙古双语教师学科培训、统编教材师资培训和人社系统干部培训。

“点对点”就是选派人员赴受援地援助和支教。比如与保定市教育局合作，遴选优秀大学生赴阜平、涞水、曲阳县乡村中小学实习支教，覆盖当地建档立卡贫困户学生3500余名。选派教育管理干部付兴同志赴拉萨师专援藏达6年之久，2013年7月开始，先后任拉萨市专任教务处副处长、公教部主任兼第二党总支书记职务。2020年下半年，京疆学院副院长沈晓非、初等教育学院和学前教育学院的王加稳、房斐老师克服疫情影响，前往和田师范专科学校，进行为期两学年的干部挂职和支教工作。

首师大教育扶贫模式的社会影响与收获

自我参与教育扶贫工作以来，给我印象最深、感受最强烈的一段经历是在2011年3月，我第一次来到新疆和田，看到当地人民工作生活与内地的巨大差距，学校的教育教学设施也相当落后，我内心感到沉甸甸的压力。之后，每当我带领老师们去和田考察调研，大家都会感同身受，提升了教育扶贫的自觉性。

至今，我已去和田十余次，也看到了我们培训的老师工作在和田幼儿园、中小学的讲台上，听学员讲述北京的培训给他们的生活和家庭带来的改变。印象最深的是学员图尔荪巴克，来北京前是个孤儿，一人靠亲戚接济和打工生活，经过培训后，他提升了语言能力，还入了党，精神面貌焕然一新。回和田后，他入职一家幼儿园，认真工作，靠工资买了房、娶了老婆、生了儿子，开始了不一样的人生。我每次去和田，只要他知道，都会激动地去看我们。

除此之外，学校还在努力打造教育扶贫和援疆育人的北京品牌，先后获北京市对口支援工作组织奖和第八届首都民族团结进步先进集体荣誉称号；入选教育部 2018 年和第三届省属高校精准扶贫精准脱贫典型项目；助力国家精准脱贫，探索培养新疆少数民族教师的首师大模式被市教委推荐入选民族教育优秀教学成果；北京市事业单位脱贫攻坚专项奖励教育系统个人奖励 1 人记功、16 人嘉奖；1 名同志获北京市脱贫攻坚先进个人表彰。

2021 年 2 月 25 日，全国脱贫攻坚总结表彰大会在北京召开，京疆学院获全国脱贫攻坚先进集体称号，这是最高荣誉。

祖国边疆的发展要靠人，人的发展要靠教育。教育援疆和援疆育人是国家扶贫和脱贫攻坚的重要战略，我有幸亲身参与其中并取得成绩，成就了我和广大援疆干部一样的“十年援疆路，一生援疆情”的人生经历。

（张青琢　徐建辉　整理）

四次援疆　倾心职教　谱写精彩人生

康柏利

2006年，我积极响应党和国家号召，把80多岁瘫痪在床的老母亲和临近中考的女儿交给妻子，毅然踏上了奔赴新疆和田的征程。从此，我先后四次到新疆和田地区援疆支教，累计完成师资培训1500人次，培养了一支带不走的教师队伍。

潜心职教事业，支教和田六余载

第一次支教，我来到和田地区教育学院支教，一干就是三年。我主要负责每期300多人的教师培训课程，还担任幼教班汉语课和汽修班专业课，每天7节课，一周多到35节课。为了让汽修专业学生上好实践课，我自掏腰包去当地汽车修理厂收购汽车零件亲自给学生们拆解讲授原理，赢得了师生们的赞誉。

为了和田教育学院职业教育转型发展，我利用多年的职业教育经验，很快为学院做出职业教育发展规划，帮助学院组建了服装设计、汽车维修和畜牧兽医三个专业；制定专业人才培养方案，规划建设实训基地。

我对工作尽职尽责，但也深知举一人之力是渺小的，不能改变和田的教育状况。我在平时的调查了解中发现，和田地区初、高中毕业的学生没有专长和就业渠道，没有经济收入，这是造成家庭困难的主要原因，而教育学院的职业教育也是刚刚起步，举步维艰。于是我便马上行动起来多方运作，积极促成北京延庆职业学校与教育学院两校之间的互访交流工作。2007 年 11 月，刘校长一行来到和田教育学院参观考察，双方领导就合作办学问题进行了深入的探讨，充分利用和田地区的学生资源，发挥内地师资、设备和就业市场的优势促成了双方的联合办学。

我先后组织教育学院维吾尔族教师到延庆区第一职业学校进行专业转型培训，30 名教师陆续到延庆职业学校参加汽车修理、美容美发和烹饪专业的培训学习。3 年引进了 300 多名维吾尔族幼教专业的学生来到延庆一职进行为期一年的汉语强化学习和专业实操培训。首次开创了和田地区与内地职教的联合办学，为该院师生专业发展开阔了新视野。

为了解决服装专业学生缺少缝纫机实训设备问题，我积极争取延庆区教委同意，促成延庆职业学校 200 多台缝纫机捐赠给教育学院服装专业。合作办学的成功为和田地区职业教育的发展奠定了坚实的基础，为和田地区学前教育人才培养发挥了重要作用，也为延庆一职帮助西部少数民族地区的职业教育提供了新的办学思路。我在和田地区的工作受到了当地人民的一致好评。

在支教生活的 500 多个日夜中感受了和田日照高温、干旱少雨、风沙肆虐的自然环境，我懂得了什么是真正的条件艰苦、环境恶劣；“和田人民苦，一天二两土，白天吃不够，晚上接着补”。这是对和田恶劣风沙环境的真实写照，也让我对援疆有了更深一层的体验。

2008 年 5 月，我的援疆先进事迹被刊登在《新疆日报》上，同年我被新疆维吾尔自治区教育厅评为优秀支边教师。

2008 年，首次援疆结束时，和田职业教育迎来大发展，学院领导真诚地挽留我继续再支教一轮。走还是留，我犹豫了。面对远在万里之外老母亲和妻女的深情盼望，面对领导的殷殷期冀，我躺在床上辗转反侧。当时，八旬老母瘫痪在床，女儿临近高三。我在学校每天忙到深夜，女儿和妻子总是抱怨我不经常给家里写信打电话。不是我心狠，实在是真的很忙。想和家里说说话吧，可是新疆和北京两地相差两个多小时的时差，这个点他们早就睡了，所以交流很少。说实话，我是真想留下来，我感到在新疆这块待开垦的土地上，我能发挥更大的作用。但在女儿高考关键时刻我不能陪在身边，总归心里怕落下埋怨。于是我给女儿写了封长信，“孩子，对不起，爸爸不称职，不能陪你一起迎接高考了。我知道你不忍心让爸爸在边远地区吃苦、受累，我更知道一个高三的孩子是多么需要一个有经验的老师在身边陪伴和辅导，但是，你知道吗？在和田地区有很多和你一样的孩子更需要像爸爸这样的老师啊！爸爸是一名共产党员，这是我的责任，希望你能理解。”女儿在回信中说：“爸爸，中考时您就不在我身边，当时挺怨您的，觉得您心里没有我，只想着自己的工作，可这两年来，每当我看到新疆的孩子们在您的帮助下，学到了一技之长，我理解您了！您放心，我和妈妈都支持您。”更让我欣慰的是，女儿在不知不觉中受到了我的影响，在她幼师毕业工作后，也积极报名援疆了！

在第二次援疆期间，瘫痪 14 年的老母亲病危，她把我爱人叫到床前说：就不要告诉柏利了，让他安心工作吧。你们俩伺候我这么多年，我知足了！媳妇还是给我打了电话，哭着说：“咱妈快不行了，你快回来吧。”我接到电话急忙赶回北京，遗憾的是，还是没能见上母亲的最后一面……我流着泪，对着母亲的遗像深深鞠了一躬：“妈，儿子不孝，这些年对您照顾不够，来生我还做您儿子，孝敬您。”

提升“援”的层次，探索职教帮扶路径，发挥引领辐射作用

两次援疆，让我错过了女儿的中考和高考的关键时刻，失去对年迈母亲的陪伴。对家人的亏欠给我留下的是深深的遗憾。离开新疆的这些年，我时常在梦里又走进和田教育学院工作的场景；援疆情怀一直在我心中涌动。

2017年，我情系和田，第三次主动申请再次踏上万里援疆路，延庆区教委领导关心地问我：“你总是多次报名援疆，是不是你们夫妻感情不和在逃避家庭呀？”我笑着说：“我们夫妻感情特别好！从没吵过嘴！媳妇还说等她退休了要跟我一起去援疆呢！”

这一次我被派到和田墨玉职业学校，挂职副校长，负责专业建设和教学业务。我发现学校买来的教学设备一直存放在库房里，于是我便很快利用3个月的时间把汽修、烹饪及美容美发3个实训室建起来。引进了新疆职业大学60多名即将毕业的大学生做实习指导教师，利用周末时间开展专业师资技能培训。经过一年的努力使学校的职业教育走上了正轨；同时，我协助和田地区教育局组织开展了全区的职业技能大赛，经我辅导的汽修专业师生包揽了学生组和教师组一等奖。

一年的援疆工作匆匆而过，可对新疆的这份情感，愈发地难以割舍。2018年，和田技师学院领导看到墨玉县职业教育所取得的成绩，便伸出了橄榄枝主动邀请我去和田技师学院参加援疆工作，于是我便欣然接受邀请再次向延庆教委申请，促成了我的第四次援疆支教工作。

这次来到和田技师学院做院长助理工作。在技师学院两年的工作中，我深入课堂一线、实训室调研，一学期听课100多节。为更好地开展教学改革提升教学质量，每周进行一次全体教师培训，为全院教师开展了备课、写教案、说课、公开课等系列讲座。结合学校实际对教师管理进行大胆改革；按工作成绩进行考评，从而调动教师积极性。

针对技师学院师资严重短缺和教师专业技能薄弱问题，我提出了两个解决办法：一是走出去。到内地相关学校学习，和内地学校建立“手拉手”合作共建单位，为和田职业教育培养一批骨干力量。二是请进来，以和田地区七县一市职业学校的专业师资提升计划为着眼点，努力争取北京援疆指挥部的支持，得到50万元的师资培训资金，促成15名北京职教专家到和田技师学院开展了三期专业师资培训班，即“北京高级研修班”，为和田地区七县一市的职业学校培训200多名专业骨干教师。

为了提升学生专业实践能力，我积极联系内地企业，引企入校开展校企合作办学，促成了福建泉州美克服装制鞋公司和北汽新能源汽车公司与和田技师学院合作办学。为此，北汽新能源集团捐赠了28辆能源汽车用于教学实践，福建泉州美克服装制鞋公司捐赠了价值600万元的制鞋生产线实训设备，为技师学院建设了5000平方米的实训车间，首次开创了前校后厂的办学实训模式。每年输送2000多名毕业生到内地就业，帮助和田地区2000多个家庭走出生活困境，收到了良好的经济效益和社会效益。工作之余我帮助院领导撰写了3万多字的《和田技师学院未来三年质量提升方案》，我把多年的职业教育经验融汇在了规划方案中。方案很快获和田地委行署批准，地区行署批给了技师学院200亩校园建设用地，扩建了14万平方米的教学楼、实训楼及宿舍楼等，两年来完成1.5亿元建设资金，现在一座崭新的能容纳万人办学规模的技工院校屹立在玉龙喀什河畔。

2019年11月，我以和田技师学院为龙头，组织和田地区七县一市13所技工学校成立《职教联盟》，为完成和田地区脱贫攻坚任务，解决学生就业难问题。我联系上海天坤人力资源集团与和田技师学院共同创办《天和蓝领就业指导中心》，每年为内地企业输送1万多名和田地区技工学校毕业生到内地就业，为实现脱贫攻坚战略，创造了坚实的基础。

注重“爱”的传递，无私奉献，情系和田大爱绵延

在工作之外我积极投身爱心扶贫公益事业，2019年秋季和田大枣喜获丰收，当我得知学生家长种植的大枣出现滞销后，我便积极联系北京的亲戚朋友和同事以及这里援疆的教师们，为枣农们销售了两吨多的和田大枣，为学生家长解了燃眉之急。援疆期间我热心民族团结和公益事业，开展了多次捐书、捐资助学活动，先后资助了七名特困家庭学生生活费完成了学业，其中贫困生齐曼古丽同学在我的捐助下考上大学。我一直资助她完成大学学业，成为和田正式编制的幼儿园教师。汽车维修专业的贫困生努尔买买提艾力同学在我的资助下完成学业，现在成为和田汽车修理厂的老板。我以一种对新疆和田难以割舍的教育情怀，诠释了一名普通教师的师魂与师爱；为西部边疆脱贫攻坚工作和职业教育

发展作出了应有的贡献。

在多次援疆经历中，我见证并参与书写了和田职业教育发展史，为这里洒下了自己的汗水与深情，在这里也最大限度地体现了我的人生价值！同时，我也深刻地认识到，职业教育是边疆地区精准扶贫、提升民族素质、摆脱贫困的最有效方式之一。和田地区贫困家庭学子通过职业教育，掌握一技之长，增强就业能力和致富本领，实现一人就业，带动全家脱贫，这是完成脱贫攻坚事业的重要方向。

现在我虽然回到了北京，但是和田那边的电话不断，我时刻在帮助和田学校的学生实习就业、职教改革、师资培训。我被当地领导戏称为“常驻北京的和田办事员”。2021 年 4 月，我光荣地被邀请到北京电视台“非常向上”栏目组，畅谈西部职业教育发展方向，为他们解读办学模式和办学思路。在不知不觉中我已经把援助新疆职业教育当成了自己的事业与生命，为了脱贫攻坚和边疆人民生活奔小康事业，我无怨无悔，砥砺前行！

心系和田　追逐梦想

杨芳怀

我从参加工作以来，已经在公共图书馆工作 23 年了，现就职于首都图书馆，23 岁时加入了中国共产党，成为一名光荣的中共党员。总觉得自己很幸运，在工作中有同事们的协作和帮衬、有老师们的关爱与指导，在生活中有家人的支持、有朋友们的相助，让我在公共图书馆工作岗位上可以倾心付出，在热心公益事业、积极开展阅读推广工作上，可以成为一颗螺丝钉，拧在文化志愿服务工作上。这几年来在工作中三赴新疆和田地区，志愿服务于河北、内蒙古、重庆、海南等五省十地。

2017 年对于我来讲，是一个全新的挑战，新的岗位，新的部门，新的支部，新的同事。这一年，全国打响了扶贫攻坚战，我馆积极响应党的号召参与新疆和田、河北、重庆、海南等多地脱贫攻坚工作，组织策划、参与开展文化志愿援建活动，组织专业的人员队伍，包括专家、志愿者，前往贫困地区进行“智力”帮扶、开展“携手奔小康”图书捐赠活动。记得当我第一次来到祖国东经 79.22 度、北纬 37.12 度新疆和田的那一刻起，开启了我参与首都图书馆的“北京市文化对口援建精准扶贫工作”之路。我们部门主要的任务有两项，一项是完成 8 万册图书的捐赠任务，另一项是完成 70 人为期 8 天的志愿者援建活动，项目实际的执行时间只有 20 个月。说实在的，我面临的困难非常具体，每一本图书都需要重新募集，志愿者之前的服务也只限于就近、就便、当日的到馆服务，这可急坏了大家。

常言道：办法总比困难多。回到北京，第一时间是统一党员思想，如何打赢这场攻坚战。支部全体党员积极建言献策，在馆党委的领导下，最终确定了要重点性围绕扶贫援建中心工作，通过组织北京市公共图书馆文化志愿服务总队的力量，形成工作合力，保质保量落实精准扶贫工作。

尽管我馆馆藏文献资源达 800 万册（件），但图书馆的图书是固定资产，绝对不能用于援建捐赠，一切从零做起，书必须是社会募集方式。单说这 8 万册书，就愁坏了我。回想这两年，是我身边的党员感染着我，带动着我，坚守初心，牢记使命，不忘组织的期待，一起情系和田，共同追逐梦想！

接到任务后第一时间，我和同事们就立下了两年完成捐赠书刊的“军令状”。可以说，为了这个目标，联系一个个机构团体募集动员、走访一个个社区街道和学校，策划了四个面向不同捐赠群体的志愿活动，为了捐赠的宣传和动员，已经不分工作和休息时间了。自主捐赠的数量上不来，着急，集中性捐赠的大批量图书来了，库存、流转的压力又上来了。书募集上来，审查图书内容、查重、分拣、录入、装箱、运送等环节又一样不能落下。

我带领同事们在日常图书整理中，供暖季未开始和春寒料峭的时候，穿着羽绒服都能感觉到彻骨的冰冷，一道道工序如果戴着手套，使用光笔、操作键盘都很不便捷，经常坚持不了半小时，手就冻僵了，脚就冻透了，然而没有人停下，没有人退缩。拆箱、装箱工作对于我们来讲，并不是集中性工作，而是我们的日常必需工作。记得去年 7 月的伏天儿里，需要在短时间突击完成几百箱图书的分拣、整理、装箱工作，因为是临时场地，闷热的工作区即使短暂停留，也觉得胸闷难受，更甭说干起活来了！任务来了，汗水浸湿的工装，灰尘在眉眼蒙上了一层薄雾，赵雪锋爬上了四五层的箱子规划工作流程、复检文献，李园实不顾自身的伤痛坚守岗位，李强东、谷曦两位小伙子一起上阵勇挑重担，黄菁、马英等坚守在最前沿，跑大库、在现场统一贴标、封箱，一件事儿没落下，件件事儿干得漂亮！

在扶贫援建的路上需要用实际行动交出合格的答卷。工作和生活如果是道选择题，我一定会选择前者；在付出和得到中，我也依然会选择前者。自从参与了文化扶贫志愿服务工作，加班加点成为家常便饭，双休日也没有概念。在我的工作以外，为人母，回到家孩子已经进入甜蜜的梦乡，援建这三年，孩子从小学升到了初中；为人女，本来相邻需要照顾的家人，母亲患有腰椎疾病行动不太自如，父亲视力因玻璃体病变已经恶化为低视力，如今反而要帮忙小家；为人妻，丈夫是名现役军人常驻于内蒙古边远艰苦地区已经三年，我连一天探亲假都没有休过。工作节奏紧张，造成了免疫系统出问题，经常宣推专项活动和工作沟通频繁，造成了声带损伤和囊肿，推了两次的住院手术在实施后，依然再次复发。这些日常困扰，在很多人的认识里需要按“暂停键”或者“慢放键”了，而我却依然按住“前进键”不停留。

功夫不负有心人，截至 2019 年底首都图书馆的图书捐建工作共完成援建书刊 8.8 万册，随着抵达新疆和田的第七批书刊，全面完成捐赠书刊工作。我们可以自豪地说，每一本书的送达，都经过我们 8 次以上的抚摸，让它们带着我们的期许，播撒爱心的种子，传递阅读的快乐！

2017 年至 2021 年开展“书香‘智’远，‘志’爱无疆”“书香智远，扶志同行”等文化支援志愿公益活动，我亲赴新疆和田地区、河北丰宁满族自治县等民族地区，以及重庆云阳县、海南临高等边远贫困地区，累计募集捐赠图书 15.1 万册，招募、培训、派遣文化志愿者赴受援地 534 人次，志愿服务时长 4536 小时，辐射读者近 10 万余人。针对青少年儿童阅读的“童沐书香”“品阅书香”项目，以讲绘本故事、经典导读为主，互动性引导性强，吸引一批又一批的孩子参与其中，对知识的渴求、对优质阅读的享受，一一展现在他们欢快的笑脸上；针对残障人士的“心阅书香”“语阅书香”项目，以讲解无障碍电影、基础手语教学为主，让贫困地区视障和听障读者可以无障碍走进图书馆，平等享有公共文化资源。此外，专家主题讲座、馆员业务培训开拓当地民众视野，夯实了馆员业务基础。每次志愿服务结束时，目光所及之处，都是孩子们依依不舍的目光、家长们的感激之情。丰富的文化志愿服务为贫困地区播下了文化的种子，为偏远地区的孩子们打开了心灵的窗口。

在集中对接和田援建期间，我经常在北京过着和田的作息时间，第一时间了解和田地区图书馆的援建需求、积极筹划组织赴新疆的文化援建活动，精心选拔、专业培训的文化志愿者，将当地文化建设需要和首都图书馆优秀文化资源巧妙结合，开展了包括专家讲座、馆员培训、少儿活动、图书加工等多项文化志愿活动。

2020 年突如其来的疫情席卷全国，但文化扶贫援建工作的脚步却没有被阻隔，疫情无法阻断爱意，人间自有温暖传递。重点与新疆和田地区贫困县、湖北十堰图书馆、海南省临高县对接，开展文化志愿服务帮扶活动。以图书捐赠、阅读推广、基础手语入门、法律文化宣传为主导，将首都图书馆发展成熟完善的“互阅书香”“品阅书香”“语阅书香”“法韵书香”等文化志愿服务项目带给对接贫困地区。通过图书捐赠充实馆藏资源；通过经典导读让当地少年儿童享受优质阅读资源；通过手语基础知识普及让听障读者享受公共文化资源；通过法律知识解读答疑提高当地民众法律意识，达到普法宣传目的。邀请检察官团队录制《民法典》、手语专家志愿录制《图书馆抗疫手语 20 句》专题视频，便于在援建地区开展线上志愿援建，进一步发挥文化志愿服务在脱贫攻坚工作中“扶志”“扶智”作用，落实中央、北京市相关对口支援协作精神，起到了行业引领带动作用，得到受援地区的一致认可和社会广泛关注，《中国文化报》《图书馆报》也相继刊载文章。“书香援疆”志愿服务项目还荣获 2019 年首都学雷锋志愿服务“五个 100”最佳志愿服务项目。

桃李不言，下自成蹊，付出与奉献，用辛勤耕耘迎来了今天文化扶贫、志愿援建工作的丰硕成果，问及这些年的扶贫工作感受，我觉得是：“因为喜欢，所以坚持。”因为有爱心才能够奉献，因为有贫困地区的迫切需要，才需要我们奋力前行，与全国人民一起追逐中国梦，打赢脱贫攻坚战！

铁路旅游助力脱贫攻坚显担当

闫蕾

戈壁、红柳、胡杨、沙漠……大美和田，位于新疆维吾尔自治区南部，有着独特的壮丽风光，但由于距自治区首府乌鲁木齐近 1500 公里，地理位置偏远且交通不便，这里曾是新疆乃至全国最贫困的地区之一，成为与其他地区缺乏交流沟通渠道的“孤岛”。

然而，自 2015 年开始，和田开始热闹起来。每年一到夏秋季节，全国各地游客便纷至沓来，欣赏美景、品尝美食、采购特产，让这片寂静的土地变得热闹非凡。而这些变化的由来，还要从一趟火车说起。

旅游扶贫从零开始

2015 年 7 月，在全国旅游援疆工作会议上，国家旅游局发布了《关于进一步推进旅游援疆工作的指导意见》，文件指出，要持续加强旅游援疆的力度，对口援疆省市应开展“游客送疆”。

为响应上级号召，贯彻落实北京对口支援新疆和田地区的战略部署，我们决定开行旅游扶贫专列，将北京游客运往和田，用旅游拉动经济，助力当地早日脱贫致富。当时，我们以“京和号”命名列车，决定当年 9 月份开行首趟专列。不过，等前去踩线调研的队伍到了和田，大家却都傻眼了。当时的和田市内没有一家旅行社，市政府派来协助的导游汉语水平有限，导游知识更是知之甚少。但我们没有惧怕困难，没有旅游产业的基础，我们就从零开始！

为帮助和田市开发出一套优秀的旅游产品，我们不顾道路泥泞和高原反应，长途跋涉数百公里转遍了和田周边大大小小的景点，挖掘出了如昆仑山大峡谷和大漠胡杨林等自然风光，还有 47 团纪念馆、桑皮纸一条街等人文景观，让游客既能领略南疆的壮美景色，又能感受当地的风土人情。为帮助和田人提升旅游接待能力，我们将当地的厨师、服务员和导游等相关人员召集起来开展业务培训，从交路安排、用餐时间、住宿准备等方面讲授接待大型团队的服务知识，连“上餐要先上主食，再上菜品，游客才能吃好吃饱”“入住时要提前安排好房间，做好房卡，游客入住才能高效便捷”等多年积累的经验细节，也会毫无保留、倾囊相授。为帮助和田市宣传当地的旅游资源，我们又以“援疆扶贫”“一带一路”为主题大量制作图文、海报和视频作品，并在报纸、广播和电视等媒体平台滚动播出，为和田旅游“造势”，吸引更多游客。

在短短两个月里，我们所有干部职工全身心投入到这场扶贫攻坚中，多次前往和田实地踩线、召开会议协商细节工作、组织大家修改开行方案，常常白天黑夜连轴转。

2015 年 9 月 15 日，我们自主设计收客开行的首趟“京和号”旅游扶贫专列满载 500 余名游客顺利从北京驶出，并安全顺利抵达和田。当时，和田市政府和当地百姓举行了隆重的仪式欢迎游客们的到来，大家一起载歌载舞，现场热闹非凡，而当地的大枣、丝绸等土特产也受到了游客们的追捧，不少产品甚至被一扫而空。首列“京和号”展现出了极佳的扶贫效果。

树立“京和号”援疆品牌

扶贫攻坚不能一蹴而成，也不能一扶了之，而是要建立扶贫开发长效机制，常态化开行列车，才能吸引更多的游客前往和田，才能让和田真正摆脱贫困落后的局面。

围绕这一目标，我们提出了“惠民利民”的营销口号，积极向北京市政府争取扶持政策，然后再用扶持资金补贴游客，将“京和号”的单人旅行费用压缩到最低。针对“京和号”运行时间长，游客以中老年为主的特点，明确了“对待游客如同对待亲人”的服务理念。专列开行期间，专列设置了列车 WiFi，火车上提供免费包餐，配备近 20 名干部职工作为全程服务人员，还从北京世纪坛医院聘请医生跟车，以满足广大旅客的各种需求。对于过生日的游客，由领队赠送生日礼品，并安排吃长寿面，对于临时生病的游客，更是照顾得无微不至。

2017 年 9 月，“京和号”抵达和田市后，组织游客们前往昆仑山大峡谷游玩，在景区入口排队时，我发现一名姓赵的女士按着太阳穴，显得有些不太舒服。“我有些头晕，等会就没事儿了。”虽然赵女士这样说，但我也没离开，默默守在她身边。然而，话还没说完一分钟，赵女士的身体忽然一软便向后晕倒过去，幸好我眼疾手快抱住了她。然后在医生帮助指导下，我护送赵女士回到酒店，整整一天时间，在酒店悉心照顾着赵女士，直到她的身体彻底恢复，这才放心离去。事后，赵女士写下了长文表达了感谢。

除提供家人一般的关怀外，我们还在开行途中安排了新疆旅行知识讲座、猜字谜、棋牌比赛、跳舞、车厢卡拉 OK 等丰富多彩的活动。值得一提的是，为促进京和两地的文化交流，还开展了“捐一缕书香，献一片爱心”公益活动，先后组织 500 余名游客自愿向和田当地学校捐献了 2000 多册图书。

丰富多彩的旅途活动加上家人般的悉心服务，使“京和号”这一援疆品牌越发响亮，成为一趟心连心的民族团结之旅、促进和田旅游产业发展之旅。自2015年开行至今，每年的“京和号”均受到了市场的热烈欢迎，出现了旅游淡季满员发车、一票难求、加挂车厢的火爆局面，甚至有不少来自东北、海口、桂林的旅客不远千里“飞到”北京，只为跟随“京和号”，一睹南疆风采。2020年中国服贸会期间，作为北京文化旅游扶贫支援品牌，“京和号”还惊艳亮相服贸会，其落实“一带一路”“对口扶贫”和“引流入疆”战略，深入促进京和两地交往、交流、交融的做法，得到了社会各界广泛认可。

总结经验，提高品牌知名度

找准特色，是助力地区脱贫致富的一项重要方法。一般来说，条件贫困或经济欠发达地区往往旅游资源贫乏、景区规划不足、道路交通不便，缺乏竞争优势。我们根据近几年开行扶贫专列经验，总结发现通过开行专列促进地区脱贫致富的一项重要方法，就是要充分利用当地的自然禀赋、历史文化，结合当下形势，充分挖掘主题亮点，变资源“劣势”为比较优势，从而带动地区经济发展。

搞好专列扶贫工作，形成合力是关键。只有整合各方面的资源，形成合力，才能达到最佳效果。在产品设计上，增加了博斯腾湖和天鹅河等景区，抓住时事热点增加阿克苏长绒棉生产基地，并安排了“维吾尔族家访”亲身体验环节，进一步让旅客深度接触、了解维吾尔民俗，领略独一无二的葡萄文化，欣赏原生态的维吾尔歌舞。10月中下旬是南疆观赏胡杨林的黄金季节，我们打造了全新以赏“醉美”大漠胡杨为主题的专列游。主动寻求国铁集团、北京局集团公司的大力支持，提供车体保障和运行线路、时刻上的不断优化，合理规划旅游行程，突出专列产品亮点和主题。

在价格制定上，积极整合当地政府、景区、地接社等部门、企业的政策资金，用于贴补游客、降低产品成本，把效力发挥到最大化。

在配套服务上，积极联合地方政府、接待企业、客运段等，争取政策上的支持、服务上的保障，为扶贫专列开行建立“绿色通道”。我们坚持每趟开行的扶贫专列设置列车 WiFi、提供列车免费包餐，给旅客带来更好的乘车体验。

在列车组织上，与车辆段沟通整备细节，做好专列保洁、整备工作。行前开好出团说明会，介绍专列组织细节及安全常识，做好每名旅客的对接服务等。

在人员培训上，争取国铁集团、北京局集团公司、旅游协会和专业人士的大力支持，牢固树立每名导游员的政治意识和大局意识，严格领队、导游出团前的培训，切实提升服务人员素质。

在扶贫宣传上，争取各级领导、宣传媒介加大对专列扶贫工作的关注，为扶贫工作争取社会各个层面的更大支持。多次召开新闻发布会，中国网、央视网、北京电视台、人民政协网在内的多家媒体对“京和号”旅游专列进行了报道。此外，我们多次做客北京交通广播 FM103.9，对“京和号”进行了更为详细的介绍以及推广。2016 年曾在中央电视台新闻联播报道，多次在《朝闻天下》等各大新闻媒体进行宣传。巩固了“京和号”的知名度，并持续提升“京和号”在市场上的影响力。

另外，我们邀请中央电视台记者，以及援疆办邀请的北京电视台、人民网记者全程跟踪报道，与游客同吃同住，记录“京和号”专列的点点滴滴，并发布图文并茂的游记，使客人能更直观感受到“京和号”的魅力，助力“京和号”的宣传工作。

脱贫攻坚进行时，加速形成北京援疆大格局

阔步新征程，追梦新时代，随着国家“一带一路”、对口精准扶贫等战略的不断深入和推进，对口援疆被纳入北京经济社会发展全局统筹谋划。北京市召开对口支援和经济合作工作领导小组会，2018 年正式通过了北京市援疆和田指挥部组织编制的《北京市对口支援和田地区

“一市三县”和兵团第十四师三年脱贫行动计划（2018—2020年）》，该计划是未来三年北京市对口支援和田地区“一市三县”和兵团第十四师开展脱贫攻坚工作的行动指南，提出要深入贯彻党的十九大精神和习近平总书记系列重要讲话精神，紧紧围绕社会稳定和长治久安总目标，以及“两不愁三保障”和“一接近”要求，以安居扶贫、教育扶贫、产业扶贫为重点，发挥京和两地优势，坚持首善标准，聚焦脱贫攻坚，坚持扶贫与社会稳定、扶贫与精准脱贫、扶贫与扶志扶智、扶贫与防止返贫相结合，突出扶贫成效，提高脱贫质量，确保帮扶工作扎实、脱贫成果高效，使脱贫攻坚成效经得起实践和历史检验，扎扎实实帮助受援地打赢脱贫攻坚战。

铁路旅游致力于支持受援地脱贫攻坚工作，注重为当地特色产业植入“首善基因”，推动高质量发展，在充分发挥政府主导型援疆模式作用的同时，深入探索和积极推进社会力量型援疆模式。北京对口援疆位于新疆最南端的和田地区，呈现出政通人和、百业俱兴的新气象，大力发展旅游业，不断拓宽就业路，各族群众的生活水平日益提高，幸福指数不断攀升。

积极发挥火车头带动作用

自2015年首列“京和号”开行后，现在至今已连续开行“京和号”“津和号”“冀疆情·巴州行号”“乌兰察布号”“牡丹花城　秀美栾川”等旅游扶贫专列55列，累计运输游客25000余人，为推动旅游减贫，促进和田、巴州、乌兰察布、栾川等地区旅游业发展作出了重大贡献，对新疆旅游发展具有里程碑的意义，具有良好的示范意义。

一花引得百花开，百花盛开香满园。全路各单位也积极借鉴我们旅游扶贫专列的开行模式和设计思路，安徽开往和田的“皖和号”、浙江开往新疆阿克苏的“诗画浙江——阿克苏号”、哈尔滨开往新疆阿勒泰的“龙泰号”等一大批援疆旅游专列先后应运而生。

“铁路+旅游+对口帮扶”减贫扶贫新模式，则使原本无人问津的和田等南疆地区旅游市场焕发了生机，大批游客乘坐专列畅游大美新疆、感受异域风情、增进民族团结。这些地区也借此“东风”，迅速建立起完整的旅游产业，实现“旧貌换新颜”。去年我去和田，道路两旁高楼林立，专业旅行社拔地而起，崭新大巴车在城市里往返穿梭，导游汉语流利、专业能力过硬。就连过去只有两间简陋棚子的和田夜市，现在也摇身一变成了宽敞的楼房，里面还设有专供歌舞表演的舞台，晚上灯火通明，漂亮极了……我相信，未来的和田，会越来越好！

几年来，我们认真总结、不断提炼“京和号”旅游专列开行取得良好社会反响的运作经验，打好持久战，以消费带动贫困群体增收，促进精准扶贫、精准脱贫，不仅满足了人民群众体验异域风景的良好夙愿，还成为增进民族团结、助力“一带一路”、“零距离”感受和分享祖国一家亲及援疆最新成果的见证者、参与者、传播者与亲历者。扩大和促进京津冀区域人民群众与新疆特别是和田地区人民群众之间的了解与理解，增进了民族感情增强了民族团结。

（闫蕾　整理）

千里援青　情满玉树

郭勇

2019 年 8 月，我暂别北京市大兴区中西医结合医院副院长的岗位，挂职青海省玉树藏族自治州卫生健康委副主任、州人民医院院长。

距离，跨越三千公里；海拔，直上三千米。一脚踏入高原的土地，蓝天、白云、草原、牦牛……沁人心脾，随之而来的头疼、失眠、剧烈的高反、语言的障碍……让人难熬。而现在，我愈加享受这片土地带给我的充实。

结缘“玉树”

玉树，藏语意为“遗址”，是一个坐落在海拔近 4500 米的高原上的藏地小城。2010 年 4 月 10 日，作为 7.1 级特大地震的震中，“玉树”这个名字被千千万万的同胞铭记，玉树也和北京市结缘，开始了帮扶之路。这十年里，“缺氧不缺精神　艰苦不怕吃苦”的故事，每天都在上演。到玉树州人民医院后，我也惊喜地发现，事实上，北京援助玉树的历史源远流长，早在 1970 年，北京鼓楼医院就响应中央的号召，搬迁到青海省，一部分去了玉树州人民医院，一部分留在大通县人民医院，在解决高原群众就医不方便问题的同时，还为当地培养了一批医疗人才，留下了一支“带不走的医疗队”。2019 年 10 月，我有幸参加新中国成立 70 周年国庆观礼。我也专程看望鼓楼医院援玉退休职工，进一步熟悉这段尘封已久的历史，讲述援青故事，受到媒体高度重视，《青海玉树：近五十年接力援助两代人国庆话初心》入录学习强国。缺氧不缺精神，老一辈鼓楼医院的精神是一笔宝贵财富，从他们身上我学会了坚守。

“授渔”非鱼

随着医院快速发展，医疗服务分工越来越细，专业化程度越来越高，按照现代医院管理要求，我坚持党委领导下院长负责制，对医院重大事项决定严格实行“三重一大”制度，建立药事、耗材、医学装备、运营委员会，大力实施全面预算，成本控制，绩效考核。建立院长查房制度，形成台账 127 条，逐一落实。组织党员干部参观青海省委党校党风廉政基地和玉树州治多县廉政警示教育基地。北京市纪委监委、北京电视台“廉洁颂”节目专题报道。为推进三级公立医院综合医疗改革，加强公立医院运行管理，引导医疗机构加强成本控制，建立分级分类医疗服务管理模式。我提出规范医疗服务价格、降低药品耗材价格、改善医疗服务的“一规范、一下降、一改善”综合医改要求，并积极落实。近两年来，克服新冠肺炎疫情不利影响，全年医疗收入连续超过一亿元，辐射青藏川，职工满意度全省排名第二，住院患者满意度全省排名第三。

为了方便患者就诊，发挥各学科优势，最大限度地满足广大患者就医需求，更好地为患者服务，让患者享受到北京专家和省级帮扶专家的现有医疗资源。根据广大患者需求增开专家门诊。我带头出诊，带动北京专家、省级专家及本院专家主动服务群众，共增加开设专家门诊 18 个。为增加全州医护人员持证上岗率，对全州范围内参加执业考试的相关人员，做到“应培尽培”。进行理论与实践结合集中培训 17 天。通过现场培训和网上指导两个方面强化培训成效，有效助推医师执业资格通过率。共计培训 175 人次开展培训，其中技能培训通过率为 76.5%，医师笔试培训通过率为 35%，护士笔试通过率为 84%。举办首届高原重症医学高峰论坛，邀请北京、青海三甲医院专家授课，有力提高基层医疗水平。

针对玉树州人民医院人才缺乏、人员医疗技术水平落后的问题，继续加大“请进来”“送出去”“压担子”相结合的三种人才培养方式和公平的激励机制，极力营造和谐融洽的人际关系并加以情感留人、待遇留人、事业留人的留人途径。我利用北京专家的专业技术特长，继续实施“手拉手”“结对子”“传帮带”计划，选送四人到北京友谊医院、宣武医院进修，努力打造一支梯队合理、技术精湛、人员稳定的人才队伍。

玉树州曾经还存在医疗设备不完善、居民居住分散、卫生观念薄弱等问题。我认为远程医疗是解决高原僻远地区医疗落后现状的一把金钥匙。要求州人民医院大力开展远程医疗，目前已经完成与玉树五县一市医院远程心电、远程放射会诊，并已覆盖到巴塘、隆宝等乡镇卫生院，并通过三级等保，形成北京—省—州—县—乡—村六级体系，落实分级诊疗，形成远程协作玉树模式，节省农牧民医疗费 300 余万元。

为进一步深化州级公立医院综合改革，探索和建立优质高效的州域内紧密型医共体，实现基本医疗和公共卫生服务能力双提效，充分发挥区域医疗卫生资源的整体效益，推动医联体工作向纵深发展，实现医疗资源均等化配置。我深入推进医联体建设，参编出版《医疗蓝皮书：中国县域医共体发展报告（2021）》，独立撰写《县域医共体智慧分级诊疗：青海玉树地级统筹健康大数据》章节，推动玉树州区域医疗分级诊疗，并按照区域规划将血液透析机捐赠给玉树市医院，形成州市医院各有侧重，良性发展格局。我深入推进玉树州人民医院产科、儿科专科联盟建设，成立至今通过体系双向转诊危重新生儿 138 例，新生儿死亡率从未建立时的 13.59% 下降至目前的 1.80%。双向转诊孕产妇 937 人，治愈率达 97%。建立玉树州产科及儿科联盟、开展远程协作网，成立病案、护理、药事、影像、麻醉、检验六大质控中心；建设健康管理中心、治未病中心、干部健康管理中心、产科ICU、日间手术室、耳鼻喉门诊等10个新科室；牵头制定玉树州人民医院“十四五”规划，在青海省卫健委支持下，将玉树州人民医院打造成为青南地区区域医疗中心，医疗辐射青海、西藏、四川及省内毗邻地区。

通过这些年的接续援青，州人民医院逐渐打造成三级综合医院。进入“十四五”时期，根据地方规划，州人民医院将被打造成青海省南部涉藏地区的区域医疗中心。

脚“踏实”地

玉树全民使用藏语，能完全使用汉语交流的病人很少。为方便与藏族同胞交流沟通，我对医疗队提出“说藏语、唱藏歌、跳藏舞、吃藏餐、穿藏服”要求，率先主动学习康巴藏语，并要求医疗队抓紧一切时机学习藏语，每个人随时装着口袋书，遇到不会不懂的藏语及时弄清楚并记录下来。目前，医疗队都能使用简单藏语与当地农牧民群众交流。在这里，汽车是唯一的交通工具，即便是在夏季，雨雪天气也很常见，很多地区的海拔都在4000米以上，氧气和羽绒服便是出门的标配。在玉树工作生活的岁月里，我就走遍了玉树下辖的6个县区。我坚持下基层调研，基本走遍玉树州各县乡医疗机构，最远到达近12小时车程的索加乡卫生院，完成藏医药发展、远程医疗、医联体建设等调研报告。两次邀请清华大学长庚医院董家鸿院士来玉树开展包虫病治疗清零工作。我积极与四川省甘孜州政府沟通协调，将玉树州人民医院纳入当地医保，实现跨省结算。

我门诊共诊疗患者2236人次，参与查房240余次，主持教学查房70余次。作为红星骨伤第四代传人，我率先开展超声引导下针刀治疗，填补当地医学空白。其中一名肘关节脱位儿童因复位不当造成关节挛缩，伸肘受限，我采用针刀结合康复成功实现患儿肘关节功能恢复。

我积极响应党中央精准帮扶的号召，共深入基层进行义诊18次，创新开展“1+1+5”家庭医生式服务。要求每一名援青医生加上当地乡镇卫生院的一名医生共同负责当地五户贫困家庭成员的健康情况，每月与基层医生通电话，每季度到帮扶点面对面对他们进行健康指导，经常关注他们的健康状况，从而使当地贫困户家庭可以达到“小病不出门，大病不慌张”的医疗状态，农牧民得到北京专家的优质医疗服务。

我多次克服高原反应，坚持下乡访问建档立卡户，在哈秀乡走访时发现一户建档立卡户的 3 岁儿童患有室间隔缺损，高原先天性心脏病将严重影响身体健康和家庭脱贫。我迅速联系了北京儿童医院和青海省心血管病医院，在国庆节后成功顺利实施了免费手术，术后随访发现患儿恢复良好，巩固脱贫成果，革除了穷根。事迹被青海卫视黄金档栏目《守望》拍摄 40 分钟专题片。

为帮助先天性心脏病患儿得到早期发现、早期诊断、早治疗，我与北京三甲医院签订合作协议，开展青海省玉树州儿童先天性心脏病义诊普查救治活动，对全州先天性心脏病患儿开展免费筛查救治活动，根据现场筛查将符合条件的患儿免费送往北京相关医院开展救治工作，截至目前，已将 80 名先心病儿童送到北京，接受免费手术治疗，为患儿家庭节省开支 300 余万元。

面对新冠肺炎疫情，我积极做好防控工作，完善制度，开展演练，多次通过远程医疗平台授课及会诊，并指导玉树州新冠肺炎疫情防控工作，着力提高全州基层医务人员对新冠病毒防护、核酸检测能力，并认真做好新冠疫苗接种医疗保障，落实常态化疫情防控。截至目前，玉树州未发生一例新冠病例。

按照中央和北京市委工作要求，健康扶贫是医疗队重点工作。我聚焦严重影响农牧民群众高原病、传染病、妇儿疾病和建档立卡贫困户开展救治工作。

急性高原肺水肿是急性高原病中最严重的病情，病情凶险，病势发展迅速，是高原反应致死的主要原因。来到玉树第一周，医疗队成功抢救 1 名严重肺水肿患者。第二周，连夜奋战，抢救 30 名高原反应游客，北京医生的专业技术受到当地群众的信任。

近年来，北京市医疗援青队伍在州人民医院制定了“三清零”的工作目标：一是先天性心脏病儿童现有病例清零，新增病例减少；二是包虫病清零。包虫病是严重危害农牧区群众健康的疾病，目前基本达到防控目标；三是在临床岗位非执业医师清零。通过组建学习班，将临床医师送到北京进修学习，同时将北京专家请到玉树培训交流，“请进来送出去”，培养一支“带不走的医疗队”。

另外，我们组织开展“守卫圣洁玉树河道清理活动”，“春满三江、爱洒高原”义诊行动。2019 年 9 月 20 日，在雨中完成了玉树州格萨尔王广场义诊，接诊农牧民群众 100 余人；2019 年 10 月 18 日，到玉树市当卡寺开展“关心僧尼”义诊活动，为 170 名僧尼进行健康体检；2019 年 10 月 25 日，在我带领下的医疗队，驱车 6 小时翻越 5000 米雪山，来到同属康巴藏区的四川省石渠县洛须镇义诊，为当地藏族同胞 150 人送医送药。于 2019 年 8 月 15 日，克服高原反应，翻越海拔 4815 米哈秀山垭口，驱车 230 公里到达玉树海拔最高的曲麻莱县、治多县，代表玉树州人民医院与县乡医院签订《对口帮扶协议》，助力曲麻莱县治多县医院通过二甲医院评审。并捐赠了药品及个人主编出版书籍，鼓励开展健康教育宣传工作，帮助落后地区精神脱贫。2020 年 9 月 11 日，援青医疗队到玉树州哈秀乡开展 115 家庭医生结对活动，赠送价值 7000 元的药品，并与卫生院医生结对为 25 户建档立卡户建立健康档案。9 月 25 日在玉树市巴塘乡卫生院举办“服务百姓健康行动”大型义诊活动。2021 年 5 月 22 日，玛多县发生 7.4 级地震，我迅速组织医疗队，成为第一个到达灾区的州外医疗队。5 月 27 日，踏着余震风险，陪同指挥部党委看望医疗队员，并现场为群众诊治疾病。2021 年 6 月 1 日，到尕多乡卫生院，捐赠价值 5 万元药品，为群众办实事。

医疗援青让玉树藏族自治州的农牧民过上了实实在在的健康幸福生活。

助人“自助”

高原病严重困扰玉树干部群众身体健康，在北京宣武医院的大力支持下组建了高原适应研究康复玉树分中心，为玉树援青干部和百姓造福。援青干部们来自各行各业，年龄差别大，自身情况不同，我率领医疗队积极想办法出主意确保每名援青干部及上级来玉树检查、慰问、调研、帮扶的领导干部的身体健康。

2019 年 7 月 29 日，第四批援青干部出发时，由于雷雨天气飞机晚点，有两位援青干部出现头晕、胸闷的症状，我得知病情后立即为他们测量血压、心率，并耐心为他们解释病情，讲解注意事项及缓解方法，两位干部的不适症状也很快就缓解了。在西宁为期五天的培训中，医疗队就为援青干部诊治过感冒发烧、头晕、高血压、胸闷、咳嗽咽痛甚至蚊虫叮咬等病情，总是热心、耐心解答援青干部们的每一个问题。培训后期有一名援青干部出现明显的恶寒发热、流涕咳嗽等感冒症状，考虑高原病特点，及时请示援青总指挥，培训结束后暂时安排这名干部在西宁治病，康复后再上玉树，确保这名干部身体健康。

到达玉树后，我立即组织干部到玉树州人民医院北京高原适应研究康复中心玉树分中心进行高原抗缺氧训练。通过开展针对高原疾病谱的健康检查与功能评估，应用科学有效、间断反复的抗低氧训练，保障援青干部身体健康，从而明显降低高原疾病相关意外及高原慢性疾病的发生率，增强援青干部在高原的安全感、幸福感、获得感，实现援青干部在高原能够适度运动、高效工作、正常生活，最终使援青干部能够安全入青、安心在青、平安出青。经过两周生活适应后，医疗队又安排援青干部体检，针对体检发现的问题，为全体干部配备血压计、血氧仪、抗低氧训练仪，对血压异常的 20 名干部建立血压监测群，每日清晨报血压、心率和血氧饱和度，帮助他们建立监测血流动力学习惯，防治高血压。并对 6 名血压控制不理想的干部在专家指导下服用降压药。针对干部出现失眠、焦虑和思乡问题，聘请北京安定医院专家进行心理辅导。我为全体干部讲授《高原病防治与健康》，提高大家高原病防治知识。并开放高压氧舱，为干部保驾护航。2019 年 9 月，青海省委组织部部长、副部长先后到玉树州人民医院高原康复中心视察指导，指示要做好援青干部人才的身体保健工作。

我主编出版《漫画高原病》，并赠送全体援青干部，保障援青干部健康。在玉树电视台录制三期《骨质疏松防治》健康知识讲座，两期《新冠疫苗接种知识》，并赠阅自己主编出版图书 1000 余册，用图文并茂的形式开展健康教育宣传，成为大家喜闻乐见的玉树名人。我与援友谢立军作词创作歌曲《永远的亲人》，成为第四批援青团队之歌，并邀请藏族歌手在北京电视台现场演唱。

在医疗援青的同时，我们也充分发挥了自身的专业优势，在助人的同时实现了援青团队内的“自助”。

扎西德勒

藏族人热情、好客，无论是见面还是离开，都会恭敬地说上一句“扎西德勒”，意为祝福吉祥如意。我高度重视医院文化建设，将藏区传统文化与现代医院执行力文化结合，建立“扎西德勒医院文化”，开展五个一“扎西德勒医院文化”创建活动。通过文化自信树立医德医风，在全院职工中牢固树立“全心全意为人民健康服务”的宗旨，服务医院发展大局，积极践行习总书记“不忘初心、牢记使命”的时代要求，坚守规矩纪律，弘扬正能量，充分发挥医院全体职工的凝聚力、向心力和战斗力，为玉树作出积极的贡献，为全州各族群众提供安全、优质的医疗服务。医院精神面貌焕然一新，深受当地群众欢迎。文化和精神是最宝贵的财富，我盼望着这种“扎西德勒”的文化能在这里扎根，鼓舞着我，也鼓舞着更多的后来者。

来玉树之前，我设想过无数种工作中的情形，也曾担心过身体是否能适应高海拔的环境。但来到这里，感受这里淳朴的民风，看到老百姓们对医疗服务的需求，看到伙伴的努力能为当地带来一些改变，甚至给牧民的生活带来转机……这一切，都让我觉得在这里的每一天都不能虚度。于是，来玉树的日子便成为我还可以在这服务的“倒计时”，希望可以在离开前尽自己最大的努力做更多的事情。回望过去，不尽如人意，但援青无悔；展望未来，接续援青必将硕果累累。

愿做一枚高原上坚实的“栗子”

栗云鹏

2019 年 7 月，根据组织安排，我暂时离开北京市昌平区城北街道岗位，远赴青海省玉树藏族自治州曲麻莱县，挂职县委常委、县政府副县长。

有信念就能坚守高地

曲麻莱县地处青藏高原腹地，是三江源的核心区，总面积 5.24 万平方公里，总人口 3.3 万人（2020 年人口普查数据），其中藏族人口占总人口的 98%，2019 年底经国扶办确认全县建档立卡户共有 3404 户 11535 人。全县平均海拔在 4500 米以上，气候干燥，植物生长稀疏，是我国生态系统最脆弱和最原始的地区之一。全年冷季长达 9 个月，属典型的高原高寒气候，是青海省乃至全国海拔最高、条件最艰苦、经济最落后的县域之一。

坚守在这样的地方工作，最大的困难是高反引起的身体不适。克服这样的困难，要靠身体素质基础和逐渐习服适应，但更重要的是要靠理想信念的支撑。我始终牢记，自己是昌平区连接曲麻莱的一座桥梁，是北京市的干部，代表着首都的形象，是国家东西部协作的一名具体实践者、推动者、落实者；时刻牢记各级领导的要求和嘱托，在坚持理想信念、讲政治、顾大局的前提下做好援青工作。

在藏区工作，和藏族干部群众打成一片，是干好各项工作的基础；得到藏族干部群众的认可，首先得有热爱这方水土这方人的情怀。从援青伊始，到逐渐融入，我越来越清晰地认定，帮助他们，不是什么奉献，也不是什么恩赐，而是中华文明用几千年时间和无数血泪换来的一种最适合的整合方案，是实现中国人民共同富裕的必由之路。我走遍了曲麻莱的山山水水，与县乡干部朝夕相处，与这里的牧民认识、交往、熟悉。我喜欢与朴实的牧民侃侃而谈，愿意为他们作出自己最大的努力。我也渴望更多的内地人能来这里看看，感受曲麻莱大地的辽阔、河源的纯洁、雪山的高峻、当地人的质朴友好。

有目标就不怕路难

这里的牧区分散，从一个点到另一个点路途十分遥远。而且有时有路，有时没路。冬天，行车在一望无垠的雪地里，开始的兴奋劲过后，慢慢感到的是无尽的寂寥。2019 年 11 月，我去叶格乡看望慰问困难牧民，那天空纯净得如同透亮的宝石。可是在雪地里行车，却特别艰难。有时路面积雪太厚，车轮陷进去，根本出不来。尽管富有经验的司机师傅已把油门踩到底，可除了发动机一次又一次地怒吼外，轮胎只在原地打转，激起飞溅的雪粒，可车子依旧纹丝不动。师傅在车上掌握着方向盘，我跪在地上刨雪坑，反复掏着轮胎底下的雪，不一会儿手就冻僵了，对着双手哈气暖暖后，接着干，直到最后肩膀能扛起车推出雪坑。此时，汗早已湿透了衣服，可我已忘了寒冷。直到坐回车里，才再次感到全身的冰凉。可当自己代表县委县政府把粮油米面等生活物资，亲手交给那些距离县城几百公里的牧民们时，看到他们盼望的目光和淳朴的笑容，我觉得自己所受的这点累，根本就算不上什么了。

有思路就会战有所获

要帮助曲麻莱县打赢脱贫攻坚战，我知道，仅仅依靠自己的力量太单薄了，最主要的是依靠组织和自己工作的优势。我给自己确定了“长规划、短安排、立即办”的工作思路。

长规划，就是在日常调研中，我发现这里大部分牧民收入的渠道相对单一，主要是靠国家一些政策性补贴，牧民就业思想急需转变，就业渠道急需拓宽。在调研的基础上，我积极建议加强县农牧民技能培训中心与内地职业院校合作，提升就业人员系统性职业技能培训的效果；引进技术性人才，拓宽适合牧民就业的新渠道，进行长远规划，然后循序渐进地推进。2021 年，我往返昌平与曲麻莱两地，推动了县农牧民技能培训中心汽修基地与北京长福汽车公司的交流合作；还通过昌平区职业学校为曲麻莱引进一名获得过全国技能大赛冠军的汽修技师，每年为当地 50 多名汽修专业的青年牧民进行实操培训。

短安排，就是在自己主管的范围内，利用昌平的资源优势，穿针引线，促进合作，协助扶贫。虽然昌平区委、区政府早已促成了城北、北七家等镇街同曲麻莱的约改、叶格等乡镇建立定向对口支援交流关系，促成了昌平区 10 个特色村同曲麻莱县 10 个村结对子的援助工作等。但这些项目都是固定的。自己要做的，就是结合曲麻莱的实际需求，主动联系协调区里各职能单位，争取更大力度的支持。比如，通过协调昌平区经济信息化局，争取到急需的双黄连、头孢等常用药品，直接发放到村级卫生室；与昌平区民政局沟通，争取区慈善协会每年捐赠困难家庭补助资金；深入对接昌平团区委，会同中国石油大学共同开展支教系列活动，开展线上暑期一对一辅导课程，开设“彩虹助学”基金，充分利用社会化募集资金，为曲麻莱地区高考的建档立卡户优秀毕业生发放助学金，征集并满足小学生的微心愿；对接昌平区文旅局，每年为高中生发放助学金，为小学生发放冬季温暖爱心包；对接昌平区中医院，推动与曲麻莱县藏医院进行业务交流培训，助力藏医院评审二甲医院……在协调沟通中，不断拓展和丰富着帮扶项目和内容。

立即办，我在县里分管的市场监管部门，面临着人员紧张、资金不足、公车老化等问题。在地广人稀的高原，没有一辆有安全保障的公务用车，外出工作是很危险的。2020 年，我利用回京对接工作的机会，积极与昌平区市场监管局沟通对接，争取到了两辆公务用车，一辆是性能比较好的越野车，另一辆是运送援助物资的皮卡。这两辆车，基本上解决了县市场监管局工作用车的难题。2021 年，一次工作机会让我联系到著名慈善家陈光标先生，请他为县政府捐赠中型客车一辆，解决了县里公务接待的现实需求；县青少年图书馆虽然建成，但馆藏图书匮乏，我立即发起募捐，为曲麻莱青少年图书馆捐赠图书 5700 多套（册）。

有热情就能搭起桥梁

除了用力为受援地谋实惠外，用心架起昌平区与曲麻莱县两地交往交流交融的桥梁也是我义不容辞的责任。近两年，受到新冠肺炎疫情影响，各类交流活动被迫取消或者延期。尽管如此，我仍在严格落实各项防疫措施的基础上，全力推进昌平区和曲麻莱县的互动交流。2020 年全年，实现两地互访 12 批、81 人次；2021 年至今，又促成两地互访 11 批、73 人次。通过多批次的互访，两地携手奔小康项目的实施落地更加精准，同时两地干群增进相互了解，加深彼此友谊，也让藏族同胞深切感受到北京的温暖和祖国的强大。

其中，2020 年 10 月，我带领曲麻莱县曲麻河乡的三名干部到昌平区东小口镇对接工作，公务活动结束后，第二天凌晨专门陪同他们到天安门广场，观看了升旗仪式。其中一位曲麻河乡党委书记多杰战斗同志，在朋友圈发了升旗的视频和照片，并留言说“我身为中国人而感到自豪，愿祖国母亲永远健康”。正是这样的交流来京机会，让一位来自祖国边陲的藏族干部发出来自内心深处真诚的声音。

2021 年 10 月，15 名来自曲麻莱乡村小学的小学生，走进昌平区昌盛园小学，两地小学生举办了“手拉手、心连心”交流活动，孩子们表演了精彩的节目，互换了精心准备的礼物，还一起上了一堂书法课。他们用嘹亮的歌声、舞蹈、诗朗诵、书法等艺术形式展现中华各民族优秀的传统文化，诠释了“相知无远近、万里心相通”的民族情谊。

有爱心就能温暖牧民

按照县委的统一安排，我还包联叶格乡的八户贫困户，每年入户走访 4 次以上。叶格乡距离可可西里自然保护区和黄河源头很近，但从县城到叶格乡需要翻越 4 处海拔 4500 多米的垭口，每走访一遍往往需要近 1000 公里的路程。18 岁的藏族女孩尕哇措是其中的一家，2020 年 8 月，我第二次来到尕哇措的家里，了解到，几年前已经遭遇父亲去世的尕哇措，今年母亲又改嫁。当跟我说起这段遭遇时，尕哇措泪如雨下。通过进一步走访，了解到村里的邻居对她还有一些歧视。她平日就静静地躲在家里，出门也戴着口罩，低着头，不爱交流。如何帮助她走出困境，成为我的心头事。一开始，我想联系北京的爱心人士定期资金支持，后来觉得无法从根本上解决问题。正巧，县市场监督局食堂缺一名服务员，仅需要基本做饭技能就行，我一下就想到尕哇措，鼓励她走出来，通过自己的努力改变人生轨迹。经过近一个月反复的思想工作，尕哇措终于来到县城，接受了这份工作。两个月后尕哇措给我发来一条信息，“今天我做饭，大家说很好吃，本来想拍张照片给您看看但是忘记了”。我收到后，非常欣慰，立即回复她，鼓励她继续努力。我知道那时，尕哇措一定是笑着的，因为她找到了通往幸福的钥匙。

曲麻莱县在各方的支持下，通过实施产业扶贫、易地扶贫搬迁、危房改造、健康扶贫、雨露计划、光伏扶贫和生态扶贫等项目，有效解决了贫困户“两不愁三保障”突出问题和区域性贫困。经考核验收，全县实现县级摘帽和绝对贫困“清零”，贫困发生率由2015年的36.04%下降至2020年的0。我自己，也一边工作一边感动着，感动于到一所学校，孩子们自觉不自觉地围到我身边的时候；感动于下乡几个小时，走在冰天雪地，感受苍茫大地、人之渺小的时候；感动于到牧区深处，长时间见不到人的牧民，得知县政府来了慰问人员，露出热情而又腼腆的笑容的时候；感动于接受一条条哈达、端起一碗碗酥油茶的时候……正是这些点点滴滴，让我这枚高原上的“栗子”，更加坚定为藏区人民群众服务的初心和使命。我坚信，曲麻莱的明天必定更加美好！

红墙意识下的援青情结

马晨

2018年3月，根据组织安排，我从西城区委宣传部副部长、区新闻中心主任的岗位上来到青海玉树，开始了三年的援青工作。来到玉树后，我担任北京援青指挥部党委委员兼宣传和人力资源部部长，同时先后挂职担任玉树州委宣传部副部长、州政府副秘书长，协助指挥部主要领导分管北京对口支援日常工作和整个援青团队的管理。2019年7月底，第三批、第四批北京援青团队顺利轮换，我继续担任北京援青指挥部党委委员，并兼任综合办公室主任、宣传和人力资源部部长，同时挂职改任玉树州委组织部副部长。

自2021年4月援青结束回京已经半年了，但我的思绪仍时不时地回到三江之源的青海玉树。援友们都说，“一次玉树行，一生玉树情”。诚然，三年弹指一挥间，曾经的援青岁月已成美好的回忆。然而，玉树从此成了心中永远的眷恋。

坚持党建引领，推进团队建设

为做好新时期的对口支援工作，第三批北京援青团队根据援青工作实际，以习近平新时代中国特色社会主义思想为指导，坚持党建引领，聚焦“精准扶贫，精准脱贫”，探索形成了以党建为统领、以队建为保证、以援建为中心的“以党建带队建促援建”援青模式。作为指挥部党委委员，我来到玉树后首先就协助指挥部党委书记不断完善这一模式，为对口支援各项工作的顺利开展提供坚强的政治保障。离京之前，作为西城区“红墙意识”宣传的组织者和参与者，我对“红墙意识”中“绝对忠诚、责任担当、首善意识”的核心要旨记忆深刻。作为北京的援青团队，我觉得“红墙意识”是起码的要求，完全可以将其中的精髓融入北京援青的模式当中，于是我重点从四个方面抓好相关工作。

一是牢记援青使命。紧紧抓住政治建设这个根本，时刻把理想信念教育和党性教育摆在首位，及时传达学习上级关于打赢脱贫攻坚战和有关援青工作的指示精神，不断提高援青干部人才的政治站位，增强责任意识、使命意识和首善意识，全身心地投入到各项援青工作中。

二是坚持从严治党。认真贯彻落实党建工作要求，进一步完善党内政治生活、民主生活、组织生活、党内谈话、述职述廉等规章制度，定期召开党委会分析党建工作形势和人员思想，对援青干部存在的苗头性、倾向性问题，及时进行提醒谈话，及时发现解决问题，防患于未然。通过落实各项从严治党要求，树立援青干部忠诚干净担当的良好形象。

三是加强团队建设。认真贯彻执行中央和北京市委组织部、青海省委组织部关于加强援青团队管理的有关规定，突出作风建设，进一步完善团队管理各项规章制度，对各种可能发生的安全隐患都制定了应急预案和应对措施。严格日常各项规章制度的落实，特别是在请销假制度上，严格审批程序和权限。

四是强化服务保障。完善援青干部人才公寓的各项服务保障，为每间卧室配备加湿器、电暖气、洗衣机等设施；充分利用北京援青医疗队的优势，借助北京市在州人民医院设立高原康复分中心的有利条件，全程跟踪援青干部人才的健康情况；积极协调玉树州有供氧条件的体育运动场馆，组织大家开展体育运动等活动，增进相互了解；建立援青干部个人档案，及时掌握并尽力帮助解决援青干部的困难，让大家感受到党组织的温暖。

2019 年 8 月 3 日，第四批北京援青团队到达玉树后，我立即建议指挥部党委开始了以党建为统领的自身队伍建设，进一步深化“以党建带队建促援建”的北京援青模式，充分发挥指挥部党委的领导核心作用。

坚持首善标准，聚焦“精准扶贫”

2016 年之后，根据中央的要求，北京对口支援青海玉树的工作进入了“精准扶贫”阶段。要想真正做到“精准扶贫，精准脱贫”，其实离不开“红墙意识”中提到的“首善标准”。遵循这一理念，刚到玉树我就一面仔细调阅北京对口支援以来近 8 年、200 多个对口支援项目的详细资料，一面深入玉树一市五县进行调研，详细了解玉树州情和北京对口支援项目的建设情况。玉树平均海拔 4200 米，三、四月又是玉树气候最恶劣的时候，空气含氧量只有内地的 30%—40%，但我顾不上自身高原反应，一个县一个县地跑，坚持去到现场、下到工地，详细掌握项目建设的第一手资料。记得 2018 年 4 月底，我带着项目部的同事们一起去位于通天河畔的称多县拉布乡调研北京援青项目，并准备从这里去称多县城查看另一个项目。没想到在去县城的路上却赶上了断路施工，我们只好绕道走另一条平时很少走的翻山路。这条路真的可以用狭窄危险来形容，路面崎岖不平，山边就是悬崖，而且走着走着还下起了雪，平时一个小时的路，我们战战兢兢地走了两个多小时才到，至今想起来仍然心有余悸。

根据调研了解的情况，按照中央和北京市“援建资金的 80% 以上用于改善民生、80% 以上用于基层”“新增资金全部用于扶贫”的要求，我带领项目部立即着手对“十三五”对口支援规划进行了中期调整完善，科学确定每年的对口支援项目计划，坚持项目资金向基层倾斜、向农牧民倾斜、向精准扶贫倾斜。在关注民生的同时，我始终注意推动产业扶贫，从囊谦黑青稞加工厂项目到治多县畜产品交易市场，从前期可研、选址到正式施工建设，坚持对所有产业项目全程关注、及时推进。在我的努力推动下，北京两家知名企业首农食品集团和首旅集团于 2018 年 5 月成功与玉树州政府签约，组建两家合资企业，成为带动玉树农牧业和文化旅游业规范化发展的龙头企业。2020 年，根据国家发改委和北京市的部署，北京援青指挥部承担起制定北京对口支援玉树“十四五”规划的任务。于是我根据援青工作实际情况，再次带领指挥部项目的同事开始了历时半年多的大范围的调研座谈和规划起草的工作，并于即将离开玉树的前夕将规划初稿上报国家发展改革委员会审定。

第三批援青之后，北京的对口支援项目全部成为“交支票”项目。为了切实将“交支票不交责任”落在实处，我带领项目部相关工作人员在认真梳理现有的各项项目管理规定的基础上，制定了《北京市对口支援青海省玉树藏族自治州项目（交支票）管理指导手册》，使得对口支援项目管理工作有据可依。2019 年之后，北京各区与玉树一市五县“携手奔小康”的项目也纳入指挥部管理的范围。于是，我又开始对一市五县“携手奔小康”的项目进行深入的现场调研，同时开始制定相应的管理制度，规范和加强对这些项目的管理。按照档案管理规范化、项目管理科学化的要求，我们在项目档案精细管理、分门别类的基础上研制开发了项目综合管理系统（App），利用现代化信息手段，使项目查询更加快捷、项目监控更加便利、项目信息更加公开透明。

加强宣传引导，营造良好氛围

作为兼任指挥部宣传和人力资源部部长的党委委员，我在全面加强援青干部人才队伍日常管理和建设的同时，一方面积极与玉树当地相关部门配合，深入推进智力支援；另一方面深入援青工作方方面面，及时梳理、总结、提炼乃至宣传推广北京援青工作的做法和经验，为北京对口支援玉树各项工作的顺利开展营造了良好的舆论氛围。

按照北京市委的要求，我先后积极协调玉树州委实现第三批、第四批北京援青挂职干部州、市、县副职领导协管扶贫工作全覆盖以及指挥部专职干部全部到州相关部门挂职，形成了指挥部专职干部和挂职干部统筹使用的人事格局。同时，在自己的职责范围内积极推进智力支援玉树的工作，切实将扶贫先扶智和扶贫必扶志落在实处。一方面，围绕建设高素质领导班子、干部队伍和专业技术人才队伍的目标，重点针对玉树全州县级领导班子成员、乡科级领导干部以及专业技术人员进行专题培训；另一方面，依托玉树州基层干部学院，着力培养和打造一支基层后备干部队伍，目前已有 172 名毕业学员进入全州村“两委”班子，成为脱贫致富和乡村振兴的“领头人”。

3 年中，我在深入掌握援青各项工作进展情况和取得经验成绩的基础上，带领宣传和人力资源部的同事认真总结北京对口支援玉树的经验和模式，并及时宣传推广，吸引更多社会资源和力量参与玉树的脱贫攻坚。特别是 2020 年 4 月 14 日玉树抗震救灾十周年前后，我统筹北京和青海两地主流媒体，对北京对口支援玉树十年来取得的成绩进行梳理和宣传报道，刊登了《雪域新城传大爱——写在北京对口支援玉树 10 周年之际》《北京打造产业扶贫“玉树模式”》《“除了‘瓜珍切’还是‘瓜珍切’”——玉树十年中的北京故事》等首发稿件 200 余篇，累计点击阅读量上亿人次。仅新华社客户端刊登的《废墟上的重建奇迹——青海玉树这十年》，就被国内外近百家媒体转载，点击阅读量超百万。据统计，3 年来累计在各级媒体上刊登有关北京援青工作新闻稿件 600 余篇，推出了一大批援青先进典型，同时总结推广了“深化‘以党建带队建促援建’的北京援青模式”“打造一支带不走的高原医疗队”“异地教育‘剑走偏锋’育学子”“布局玉树三大特色产业全产业链”等一批可复制推广的援建经验，有效扩大了北京援青的社会影响，营造了北京援青的良好形象。

架起人民对美好生活向往的“幸福桥”

谢智刚

自 2019 年 8 月以来，我作为北京市援青干部，挂职青海省玉树州治多县委常委、副县长。在“缺氧不缺精神、艰苦不怕吃苦”“高原海拔高、共产党员的境界更高”的激励下，克服高原反应带来的种种不适，严格按照北京市委、市政府的工作要求，始终坚持努力做好本职工作。在工作中始终做到“五个珍惜”，即珍惜组织的信任、珍惜干事的平台、珍惜创业的舞台、珍惜锻炼的机会、珍惜宝贵的时间；努力做到“七个者”，即当好架桥者、推介者、引进者、学习者、践行者、奋进者和斗争者。同时，挂职工作也给了我对淳朴牧民的柔情、干事创业的激情和把治多品牌和产业推向全国的豪情。

来到治多县工作的两年多时间，既让我领略到了治多县的美好风光和康巴藏族特有的民族文化魅力，也让我感受到了康巴藏族文化没有走出高原的遗憾；既让我体会到了在县委县政府领导下的艰苦奋斗，也让我体味到了治多县工作的艰难；既让我看到了治多县产业发展的美好前景，也让我领悟到了产业发展中的困难。工作中，我在一丝不苟地认真落实北京对口支援和丰台区携手奔小康项目的同时，真正理解领会践行习近平总书记提出的“绿水青山就是金山银山”的理念，积极对接引进北京市、江苏省和青海省的时装、特种材料和畜牧业龙头企业来治多县投资发展牦牛产业，努力为治多县的畜牧业和文化产业发展建言献策。获 2019 年北京市扶贫协助奖——突出贡献奖。

感 悟

您能想到吗？在平均海拔 4500 米的雪域高原的治多县，一排排二层的小别墅在路边林立吗？您能望到吗？合作社里一群群牦牛在悠闲地吃着草，在蓝天白云青草的映衬下，是多么美丽的一幅画卷吗？您能看到吗？在服装加工车间内，一个个制衣工人娴熟地使用着缝纫机和一件件精美藏族服装展示在柜台前吗？您能感受到吗？县里年底分红时，藏族同胞手里拿着厚厚的大信封，黝黑的脸涨得通红，笑得合不拢嘴时的幸福吗？

是的！这就是治多县人民的美好生活！小康路上一个民族一个人都不能少，我们就是一个大家庭，国家精准脱贫政策和十年的北京对口支援，让玉树和治多县有了翻天覆地的巨变和发展。

而我也是在 2019 年 8 月脱贫攻坚最后的冲刺阶段来到了我的第二故乡——治多县。初到治多，这里与我想象中的“贫困县”有些不同，脱贫攻坚已近决胜节点，牧民的生活已经有了非常大的改善。脱贫致富，脱贫只是第一步，如何使脱贫攻坚顺利衔接乡村振兴、真正致富，才是留给我的命题。

如何才能让治多县巩固住脱贫成果，让牧民脱贫不返贫呢？习近平总书记指出，发展产业是实现脱贫的根本之策。要因地制宜，把培育产业作为推动脱贫攻坚的根本出路。习近平总书记还强调：“产业是发展的根基，产业兴旺，乡亲们收入才能稳定增长。”习近平总书记在视察青海时也强调：“青海最大的价值在生态、最大的责任在生态、最大的潜力也在生态。”而我也一直在思考：怎样才能把习近平总书记提出的生态保护战略和当地特色的生态产业相结合，更好地带动当地牧民脱贫致富呢？怎样在生态保护优先的前提下，在生态保护中发展生态产业，在发展生态产业中保护生态呢？虽然治多县人民即将脱贫，而我要帮助他们巩固脱贫成果、实现乡村振兴之路才刚刚启程。

当我走进村里的合作社，看到成群的牦牛在青青的草山上悠闲地吃草时，听到合作社的负责人为我讲解村民如何入股合作社发展牦牛养殖脱贫时，看到听到合作社的养殖困难和发展的瓶颈时，看到听到市场对牦牛肉的需求量是供不应求、市场前景非常好时，我暗下决心，决不能辜负组织的信任及县里领导和乡亲们的期望，一定要为治多县的生态畜牧业产业发展尽一份自己的绵薄之力。

可是，我以前是在政府部门工作没有接触过产业可怎么办？合作社的发展如果没有畜牧业龙头企业的带领该怎么发展？县里产业发展没有规划、没有资金能实施吗？而我作为一名政府工作人员也没有任何资源能做好这工作吗？一个又一个困难和问题摆在了我的面前。不会就学、没有企业就去沟通引进，三年时间，我一定要为治多县的生态畜牧业产业发展开个好头。

启　　程

从零学起、从头干起，我们就是要有这种不服输的劲。白天除了正常工作之外，我就到合作社调研，学习牦牛养殖方面的知识，了解合作社发展的困难。晚上就学习畜牧业发展、品牌创建、企业管理的书籍，从网上查资料。治多县城海拔 4500 米，对于从海拔 50 米的丰台区来的我来说，连呼吸都十分困难，但我依然坚持着。由于高寒缺氧，每天晚上到 3 点多就醒了再也睡不着了，我就思考着县里牦牛产业发展的思路直到天亮。

就这样，我从零起步，基本上所有的东西，都是边学习、边调研，边沟通、边思考，形成了一些初步的想法，《治多县生态畜牧业发展的目标》《发展飞地经济的初步想法》《企业在产业发展中的作用》等都跃然纸上，特别是制作了《治多县生态畜牧业产业发展规划引导图》，对于产业的四个阶段形成一个初步的规划。通过以上思考最终形成了我在治多县发展生态畜牧业产业的“四四三三二二一一”的工作思路，而我就是想通过这些目标、想法、引导图和思路来吸引、说服企业来这里发展并带动治多生态畜牧业产业的整体发展，让治多优质的牦牛资源最终给牧民带来增收和幸福生活。

在学习调研、制定规划的同时，我也在积极联系企业，就是要通过企业的引进、帮扶来带动县里 21 个合作社的发展。正巧，以前在丰台区花乡的一个青海省的畜牧业龙头企业——金泰实业和花乡政府到治多县对接项目，我就留了该企业的联系方式。在沟通中发现这个企业还是非常有实力也是非常专业的，我就下决心要引进它。引进过程也是几经反复。企业既想到治多县发展又害怕高原的特殊环境、经营成本等问题，思想顾虑一直比较重。我就利用一切方式打消他的顾虑。经常请教他畜牧业养殖和发展问题、给他讲述治多县领导和人民发展的愿望和决心、产业的发展前景，在看他真的要打退堂鼓的时候，还专门给他们写了两次长信通过微信发给他，分析了在治多发展的利弊得失和步骤。终于企业和县里签订了综合楼租赁协议，把牦牛肉罐头和牦牛肉酱的生产线放到县里，并要尝试进一步发展生态畜牧业示范园，这将全面带动县里合作社的发展和牧民的就业增收。

同时为了进一步拓展产业，我还积极联系北京时装周公司和江苏中孚达公司，请他们到治多县投资建设牦牛绒产业。2021 年 7 月 23 日，治多县政府分别与北京时装周公司和江苏中孚达公司签订了牦牛绒产品生产和品牌创建的框架协议，下一步将通过合资入股的方式来带动治多县牦牛绒产业的发展。

如今，通过我的努力成功引进三家大型企业，也为原先就在治多县的乳制品加工厂阿米雪公司服务，治多县已在牦牛奶制品、肉制品和毛、绒制品方面引进了三大企业，也希望这些企业能给治多带去资金、技术、市场以及起到示范性作用，帮助当地把牛养得好、卖得出、卖上价。

玉树州和治多县的生态畜牧业产业发展的万里长征终于走出了第一步，而今后的道路依然漫长。牦牛既是藏族同胞们的“家庭的伙伴、精神的寄托、心灵的图腾”，也必将会成为他们小康路上的产业发展的支柱。

架　桥

若说从“根儿上”实现振兴，关键还是在“人”，拿发展牦牛产业来说，我也希望，最终能让牧民在不离开家乡的情况下，由自然放牧人转变为职业放牧人。产业与“人”之间的关系，一个是路径，一个是目的。产业发展得再好，人没有实现就业、没有技能提高、没有收入增长，那就不算真正的脱贫致富。

如何才能让扶贫成果覆盖最多人？这要更多依靠北京的力量，而我们就是这个“架桥人”。

在促进治多县产业发展的同时我也深刻地认识到，扶贫就是要“扶志与扶智相结合”，最终扶贫的小康路上还要靠一代接着一代人的努力赓续下去，为此，我也紧紧抓住教育扶贫不松手。已经组织治多县的老师两次到丰台区接受培训，丰台区教委的老师已到治多县的学校进行调研帮扶，协调我的原单位长辛店街道为治多县捐款 19 万元资助贫困学生。今年初夏 5 月，治多县的学生们利用虫草假到北京开展了“走进首都北京、传承中华文化研学实践活动”，这一切，都是为了让孩子们从小就能够接受新的事物、新的理念、新的技能，让我们这一代的产业能够在下一代的手中有新的更大的发展。

发展治多县的文化产业也是我的一大块重要工作，一到治多县我就被康巴藏族的文化和歌舞表演深深地吸引了，我积极协调丰台与治多县合作排演的舞台剧《幸福交响》已经出炉，通过产业扶贫、异地搬迁和医疗扶贫三个故事讲述两地携手奔小康的故事，以及当地特色的风土人情、高原风光。治多县的非遗传承人和当地的演艺人员也将加入舞台剧的演出，也希望治多能借着舞台剧“火”一把，让当地的旅游文化产业跟着发展起来。

虽然我只是挂职三年终将离开，但生态畜牧业、牦牛绒产业和文化产业等产业会在政府的引领、企业的引导、智力的引援和资金的引进中得到长足发展，而有学识有技能有抱负的当地孩子们必将会成为治多县发展的中流砥柱。

感　恩

人们都说，只有不到一年的时间你就了解了这么多，既要克服高原反应还制定了初步规划、引进了企业，你是怎么做的？其实，就是一种斗争精神、一种不服输的劲头和集体的努力在支持着我。我来到治多就是治多的干部、治多的一员、治多的居民，我责无旁贷地要为治多的发展尽力，就是要用一些现代化的理念为县里带来观念上的转变、技术上的支持和项目上的支撑。而治多县的领导、干部、群众都对我的工作非常支持和帮助，北京玉树指挥部袁指挥长和各位领导同志们也给了很多支持和产业发展方面的指点，还有北京市委、市政府和丰台区委、区政府也是我的大后方。大的集体给予了我非常大的帮助，才能让我更好地去开展工作。我想集体和个人的关系就是共同努力、相互促进、相互成长、相互成就的。在集体有了发展的同时，也让我在一个全新的领域有了长足的进步。

虽然我做了一些工作，而我也只是北京第四批援青干部中的普普通通的一员。北京对口支援玉树已经整整十年了，一批又一批的援青干部在这里奉献着青春和智慧，他们克服重重困难，舍小家为大家，担当起脱贫攻坚的重任和使命，架起了玉树人民对美好生活向往的幸福桥，也才有了玉树今天的巨变和发展。今后还会有一批又一批的北京援青干部和当地的同志们一起在“上下同心、尽锐出战、精准务实、开拓创新、攻坚克难、不负人民”的脱贫攻坚精神的指引下，在乡村振兴的道路上永不停歇！

每当走进治多县域看到高高的山脊上镌刻的八个大字“感恩祖国、

感谢北京”时，我心中的使命感和责任感就油然而生。“感恩祖国、感谢北京”，北京与玉树之间早已用一条洁白的哈达紧密相连。你们在哈达的那头守护着三江之源、中华水塔，我们在哈达的这头为你们保驾护航。“恩人、亲人”，早已成为我们共同的代名词；“恩人、亲人”，我们早已是一家人；“恩人、亲人”，让我们共同祝愿我们的党永葆青春、我们的祖国繁荣昌盛、我们的人民共圆“小康梦”“中国梦”！

我的扶贫支援路

王雪旺

2013年底，我响应组织号召，主动报名作为第二批援青干部，到青海省玉树州挂职锻炼，任北京青海玉树指挥部项目管理办主任。时值灾后重建向对口支援历史转折期，能够参与到这项工作中，有机会在平均海拔4200多米的青海玉树负责援建项目管理工作，我感到无比的光荣与自豪，更感到使命与责任的重大，感谢党组织在关键战役中给了我锤炼的机会和信任。

深入细致的调研

作为派往玉树一线负责援建项目落实的抓手，我深深感到肩头那份沉甸甸的责任和使命，我深知自己的工作，关系到北京援建的成效，关系到玉树地区的民生改善、经济发展、民族团结和社会稳定。通过深入细致的调研，我逐渐摸清了玉树的长远发展需求和扶贫脱贫着力点。为把每一笔援建资金都花到刀刃上，我们调整了援建项目常规安排思路，优先安排民生改善项目，优先安排扶贫脱贫项目。针对有些农牧民家庭冬季住板房、夏季住帐篷，一家几代十几口人挤在一起的深度贫困状态，我们安排了专项建设资金，把解决贫困农牧民住房作为扶贫脱贫的突破点。针对当地因病致贫返贫家庭，我们专门安排了地方病、高原病及传染病防治项目资金。针对当地农牧业分散发展状况，我们又安排了联产合作专项引导资金。作为北京援建干部，我始终坚持首善标准，严把援建项目质量，确保北京援建项目能够经得起时间和群众的检验。3年来，我几乎跑遍了玉树州一市五县的45个乡镇和绝大多数项目建设地点，通过实地踏勘，并跟当地干部及农牧民座谈，充分了解玉树州基层的经济社会发展现状和需求，掌握第一手宝贵资料，为准确安排援青项目奠定了基础。3年来，在指挥部的正确领导下，项目管理办共安排援青项目资金7.49亿元，实施援青项目160项，重点向民生保障、智力人才支援、产业发展等领域倾斜。其间，我还牵头编制了北京市对口支援青海省玉树州“十三五”规划，为下一步玉树州的经济社会发展奠定了基础。

艰苦环境的考验

玉树地处高原，高寒缺氧、气压极低、紫外线极强，来这里挂职首先面临的是身体挑战，头疼、头晕、晚上睡不着觉的高原反应就给了所有援青干部一个下马威，但我们并没有退缩，时刻提醒自己为何而来，坚定意志，努力战胜困难，适应这种环境，睡不着觉索性就不睡，什么时候熬不住了自然就睡着了。身体上逐渐适应了，随之而来就是心理上的孤单和寂寞，通过一段时间的调整，我们逐渐克服了缺少亲人和朋友在身边交心，缺少娱乐活动等困难，和周围援友建立起了“战友情”，我们互相鼓励，坚定了援青信念，为更好地开展援青工作奠定了基础。

除了身体上和心理上的压力外，对口支援项目监管也存在很多不确定因素，毫不夸张地说危险也是常伴左右的。由于玉树州地广人稀，实地检查项目经常要到偏远的、海拔更高的乡村，每天开车都是二三百公里起步，对身体的挑战就更加严峻，路途上也存在着诸多危险。我记得第一次到杂多县时，道路狭窄且坑坑洼洼，边上的护栏也是七扭八歪，很多路段护栏也早就没了，旁边就是湍急的澜沧江，本身就晕高的我就已经感觉有点身体不适，在一次急转弯加错车时，我这一侧的轮胎已经有一半悬在半空中，有一种下一秒就掉下去的感觉，令人心惊胆战。还有一次去囊谦县下乡途中，由于道路受泥石流影响，阻挡了前进的道路，我们不得不绕路前行。可临近中午，随身带的干粮不够了，午饭又成了问题。还是带路的乡长有办法，这条路离乡上很远，但正好离原来老乡长的家不远，可以在那“化顿斋饭”。由于我们的人较多，帐篷又不是很大，所以还是坚持在帐篷旁的草滩上吃午饭。我们把自带的一些干粮放在了草滩上，席地而坐。就这样一顿简单的午餐，我心里却是非常的感动，而且暖暖的，我们开展对口支援工作得到了当地百姓的支持和认可，证明我们的辛苦没有白费。像汽车爆胎、天晚回不了驻地等情况在挂职期间比比皆是。除此之外，在玉树还有一种潜在的危险，就是碰到凶猛的野生动物。记得有一次到治多县调研途中，当我们正要下车休息时，突然从车的右后方几十米远处发现三只“狗”，可这个地方四周没有人住，怎么会有狗呢，顿时引起了我们的警觉。我们没有急着下车，而是停下车远远地看着那三只“狗”，等到那三只“狗”走近了一些，我们才发现哪是什么狗呀，是三只狼。即便同行的藏族干部说狼也不敢轻易靠近人，但我们还是惊出一身冷汗，毕竟狼是非常凶猛的动物，我们又没有枪，除了汽车任何屏障也没有，万一下了车，后果不敢想象。棕熊也是玉树经常出没的凶猛野生动物之一，挂职期间没有直接碰到过，但是见到被棕熊破坏后屋子里留下的一片狼藉就已经让人心有余悸了。

依依不舍的牵挂

“三年援青行，一生青海情”，这是所有援青干部常挂在嘴边的一句话。三年来，在玉树指挥部的坚强领导下，项目管理办始终按照北京市委、市政府工作部署和工作要求，坚持把对口支援青海玉树工作作为北京分内之事来办。牢记首都责任、坚持首善标准、发扬担当精神，顽强拼搏、攻坚克难、不辱使命，胜利完成了援青项目管理任务，为援青工作顺利开展，为促进玉树州经济社会的发展、为促进京玉两地各民族团结作出了应有贡献，赢得了当地党委政府和干部群众的认可，树立了首都干部的良好形象。在一茬一茬援建干部的艰苦付出下，玉树发生了翻天覆地的变化。一条条道路通车了、一栋栋安居房建起来了、一趟趟公交开起来了，学校、医院和公共设施也都陆续投入了使用，看着眼前这些援建成果，我们每一位援青干部都内心激荡、无比骄傲。我们的辛苦付出也赢得了藏族同胞的由衷赞誉。

2016 年 7 月，三年的援建工作很快就结束了，当初心怀理想、满腔热情、踌躇满志奔赴高原，如今历经风霜、硕果累累、载誉而归。我们在玉树播下了发展、和谐、团结、稳定的种子，它们正在生根、发芽，逐渐枝繁叶茂。忘不了指挥部领导促膝长谈、谆谆教导，忘不了同事们头脑风暴、相互启发，忘不了反复协商后惠民项目落地时同志们那惬意神情溢于言表，更忘不了藏族老乡醇香的青稞面、酥油茶和圣洁的哈达。如果要问我们在援青过程中自身还有什么收获？我想在砥砺品质、增长才干的同时，我们更是收获了友谊和真情。我们在工作中提高了能力，增长了才干，磨炼了意志，特别是从当地干部那里学到了艰苦拼搏的精神，提升了善于做民族工作的能力。我们收获的不仅是援助干部之间的战友之谊，更是与当地藏族同胞建立了深情厚谊。我们深信，在北京市委、市政府的坚强领导和前后方共同努力下，北京对口支援玉树的工作将会取得更大的成绩，玉树的明天一定会更加美好。

继续战斗在扶贫一线

去玉树之前，我任昌平区发展改革委员会经济发展研究中心副主任。2019年结束援青回京后，我被调到区发改委协同发展科负责人工作岗位，继续参与昌平区扶贫协作和支援合作结对帮扶地区脱贫攻坚工作。我在这个岗位上充分发挥挂职优势，本着对受援地区情况的了解，快速熟悉结对帮扶地区情况，兢兢业业、恪尽职守，带领全科室人员一道助力结对帮扶地区全部实现脱贫摘帽，确保5.34亿元扶贫协作和支援合作资金安全有效，高质量实施381个扶贫项目，带动结对帮扶地区贫困人口11万余人脱贫。

为了很好地完成国务院扶贫办东西部考核任务，我在内蒙古阿鲁科尔沁度过了2020年元旦。2020年注定是不平凡的一年，面对新冠肺炎疫情不利的因素，我带领全科室人员一手抓疫情防控一手抓脱贫攻坚。我们协调组织召开昌平区扶贫协作和支援合作工作领导小组会议，牵头起草《昌平区扶贫协作和支援合作工作要点》，组织与受援地区分别签订《年度携手奔小康结对帮扶协议》，编制协议任务清单，明确年度重点工作目标任务。坚持问题导向，统筹推进结对帮扶工作。一是按计划拨付结对帮扶资金到位，推进结对帮扶项目实施。二是坚持结对提质增效，加大携手奔小康力度，组织昌平区22个镇街与受援地区41个乡镇开展结对帮扶工作，有序推进村村结对、学校结对、医院结对、村企结对、社会组织结对等按照任务清单落实。三是积极动员社会力量开展帮扶工作，为结对地区捐款捐物，累计筹集社会帮扶资金5400余万元。四是坚持突出产业对接，加大消费扶贫力度，积极组织开展消费扶贫“七进”和主题月等活动。五是坚持聚焦精准发力，加大教育、医疗等人才支援力度。六是坚持多措并举，加大劳务协作力度。我们不断总结提炼出脱贫攻坚工作以来好的经验做法，摸索出产业帮扶突出“整合”，消费扶贫突出“立体”，人才支援突出“深化”，劳务协作突出“创新”的工作要点，为下一步健全防止返贫检测帮扶机制、巩固拓展脱贫攻坚成果、推进乡村振兴积累了宝贵经验。

满腔热诚在玉树　雪域倾注民族情

薛云波

援青是一种责任

2019年8月3日，我作为北京市第四批援青干部成员，肩负组织重托到达玉树，挂职青海省玉树藏族自治州玉树市委常委、副市长，开启了为期三年的援青工作。当时，我暗下决心，要把挂职当任职，把异乡当故乡，不当高原上的过客，也不当雪域上的看客，不负组织信任，不负青春韶华，用心用情用力工作，服务新玉树新发展。

以产业帮扶为切入点推动对口帮扶。习近平总书记指出："发展产业是实现脱贫的根本之策。要因地制宜，把培育产业作为推动脱贫攻坚的根本出路。"在工作中，我认真落实这一要求，经过实地了解情况和研究思考，我依托北京市和密云区的资源优势，聚焦密云区携手奔小康等帮扶项目和资金，积极协调密云区有关单位帮扶力量，构建了项目带动、基地拉动、帮扶联动的"项目 + 基地 + 帮扶"的产业扶贫模式，在推动对口支援工作的同时，促进相关产业发展和带动农牧民增收。2019年至2020年，我们协助落实北京市帮扶项目资金5430万元，密云区各类帮扶资金1500万元。

在工作中，我总在思考，如何使项目资金发挥最大效益，尽快培育出有基础、实施快、见效稳的产业基地，让“输血”转变为自身“造血”？我们根据玉树的以牧为主、农牧结合的半农半牧经济特点，先后实施完成了巴塘乡铁力角村“千只藏羊繁育基地”、仲达乡塘达村“生态藏香猪”养殖基地、巴塘乡下巴塘村自驾游营地等项目，直接带动建档立卡户 1335 人受益。通过联系北京市密云区农业农村局，争取资金支持玉树市仁青宝藏生态畜牧业销售专业合作社、农业技术推广基地，并将玉树市仁青宝藏生态畜牧业销售专业合作社建立为密云区玉树市消费扶贫特色产品生产基地。

借船出海，宣传推介特色产品

玉树，让人们熟知的是 2010 年 4 月 14 日发生的 7.1 级强烈地震。也是这次地震之后，玉树涅槃重生，成为从地震废墟中崛起的高原新城。其实，玉树市水源丰富，河流密布，水质良好，素有“江河之源、名山之宗、牦牛之地、歌舞之乡”“唐蕃古道”和“中华水塔”的美誉。玉树出产的冬虫夏草、知母、贝母、鹿茸、麝香、大黄、羌活等中药材驰名中外，白菌、黄菌（藏语“色雪”）被誉为“菌中之王”；人参果（高原蕨麻）和荨麻等野生植物产量极高，食用、药用价值大，这些都是玉树得天独厚的资源，却不被人们广泛知晓。

在工作和生活中，我积极宣传推介玉树。除了通过会议发言、研讨交流等契机以及微信朋友圈等平台积极宣传玉树，还结合消费扶贫，推介玉树及玉树市特色农畜产品。

2019 年 12 月，玉树首届高原特色农畜产品北京推介展销会在全国农业展览馆举行，由我带队的玉树市 7 家企业（合作社）参展。除现场推介外，我还积极联系新闻媒体进行宣传推介。在展销的三天时间内，新华社、中央电视台、北京电视台、密云融媒体等均进行了报道，进一步扩大了宣传影响力，现场展销的牦牛乳饮料、芫根红酒、高原蕨麻、酥油香皂等多种玉树市特色产品销售一空。

2020年11月，依托协助举办玉树市首届创新创业大赛之际，我协调主办方在决赛赛场内进行了部分参赛企业产品的集中展示。邀请到北京市密云区供销社有关负责同志到玉树市考察并出席大赛决赛，与玉树市六家企业（合作社）签订了帮扶合作意向。

此外，我积极与北京市密云区双创中心协调，促成了部分玉树市特色农牧产品进驻密云区消费扶贫中心新店和消费扶贫专区销售，进一步拓展了产业链的销售端。

推动多方帮扶和交流交往

在调研中，我发现思想的禁锢制约了经济的发展。首先要从智力上进行帮扶，即先要拓宽干部群众发展思路。在智力支援方面，我们逐步探索、归纳出了“1+2+3”智力支援思路。“1”即依托北京市和密云区人才培训项目。“2”即通过请进来和走出去两种方式。“3”即深化两地交往交流交融“三交”工作。

2018年以来，我们重点组织推进了致富带头人培训、玉树市党政干部能力提升培训等项目，玉树市干部赴浙江大学培训。邀请专家学者到玉树讲座。邀请北京冬奥宣讲团到西宁、玉树宣讲。组织举办了密云区玉树市“童心向党同声诵读”连线直播读书活动，受到广泛好评，媒体竞相报道。

作为援青干部，我利用一手托两家的优势，积极做好密云区各级单位和企业到玉树市开展结对帮扶，协调完成双方高层互访3次，共有密云区委统战部、密云区总工会、区农业农村局、区文旅局、区卫健委、团区委、区红十字会、区民政局等20余家单位和企业到玉树市开展对口支援，结对乡镇由2对增加至6对。做好密云区4名教师、8名医生到玉树市支教、支医有关联系。完成干部人才培训800余人次。

亲力亲为创建全国文明城市

到玉树后，正值玉树市创建全国文明城市的攻坚期。作为玉树市全国文明城市创建领导小组的四个副指挥之一，我负责的网上申报材料分值占全国文明城市创建测评总分值的 40%，任务艰巨。任务交给我后，我认真负责，全心投入到工作中。

2020 年 5 月，因白天忙市里的公务及密云区对口支援工作，晚上和周末忙援青指挥部的党建工作，我已在高原上连续工作近三个月未调休，免疫力迅速下降，患上了带状疱疹。因为前期的病征与心绞痛极其相似，我被紧急送回北京住院治疗。出院后，我忍着手臂做穿刺检查后的疼痛，坚持伏案审改创建材料。回到玉树后，又是对口支援工作最忙的阶段，我忙完相关工作，就与创建办的同志们加班加点审改创建材料。

我还主动带头到社区参加环境卫生整治，入户宣传创城，协调解决居民实际问题。由于时间紧、任务重，情急之下，我与创建办的同志们一起加班，三天两夜吃住都在办公室，430 多张图片，120 份文字材料，我一个字一个字、一张图一张图地审改了两遍。经过全市的共同努力，2020 年 11 月，玉树市荣膺全国文明城市，实现了首创成功。

在玉树挂职的第一年里，我还兼职负责北京青海玉树指挥部党建工作。其间，我组织完成指挥部党建宣传阵地建设，弥补了指挥部党建工作空白。创新编发指挥部党委中心组学习资料 10 期，制定完善中心组学习方案、意识形态等相关制度 20 余个。起草指挥部党委工作总结、汇报、民主生活会方案、意识形态专项报告、会议纪要等各类材料 40 余份。同时兼任市县组党支部宣传委员，创新编写市县组党支部工作简报季刊 3 期，协助完成北京援青十周年宣传等工作。

援青是一次心灵的触动

我觉得对口支援是互融互促的，北京在物质方面给予了更多的支持，而玉树在精神方面给予了我更多的触动。“老西藏精神”、抗震救灾精神，身在高原玉树，无不深受感染和鼓舞，正如习近平总书记所说，在高原上，最稀缺的是氧气，最宝贵的是精神。

工作中，我感受最深的有三个方面。一是团结。每逢大事要事，干部群众上下齐心，团结奋战。我身在其中，深受触动和激励。二是大爱。玉树凝聚着全国人民的无疆大爱。玉树也将这份大爱延续，通过自身的建设和发展，以新玉树的新时代答卷回馈全国人民。三是感恩。玉树人民最懂感恩。走进玉树，“绿色感恩、生态报国”“感恩祖国、感谢北京”等标语经常可见。融入玉树，会被玉树人民始终感恩党、感恩祖国、感恩全国人民的感恩情怀所动容。

有一次在基层工作的经历让人难忘。根据工作安排，我到代莫社区蹲点，第一天去得比较早，门卫藏族老阿妈不会汉语，也不知道我是谁，但还是热情地请我到屋里坐下，沏了一杯热气腾腾的酥油奶茶，她的小孙女还把她手里的零食递给我吃，让人感觉特别的温暖。等到各部门抽调的同志到齐时，虽是不同部门的人员，但彼此之间像是老相识，很是熟络，工作时都特别轻松。闲余时间，他们还一起跳锅庄舞，就像是一家人，置身其中，深刻感受到了玉树人民的纯朴、热情，更加激励自己要多为玉树做些实事、好事。

到玉树工作，我把玉树当作故乡，把玉树人民当作亲人。在生活中，我也是把这里当作了家，40多平方米的周转房，原本里面四白落地、简简单单，后来自己亲自动手，买来装饰品等，把宿舍装饰得像个温馨的家。有空时，邀请密云在玉树挂职的朋友到“家”中做客，同时这个家也成为北京援友们参观的打卡地。我觉得“心若在，家就在”。

一次援青行，一生玉树情。援青工作，是一次难忘的经历，更是一笔宝贵的财富。在这里，我挑战了自我，没有梦想的青春是苍白的，没有挑战的人生是不完美的，援青让我的人生少了一次遗憾。在这里，我历练了本领，在挂职的岗位上锻炼，学习了玉树的经验。在这里，我提升了心境，内心的升华得到洗涤。在这里，我收获了情意。人生有三情，亲情，友情，爱情。在玉树，玉树人民视我为北京亲人，我也自称为新玉树人。在工作中，我结识了新朋友，在生活中，我们援友间团结互助。援青也让我爱上了玉树，吾心安处是吾乡。

到玉树挂职以来，我的工作得到了领导和同事的高度认可。个人事迹被光明网、学习强国、千龙网、长安街知事、《三江源报》等多方媒体报道，并获评北京市扶贫协作先进个人、“京心助梦”最美扶贫新闻人物、北京榜样 2021 年 7 月第三周周榜人物。

援青路上，阔步前行。在接下来的援青工作中，我们接续奋斗，把力量汇成海，把岁月写成歌，努力为实现“两个越来越好”，建设健康、现代、幸福的新玉树贡献力量。

（刘立伟　整理）

倾注一腔热血　坚守人生风景
实现雪域高原农牧民住房安全有保障

范志富

2016年8月1日，对于有着20多年军旅生活的我来说，这一天非常有纪念意义，也就在这有纪念意义的日子里，我乘坐西宁飞往玉树的航班，开启了我人生中又一次非常珍贵的旅行，作为第三批北京援青干部，到青海省玉树藏族自治州对口支援帮扶三年，挂职青海省玉树藏族自治州住房城乡建设局党组成员、副局长。

到玉树藏族自治州支援帮扶之前，我对玉树藏族自治州并不熟悉，就是在网上查找玉树藏族自治州的信息，网上关于玉树藏族自治州内容也是少之又少。也就是2010年4月14日，一场给玉树人民带来满目疮痍、伤痕累累的地震灾难，让全国人民认识了玉树藏族自治州，我也是那时才知道在青藏高原上的玉树藏族自治州。那年，我的原部队（国家地震灾害救护队）也参与了玉树抗震救援工作（当时我刚调离原部队不久）。玉树藏族自治州各族人民大爱同心、坚韧不拔、挑战极限、感恩奋进的抗震救灾精神，给全国人民留下了深刻的印象，当我要近距离走近玉树时，内心还是充满了兴趣、好奇、紧张。但，现在想想，能在玉树参与、见证全国脱贫攻坚这份前无古人的人间奇迹，也是人生中最美的风景。

为帮扶走遍三江源头所有沟壑

习近平总书记说："在高原上工作，最稀缺的是氧气，最宝贵的是精神。"我到玉树工作后，为落实精准扶贫，做到精准识别、精准核对农牧民危旧房，使建档立卡贫困户"不漏一户""不漏一人"，确保玉树农牧民住房安全有保障，3 年间，我深入到玉树州 1 市 5 县 11 个镇 33 个乡 200 余个村调查研究，克服了青藏高原缺氧严寒气候、交通不变和语言沟通障碍，广泛开展走访调研和入户调查，了解玉树农牧民危旧房现状。与当地干部群众广泛交谈，向局领导和同事们学习处理藏区具体问题的方式方法，了解玉树藏区文化、风俗人情，了解藏区群众生产、生活情况以及他们的盼望和想法，为做好工作打下基础。3 年间，我行程近十万余公里，走遍了三江源头腹地所有沟壑。

由于玉树州县与县距离都在百公里以上，每天下乡行程都在几百公里以上，行走在蜿蜒崎岖的山路，往往是一路欣赏最美风景，一路头疼、胸闷，失眠、呕吐。我清楚记得 2016 年 8 月 9 日，我第一次到治多县牧区调研途中看到了"万里长江第一湾"字样，此时我头痛欲裂、呼吸困难，同行的仁青局长对我说："范局长，你嘴唇黑紫，是严重缺氧啊。"但我刚到三江源头，就能在"世界屋脊"青藏高原上见到"万里长江第一湾"最美风景，虽然身体严重缺氧，但内心还是非常激动。当我下车走到一个山坡上俯视长江第一个"U"形大湾时，我就想我到玉树支援帮扶，正赶上中华民族几千年历史发展中首次整体消除绝对贫困现象，不也是一个拐弯吗？拐弯就是选择，就是机遇，玉树面临全面打赢脱贫攻坚战是一个转弯，我到玉树支援帮扶不也是一个转弯啊！到高原就要开始另一种人生方式，就会发现另一种人生风景，也是在创造另一种人生辉煌。

我在玉树能够参与脱贫攻坚伟大斗争，可以说是我人生中难得的一次历练。在玉树深入到海拔 4700 米以上牧区了解农牧民住房现状，让高原紫外线晒得我的脸比当地的人民群众脸都黑，我在上下班途中，遇到好多藏族同胞都用藏语和我打招呼说话，刚开始我还不知道他们和我说是什么，后来一个周末，指挥部藏族司机土登扎巴陪我们几个援青干部到超市买物品时，超市服务员用藏语和我说话，我完全听不懂，土登扎巴大笑着告诉我，服务员以为我是藏族人，所以才用藏语和我说话。

我们援青干部在玉树常常说：我们在青藏高原工作是“不知道吃没吃饱，不知道睡没睡着，不知道生没生病”的“三不干部”，玉树的三年工作生活，我已经完全处于这种状态。但是能在雪域高原，让农牧民住房安全上有保障，为玉树的脱贫攻坚尽一份力量，我认为所有这些的牺牲奉献都是值得的。

朴实无华的藏族同胞

“由北京恩人到北京亲人”的转变已经根植玉树人民群众心目中，从玉树灾后重建到第三批援青干部到来，北京和玉树已经结下深厚的情谊。第三批援青干部到玉树后，指挥长王都伟要求我们要深入农牧区、走访农家牧户，访贫问苦、认亲交友，赢得藏族同胞的信赖，建立汉藏水乳交融的深厚感情，进一步促进“京玉一家亲，成了亲戚更加亲”。

囊谦县东坝乡尕麦村是州住房城乡建设局扶贫联系点，2017 年 7 月 1 日在全局开展“一帮一”结对帮扶认亲活动时，我主动认领了两户贫困户认亲帮扶。7 月 1 日当天，我们刚到村里，局里考虑到我不会藏语，安排局办公室人员益希措毛和索南才藏陪着我，前往认亲帮扶对象家里进行走访慰问。我们首先来到了我的认亲帮扶对象拉那多高家里，在他们家我了解到，拉那多高家里共有 9 口人，夫妻两人有 7 个孩子，大的孩子 18 岁，小的刚两岁多。他们家庭贫困的原因主要是孩子多负担重。由于玉树州大多数人信仰佛教，拉那多高家里饲养的 50 多头牦牛也不出栏卖钱，平时就是靠卖些牛奶创收，没有其他创收的渠道。走访慰问完拉那多高家，我就去另一个认亲帮扶对象郎那旺多家走访，他家住在夏季草场上，离拉那多高家有十公里的路程。一路行进，蓝天白云下的夏季牧场，处处是美丽的景色，我没有心情去欣赏这高原诱人的美景，心里想的是在拉那多高家里看到贫困的情况。郎那旺多他一家人都住在帐篷里，他家里共七口人五个孩子，全家夏季就住在帐篷内，冬天就借用亲戚家的房屋居住，我被他家里的贫困深深震撼了。我在走访两户帮扶对象时，分别给拉那多高、郎那旺多家送了一件新藏袍和 200 元现金。

我们返回村委会的路要路过拉那多高家门口，我在车上看到拉那多高家路边，有一个人手里拿着好多东西在那站着，由于天色已晚，也看不太清楚手里拿的什么东西，等我们车走近时，我看到路边站着的人是拉那多高妻子，我们便把车停下来，拉那多高妻子用藏语和车上的益希措毛和索南才藏进行沟通，我听不懂她说的藏语内容。这时村主任从我们后面车上过来，走到我跟前给我翻译成汉语说，拉那多高妻子手里拿的是他们自己家里挖的人参果（蕨麻）和自家制的酸奶，要送给我这个来自北京挂职副局长，让我把人参果（蕨麻）带回北京给家里人尝尝。听到这些话，我心里一酸，两眼噙满了泪水，差一点流了出来。多么朴实无华的藏族同胞啊，自己家还处在贫困线下，还拿出家里仅有东西，送给远来的北京客人。我赶快下车连连表示感谢，并坚持不收拉那多高妻子手里的人参果（蕨麻）和自制酸奶。晚霜挂满天空，高原山村如画，我没有心思欣赏美景，暗下决心，在我挂职的时间里，一定要尽自己的所能，尽可能帮助玉树藏族同胞脱贫脱困，让藏族同胞过上好日子。2019 年 7 月，在我即将挂职期满离开玉树时，我又专程去了一次尕麦村，驻村第一书记金美扎巴告诉我，尕麦村移民搬迁房屋即将建好，拉那多高和郎那旺多两家都将住到新房子，我听后内心也甚是欣慰。

精神高地激励着我前行

在玉树我时刻受到精神高地的熏陶和感染。3 年间，我时刻牢记着“真情融入、甘于奉献、不畏艰难、不辱使命”的援青承诺，在海拔4200多米的青藏雪域高原——玉树，忍受着高原缺氧奇寒的种种考验，虽然没有作出什么惊天动地的大事，但我在自己的工作岗位上用心、用情、用智、用力尽自己所才所能，勇于直面矛盾、善于解决问题，为玉树住房城乡建设发展贡献着力量，传递着首都住房城乡建设系统干部职工对藏区人民的深情厚谊。

身体缺氧，让人呼吸困难；但人有了精神，就没有攻不破的难关，再大困难也不是困难。玉树与首都相隔遥远，高山大川阻隔，环境气候差异很大，生活习俗不尽相同。藏区条件艰苦、工作辛苦，没有不畏困难的强大勇气，没有无私奉献的精神，是不敢也不会迎接挑战的。在玉树加班是常态，“5+2”“白 + 黑”，周末没有休息过，晚上加班到凌晨是常态。三年间，我有付出，也有收获，有时会感怀曾经在玉树付出的点点滴滴。可能我们每一位援青干部人才收获的东西不一样，但我感觉到我主要收获的还是精神！一种自我提升、一种不懈努力和永不服输的精神！

我们总是说：总有一种情怀让人无限景仰，有一种精神让人肃然起敬，有一种境界让人无法超越。“进了玉树门，就是玉树人”“当好玉树人，做好玉树事”是我坚守的信念。我上雪山、下牧场、进乡村、访寺庙，与农牧民打成一片，用实际行动，坦露赤诚内心，展示了无私与大爱。我在玉树也被身边的援青战友事迹深深感动着，有援青战友父母病逝时没有在床前尽孝，有援青战友妻子分娩时没有陪伴守护，有援青战友孩子高考也没有守在身边帮孩子选择志愿，如果没有“心中永远装着藏区人民的发展，唯独没有自己”的高尚情怀和舍小家顾大家的大局意识，是很难做到的。我用人生最美好的三年岁月，秉持首都人敢拼会赢的精神，做到了“宁可生命透支，不让使命受损”的支援帮扶承诺，为建设一个更加美好的新玉树作出应有的一份贡献！

精心打造“院长 + 团队 + 改革”医疗扶贫模式
用心守护边疆人民健康

刘云军

我出生于医学世家，从小受到祖辈的言传身教，对医学有着一种特殊的感情，立志要以白求恩为榜样，让更多的人免除疾病的苦痛。从医 24 年来，时刻铭记并践行着“健康所系，性命相托”的铮铮誓言，坚持理想，默默工作，努力做医疗战线的排头兵，群众健康的守护神。

2012 年，为响应党中央维护国家稳定、维护民族团结、促进新疆经济和各项事业快速发展的号召，我主动报名，自愿到新疆和田地区进行医疗技术援助。在和田市人民医院组建了心血管重症病房，手把手地“传帮带”，提升当地医务人员的医疗技术水平，为当地留下了一支带不走的医疗队。2016 年，北京市决定对玉树州人民医院开展“组团式”医疗帮扶。我再次主动请缨，因为具有丰富的援疆经验，经组织考察考核决定，以援青医疗队队长、玉树州卫计委副主任、州人民医院院长的身份，带领第三批北京对口帮扶青海医疗队，踏上了玉树这片热土。

救活一所医院，帮藏族同胞健康扶贫打造大本营

初到玉树州人民医院，69名中层干部、技术骨干的病退、调离报告，使原本就出现强烈高原反应的我又被沉重一击。紧锣密鼓的调研为我揭开了医院的“病根”：制度不健全，机制难保障，业务低水平，人才留不住，患者不满意，间接提高了群众尤其是贫困群众看病难度和费用。拥有280多名职工的全州最好医院亏损竟达1323.24万元，贫瘠的不仅是这里的土地，更是落后的医院经营管理理念。彻底打破“大锅饭”“平均主义”的分配模式，推行绩效改革是解决问题的关键。

面对改革的巨大压力，我顶住了“要保稳，不求有功但求无过，三年带个大光环回去就够了，没必要那么认真”的消极提醒，扛住了“一个援建的外来人，看我能折腾出啥结果”的风凉话。在当地政府和卫生行政部门的大力支持下，到任仅仅27天，全面推行绩效改革。拿出部分医改费用作为绩效启动资金，将原来每个季度30万元的工资绩效提升到每月50万元，并将院领导班子绩效工资降低40%，向临床一线和重点科室倾斜，极大地激发了一线医务人员的工作积极性、创造性和主观能动性。第二个月，住院病人增加34人，第三个月超过100人。

改革成功打响了第一枪。按劳分配、公正公平、向高层次专业技术人才和管理骨干倾斜、与工作数量质量直接挂钩的绩效工资机制在医院站稳了脚跟。一年时间，亏损1300余万元濒临倒闭的玉树州人民医院起死回生，实现扭亏为盈。三年后，医院年收入超过1.4亿元，医疗收入翻了4.75倍，职工收入提升了9.1倍。玉树州人民医院管理理念的成功“脱贫”，成为青海省公立医疗机构绩效改革的典范，在全省进行推广。

学科建设勇于创新，为藏民健康“脱贫”加油

玉树州人民医院本应是全州最好的医院，却因种种原因，职工干得不舒心，没有积极性，一个月最多能转出2000多病人，孕妇剖宫产转到同级医院，阑尾炎手术转到下级县医院，这些现象屡见不鲜。

困难是激发干事创业人斗志的一剂良药。与绩效改革同步，学科建设和科室重组工作配套启动，骨关节诊疗中心成为首批建成的科室之一。曾经找好“下家”的外科主任被医院的巨大变化感染，以院为家，连续作战，查房、做手术连轴转。专家“手把手”教，年轻骨干真心实意学，不到一年时间，就熟练掌握了北京专家的技术，完成近150台腔镜手术，慕名而来的藏民络绎不绝。

玉树州人民医院进入史上最强快车道，危重新生儿救治中心、包虫病诊疗基地、眼科中心等14个临床新学科、6个新病区建立起来；168项新技术、新业务开展起来，实际开放床位由210张增加到409张。玉树地震后捐赠却闲置的价值2220万元的大型医疗设备从仓库请出来，都派上了大用场。医院服务能力、服务水平、服务理念不断提升，使藏族同胞足不出玉树便得到有效救治，节省了外出就医的人力、物力、财力，避免了远途就医导致的病情延误，因病致贫、因病致困得到极大遏制。州医院的好口碑还吸引了青海果洛州、四川甘孜、西藏昌都等毗邻地区的患者。

藏族老人格加每次见到我，都双手合十，老泪纵横。2017年3月，他的女儿早产生下了三胞胎男婴，因极低体重，脏器发育不全、窒息等症状并发，生命危在旦夕。一家人抱着最后一丝希望转到州人民医院，适逢危重新生儿救治中心刚刚建成投入使用。医院立即启动应急预案，调集全院力量进行全力救治，三胞胎脱离危险，健康存活。扶贫就要扶到位。考虑到三胞胎家庭经济条件差，存在多产致贫的风险，医院安排其父亲在医院干后勤，从根本上解决了家庭的实际困难，为助力国家脱

贫攻坚发挥作用。

三年学科建设的巨大提升，不但解决了玉树州医疗资源匮乏薄弱的问题，也为当地医务人员自我价值的实现提供了平台和保障。

为人才殚精竭虑，帮助藏区改变知识、技术“贫穷”

针对玉树州人民医院人才匮乏、医疗技术水平落后等问题，科学制订“玉树州人民医院三年人才培养战略规划”，采取“请进来”“送出去”“本院骨干压担子”相结合的人才培养方式，以公平激励机制为基础，极力营造和谐融洽的人际关系，推行情感留人、待遇留人、事业留人的用人机制，稳定了干部队伍。

“院长说话算数，还联系北京和省城的专家手把手教我们，近两年完成 140 多例疑难手术，去年的髋关节置换手术在玉树医疗史上是首例。”骨科主任郑丛华一扫当初“试试看”的心态，全身心投入工作，逐渐成为患者口口相传的骨科专家。功能科主任妮向卓玛工作日志里的一串数字佐证着我带队伍的成绩：2016 年功能科全年心脏彩超 64 例，2017 年增加到 600 多例，2018 年激增到 2600 余例……

通过北京专家实行“手拉手”“结对子”“传帮带培”，3 年培养了 101 名技术骨干，成为医院发展的中坚力量，为医院打造了一支梯队合理、技术精湛、人员稳定的人才队伍。

为健康扶贫出谋划策，替贫困群众打通就医通道

立足藏区高发疾病，医院积极协调社会慈善机构，为 323 名白内障、76 名包虫病、5 名骨关节病、36 名先天性心脏病和 73 名结核病患者提供免费救治，有效防止因病致贫、因病返贫的发生。

针对建档立卡贫困户，医院实行大病救治一批（14 种病）、慢性病签约服务一批（25 种病）、重病兜底保障一批的三个“一批”服务工程。在落实青海健康扶贫“五免六减”政策的基础上，对建档立卡贫困户中最困难的群众实施全面兜底政策，162 人得到实惠。为困难家庭、患病兄妹、贫困学生捐款 1.8 万余元，帮他们渡过难关。

作为北京医疗精准扶贫工作的医疗队队长，我始终不忘自己在援青计划书中写下的誓言：“不虚度光阴，用三年时间力争将玉树州人民医院打造成一个具有民族特色的品牌医院。”在当地政府和卫生行政部门的大力支持下，立足根本，科学探索，形成了“院长 + 团队 + 改革”的医疗援青模式。从医院发展举步维艰的阵痛与涅槃，到成功晋升三级综合医院的“高光时刻”，玉树医疗卫生这块“短板”，在北京绵绵用力、久久为功的援建中逐步“拉长”，直到可复制与可推广。

玉树藏族同胞为了保卫“中华水塔”、维护民族团结、保护生态环境作出巨大贡献，作为一名援青干部，响应党的号召，在自己的工作岗位上不忘初心、尽职尽责，为藏族地区的医疗事业发展贡献自己的力量，义不容辞、责无旁贷。不是所有人都知晓，集中西部贫困地区、高寒缺氧地区、边远民族地区所有特征的青海藏区，什么都缺，唯独不缺的是精神，换句话说，你能看到辽阔的玉树草原边境，但宽广的精神却无穷无尽。谁又能否认，这何尝不是历练丰满人生，聚集精神财富不可多得的平台呢？三年援青，我累白了头发，累出了心脏病，可看到医院、职工、当地藏族同胞因为自己而得到的“实惠”，我感到由衷的“值”，因为我在党的脱贫攻坚路上书写了自己无悔的人生，在守护雪域高原的健康路上得到了至高回报。

医疗援玉　守护牧民健康

裴志飞

我是一名普通的医生，毕业、工作、结婚、生子，岁月于我，平凡而安静。我是一名 20 多年党龄的老共产党员，严格遵守着“听党话，跟党走”的初心。我从未有过成为行业专家，业界翘楚的雄心，只是平静地恪守着医者仁心，千百年悬壶济世的圭臬。

经常有人问我是什么样的勇气，放下北京优渥的工作生活，支撑自己来到偏远困苦的玉树。说实话，我来玉树的初衷很单纯，开始是了解到当地妇幼儿童医疗环境落后，要坚守老党员和医生的初心：要“支援边疆、救死扶伤”，要给当地人民做点实事。到了这里以后，在工作中慢慢体味到“医者仁心”这四个字的分量。

“一腔孤勇”上高原

2017 年 8 月，北京对口援玉树医疗队开始征集成员，我响应党组织号召，怀揣着支援边远地区、救死扶伤的“医生的浪漫主义梦想”，来到青海省玉树藏族自治州人民医院支边援建，任玉树州人民医院妇产科副主任，扶助玉树当地妇产医疗建立专业化、系统性、创新型的医疗体系；立足医疗职能，辐射带动玉树州一市五县医疗改革；借助自身专业背景，服务当地，降低孕产妇死亡率、提高当地新生儿成活率和保障妇女儿童卫生健康。

玉树地区平均海拔 4200 米以上，地震频仍，四季落雪，空气稀薄，全境藏族人口占到 98% 以上，紫外线强度为内地的 7 倍，冬季氧气含量只及内地 30%。2010 年玉树经历了强烈地震，震中地区一片废墟，我工作的地方，就是当年地震的中心区域，每年大小地震 30 余次。

刚上高原，我就被来了个下马威。高原缺氧，一切动作都要放慢，大声说话、快走、跑跳都是奢望。和很多援建者一样，心慌、气短、失眠、血压高已是家常便饭。因而在当地工作需要付出更多的体力、耐力和毅力。到玉树第一个月我就瘦了整整 10 斤。

在过度缺氧的情况下，心慌、头痛、恶心、呼吸困难让我有些吃不消。适应了几天之后，我自认为身体不错已经习惯了在高原的生活，于是拖了一遍宿舍的地，但没想到到了半夜，因为强烈的高原反应，我浑身无力，头痛剧烈，瘫在床上一动也不能动，连打电话求助或者下床拿药的力气都没有……昏昏沉沉之间，我想起了家人，开始问自己：来玉树，我后悔吗？

一夜未眠，万幸的是到了早上，剧烈的头痛已经褪去，虽然还是浑身无力，我仍然准时出现在了医院。每天早上，我会把科室 50 多个病房都查一遍。这天，以往风风火火冲在最前面的我只能扶着墙，慢慢在后面挪着步子，对昨晚的事一无所知的同事调侃道："咱们的'女汉子'今天怎么了？"我只是笑了笑，什么也没说。

不负患者信任，晕倒前一刻完成手术

我清楚记得刚到玉树时，有人对我说："这里自然条件艰苦，留不住人才，当时妇产科唯一一个骨干力量在做常见的普通剖宫产手术时，竟然把患者的膀胱损伤了，最后还要请泌尿科来修补膀胱。”

听后我浑身一阵发凉，当地的医疗水平真让人堪忧，那一刻，我感觉自己肩上的担子沉重了很多。我下定决心一定尽快把自己所掌握的知识手把手、毫不保留地教给当地医生。

在2016年时，妇产科只有9个医生，最简单的子宫肌瘤和剖宫产手术都没几个人会做。同时，玉树全州总面积26.7万平方千米，人口却只有40多万，辖区面积太大、交通太不便利，低下的医疗水平导致老百姓得了病就只能去外地看，这样成本高不说，一些危重病人根本等不及坐汽车12个小时走山路转到距离超过800公里的四川西宁等地诊治。

我已经在一线奋战了20年，同时在北京各大医院多次进修过，自认已经是一名经验非常丰富的妇产科医生了，但是到了玉树之后，接踵而至的极危重病人还是让我大吃一惊，病情的危重程度经常超出想象。本来产科就是高危科室，被称为“24小时ICU”。加上当地患者几乎不体检产检，根本没有防御的关口。很多孕妇血压210/160毫米汞柱、脑出血、昏迷状态才来医院；失血休克病人血压测不到、心肝肾等多器官衰竭，才来医院；盆腔肿物长到40厘米，才来医院……危重病人占三成以上。

危急重症多，技术力量薄弱，骨干人员不足。我们自然成了牧民生命安全的最后一道防线。那时我神经每天都紧绷着，因为我知道我们手里时刻握着两条生命。

2018年2月一天凌晨3点，我接到了一通急电，由于语言不通当地藏族医生在电话中只做了简单汇报，说出血病人需要抢救，其他信息一无所知，挂上电话，我翻下床披上衣服就往科室赶。

赶到抢救室，病人难治性产后出血，已经处于休克昏迷状态，血压一度测不到，出血量达到了5000毫升，这已经超出了一个体重60千克成年人的血液总量，地上全是沾满血迹的纱布。屋漏偏逢连阴雨，此时医院的血源也处于短缺状态。病人由于失血过多，从血管已经抽不出血来做化验，不要说大的伤口，就是小的针眼都在不断地渗血，有限的抢救的药物都用到了最大量，手术台上的医护人员用焦急和求救的目光望向我……

“患者失血过多，随时可能在手术台上心跳呼吸骤停、失去性命，此时和死神赛跑，我只能冒险一搏。”

根本容不得我多想，我的一贯原则是：只要有一线希望，也要拼尽全力。我以最快的速度刷手上台手术抢救。

患者非常肥胖，各种组织脏器粘连在一起，解剖结构完全看不清楚，加上患者本身还患有各种慢性疾病，这台本来不太难的手术难度陡然增大。我心里压力很大，“我是北京来的大夫，患者和医生都信任我，可千万不能在这台手术中出一点差错”。一点点分离各种粘连、分辨组织结构，高度集中精神让我很快就满头大汗。

最终，母子平安。

我终于松了一口气，刚把心放回肚子，下一瞬间就觉得眼前发黑、双腿无力，倒在手术台旁。要知道在平原地区，精神高度集中做两三个小时的手术能量已经消耗很大，更别提是在海拔近4000米的高原，需要技术、体力、耐力、毅力的结合。后来我才得知，麻醉医生用藏语一遍遍地告诉患者，我是她的救命恩人。尽管我已记不得这位患者的容貌，但我感受到了藏族同胞的无限深情。

这样的十万火急，两年间已数不清自己经历过多少，直到现在回到北京，我都还处于应激状态，即使休息日，也好像时刻有危重病人电话要我去抢救。

翻山越岭随叫随到

在医院坐诊同时，我们经常坐车到几百公里外的县城帮扶，稀薄的空气，颠簸的路程，会让你深刻体会到：女医生也好，女护士也好，到了玉树，统统变成了“女汉子”。

两年的援青经历，也让我对医者仁心的体会，也越来越清晰，它不单是对病人的感同身受，忧人之忧、乐人之乐，还包含着急公好义的社会责任感和家国情怀的担当与勇气。

在玉树的援青同志们之间流传着一句谚语，“玉树只有两个季节，冬季和大约在冬季。”2019 年初的这个冬天却格外漫长。

2019 年春节前后，青海省玉树藏族自治州遭遇了 60 年一遇的特大雪灾，大雪以上天气 23 站次、中雪 48 站次，降雪量为历史同期最多，是青海省 1961 年以来遭遇的最严重雪灾。持续不断的大雪使三江源头的玉树藏族自治州杂多、称多、曲麻莱三县被冰雪覆盖，局部地区积雪厚度达 45 厘米，灾区气温普遍较低，积雪融化缓慢，玉树大部分地区出现了 55 天以上的积雪覆盖，部分县积雪覆盖超过 75 天。这给我们医疗脱贫攻坚提出了新的难题。

这天，我同几个北京援青干部，要前往玉树州海拔最高的曲麻莱县，把北京紧急支援救灾的医疗设备送到他们手中。曲麻莱县平均海拔 4500 米以上，穿过玉树地区海拔最高的特长隧道——红土山隧道以后，就在 4200 米以上的雪山上行进了。

这条隧道已经数不清走过多少次了，记得最初的时候，隧道里还没有灯，现在已经有了灯光和减速带。隧道出口的宣传牌上赫然写着“脱贫攻坚，践行使命”八个大字，这是北京援青的使命，更是援青同志们的信念。

盘山路上，我们在车里左摇右摆，车外左手是雪山，右手是万丈深渊，脚下河滩上的沙棘林都被白雪盖住，通天河一半是雪，一半是冰，云又低又长，无声地缭绕在层层雪山之间，神圣静谧。沿途天地混沌一片，大风卷起雪花，能见度极低。偶遇个别觅食的马匹，都被主人盖上了被子，被称为“雪域之舟”的牦牛背上，黑色的皮毛结出一缕缕冰条。随着大气压一路降低，耳边嗡嗡作响，而后听不见声音，心中只默想着这几天的行程。

车行 300 余公里后，终于停下，拉开车门的一刹那，脚下一软，摔在雪里。我大口喘着气，头昏昏沉沉，再熟悉不过的感觉，我知道到达黄河源头第一县曲麻莱县了。

“裴主任，你怎么样啊，吃点东西，休息一下我们再去曲麻莱县医院。”一位援青干部拉起我说。“不碍事，这是正常反应，咬咬牙就扛过去。这两天咱们的任务重，明天还得赶去治多县呢，抓紧时间先去送物资。”我说道。

到达曲麻莱县医院已是下午，我们大口呼吸着吐出哈气，每一步都颤颤巍巍，肩上扛的是几箱百十斤的医疗物资，更是援青事业的无悔誓言。3 月底的曲麻莱县，零下 30 摄氏度的曲麻莱县，雪地上印着北京援青同志一长串深深的脚印。撂下箱子，我们几个人，就这么瘫在库房前的台阶上，眼睛发直，半天说不出话来，嘴唇紫得都发黑了，可脸上还挂着笑容。

有人说：“这个时代缺的不是完美的人，缺的是真心、正义、无畏和同情。”作为这一代支援边疆的援青人，我明白战友们正是用我们的真心、正义、无畏和同情，行走在援青的路上，不改初心，不负韶华。

主动请缨，成为唯一援玉两年的医疗技术人员

2018 年 7 月，我圆满完成了援青任务后，主动请缨再延长一年。

你为什么要这样做，难道玉树就缺你一人吗？也许家人更需要你！直到现在，有人还会这样问我。

作为一个母亲，当初我最放心不下的就是孩子。回北京时，上初中的女儿经常时不时喊我一声妈妈，我问她怎么了，孩子委屈地说：“我就是太久没见你了，想多叫你几声。”

作为北京援青医疗队第三批第二期中唯一的女医生，我带领大家创办了玉树州人民医院的宫颈疾病诊疗中心，建立起宫颈疾病早筛查、早诊断及早治疗的“TCT+HPV+ 阴道镜”等三级诊疗模式，填补了玉树州宫颈疾病治疗的空白。中心筛查人群 1185 人，开展阴道镜检查 50 例，确诊宫颈癌 5 例（早期），宫颈癌前病变 8 例，全部进行了手术治疗，预后良好。2019 年 3 月，我帮助玉树州第一次开展两癌筛查，筛查人数 647 人；极大规范和改善了玉树地区宫颈癌筛查、诊疗、防治缺失的现状。并培养当地妇产科一名医生熟练掌握筛查技术、阴道镜的操作，

并已经能独立操作阴道镜诊治。

为了给当地留下一支“带不走的医疗队”，“带徒弟”也是我的一项重头工作。一年援期满的时候，我的“徒弟”们已经能应付大多数常规疾病了，但我仍不放心，“她们跟以前比已经有了很大进步，但面对复杂患者还是有些力不从心，很多技术处于刚开始和发展期，这个时候离开我舍不得”，抱着这份“舍不得”，原本 2018 年 7 月援期已满的我毅然选择了延长一年。

在接近 4000 米的高海拔地区长期生活，缺氧喘不上气、脏器压力大，来之前体检一切正常的同事们，身体出现不少问题，我也一样：高血脂、高血压、心脏主动脉瓣、二尖瓣闭合不严……我们经常必备的三样药品是红景天、速效救心丸和安眠药——因为缺氧，夜里失眠是常有的事儿，为了保证第二天的工作效率，有时候不得不吃些安眠药。在北京支援玉树指挥部里，只有三张圆桌的小食堂墙上贴着两排大字：“艰苦不怕吃苦，缺氧不缺精神”，这是干部们的信条，也是我们的生活写照。

短短两年，给当地医院妇产科带来翻天覆地的变化

在玉树，我抓技术，抓科室建设，恨不得把一天当两天用。我通过授课、查房、病例讨论等方式，手把手给当地医生传授医术，帮助妇产科对常见病、多发病和一些疑难病，进行规范诊疗，培养骨干。我增加教学查房，开展了妇产科危重症讨论，建立孕产妇危重救治中心，实行高危孕产妇专案管理，实行孕产妇风险管理的防线前移。遇到疑难病例时，我们依靠远程北京老师的会诊，让玉树患者在家门口，就能享受北京顶尖的医疗资源。

在我的带领下，我们团队利用医院闲置设备如腹腔镜、阴道镜、利普刀等，新开展了 14 项妇科和 8 项产科技术业务，规范技术业务 20 余项。还参加疑难重症抢救、疑难手术 100 多例，抢救成功了重度休克、

子宫完全性破裂、异位妊娠破裂腹腔内出血等病人。培养骨干医生3名。妇产科门诊量、入院患者、手术量大幅增加。孕产妇死亡率大幅降低，新生儿窒息率降低了一半。很多患者能在当地就得到救治，不用再转往省会西宁等地。大幅减轻了患者人力、物力的压力。

大家都说，援玉树，第一年拼的是身体，第二年是拼毅力。也有人说，援建支边是一件伟大的工作。但我常常会想，玉树的老百姓祖祖辈辈生活在这里，为国家守着三江源不受污染，比起他们，不管是一年还是两年，我们都只是短暂的停留，为当地的百姓做些事情又算得了什么呢?

亮丽北疆　永远是我的故乡

邓忠猛

2019 年 4 月，我加入北京市第五批赴内蒙古挂职团队，成为自治区扶贫办协作处挂职干部，主要负责京蒙劳务协作和挂职团队信息宣传工作。回到蔚蓝色的故乡——内蒙古，亲身参与脱贫攻坚这一伟大事业，是我人生中最值得纪念的火红岁月。回想两年多的京蒙协作挂职经历，千里草原的蓬勃生机、京蒙协作的场景和人物，时常浮现在我的脑海中。

精准扶贫让贫困百姓生活改天换地

精准扶贫是党的十八大以来我国扶贫事业的重要特征。东西部扶贫协作的政策、措施、项目、资金、人才选派等都要求围绕建档立卡的贫困人口精准发力。刚刚挂职到岗不到一个月，我加入扶贫办财政专项资金和协作项目督导组，深入基层，在两周的时间里，走访了 4 个盟市的 15 个旗县，开展实地项目督导。2020 年 10 月，我加入自治区脱贫攻坚盟市考核小组成员，在不到 7 天时间里马不停蹄地对 4 个盟市的 6 个旗县的脱贫攻坚工作开展考核，为接下来的国考做好准备。两次深度调度督导工作中，围绕产业项目、劳务协作、资金使用、项目推进等方面的考核要求，我和同事们通过翻阅档案、入户走访、座谈交流、开展项目、实地督导与考察，深深地被扶贫干部和贫困群众改天换地、摆脱贫困的干劲和精神所鼓舞，不断激励自己进一步做好各项工作。

在多方资金和资源的帮扶下，各盟市旗县因地制宜地开展精准扶贫，贫困百姓和落后乡村的面貌发生了翻天覆地的变化。察右后旗一户有腰伤常年无法干重活的贫困户，他的二女儿考上大学后，由于有政府和学校每年的教育助学金、助学贷款，学业得以顺利开展，代际的贫穷传递被彻底斩断，一家人露出了久违的笑颜。利用国家光伏新能源的优惠政策，太仆寺旗、卓资县等具备较好光照条件和荒地资源的地区，统筹上亿资金，为贫困乡村建设可持续有效益的产业，为脱贫攻坚和乡村振兴注入持久动力。在广袤的草原上，无论多远的苏木嘎查，都有柏油或水泥道路连接，实现全面建成小康的道路上一个贫困户、一个贫困村都不能少；无论多艰苦的地方，都有党员干部坚守岗位、任劳任怨，让每一名贫困户都得到“智、志”双扶，感受到党的温暖。

就业成为百姓脱贫增收的重要渠道

一人就业，全家脱贫。两年来，通过产业开发推进就业、技能培训提升就业、东西部协作促进转移就业、公益岗设置稳定就业、创业致富带头人带动就业，在 2019 年全年实现了 34522 名贫困人口实现区内外就业，其中赴京就业实现 1753 人；2020 年实现了 45030 名贫困人口实现区内外就业，其中赴京就业实现 1803 人。通过组织美团骑手专项招聘、聘用贫困人口物业公司申报、贫困大学生免费上大学（就业）、创业致富带头人视频会议等项目的实施，我真切地感到，产业与就业相结合、区外与就近就业相结合、技能培训与就业能力提升相结合，贫困群众能够通过“智、志”双扶，树立脱贫致富满满信心，更美好的希望让生活更有保障、日子更有奔头。

劳务协作的数据统计工作既要与各盟市旗县的扶贫与就业部门通力合作，又要及时联系自治区人力和社会保障厅与北京市支援合作办，因此我重新设计了数据并上报表格，及时高效、全面完善地提供了年度考核所需的劳务协作台账等相关资料；在相关整改工作中，及时督促各盟市旗县开展公益岗人员的调整工作，分年龄和嘎查村等细项分类进一步做好人员调整工作；为更好地推进旗县工作进度，我及时分析 2019 年度制定的任务与实际完成情况，同时比对 2020 年的工作任务，分析工作进度与落实难点，确保 2020 年工作顺利开展的同时尽可能提前完成预期指标。数万条就业人员信息的收集核对、增减分类，连续数月的挑灯夜战，排版清晰、格式统一、高标准的劳务协作就业人员基础信息档案成为顺利迎检考核的重要佐证资料。我想，精准扶贫也体现在扶贫业务的中后台环节，这些工作文档、数据资料正是贯彻落实党中央的决策部署，也是坚决打赢脱贫攻坚战的历史鉴证。

为脱贫攻坚营造凝心聚力的良好氛围

习近平总书记强调，脱贫攻坚不仅要做得好，而且要讲得好。在第五批赴内蒙古挂职团队领导的支持下，我全面开展了团队的简报信息编辑工作，开设了工作动态、对接互访、产业扶贫、消费扶贫、劳务协作、携手奔小康等专栏，按月及时从多个工作群组、微信公众号等收集各盟市旗县京蒙帮扶的重要信息，累计编辑综合简讯 30 余期，为赴挂职团队建设凝心聚力、交流沟通提供了畅通渠道。随着脱贫攻坚全面胜利的到来，我一边做好劳务协作的各项迎检考核准备工作，一边完成各工作组新闻媒体报道和《我的扶贫故事》汇编成册工作，这些工作虽然都是看上去不起眼，与扶贫协作关系不大的小事，但是在审阅编校这篇篇饱含真情的文字中，我被广大挂职干部和人才不畏艰苦、甘于奉献的精神所鼓舞，更为自己是团队中的一员感到无比自豪。

我的派出单位北京广播电视台领导还专程带队赴内蒙古开展扶贫协作宣传工作调研对接、召开了座谈会，并与内蒙古广播电视台签署战略合作备忘录，为脱贫攻坚决战决胜的宣传工作提供了更广阔的舞台。台属综合频道、新闻广播、文艺广播等频道频率通过一系列专栏、专题，把京蒙帮扶的好故事、好人物讲述给大家，把草原绿色、有机无添加的好产品推荐给首都市民。

永远难忘并肩战斗的身边战友

第五批赴内蒙古挂职团队挂职干部有 107 名，在脱贫攻坚的这两年还有几百名一年以内短期的专业技术人员（教师、医生、农业技术人员等）先后加入我们这个大家庭。这些身边的战友舍小家为大家，在他们身上充分体现了上下同心、尽锐出战、精准务实、开拓创新、攻坚克难、不负人民的脱贫攻坚精神。在自治区扶贫办扶贫协作处挂职期间，我和来自北京市扶贫支援办的陈欣同志、市残联的李庆新同志一同并肩战斗了两年，在工作和生活上互相帮助，结下了深厚的革命友谊。

陈欣同志负责的消费扶贫工作，是实现贫困群众脱贫增收、带动内蒙古地区特色农畜产业发展的最直接有效途径。两年时间，通过推动“农产品＋七进”产销对接平台的建设，筹备北京种业扶贫大会、京蒙消费扶贫集采推介会，打通了供应链流通渠道，确立了京蒙两地农畜产品长期供货关系。三年来，内蒙古地区销往北京的扶贫产品销售额突破百亿元，十多万名贫困户通过消费扶贫实现了增收致富，北京市民更是享受到了草原绿色、健康的高品质特色农产品。消费扶贫工作把首都市民消费者和贫困地区勤劳致富的老百姓紧密地联系在了一起，让首都大市场成为贫困地区产业发展、乡村振兴的重要引擎。

庆新同志负责的残疾人帮扶工作，是国家年度考核的重要考点和难点，31 个国贫旗县在 2019 年初尚有近 2 万名建档立卡的未脱贫残疾人。在京蒙协作的大力支持下，通过帮助设立项目、投入资金、配发辅助器具，帮助残疾人提高融入社会能力，激发了深陷贫困的残疾人内生动力，让他们重新燃起生活希望，书写出精彩的人生篇章。通过大家的帮助和残疾人朋友自身努力，建档立卡的贫困残疾人实现清零，实现了小康路上一个也不能少、不能掉队。在一同工作的两年里，我也为残疾人朋友的自强不息的奋斗故事所感动，也为残联同志们夜以继日地开展工作所激励。

经过第五批赴内蒙古挂职团队的接续努力，京蒙扶贫协作的 31 个国贫旗县于 2020 年初全部实现脱贫摘帽。现在，我们已交棒第六批赴内蒙古挂职团队，相信善作善成、敢打硬仗的优良作风会传承下去，脱贫攻坚成果会得到进一步的巩固，乡村振兴事业将会持续推进。

在近两年的挂职时间里，我亲身经历和感受到了无数触动心扉、令人泪目的精彩故事，也为故乡与全国人民一道迈入小康社会而自豪。我想，无论我走到哪里，心中永远饱含对蓝色北疆的无限深情，只要有机会为故乡建设添砖加瓦，我都义无反顾、责无旁贷。

我见证了太旗脱贫摘帽

韩大巍

2018年7月，我受北京市昌平区委组织部选派，来到内蒙古自治区锡林郭勒盟太仆寺旗扶贫办挂职，开展京蒙扶贫协作工作，从以前的技术人员变成一名基层扶贫干部。近3年来，从贡宝拉格草原牧民的蒙古包到偏远山区的农户，走遍了太仆寺旗的每一寸土地，深入50多个重点村，访问建档立卡贫困户近200户；从京蒙扶贫协作正式启动，到顺利实现高质量摘帽，经历了太仆寺旗脱贫攻坚决战决胜全过程。当前，脱贫攻坚已经获得全面胜利，乡村振兴的号角已经吹响，站在京蒙协作新阶段的起点上，回顾三年扶贫经历，许多人、许多事仍然历历在目。

“初识”贫穷，让我刻骨铭心

太仆寺旗位于内蒙古自治区中部、锡林郭勒盟最南端，距北京市350公里，总面积3415平方公里，总人口23.4万。1991年列为自治区贫困旗，1994年列为国家级重点扶贫开发旗，2011年再次列为国家级重点扶贫开发旗。2017年底，太旗有贫困村73个，全部建档立卡人口共计 9960 户 20957 人，其中未脱贫 4816 人，占全盟贫困人口 60% 以上，是锡盟脱贫攻坚主战场。

2018 年 8 月，在为水质净化车间选址的过程中，我来到太旗南端的幸福乡红革村，在村头的阴凉处，有几位老人带着孩子乘凉，其中的一个孩子跟我儿子年龄相仿，按理说到了学前教育的年纪，为什么没上幼儿园呢？我凑过去想了解下情况。孩子奶奶跟我讲：“由于村里穷，儿媳妇离家出走了，为了有人养老送终，这孩子是从外地抱养的，给孩子上户口已经花了 2 万多元，要上幼儿园得去几十公里外的镇里，需要陪读，家里根本没有这笔钱。”“像他家这种因为贫穷导致妻子出走，抱养孩子的情况曾经在贫困村很常见的。”其他老人补充道：“我们村连一口干净水都喝不上，从井里抽出来的水都是红色的，需要沉淀一天才能喝，谁愿意在这样的村里住。”

我也是从农村走出来的孩子，自认为经历过贫困，但是喝不上水、住不上房、抱养孩子、没钱上学等已经超出了我的想象。孩子期待的眼神、老奶奶无奈的言语深深刺痛了我，那一刻我坚定了信念，一定要与贫穷战斗到底，尽自己最大努力帮助他们摆脱贫困，过上幸福生活。当年年底，一座日处理能力 30 立方米的水质净化车间在红革村建成并投入使用，乡亲们彻底告别了喝水难的日子。

解决“两不愁三保障”突出问题，体现“北京温度”

由于气候和地质原因，太仆寺旗无地表径流，村民饮水主要依靠自建小口井。由于浅水井存在水量不足、水质超标等问题，造成部分地区村民喝水难。当时我们认为，喝水难是共性问题，不能只惠及建档立卡贫困户，来自北京的帮扶要有广度、有温度。带着这样的初衷，在解决建档立卡贫困户安全饮水问题上，太仆寺旗京蒙扶贫协作项目安排上放弃了为贫困户安装到户净水设备的方案，突出源头治理，先后投入帮扶资金近 600 万元，实施多项安全饮水工程，从根本上解决区域饮水问题。

针对饮用水水质不达标问题，2018 年，太仆寺旗利用京蒙扶贫协作项目资金 210 万元，在骆驼山镇黑渠山村和幸福乡红革村现有水源井附近建设水处理车间，采取“反渗透”技术对地下水进行净化，每座车间日净化能力 30 立方米。通过实施项目，彻底解决两村饮用水氟化物、铁、锰等指标超标问题，惠及两个村农户 276 户 550 人，其中建档立卡贫困人口 193 户 424 人，让两村村民吃上健康水。与红革村临近的淖沿村，同样存在地下水质超标问题。2019 年，太仆寺旗利用京蒙帮扶资金修建了近 5 公里输水管道，将红革村水质净化车间与淖沿村主管道连接起来，让清澈甘甜的净化水流入淖沿村家家户户。工程实施既有效解决了淖沿水质超标问题，也提高了水质净化车间利用率，避免了资源浪费。

针对水量不足问题，2019 年，太旗利用京蒙扶贫协作资金 333 万元，在太仆寺旗骆驼山镇后山椅子村、红旗镇平地村、幸福乡淖沿村等 8 个村实施安全饮水工程，惠及 761 户 1356 人，其中建档立卡贫困户 256 户 499 人。项目通过打深水井、铺设管道等方式，提高了农村居民的集中供水率、供水保证率、水质合格率，为建档立卡贫困户和农村居民提供了真正干净、卫生饮用水。大大提高建档立卡贫困户的生活质量和健康水平，改善了贫困村的基础设施和农村人居环境，有力保障了农村经济社会用水安全。

“以前吃小口井的水，到冬天水井上冻就要到很远的地方挑水，我行动不便，儿子在外边打工，不可能让他回来给你挑一缸水吃，现在有自来水我自己拿碗就能喝，方便多了。”我走访黑渠山村时，提起安全饮水工程，建档立卡贫困户张万富高兴地跟我说。

光伏照亮“致富路”

2018 年，太仆寺旗通过积极争取，使光伏发电项目落户，在全旗建设 4 个联村电站，总规模 20.325 兆瓦，总投资 13210 万元，能惠及 73 个贫困嘎查村和 3525 户贫困户，可以持续扶贫 20 年。为解决建设资金缺口，太仆寺旗利用京蒙扶贫协作平台，整合北京市级财政援助资金 1062 万元，使得项目顺利实施。

项目建设期间，盟、旗两级北京挂职干部主动参与，积极协调。其中盟领导多次协调盟发改委、能源局、电业局开通绿色通道，缩短审批时间，并先后 5 次赴太旗指导光伏项目建设及后期资产收益管理分配。旗领导协调旗委政府分管领导和相关部门定期不定期召开专项调度会，加强内部协同，开展会商研判。基层干部紧盯项目进度，及时汇总上报。太旗党委政府成立由旗委书记任组长、政府旗长任常务副组长的专项工作组，从扶贫办、发改委、供电局等部门抽调人员成立专班，构建牵头抓总、分工明确、协同配合、共同推进的工作模式，做到“月有调度、周有推进、日有进展”。京蒙两地干部相互协作、通力配合，使第一批村级电站用时不到两个月就在内蒙古这样一个高寒、高海拔地区实现了全容量并网发电，其中红旗站联村电站、帐房山村联村电站分别成为全区两批村级光伏扶贫电站中首个一次性全容量并网发电的联村电站。截至 2021 年 3 月，村级电站累计发电量 7842.01 千瓦时，累计发放收益 3454.78 万元，受益贫困户 3410 户，贫困嘎查村村民通过公益岗、无劳动能力补助等形式切实享受到了光伏项目带来的好处。

李存昌是锡林郭勒盟太仆寺旗永丰镇河西村的脱贫户，在河西村被确定为光伏收益分配使用试点村后，他就成为村里的清洁工，每月能拿到 1200 元工资，这对于 71 岁的李老汉来说是件不敢想的事：“前些年能吃饱穿暖就很满足了，活了大半辈子，谁能想到现在还挣上了工资，就和做梦一样哩！”

小草莓架起“合作桥”

太仆寺旗虽然常年大风不断且温暖性天气较少，但由于地处温带大陆性气候，光照优越、昼夜温差大，再加上距离北京只有 300 多公里，是培育草莓种苗的理想之地。而昌平区是有名的草莓种植地，但由于人力、物力、土地等成本较高，草莓种苗缺口巨大，太仆寺旗可以通过对接昌平区，开展草莓种苗种植，发展草莓产业，带动当地扶贫。熟知昌太两地优劣势的太旗挂职干部们，开始利用两地资源优势，通过走访地点、联系企业、对接昌平区项目资金、督促项目进度，开展太仆寺旗草莓基地项目落地工作。2018 年，太仆寺旗在宝昌镇边墙村、农牧业研究所、内蒙古百氏特农业科技有限公司等 3 处建设 6 亩草莓种苗繁育试验基地，当年培育种苗 15 万株；2019 年，宝昌镇边墙村新建草莓育苗大棚，引进 3 家北京企业，租用 72 座大棚，培育草莓种苗 200 万株，且这些草莓种苗根系粗壮、抵抗力强，完全符合优质一代苗标准，不仅填补了太仆寺旗没有草莓育苗的空白，也带动了当地一批人的就业问题。据统计，2019 年太仆寺旗通过草莓育苗，累计带动当地 40 余人就业，其中建档立卡户 8 人，月均工资 2400—3500 元。2020 年，太旗利用京蒙扶贫协作资金 112 万元扩大草莓种苗繁育规模。采用“政府 + 经营主体 + 建档立卡户”的扶贫模式，由政府出资帮扶、经营主体生产获得收益，通过土地流转、吸纳务工、带动种植、利益分红等形式，带动贫困户增收。当年分别在宝昌镇边墙村、千斤沟镇大圪洞村、六号村、西大井村，由 4 个新型经营主体自建 186 座大棚，来自昌平区 19 余万株的草莓种苗繁育子苗 495 万株，带动 136 名建档立卡贫困户直接参与育苗或进行务工增加收入。

“金鸡”产业助脱贫

太仆寺旗金鸡产业扶贫项目位于千斤沟镇临潭村，占地 540 亩，计划投资 2.5 亿元，建设集蛋鸡养殖区、饲料加工厂、废弃物处理中心、食品加工厂于一体的全产业链循环经济项目。项目采取“政府投资建设、企业租赁经营、贫困群众多渠道受益”的政企合作模式，建立了“4+1”利益联结机制，通过收取租金、土地流转补偿、带动贫困户养殖、吸纳务工等方式带贫。

2019年，正值项目建设关键之时，资金发生了困难。太仆寺旗争取北京市和昌平区两级财政援助资金1050多万元，用于设备采购，使得金鸡产业扶贫项目青年鸡养殖区于当年10月30日竣工投入运营，30万只青年鸡顺利入园养殖。2020年，太仆寺旗利用北京市级财政援助资金1600万元用于青年鸡1区和蛋鸡2区设备采购，保障养殖规模不断扩大。目前德青源基地养殖区已全部完工并投入使用，产蛋超过1亿枚，收取租金350万元，首批租金已使81个贫困嘎查村通过转移性收入实现了集体经济“清零达标”，直接带动39名建档立卡贫困人口就业，人均月收入超过3000元。

一路走来，历程艰辛却收获满满

2019年8月，一年挂职期已满，圆满完成各项任务的我本来可以回到北京，但此时太旗依然是国贫旗，2303名建档立卡贫困户仍未脱贫，3044.5万元京蒙扶贫协作资金实施的30个项目还在推进中，京蒙扶贫协作工作还在继续。为此，我毅然选择了延期，跟我的战友们继续在脱贫攻坚战场上奋战。2019年12月4日，在一场大雪中，国家第三方评估组完成了对太仆寺旗脱贫攻坚验收。2020年3月5日，内蒙古自治区发布公告，太仆寺旗正式退出国家级贫困旗县序列，我亲眼见证了太旗脱贫摘帽！

脱贫攻坚是战场。近3年来，共实施81个项目、完成133项考核指标、落实1.1亿元援助资金，花好钱、办好事、让贫困群众受益，让京蒙协作见成效，工作任务繁重。产业合作、劳务协作、人才交流，多管齐下推进昌平太旗两地携手奔小康，确保太旗2020年实现人脱贫、村出列、旗摘帽，肩上责任重大。严寒、烈日、狂风、大雪、鼠疫、新冠……前进路上困难重重。我看到北京挂职干部与当地干部一道，不惧艰苦、无畏寂寞、克服困难、加班加点，用“功成不必在我、功成必定有我”的精神，高质量完成了扶贫任务。

脱贫攻坚是课堂。太旗作为国贫旗，资源有限、基础设施相对欠缺、民生保障相对薄弱、社会服务相对不足，工作生活中难免遇到困难。同等条件下，当地扶贫干部舍小家为大家，全情投入、积极作为。他们中有的放弃新婚假期，有的无暇照顾还未满月的孩子，同大家一道加班到深夜，展现了过硬的素质，为我树立了良好的榜样。

“太仆寺旗利用京蒙资金援建 4 个手工足球缝制扶贫车间，解决村内富余劳动力及进城陪读贫困户就业增收问题，目前有 60 人与企业签订固定供货协议，既不影响农忙和照顾孩子，又有稳定收入来源。”“来自北京的戚大夫，让瘫痪在床 16 年的我又重新站起来了，给了我生活的希望！”“跟岗期间，我们系统地进行了听课、观摩、研讨、交流，后来还有试讲课，昌平区老师们的教学理念、教学水平、敬业精神都给我留下了深刻印象，我学到了很多。”群众的真情流露反映了京蒙扶贫协作工作丰硕成果，我看到了京蒙扶贫协作助力下，帮扶地区产业、医疗、教育全面发展，贫困户生活得到根本改善。

“周末回家吗？我带你去我们家地里采果子吃，保证是你从来没见过的……”“你带点鸡蛋回去，草原的鸡蛋北京买不到……”当地干部群众对我这个外乡人无微不至的照顾，让我感受到了融入后的关怀与温暖。

在整个人生中，三年的时间是短暂的；在扶贫一线战场上，个人的力量是渺小的。我有幸在短暂的时间内，将个人的努力融入到京蒙两地扶贫协作强大合力中，与千千万万扶贫工作者和贫困群众一起在脱贫攻坚战中经历了、参与了、奉献了，一路走来，过程艰辛却结果圆满，挂职工作无遗憾！

青春无悔　相信未来

孟冉

初识突泉，用鞠躬尽瘁的态度投入工作

习近平总书记在陕甘宁革命老区脱贫致富座谈会上强调："我们实现第一个百年奋斗目标、全面建成小康社会，没有老区的全面小康，特别是没有老区贫困人口脱贫致富，那是不完整的。这就是我常说的小康不小康、关键看老乡的涵义。"

2018 年 7 月 23 日，怀着期待又忐忑的心情，我随北京市房山区代表团到突泉县考察对接京蒙协作工作，这是我工作以来第一次挂职经历。就在三天前，突然接到区委组织部通知，让我立即交接手头工作，周一随团到内蒙古自治区兴安盟突泉县挂职县扶贫办副主任、京蒙协作办副主任，从事京蒙扶贫协作工作。突泉在哪儿？我一无所知，赶紧上网查找相关信息，距北京 1000 公里，人口 31.5 万人，面积 4889.5 平方公里，真是地广人稀的地方啊！

突泉县地处大兴安岭南麓与东北平原的交界处，地势地貌呈"北山区、中丘陵、南平原"，188 个行政村，其中 26 个深度贫困村，经过与扶贫办同事了解，当时的建档立卡贫困户有 13078 户 26806 人，贫困

发生率 6.3%。这是一份沉甸甸的压力和责任，我作为北京市挂职干部，心里只有一个想法："鞠躬尽瘁、消灭贫困"。这就是我千里迢迢来到突泉的初心。

没走进农村，尤其是贫困村中，很难想象农村生活的艰辛，大部分年轻人已经外出打工，留守的大多是中老年，弱劳动力。尽管突泉县人均耕地面积 8 亩地，但单纯地靠种庄稼很难达到小康，仅仅能够维持温饱。

习近平总书记在河北省阜平县考察扶贫开发工作时讲话强调，我们要加大投入力度，把集中连片特殊困难地区作为主战场，把稳定解决扶贫对象温饱、尽快实现脱贫致富作为首要任务。

每当看到习近平总书记关于扶贫工作的重要论述，心中的那团火焰就仿佛烧得更旺了起来，贫穷不是社会主义。如果贫困地区长期贫困，面貌长期得不到明显提高，那就没有体现我国社会主义制度的优越性，那也不是社会主义。我为我有幸能作为主角亲身参与到国家脱贫攻坚事业当中，感到无比的自豪。

每天的扶贫工作，压得我喘不过气，从各级对接、项目开工到医教帮扶、利益联结，事无巨细，都是重点，必须干好。感觉到突泉后，时间都调快了，一转眼半年过去了，国家东西部考核日益临近，虽然国家考核标准尚未出台，我参考 2017 年的考核指标，全面达到和超过之前的工作成效，半年时间，我也从一个扶贫领域的"门外汉"走进了扶贫大家庭中，学习了相关的理论知识、政策法规，得到了北京市、房山区的大力支持，两地协作关系不断加深，使我有信心迎接国家考核。

2018 年，我加强调查研究，走访部门、企业，深入当地乡镇、村庄，共争取各级财政资金 4875 万元，完成项目 11 项，各部门向突泉县捐款 143.7 万元，捐物折款 135.6 万元，进京销售农特产品 173.87 万元，转移贫困人口到自治区外就业 182 人，其中进京务工 20 人，完成房山区选派专业技术人才 12 名赴突泉县交流援派，突泉 22 名专业技术人才赴房山区跟岗交流培训。

利益联结机制直接使贫困群众受益

扶贫协作关系不仅仅是为受援地带来资金、项目，在医疗、教育等方面更是大有可为，让当地百姓获得长久的实惠。

永安镇四家子村贫困户程全家两个女儿程日、程月，先天性足内翻。2018 年 5 月，房山区及突泉县两地妇联、团委分别在两地发出捐款倡议，筹得捐助金 40 余万元。2018 年 7 月至 11 月，患病姐妹在房山区区委、卫计委的积极协调下，顺利入住北京积水潭医院，先后进行两次手术，术后恢复良好。我建议剩余的捐助金余款的使用，由突泉县妇联、团委、教育局、红十字会共同保管并成立“京蒙救助金”，救助突泉县贫困患病妇女儿童。

自京蒙扶贫协作工作开展以来，我结合本地实际，按照产权清晰、与贫困户利益连接紧密、具备实施条件和见效快的标准，扶持种养殖龙头企业，发展壮大农牧产业，带动贫困户就业，扩大减贫效果。项目实施中，与相关部门逐步探索出“五方协议 + 联结机制”的管理模式，形成以国投公司为项目资金承接管理主体，龙头企业为项目实施主体，银行负责分红资金代缴代发和企业诚信监管，融资担保公司为担保主体，农科局对项目进行监管，扶贫办、京蒙协作办对各环节工作进行监管的运行格局，确保项目资金运行安全。

在建立联结机制上，均按照资产收益式进行。共设置了 1342 个公益性岗位，在全县 188 个行政村雇用有劳动能力的贫困户做保洁员，进行日常环境卫生保洁工作。以京蒙资金产业扶贫项目为杠杆，激发贫困户的内生动力。

抓住机会的京蒙协作光伏发电项目

光伏发电项目对于光照条件良好的贫困地区是非常好的带贫项目，在设计项目之初，突泉没有光伏发电指标配额，我原设想将1597万元市级资金用于县里“两头牛”产业发展，因为2019年突泉县得到了光伏发电的配额，了解到情况后，及时向县领导汇报与相关部门沟通，最终将1597万元资金调整为突泉县村级光伏电站建设电站项目，发电收益形成村集体经济，用于开展公益岗位扶贫、小型公益事业扶贫、奖励补助扶贫等，重点向弱劳力、缺劳力、无劳力贫困人口倾斜。项目竣工起，已经累计发电531.288万度，产生效益398.466万元。

创新提出“企业带贫＋居家就业”模式

2018年底，我们引进北京企业，并成立了北京韩建河山管业有限责任公司内蒙古分公司。我从公司成立伊始，便要求公司在做好本职业务工作的同时，发挥企业优势，做好带贫就业等工作。同时，将有一技之长、与岗位契合、有工作意愿的贫困户筛选出来推荐到企业，经过我不懈努力和协调，有将近十名贫困户陆续到企业参与生产经营等工作，取得了一定的效果和成绩。

按照工作安排，我的挂职期限原定于2019年12月底到期，在快到期的头两月，突泉有点舍不得离开，一方面对这个美丽的地方熟悉了，有那么多的同事、朋友，他们善良淳朴，为人坦诚，工作毫无怨言，为了早日脱贫夜以继日埋头苦干；另一方面，我的工作还未完成，脱贫攻坚事业还处在滚石上山的攻坚关键期，我走了也不踏实，在接到组织部门电话征求去留意见后，我义无反顾地提出愿意继续完成工作任务，最终我的挂职期限延长一年到 2020 年底。

2020 年是脱贫攻坚收官之年，年初新冠肺炎疫情突如其来，给京蒙协作工作带来了巨大挑战，企业人员集中，全面封闭的难度很大，不让贫困户等工人假期回家难，不封闭管理的防疫压力很大，面临开工难，招工难等难题。3 月初，接到通知的我们第一时间返回县里，这时很多工作进度严重滞后，那就先紧着项目实施，排出时间表。对于其他工作我转换思路，能够线上操作的就线上做，不能因为疫情就不工作，劳务协作专场招聘会改为线上发布，疫情可控后，马上组织达成意愿的贫困户外出务工，做好安全防护等措施。我多次协调县就业指导部门发布就业信息，组织专场招聘会，将有意向的建档立卡贫困户推荐到企业面试，但效果仍不明显，新招来的贫困户待不住，留不下，没干多少天就流失了大部分，不能在企业长期工作，是企业面临的一大难题。

我分析了问题存在的三个原因：一是总体来看，贫困户缺乏一技之长。从贫困户自身条件来看，绝大部分贫困户普遍文化程度较低，且年龄较大，大部分没有专业技能，或专业技能与企业生产需求不相符，导致贫困户普遍对企业生产不熟悉、不了解，无法胜任，存在只想从事保洁、打更等工作的想法，到企业没法安置岗位；二是部分建档立卡贫困户难以外出务工。来企业应聘的贫困户中老弱病残者占大多数，加之贫困户或是自己身体不好，或是家中有老弱病残等亲属需要照料，家庭牵绊较多，难以踏实在企业工作，无法真正离家外出务工；三是企业位置较偏僻。企业位于突泉县的东南方，工业园区中，距县城 15 公里，没有公共交通加持，大部分建档立卡贫困户路途遥远，家庭生活困难，对收入和支出非常敏感，虽然协调企业多为贫困户着想，提供免费食宿和补贴，但贫困户对企业的用工需求大多仍持观望态度。

坚持以问题为导向，是我挂职期间一直以来的信条和行为准则。企业面临的问题是要积极探索解决的方向。用了两天时间，频繁到企业和各乡镇进行考察调研，到企业当中挖掘岗位潜力，让可以推到市场的尽力推向市场，我到贫困户家中了解需求、意愿和能力水平，想从事和能从事的工作种类，搭建起企业用工和贫困户务工的桥梁，努力在企业和贫困户之间找一个契合点。

经过反复研究，我创新性地提出了“企业带贫+居家就业”的贫困户就业新模式。在与企业座谈交流时，我说：“企业吸纳贫困户所谓‘就业’的核心是双方签订用工协议和贫困户按月得到劳动报酬，这两者缺一不可，其与贫困户就业工作地点的契合程度并无必然联系。既然直接招聘贫困户到企业工作带贫效果不明显，贫困户离家难，企业位置偏僻这些问题难以解决，那换一个思路，找到有意愿、有能力的建档立卡贫困户，企业通过与他们签订芦花鸡代养协议，将其吸纳到企业当中，作为企业后勤部门工作人员，采取居家就业的工作模式，企业按市场价发放30只鸡雏和饲料费用到贫困户手中，每月为贫困户支付劳动报酬，待半年后，芦花鸡达到出栏条件将产品交到公司，产品可供企业日常食用消耗，且员工可以自由选购绿色产品，达到消费扶贫的目的。”

“企业带贫+居家就业”创新就业模式，经过实践证明，总结出四个方面的突出特点和优势：

一是降低了建档立卡贫困户的就业门槛，让有意愿、有能力的贫困户参与到企业经营工作中来，解决了贫困户就业难的问题；二是通过居家劳动就业，激发了贫困户内生动力，贫困户用自己的劳动技能，创造了属于自己的价值，极大提高了自身的收入，使每户年增收达到2000元以上，帮助贫困户持续稳定脱贫；三是解决了建档立卡贫困户需要照顾家庭、离家务工难的后顾之忧，能在生产经营的同时兼顾好照顾家庭的责任；四是用工企业尽到帮扶贫困户的社会责任，让真正有爱心有责任心的企业在为全县经济发展作出贡献的时候，起到帮扶贫困的示范作用。同时，降低了企业产品采购成本，还能吃到放心绿色的农副产品。这几个优势，最终实现“你供我需双促进，降本增收两相和，招工就业达共赢”的目的。

可爱的援派专业技术人员

2018 年至今，房山区共派往突泉县援派专业技术人员 39 人、42 人次，他们奋斗在教育、医疗、农业技术、文化等行业。其中，以援派时间来看，长期共 11 人，12 人次，占 28.5%，短期共 28 人，30 人次，占 71.5%。从行业划分看，教师共 11 人，占 26.2%；医生共 12 人，占 28.6%；农业技术共 13 人，16 人次，占 38.1%；其他类 3 人，占 7.1%。

三年来，专业技术人才援派工作的顺利开展，得到了两地党委、政府的高度重视，他们在突泉县的辛勤付出，无私奉献，得到了援派单位领导、同事、受助百姓的高度认可，在各自领域内作出了突出贡献，填补了多项技术空白，为当地打造了一支“带不走”的工作队。

青春无悔、相信未来

我和所有战斗在扶贫协作一线的挂职干部、援派专业技术人员一样，始终牢记首都市民的重托，那是一份沉甸甸的责任。在赴突泉前，领导语重心长地对我说：“要始终记得你代表着北京，不能给北京丢脸。”这句话，至今仍牢牢记在心里，2021 年 3 月 15 日，我荣获了北京市扶贫协作先进个人。三年挂职经历，我走遍了突泉的大小村庄，厂矿单位，突泉的田间地头都留下了我的足迹；三年来，我累计争取北京援助资金 2.04538 亿元，动员社会各界向我县捐款 973.45 万元，捐物折款 552 万元，实施完成项目 71 个，累计带贫 42111 人。在我看来，“舍小家、为大家”这句话只是外人对我们的评价，当我回顾这段经历，我留下了什么，这才是最重要的，在突泉挂职的岁月，让我在工作中改掉了很多毛病，各方面能力也得到了锻炼和提升。有意义的是，在挂职期间，我还结了婚，平时聚少离多，每次见面也就一两天的探亲时间，匆匆忙忙地又要上路赶回内蒙古。在外的三年时间，对感情也是一种考验和难忘的经历，或许是让感情更为牢固的一个黏合剂。

能亲自投身到国家伟大的脱贫攻坚事业大潮中，哪怕卷起一丝浪花，也使我受益终身并永生难忘。此刻，我已经挂职期满返京四个多月，回到了工作岗位，每当抬头望向天空，总会想今天突泉的天也那么蓝吗？

扑下身子好好干　带着情感去扶贫

闫新疆

2019 年 4 月 24 日，组织上考虑我多年在北京歌华传媒集团新闻一线工作，又是数字编辑高级职称评审专家，对数字传播有了解有实践，有益于创新脱贫攻坚消费扶贫宣传，希望派我去内蒙古挂职赤峰市扶贫办综合科副科长。当时家里两个女儿都还没上学，大的才 6 岁，小的两岁多，加上父亲因脑溢血后遗症还在医院住院，长期外派工作我也不是没有顾虑：怎么办，去还是不去？组织的重托，作为一名共产党员，自己责无旁贷；可是自己走了，家里怎么办，爱人、孩子、老人，会理解支持吗？

坐在办公桌前，我不自觉地在电脑上搜寻起内蒙古、京蒙帮扶、东西部扶贫协作，一些原来从未关注过的数据映入眼帘，“2016 年 6 月 19 日，北京首次使用来自内蒙古的特高压电，北煤南运变成北电南送，清洁能源让北京的天更蓝水更绿”。“内蒙古‘十二五’时期累计投入 546 亿元实施生态工程和区域性绿化工程，将 10.1 亿亩可利用草原全部纳入保护范围，让北京曾经漫天席卷的黄色沙尘成为记忆”。“1996 年 5 月，党中央、国务院作出开展东西扶贫协作的重大决策，决定北京对口帮扶内蒙古自治区，京蒙两地正式建立了对口帮扶关系”。

内蒙古人民变输煤为输电，把清洁能源带给了北京；放弃眼前的经济利益，数十年如一日，退耕还林还草，把风沙牢牢地固住。作为享受首都优越条件的我们有什么理由不在内蒙古人民最需要的时候伸一把手呢！

习近平总书记曾特别指示：增强饮水思源、不忘党恩的意识，弘扬为党分忧、先富帮后富的精神，对于打赢脱贫攻坚战很有意义。

我下定决心拨通了家人的电话，电话那边听完我的简单叙述，家人的意见惊人的统一。母亲说同意，妻子说同意，在病床前，父亲叮嘱我："当年我在新疆工作，你的名字叫新疆，现在需要你去扶贫，不要顾虑家里，一定要扑下身子好好干。"

集团的领导也鼓励我："安心去工作，家里有任何困难，我们就是你的坚强后盾。"

2019 年 4 月 27 日，北京市第五批赴内蒙古挂职干部结束在北京的集中培训，迅速从北京赶赴内蒙古，开始了为期两年的挂职工作。通过学习，我了解了东西部扶贫协作的背景与现状，更明白脱贫攻坚工作已经到了最紧要的关头。

习近平总书记在 2019 年元旦新年贺词中说道，农村 1000 多万贫困人口的脱贫任务要如期完成，还得咬定目标使劲干。总书记的嘱托让我坚定了做好全年工作的信心，今后两年要紧紧围绕京蒙扶贫协作这一主线，聚焦精准脱贫，从实现全面建成小康社会目标的高度来认识和把握扶贫协作工作。

一到任我就往各旗县跑、往嘎查村里扎，想尽快了解扶贫项目。一次从阿旗返回赤峰市区，路边广告牌引起了我的注意：一位农妇拿着黄澄澄的笤帚苗，笑得开怀。细问才知，那是巴林左旗正在推广的笤帚苗加工产业。沙地养不活庄稼，可笤帚苗却长得带劲，当地用京蒙帮扶资金建起了加工车间，贫困户可在家门口就业。可各村干各村的，没形成产业体系，也没有品牌。我当即决定改道去巴林左旗，我得下村看看，想办法帮他们打出知名度。

在十三敖包镇的笤帚苗加工厂，我看到了当地村民扎的笤帚，又结实，又好看，简直是一件件精美的艺术品，其中做得最好的，是一个叫王文娟的女工，她是建档立卡贫困户。但她从不跟别人主动说话，我用镜头拍摄时，她也时常躲避。多年的新闻一线工作经验，我知道，她有故事，但是还需要挖掘。

我从早到晚在车间里泡着，和农户一起干活，给他们打下手，从选苗到捆扎、销售，自己上手体验。

终于有一天，王文娟邀请我和村干部去家里看看了。在她家的小院里，干活时一言不发的她，一气诉说了两个多小时。说到伤心处，她泣不成声。我这才知道：她上有年老的婆婆，下有幼小的孩子，大女儿有先天性疾病，丈夫为切除肿瘤动了个大手术，积蓄花光了，还欠下一堆债，她甚至想到过轻生。我听着，跟着哭，也跟着笑，记录下了这个珍贵的故事。为了家乡的笤帚苗能够被更多的人所了解，王文娟终于同意我把她拍进视频了。

2019 年国庆节，巴林左旗的笤帚苗项目在中央电视台的《晚间新闻》播出了。这下子，全国人民都知道了巴林左旗的笤帚苗！销路迅速打开，销量翻了三倍，仅一个月的销售额就达 100 多万元。王文娟的收入增加了 1000 多元。她家终于脱贫了！

驻村一周，我终于返回市扶贫办的时候，同事们说，我黑了、瘦了，还胡子拉碴的——其实，这趟行程完全是计划外的，走得急，我连刮胡刀都没来得及带。

在工作中，我坚持实事求是，切实把挂职当地的贫困人口、贫困程度、致贫原因等搞清楚，因地制宜、因户施策，探索精准扶贫新路径。坚持统筹兼顾、综合平衡，立足边疆地区、民族地区的区位条件，将京蒙扶贫协作与经济社会高质量发展、新冠肺炎疫情防控、民生改善、民族团结等工作统筹谋划推进。坚持两点论和重点论的统一，善于抓住主要矛盾和矛盾的主要方面，突出重点、带动全局，把贫中之贫、困中之困的深度贫困旗县、深度贫困群体作为攻坚的重点，把产业扶贫作为京蒙帮扶的重中之重，努力提升贫困地区造血功能。

两年多来，我走遍了赤峰 8 个国贫旗县上百个嘎查村，和贫困户同吃同住了解落实扶贫项目。冬天滴水成冰，春秋常刮白毛风，但是这都不能阻挡我的脚步，两年行程超 8 万公里，相当于绕赤道两圈多。

我通过打造数字会展矩阵，新媒体网媒矩阵，传统媒体矩阵，对赤峰特色农产品进行市场推广。世园会期间，我的“娘家人”歌华传媒集团更是在移动电视、城市电视等新媒体平台滚动播出赤峰周活动信息，日覆盖人群超过 1000 万人。

阿旗的羊肉畅销了，敖汉的小米价高了，宁城的蔬果不愁卖了。看到自己的辛苦让贫困户的口袋鼓了，心头甜了，脸上笑了，我感到自己的付出也值了！

来到赤峰两年了，很多乡亲都开玩笑地对我说：“新疆，应该给闺女重新起个名，就叫赤峰吧，永远记住我们这个地方。”而我也深深爱上了赤峰这个第二故乡。

“您是北京人，为啥叫‘新疆’？”初次见面，不少人都会好奇我名字背后的故事。1977 年，我的父亲是一名援疆干部。边陲遥远，无暇返乡看望初生的婴儿，只能用一个特别的名字——新疆，来记录那段难忘岁月。

这次赴赤峰，一去就是两年，父母、妻子和两个女儿却默契地一致支持。临行时父亲还叮嘱：“一定要扑下身子好好干，带着感情去扶贫。”

父亲是这么说的，我也一定要这么做。在扶贫办除了负责京蒙帮扶主责主业工作以外，我还利用个人特长兼任政策法规科工作。克服困难，利用下乡、京蒙项目调度的间隙及业余时间加班加点完成了诸多文件起草、宣传策划及新闻稿件的撰写工作。

自治区开展的“我眼中的优秀共产党员”微视频展播活动，赤峰市扶贫办考虑到成本及扶贫办的工作特色，希望自己动手制作。我为了节约成本，利用免费软件进行编辑，经过数个星期的多个不眠之夜的辛苦鏖战，最后制作的成片获得了同事们及上级领导的肯定，并在“学习强国自治区专区”进行展播，有力地宣传了赤峰市扶贫工作及优秀党员风采，同时也体现了一个北京挂职干部融入当地工作的良好示范。

难以忘记 2020 年底，为确保项目完工全面冲刺 20 多天，整个团队把精准作为各项工作的总要求，心往一处想，劲往一处使，拧成一股绳，连续奋战在项目一线。劳累加上寒冷，我连续便血，不敢吃东西，不敢上厕所，还是坚持和大家一起圆满完成了脱贫攻坚收官和东西部年度考核任务。

我坚持以习近平总书记关于扶贫工作的重要论述为指引，以高度的政治自觉和使命担当、以时不我待只争朝夕的奋斗精神，倾情投身扶贫协作，全力以赴落实落细产业扶贫、就业扶贫、消费扶贫、人才交流、教育医疗帮扶等各方面工作任务。做到了“政治过硬、业务过硬、责任过硬、纪律过硬、作风过硬”。

扎实的工作成果也换来了领导、同事和乡亲们的认可，我被推荐评选为全国脱贫攻坚先进个人及赤峰市评选的 2019—2020 年市级脱贫攻坚优秀工作者。

我只是挂职团队的一名代表，团队里还有许多为了扶贫协作事业舍小家顾大家，义无反顾、默默奉献的同志，有的同志连续两次推迟婚期；有的同志妻子怀有身孕仍坚持奋战在扶贫一线。

乡村振兴是实现中华民族伟大复兴的一项重大任务。只要我们勇于担当，接续奋斗，就一定能在全面小康、乡村振兴的道路上书写新的辉煌。

用优质服务助力消费扶贫

张颖

难忘第一次参与扶贫工作

我现任北京锦绣大地电子商务有限公司董事长兼总经理，牵头运营的北京市消费扶贫双创中心海淀分中心。主要为扶贫地区的农产品供应链提供展示、销售、仓储、物流、结算及金融等全方位服务。2018 年 10 月 25 日，我清楚记得这是我第一次参加消费扶贫工作。北京锦绣大地电子商务公司和海淀区商务局及内蒙古科右前旗商务局联手在锦绣大地批发市场举办了“内蒙古科右前旗名特优产品展销会”，我将展销会安排在锦绣大地批发市场内人流最佳的位置。在这一周的时间里，来自科右前旗十多家优秀企业的近 50 种单品在锦绣大地设立展位，向首都人民展现来自大草原的优质商品。

展销会开幕的第一天，特色农产品刚摆到展位就被老百姓抢购一空，我紧急调货补充产品。火爆的现场销售情景感染了我，展会期间，我代表大地电商就与科右前旗五家企业签署了电商扶贫战略合作框架协议，约定提供内蒙古地区产品提供农产品上行的相关工作。

展会圆满结束后，仍有很多的北京市民前往锦绣大地批发市场寻找内蒙古的参展产品。这一现象提醒了我，何不和受援地企业一起将这展销会办得长久，变成永不落幕的农产品展销会？让这些优质的农产品在北京有固定的展览销售场所，长期扎根北京，提升农产品在北京的品牌形象，服务首都人民。

永不落幕的展销会

展销会结束后，我认真学习扶贫相关知识及政策，在北京市扶贫办、海淀区政府、海淀区扶贫办等各级单位关怀帮助下，经过几个月的筹划安排，2019 年 8 月，大地电商正式运营消费扶贫双创中心海淀分中心，我本人也是大地电商消费扶贫项目组的负责人。

在开幕这天，海淀区政府领导、海淀区扶贫办等各位单位，以及受援地区的领导、企业家纷纷前来祝贺，这对于我既是荣耀又是压力。望着处于锦绣大地批发市场黄金位置的大地电商分中心，永不落幕的展会是有了，如何把授权地区的农产品卖出去又难住了我。为了宣传推广，我在人流密集的锦绣大地批发市场楼体正面及阜石路路口醒目位置，为大地电商分中心进行广告宣传，希望让更多人参与到消费扶贫事业中。仅有宣传是不够的，还要有好的产品与之对接，接来下就是我为大地电商分中心的“寻宝”之旅了。

深入受援地区，了解真实需求

我在运营消费扶贫大地电商分中心的工作中深刻体会到，消费扶贫工作的快速推进，离不开与对口帮扶地区的深入沟通。这两年来，我曾多次深入对口帮扶地区，快速了解扶贫地区情况及需求，并推动进京销售的所有准备工作。

一到了受援地，我就马不停蹄地考察各个企业，不论是内蒙古、河北还是新疆，我是真正体会到祖国的地大物博。每家企业都相隔很远，早出晚归披星戴月，说实话真的很累，但是一看到企业家一脸的期待，听到他们努力帮助建档立卡人增收，看到那优质美味的农产品，我就一点都不觉得累了，既有发现好货的兴奋，又有把他们带进北京大市场的责任感。

尽管如此，作为一位专业的农产品供应链从业人员，我有自己的工作准则。在厂家选择环节，我严格执行准入条件，选择北京市消费扶贫产品目录中的商品，对于非目录中的扶贫产品，签约的厂家必须提供由当地扶贫办盖章确认的推荐书及带贫证明，确保消费扶贫得到有效落实。在商品准入环节，大地电商分中心所有采购商品，厂家必须提供完整的企业资质、检测报告、检疫证明等材料，确保采购商品的质量。

作为资深的农产品批发市场行业的管理者，我是非常了解北京市场，尤其是餐饮食堂等团体采购。我主要向扶贫地区的企业讲解北京市场的要求及消费者的喜好，便于扶贫企业的产品未来更加适合北京的消费市场。从产品的外包装是否合规到产品组合以及产品价格，我都一一进行了指导。

在与受援地企业对接过程中，我了解到受援地的农产品，如敖汉小米、敖汉蘑菇、科右前旗的大米及食用油等众多农产品都有“小而优”“小而特”的特点，但受流通成本偏高、市场信息不畅、品牌建设等因素影响，大量好货存不住、运不出。了解清楚后，我决定，借助大地电商农产品供应链的服务能力，通过自有的物流体系和仓储体系，将这些优质农产品带进北京。

因此，对于合格产品，我现场签约采购，大地电商分中心采用直采直销，这种去中介化的运营方式，既直接确认了扶贫企业身份，也确保了扶贫产品质量及成本的有效控制，实现了精准扶贫。

面对突发疫情，用科技助力扶贫

2020年初突发疫情，消费扶贫工作一度停滞。我非常着急，这一年是脱贫攻坚之年，为了不折不扣地完成扶贫攻坚任务，我积极想办法突破困局，开拓思路积极创新。大地电商作为高新技术企业发挥自身优势，积极开拓线上新渠道，我采取“农特产品+直播+电商+助农”的模式，真正实现线上线下一体化的创新销售模式。

我在销售端成功搭建微信小程序线上扶贫馆，并分别在京东开设海淀扶贫馆、淘宝开设海淀双创扶贫馆，在快手、抖音等开店，准备通过直播的新方式销售推广扶贫产品。

疫情突发，我不放弃，在这段既要防疫又要推进工作的期间发生许多美好难忘的故事。

2020年5月，我大地电商分中心线下体验馆成功地举办了海淀区商务局组织的《消费促进月——走进北京市消费扶贫中心海淀分中心》网络直播活动。这是我第一次参与直播节目，至今我都记得在直播开场讲话时我有多紧张。但是海淀融媒体专业的主持人很快就化解了大家紧张的局面，直播以轻松活泼的形式为分中心及扶贫产品做宣传推广，直播观看人数达到68万。很多网友直呼看馋了，到哪里能买到？

6月，北京市消费季开幕，在海淀区商务局组织的“七星耀动·温暖同行”活动中，在线下展销的同时，我与海淀融媒合作，完成了消费季开幕当天的直播任务，观看人数过百万，再次突破前高，创下观看纪录。老百姓一边拿着手机看直播，一边在线下展销摊位抢购，线上线下真正地互动。

我看到了直播带来的宣传效应，于是马上在大地电商分中心线下体验馆建立了直播间。7月，在这个直播间举办了“海敖同行情谊浓，草原味道快来品”内蒙古敖汉旗扶贫产品专场彩虹直播活动，采取“农特产品+直播+电商+助农”的模式，现场下单厂家发货，将敖汉旗特色农副产品送上海淀人民餐桌，当天直播观看人数超过380万，再创新高。

2020年9月，内蒙古自治区党委书记、内蒙古自治区主席率代表团来京考察，首站即来到消费扶贫双创中心大地电商分中心，代表团一行详细了解了大地电商分中心的扶贫工作情况，现场正好有一场直播，两位主播边吃边喝边介绍，那种投入与激情，很好地推广了产品。代表团也了解了直采、直播及线上线下一体的模式。

在这近三年的消费扶贫工作中，什么是最让我感动最让我自豪的？是受援地领导的感谢？是受援地企业的锦旗？还是我本人及大地电商得到的嘉奖？是也不是。

2020年6月，我跟随海淀区商务局在一个大型社区进行展卖活动，有很多老百姓在我们摊位前说，我们可算找到你们了，你们有敖汉的小米吗？煮出来的小米粥黏稠，香甜可口；还有的人专门点名要内蒙古的傻子旺牛肉干和牛板筋，不论是饿了补充体力还是当下酒菜都很好；有一些大爷大妈前来找科右前旗的俄体粉条，还详细问为什么叫俄体，他们说粗的炖肉细的涮火锅，家里人都喜欢；当天慕名而来寻找兴安盟大米、芥花油的人络绎不绝，不到一小时很多产品都断货了。于是大家纷纷关注我们线上的淘宝店，下单送货到家。

说实话，这个时刻我最感动，感动的是我的努力有了回报，受援地涌现了一批极具特色的优质产品，在北京站稳了脚跟，诸多商品都拥有了自己的粉丝。这个时刻我也最自豪，我实现了2018年的梦想，提升内蒙古名优产品在北京的品牌形象，让受援地的优质农产品长期扎根北京，拥有稳定的销售渠道。

在这场扶贫攻坚中，我非常荣幸尽自己的绵薄之力，为扶贫地区和消费市场架起桥梁，用我的经验引导扶贫地区的企业们适应市场及站稳市场，真正走上可持续发展的道路。

这里是我第二故乡

刘建

三年的时间，说长不长，挂职的初心还需要时间沉淀；三年的时间，说短不短，已经足够改变很多人很多事。

三年的时间，我熟悉了这里的一草一木、一山一水；熟悉了这里的风俗习惯、乡土人情；熟悉了并肩作战的同事和那些豪爽淳朴的老乡们，这里已经在不知不觉中成了我的第二故乡。

还记得刚到内蒙古兴安盟扎赉特旗的时候，到嘎查一个贫困户家里走访，听说我是北京来的扶贫干部，他拉着我的手激动地说："你是北京派来的干部吗？党中央还惦记着我们呢？"看着他那种惊讶的表情和欣喜的目光，对我们的到来充满着期待和信任。从那天起我就下定决心，一定要实实在在为当地老百姓做一些事情，解决一些困难，绝不能辜负他们的期望。

我是 2018 年 4 月作为京蒙扶贫协作干部，从北京市丰台区派到内蒙古兴安盟扎赉特旗，挂职旗委常委、副旗长的。来之前，我特地从地图上找到它的方位，了解到是在内蒙古东北部与黑龙江、吉林交界的地方，距离北京 1100 公里，冬天的最低温度能够达到零下 30 摄氏度。

第一次踏上扎赉特旗这片土地，我的感觉就是幅员辽阔，有一望无际的草原、耕地和丘陵。后来了解到，扎旗的行政区划面积是 11155 平方公里，其中耕地面积575万亩，草场600万亩，人口40万，蒙古族16.7万人。辖区14个苏木乡（场），197个嘎查村，699个艾里屯。

初到扎旗，我心里产生了一些疑问，这里地域广阔，人口稀少，统计数据显示，人均能够达到15亩耕地，还有大量的牲畜存栏，为什么就成国贫旗县了呢？带着这些疑问，我利用三个月的时间查阅了大量的基础资料，走访了全部（14个）苏木乡镇（场），深入31个有代表性的深度贫困嘎查村屯，走进100户贫困户家中了解情况。

从客观原因来说，主要是自然条件所致，无霜期短，农作物生长条件受限；所有耕地中有一半以上是坡地，无法进行灌溉，要“靠天吃饭”；产业结构单一，缺少核心产业和龙头企业；基础设施薄弱，农业设施差，交通条件差，尤其偏远地区，有些地方出行困难。

从主观方面来说，主要是扎赉特旗农村地区普遍文化水平不高，北部牧区农耕水平不高，极少数人习惯享受政府补贴，劳动意愿不强，农村地区医疗条件不足等。曾去过一个贫困户家里，两个白血病患者，看病负债几十万元；另外一户，因受灾粮食绝产，背了十几万元的欠款；还有一户患小儿麻痹症，家里还有两个老人。

疑惑解开了，我的心情却有些沉重，也深感肩上的担子责任重大。我着手带领挂职团队和当地负责京蒙帮扶的同事，认真研究制定三年行动计划、年度工作任务、各项管理制度等一系列基础性工作。接下来就是分年度、分阶段、分层次、分领域有针对性地开展工作。

针对“产业单一”的问题，我们努力变“输血”为“造血”，通过扶植企业、合作社，建设扶贫车间，带动贫困户发展产业、流转土地、吸纳务工，促进增收。一是完善优势产业体系，通过京蒙扶贫协作为扎旗13家水稻种植加工、牛羊马养殖、中药材种植、黑木耳种植等企业及合作社落实了企业带动项目资金7890万元，促进旗域产业发展，同时获得资产收益473.4万元，通过开发建档立卡贫困户公益性岗位带动贫困人口增收。二是推进扶贫车间建设，建设妇女手工制品扶贫车间、瑞秋黑木耳菌棒生产加工和草原鸿德乌鸡养殖扶贫车间，带动245名建档立卡贫困人口，其中58名贫困人口在扶贫车间就业，人均增收2000元以上。三是大力实施光伏扶贫，充分利用京蒙扶贫协作资金8459万元，用于建设总装机 58 兆瓦的村级光伏扶贫电站，已全部并网发电，受益贫困人口达 5000 余人。四是因地制宜，引导两家北京企业落地扎旗，目前已完成投资 5000 万元以上。

针对“技能缺失”的问题，我们采取“志智双扶”的办法，组织实训、培训、人才交流。一是深入开展技能培训，推行“异地培养”“异地实训”培养模式，选派 20 名建档立卡贫困学生赴北京接受培训。二是培训建档立卡贫困人口 85 人，培训贫困村致富带头人 116 人。三是投资 100 万元建设杜美牧业实训基地，培训建档立卡贫困户 500 人。此外，丰台区选派 8 名教师、74 名医生到扎旗开展帮扶工作，累计开展培训班 59 期，培训 1910 人次；扎旗选派 322 名教育、卫生、人社部门专业技术人员赴北京跟岗学习，双方在医疗、教育、劳务协作等方面全部开展了广泛的帮扶协作。

针对“农畜产品销售难”的问题，我们创新提出“1+2+N”模式，搭建进京销售平台。探索以举办农副产品推介会为一个“窗口”，开展了“情润草原 • 携手小康”推介招商会、“方庄 • 扎赉特旗农产品进社区”厨艺大赛等大型展销推介活动；搭建批发市场、大型商超、餐饮企业、机关食堂、学校、医院、社区等多个农副产品进京平台。推行企业认购和个人“定制认领”两种购买形式。其中“我在扎赉特有一亩田”认领人在生产基地挑选一块稻田，由基地负责田间管理，不施化肥，不喷农药，采取稻鱼、稻鸭、稻蟹共养共生的生态种养体系，所产水稻全归认领人所有，并提供全程的劳务、技术、配送服务，让市民吃上最优质、最健康的大米。根据稻米品质，订制认领价格为 6600 元或 12000 元不等，有 8 个稻田认领基地共计 7000 亩，通过订制认领模式，当地农民每亩稻田每年可增收 1500 元。截至 2019 年底已经认领 1600 余亩，直接受益建档立卡贫困户 110 户 350 人。

数字是冰冷的，但数字也是最真实、最有说服力的。3 年来，我共争取京蒙帮扶资金 1.9983 亿元，实施项目 59 个，其中产业合作类 27 个，社会事业类 13 个，人才培训类 8 个，劳务协作类 7 个，其他类 4 个，累计受益贫困人口达 15000 人以上。扎旗与丰台区各部门先后开展了 132 次互访对接，9 个街乡镇、41 个社区（村）分别与扎旗 14 个乡镇（苏木）、32 个贫困嘎查村建立帮扶关系，实现了苏木乡镇结对帮扶的全覆盖。丰台区 31 家企业结对帮扶扎旗 24 个深度贫困村和偏远自然屯。3 年来，丰台区发动各类社会组织、企业、个人到扎旗开展扶贫对接等相关帮扶活动，累计捐赠资金和物资 1414.15 万元，形成了全社会助力脱贫攻坚的良好局面。

我永远不会忘记 2019 年的 4 月 18 日，这是一个我将终身铭记的日子，这一天，内蒙古自治区人民政府公告扎赉特旗退出国贫旗县序列。

看到我们帮扶的企业、合作社、扶贫车间蒸蒸日上；看到我们帮助的贫困群众走上工作岗位；看到我们帮助的教师、医生、学生，学成归来；看到北京市民吃上扎旗的大米、黑木耳、乌鸡蛋、牛羊肉等优质农畜产品；作为一名京蒙扶贫干部，我感到由衷的自豪和骄傲。在这里，我看到了旗委政府决战决胜脱贫攻坚的信心和决心；我看到了广大党员干部坚忍的意志品质和甘于奉献的精神；我更看到了广大贫困群众对中央扶贫政策的拥护，以及对早日致富的渴望。

“患难见真情”，扎旗人民的感恩之情随处可见。魏佳米业的魏建明说：“没有京蒙帮扶，我们的大米进不了北京市场，企业不能发展壮大，就不能带动更多的贫困户。”瑞秋黑木耳合作社通过京蒙帮扶资金建设了 30 个大棚，带动了 75 户贫困户，我们每到一家，都知道大棚是北京丰台区帮助建设的。走在路上会有很多不认识的人跟我打招呼，到村里会有老乡握着我的手表示感谢，还有老乡拉我去家里吃饭。所到之处，都能感受到当地老百姓的感激之情。

“天下没有不散的筵席”，脱贫攻坚即将取得决定性胜利，我的扶贫工作也接近尾声。对于我个人来讲，这段经历是我人生当中的宝贵财富，更多的是收获和感悟。收获了脱贫攻坚的胜利成果，收获了宝贵经验、开阔了视野、丰富了阅历、增长了见识。更主要的是真正融入这里，感受到这里的真情实意，感受到被当作家人和朋友般对待。回想起刚到这里的时候，当地的同事怕我孤单经常请我到家里吃饭。因为水土不服生病，他们给我拿了很多药，还有当地的土方子，让我备受感动。在我的心目中，这里就是家乡，我是在为家乡作贡献，无怨无悔。

用心用情做好东西协作的青春应答

张传力

2019 年 4 月，猪年刚过，我和妻子正沉浸在迎接猪宝宝到来的喜悦中。然而天有不测风云，和我们一同居住的岳母突然因病去世，让一家人陷入无尽的悲痛中。就在这个时候，我接到了作为北京市第五批援蒙团队成员，从北京市丰台区到内蒙古赤峰市林西县挂职担任县委常委、副县长的通知。去，还是不去？一边是家庭，一边是组织的信任、国家的呼唤。思考许久，我还是决定，去！

脱贫攻坚是国家富强、民族复兴的关键一步，千万人为之呕心沥血，作为一名党员，我愿意成为国家脱贫攻坚中的一分子，往需要的地方去，作出自己的贡献，做好青春的应答。

林西县于 2018 年成为内蒙古第一个脱贫摘帽的国家级贫困县。也正因为如此，我更感责任重大、任务艰巨。初入林西县，摆在我面前的第一个问题就是：脱贫摘帽后的帮扶工作干什么、怎么干？到任后，我立即深入林西县七镇二乡，了解全县及各乡镇的资源禀赋、特色产业企业和脱贫攻坚工作整体情况。经过深入地学习调研，我把切实增强林西县脱贫造血能力与内生动力，探索形成稳定脱贫长效机制作为自己的工作目标，从结果导向、需求导向、问题导向出发，瞄准全县脱贫攻坚需求和短板，确立了以产业扶贫为本，消费扶贫、就业扶贫并重，多种扶贫方式同步发力的工作思路。

思路出来了，接下来就是怎么去落实，把想法落到实处。习近平总书记指出，发展产业是实现脱贫的根本之策。因此，我把产业扶贫放在关键突出位置和优先工作方向，配合消费扶贫与就业扶贫，帮助贫困户拓展消费渠道，提升就业机会。

产业扶贫坚持扩面补链、转型升级。我围绕县内“菜、果、药、牛”等主导产业，采取“推、补、引”三招，实施了一批主导产业强链、补链、延链项目，把更多贫困群众吸纳到全产业链条中。“推”就是助推产业扩大规模，推动关键项目建设。两年来，投入帮扶资金1600万元，发展设施农业暖棚、中草药等特色产业发展，4650名贫困人口受益；持续大力协调推进林西岳各庄农副产品交易中心项目建设，建设期内已经带动717名贫困群众受益，建成运营后还将直接提供500个就业岗位，带动大批群众受益。“补”就是填补产业空白短板，延伸产业链条。投入帮扶资金2000万元建设大型气调式冷藏库、蔬果保鲜库5处，推动林西蔬果错峰上市，提升销售效益和群众收益；投入190万元支持林西德青源公司配套有机肥厂建设，通过吸纳就业、捐赠有机肥带动了125名贫困人口受益。“引”就是引进北京农业产业化龙头企业，实现产业提档升级。针对林西县肉牛养殖业缺乏规模化龙头屠宰企业带动，产业附加值低和脱贫带动力弱的问题，成功引入了北京首农集团旗下北京二商肉类食品集团，投入帮扶资金2790万元，合作实施了林西县清真肉牛屠宰加工扶贫合作项目，为林西肉牛产业转型升级打下坚实基础。

消费扶贫坚持拓宽渠道、提质增量。产业发展起来后，随之而来的问题就是扶困户生产出来的产品卖到哪里去？消费扶贫是带动贫困群众脱贫增收的最直接、最有效的措施，我们围绕拓宽渠道、提质增量方面做了大量工作。在拓展销售渠道方面，我们着眼于丰台——林西联动、线上线下互动，发挥丰台新发地、岳各庄两大批发市场优势，完善林西农副产品线下展示展销专柜和线上销售渠道；多方推介林西企业开拓物美超市等北京大型连锁商超销售渠道，推动建立产地直采、农超对接等规模销售机制；督促参加丰台区“七进”活动和北京农业嘉年华、世园会、北京种业扶贫大会等各类产销活动，积极向丰台区党政机关、企事业单位、社区村、社会组织推介采购林西县特色农副产品。在提质增量方面，我深入林西当地消费扶贫企业调研，指导企业协商完善产品的包装、定价、销售策略；安排专项资金，为小微企业、合作社提供包装、物流补贴，扩大进京销售规模；投入京蒙帮扶资金150万元，支持县农牧业局建设农畜产品安全追溯平台，实现产品质量安全在线监管、全程追溯，保证消费者舌尖上的安全。通过以上措施，两年来，林西农副产品每年在京销售均超过2亿元，累计带动4000余人次建档立卡贫困人口增收。

就业扶贫坚持精准聚焦、多向发力。就业扶贫是增强贫困群众内生动力和稳定脱贫能力的根本途径。挂职期间，我深入林西县就业局、各乡镇以及贫困群众家中，调研摸底贫困群众就业意愿、技能需求和困难障碍，分类施策、多措并举推动贫困群众务工就业，努力实现一人就业、全家脱贫。充分发挥产业项目的就业扶贫基地作用，积极协调北京二商肉类食品集团、岳各庄农副产品交易中心等北京企业、重点项目，在工程建设、项目运行、企业运转中吸纳建档立卡贫困户就地就近或进京就业；利用扶贫资金收益广泛设置公益岗，让弱劳动能力在家门口实现就业、自食其力；突出抓好致富带头人群体，组织143名致富带头人到京或就地培训，使“土专家”成为带领农民致富的生力军；充分发挥贫困人口就业创业中心劳务培训主阵地作用，大力开展托幼养老、种养殖、手工编织等技能培训，让贫困人口掌握一技之长。通过以上措施，累计助力林西县2510名建档立卡贫困人口实现就业。

三年来，我最骄傲的，莫过于根据林西资源禀赋、产业基础，下大力气成功引进了北京首农二商肉类食品集团合作实施肉牛屠宰项目，回首来路，每一步都还是那么的清晰。2019年，我主动靠前、多方联络、反复协调，在半年时间里，三次到北京首农集团、二商肉食集团总部推介推进项目，邀请二商肉食集团相关负责人三批次来林西实地考察调研，通过密集电话沟通随时协商合作落地细节，以真诚换真心，敲定了两地扶贫合作方式、内容以及期限。2020年项目启动后，我作为项目主管领导，协调合作双方密切协作，加快推进前期手续、规划设计、用地回购、招投标等。2020 年 6 月间，我克服疫情风险亲自带队赴山东、江苏、云南等地考察屠宰分割和冷冻设备，高频次调度项目进度，及时解决项目建设过程中的困难和问题，保证了项目的高效推进，于 2020 年末建成试车。

此外，我将林西岳各庄农副产品交易中心作为重点项目，全力协调县政府、相关部门、乡镇进行服务保障，确保顺利推进；北京新发地市场在林西大营子乡扶贫商户遭受雹灾损失惨重后，我主动与北京新发地市场沟通，免除商户经营摊位租金，缓解资金周转压力；根据企业需求，我积极协调林西农业银行等金融机构，为岳各庄市场项目、祥达瑞林公司、肉牛屠宰等项目提供金融支持服务。同时，高度关注林西恒丰粮油、天拜山饮品、老三区杂粮、万发商贸、超然信息等本土扶贫企业的发展，指导完善与贫困户的利益联结，想方设法帮助开拓北京市场。

2020 年初，新冠肺炎疫情暴发后，我密切关注疫情防控进展，主动了解县内防疫设施短缺情况。当了解到防疫物资特别是口罩短缺的情况，我及时向丰台区有关部门汇报。丰台区专门安排 100 万元资金，经多方联络协调，紧盯口罩生产企业不放，于 2 月底抢购了 20 万只一次性医用口罩，及时发往林西，助力林西的抗疫工作。2020 年 6 月，丰台区新冠肺炎疫情暴发后，我积极向林西县主要领导汇报，及时协调组织采购了价值 50 万元的蔬菜、牛羊肉、鸡蛋等物资，发往丰台助力一线抗疫医护人员，以实际行动彰显丰台——林西携手并肩、共同抗疫的深情厚谊。

执初心之笔，做扶贫答卷。三年来，聚焦林西县京蒙扶贫协作工作特色亮点，针对产业扶贫、消费扶贫和就业扶贫，我们成功探索了林西县“1+4+N”的京蒙产业扶贫协作模式，“送市场上门 + 丰台林西联动 + 线上线下互动”的农副产品交易中心“市场扶贫”模式，以及“建就业创业基地 + 送就业岗位上门 + 送培训到田间地头”的就业扶贫模式。

2019 年至 2020 年，累计利用北京市、丰台区帮扶资金 8641.4 万元，实施了 39 个京蒙扶贫协作项目，带动林西县全县 9770 人次贫困人口脱贫增收。特别是 2020 年，通过精心谋划重大产业扶贫项目，争取到北京市和丰台区两级财政援助资金 6010.4 万元，包括市级资金

4770.4万元、区级资金1240万元，是2019年的2.28倍，为巩固林西县脱贫成果发挥了重要作用，全面完成了2019年、2020年丰台—林西携手奔小康协议内容和指标任务。

东西协作，只有起点，没有终点。在今后的工作中，我将继续以习近平新时代中国特色社会主义思想领航定向，进一步加强学习、担当履职、严于律己，为丰台区“妙笔生花”“上台阶”贡献力量。

带着感情干扶贫

李江霖

我现任北京市石景山区政府办公室党组成员、副主任。2019 年 4 月至 2021 年 4 月，受组织选派，我作为北京市第五批赴内蒙古挂职干部中的一员，到内蒙古赤峰市宁城县挂职，任县委常委、副县长，主要负责京蒙扶贫协作工作。带着感情投身于打赢脱贫攻坚战的历史伟业，在脱贫攻坚的第一线始终不忘初心、牢记使命，坚定信心、顽强奋斗。截至 2020 年底，宁城县 134 个重点贫困村全部出列，贫困人口 15821 户 44177 人全部脱贫，如期完成脱贫攻坚的既定目标任务。

不忘初心、牢记使命，带着感情投身到脱贫攻坚一线。记得刚接到来宁城挂职任务后，我的内心十分忐忑，一直以来都是在北京学习、工作和生活，一切都很规律、很熟悉、很自然。对于到宁城工作，新的环境、新的岗位、新的工作，担心能否胜任。组织和单位领导分别找我谈话，叮嘱并鼓励我务必完成好此次任务。我放下心理包袱，立志不辜负组织的重托，一定要为宁城做点实实在在的事，帮助群众解决实际困难。

初到宁城，目睹宁城经济欠发达地区的现状和村民们的生活水平的差距，当大家知道我是北京来的同志，都主动找我聊天唠家常，口中经常说起“石景山是宁城的兄弟，我们是一家人”“石景山帮助宁城已经有二十多年的历史了”“宁城这两年发展变化离不开北京离不开石景山区的帮扶”……平时工作主要是深入田间地头实地调研，深入乡亲们家里促膝交谈，了解乡亲们的所需所想。很快和大家都熟悉了，“王哥，咱家的牛今年下了几头犊？”“孙姨，您儿子最近又回家看您来了”……大家也都亲切地称呼我“江霖”，无形中拉近了彼此间的距离，就和家人一样。

两年来，我走遍了全县18个镇乡街、134个贫困村，统筹帮扶资金1.29亿，建设实施帮扶项目76个，有效带动贫困人口8253人增收脱贫。大力引导消费扶贫，向北京销售特色农副产品金额达2.72亿元，让宁城的绿色蔬菜、杂粮进入北京大市场，既丰富北京市民的“菜篮子”，又鼓起宁城县百姓的钱袋子。

授人以渔，产业优先，将京蒙帮扶资金用在优质产业项目上。刚到宁城正值季春，一年之计在于春，正是谋划帮扶项目的关键时期，容不得半点喘息，帮扶项目产业优先，于是第二天就抓紧安排下乡调研，接连几天的奋战，对乡村的基本情况和项目意向有了初步了解，需求意向有很多，但如何确定最重要的项目解决最紧迫的问题，只有把帮扶资金用在发展产业上，才能增强受援地区的“造血”能力，让乡村真正拥有持久发展能力，这是对口帮扶工作的关键。八里罕镇制鞋扶贫车间项目引起了我的关注，一方面，该项目具有引领示范作用。经过连日来的考察，我发现农业为宁城的主导产业，制造业水平普遍偏低，亟须解决当地制造业短板，助力宁城地区优化产业结构，推动产业升级。另一方面，该项目具有较好的带贫作用。可直接带动当地居民及贫困户就地就近就业，经营者每年按照投资额的8%向村集体交纳租赁费。该项目不仅有效增强当地自我发展的“造血”能力，而且可示范、可借鉴、可推广，于是在宁城县委、县政府的支持下，协调八里罕镇政府、县扶贫办等部门，深入调研、严把程序，确保资金使用安全，确保项目当年完工见效。目前，该项目运转状况良好，带动50余人就业，其中建档立卡贫困户10人，平均每人每月收入3000余元，带贫减贫作用非常显著。企业每年交给村集体4万元租赁费，用于巩固脱贫成果和公益事业发展。

“没有全民健康，就没有全面小康。”要推动医疗卫生工作重心下移、医疗卫生资源下沉，推动城乡基本公共服务均等化，为群众提供安全有效方便价廉的公共卫生和基本医疗服务，真正解决好基层群众看病难、看病贵问题。通过走访调研，发现部分地区基层卫生院存在基础设施较差、面积不足、功能不配套等问题，其中，大双庙镇卫生院问题较为突出，该卫生院始建于1958年，担负着全镇2.7万人的医疗保健任务，按要求业务用房面积应达到1800平方米，当时该院只有600平方米在用，业务用房短缺非常严重。医疗资源的紧张，直接造成当地群众要赶赴几十里外的临近乡镇卫生院看病就医，有的甚至要奔赴更远的县医院，“看病难”成了大双庙镇挥之不去的“心病”。卫生院建设工作不能耽搁，于是我立即着手协调相关部门进行项目的可行性研究、申报、推进项目抓紧落实。当年1300多平方米三层卫生院拔地而起，各项设备配齐并投入使用，当地民众再也不用为就医看病而东奔西走，这块长久以来的“心病”也终于根治了。

共同抗疫，守望相助，携手打赢疫情防控阻击战和脱贫攻坚战。2020年春节期间，全国笼罩在新冠肺炎疫情的阴霾里，按照北京挂职团队要求全体挂职干部不得离京，在家做好防护。尽管不能返岗投入受援地的脱贫攻坚和疫情防控工作，但心里时刻牵挂着受援地工作进展和疫情防控形势。2月8日，赤峰挂职团队微信群中一条信息瞬间揪住了我的心，“疫情形势愈发严峻，赤峰市传染病医院医用防护服告急，急需北京对口帮扶团队支持。”由于当时国内市场采购渠道中断，防疫物资是全国最紧俏的资源。尽管深知任务艰巨、希望渺茫，但对受援地的亲情和真情，让我坚定必成的决心，使尽浑身解数通过电话、短信、微博、朋友圈等多种方式发动身边的家人、亲戚、同事、朋友多方求助，可得到的答复却是惊人的相似：“抱歉，现在实在没有。”后经多方联系，终于得知石景山区市场监管局负责全区防疫物资的调拨，抱着试一试的态度联系了对方，区市场监管局了解情况后，高度重视、克服困难、多方协调、紧急部署调拨了28套防护服和28套隔离衣，连夜通过快递运往赤峰市，在防疫物资最为紧缺的关头，缓解了赤峰市抗疫工作的燃眉之急。

没过多久又得知宁城的防护物资严重短缺，那时是疫情防控最为吃紧的关头，必须尽快筹集到防护物资，借用北京“吹哨报到”的好机制，首次尝试“前方吹哨后方报到”，我直接联系石景山区大后方的各对口帮扶单位寻求帮助支持，金顶街街道、区经信局、国资公司、区红十字会等单位高度重视，在自身防疫物资储备不足的情况下，紧急采购调拨口罩、手套、防护服、额温枪、护目镜、消毒液等20余万元防护物资对宁城结对乡镇、学校施以援手。宁城县卫健委领导激动地说：“如今全国的防疫物资严重短缺，这些物资可都是实打实的‘硬货’，有钱都买不到，咱们石景山区的防护物资犹如一场‘及时雨’，可帮了宁城的大忙，解决了大问题，真是万分的感谢！”在社会各界的共同努力下，宁城的抗疫工作取得了阶段性的胜利。

“抓住菜果牛，脱贫不用愁”。宁城的设施农业产业规模不断发展壮大，带动越来越多的贫困群众走上致富之路。然而，2020年初，疫情肆虐，全县主要精力全部投入到疫情防控工作上，导致出现市场封闭、交通中断、物流不畅等情况，宁城的蔬菜产业受到严重影响，多家合作社一筹莫展，广大菜农焦急万分。我再次尝试“前方吹哨后方报到”，当即联系石景山区商务局说明情况、研究对策，区商务局克服困难、抽调人员与宁城县农牧局沟通对接，摸清滞销产品情况，逐一梳理解决对策，拓宽北京市场销售渠道。在疫情防控最严峻的时期，近240万元的宁城蔬菜通过“京蒙扶贫专柜”进入北京商超市场，纾解了宁城之困，保住了农户的“钱袋子”。

同年6月，北京新发地疫情暴发，为积极应对疫情，首都实行了最为严格的管控措施。我向宁城县委、县政府汇报了区里的防控形势，宁城县委、县政府极为重视，即刻组织筹集18余万元的蔬菜、杂粮、矿泉水等物资，紧急发往石景山区抗疫一线。疫情无情人有情，两地因对口帮扶而结识结缘、因脱贫攻坚而越发紧密、因共同抗疫而情深义重。

回顾两年，看到京蒙项目在宁城落地扎根，看到京蒙扶贫协作给宁城人民创造了幸福生活，两年的汗水泪水苦水没有白流，两年的挂职锻炼收获成长，两年的不懈奋斗终得回报。2021年3月15日，我在北京市扶贫协作总结表彰大会上荣获北京市扶贫协作先进个人的荣誉，为两年的挂职工作画上圆满句号。

脱贫摘帽不是终点，而是新生活、新奋斗的起点。祝愿石景山和宁城县继续携手前行、努力奋进，两地的人民生活会更加幸福，两地的友谊会更加深厚，宁城的乡村振兴事业一定会结出更加丰硕的果实！

（高俊杰　整理）

传承中医国粹　助力医疗扶贫

冯娜

我是北京市石景山区五里坨街道社区卫生服务中心隆恩家园社区卫生服务站站长。2019 年 11 月至 2020 年 12 月，我受组织委派，到内蒙古宁城县中心医院中医科进行为期 13 个月的京蒙对口支援工作，被聘为宁城县中心医院针灸科主任。通过门诊的“传帮带”，手把手传授专业技术知识，在科室内形成浓厚的学术氛围；积极开展新项目、新疗法的推广，在院内形成多科室联合、院内中医针灸参与会诊的新模式；深入山区沟沟壑壑，为贫困户提供上门医疗服务，邀请北京名中医，组织实施针灸推拿高峰论坛，并搭建薪火传承长期帮扶机制。

医术带教见实效

我在内蒙古宁城县中心医院帮扶工作的第一天，门诊就集聚了很多患者，他们都想看看这位北京的针灸专家到底有多大本事？一位农村患者刚刚针灸结束，激动得眼含泪花，哽咽地握着我的手说：背负着多年的一块大石头终于卸掉了，从来没有感觉这么轻松过！一位李大姐腰椎间盘突出症已两年有余，自诉感觉腰部像是一根棍儿撑着，弯腰时，双手不能触及膝盖高度。我在太阳经、带脉和督脉的巡行路线找穴位，两针下去，然后让李大姐试着弯腰看看，李大姐慢慢试探着，一点点下弯，她竟然用手触及足背了，李大姐惊喜不已。旁边跟诊的年轻医生们既惊叹又兴奋地围在我身边：冯老师，针灸有这么神奇的疗效吗？如果不是亲眼所见我们都不敢相信，感觉就像在变魔术一样！

虽然这家医院中医针灸科技术力量薄弱，但我相信，只要用心带教，临床技能都能提高上来。于是，我利用门诊之余，通过详细询问病史、确定诊疗方案、实施治疗技法三个过程，分别进行详细讲解和分析，对疑难病例进行重点讨论，提供不同诊疗方案。从疾病和治疗方法角度进行讨论，扩展火针、放血、拔罐疗法的适用疾病种类，将其广泛应用于骨科、外科、儿科、心内科、消化科等相关科室，并与之达成会诊机制。引进黄帝内针、揿针等新疗法，开设针灸讲堂，针对各种病患疼痛的实际情况、具体案例设定教学方案，进行具体操作，手把手传授针灸技巧，穴位定点，为科室注入新鲜血液，形成浓厚的学术氛围。

一碗面汤蕴温情

与大都市的喧嚣生活相比，我更加喜欢宁城大山深处的亲情和革命老区的厚重。与宁医“金丝带”下乡志愿团队下乡义诊，印象最深的是一位李大爷。当我询问他病史的时候，他伸出因劳动而粗糙变形的手，腼腆而颤抖的跟我说：“我没有走出过大山，没有去县城看过病，更没有见过北京专家，你帮我看看，我这病能不能治？”我当时根据他的情况，初步判断有心肌供血方面的问题，于是对症下药，采取了一针内关穴，我让他试着呼吸看看感觉如何？过了一刻钟，大爷满脸笑容地说：“我从来没有这么开心过，心里敞亮了多了，也不憋气了！”大爷一直等到我义诊结束，端来了一碗热乎的清汤面。

八里罕镇北场子村贫困户张大爷，两月前因股骨头坏死做了置换手术，但下地活动时右侧下肢前面和侧面始终是疼痛难忍，山高路远，张大爷想，反正手术做了没有生命危险，疼点就忍着吧。我跟随宁医志愿者服务队来到村里，扎了三针，张大爷的疼痛明显减轻。

77 岁高龄的丁爷爷，由于常年劳作，腰肌劳损，造成弯腰受限，走路都很困难，我根据丁爷爷的情况，专门为他制定了快速活动针，治疗后 10 分钟，丁爷爷的弯腰明显灵活，丁爷爷幽默地说：冯主任一针，我是身轻如燕。他坚持亲自送我出门。

宁城县是个贫困的人口大县，生活在山区的人群较多，由于负重劳作，导致积劳成疾，加之交通不便，生活拮据，因病致贫、因病返贫是困扰着百姓生活的根本问题，看病难看病贵始终是党和政府亟待解决的头等大事。因此，只要是下乡扶贫义诊，我都积极参加，“看病不用去北京，北京专家在宁城”被当地百姓传为佳话，也是这句话，让我们来自北京的专家们背负着沉甸甸的责任。每一次治疗结束，山区人民脸上都洋溢着惊喜和动容，他们没有华丽的语言，只想亲手做一顿饭来表达对我们的谢意。

北京名医来县城

我针对宁城县中心医院中医科针灸专业知识相对匮乏的现状，“授人以鱼，不如授人以渔”，把我的老师，北京市著名老中医黄建军教授、双桥正骨非遗传承人薛建峰主任和北京中医药大学王荣国教授请到宁城，为当地开展一期干货十足的学术盛宴，同时为附近患者开展义诊咨询活动。一位张大妈，她经过常主任的推拿正骨，多年的沉疴顽疾已经消失，流着欣喜的泪水，跪在常主任面前，逢人便说：北京来了“常神医”。4 位老师，半天时间接诊人数达到 300 余人，近 600 人次基层医务人员参加培训，在全县域范围内，推广黄帝内针疗法、九针疗法、针刀疗法和正骨推拿手法等中医适宜技术，尤其黄帝内针疗法，以其针少而精，进行临床实践都能效如桴鼓，受到广大基层医务人员热烈欢迎。为期一天的会议，将最先进的中医临床技能传送到宁城，学员和患者久久不肯离去。

我深知基层医务人员和山区百姓们的愿望，老师们不能天天待在宁城，那就通过师徒传承方式，我勉为其难承担起两位青年医师的老师，突显中医传统师承优势，建立京蒙两地纽带，后续在两地间形成人才传输长效帮扶机制，搭建京蒙对口医疗帮扶的平台共享，进一步促进其深度拓展。

砥砺前行践使命

经过一年多的支援建设，宁城县中心医院针灸理疗门诊诊疗人数2020年较2019年增长约50%，总收入增长数倍；2020年中医科总收入622.8万元，比2019年增加87万元；医疗占比由2019年71.34%提高到2020年78.64%；同年7月、8月两个月份创下针灸理疗门诊新高，门诊人数和总收入均为历史最高。其间，我接诊患者1000余人，辅导实习学生35人，带教青年医生12人，义诊治疗近600人。中医科在院内临床40多个科室中，彰显其治疗优势，同时为宁城县中心医院带来良好的社会效益。除了经济效益和社会效益，在一次次面对面的交流沟通中，我与当地人民结下了深厚的情谊，他们的健康，我有责任和义务去保障，利用师承契机，我会一直把医疗帮扶坚持下去，为缩小京蒙两地医疗差距竭尽全力。

京蒙扶贫协作数十年以来，北京市石景山区与内蒙古自治区赤峰市宁城县对接，医疗对口帮扶上，区属医院对接宁城县中心医院，通过北京专家帮扶中医科，针灸理疗门诊在诊疗人数和总收入方面取得显著进步；辖区及邻近县域居民对县医院中医科针灸治疗的知晓率和认可度有明显提高；通过医疗对口帮扶，引进新技术，新方法，增加经济效益、社会效益。专业技术能力提升是减小两者间差距的根本措施，是提高人才梯队专业技术水平的关键，也就是“软件”要跟上。正如：人才培养是医院发展核心，是支援工作重点。中医适宜技术是医疗技术的软件，不需要大型设备和空间的支持，更能深入民心，因此，从中医药和针灸等传统疗法入手，是提高医院知名度和社会影响力的有利切入口。搭建京蒙医疗扶贫平台，实现医疗共享。受援地医院鼓励青年骨干医师“走出去”，开拓视野，主动学习先进医疗机构的先进技术。通过京蒙扶贫协作牵线搭桥，北京多家三甲医院与宁城县中心医院结成对口帮扶关系，常年有北京专家在宁城坐诊。京蒙医院双方将继续本着“优势互补，注重效益，互惠互利，共同发展”的原则，在推动县域医疗发展道路上携手并进，共同发展。

（陆志伟　整理）

扶贫小车间　特色大产业　京蒙扶贫协作结硕果

曹子立

到组织需要我的地方去

“敕勒川，阴山下。天似穹庐，笼盖四野。天苍苍，野茫茫。风吹草低见牛羊。”这首北魏民歌《敕勒歌》描绘的是历史上的敕勒川、现在的呼和浩特地区的壮美景色。我清楚记得，2018 年 4 月正值清明节前夕，我在门头沟区斋堂镇下村落实防火工作，接到电话，组织上让我报名去内蒙古挂职扶贫。作为一名共产党员，我义不容辞地报了名，但当时自己也没有想太多。仅仅几天后就告诉我，马上出发。匆匆忙忙，告别爱人和将上小学的女儿。背上行囊就走，到组织需要我去的地方。就这样，我从首都北京一头扎进了内蒙古大草原的怀抱，从 2018 年 4 月至 2021 年 5 月，挂职内蒙古自治区呼和浩特市武川县县委常委、政府副县长，开启了三年扶贫经历。

从北京经张家口一路向西 500 多公里，就来到敕勒川上美丽的草原青城——呼和浩特，她背靠巍巍阴山的中段——大青山，南临黄河的几字弯。从呼和浩特市向北翻越大青山就是武川县，这里曾是中原内地沟通草原大漠的军事要道；是农耕文明与游牧文明碰撞交融的历史舞台，是民族融合繁荣发展的广袤大地。武川县是一片美丽而神奇的地方，却也是十几年来的一个国家级贫困县。

精准扶贫是根本工作要求

到岗后，我马上以饱满的热情投入扶贫工作。“什么是扶贫？精准扶贫怎么做？武川县的京蒙扶贫协作从哪里切入？”这些在我脑子里面还不是特别清楚。不过，自己已经在乡镇工作几年，以往的基层经验告诉我，“在学中做，在做中学”就是工作的法宝。习近平总书记的重要讲话和要求就是工作的方向和标准，从习近平总书记历年历次对打赢脱贫攻坚战的重要论述和重要指示批示学起，特别是关于东西部扶贫协作方面，再到中央、自治区、呼市的各项扶贫政策规定，我迅速从理论和政策上对精准扶贫工作有了理性认识和把握，“两不愁三保障”“五个一批”“六个精准”“产业扶贫”“劳务协作”“消费扶贫”等，牢记心头。一边学一边干，一边干一边思考，充分发挥自己在门头沟区乡镇工作经验，迅速和县里各委办局、9 个乡镇的干部打成一片，干在一处，深入到贫困村集体、贫困群众家里，查看情况，了解需求，共谋脱贫。在 3 年的时间里，我走过了武川全部 9 个乡镇、93 个行政村、4800 多平方公里的沟沟坎坎。正是在这个过程里，我摸到了在武川精准扶贫的门道，找到了京蒙扶贫协作的发力点。

扶贫小车间帮扶贫困群众奔小康

有一回，我到哈乐镇义兴元村调研，走进了贫困户卢喜峰家，虽说不上家徒四壁，但家里的简陋、凌乱，还是让我暗暗吃惊。他的爱人去世了，自己患有肺气肿，还有一个老父亲和上中学的女儿。他这个人不怎么说话，性格比较内向。看到他家的这个状况，我的心里隐隐作痛，我该怎么帮助他，才能让他脱贫呢？村里的干部介绍说，卢喜峰种着两亩雪菊，还有几个贫困户也在种，每亩收入在4000元左右，就是销售价格、渠道不稳定。这个信息让我心头一亮，如果把几个贫困户联合在一起，再找到对口帮扶企业，稳定价格、畅通销售渠道，这是不是一条路子呢？行与不行，我把镇村干部叫到一起，仔细商量，大家都觉得可行，思想上统一了，事情就好办。于是，我联系到门头沟区京门商投公司，连续两年投入40万元，帮助建设了一期、二期雪菊加工车间，雪菊茶稳定销往门头沟区消费扶贫双创中心、超市、企业。过年的时候，我再去卢喜峰家时，家里干净了、利索了，生活有了奔头，他的精神头儿也好多了。

雪菊加工产生的成效，让我谋划着能不能在更多的村里也这么干呢？就这样，我们先后建成了土豆编织袋加工厂，年产量在200多万条，这才仅仅满足了全县不到十分之一的用量；还有莜面加工坊、汽车坐垫制作车间、农民手工艺室等。扶贫小车间的建设，是精准扶贫的具体实践，它使一部分贫困户在家门口就可以灵活就业，直接、有效。

发展特色产业是脱贫攻坚的根本

当然，要整体改变武川的贫穷面貌，还要着眼大的格局、长远考虑。从挂职工作开始不久，我就一直在思考这个问题，不断和其他县领导请教、交流，从镇村干部、贫困群众的诉求和期盼那里找思路。产业扶贫具有根本性，用“输血”带动“造血”，对于贫困地区非常重要。武川县有四条重要的产业链：肉羊肉牛、马铃薯、燕麦荞麦、食用菌以及中药材产业。主要就是这四驾马车拉动着武川县绿色经济的发展。那我们京蒙扶贫协作，就给这四匹马喂足饲料，让它跑快、跑好。

京蒙扶贫协作先后投入800万元用于肉羊肉牛产业，扩大养殖规模；投入1500万元用于蛋鸡产业，建起了一座占地1万多平方米、存栏量 12 万只的现代化蛋鸡场；投入 180 万元用于建设马铃薯现代化仓储设施；投入 150 万元用于燕麦荞麦深加工产业；投入 750 万元用于食用菌加工车间、中药材育苗基地的建设等。

这些数字虽然有些枯燥，但项目的建设，对于推动产业的发展是实实在在的。比如，在发展肉羊产业的过程中，我发现当地一家企业在养殖一种世界珍稀品种“乌骨羊”，被称为“羊中大熊猫”。实验检测，乌骨羊黑色素含量是乌鸡的 5—8 倍，是普通羊的 16 倍，其他微量元素含量也非常高。乌骨羊价格不菲，是普通羊的将近 10 倍。但是，近几年来，企业缺乏资金，发展缓慢。为此，京蒙扶贫资金投入 300 万元，支持企业利用生物胚胎技术，扩大它的种群数量；给贫困户提供羊羔，在家散养，长成后，企业高于市场收购价回收；企业还和高端餐饮企业吉膳堂，开发了“乌骨羊佛跳墙”等高档礼品，卖到了广州、深圳、香港；企业还带着乌骨羊产品参加了“一带一路”商品博览会，世界华商大会。京蒙扶贫协作让乌骨羊走出了草原，走进了首都，走向了世界。

消费扶贫是京蒙扶贫协作的一项重要内容，也是直接惠及贫困农民的重要渠道。2018 年到武川县后，我真切感受到了当地的优质农畜产品。有健康三麦：莜麦、荞麦、藜麦。莜麦，有西贝莜面村的种植和加工基地；荞麦，常年出口日本，参加当地的莜面节；藜麦，已经形成了新的一个朝阳产业。还有入选 2008 年北京奥运会采购农产品的有机土豆、草原冷凉气候孕育的塞上蒙菇、世界珍稀乌骨羊等。我积极推进消费扶贫的带动作用，亲自联系、带队、运送，把武川县的优质农副产品送上门头沟区市民、北京市民的餐桌。积极参与建设门头沟区消费扶贫双创中心，推动建设了多处特色农产品门店、销售展柜。2018 年、2019 年每年京蒙扶贫协作都要销售四五百万元武川县农产品，特别是 2020 年，在北京市、区两级大力支持下，通过北京市消费扶贫双创中心以及门头沟区分中心，销售武川县优质农畜产品超过 2000 万元，武川县的广大农民和贫困户从中极大受益。

3 年来，京蒙扶贫协作投入了大量资金，用在完善产业设施、扩大产业规模、提高产业效益上。全县 4 条产业链的发展蒸蒸日上，年产值达到了 25 亿元左右，带动了 4000 多贫困群众就业增收。2019 年 7 月，武川县彻底摘掉了贫困县的帽子。2020 年，17 万武川县老区人民将与全国人民一起携手迈入小康！

把深情和汗水洒在武川的大地上

征途漫漫，唯有奋斗，武川县就是一所实践的大学，专业就是脱贫攻坚战，论文写在了武川县 4885 平方公里的大地上。我不敢说自己是一个优秀毕业生，但相信自己圆满毕业了，得到了武川县贫困群众的认可。很多镇村干部、贫困群众、县城居民，都知道北京市门头沟区对口帮扶武川县，他们感激首都派干部、出资金、上项目帮助他们脱贫奔小康。他们中的许多人还通过京蒙扶贫协作这个大平台，到过北京学习、培训、就业，实现了脱贫致富的梦想。

习近平总书记说：打赢脱贫攻坚战，中华民族千百年来存在的绝对贫困问题，将在我们这一代人的手里历史性地得到解决。从党中央吹响战斗号角，到决战决胜收官之年，作为一名扶贫干部，我为投身这一伟大的历史壮举感到自豪。在乡村振兴的伟大事业中，我更要做不忘初心、牢记使命的奋斗者。

为科尔沁草原打造中医团队

曹柏龙

奉 献 青 春

我一直觉得，人活着应该为国家和社会做一些有意义的事情，这样才能让自己的人生更有意义。虽然每个人的禀赋和能力不一样，但是只要不忘初心，一心一意想着为人民服务，就能紧跟时代的步伐，不断进步。回顾历史，我们好几代人在党的领导下艰苦奋斗了一百多年，现在社会进步，国家强盛，中华民族复兴指日可待。我作为北京中医药大学东直门医院通州院区中医内科的一名医务工作者，更应该奉献自己的青春和热血，把自己汇入新时代祖国建设的江河中去，做一些有意义的事情，参加扶贫攻坚这样的伟大事业，就是很有意义的事情。

2019 年 9 月，医院发出支援边疆的号召，我立即报名，来到内蒙古自治区兴安盟科尔沁右翼中旗，科尔沁右翼中旗位于大兴安岭南麓科尔沁大草原，属于当时的国家级重点贫困地区，经济以农牧业为主，全旗人口 27 万左右，蒙古族人口占 87.5%，由于地域和气候的影响，那里的许多牧民患有胃痛、腰腿痛等疾病，因病致贫、因病返贫现象十分普遍，严重影响了当地经济的发展。具有“效、廉、简、便”优势的中医药，就成为我们扶贫攻坚的重要力量！

组建新团队

2019 年 10 月至 2020 年 12 月，我挂职于内蒙古自治区兴安盟科尔沁右翼中旗人民医院，担任副院长，主要任务是为科尔沁草原打造中医团队。科尔沁右翼中旗人民医院是一个二级甲等综合医院，之前没有专门的中医医师，但是有一些蒙医医生负责针灸、康复类工作。医院从外科、神经内科、心病科、康复科病房抽出 11 名医护人员，交给我带领，目标是用一年时间，带出来一支能打硬仗的新团队。为了方便，我们把这个新团队取名为“中蒙医疗团队”，简称“中蒙医科”。刚开始是门诊工作，没有病房，后来慢慢增加了一些输液留观的床位，再后来变成了“中蒙医科”病房。我把在北京积累的管理经验运用到新团队建设当中，每周组织大家培训讲课、参加科室学习、病例讨论等，手把手传授中医针灸等适宜技术，举办各种科室团建活动。在当地疫情防控工作中，我带领团队同时承担了门诊和病房诊治、普通发热患者救治、120 夜间出诊等工作。

成立消化内科病房

2020 年 5 月，针对科尔沁右翼中旗人民医院缺乏消化内科的现状，同时为了给团队医师制定临床研究方向，我在院领导的支持下，在新组建的“中蒙医科”新团队的基础上，整合胃镜室等各方资源，将中蒙医疗新区更名为“消化内科”，由我领衔挂牌成立消化内科中医特色病房，建设以消化系统疾病如慢性胃炎、消化性溃疡、溃疡性结肠炎等中医优势病种，以中蒙医、中西医结合为发展思路，以中药、针灸为特色的新型科室。此外，我还在院领导的支持下，结合医院的院训，组织科室医护人员一起设计了“团结、友善、博爱、创新”的科训，打造科室文化，我采用小黑板、多媒体等各种方式，先后为本团队授课 30 余次，同时为新成立的科室购置专业图书和教学模型，指导科室医师开展临床科研，逐渐提升了科室医生的临床、科研和教学水平。

诊治疑难杂病

新成立的消化内科病房，主要收治消化系统疾病和疑难杂症以及肿瘤晚期调护等方面的病人，因为当地医院没有肿瘤科，所以我就把这方面的病人一起诊治了，主要目的是方便当地的老百姓。

患者陈某是一位 67 岁的女性，诊断左肺恶性肿瘤（肺腺癌）9 个月，合并慢性十二指肠溃疡，口服靶向药物治疗一段时间，因胃肠道反应严重而停药，反复发热，身体消瘦，食少便秘，精神倦怠，长期卧床。入住中医消化内科病房后，我给予中药经方“柴胡桂枝汤”加减治疗，三天后热退神清，进食增加，精心调理一月后，患者已能去广场散步。

30 多岁的患者柴某本是家中的顶梁柱，却患有较严重的高血压、心功能不全、腰椎间盘突出等疾病。进行腰椎手术治疗后，出现了腹胀、下肢水肿、喘憋等症状，行动迟缓，几乎丧失劳动能力。初次接诊时，我建议住院，但了解到他家中妻子待产、父母年迈，无法住院的情况后，我为他量身定制了中西医结合加针灸的治疗方案。为了跟进病情，我还和患者互留了微信、手机号码，每天了解症状改善情况。功夫不负有心人，经过两周的精心调理，患者的症状明显减轻，渐渐地恢复了正常生活。

特色针灸造福一方

我不忘初心，热情服务患者，以精湛的中医技术为当地牧民诊治各种疑难杂病，获得当地干部群众广泛认可，在当地引起强烈反响，许多临近旗县的患者慕名求诊。

患者白先生，患有严重的慢性鼻炎，原来每年都要好几趟去几百公里外的吉林省白城市治疗，当听说当地人民医院有了北京中医专家看病后，就急匆匆地找到我，希望我给他治疗。检查后，我使用了北京同仁医院李新吾教授的技术发明，很快就解决了问题。李教授的技术对治疗慢性鼻炎效果奇特，堪称“鼻炎一针灵”，同时对顽固性面瘫、偏头痛、耳鸣、突发神经性耳聋等疾病也有很好的治疗效果，但是对操作医师的解剖知识和操作技术要求很高，临床医师不容易掌握。我结合自己的针灸技术临床实践，对这项技术进行了创新优化，然后手把手将其传授给了当地的中医医生，极大地方便了患者就医。

下乡义诊

为了给更多牧民看好病，我们常常下乡义诊。2019 年 11 月 30 日，我们前往 100 多公里外的好腰苏木镇，那天下着大雪，道路湿滑，我们到那里已经快中午了。当地条件十分简陋，我们搬来凳子、桌子，搭建了临时的义诊台，为了不让老百姓冻着，我们又找来了一些烤灯，半天看了 100 多人，其中一半的牧民接受了针灸治疗。

由于大雪封路，我们回不了县城，就在镇上住了一宿，第二天起来一看，来排队看病的老百姓更多了。当地的乡镇书记也来了，还送来了牛肉干。书记说，北京的专家来我们偏远乡镇看病，是我们的大喜事！

听了书记的话，我们干活更加有劲了。

2020 年 9 月 9 日，星期六，我在当地医护人员的带领下，前往 100 公里外的科右中旗西哲里木乡为当地牧民义诊。到达目的地的时候，等待义诊的当地老百姓已经排了长长的队，义诊活动持续到下午 3 点钟，诊治胃脘痛、风湿关节炎、颈肩腰腿痛等患者，我为其中的 30 多名患者进行了毫火针或小针刀治疗，缓解了患者的疼痛症状。义诊结束后，我又手把手地传授技术给当地医生，精湛的技术和细心的指导，使得当地医生很快学会了以上技术。在当天下午，当地医生就用刚学到的技术治疗了七八个患者，收到了满意的效果，增加了当地医生对中医的兴趣和治病的信心。

次日，我又与当地医生一道，前往科右中旗最北边的农村二龙屯，给父老乡亲们进行义诊看病。义诊活动持续到下午 4 点，就诊患者有 100 余人，并且，这个义诊的日子，还是一个特殊的日子，是一年一度的中国教师节，也是我的生日，我在特殊的日子、特殊的地点，和特殊的人一起，做了最有意义的事情！

去贫困户家中看病

让“简、便、效、廉”的中医药在健康扶贫中发挥独有优势，将传承千年的中医药与脱贫攻坚相结合，促进中医药特色在科尔沁草原生根发芽，是我的初衷。

我得知有些贫困病人长期卧床，行动不便，就决定去他们家里巡诊。有一位大妈，双膝关节红肿疼痛，下地行走困难，卧床两个月了，西医诊断“膝关节滑膜炎”，中医叫“鹤膝风”，我们采用火针加刺络放血治疗，一次治疗，患者膝关节疼痛当场缓解，她双手合十，连声说着：“谢谢——谢谢！”并下了地，把我们送出了小院。

遇到经济困难的牧民，我会介绍一些在家门口就能采集到的中草药治疗。有一个建档贫困户患者，患有慢性心衰，症见喘憋、下肢浮肿、上肢疼痛，家离医院有 100 多公里，看病不方便，在详细询问他家周边的植被环境之后，我介绍给患者一个小偏方，即每天采集一根 1 米长左右的芦苇、一把芦根、一根一尺长左右的带叶桑树枝条，一起洗干净切碎，煮水喝，每天一次，并且互留了微信和电话，两周后随访。患者按照我介绍的小偏方自己采集草药治疗，喘憋症状及上肢疼痛均已经明显好转，下肢水肿也已经消退了。

援蒙感悟

类似上面的故事，每天都在发生着，我运用首都北京的特色中医药技术，为当地的老百姓治病，解决患者的疾病痛苦。在援蒙的 15 个月时间里，我接诊的患者涵盖糖尿病、中风、冠心病、肾功能衰竭、支气管哮喘、消化道溃疡、肿瘤、银屑病等疾病。在一年零三个月的时间里，我带领团队运用北京特色的中医药、针灸技术，累计诊治患者 8000 多人次，收治住院患者 420 人次，许多本打算前往一线城市就诊的患者，听说当地医院有北京来的中医专家坐诊查房后，选择了就近治疗，并取得了良好的疗效。一名患者为对我们表达感激之情，专门制作了“相信中医　手到病除”的锦旗。

为了与当地牧民更好地交流，增进感情和友谊，我还通过自学掌握了拼读和书写，深入了解当地文化风俗，将中医药特色技术与当地蒙医技术结合，服务广大患者，其中特色针灸技术备受患者赞誉，当地百姓称赞我为“曹一针”。

2021 年 3 月，我被评为内蒙古兴安盟科尔沁右翼中旗荣誉市民、北京市扶贫协作先进个人。这份荣誉，是对我工作的肯定，更是对我们首都医务工作者健康扶贫工作成效的认可。在党领导下的伟大脱贫攻坚战中，我们医务工作者实现了人生的价值，贡献出了自己的那份力量！

（牛春霞　整理）

健康扶贫道路上的幸福

赵艺圆

健康扶贫工作

在我的工作生涯中，2019 年注定是不平凡的一年，因为这一年是我国脱贫攻坚任务进入最后的决战决胜年，而健康医疗扶贫则是关系民生的重要一环。习近平总书记曾指出：人民至上、生命至上，保护人民生命安全和身体健康可以不惜一切代价。为了实现基本医疗有保障，全面落实东西部扶贫协作决策部署，根据区委区政府扶贫协作指示精神，通州区卫健委制定健康扶贫协作和支援实施方案：聚焦特殊贫困群体，重点帮助受援地解决因病贫困比例较高人群脱贫难题，使贫困人口有更多获得感，走进乡村，打通“最后一公里”的医疗扶贫工作，区卫生健康委选派第二批医疗技术人员赴内蒙古开展帮扶协作工作。中心发出支援内蒙古倡议时，我的脑海中出现一个信号，我要报名！在第一时间报名后，和家人沟通得到理解和支持。作为北京市通州区张家湾社区卫生服务中心中医科副主任医师，我很荣幸成为对口医疗支援中的一员。2019 年 10 月 9 日，我随通州区援蒙医疗队出发，踏上内蒙古通辽市奈曼旗的土地，到八仙筒镇中心卫生院开展为期一年的医疗扶贫援建工作，我的医疗扶贫经历也从此刻开始。

来到奈曼旗八仙筒之前，心里还是有些许忐忑，虽然有院领导的支持和鼓励，毕竟孤身一人到一个完全陌生的环境，还肩负着医疗支援的重任。初到奈曼旗八仙筒，感觉这里人们的生活多了一份质朴和自然，少了城市中的嘈杂和忙碌，心情反倒平静很多，但是孤单和生活习惯的差异，仍然让我有些不适应，并且着急开展工作，初期心情非常焦虑。在奈曼旗八仙筒镇中心卫生院院领导及同事的帮助下，我用最短时间，最大努力，从陌生到熟悉，很快融入八仙筒的工作生活当中，喜欢上这边人的直率和热情，工作也在大家共同的努力下逐渐步入了正轨，看着身边同事的投入和付出，我备受鼓舞，心情不那么浮躁，变得更坚定，也更有信心提供给当地居民更优质的医疗服务。

通过院内同事介绍和自己的咨询了解，得知当地医疗物资缺乏，尤其是中医相对薄弱；当地居民收入偏低，造成有病不敢看，攒着看，看病只为缓解燃眉之急的情况屡见不鲜。在和对方院领导讨论后决定从简入繁，第一周就开启中医门诊，便于深入了解医疗情况，我主动申请住到医院，每周通过七天门诊、病房巡视了解“第一手”病例资讯。本地除了常见的三大慢性疾病外，风湿关节病患者居多，如颈、腰椎病，这是因为本地人常年在风沙大、气温变化频繁且温差大的气候环境中室外耕作所引起的。且当地饮食习惯重盐多油，脾胃病也是频发病种。因为没有良好的医疗条件和及时就医习惯，导致患者视病痛为“老毛病”，缺乏有效治疗手段。针对这些疾病的治疗是传统中医学的优势所在，以几个病例为研究对象，发现中医疗法适用于这些顽症，患者反馈良好，这坚定了我们整个团队发展中医治疗的决心。在与住院患者的沟通过程中得知，当地特困居民很多，有病的第一反应基本是忍或简单地对症服药，直到忍无可忍才会选择来医院治疗，即使来院救治，也是稍有缓解立即出院。当地的医疗条件和治疗方式有限，对中医药及针灸认可程度不高，而这种情况却是当地大部分人的现状。八仙筒镇位于通辽奈曼旗，地广人稀，村镇地处偏远，当地居民就医困难，对疾病的认知不足，缺乏预防保健相关知识，为了更好地服务于贫困群众，我积极参加了当地特困人员生活自理能力评估调查及特困居民慢病签约活动，并且随八仙筒医疗队入户为贫困家庭进行免费医疗送医送药，下乡进行中医疾病预防宣教。我们来到贫困村进行入户义诊，更深入了解百姓的医疗需求，提供给患者最实际的帮助和行之有效的治疗方案。根据本地居民常见病、高发病的情况，梳理可以简单易行的中医药治疗小验方，希望能够减轻患者求医问药的心理压力。讲解生活饮食对疾病的影响，嘱咐他们改善不良生活习惯，告知戒烟戒酒、清淡饮食对预防高血压、冠心病的重要性，引起患者对疾病的重视，以面对面的医疗方式，提高居民日常预防意识，可以提早发现病情及时进行治疗。通过一次次医疗活动，向广大百姓宣传中医，让更多人了解中医、感受认同中医的真实疗效。

为了更好地让医护人员识病、认病、应用验方，在院内进行当地常见病的中医治疗讲座，开展中医适宜技术、中医针灸基础理论学习班，并进行临床指导，希望通过不断学习和临床实践，让更多的卫生院医生和乡村医生能够了解中医，应用起针灸适宜技术，掌握中医药技术，通过中医药理论为广大患者解除病痛折磨。通过医院同事共同努力，在有限资源下，八仙筒镇中心卫生院组建起一间中医理疗室，补充中医医疗器材（针灸针、艾灸及玻璃罐等）、购进一些常用中药材，印发了中医防病治病养生手册。中医理疗室有条不紊地开展起来，患者也逐渐多了，还有慕名而来的患者，主动要求尝试针灸或者中药治疗。当地居民也逐渐开始宣传中医，了解中医，建议身边亲朋来八仙筒镇中心卫生院进行针灸理疗，认可并相信中医的疗效。这让我觉得我做的工作都是有意义的，更加坚定了医疗帮扶的信心，这是我最大的收获！

为奈曼中医发展创建基础条件，是院里给我的任务也是我的目标。从不了解、不相信中医，到患者的口口相传。从刚来奈曼时的无人问津，到如今我也拥有了一批对自己信任的患者，在每周的讲座上总会出现新的求知面孔，院里多了日益娴熟的中医工作者，这都是我每天努力拼搏的动力。

感动无处不在

扶贫工作正值紧要关头，医务工作者承担着特殊使命，走村入户，送医配药，给广大贫困地区居民带来健康与希望。在医疗扶贫过程中发生了很多颇为感人的故事，借此机会，分享两个故事，与大家共同感受下医疗扶贫路上的艰辛与温暖。八仙筒镇中心卫生院派出长期驻村工作队人员冀江师傅（院前急救车队队长），负责贫困村道贝尔筒村脱贫工作，我也是来到奈曼旗后，冀江师傅找到我给该村一名特困户张福生看病时，在谈话中得知，其曾因主动脉夹层手术住院两次，是冀师傅不辞辛苦联系医院，让他得到及时救治，才挽回生命；其孙女患有先天性心脏病和眼疾，常年吃药，家里一度欠下 7 万多元借款，当时没有经济来源的张福生患上了抑郁症，是冀师傅日夜开导安慰，并且帮助他申请专项扶贫款，不怕辛苦的奔波，帮助他寻找生活出路，购置孵化鸡、鹅的器具，并包下 145 亩田地，种植玉米，养殖鸡、鹅 300 余只，收入增加如期脱贫。冀师傅坚持不懈的努力，给这一家人带来了健康，同时也带来了生活的希望。张福生说："国家扶贫政策好，帮扶人员工作实，如果没有党和国家的好政策我们一家人的日子都不知道怎样过呢……"在交谈中张福生几次热泪盈眶，肺腑之言感谢党和国家的帮扶。

八仙筒地质多为沙土，去年一场大雨过后，道路泥泞寸步难行，红升村特困户赵某某和其患有精神障碍的儿子正在山上劳作，其儿病情突然发作，用镰刀砍伤了赵某某致其休克，住院医生李文竹（女）和护士张启静（女）接到 120 电话，立即出发赶往现场，但由于天气环境恶劣，120 急救车无法到达现场，两名医护人员下车，艰难赶路，并且因不知明确方位，足足在泥泞的道路上寻找了半个多小时才赶到，而意想不到的是患者儿子仍举着镰刀四处砍杀，两名医护人员受到惊吓，但因职责所在，仍耐心劝解，坚持救助患者，并在周围群众帮助下顺利报警，在民警协助下及时把患者送往医院进行抢救，患者虽已康复，但却给两名医护人员心里留下了阴影。

健康扶贫之路艰难而伟大，医护人员责任艰巨，他们从事着平凡而又神圣的工作，为广大贫困百姓阻断疾病，带去健康的曙光，而健康扶贫在我看来，不只是身体上的，更是心理上、精神上乃至灵魂上的慰藉，给予人们生活的力量和勇气。

（牛春霞　整理）

京蒙一家亲　暖暖支教情

王紫鑫

教育扶贫基层需要年轻人

“教育扶贫基层也需要像你这样的年轻人，你们年轻人是新一代教育的主力军，青年教师参与到基层教育帮扶中，起到的示范作用是巨大的。”北关中学张晓光校长肯定的话语时常萦绕在我的脑海中。

我于2019年7月入职北京市通州区北关中学，并于当年9月作为一名新教师，赴内蒙古通辽市奈曼旗第一中学对口支教。起初，我理解的教育帮扶——支教，是要在这片土地上和老教师交流我的教育经验，可是我除了专业知识、满腔热血外，我也没有什么实战性的教育教学经验，更不知从何谈起。身为新教师，我们毫无经验可谈，更无规律可循。出发之前，也和北京市通州区北关中学张晓光校长交流过我的无助与疑惑，就有了上面的一席话。

在真正来到通辽市奈曼旗第一中学之前，我也想象过我要去到的地方是怎么样的？是一条泥泞的小路，通向一片破旧的小平房，教室里面有几张破旧的书桌，一个学校仅有几名上了年纪的教师？

可是，9月，我跟随着奈曼旗援蒙小分队的蒋京春老师和王文宝老师，真正来到了这个地方，我也被眼前的景象震惊了——内蒙古的早晨天空湛蓝，而窗明几净、宽敞明亮的教学楼第一时间映入我的眼帘。

然后，学校领导接待了我们，为我安排了接下来一年的工作以及生活的宿舍，并让高一年级组的李艳苓老师把我领到高一年级，李老师是一位非常年轻、干练的女教师。因为李老师正在上数学课，我随着李老师进了他们班，班级不小，学生不少，满满当当从教室前边坐到了后边，大概有六七十人，而这样密集的学生数量在北京的课堂是非常少见的，至少我从来没有见过。

李老师上完课，把我带到了高一年级数学组，向我介绍这一届高一年级一共 24 个班级，每个班都差不多这么多学生，50 人至 70 人不等。到了高一数学组，组里的老师都非常热情以及友善，每个人也都在忙碌地做着自己的事情。

中午吃饭，有些住校的老师是要在学校吃饭的，第四节下课铃声响了之后，学生、老师一起走进食堂。看着排在我前面的同学们，有种自己也回到了上学时的时光。

下午简单的休息、整理过后，我就又回了高一数学组，被安排了正式的授课，在两天后的下周一。紧接着去领书、领教材、教参、学习手册，开始准备认真地备课。

傍晚五点半，奈曼旗第一中学高一年级数学组的新教师崔瑛楠老师招呼我一起去学校食堂吃饭。与我们一起吃饭的还有新教师李丽老师和刘雅欣老师，这些新教师与我年龄相仿，所以一见如故、相谈甚欢。晚饭之后，回宿舍进行了简单的整理。

一天下来，都是新奇的体验，是当老师的新奇，更是来到了新环境的新奇。来到了这个地方，和我的成长环境是不一样的，认识的人也是不一样的。通过这一天的接触、交流，我了解到这所学校的作息安排，了解到每班班额情况，了解到办公室的老师都曾教育出很多重点大学的学生，了解到新来的这些新教师基本都是重点大学的高学历人才，而这些高学历教师基本都是通过人才引进和特岗计划招聘进来的。

习近平总书记曾在全国教育大会上发表重要讲话，提出两个“大计”，即“教育是国之大计、党之大计”，高度概括了教育在党和国家事业发展全局中的战略地位和关键作用。而我们身为一名人民教师更是在“国之大计、党之大计”中承担着重要的角色，除了扎实的学科知识素养，自己的一言一行都影响着祖国的下一代，也理解了“教育基层需要年轻人”的这句话，因为祖国的各个地方都需要年轻人。

我就是教育扶贫基层工作的一个平凡人

去支援内蒙古的每一位工作人员都被叫作“援蒙干部”，但是我也就是一个平凡的教育工作者。

支教生活的每一天工作，都是这样的几点一线。7 点半准时开启一天的生活，中午吃饭、休息，下午上课到五点半吃完饭。只不过知道大部分教师会有晚自习答疑工作，我就主动去到年级组，询问年级组长金喜斌主任的晚自习工作如何安排。经过了解，由于学校班级比较多，负责晚自习教师还是比较稀缺，所以也非常需要我的加入承担晚自习答疑工作。于是我主动承担了三个班级的晚自习答疑工作，晚自习一直上到 9 点半。如果说，上课展示教师的专业素养，那么答疑一定考察的是教师的学科专业能力、思维反应能力。

我接手的第一个班级是一个文科班，第二个班级也是文科班。但是前前后后给三个理科班代课。相比较而言，文科班里的数学基础普遍偏差，数学思维和反应速度对比理科生也多多少少有着差距。但是好在学生都是非常善良的孩子，字迹工整漂亮。

我更知道作为一名文科班数学教师更要有耐心，我也一直坚信他们不是数学学不好。我曾走近过一些学生，很多同学认为自己不适合学习数学，认为数学很难，在没有开始学习的时候就先退缩了；也有些同学表示，不敢和老师交流，因为数学没有思路回答不上问题很尴尬，更不想回答；还有同学表示，数学没思路，公式记不住，看每道数学题都很难。所以，在给文科班上课时，我一直要求自己一定要有耐心，而这耐心是体现在解题过程的板书书写上、体现在知识和思路引导的过程中、体现在学生回答问题的表达上。上课时也要求自己，一定要化繁为简、化抽象为具体，课后多下功夫，总结常考题型、得分题型，注意归纳、多做练习，让同学体会到数学之美、知道数学分也很好得。平时，也与奈曼旗第一中学的优秀教师交流学习研讨，做好高中数学知识体系的梳理，梳理高考常考题型，更好地完成教学任务。尽我所能完成这一年的教学工作。

在奈曼旗第一中学，我完成了平凡人生中太多的第一次，第一次以教师的身份登上讲台，第一次做了自我介绍，第一次给 50 多人的班级上课，第一次进行监考工作，第一次在考试结束后找班里的每位同学进行面谈、了解学习数学的困惑……

就在这样平凡的工作中，我慢慢体会到了身为一名老师的自豪与快乐。在这平凡的工作中，同学因我有了小小的梦想与憧憬。我在此刻可能也体会到了校长对我说的那句话，青年教师的示范作用是巨大的。播下一颗火种，虽然微弱，但也温暖。

半学期的学习生活也很快结束，而在 2020 年的寒假，疫情却暴发了。

在 2020 年 2 月 22 日正式开始了相距 700 公里的网上授课。虽然距离很远，彼此的心却很近。每天提前备课、正式上课、课后为学生答疑、判作业，忙碌也充实。

课后，成立了专门的数学学习小组，通过小组答疑、交流的方式更深入地了解数学知识，约定时间进行视频单独讲解答疑。

在 2020 年 4 月 1 日，接到上级通知，4 月 2 日必须到岗。我与内蒙古奈曼旗第一中学的主任取得联系，需要拿着所需要的社区证明材料。4 月 1 日当天上午上完课，收拾了我的行李，下午去社区开了证明材料，我就踏上了去往内蒙古的火车。

到奈曼旗之后，一中的主任安排我先进行了为期 14 天的隔离。于 5 月 8 日，我们就开启了面对面的授课模式。只不过在校园，我们依然坚持每天戴好口罩，坚持每天做好学校的通风和消毒工作……各地的疫情防控工作依然严格而认真地落实着，而时至今日我们国家各地的疫情也一直得到了强有力的控制。

6月份，高考如期而至。我也非常荣幸地参加了如此大规模的、充满意义的监考工作。感慨也有很多，也会祈祷等两年后的今天我所教的学生都可以旗开得胜，考出好成绩，上自己理想的学校。

一年的援蒙期限，仅剩下短短一个月的时间，留下了难忘的回忆，我和所有的老师和同学也都格外珍惜这短短的相处时光。

高考过后，这些孩子就是一名准高二学生了，孩子们学习数学的积极性更高了，利用晚自习时间同学们常常会约我为他们补习数学，也会和我谈心诉说以后的梦想。

在这里工作的每一天，我是一位平凡的教育工作者，更时刻谨记自己是一名援蒙干部，要担负起自己的职责，只要学校有需要就上，站好每一班岗。

诺恩吉雅，我永远的家

奈曼旗位于内蒙古通辽市西南部，地形地貌特征一般概括为“南山中沙北河川，两山六沙二平原”。奈曼旗第一中学所处的大街为诺恩吉雅大街，在分别前夕，数学组白桂兰老师的一首蒙古歌曲《诺恩吉雅》，让我此生难忘。

《诺恩吉雅》歌曲：“老哈河水，长又长，岸边的骏马，拖着缰，美丽的姑娘，诺恩吉雅，出嫁到遥远的地方。当年在父母的身旁，绫罗绸缎做新装，来到这边远的地方，缝制皮毛做衣裳。海青河水，起波浪，思念父母情谊长，一匹马儿作彩礼，女儿远嫁到他乡。”

此刻，除了“教师”“干部”两个身份，更是“儿女”，感恩各位一中老师这一年的照顾与帮助，而我也一定会和奈曼旗常来常往。

2020年，是脱贫攻坚决战决胜之年，也是全面深化京蒙扶贫协作三年行动收官之年。而我是在收官之年前往奈曼旗去支教的，这一年确实没有经历过曾经的艰辛。但是，我却看到了无限希望，感受到了无限的温暖。

教育教学硬件设备更新换代，学校抓教学、精教育、提成绩、高素质的发展理念，越来越多的高学历、高技术人才回到家乡建设，青年学生积极向上。

党的十八大以来，习近平总书记站在全面建成小康社会、实现中华民族伟大复兴中国梦的战略高度，把脱贫攻坚摆在治国理政突出位置，提出一系列新思想新理念新观点，作出一系列新决策新部署，推动中国减贫事业取得巨大成就，困扰中华民族千百年的绝对贫困问题得到历史性解决，个个山乡巨变，汇聚成脱贫攻坚的亮丽答卷！

暖暖支教情，更温暖了我的教师之路。回想起我教师生涯的第一年，就是这样充满色彩的一年。

（牛春霞　整理）

“带不走的医疗队伍”

陈冬

2018 年京蒙对口帮扶工作开始向扶贫协作转变，在组织领导、资金支持、人才支援、产业合作等方面聚焦精准扶贫，精准脱贫，受通州区卫健委及首都医科大学附属北京潞河医院领导指派，2019 年 10 月，我来到内蒙古自治区翁牛特旗医院开展对口帮扶工作，具体工作是到翁牛特旗医院泌尿科参与对口专业的帮扶工作。

出发，未知的生活

记得那是一个秋高气爽的上午，由通州区卫建委派人开车送我和另外两位援蒙同志一起从北京出发。对于从未去过京北大地的我，心里满怀期待，想领略一下北国的风光和塞外的风情。但一想到这不是去旅游而是去工作扶贫，心里对未来要走的路便有了一丝担忧，不知当地环境如何，人际关系怎样相处，工作怎样开展，能否不负期望地完成工作任务……乘车一路从六环上京承高速经过承德继续向北，越过重重的山岭，钻过层层的隧道，窗外的风景不断变换，初秋的天高云淡，下面的风景由崇峻的山岭逐渐转变为低矮的丘陵和半山，再变为稀疏的农田和旱地，北方干旱的地貌逐渐显现得更加真实。经过赤峰市后，城镇乡村便多了起来，似乎工业化的进程并未拓展到这些地方似的，农业社会的气息扑面而来，车子一路行进到丹锡高速从一个出口下去就进入了一个叫乌丹的城镇，也是翁牛特旗的旗政府所在地，“翁牛特”译成汉语就是“神圣的山”。百度了一下乌丹的意思，可能是“乌桓”“乌兰”的转音，是“红色”的意思，因为那个地区的山含铁矿物质较多，所以呈红色而得名，所以有“赤峰，红山，乌丹”等词汇描述，我能联想到的历史就是“曹操北征乌桓、红山文化”之类的。后来了解到这里还是“玉龙之乡”，就是当地出土了一个龙形玉石雕刻，为红山文化的历史代表。

车子进入乌丹城镇后便有些出乎我意料，有肯德基，有各种琳琅满目、充满时尚风格的小店，还有规模不小的超市。车子一路行进，来到我要为期一年工作的目的地——翁牛特旗医院，下车后扑面而来的正宗的北国风，清凉透彻，对比此时京城的燥热，顿觉浑身清爽许多，下车后接洽人员把我们带到单位的职工宿舍，这是一座由小旅馆改造而成的三层楼，简装的屋子整洁有序，功能齐全，放下行囊整理物品，被告知第二天我们去医院行政部门报道。

第二天去食堂吃过早饭来到院长办公室，张院长给我们介绍了医院的情况，旗医院作为区域的二级医疗中心，承担着城区 2 万人及周边 4 万多人的医疗保健任务，科室门类及专业分类还不是很细化，医院软硬件设施也不是很齐全，人员资质参差不齐。“说实话我们这级医院留不住人，以前周边开矿的比较多，带动了一系列相关的产业，目前因为矿产资源的减少及环境治理要求的提高，相关产业逐渐减少，人们收入水平比较单一，农业及畜牧业随着土地的过度开发也失去了发展潜力，所以大部分老百姓的收入都不高，卫生保健的意识和需求也降低下来……”院长的这番话也许更符合当下的客观情况，随后我跟随泌尿科刘主任来到了泌尿外科的病区，泌尿病区因规模所限并未独自成立病房，而是与胸外科、肿瘤外科在一起，共用一批护理人员。泌尿科医生加上主任一共 5 人，还包括一名未拿到医师资格证的准医生，硬件设备只有一条输尿管镜和一套单极电切镜（最基本的配置），收治的病种也比较单一，典型的基层医疗机构的配置和业务范围，手术量少且手术种类简单，门诊量小，每天门诊病人个位数，每周手术个位数，很疑惑这么多病人都去哪里看病。经了解才得知本地居民患病轻的去药店自己买药吃，病情稍复杂的都去距此百里之外的赤峰市就医了，甚至老百姓家里有人生病了不管有没有钱都要送市里医院看病，并以此作为是否尽力或者尽孝的标准，因为他们不信任本地的医院能为他们解决问题。虽然医院病人不多但如此小的县城却分布着很多大大小小的药店，甚至一条街上就可以看到五六家药店，如此的现状也很让人无奈，病人少、病种少则专业技术就无法得到提升，然而越是专业技术差来此就诊的人就越来越少，这似乎是一个恶性循环，所以久而久之医学毕业生和病人都不想来这个医疗机构。医疗技术技能提升受限，医务人员的积极性也普遍不强，这的确是一个短期内无法解决的难题。对于城镇居民的医疗保障尚且如此，更不用说较为偏远的乡村，嘎查的农牧民了。

下乡义诊，了解真实情况

作为地方主要的医疗机构，旗医院诊疗对象主要是当地的农牧民。医院忙碌的季节通常是在春耕和秋收后，只有农闲时间和售卖农牧产品后才有时间和资金去看病，因此不少病人因贫困而无法及时就医。为了减轻偏远地方居民的就医困难，我们利用下乡扶贫的机会，乘坐汽车前往偏远的乡村义诊，每次出发会收到医院同事的善意提醒："早餐别多吃啊。"因为每次前往都要经过几十公里崎岖的山路，有的道路很难称为路，只能看出有车轧出的痕迹，高低坎坷。通常面包车拉着我们在坑洼不平的石块和泥泞中呈波浪样起伏前行，我们被坑洼颠簸抛上抛下，头被车顶撞得生疼，五脏六腑被颠得挪移错位，经过几个小时的颠簸才能到目的地，强烈的晕车感让人下车后第一件事就是找地方呕吐，然后喝水漱口后开始接待病人，忙完一个村后再去下一个村……真是令人难忘的经历，但看到村民渴望的眼神和诊治后的喜悦，感到自己的付出没有白费。

另外就是在医院内工作的经历。突发腰腹痛的急诊患者通常经初步筛查后就会来我们科室诊治，然后值班医生会联系我过去看病人。有一天晚上急诊来一名结石患者，是当地精准扶贫的贫困户，肾绞痛症状很明显，伴随着剧烈的恶心呕吐，给予止痛治疗后效果不理想，B 超检查显示“输尿管结石合并肾积水”，通过与家属攀谈得知患者结石病史多年，曾发病多次，此次发病本来想卖完粮食有资金后再去百公里外的市级医院治疗，但发病突然疼痛难忍，被家人就近送诊。我们向患者家属说明病情后，建议其急诊行输尿管镜碎石，经过 40 分钟左右的手术，患者结石被打碎并取出体外，第二天患者康复出院，患者激动地说：“谢谢医生，以前不知道旗医院能做结石手术，这次真的疼得受不住了，可咱家确实没有条件去市里住院治病，真不知怎么办好了，这次住院在家门口就问题解决了，还没花多少钱，你要是早来我就不会受好几次罪了。”这样的病例还有很多。我到科室后帮助成立结石急诊治疗绿色通道，急诊快速治疗处理结石和肾脏疾病，短、平、快的诊疗模式极大方便了当地的农牧民，免去了以往患者转诊百公里外医院的奔波和花费，尤其对那些生活困难、贫病交困的家庭。

“带不走的医疗队伍”

我到旗医院后，首先对于专科的常见病做出规范的诊疗，对于现有的患者和疾病类别进行规范化的诊疗，同时扩大业务范围，增加诊疗手段，吸引病人减少求医奔波，开展更多手术种类和项目，诸如：前列腺癌穿刺活检术，输尿管镜技术，经皮肾镜技术，腹腔镜技术等，让老百姓就近解决看病问题。“授人以鱼，不如授人以渔”，为了做好“传帮带”工作，采取“手把手”指导、教学查房、病例讨论、学术讲座等形式找差距，查漏补缺，全面提升了泌尿外科的业务理论和操作水平，培养了科室医生“能文能武”的本领，真正打造一支“带不走的医疗队伍”，从而可以更好服务区域内的百姓。

自 2018 年加入京蒙协作以来，北京市通州区在对口帮扶工作中帮助当地培训医疗专业技术人才 433 人次，培训 18 位旗医生，并为村民提供义诊，有力保障医疗脱贫。2020 年 3 月，翁牛特旗正式退出贫困旗县序列，历史性地告别了绝对贫困。我有幸成为国家扶贫项目中的增砖添瓦者，我总认为“医生所做的一切，其实都是在追求一种可能，一种让治疗更安全更有效的可能。我们医疗扶贫，就是要京蒙携手，一起追寻这种可能”。这是一个艰巨而光荣的任务，是一场难得的人生经历，在这里能切实感受到自己的价值感和使命感，通过自己的实际行动践行医务工作者的初心和使命，在我人生的履历中增添浓墨重彩的一笔。

（牛春霞　整理）

精准帮扶求实效　携手打赢攻坚战

吴清绪

实地走访贫困户，考察对接合作项目，深入田间地头调研，座谈会、现场会、访谈会……我的扶贫工作就是通过这几个方式开展的。扶贫的关键在于了解。2019 年 4 月，我从北京市顺义区园林绿化局来到内蒙古自治区通辽市科左中旗，挂职担任旗委常委、副旗长，支援周期 27 个月。刚到科左中旗的时候，我花了将近一个月的时间，进行集中调研走访，为了快速熟悉当地的区位条件、资源条件、民风民俗，便于达到精准扶贫的效果。对当地有了深入了解之后，把重点放在了劳动力就业、消费扶贫、产业发展这三个方面。

深化就业扶贫，开辟脱贫增收新天地

自京蒙“牵手”以来，走出大草原，在北京找到工作，实现“一人就业、全家脱贫”成为越来越多年轻人的梦想。怎么能把双方资源进行整合、通过什么途径能尽快帮助他们圆梦成为我的心中头等大事。通过深入分析顺左双方“所需”和“所能”，我促成建立了位于北京顺义区牛栏山镇的“京蒙劳务协作科左中旗驻京服务中心”，平台的建立为进京务工就业人员提供了职业介绍、职业培训、就业援助、劳务关系协调等公共就业服务，有效促进了科左中旗建档立卡贫困劳动力转移就业。

我至今都记得去村子里看望孟都来玛时，她那渴望的眼神。孟都来玛是科左中旗的蒙古族女孩，目前跟奶奶和叔叔在一起生活，是建档立卡贫困户。80 岁的奶奶常年吃药，叔叔也是二级智力残疾；孟都来玛本人患先天性脊柱裂，6 岁的时候手术过程中神经受损，之后双脚逐渐变形内翻。虽然家境贫寒，但孟都来玛从小有着“北上梦”，2018 年于内蒙古财经大学毕业后，孟都来玛一直希望能有机会去北京工作。到乡下调研时孟都来玛话不多，但每句话都离不开“北京”两个字。回去后，我多方沟通给孟都来玛联系北京的公司，终于在顺义区牛栏山镇江河创建集团股份有限公司给孟都来玛找到了就业机会。去年年底，孟都来玛从北京寄来感谢信，说自己转正后可以拿到年薪 8 万—15 万元，这是当地工资的 2—3 倍。

为了提高扶贫劳务协作的效率和精准率，我与其他扶贫干部一同，多次到江河创建集团、北京城建北方集团、中京保安公司等 35 家企业及顺义区人力资源和社会保障局高级技工学校进行对接，与企业共同商讨科左中旗建档立卡贫困劳动力转移就业良策。经过不懈努力，驻京服务中心成功为草原小哥圆了“北上梦”，为身残志坚的女大学生铺起了“就业桥”，真正实现了“一人就业、全家脱贫”的目标。

随后，我将目光转移到了带动剩余劳动力致富上。经过了解，当地多数年纪稍大的妇女因为需要照顾家庭，不是在家种玉米，就是帮忙喂牛，没有稳定的工作和收入。为了解决制约贫困户“摘帽子”的瓶颈问题，增加贫困家庭的经济收入，我从就近灵活就业或居家就业入手，不断走访，发现拥有悠久历史的蒙古族服饰以及带有蒙古族元素的床上用品很受市场欢迎。于是和当地干部及工厂带头人一同研究，决定用帮扶资金建设一个“扶贫工厂”，让贫困户妇女拿出手艺蹬缝纫机挣钱。工厂建立之后，报名的贫困户妇女络绎不绝。为了提高手工艺品知名度和出品质量，我主动联系技术培训部门，给贫困户进行专业培训。现在“嘎嘎布贝”民族手工艺扶贫车间、敖包苏木蒙古族手工艺品扶贫车间、花胡硕苏木民族服饰加工车间等 3 个扶贫车间项目，已经为 60 余名建档立卡贫困户“在家门口”安排了就业岗位，每人年增收 5000 元以上，实现稳定的务工收入。蒙古族服饰色彩华丽，大红大紫，展现着人民对美好生活的向往。如今，这种向往已时时刻刻展现在她们笑脸上。

突出消费扶贫，激发脱贫致富内生动力

“两黄经济”是科左中旗的主要经济发展方向，其中一个是黄玉米，大片大片的玉米地是草原另外一道风景。在这一年多里，我跑遍了科左中旗的田间地头。经过考察，发现科左中旗虽然地处黄金玉米带，但相对缺水，同时，当地贫困群众种植的玉米不抗旱而且还易倒伏，因此产量不高、卖不上价钱。于是我利用顺义区农业优势，联系了北京顺鑫国际种业集团顺鑫农科种业，为科左中旗贫困户捐赠了京科 665 优良玉米种子，又引进了浅埋滴灌技术，解决了贫困户发展生产玉米的问题。玉米产量提高了，销路问题亟待解决。我积极与北京的企业协调，以每吨高出市场 50 元的价格采购农户种植的玉米，增加的费用，全部用于扶持建档贫困户。现在，农户们望着田地里高产的玉米，觉得生活一下子有了盼头。

除了黄玉米，还有黄牛养殖，这可是当地村民的“金元宝”，基本上家家户户都有养殖黄牛的经验，但是始终存在交易难的问题。于是我从内蒙古地区最大的牲畜交易市场——成峰牲畜交易市场入手，顺利协调北京市和顺义区为成峰牲畜交易市场注入扶贫资金，实施“资金跟着穷人走、穷人跟能人走、能人跟着市场（交易）走、市场跟着产业走”产业扶贫项目，让市场与周边贫困农牧民签订合作协议，培养养殖经纪人，通过小额信用贷款支持、免费提供暂养场所、交易管理、资产收益等方式，让牧民们通过养殖黄牛脱贫摘帽，项目成功覆盖了 50 个嘎查村、200 多户贫困户，年户均增收 8000 元以上。

精准高效的产销对接是加强消费扶贫的有效手段。凭着对顺义的了解，我充分利用顺鑫石门农产品批发市场在地理位置、辐射范围以及服务群体等方面的优势，搭建北京市消费扶贫双创中心顺义区分中心，在马坡鲁能美丽汇商场搭建农产品展销平台，吸纳科左中旗农畜产品进京销售，为农畜产品找到了可靠的销售渠道。为了提高产品特色，我认真对照北京地区饮食特点，号召农户选择富有地域特色的富硒、弱碱、高钙农畜产品，通过电商、订单以及直销等线上线下模式销往北京地区，为绿色、有机、健康的科尔沁草原土特产品开辟“进京通道”，助力科左中农产品走进千家万户。与此同时，我主动协调当地扶贫办设立了扶贫产品目录，把更多的产品纳入其中。现今，已经有 14 家企业、111 种产品完成认定。截至目前，左中农产品进京销售额已达到 3370 余万元，带动了近 1353 名贫困户受益。鑫成牧业有限公司优质牛肉产品冷链物流仓储项目也正在紧锣密鼓建设中，建成后，预计年销售收入将达到 9900 万元。

聚力产业扶贫，变“输血”式扶贫为“造血”式扶贫

地区的脱贫致富离不开企业的支撑。我多次赴顺鑫控股集团进行洽谈，同时邀请顺鑫项目负责人多次到科左中旗实地考察调研项目，促进两地产业协作优势互补，推动建立稳定的产业合作关系。最终在农牧业主导产业项目合作上实现了突破，成功与顺鑫控股集团在肉牛养殖、农畜产品流通、农牧业科技种养殖、新品种示范基地、畜牧业食品安全基地建设等领域达成合作，为北京市场提供绿色环保的农牧产品的同时，助推科左中旗现代农牧业转型升级。积极对接，促成北京顺义金太羊餐饮管理股份有限公司企业与科左中旗人民政府就 20 万头肉牛屠宰、养殖（万头）及深加工项目达成深入合作意向并签约，投资 10 亿元成立“内蒙古通辽市哈林牛业股份有限公司”。哈林牛业将以食品安全为己任，以服务三农为宗旨，全方位构建食品安全管理体系，打造“生态

链、产业链、供应链、品牌链”四链合一的市场放心产品，塑造中国内蒙古通辽肉牛之都称号。

同时，还在引进高新技术产业方面着重发力。通过对科左中旗地理位置信息及优势的全面了解，我坚持寻找适合在当地发展的帮扶项目。最终，成功促成了科左中旗与国家级高新技术企业嘉寓集团的合作。嘉寓新能源科左中旗示范产业基地，将打造真空集热管生产线项目，预计年产 2000 万支，可实施 600 万平方米高效光热 + 清洁能源采暖系。后期，还将规划风力光伏发电项目，形成新能源光伏、光热从生产到应用的完整产业链，对科左中旗发展壮大清洁能源产业具有重要意义。

一路走来我受益良多，在挂职期间跑遍了科左中旗 1 万多平方公里，488 个行政嘎查村，在数次进村入户共同解难题谋发展中，我和嘎查的干部、贫困群众建立了友情，见证了他们在战胜贫困中的奋斗与拼搏。不同的工作环境、工作内容及工作形式，也让我得到了锻炼，受到了启发，丰富了我的人生阅历和工作经历。脱贫攻坚仍在路上，扶贫故事不会终止。今后，我将继续发挥挂职干部的桥梁纽带作用，努力为顺义区与科左中旗携手共进、合作共赢搭建桥梁，为科左中旗全面建成小康贡献自己的一份力量。

我和草原有个约定

高亮

与太仆寺旗再续前缘

属马的人，似乎天生就和草原有缘……

第一次到草原，是在大学毕业前夕，导师带着我到太仆寺旗考察草原生态及鼠害防治。

初见草原的感觉，空旷辽阔，一片静谧，满眼的绿色，令人心旷神怡，流连忘返。草原上的人们淳朴敦厚、热情好客、真诚豪放，让人倍感亲切。快乐的时光过得飞快，返程时间很快就到了，有些不舍，有些留恋，也有些遗憾。

转眼间16年过去了，为助力内蒙古打好打赢脱贫攻坚战，按照京蒙扶贫协作统一部署，2018年4月，组织上派我到内蒙古自治区锡林郭勒盟太仆寺旗挂职旗委常委、政府副旗长。一切是那么的自然，一切如冥冥之中的安排，弥补了16年前的遗憾。

我是在昌平区与太仆寺旗京蒙扶贫协作座谈会的会场上报到的，这个特殊的开场印证了我的使命——作为旗委常委、副旗长，协助旗长开展扶贫开发、京蒙扶贫协作等工作。

报到的当天下午就参加了旗里两个会议，会后还到现场进行了实地调研，晚上回来已经7点多了。旗长告诉我，现在脱贫攻坚的时间已经很紧张了，全旗大部分干部都在扶贫一线，很久都没有正常过周末了。这是我到太旗工作领受的“第一课”，让我见识了草原干部“工作狂”的那一面。

给昌平草莓在草原“安个新家”

紧张的工作容不得半点迟缓，我先后走访了7个苏木乡镇，还有部分贫困村，了解贫困状况和发展需求，我很快熟悉了这片草原，爱上了这片草原，也融入了这片草原。

什么项目能体现京蒙协作的本意，如何利用昌平的资源帮助太旗在产业发展、劳务协作、农民增收等方面有效开展工作呢？

脱贫致富，产业先行。草莓是昌平区的“名片”产业，能不能把草莓和草原结合起来做点事情呢？我的想法很快就遭到否定，因为草原上温度低，无霜期短，长出的草莓，跟荣膺“地理标志产品”的昌平草莓，在果形、口感方方面面，根本不能相提并论。但是我并不甘心，利用回昌平对接工作的机会，到昌平区农业农村局寻找思路，得知昌平区每年草莓种苗缺口接近一千万株的信息后，我的心里突然亮堂起来，太旗的地理位置和冷凉环境适宜种苗繁育，自然环境好，昼夜温差大，繁育出的种苗具有适应性好、抗病性强等优点，再引进昌平技术作为保障，实施草莓种苗繁育项目可谓得天独厚。2018年5月，宝昌镇边墙村、农牧业研究所、内蒙古百斯特农业公司3处6亩的草莓种苗繁育试验基地建成，在昌平区技术人员的指导下，经过精心培育和管护，草莓种苗繁育项目获得成功，当年培育种苗11.5万株。

协作就是要互利互惠，只有这样才能长久。2019年整合北京市、昌平区帮扶资金在宝昌镇边墙村建设农业扶贫产业园，培育草莓种苗228万株，通过土地租赁、大棚经营、带动种植、劳务就业等途径实现村集体增收、贫困户受益。2020年，继续扩大草莓种苗繁育规模，以“政府+合作社+建档立卡贫困户”模式，带动当地种植大户、合作社、企业自筹资金建设育苗棚186座，累计建设并投入运营的育苗棚达到366座。草莓种苗繁育基地的建立，不仅带动了太旗的产业发展和贫困户增收，也为昌平区培育了优质草莓苗，实现了两地产业融合发展。

我在太旗有只羊

2018年夏天，爱人带着女儿萌萌到太旗来看我，萌萌是第一次到草原，蓝天绿草，成群的牛羊，突然好奇心大开，看到牧民家的一只小羊羔顿生怜爱之情，她喜欢小羊羔，央求我把它带回北京喂养，可爱的童真把一众人逗乐了。我就安慰孩子：羊在这里生活，吃的是天然草料，喝的是山泉水，回到家就没有这个环境了，怎么长得好，总不能把草原也搬回去吧！

要不咱们给这只小羊羔取个名字吧！经过反复琢磨给小羊羔取个名字叫“小雪”。自那以后，我每次跟女儿通话，萌萌都会问起“小雪”的情况。也是从“小雪”的身上，又寻到了一个新的思路，城市里的孩子们也是多么渴望能够在草原上有一只羊。一年后的2019年7月28日，由昌平区文化和旅游局与太仆寺旗文体旅游广电局共同倡议的“我在太旗有只羊”认领活动推介会隆重举行，现场127只羊认领签约，来自昌平的一对企业家夫妇现场认领了30只羊。在他们看来，这种活动既可以奉献一份爱心，又有机会与朋友一起到草原赏美景、品美食，体验羔羊喂养成长过程的快乐，全面感受草原牧民的生活情趣。这是太旗精准扶贫新途径的一次探索，一方面是满足人们“舌尖上的味道”，引导单位或个人认领太仆寺旗贫困户羊只，助力脱贫攻坚；另一方面是希望更多家庭与千万只“小雪”相约，从而带动当地文旅、餐饮、住宿、消费等协同发展。

关注民生“水”工程

扶贫协作从最基本的“两不愁三保障”开始，从老百姓生活的最基础开始，保障群众饮用水安全是脱贫攻坚的重要指标之一。总体来看，太旗的饮用水量没问题，但是个别地区的水质达不到饮用水标准。我在走访中得知骆驼山镇黑渠山村、幸福乡红革村的饮水一直不达标，困扰群众多年，积极协调将两个村的安全饮水纳入扶贫协作项目。3 年来，投入京蒙资金 543.3 万元，通过新打机电井、铺设管道、建水处理车间等，重点解决了 3 个乡镇 8 个村的安全饮水问题，直接受益群众 644 户 1418 人，其中建档立卡贫困户 400 户 899 人，保障了当地群众喝上“放心水”。

电商扶贫带货当“主播”

太仆寺旗产业资源十分丰富，传统线下销售难以满足农特产品外销需求。为进一步拓宽太旗产品销售渠道，把电子商务和精准扶贫有效结合，有序推进电商扶贫。积极开展扶贫产品认定工作，牵头组织注册了“甄选太旗、太旗礼飨”两个县域电商公共品牌，开设甄选太旗淘宝店、京东太仆寺旗特产馆等电商平台 13 家，借助京东、天猫、淘宝、邮乐购、公益人大以及“832”贫困地区农副产品销售网络等电商平台为太旗农特产品开拓电商全网销售渠道，举办网红直播、电商春耕节、土豆节暨农产品互联网大集等 30 余场次，农村电商已成为太仆寺旗助力脱贫攻坚、实现农民增收的一条新途径。在太仆寺旗电商助农消费扶贫直播、北京人民广播电台扶贫产品推介和昌平区融媒体中心助力扶贫产品销售等活动期间，我“化身”为主播，参与“代言”推介，将太仆寺旗的旗情概况、自然资源、历史发展、文化旅游以及特产美食等和盘托出，利用当下流行的直播形式，把太仆寺旗宣传推介给全国各地，取得很好效果。3 年来，通过组织各类展示展销活动、机关企事业单位采购、对接各电商平台，累计销售太旗各类农特产品 9100 余万元，带动 1277 名贫困人口受益。

3 年来，北京市和昌平区以及社会各界持续加大帮扶力度，累计投入各类财政帮扶资金 9310.4 万元，发动社会各界捐款 179.3 万元，捐物折款 2224.9 万元，实施协作项目 81 个，产业合作成效显著，劳务协作不断深入，人才交流更加广泛，携手共建成绩突出，累计 8384 名建档立卡贫困户受益，教育、医疗等基础条件得到改善。两地干部群众上下一心、团结奋进，圆满完成既定目标，脱贫攻坚工作取得了明显成效，“两不愁三保障”全部达标，73 个重点贫困嘎查村全部出列，9919 户 20840 名建档立卡贫困人口全部脱贫，顺利通过了国家脱贫攻坚普查验收，实现了“人脱贫、村出列、旗摘帽”的目标。

永葆共产党员初心　助力医疗脱贫攻坚

戚学政

听党指挥，不辱使命

党的十八大以来，中央组织开展了声势浩大的脱贫攻坚人民战争，提出实现脱贫攻坚目标的总体要求，发出打赢脱贫攻坚战的总攻令。2019 年 7 月，我有幸接受党组织的委派，暂别昌平区中医医院，赴内蒙古锡林郭勒盟太仆寺旗，实施医疗精准扶贫对口支援一年任务。作为一名共产党员、普通的医务工作者，能参加这场伟大的攻坚战，并圆满完成组织上交给的艰巨而光荣的任务我感到无比自豪，能把自己日常学到的医学知识和技能回馈于社会、服务于人民感到骄傲，看到由自己亲手带出来的当地一支优秀的、成熟的骨科团队而感到欣慰，回首在医疗扶贫一年间发生的故事和经历仿佛就在眼前。

保持共产党员本色，全心全意为病人服务

记得那天刚到岗，大家相互寒暄几句后，科主任说：戚老师，一会儿有台截足趾的手术，病人现在已经麻醉了，我们以前没做过这类手术，您能不能辛苦给我们指导一下操作？原来病人叫李桂霞，女性，41 岁，约 30 年前右脚被车轮碾压伤，致足背 2、3、4、5 多个跖骨骨折，由于当时家境贫穷、交通不便延误了治疗，导致 4 个脚趾畸形愈合、足趾向足底翻转畸形，多年的压迫和疼痛使病人行走费力、痛苦不堪，足背的畸形让这个爱美小姑娘别说是穿高跟鞋，就是能穿上普通的凉鞋都成了奢望。现在政府的扶贫政策越来越好，家境也富裕了，但病痛的折磨使她决定宁肯截掉脚趾，也无法忍受这种痛苦了。患者已经实施腰麻完毕，等待消毒截足趾手术，当我看到病人的脚后心里一怔，这种情况完全可以不需要截除脚趾的，否则太可惜了，截掉后可就没机会了，刚刚见面就要否定人家的治疗方案，这是同行之间之大忌！如果不立即阻止我将一生内疚！医生的本能驱使我说出了这几个脚趾不能截除，完全可以做一个矫形手术，既能保全足趾纠正畸形，又能改善功能恢复美观！主任向大家做了介绍，接着说，戚老师，我们没有想到还有其他方案，您就亲自上台指导我们做吧。腰麻的病人听到北京来了骨科专家，并且能够保足手术，就说：哎呀！我太有福气了，北京的专家来了，快请您给我做手术吧！病人的请求，同事们诚恳的要求，医生的责任感，共产党员的担当，我无法再推脱了，经过近 2 个小时的手术，李桂霞的足趾都保住了，不仅恢复了病人脚的美观外形和行走功能，也解除了行的痛苦。病人深有感触地说：如果没有党的扶贫好政策，我们在偏远的家门口怎么可能享受到北京医疗专家亲手治疗啊！那感激之情真是无法用语言形容。

通过这件事情我感触非常深刻，当地的医生没有责怪和难为我，反而非常主动接触我、向我请教有关业务知识，我也顺势和他们讲，这次

手术虽然很成功，但还有些不足之处，如果事先有一定的设计方案和准备工作，可能会更加完美些。他们的积极工作热情、谦虚好学和对专业技术渴望追求的精神让我非常感动，这也让我们在后期的工作配合上有了一个良好开端。

精准医疗扶贫，改变了一家几代人

照看一个人，拖累一群人，致贫一家人，是重度残疾人贫困家庭的真实写照，也是扶贫工作中“最难啃的硬骨头”。建档贫困户石海，男性，63 岁，16 年前老人因一场意外事故导致左大腿粉碎性骨折，在当时医疗条件极其简陋的环境下做了钢板内固定手术，术后伤口感染，后又反复经过三次的手术补救最终都失败了，四次的手术费用让这个并不富裕的家庭欠下了大笔债务。那时正值 40 多岁青壮年的他绝望地瘫在了炕上，他的家人也因长年照顾他这个生活不能自理的病人不能外出工作，恶性循环导致了这个家庭几代人因病致贫。老人的女儿难过地说：近几年多亏有政府的扶贫政策我们的日子比过去好多了，但是我们地区偏远，医疗技术有限，根本没有能力外出给父亲治病。再说经历了多次手术失败的石海已经彻底绝望了，听说北京来了骨科专家，抱着试试看的想法找到了我，我详细询问了当年的伤情，手术治疗经过，认真总结分析了失败的原因，最后制定出一套周密的手术治疗方案。即术前牵引肢体、让神经血管适应恢复的长度，术中剔除坏死骨、打通骨髓腔、延长肢体恢复长度及功能、取同侧小腿腓骨及同侧髂骨做骨移植弥补骨缺损，行双钢板及螺丝钉坚强内固定。我深知这个决定的做出，需要我担负非常重大的责任和压力，但作为一名共产党员要的就是勇于担当，党组织派我们来就是要帮扶这些需要帮助的人。

病人及家属主要担心的还是“费用”和“效果”，我与他们详细说明了我们的想法和手术计划，并讲解了党中央精准医疗扶贫对建档立卡贫困户的医疗优惠减免政策，打消了病人在经济上的顾虑和压力，如果手术成功即可彻底改变一家几代人的生活质量。经过周密的准备后，2019 年 12 月 6 日，病人被推进了手术室，一切按照术前计划有序进行，历时 4 个多小时顺利完成手术，2020 年 1 月 26 日春节前石海平安出院回家继续康复休养，为了指导功能锻炼方便我们相互留下联系方式。2020 年 2 月春节一场突然来袭的新冠肺炎疫情阻止我按时返回内蒙古，我们只能用微信联系随访。三个月后我返回驻地联系他来院拍片复查显示：切口愈合较好，骨折周围内固定坚强、骨痂生长良好，结论：手术成功，患肢可以负重行走了。后来石海不仅不用专人照顾，还能自己驾驶电动三轮车下田正常种地劳动了。作为一名共产党员、骨科医生，我能为病人解除痛苦，能在脱贫攻坚战役中尽一份力量，让病人健康脱贫重新回归正常生活而自豪。石海全家人紧紧地握着我的手，感激的眼泪止不住地流，一再地感谢、感谢党的扶贫好政策。他们认为是党的好政策给了他们全家新的希望，是党的扶贫好政策帮助他又重新站了起来。

脱贫攻坚结硕果，坚守阵地有后人

脱贫攻坚是一场持久战，不仅要有铁打的阵地，更要有一支打得赢、守得住的战斗队伍。为了建立长效的技术帮扶，我积极带教、耐心细致地讲解业务知识、不断帮助当地医生提高技术水平，制定相关诊疗规范，利用互联网、微信平台等与我们本医院科室建立网络会诊技术，方便随时联系解决疑难问题。驻蒙 9 个月（因疫情 1—3 月不能出京），我积极带领指导当地医务人员安全完成骨折内固定手术近 200 台，其中开展疑难复杂手术 20 余例、填补当地疑难空白手术十余例，科室整体医疗业务水平得到明显提升，完全能够独立应对骨科日常手术工作，医院声誉得到了极大提高，病源很快放射到锡盟周边地区。我常常利用休息时间下乡义诊，走访贫困户，义务送医送药、解决贫困农民的医疗实际困难，完成门诊专家诊疗 800 余人次，节省当地医保资金流失 300 余万元，为帮扶当地医生提高技术水平，为百姓解决就医难、看病难起到积极作用。我一边寻诊看病，一边宣传党的扶贫政策，以实实在在的行动赢得当地老百姓及政府领导的认可和一致好评，其工作事迹也分别在锡林郭勒盟电视台、新闻报等多家媒体报道。

时间飞快地过去，转眼帮扶一年的任务结束了，让我欣慰的是带出来一支优秀的年轻的骨科医疗团队。一年来同事们和睦相处结下的友谊让人恋恋不舍，病人发自肺腑的感激之情让人终生难忘，大家含泪相送，真心挽留、盼望再归的语言发自肺腑，我答应有机会一定会再回到我的第二故乡太仆寺旗，为广大农牧民的身体健康付出我的全部。正如习近平总书记教导：脱贫摘帽不是终点，而是新生活、新奋斗的起点。我们仍然任重道远，必须再接再厉、继续奋斗！我下定决心一定要在下一步乡村振兴，为实现中华民族伟大复兴的工作中贡献出我的一切！

“前店，后厂”助力脱贫、抗疫

卓延伟

扎根农业，情系农民

我于 2000 年大学毕业，多次创业失败后回到家乡，看到农村广大的市场后，经过充分调研，于 2005 年创办了北京昌平十三陵果业协会，任秘书长。针对当地农民农业技术、土地种植管理水平普遍偏低的状况，我有针对性地举办农民实用技能培训。2005 年至 2007 年共培训农民 5000 多人次，吸收农户会员 1728 户。因讲课及时，理论与实践结合紧密，分品种、分农时进行多元化培训，受到当地农民的热烈欢迎。随后利用自己在其他公司学到的管理知识，合理地利用到为农民服务中，遍布十三陵地区的 12 个农资配送点的网点建设，既把优质安全的农资农药配送到农民的田间地头，又因为集团采购，极大降低了农资价格，直接减少了农资投入达 30%。在自身企业取得利润的同时，极大提升了十三陵地区的果品质量，为实现精品农业奠定了良好的基础。

我在为农民服务的同时，又发现昌平地区农民务农人员减少，懂技术的农民越来越少，于是我带领协会工作人员创造性地建立了农业托管服务。这种农民出土地，协会出技术管理人员，双方年底分成的服务方式被当地农民形象地称为农业技术“小时工”。这种服务方式，一是调剂了社员户劳动力的余缺，整合了农业人力、物力资源；二是加强了果树管理，保证了果品质量；三是增加了出工出力社员农户的收入，减轻了被托管社员户的经济损失；四是合作社也通过提供农机设备等服务相应地得到了收入。由于服务及时到位，招之即来，来之能干，价格合理，深受社员欢迎。这项服务当时被新华社等媒体广泛报道，被誉为土地流转的新模式。

2007年，在协会的基础上，我又成立了北京卓越果品专业合作社，重点解决农民销售难题。我招聘到三名大学生，建立了自己的网站“www.bjxfdj.com”，注册了自己的“皇硕”商标，申请了自己的无公害农产品认证，并且在回龙观、天通苑地区建立了自己的销售点，把山区特产送到了市区居民的家门口。这既让农民了解了市场，增加了收入，又让社区居民品尝到了真正的山货野味，体验了农情农事，搭建了城乡沟通的新平台，把原来的船小好调头理论转变成了所有农民组建航空母舰闯市场的新模式。合作社还建设了200平方米冷藏库，既解决了农民果品冷藏保鲜的需求，又解决了反季节销售的大问题。

北京昌平十三陵果业协会连续五年被昌平区科协评为优秀科普先进集体。我连续五年被评为昌平区优秀科普先进工作者。2009年，协会承担了中国科协的科普惠农兴村计划的十三陵科技工作站项目，并被北京市科委设为农村科技协调员工作站，我被评为昌平区十佳科技协调员。北京卓越果品专业合作社连续三年被昌平区人民政府评为先进农民专业合作组织，并被北京农学院、中国石油大学设为大学生社会实践基地，我被评为新农村建设优秀科技工作者。北京卓越果品专业合作社连续两年获得北京市农委专项资金支持。2010年，我被昌平区团委选为青年创业联合会副会长，同时被北京市团委选为北京青年创业协会副会长。6年来，企业由最初的两个人发展到3个大学生、2个农艺师、4个销售人员共计13个工作人员的团队。我也从一个普通大学生，转变成一个带领1000多户农民共同致富的带头人，取得了经济效益与社会效益的双丰收，走出了一条有特色的青年人自主创业之路。

从帮助北京农民到帮助贫困旗县贫困户

由于专职从事农业工作，2011 年，北京卓越果品专业合作社被新华社内参选为合作社创新模范，我也获得了市区两级农村科技带头人标兵的称号。在担任四届、五届区政协委员期间，我还多次被评为优秀政协委员。

从 2016 年开始，我作为爱心企业家跟随政府各部门从事扶贫工作，四处走访昌平区定点帮扶的旗县，包括内蒙古赤峰市的阿鲁科尔沁旗、内蒙古锡林郭勒盟的太仆寺旗和河北张家口的尚义县，认真落实精准扶贫政策，积极开展精准扶贫进社区活动，深入进行扶贫宣传工作。

由于多年的扶贫工作得到了区发改委和商务局的认可，2019 年 9 月，我被任命为北京消费扶贫双创中心昌平分中心的主任。

10 月初，我们一行人驱车 2000 多公里，考察了昌平对口帮扶的内蒙古阿鲁科尔沁旗、内蒙古太仆寺旗和河北省尚义县，当地扶贫办和旗长县长搭桥，召开会议，与当地的所有带贫企业进行了会谈和对接，同时考察了当地重点企业办公和工厂的情况。回京后，在整理调研成果同时，我积极配合区发改委和商务局承办全国扶贫日活动，做好扶贫的宣传工作。

11 月，北京秋季长走活动在滨河公园举行，我们双创中心带领带贫企业和优质的扶贫产品，参加了活动中的展销。

11 月底，经过近两个月的精心筹备，北京消费扶贫产业双创中心昌平分中心也正式官宣成立，当天联合尚义县举办了盛大的揭牌仪式。

12 月初，寒冬降临，内蒙古已经是冰天雪地，我们突然接到阿旗大葱滞销的紧急求助，双创中心立即积极承担起帮扶义务，25 天里帮助阿旗农户销售大葱 40 万斤，极大降低了当地农户的损失。

2020 年 1 月至 2 月，马上迎来了春节，我们举办了扶贫产品年货大集活动，通过媒体扩大宣传，政府单位也积极团购扶贫产品，支持扶贫，带动社会力量，取得了良好的消费扶贫总动员的效果。

我们同时还开展了“七进”活动。双创中心带着带贫企业的扶贫产品走进机关单位，走进学校，走进医院，走进社区，走进银行等，以展销的模式带动消费扶贫。我们的上门服务得到大家的热烈欢迎，优质的产品也产生了口碑效应。

创新模式，助力抗疫脱贫两大战役

2019 年，工作开展得一切顺利，令大家都没有想到的，突如其来的疫情让我们措手不及，打乱了我们年后的一系列工作计划。我们在电视机前给疫情严重地区打气和祝福的同时，积极结合“抗疫”“扶贫”两大战役的特点，重新进行战略部署。首先我们确保优质的货源，在条件允许的情况下，继续执行 2019 年的“七进”工作要求，保障机关单位的食堂农产品储备，同时为了保障首都市民的菜篮子，我们通过微信、公众号和小程序商城，建立了线上预约、线下零接触配送的新零售模式，既达到了抗疫的标准，也保障了消费扶贫产品安全走上市民的餐桌。

2022 年 7 月 25 日，中共中央在中南海召开党外人士座谈会，就当前经济形势和下半年经济工作听取各民主党派中央、全国工商联负责人和无党派人士代表的意见和建议，中共中央总书记习近平主持座谈会并发表重要讲话。习近平总书记在这个关键时期专门召开的这次座谈会无疑是为广大企业家吃了定心丸，让我们更加坚定地拥护以习近平同志为核心的党中央的领导。今天的中国社会是企业家施展才华的大舞台，只有真诚回报社会，切实履行社会责任，这样的企业家才能真正得到社会认可，才能在这个继往开来的新时代大展宏图。

通过学习 7 月 25 日习近平总书记在中共中央党外人士座谈会上的重要讲话，我更坚定了在党的领导下实现中国梦的信心，当代中国正处于五千年文明史中，也是新中国成立以来最好的历史时期，天下兴亡，匹夫有责。

脱贫胜利，继续努力

2020 年，全国脱贫任务全面胜利，疫情的威胁却一直让我们不能彻底松劲儿。2021 年政府出台了新的政策，脱贫成功，工作向乡村振兴过渡。五年期，从巩固脱贫成果到现代化农业，我们还有很长的路要走。我将在乡村振兴大平台的资源优势下，向广大群众和朋友们继续大力宣传帮扶，推荐帮扶项目，力争让更多的人士参与乡村振兴，在进军全民奔小康的宏伟事业中，做一名冲锋在前的士兵。

用支教点滴践行扶贫扶智

郭存斌

我的两年多的支教

2018 年 9 月，我受平谷中学的委派来到内蒙古乌兰察布市商都高级中学支教。来之前，就知道这里的教学质量比较落后，但还是对这里的老师和学生都充满了期待。

到商中后，我把办公桌放到高三化学组，以便和同科老师一起教研学习，共同提高。见到老师们，大家都很客气，但从他们的眼神里看得出，他们对我充满了疑虑和期待。我没有说什么，但心里憋足了劲，一定要通过自己的努力，改变这里的落后面貌，为咱平中增光！首先，从平时工作生活细节中做起，不摆架子讲条件，而是作为一名普通教师，严格要求自己。每当朝阳初升，我就在办公室里打水、扫地、擦桌子，待一切就绪后，便坐在办公桌前开始了一天的工作。日复一日，天天如此，毫不懈怠。此外，每周一全校升国旗仪式中，我也从未缺席，总是安静地伫立在国旗下，表达对祖国的真诚。老师们看在眼里，感动在心里，没想到从北京来的老师能这样踏实勤勉，朴实无华，平易近人。

第二天，我开始跟班听课。真是不听不知道，听后吓一跳。这里的老师上课，多数是拿着复习资料，逐条书写，让学生背诵记忆，很少有提出问题、探究推理、解决问题、课堂反馈等教学环节，教学内容的安排上也很随意，很少注意难度上要由浅入深，层层递进。学生听得昏昏欲睡。这也让我感觉到要改变现状不是一般的难度，没有一番艰苦的努力，很难收到成效。那么，如何改变，如何突破呢?

听课三天，每个化学老师的课都听了两节以上，我开始行动。尹夏云老师年轻有进取心，每次听完课后，都主动和我交流。我就按照新的教学理念和方法帮她设计了一节关于氧化还原反应的示范课。记得当时和我们化学组老师一起听课的一位校领导对我说："这里的学生基础差，教不会。"我没说什么，只是在学生做课堂练习时，到学生中间去巡视，看到不少学生学会了，给他做了汇报，他感到非常吃惊。随后的课堂反馈，证实了我汇报的情况。之后，这位领导改变了以前的想法，认识到了教学方法的重要性，多次在校务会上提及此事，要求全校老师研究学情，改进教学方法，挤时间多听我的课。同时，经常和我交流教学经验，对我的工作给予了很大的帮助。现在，我俩成了最好的朋友。

尹老师这次示范课后，老师们对我的看法发生了很大的变化，也树立了提高教学质量的信心。我及时抓住机会，在全组开展了扎实有效的教研活动。

第一，认真编写导学案。从第一轮基础复习开始，每周二上午。五位化学老师都会聚在一起，结合学情，研讨复习内容和顺序，确定复习策略。并将编写导学案的任务逐个分解到每位老师。导学案编写任务完成后，我再审核提出修改意见，编者再补充修订签名，我再次审核通过后加以实施。在实施的过程中发现问题，及时修改，删补。由于大家相处地相当融洽，在共同研讨学习过程中建立了深厚的友谊，并随着学生学习积极性和成绩的提高，大家也有了信心和成就感，教研组研讨学习的氛围越来越浓厚了，办公室里经常看到我们几个老师聚在一起商讨问题，交流意见。有一名蒙古族老师，基础较差，编写导学案有些吃力，但他虚心好学，编写的导学案一次不行两次，两次不行三次，记得由她编写的一个导学案就曾修改过五次。功夫不负有心人，这位老师现在也成了商中的骨干教师。

随着教研工作的推进，学生的情况也在发生变化，这就要求我必须根据学情，调整复习难度，有目的地删减有关复习内容。因此，在审核其他老师的导学案外，我也承担了一部分导学案的编制工作，并编印了12套高考模拟试题，6套寒假作业。同时，在教研活动中，依据在上课过程中发现的问题，对导学案的编写及时地提出意见，让大家讨论，丰富了导学案的内容，提高了含金量。

第二，认真研读考纲，把握考试方向。在二轮专题复习、三轮模考冲刺复习中，大家一起认真研读高考考纲和考试说明以及近三年高考试题，高考热点、重点和难点了然于胸，并让每个老师搜集典型试题，汇编后印发给学生练习。同时针对学生复习过程中出现的知识漏洞，又编写、印发了多套针对性的专项训练试题，从而做到了查漏补缺，有的放矢，从而有效提高了学生应考的能力。

第三，相互听课，研讨教法。首先，我主动承担了高三化学教研组的“领头羊”职责，从我到商中第二周开始上课起，每一节课都精心准备，当作示范课来讲，吸引了全校不少老师来听课。回到教研组后，我们再认真研讨，指出不足，改进后作为其他老师上课的模板。同时，我也抽时间去听组里其他老师的课，及时交流，互相提高。

第四，按照时间节点，完成教学任务。该校以前的高考复习随意性很大，往往是按照复习资料依次复习，复习到哪里没有时间要求，到了二模考试时间，一轮考试还没有结束，急迫之下，只能草草收场，考试成绩大受影响。我到商中后，一开始就和老师们一起制订了完整的复习计划，并在实施的过程中严格执行。在考试前两周结束一轮复习，用一个半月左右时间进行专题复习，最后留出近一个月时间进行综合练习。由于计划周密，落实有力，明显提高了复习效果。

这两年最难忘的人

经过一年高三的相互学习，去年高三年级的四位化学教师已经成长为学校的骨干力量，现在她们都在高一年级任教，是三个年级中实力最强的一个教研组。用商中校长的话说，“郭老师这一年，给我们带出了一个业务过硬、作风优良的教研组”。2019 年，我受邀再次来到商中，任高三年级两个班的化学课，虽然上课的任务很重，但仍发扬了上一年优良作风，丝毫没有懈怠，除了继续上一年的相关工作外，仍以营造良好的教研氛围，带一支过硬的队伍为己任。目前来看，也已取得了良好效果。在商中这段时间内，让我难忘的是有一位高二年级的刘老师，从我去商中，到现在一直跟着听课有近两年的时间，从未间断。下了课还追着我问问题，像一个勤奋好学的小学生。现在的刘老师已经是学校名副其实的名师，今年，她任课的班级在一模考试成绩比全校唯一的优班还高出了 5 分多。

回顾和商中老师们相处的这两年时间，我也从他们身上学习了很多知识，感受到了进取的力量。工作确实很累，有时感到很疲惫，但看到他们的进步，又感到非常的欣慰，现在商中的化学学科教研教学水平已经处于除乌兰察布市属中学外各旗县的一流水平，在今年高三二模考试中平均成绩位列旗县的第二名。看到这些成绩的不断进步，自己深深感悟到：世上唯诚心可贵，有了诚心再大的困难也能克服，再荒凉的地方也能长出绿荫，成为满园春色的百花园。

首创骨关节科　为蒙医发展助力

伍正根

2018年9月，为响应北京市怀柔区卫生健康委员会号召，我主动请缨赴内蒙古通辽市科尔沁左翼后旗蒙医整骨医院对口支援。支援期间，在整骨医院胡达来院长的领导下首次成立骨关节科，由我担任科主任，主持开展骨关节科工作，填补了蒙医整骨医院在骨关节置换方面的技术空白。

打造“带不走的医疗队伍”

2018年9月5日，我刚到蒙医整骨医院，病房一名股骨颈骨折患者就找到我，说北京专家来了，希望我给他做手术。是啊，我代表的是首都北京，代表怀柔医院，必须一炮打响。经过认真准备，在整骨医院团队的配合下，经皮打入三枚空心钉，完美地完成了手术。术后四个月，患者骨折愈合，完全恢复健康。手术的成功给我们树立了信心，于是，我们就组建了骨关节科团队。

由于当地骨科技术薄弱，很难满足当下患者的医疗需求。为了留下一直带不走的优秀医疗队伍，我开始积极加强骨科的人才培养和团队建设。在出门诊期间，我每天都要带教本科室的职工，以便进行现场教学，一步步讲解、一点点抠细节，在技术难点处，结合具体病人具体情况进行讲解；在病房期间，我从骨科查体和病历书写等临床基本功着手，坚持每天带队查房，讲解每个病人的病情和治疗方案；并每周在科内开展小讲课和业务学习，培养科室的学习氛围；根据十八项核心医疗制度，我制定并修订了本科室的规章制度，建立骨关节病人的处理流程。

由于蒙医整骨医院以手法整复为特色，保守治疗为主，手术条件及无菌观念欠缺。针对这种情况，我在平时的手术中强化无菌观念以及无菌操作技术，特别是对手术室以及手术人员，纠正他们以往观念，并积极进行培训，对于不符合要求的地方进行整改，重新设计手术巾单等，最终形成一整套无菌的操作流程在全院推广，确保了手术患者的安全。

高质量服务患者

当地股骨头坏死患者较多，但因为地处偏远，经济条件较差，医疗水平有限，很多患者得不到及时治疗，病情延误，落下残疾，因病返贫。党的扶贫政策带来了希望，贫困户不仅能得到免费治疗，享受高质量的医疗服务，而且能就近治疗。贫困户双喜就是其中典型代表，他双侧股骨头坏死九年，为了治病，这些年他卖光了家里的牛、羊，还欠下了很多债务。钱花了，但双喜的腿并没有治好，最后只能卧床两年。我来的当月，双喜的妻子因骨折去医院治疗，听到医生说北京来了位骨科专家，赶紧回家把这个消息告诉了双喜。

我清楚地记得第一次看到双喜的样子，他坐着轮椅，髋关节不能伸直，甚至不能站立，生活完全依靠别人，从他眼里，我看不见一点光亮，他已经对生活失去了信心。党的扶贫政策给他带来了温暖，不仅免费治疗，而且在家门口就能得到有效的治疗。双喜住院后，我给他做了详细检查，请兄弟科室会诊，带领团队制定了详细的治疗方案，在麻醉科配合下，分两次为双喜进行髋关节置换手术。双喜的手术很成功，双侧髋关节全部置换完成。术后积极康复训练，重新站起来的双喜借着助行器，兴奋地在医院走廊里来回走了好几圈。那一刻，他的眼里又重新燃起对生活的希望。

一个月后，双喜康复出院了。术后一年，当地政府资助双喜开养牛场，他再次奔跑在了致富路上。双喜是骨关节科室成立后的第一例双髋关节置换手术患者。这一下，十里八乡的贫困户全都慕名而来，我根据患者的病情安排检查，符合手术条件的患者在一年间全治愈了。

随着工作的开展，我发现当地的患者普遍病情较重，由于经济条件，拖延不治，以致手术难度明显提高，可以说，每一个手术都充满挑战。我想，既然来了，而且是以北京专家的身份来的，那就只能迎难而上。在蒙医整骨医院的每一次手术，无论大小，我都是精心准备，耐心细致地为每一位患者做好服务。患者冯淑香就是这样的例子，她小时候髋关节脱位，先后经历三次手术，最后髋关节僵直，股骨头坏死，导致行走困难。我了解到她的情况后，安排全髋关节置换术，病人病期长，手术难度高，但经过我们的精心治疗，全髋关节置换，系统康复训练，现在患者又能行走自如了。

我们首创的骨关节科，除了关节置换手术治疗效果显著外，四肢创伤手术同样开展得有声有色。经过一年努力，我带领全科同事，先后成功开展了人工股骨头置换术、全髋关节置换术、全膝关节置换术等关节置换术 40 台，每一个置换术都填补了医院空白。完成四肢骨折（股骨颈骨折、股骨粗隆间骨折、股骨干骨折、股骨髁上骨折、髌骨骨折、锁骨骨折、胫腓骨骨折、踝关节骨折等）等创伤手术 80 余台。在手术后，有些病人发生异常发热，为找到应对措施，我坚持早晚查房，夜间回医院巡视病人，回顾治疗经过，强化无菌观念，为患者解除手术后的不适。经过我和我们团队一系列的努力，术后有发烧现象的患者逐步减少。一年来，没有发生过术后感染的病例。由于手术治疗效果良好，获得当地广大患者的一致好评。

积极开展健康宣传

为了进一步加强医疗知识宣传，结合当地百姓的饮食特点以及多发疾病的诱因，我先后在院内、院外以及当地的老年大学授课，响应当地政府的号召，积极下乡带领团队义诊 6 次 209 人次。为偏远地区患者送医送药，还通过当地电视台、手机微信等方式扩大宣传途径，让更多的患者受益。

我还坚持出门诊，由于当地蒙古族同胞居多，大多说蒙古语，面临语言沟通的困难，每次出诊，我都带一名蒙古族的住院医生，一方面是做好临床带教；另一方面是充当翻译，消除沟通障碍。由于我在工作中细致耐心地为患者解决问题，在当地有了良好的口碑和赞誉，以致更多的患者慕名而来，面对蒙古族患者同胞，我尽己所能为他们服务。同时，我们利用电视台、手机微信扩大科室的宣传力度，也是为了为更多的病人服务，更好地为病人服务。我们也留存病人的电话、微信等联系方式，做到及时沟通，随访随诊。我们还积极主动参加“下乡健康义诊”“服务百姓健康行动”等义诊活动。一年来，我几乎走遍了当地苏木、嘎查地区，为患者送医送药。冬天气温零下二十几摄氏度，靠煤炉取暖；夏天炎热，蚊蝇乱飞，但我毫无怨言，心里唯一想的就是全心全意为患者服务，我和团队的优秀事迹，怀柔电视台、通辽电视台均有报道。

在做好医疗工作的同时，我把主要精力放在加强骨科的人才培养和团队建设上，改变了当地骨科技术薄弱、人员素质不高的情况。我科副主任李明文医师已经能独立完成股骨颈骨折人工股骨头置换术、空心钉内固定、髋部骨折的髓内钉内固定、部分四肢骨折的微创内固定治疗。在蒙医整骨医院一年期间，我培养了一支“带不走的骨干队伍”，骨关节科逐步走上正轨，在当地已形成较大影响。短暂的一年帮扶工作，我圆满地完成了组织交给我的任务，真正把帮扶落到实处，如今蒙医整骨医院骨关节科已经成为医院的龙头科室，能更好地为当地老百姓服务。

一年的对口支援工作，让我感受颇多。2018 年 9 月，女儿上高三，面临着高考这一重要的人生节点，作为父亲，我不能陪在她身边为她加油鼓劲，让我感觉亏欠她太多，但当我看到贫困地区的骨伤患者因不能及时治疗而致伤致残，我的到来让他们看到希望时，我又倍感欣慰。一切从患者出发，一心为贫困地区医疗事业发展着想，是我的责任与担当，也是每一个医疗对口支援干部的初心和使命。我肩负着京蒙扶贫协作的使命，能为贫困地区医疗事业的进步和发展作出自己的贡献，是我最大的骄傲和自豪！

将爱洒在脱贫攻坚道路上

李磊

尽快进入角色

2018 年 7 月，我被密云区选派到内蒙古赤峰市巴林右旗挂职锻炼，任巴林右旗扶贫开发办公室副主任。去之前，我在网上看了巴林右旗的介绍，巴林右旗位于内蒙古自治区东部、赤峰市北部，地处西拉沐沦河北岸，大兴安岭南段山地，全旗总面积 10256 平方公里，人口 18.6 万人，典型的地广人稀，是“国家卫生县城”“全国绿化模范旗”，有赛罕乌拉世界生物圈保护区、巴林石国家级首批地质矿山公园等，那里景色应该很美。巴林右旗农牧业资源丰富、矿产资源富集、水利资源优越、旅游资源独特，可为什么被列为贫困旗县、贫困嘎查村序列呢？

到了巴林右旗后，我被分配到扶贫开发办公室工作，新的工作性质、新的工作任务给我带来很大压力。我是“这个工作要不不做，要做就要做好”的性格，刚到旗里的那几天，我认真研读了国家、自治区、赤峰市下发的有关脱贫攻坚的文件和领导讲话，收集整理研读近年来京蒙扶贫协作和脱贫攻坚各项政策性相关文件，为尽快进入角色，以“五个勤”的学习方式入手加强扶贫业务学习。“勤学”，有时间就学，不懂就学，安排工作前先学，工作完成后深入学。“勤问”，对一些不曾接触的陌生工作，向办里其他领导及工作人员虚心请教；“勤跑腿”，深入苏木镇街道、嘎查村一线了解情况，获取第一手资料；“勤动脑”，安排工作认真考虑，对报送的材料都动手修改，熟知情况；“勤记录”，学习、开会、布置工作、接受任务、处理事务坚持做好记录，以利于总结回顾。很快，我就熟悉了扶贫政策、了解了扶贫方向。

接下来，我用一个多月时间，走遍全旗 11 个苏木镇街，最远的嘎查村离旗政府有 170 多公里，到嘎查村了解贫困人口的实际情况，对脱贫攻坚工作的具体情况和困难有了全面了解，为旗委、旗政府和密云区对口帮扶工作的决策提供第一手资料。

脱贫先要扶志扶智

巴林右旗没有一家像样的工业企业，原有的矿山都已关停，自然环境制约着工业的发展，全旗经济收入主要靠农牧业生产。

在调研中，我发现思想的禁锢制约了经济的发展。如何在经济脱贫的同时，转变他们的思想观念，不再庸懒散，得先在思想上脱贫，激发他们脱贫的内生动力！

首先要从义务教育阶段学生的基础教育抓起，阻断贫困代际传递。能否利用密云区的教育资源，帮扶巴林右旗的教育事业发展？我将这个想法与旗教委领导进行了沟通，得到认可后，及时向密云区扶贫专班汇报。很快区教委组织第九幼儿园、季庄小学、太师庄中学、职业教育学校的校长、教师们赴巴林右旗，与当地幼儿园和学校进行对接，当场签下帮扶协议，两地每年互派教师进行交流，密云区教委对巴林右旗教师定期组织培训，双方开通视频教学。两地教育资源的交流，使旗教育师资水平有了快速提高。

巴林右旗地广人稀，每个嘎查之间距离远，医疗设施短缺，群众看病路途遥远，有了病只到嘎查卫生室拿些药，常常耽误了治疗，病情加重后才到旗医院，常常错过最佳治疗期，导致一个家庭因病致贫。

通过协调，2018 年使用京蒙资金 200 余万元，建成巴彦琥硕镇卫生院，新建门诊综合楼一栋二层、1200 平方米；购置 DR、彩超及相关化验设备，缓解了 3 个苏木镇群众就医难问题。区卫计委又协调两地妇幼保健院进行帮扶对接，建立两院之间互派医生交流、坐诊机制，迅速提高旗医疗水平。

为了减轻群众看病费用高问题，旗委旗政府建立“巴林右旗公共健康云平台”，使贫困群众看病二次报销后，门诊花费全年总额不超 1000 元，住院花费全年不超 5000 元，解决了贫困群众看病的后顾之忧。

几年来，通过干部人才交流，密云区向巴林右旗选派党政挂职干部 4 名，医生、教师等专业技术人员 54 名（人次）；巴林右旗选派 5 名干部赴密云区挂职锻炼，医生、教师等专业技术人员 84 名（人次）到密云区跟岗学习或任教锻炼。每年选派交流教师均远超指标。

引进项目

全旗的贫困人口大多分布在偏远的苏木镇、嘎查村，他们世代从事农牧业生产，闭塞的环境、传统的观念，使农牧业生产水平低下，生产出的农副产品没有销路，这些都是造成贫困的主要原因。

项目建设是贫困户脱贫增收的核心，我们努力寻找引进好的项目，加大产业扶持力度，促进农牧户增收致富。调研中我们发现，牧民养的羊是当地传统品种，俗称“大尾巴羊”“黑头羊”，这种羊好动、只能放牧，因消耗多、增重慢，产羔率低、一年一胎，养殖成本高，养殖 100 只羊一年增值 3 万多元，除去饲料等成本，所剩无几。引进的新品种有寒羊、湖羊等，其中湖羊可以圈养，产羔率高、两年三胎、每胎多羔，成羊时间短，养殖成本低，养殖 100 只，一年除去开支可收入近 10 万元。

我们扶贫办的同志下沉到各苏木镇、嘎查，向牧民推广新品种的养殖。在查干诺尔镇建设湖羊繁育基地，选定龙腾经济合作社负责带动地区养殖、回收商品羊和淘汰种羊，对贫困户进行精准扶贫，保障尽快脱贫。

2018年以来，围绕产业扶贫、劳务协作、健康扶贫、教育专项扶贫及公共服务类建设等，实施精准扶贫项目57个，共投入援助资金9308.12万元。重点项目有：远古生态农业科技发展有限公司大米杂粮深加工项目，加工车间7776平方米，吸纳13人就业，带动贫困人口120人；巴林红食品有限公司制罐流水车间项目，建制罐车间5670平方米，带动贫困人口406人；宝日勿苏镇吉林嘎查民族手工艺品加工基地项目；杂粮加工扶贫车间项目等。

我们通过多方协调，引导北京地区4家企业到巴林右旗投资发展，通过利益联结机制带动贫困人口99人。建产业园区1处、援建扶贫车间8处，吸纳贫困人口就业48人。

落实京蒙扶贫协作项目26个，每个项目都建立台账，定期督导，做到资金100%拨付，项目100%完工，使得6916名贫困人口受益。

多渠道推销产品

在引进扶贫项目的同时，我发现巴林右旗有很多品质好而且具有特色的农畜产品，如牛羊肉、甜瓜、大米等，但这些只是在当地销售，甚至有时滞销，农牧民无法从中增收，究其原因就是没有形成品牌、销路闭塞。

扩宽市场、打开销路，把巴林右旗的农畜产品卖到北京、卖到全国，我笃定了在脱贫攻坚战上的这一步棋。产品推广谈何容易，我深知其难，于是找到了自己的“娘家”——密云。

我协调密云区商务局带着密云电商到巴林右旗对接，但并没有得到良好效果，于是我又带着巴林右旗的大米回到了密云，登门拜访密云各大电商企业，为展示大米的优质，我现场蒸熟一锅米饭让他们品尝，浓郁的米香、优质的口感、实惠的价格，赢得了电商的认可。巴林右旗与密云云梦园公司达成了合作协议，巴林右旗大米在北京的销路就此打开。我们通过订单式扶贫，增加种植户每户收入1000元左右。

为帮助群众销售农副产品，我们又打造电商平台为农户寻找商品产出出路。利用国家对于贫困地区农副产品政策，通过挂职团队联系中航集团采购部门，为其提供当地的牛羊肉、杂粮杂豆、甜玉米等一系列产品供选择。与西贝餐饮、海底捞等餐饮企业签订采购合同。巴林牛肉、巴林羊肉找到了稳定的销售渠道，使牧民增收得到保证。

在密云开了一家专门销售巴林右旗牛、羊肉的商店，万象汇也通过线上线下、直播等方式销售巴林右旗的产品，这些都对巴林右旗的消费扶贫起到了重要的作用。

推销初见成效，我又思考如何拓宽销售渠道、形成固定消费人群，首先就要保障产品的质量、形成特色品牌。我说服当地电商平台申请“巴林牛肉”“巴林羊肉”的地理标志认证，注册了“巴林牛肉”“巴林羊肉”“巴林大米”等系列商标，形成品牌效应便于推广。电商平台和经济合作社对收购的农牧产品进行筛选、分类，制定统一质量标准、统一标识、统一价格，以保证产品的质量。经过我们的协商，电商组织培训班，对种养殖户进行网络销售培训、指导。很快，许多种养殖户利用网络做起微商，销售自产农牧产品，巴林右旗十余种农畜产品进入了北京和全国市场。

2019年，世园会在延庆召开，赤峰市政府给了巴林右旗在世园会内一天的平台推广时间，但右旗大部分企业不认可展会推广、销售，我把右旗有农牧产品的合作社、企业走了个遍，只有一个企业愿意和我去参展。为了推销产品，我带着各企业的宣传册、产品包装，和那个企业负责人每人背着十多斤的背包，坐了20多个小时的长途汽车、火车、公交车等，才到了世园会，企业负责人打趣道：“咱俩赶上长征了。”我说：“长征为了胜利，咱俩是为了右旗，多宣介些产品，咱们也是胜利。”我们将宣传册、产品包装放在展台上，优美的蒙古舞表演、悠扬的马头琴声，很快吸引了大量游客在我们展台前驻足，询问我们的商品。当时，我是真后悔没能将产品背到会场来。事后，许多人根据宣传册上的电话号码向我们企业询问商品。这件事，也让合作社和企业的领导改变了销售思路。

2020 年香瓜节期间，我拉着一车香瓜在密云万象汇线下推销，我的同事在巴林右旗瓜地线上推销，我们形成了线上、线下共同销售的局面。不到一周时间，以往要卖一个月的 30 万斤香瓜就销售一空。

两年来，我们帮助巴林右旗在京销售农畜产品销售额达 3.87 亿元。

促进两地合作

消费扶贫只是京蒙扶贫协作的一部分工作，挂职期内，我协调完成了密云区和巴林右旗两地互访对接 61 次，签订对口帮扶合作协议 38 份，协调两地建立联合党组织 21 个，融合各类党组织 190 个。协调密云区镇街、社会组织捐赠近百万资金用于爱心超市物资补充。

积极发挥桥梁纽带作用，争取密云区在资金、技术、人才支援、产业合作、携手奔小康行动等方面的支持与帮助，密云区有 11 个镇街结对帮扶右旗 11 个苏木镇、24 个村（社区）结对帮扶 24 个贫困嘎查村，密云区社会各界累计捐款捐物 2861 万元。两地部门间互访对接 116 次，签订对口帮扶合作协议 79 份。帮助 171 名贫困人口在北京市（或其他省）就业。通过提供公益性岗位、扶贫车间吸纳就业等方式实现贫困人口就近就业 1906 人。

在北京市密云区的大力支持和帮扶下，巴林右旗 2018 年接受了自治区贫困旗脱贫退出第三方评估验收和国务院第三方建档立卡实地监测调研工作，“两不愁三保障”等评价指标达到摘帽标准。

顺利完成成效考核

每年年底对于扶贫工作都有考核任务，最主要的是国家成效考核和东西部扶贫成效考核，我负责国家东西部成效考核资料准备工作，考核指标有 7 大项、136 小项。经历过考核，你才知道什么叫严谨，什么叫严肃，什么叫严格。

考核前两个月，我的工作状态就是“5+2”“白 + 黑”，准备的考核资料摞起来有两米高，每一篇的内容都至少经过三个人把关，每发现一个问题，必须联系到提供材料的责任人，对于问题整改确认再确认，每一张的印刷必须清晰，每一个数据必须提供佐证材料。那段时间，我经常出现幻听，感觉站着就能睡着。是顽强的毅力、坚定的信念和责任使我能坚持下来。2020 年，国家东西部成效考核成绩优异，这个成绩的取得，也有我的一份贡献。

我在巴林右旗挂职两年十个月，最感到愧疚的是对不起我的家人。刚到巴林时，我儿子上小学，小女儿还没上幼儿园，挂职期间都是我妻子一人照顾两个孩子，虽然没抱怨过什么，但我总觉得亏欠她和孩子们。挂职期间，非常疼爱我的姥姥去世了，我没能赶回去，很遗憾没能送姥姥最后一程。2019 春节假期结束，刚回到巴林右旗，接到我母亲电话，说北京医院通知我们找到了肝源，要给我父亲马上进行肝移植手术，因为路途遥远，我无法赶到医院，只能焦急地守在电话边，时刻与我母亲连线，了解手术情况，在担心父亲的同时还要劝解母亲。那一宿，我感觉时间过得真慢，每一分钟都是煎熬。当我母亲打来电话，说手术很成功时，我默默地流下了眼泪，这眼泪包含着手术成功的庆幸和我对父亲、母亲的愧疚。

2019 年 4 月，国务院扶贫办公告巴林右旗脱贫摘帽、66 个嘎查全部退出贫困村序列。2020 年 10 月，贫困人口全部清零。这些成绩的取得，都是在我挂职期间发生的，我庆幸能完整参与巴林右旗从脱贫到奔小康的三年脱贫攻坚战。三年中，我用脚步丈量每寸土地，用真心贴近一方百姓，在扶贫路上披荆斩棘、栉风沐雨，为巴林右旗脱贫摘帽、经济发展作出了贡献。

2021 年 2 月 25 日，我参加了在人民大会堂召开的全国脱贫攻坚总结表彰大会，这一刻是对扶贫工作者最大的肯定，更是至高无上的荣誉。当时场景历历在目，我坐在会场第二排，认真聆听了习近平总书记在会上发表的重要讲话，他强调，脱贫摘帽不是终点，而是新生活、新奋斗的起点。

回忆起“扶贫路”，有艰辛和汗水，但收获更多的是自豪和欣慰。我今后将把巴林右旗作为我的第二故乡，无论在什么工作岗位，都会笃定前行，只争朝夕，不负韶华。

（刘立伟　整理）

情起北京连山海　爱助库伦奔小康

孙庆谷

主动请缨，快速进入角色

我主动请缨，于 2019 年 4 月 28 日从密云区到内蒙古自治区通辽市库伦旗开展扶贫协作，挂职旗委常委、旗政府副旗长，协助京蒙扶贫协作工作。

到了一个全新的地方、一个全新的岗位，从副镇长到副旗（县）长角色的转变，脱贫攻坚“精准”的要求和立下的只能赢不能输的“军令状”等，迫使我跳出原来的我，站在全新的角度，以更开放的思想、开阔的视野思考问题。

为尽快进入角色，我积极参加岗前培训，积极参加区市旗三级党委理论中心组和京蒙挂职干部临时党支部组织的集体学习，深入学习习近平总书记关于扶贫开发重要指示批示精神，特别是将贯彻落实京蒙帮扶各项政策作为践行习近平总书记重要讲话精神的重要实践，很快就掌握了内蒙古、通辽市、库伦旗三级扶贫协作总体情况及相关政策，并归纳、总结学到的理论知识，开始为苏木乡镇扶贫干部举办专题讲座。

为更好地开展工作，我通过调研，调阅脱贫攻坚总体规划、年度工作计划、建档立卡贫困村、贫困户数据资料，掌握了驻村工作队、帮扶责任人派驻等情况，全面了解库伦旗贫困现状和脱贫攻坚工作部署，对扶贫工作有了全面了解。

我分析了京蒙扶贫协作的任务指标，带领旗扶贫办一起，建立健全京蒙扶贫协作工作机制，进一步明确了京蒙对口帮扶工作领导小组各成员单位任务、工作举措，与全旗各部门开展了多种形式工作对接，确保各项工作落地见效。

为取得脱贫攻坚第一手材料，两年来，我到8个苏木乡镇、近百个嘎查村、200余户农牧民家里进行调研走访，先后包联3个苏木镇、17个村，直接联系2户未脱贫建档立卡贫困户。经常的进村入户让我更加直观体会到农牧区群众的酸甜苦辣，学会了如何听群众说，如何说给群众听，如何引导群众。日积月累，不断总结提升，养成了走出办公室，到田间地头、乡村院落，感知群众安危冷暖，与群众“零距离”接触的习惯，培养了对农村农民的感情。

组织互访交流，推动务实合作

2019年以来，为促进两地人员交流，促进观念互通。我们组织两地党政领导对接7次，签订了《库伦旗与密云区对口帮扶合作框架协议》，协议涵盖资金支持、项目帮扶、劳务协作、产业合作、人才支援、消费扶贫、社会帮扶等方面，明确了各年工作内容、指标数量，在库伦旗产业发展、补齐短板等方面提供了资金、技术、人才支援，实现了全方位合作。

我们不断探索智力帮扶、科技帮扶，拓宽两地党政干部和教育、医疗等专业技术人才的双向交流渠道。两地共有40名党政干部和116名专业技术人才开展交流，累计开展党政干部培训7期487人次，医生、教师专业技术人才培训38期2273人次，义诊及专家讲座14次，引进先进技术17项。

2020 年，我们采取双向挂职、跟岗学习等方式，促进两地干部观念互通、思路互动、技术互学、作风互鉴，对开阔视野、提升工作水平起到促进作用。密云区选派党政干部 3 人、专业技术人员 26 人到库伦旗交流，库伦旗选派 38 名专业技术人员到密云区跟岗培训及交流学习。同时，北京友谊医院免费接收库伦旗医院 49 人次进修学习，涉及 25 个科室和专业，全部科室护士长在北京友谊医院接受了 2 周至 3 周的短期轮训。

我们积极组织协调社会帮扶。库伦旗 8 个苏木乡镇、10 个嘎查村、14 个职能部门与密云区相关镇、村及职能部门建立了一对一、一对多的对口帮扶。2018 年至 2020 年，共开展结对共建活动 75 次，累计为库伦旗捐款捐物 2405.92 万元。其中：密云区财政援助资金 950 万元，社会捐赠 170.4 万元，捐物折款 1285.52 万元。

2020 年，密云区财政捐赠资金 395 万元（区级 260 万元、镇村对接捐赠 135 万元），社会捐赠 70 万元。密云区各界捐赠防疫口罩 58.5 万个、消毒液 300 瓶、防护服 100 套、书包及文具 100 套、电脑 10 台、体育器材 25 套件，累计折价 90 万元。密云区 5 家企业、5 家社会组织与库伦旗 11 个贫困嘎查村建立对口帮扶关系。

到库伦挂职后，我得知之前挂职干部引导成立了库伦旗企业家创新创业服务联盟（以下简称“双创联盟”），我走访各联盟企业后，动员有实力企业家担任“荣誉村主任”“荣誉村民”，通过引进项目和捐赠等形式援助村集体经济，累计为全旗 56 个村募集爱心物资 60 余万元，撬动了村集体经济“从无到有，由小变大”。同时，依托“双创联盟”社会组织，通过使用京蒙资金发展扶贫车间式产业扶贫。投入 200 万元搭建“厂房 + 居家式”服装加工扶贫车间，投入 200 万元搭建“传统工艺 + 合作社 + 居家式”荞壳枕扶贫车间，投入 1000 万元搭建“订单式”和“培育壮大集体经济”等扶贫模式，实现了多路径带动贫困农牧民就业发展、增收脱贫，并通过市场催化内部协作与合作，实现产业链不断扩展、延伸和链接，形成持续的社会力量带富合力。“双创双带”社会扶贫模式 2020 年入选了国际减贫案例。

阻断贫困代际传递

我们注重扶贫与扶志、扶智相结合，加强对义务教育阶段学生扶志、扶智教育，阻断贫困代际传递。协调、利用密云区财政资金，实施了库伦旗贫困家庭学生扶志、扶智培训项目。因为疫情原因，采取线上+线下混合式培训模式，以政府购买社会服务的方式，对建档立卡贫困家庭学生及相关教师开授亲子教育、家庭教育、教师培训等课程，传递最新教育理念，形成家庭、学校、社会教育三位一体的“家校共育”模式，使得学生与家长一起“成长”，潜移默化地影响着库伦旗教育的发展。

我们协调密云区教委与库伦旗建立幼儿园、小学、中学、职业教育学校结对共建，库伦二中挂牌成为密云二中分校。两地每年互派教师进行交流，密云区教委对库伦旗教师定期组织培训，两地教育资源的交流，使旗教育师资水平有了快速提高。

库伦旗医疗设施短缺，群众看病路途遥远，有了病只到嘎查卫生室拿些药，常常耽误了治疗，病情加重后才到镇、旗医院，常常错过最佳治疗期，导致一个家庭因病致贫。

为使库伦旗中医医疗水平快速提高，我们协调密云区中医院对库伦旗中医院从新院建设设计、财务规范到院感防控、指导成立中医科等新科室，给予了全方位的帮扶，使库伦旗中医院各方面都有了提升。

真金投入，助力脱贫攻坚

2017 年以来，北京市和密云区累计投入京蒙帮扶资金 11017.3 万元，共实施市区两级扶贫项目 41 个，其中，建设项目 32 个，主要是到户产业、黄牛规模化养殖、种鸭养殖、日光温室、扶贫车间等扶贫产业类项目。

为使每个项目落地、取得成效，我积极建言献策，从项目的组织实施到利益联结、再到风险防控，每个环节都积极参与，助推了全旗资产收益性项目实现突破性进展。

引进规模较大的项目有：2019年引进的山东和康源生物育种股份有限公司的“水鸭旱养”项目，这项目是由旗政府建设鸭舍、企业承租，养殖模式22万羽。2020年，又将京蒙帮扶总资金的71%（2019万元）用于种鸭养殖二期项目建设，建设鸭舍40栋，养殖达40万羽。2021年再投入2400万元，进一步扩大规模，向下一步从饲料生产、种鸭养殖、肉鸭孵化养殖和屠宰分割、加工的全产业链迈进，使鸭产业成为带领库伦人民致富的“领头雁”。

引进项目的同时，积极扶持当地企业。2019年，扶持内蒙古绿洲食品有限公司实施京蒙农超对接促消费扶贫冷链物流项目。这个项目集绿色种植、冷链物流于一体，于2020年8月正式投入运营，带动11个合作社、2个家庭农场、6个种植大户，通过产业化联合体、合作经营、订单回购等形式，发展种植基地8600亩，种植品种12个，种植示范基地10个，种植品种被国家绿色发展中心认证为“绿色食品”，为通辽农校对接平台、通辽农贸市场、库伦旗11家超市、北京59家超市、沈阳农贸市场、南昌市农贸市场、上海农贸市场、大连16家超市提供大白菜、甘蓝、南瓜、西红柿、海棠果等新鲜果蔬16680吨，为当地牛羊肉、鲜蛋、鱼虾类储存提供了便利条件，成为菜篮子工程，丰富了居民的饮食。这个项目安置366人就业，为36个贫困户提供了就业岗位，带动1236户农牧民围绕产业链从事生产劳动，亩均增收1600元。

为发展集体经济，投入1251万元，为5个苏木乡镇购进基础母牛，让落后苏木乡镇集体经济发展有了基础。2018年和2019年，全旗实现扶贫资金收益400.2万元，带动179个贫困嘎查村集体经济平均增收1.1万元以上。

在下乡调研中我发现村民院落普遍很大，有饲养畜牧的习惯，但饲养品种经济效益低。密云区北京百年栗园养殖的北京油鸡，经济效益好，是个成熟的项目。通过协调，北京百年栗园公司与水泉乡欣泽养殖专业合作社合作，建起北京油鸡孵化养殖基地，为养殖户提供雏鸡，并开展规模养殖，养殖2万只。

2020年，在实施庭院经济项目中，为148户贫困户提供“北京油鸡”雏鸡3.68万只，使贫困户既能增收，又能丰富餐桌。我们又在扣河子镇双庙村实施“万只油鸡村”养殖项目，把村集体经济和建档立卡户的稳定收入与养殖户利益相联结，将收益的10%作为村集体经济收入，30%作为养殖发展基金，60%为养殖户收益，贫困户户均增收2000元左右。现在，养殖“北京油鸡”成为库伦旗群众增收的庭院经济产业。

对建档立卡贫困户实施“菜单式”系列扶贫项目，为518户建档立卡贫困户，发放1800头基础母牛，每头母牛两年可产三胎，新出生的牛犊就能卖到6000元，这个项目惠及1436贫困人口增收。为贫困户发放油鸡鸡雏、锦绣海棠树苗、危房改造补贴到户等扶贫项目的开展，普惠性地改善了全旗建档立卡贫困户生活。进一步拓宽贫困户增收渠道，为354户建档立卡贫困户设立公益性岗位，兜底扶持建档立卡户234户；通过土地流转、订单农业、就业务工、合作经营等多种方式，带动213户建档立卡贫困户实现增收。

挂职两年，我最欣慰的是看到北京和密云的资金、技术、人才等，给库伦老百姓日常生活带去的变化，为库伦农牧产业发展壮大带去的实实在在效果，在库伦旗脱贫攻坚中发挥的独特作用。在京蒙扶贫协作中，实施扶贫项目41个，不断促进农牧业发展。2020年3月4日，库伦旗正式退出贫困旗县序列，结束了34年国家贫困旗的历史。我为自己能在库伦脱贫攻坚决战决胜中贡献微薄力量感到自豪。

（刘立伟　整理）

产业帮扶助发展　就业培训助脱贫

于洋

党的十九大报告指出，坚决打赢脱贫攻坚战。让贫困人口和贫困地区同全国一道进入全面小康社会是我们党的庄严承诺。提起扶贫、脱贫，可谓是无人不知，无人不晓。对我而言，扶贫脱贫更是一个特别的历练，过程中有艰辛有辛酸，但更有丰收喜悦，是我一生最美好的经历和不可多得的宝贵精神财富。

产业帮扶助力脱贫

为贯彻落实党中央、国务院关于打赢脱贫攻坚战的工作部署，北京大兴区国资委与内蒙古乌兰察布市察哈尔右翼前旗旗委、旗政府共同创新对口帮扶工作模式。2018 年 11 月 20 日由大兴区供销合作社、北京电子商务中心区投资有限公司、内蒙古察哈尔右翼前旗农投公司共同出资成立了内蒙古兴蒙源实业有限公司。我作为大兴区供销合作社代表，到内蒙古乌兰察布市察哈尔右翼前旗进行挂职扶贫工作，担任内蒙古兴蒙源实业有限公司副经理职务。

全面融入彰显品格

初到内蒙古，映入眼帘的是一望无际的绿草和湛蓝湛蓝的天空，两者交汇在一起，辉映出一幅美丽的画卷，美得像是梦境一般。环境虽美好，可工作需要面临多重考验。先过生涩难懂的方言关，再过春秋风沙和冬天严寒的适应环境关，最后是工作关。我长期在北京工作，尽快适应当地并开展工作是我面临的严峻考验。首先是明确自己的工作定位，无论从派出单位的职能来讲，还是从我新的岗位职责来讲，为民爱民，为困难群众服务，汇集更多京蒙力量都是自己的首要之责。其次是迅速掌握工作的内容和业务知识，只有具备业务能力，才能落实好挂职要求，有效开展工作。

挂职挂职，挂的是职，干的可不只是工作。要融入团队，和同事打成一片；要贴近困难群众，了解建档立卡贫困户最真实的需求。在下乡入户调研的过程中，乡镇干部和驻村工作队队员一听你是北京大兴来挂职的干部，都会高看你一眼，多看你几眼，因为你代表的是北京，这就需要对自己高标准严要求，更需要格外注重挂职纪律，廉洁自律，同时还要付出比当地干部更多的辛苦和努力。本职工作做完了，去办公室、去业务科室多坐坐，多转转，多聊聊，下乡的时候，和当地扶贫干部多呱啦几句，尽可能多地了解其他有关扶贫工作的知识和政策，留在笔头，记在心头，才能全面地了解扶贫工作。

深入思考找准定位

经查阅资料及前期调研，了解到察哈尔右翼前旗当地的农牧自然生态环境恶劣，十年九旱，水资源匮乏。由于农牧生态环境恶劣，使得有创收能力的青壮年常年外出务工和经商，滞留人口多为老（年龄）弱（生存）病（疾患）愚（文化），建档立卡贫困户多为55周岁以上，这严重影响了经济的发展，是造成当地贫困的根本原因。经与大兴区国资委、内蒙古察哈尔右翼前旗旗委、旗政府汇报，制定了兴蒙源公司2019年工作计划。

兴蒙源公司第一项工作就是贯彻落实察哈尔右翼前旗政府全年工作部署，于2019年3月12日起，我带领公司工作组下乡进行摸底工作，走访9个乡镇（玫瑰营镇、黄茂营乡、三岔口乡、老圈沟乡、平地泉镇、土贵乌拉镇、黄旗海镇、乌拉哈乡、巴音塔拉镇），同113个村集体经济签订溢价包销协议，其中农产品4项，畜产品5项，共9项（马铃薯、燕麦、杂粮杂豆、胡麻籽、羊肉、牛肉、鸡肉、土鸡蛋、猪肉）。农产品收购价格在依据察哈尔右翼前旗区域内的市场收购的同等价格基础上，燕麦每斤上浮0.2元、胡麻籽每斤上浮0.2元、土豆每斤上浮0.1元；牧业产品依据察哈尔右翼前旗区域牛羊肉加工企业收购的同等标准基础上，羊肉每斤上浮2元，牛肉每斤上浮1元，家养鸡每斤上浮1.5元，家养猪每斤上浮1.5元。

通过签订包销协议保障贫困户的增收，激发贫困户发展产业信心。在6月初，我带领工作组下乡进行二次深度摸底，通过整理统计，全旗农畜产品预计产量是，马铃薯21433363斤、燕麦2493642斤、胡麻籽3265350斤、杂粮杂豆4098210斤、牛肉1676540斤、羊肉968579斤、土鸡82073斤、猪肉824933斤、土鸡蛋258118斤。其中有种养殖能力贫困户预计出售产品量是，马铃薯2324000斤、燕麦787680斤、胡麻籽935055斤、杂粮杂豆711160斤、牛肉318100斤、羊104335斤、土鸡28808斤、猪肉153470斤、土鸡蛋5617斤，实际销售量比预计量小。通过以上采集的数据，我的团队提前对接当地优质涉农企业，并与涉农企业签订代加工协议。

8月26日，我与同事们组织开展第三次调研，主要摸清贫困户及村集体经济的农畜产品实际出售量，通过此数据，提前筹备人工、藏储、运输等工作，确保收购工作的顺利开展。

8月29日，黄旗海镇赛罕村委会联系到兴蒙源公司，希望公司帮助村集体经济销售马铃薯，我通过与电商平台合作，于9月3日，满载64吨马铃薯正式发车远嫁“西安”和“武汉”。

9月24日，正式赴玫瑰营全胜局开展订单农业包销现场收购会，当天共收购贫困户23吨46000斤马铃薯。事后全胜局村委会为感谢兴蒙源公司特赠予锦旗。

兴蒙源公司按照订单式农业协议，经过3个多月的收购，对全旗9个乡镇的贫困户及村集体经济的农畜产品进行收购，共收购马铃薯456000斤、胡麻籽17260斤、杂粮杂豆2000多斤，直接带动2个村集体经济和全旗137户贫困户增收，贫困户每户平均增收1825元。

2019年5月8日至20日，兴蒙源公司受北京大兴区人力资源和社会保障局及察哈尔右翼前旗就业局的委托，对全旗有劳动能力的建档立卡贫困人口进行电商技能培训。我带领工作组历时13天共培训1950人，带动贫困户完成就业424人。

2020年兴蒙源公司按照年初工作计划，继续深入开展订单式农业工作，3月24日开始，我带领工作组到9个乡镇与113个村集体经济签订溢价包销协议。其中农产品4项，畜产品5项，共9项（马铃薯、燕麦、杂粮杂豆、胡麻籽、羊肉、牛肉、鸡肉、土鸡蛋、猪肉）。在10月初，我带领工作组履行订单式农业协议，对全旗村集体经济及贫困户的农畜产品进行收购。截至10月底，贫困户收购畜产品867斤、农产品10000多斤，直接带动10户贫困户增收，贫困户每户平均增收1760元。

兴蒙源公司承接电商培训工作，9月14日开始，我带领工作组深入全旗9个乡镇48个点对所有有劳动能力的建档立卡贫困人口（男60岁、女55岁以内）进行电商培训，累计培训2190人。

实干拼搏　丰满人生

挂职工作中体会最深的是辛苦，“白＋黑”是常态，几乎每天回家的时候总是月上梢头。经常是累倒了病倒了，工作不倒。最难忍受的是孤独，每到周末，当地同事各自回家享受家人温暖的时候，“独在异乡为异客”的感觉倍加清晰。这里不是北京，也没有普通话，卸下工作的种种，只剩对家乡和家人的纯纯思念，这就是成长，这也是淬炼。我是谁，为了谁，之前书本上的信仰渐渐深刻内心，扶贫既是我的工作，也是我的庄严使命。

收获最多的是信任，每当同事安心把工作托付给我，每当下乡调研当地扶贫干部操着浓重的本地话跟我聊工作话家常的时候，我都会感到油然而生的存在感和价值感，我走进了这里，大家认可了我，代表大兴区而来，为脱贫攻坚工作而努力。

亏欠最多的是家人，因为我的挂职，家里发生了翻天覆地的变化，两个孩子还没有上幼儿园，只能依靠退休在家的父母和妻子照顾。孩子上幼儿园后父母更是风雨无阻地接送孙子孙女上下学并准备三餐。

改变最大的是心态，从与当地同事工作之间的不理解、不适应，到主动学习，设法融入，到迎难而上，主动化解。体会人生从“白日放歌须纵酒，青春作伴好还乡”到“胸中有誓深于海，肯使神州竟陆沉”。没有比人更高的山，没有比脚更长的路，挂职于我满满的都是成长的财富。

典型事迹

察哈尔右翼前旗玫瑰营镇张山沟王家洼村的刘富贵和樊富是因病和因残致贫，全村就三户人家，他们以务农为生。因为地理位置偏僻，山路陡峭，运输车进不去，所以村子里的农产品从来没卖出去过。

根据村集体经济的告知，我带领工作组来到这里对刘富贵和樊富的黄土豆以高于市场的价格收购，以每斤 0.55 元的价格收购土豆 1 万多斤，两人共收益 5000 多元。对于从未将农产品销售出家门的他们来说，和往年相比这是实实在在的增收。

在扶贫的过程中，随处可见劳动的力量、生命的力量，我只是在其中做一点我能做的事情，在实际工作中努力提升自我价值、人文价值和社会价值。脱贫致富离不开党和人民政府的支持，党和人民政府才是贫困户脱贫奔小康的坚强支撑。

最后，感谢组织的信任，让我能够参与到脱贫攻坚事业中来；感谢两地党委、政府及挂职单位对我的照顾与支持，让我圆满完成工作；感谢察哈尔右翼前旗人民给我的深厚信任。未来，我心中永远都会惦念察哈尔右翼前旗这个第二故乡，愿她越来越好，越来越美。

心系草原　谱写人生精彩篇章

徐同军

凝心聚力脱贫攻坚

习近平总书记视察内蒙古自治区时强调，干事创业就要像蒙古马那样，有一种吃苦耐劳、一往无前的精神。蒙古马是世界上最古老的马种之一，由于耐力超强，蒙古马常常承担诸如驿站传输等特殊任务，一旦号令下达，蒙古马就身载使者快速奔赴下一个驿站，任何恶劣气候和环境都阻挡不住蒙古马的步伐。作为北京市援蒙干部，处在脱贫攻坚重要时期，把肩负的脱贫攻坚任务完成好，是我暗暗下定的决心。

2017 年 3 月，我参加第四批挂职内蒙古自治区团队，挂职内蒙古自治区商务厅市场秩序处副处长。随着离打赢脱贫攻坚战的日子越来越近，北京市、内蒙古自治区政府认真贯彻落实党中央扶贫精神，对脱贫攻坚的投入逐渐加大，围绕“六个精准”实现精准扶贫的要求越来越高、工作量越来越大，作为在脱贫攻坚一线上的援蒙团队，为更好服务于脱贫攻坚工作，2018 年 5 月，在内蒙古自治区区直机关工作的援蒙同志，根据工作需要集中在自治区扶贫开发办公室办公，与内蒙古自治区扶贫办的同志一起共同研究京蒙扶贫资金的分配使用、筛选减贫带贫项目。为使有限的资金实现社会效益、经济效益、长远效益的最大化，大家站在不同的角度、从不同的层面认真分析研讨。工作中，感受较深的是，每一个人都要对政策、项目情况讲解发言，对问题进行剖析，身处其中，不觉就倍感压力。如果对政策、项目不熟悉，就会在这个群体中露怯丢丑。当时，加班加点是常态，经常吃盒饭、方便面，这期间的集体活动，无论开始谈论什么话题，最后的落点都是脱贫攻坚。历史的契机，时代的重任，精神在鼓舞、使命在驱使，这段时间，我系统学习了《习近平扶贫论述摘编》和国家、北京市政府、内蒙古自治区政府关于脱贫攻坚的有关文件，多次下盟市、旗县、苏木乡镇、嘎查村、贫困户家里调研，深入了解不同地区的致贫原因，了解帮扶项目的适配情况及带贫效果，思考落实政策与工作实践结合中的问题，积累了丰富的扶贫理论知识，为下一阶段工作打下了基础。

担使命致力推进消费扶贫

乌兰察布市位于内蒙古自治区中部，是半农半牧地区，第一产业在经济发展中所占比重较大，是民间常说的“地上无草、地下无宝”的深度贫困地区。其优势在于处在北纬40—45度，平均海拔在1400米，昼夜温差大，是冷凉蔬菜和优质农产品的主要产区，但产量低、规模化经营不够、物流成本高、农产品销售难、优质不优价等问题，也是广大农民致贫的主要原因之一。挂职乌兰察布市商务局副局长，分管消费扶贫和电商发展工作后，第一次与分管商务工作的王心宇副市长座谈，王副市长谈到农副产品销售时说，我们是“捧着金饭碗要饭吃，酒香也怕巷子深啊”！这两句话给我印象深刻，与其说的是本地区的困境，何尝不是给我的任务和责任啊？推进扩大消费扶贫的重点，不就是要把贫困地区的农特产品优质优价地销售出去，转换成贫困群众实实在在的收入吗？主题已明确，现在就需要认真去解题。我围绕农特产品的生产规模、质量和销售市场情况进行了深入调研，分析了生产企业在物流、运营、销售等方面存在的堵点、难点问题。首先从宣传乌兰察布农特产品的知名度、美誉度着手，相继推动在乌兰察布市惠民园设置消费扶贫集采中心体验店，赢得本地区民众的口碑；在北京市8个对口帮扶区开设乌兰察布农特产品专卖店，打造乌兰察布市在北京线下产品展示体验“窗口”。先后组织在北京各个市场、企事业单位开展展销促销活动160余场。组织企业参加第八届中俄蒙美食文化节暨第三届中国乌兰察布美食文化节、二连浩特中俄蒙商贸洽谈会、上海“内蒙古味道”农特产品展销会等多场商贸洽谈活动，通过多媒体宣传推介，扩大乌兰察布优质农特产品的知名度和美誉度。其次，抢抓国家推动扩大消费扶贫政策、北京市加快推进扶贫协作地区特色产品进京销售政策机遇，积极引导乌兰察布带贫企业注册国家扶贫“832”平台，实现乌兰察布农产品与北京大市场的精准对接，推动机关、企事业单位大宗采购乌兰察布农产品。依托直播电商新业态，多平台发力推动乌兰察布市扶贫产品线上营销，为起到示范带动效应，我4次走进直播间直播带货，推介农副产品，收到良好效果。通过多方努力，乌兰察布农副产品的品牌影响力得到有效提高。2019年乌兰察布市进京销售农特产品累计实现5.17亿元，是2018年（1.28亿元）的4倍多，惠及了全市9427名贫困人口。

扶贫路上不忘扶志扶智

党的十九大报告提出，坚决打赢脱贫攻坚战，注重扶贫同扶志、扶智相结合。说到扶志，一个故事使我记忆犹新。刘志强是商都县屯垦队镇梁家村的一名残疾大学生，在国家电商政策的支持下，乘着互联网的东风创办了网店，实现了自己的创业梦想，并依托网店带动贫困户和残疾人就业创业，现在已是一名致富带头人。在他创业发展的低谷时期，我们有过一段深刻的思想交流。在2019年5月28日的一次展会上，我正在组织参展企业布展时，看到一个佝偻着腰、满头是汗的年轻人正用场内的平板货车推着一车货吃力地走着，年轻人个子不高，腰却弯成接近90度，一眼看上去就知道有残疾，我情不自禁地赶紧上前扶着车上的货帮他推车、理货布展，一切布置完成后，我们才互相介绍认识，也许是刚才我的热心帮助，让他对我有了一些好感，虽然初次见面，我们已没有陌生感，接下来的几天展会，我俩从参展的胡麻油、土豆醋和旱地小麦面粉聊起，逐渐聊到了他的家庭和身体。他告诉我，他家里兄弟两个，哥哥由于儿时的一场疾病，双目失明，父亲已经去世，还有一位母亲，自己是一名学建筑设计专业的大学生，大学毕业后随建筑公司去过甘肃、宁夏等地施工，30多岁时患上了强直性脊柱炎，多方治疗花光了家里并不多的积蓄，还欠下了一些外债，身体也落下残疾，现在已不能干体力活，主要是在朋友的帮助下经营一个小店，经营状况也不好。说到这里时，他的眼睛里已噙满泪水，情绪也有些激动，不断吐露出对人生、对社会的抱怨和悲观消极的想法。听到这里，我极力安慰他，待他情绪慢慢稳定后，启发他在遇到困难时，一定要看到存在的新机遇，最怕的就是被困难吓倒，现在国家有脱贫攻坚的好政策，只要自己有信心，发挥好自身优势，非常有希望干出一番不同寻常的事业。他说自己得病后找到了有关部门，但得到的帮助很少，与他的期望相差很大，对政策不抱信心。听到这里，我打断了他，询问了他向有关部门的诉求，当他说希望政府能够多给他一些补贴时，我耐心告诉他，有困难的人不是他一个，有的甚至比他还困难，如果都依靠政府完全扶持，国家怎么负担得了。国家精准扶贫的政策就是要因人施策，区分不同致贫情况，给予不同的政策支持，让所有人不但脱贫，还要使他们在政策引导下致富。具体到他个人的情况，我又给他讲了些残疾人创业的有关帮扶政策，引导他不要光依赖政府的救济和资助，而是要发挥自己的才干、学识，对接国家的扶贫政策，找到可行的脱贫途径，才能争得有关部门的支持。后面，又听他分析了家乡农产品情况和自己的思路，一起研讨了网络、场地、物流等方面的条件，并向他提了些建议，让他把自己的情况和想法，向县扶贫办、残联和商务局等部门详细汇报一下。临别我们留下了联系方式，并约定有事及时沟通。几天后，我接到他的电话，听他兴奋地告诉我，他找到相关部门汇报了自己的创业思路后，各个部门都很支持，给了他很多鼓励，并帮助他成立了“科创电子商务公司”，主要做电商业务。在他的努力下，公司业务也不断扩大，他也早已不是那个灰心、迷茫的年轻人。乌兰察布市、商都县媒体报道了他的事迹，他成为脱贫攻坚战中努力创业的榜样。脱贫攻坚工作中，尽管物质和资金帮扶必不可少，帮助贫困群众树立起摆脱困境的斗志和勇气一样有意义。

电商作为新兴销售模式，是年轻人喜欢的职业，虽说进入的门槛不高，但要做强做好，也需要一定的知识和技能，为使电商产业在乌兰察布尽快发展起来，我经常组织电商创业的年轻人座谈，了解他们的困难和需求，针对存在的基础差、眼界不够宽的问题，牵头组织 500 多人参加了“字节跳动”公司举办的乌兰察布市“扶贫达人”线下、线上培训活动。与乌兰察布市团委、人社局共同组织了乌兰察布市“扬帆筑梦 就创未来”青年创新创业直播电商公开课。通过短视频内容创作、新媒体运用等多种技能培训，挖掘全市农村内容电商“扶贫达人”，为电商产业发展储备人才。

挂职内蒙古自治区四年，经历了打赢脱贫攻坚战攻城拔寨的过程，见证了京蒙两地紧密协作致力扶贫的决心意志，也看到了一批批京蒙帮扶项目落成，一批批援蒙团队奋斗的成果从脱贫群众脸上绽放的笑容中体现。处在伟大的时代，能够亲身投入艰苦的脱贫攻坚战中，是我一生的光荣。京蒙携手合作走进新阶段，脱贫攻坚精神将引领着我们在实现乡村振兴的战斗中继续前行，相信每一个援蒙的同志都和我一样，心永系在内蒙古草原上。

用“朋友圈”记录扶贫故事

赵凯

我是个土生土长的北京人，从幼儿园到研究生毕业，都是在北京上学，毕业后参加工作也长期在市级部门工作，几乎从来没有走出过北京，没有到基层摸爬滚打过，身上一直少那么点“地气儿”。2019 年 4 月至 2021 年 5 月，受组织选派，我作为北京市第五批赴内蒙古挂职干部团队中的一员，挂职内蒙古自治区扶贫办扶贫协作处主任科员，开赴祖国北疆脱贫攻坚主战场，在开启自己职业生涯新起点的同时，也开始了自己“下基层”“接地气”的“补课”经历。

这两年来，我负责统筹协调推进 29 家中央单位定点帮扶内蒙古 31 个贫困旗县的联系服务工作。和 107 名北京挂职战友一道，聚焦脱贫攻坚主责主业，积极投身京蒙扶贫协作事业。累计赴一线贫困地区调研检查 25 次，在基层旗县累计工作 108 天，足迹遍及 26 个国家级贫困旗县、14 个自治区级贫困旗县、75 个乡镇、50 个村，走访建档立卡贫困人口 191 户，行程累计 49595 公里。按照挂职岗位工作分工，我主要负责协调推进 29 家中央单位定点帮扶内蒙古 31 个国家级贫困旗县工作。通过加强与各中央单位派驻挂职干部的日常工作联系，各中央单位政策、资金、项目落地成效明显。仅 2020 年，各中央单位向内蒙古直接投入帮扶资金 3.33 亿元，引入帮扶资金 4.81 亿元，培训基层干部、技术人员 56739 人，直接购买和帮助销售贫困地区农产品 2.93 亿元。特别是新冠肺炎疫情突发后，各中央单位积极捐助内蒙古防疫资金和各类物资支援，共筹集资金及防疫物资超过 3000 万元。

回首过去的两年，我的“娘家人”——首都统战系统一直在默默支持我，积极助力京蒙扶贫协作工作。市委统战部的相关业务处室先后协调九三学社北京市委为国家级贫困旗县武川县一中捐赠价值 2 万余元的体育器材；协调北京市民建会员企业家与武川县林草鸡养殖户签订 10 元 / 月的采购协议；市民族宗教委组织市级五大宗教团体赴兴安盟集中采购价值 25 万元的扶贫产品；市委统战部在北京市民主党派和人民团体办公楼开展内蒙古扶贫产品专场展销，市委常委、统战部部长出席参加活动并亲自带头购买扶贫产品，活动情况被《人民日报》、新华网、中国网等中央媒体报道。

扶贫工作需要经常到贫困户家实地走访，了解核实第一手情况，有时候一天要走十几户，而大多数这种访谈都是“一面之缘”，为了便于区分梳理每户的谈话记录，我习惯在访谈间隙用手机抓拍一些贫困户本人或者其家居环境的照片、视频。有时，我会把这些涉及一线扶贫工作的影音资料，发到自己的微信朋友圈，往往会收获超乎想象的点赞，再回顾这些“热帖”时，我发现总有一些瞬间让我感动，总有一些体会让我难忘。

记录一：贫困户家的“标配”

在我的微信朋友圈里有一组照片，主题是“贫困户家墙上挂的才是人民心中的‘真神’”。在我随机走访贫困户的过程中，我发现贫困户家里基本都有一样“标配”，那就是毛主席、习近平总书记的肖像照，这些照片往往都挂在家中最明显的地方。在与贫困户访谈交流的时候，我多次询问过贫困户，这肖像照是村里给统一发的吗？所有贫困户的回答都是一致的：“不是，这是我们自己掏钱买的。”人民群众特别是贫困户，愿意心甘情愿地自己掏钱去买回来贴在家里，这其实并不是一件简单的事。这需要人民群众发自内心的认可。人民群众是创造历史的主体，也是建设和享有幸福的主体，追求幸福，是人民的权利，造福人民，是党和政府的责任。正是因为我们党在脱贫攻坚战线上牢固树立一切为了群众、全心全意为贫困群众服务的理念，人民群众才愿意发自内心地爱戴我们的领袖、才愿意一心一意地跟党走。

记录二：出门相送的老大爷

记得一次我随同自治区扶贫办领导在乌兰察布市的一个贫困村开展脱贫攻坚暗访，那天正巧赶上大雨，借着雨天我们一行人随机走进一户贫困户家，想查看一下“两不愁三保障”中的住房安全质量问题，实地看看房子漏不漏雨。户主是一对80多岁的老两口，老爷子见我们来了特别激动，一个劲跟我们讲党的政策好，待我们检查完要走的时候，老爷子非要迎雨送我们上车，一边送一边给我们抱拳作揖，不停讲：“为了党的工作，这大下雨天的，你们还来，不说啥了，谢谢啊！谢谢啊！”我当时心里非常受触动，感觉自己只是做了一名党员干部应该做的本职工作，但人民群众却如此感激我们。我把这段视频发到自己朋友圈，配上了这样一段文字：“我们有最好的人民群众，他们特别朴实善良，特别勤劳节俭，特别知足感恩，作为公务员没有理由不服务好他们，作为执政党没有理由辜负他们。”“小康不小康关键看老乡”，全面建设小康社会不能落下一人。精准扶贫是党和政府义不容辞的时代责任和历史职责。作为党员干部，我们必须破除人民幸福是党和政府恩赐的错误认识，摒弃精准扶贫是党和政府对人民群众的照顾和施舍的错误心态。在脱贫攻坚上牢固树立一切为了群众，全心全意为贫困群众服务的理念，抱着时刻对人民负责的态度，不断转变工作作风，才不辜负人民群众对我们的信任。

记录三：祭奠逝去的战友

今年 5 月 23 日，全国扶贫干部的朋友圈被王小权这个名字刷爆了。王小权是中组部派驻贵州扶贫的驻村第一书记，去年年底因车祸重伤住院，因伤势过重在治疗 4 个多月后永远离开了我们。我和王小权书记并不熟识，但碰巧的是，去年 12 月底我和他一起参加了中组部组织的第一书记和扶贫干部培训班，成为短暂的同学，永远的战友。这次培训课程质量非常高，我们 470 多名学员在 12 月 25 日结束培训后，信心满满归复各自的岗位，哪知道 26 日王小权同志就在路上突发车祸……经历近半年的治疗，永远地离开了我们。听到这个噩耗，我恰巧正在下乡途中修车，自己心头也是一阵后怕，情绪特别不好。我挂职单位的处长曾经感慨，自己是转业军人，当兵没打过仗，没想到转业后打上仗了，打的是一场脱贫攻坚战。在这没有硝烟的战场上，内蒙古地区已经有多位干部牺牲在扶贫岗位上，他们和王小权同志一样，都是舍小家为大家的英雄，值得我们永远缅怀。再过半年时间，脱贫攻坚战就要迎来完胜时刻，希望这半年里，全国的扶贫干部在坚守岗位的同时一定要爱惜身体健康，注意交通安全，脱贫攻坚胜利的一刻，贫困群众一个都不能少，扶贫干部也一样，一个都不能少。

转眼间，我已经结束在内蒙古的两年挂职生活，对比手机相册里的自己，通过两年的磨砺，皮肤晒黑了、身材变瘦了，衣着风格由无框眼镜、衬衫、西裤、皮鞋这样的办公室套装替换为变色镜、防晒服、运动裤、旅游鞋这种便于走村入户的下乡套装。与照片上“外化于形”的变化相比，更重要的是我感觉自己实现了“内化于心”的蜕变。以前在首都统一战线工作，打交道的多是各领域的党外代表人士，工作重心更多侧重在研究制定党的政策，在“务虚”上下功夫、在“面”上做文章；而在内蒙古脱贫攻坚战线上工作，打交道的多是基层乡村干部和贫困群众，工作重心更多侧重在解决贫困群众具体问题困难，在“务实”上下功夫，在“点”上做文章。可以说，一年来的扶贫历程，补足了我人生阅历和工作经历的短板，让我体会到了工作方法上的“虚实结合”、让我懂得了什么叫作“脚下没泥，心中没底”，让我明白统战工作是特殊的群众工作，扶贫工作更是特殊的群众工作。一个合格的党员干部，既要懂得如何去做“阳春白雪”般特殊的群众工作，又要懂得如何去做“下里巴人”般特殊的群众工作。助力内蒙古脱贫攻坚的宝贵经历，丰富了我的人生阅历，拓展了我的工作思路，值得我为之荣耀一生。

两年扶贫行，一生内蒙情。2021 年是开启脱贫攻坚与乡村振兴的有效衔接之年，尽管我已经结束挂职回到北京工作，但我仍会时刻关注着我的第二故乡内蒙古，将继续尽我所能为巩固内蒙古脱贫攻坚成果、建设祖国北疆美丽风景线，贡献自己的力量。

聚焦特殊需求　坚持志智双扶

京蒙协作助力残疾人脱贫解困

李庆新

全面建成小康社会，残疾人一个也不能少。党的十八大以来，以习近平同志为核心的党中央高度重视残疾人扶贫工作，把贫困残疾人脱贫攻坚作为打赢脱贫攻坚战的重要组成部分，统筹安排，同步实施，重点推进。北京作为首都，市委市政府要求带头扛起助力受援地区打赢脱贫攻坚战的政治责任，专门组建了残疾人工作组，明确了重点任务。为加大京蒙残疾人扶贫协作力度，2019 年 4 月，北京市残联党组研究决定选派我去内蒙古挂职，挂职内蒙古自治区扶贫办，主要负责京蒙残疾人扶贫协作工作。在内蒙古 118 万平方公里的广袤大地上，我与内蒙古自治区残联同事们一道，既是决战决胜脱贫攻坚的见证者，也是行路人。

再赴内蒙古

内蒙古是我的第二个故乡，是我曾经成长战斗的地方。1998 年，军校毕业后，我被分配到了内蒙古某机场，从此扎根边疆，一干就是18年。由于环境苦寒，当地一年只能种植一季粮食作物，没有地下水可以浇灌，都是靠天吃饭，饮用水也是通过挖水窖，储存雨水来解决，一旦遇到干旱，生活会非常艰难。

这次来到内蒙古，开始以为可以到乡镇或者村里去工作，找寻当年驻地生活的踪迹。但按照组织安排，分到了自治区机关。虽然不能在一线与大家一起撸起袖子加油干，却也因为在机关工作，接触到了更多贫困县、贫困村和贫困人口，从另一角度更深入体会了扶贫的意义，更深刻感悟到了打赢脱贫攻坚战的使命感和责任感。

携手脱贫路

扶贫必扶智，不只是要提高贫困人口的知识和技能，也要不断提高扶贫工作者的知识面。为让残疾人更好地脱贫，首先要让扶贫工作者更多地了解残疾人。利用培训和日常沟通的机会我经常主动向扶贫干部介绍残疾人情况，从残疾人心理到目前的康复技术，包括一些创业成功的残疾人典型，这些对于扶贫干部在帮助残疾人脱贫方面具有很好的启发。虽然有些高科技暂时离贫困残疾人较远，但随着脱贫攻坚与乡村振兴的接续，这些技术会不断进入普通残疾人家庭，帮助他们实现自己的梦想。听了这些介绍，一些扶贫干部对于帮扶残疾人的思路更加活跃，积极性也越来越高。

2019年内蒙古自治区31个国贫旗县中建档立卡贫困残疾人为7.29万，占国贫旗县所有建档立卡贫困人口的16.23%。4月份刚到内蒙古挂职时，未脱贫建档立卡贫困残疾人还有1.96万。为实现2020年底贫困残疾人口全部脱贫的目标，北京市残联专门成立工作组落实残疾人扶贫协作工作，与内蒙古自治区残联签订帮扶协议，明确帮扶内容，持续实施产业帮扶一批、就业创业帮扶一批、托养服务帮扶一批、公益服务帮扶一批、公共服务帮扶一批“五个一批”帮扶行动。按照市残联党组理事会的决策部署，我及时与自治区残联沟通，协调各盟市旗县结合自身实际统筹安排残疾人帮扶项目，力争贫困残疾人全覆盖。另外，利用调研时机，主动向各级领导介绍残疾人帮扶特点，对于残疾人扶贫项目实施中存在的不足及时反馈，督促落实，保证项目规范和带贫效果。

残疾人作为特殊群体，在帮扶上也要突出特殊需求，首先要帮助残疾人提高融入社会的能力。提供精准康复辅具服务是最直接的方式。通过为残疾人适配助听器、轮椅、安装假肢等辅具，进行康复训练，实施无障碍改造等帮扶，可以让残疾人和健全人一样沟通交流，便于融入社会，提高就业率。2019 年内蒙古自治区利用京蒙扶贫协作资金 600 万元为 1149 名建档立卡贫困残疾人适配了助听器。听到声音的那一刻，残疾人掩饰不住内心的幸福和激动。没有接触过残疾人的人可能体会不深。我刚从事残疾人工作时进行过一些体验，把自己扮成盲人和聋人，感受他们的生活。世界突然变得一片黑暗或者一片寂静的时候，人内心会有一种莫名的恐惧。当那些听力残疾人戴上助听器听到声音后，有的泪流满面，有的连连说感谢党的好政策，激动之情油然而生。我真的能理解他们当时的心情，正是在中国共产党的领导下，经过一百多年来的奋斗，我们国家一步步强大起来，到现在我们才有能力帮助全国人民脱离贫困，一起奔向小康。如果没有这么多年改革发展打下的强大经济基础，这是无法实现的。

书写精彩人生

在国家和社会各界的帮扶下，一批身陷贫困的残疾人内生动力被激发出来，或重新燃起生活的希望，或奋发创业、脱困自强，书写出精彩人生篇章，点亮拥抱幸福生活的梦想。在帮助他们的过程中，自己也被他们的事迹深深激励着。

乔海兵是内蒙古自治区乌兰察布市察哈尔右翼前旗黑沟村的一名普通村民。在 5 岁的时候因为车祸造成身体残疾，但他从来没有自卑过，从没有认为自己和别人不一样，始终相信自己一定不会比别人差。凭着这股犟劲和一颗感恩的心坚持读完小学和初中。

只有努力才有收获，幸福是劳动创造的。他完成学业，并掌握了计算机知识。回乡以后，却因为身体原因找工作非常困难，四处碰壁。他曾迷茫沮丧掉过眼泪，但他没有丧失信念，没有放弃生活。就当他在十字路口徘徊的时侯，村委会的领导动员其爸妈让他搞养殖业。后来在乡党委、政府、旗残联的支持下，他办起了养殖合作社。

功夫不负有心人，他的养殖场经过两年的打拼已经有了起色。也就在这一年国家提出精准扶贫，有人和他提议："你写个申请，在评议会上、研判会上，大家一定会同情你支持你。"可他摇头了，不能评。"第一我收入比贫困线高，第二我还年轻，不能成为社会的包袱，第三我还想成家，我要回报父母。因此我不想扣上一顶穷帽子，以穷卖穷天天晒太阳等小康，我要响应习近平总书记的号召撸起袖子加油干。"经过几年的努力，目前他土鸡蛋合作社年纯收入达 12 万元，成为人们信得过的农产品。用乔海兵自己的话说："我能用我的汗水回报曾经养育我的父母，让他们看到残疾儿子的面前是沉甸甸的果实和一片灿烂的阳光。"

乔海兵只是脱贫攻坚过程中在当地政府帮助下改变自身命运和家庭生活的众多困难残疾人中的一位。在精准扶贫、精准脱贫基本方略的指导下，各地通过实施一系列精准帮扶举措，使贫困残疾人自强脱贫的意识不断提高，在努力实现自我脱贫的同时，影响带动其他贫困残疾人家庭共同增收致富。

乌兰察布市化德县的张利娜是一名肢体二级残疾人，在东城区残联和化德县政府的支持下，她创办了化德县残疾人创业培训中心，残疾人在培训中心可以学习掌握中国结、苏绣、丝带绣、编织、串珠、珠绣和水钻贴等多项手工艺品的加工技能。后来，她还成立了自己的启航手工艺品有限公司，主要经营编织手工汽车坐垫和中国结两大项目，为化德县 31 名因残致贫人员和 9 名失业妇女提供了就业岗位。

各级残联还积极动员一些社会企业，通过为残疾人提供工作岗位，让他们对生活充满希望。如内蒙古自治区赤峰市宁城县鸿马公司依托自身岗位资源，兴建残疾人就业、创业双创园，通过开展有针对性的务工培训，每年可安排数百名贫困残疾劳动力到民康口腔医疗科技有限公司、鸿马包装制品有限公司等关联企业进行义齿制作、产品包装、印刷服务等工作。看着在各自岗位上专注工作的残疾人，他们脸上自信的表情感染着每一个人。

李晓慧、王艳东、王琳琳都是宁城鸿马双创中心的老员工了，他们在不同的岗位上，却有着相同的感慨。“买上了房子，我还在这找到了对象”，李晓慧笑着说。从他们脸上的笑容就能看出，现在的他们，是真的幸福。但在来这里之前，他们对于找工作，内心是有恐惧的。

王琳琳是个医学专业毕业的大学生，毕业以后因为自己身体的残疾，她没找过工作。一开始想找工作的时候，有一种自卑感，不敢迈出那一步，总觉得别人可能也不想招她这样的人。一次偶然的机会，她得知这家福利企业正在招工，抱着试试看的态度去面试了。录用后她被安排在假牙制作车间。刚开始，因为工作中没有太多体力活，王琳琳还是仅仅觉得这份工作适合自己。到了后来，她开始喜欢上了这份需要耐心去打磨雕刻的工作。现在是保底工资加提成，活儿多的时候每个月能拿到 4000 多元。她说：“被认同的感觉，感觉特别爽、特别爽。”

从这个双创中心走出来的残疾人，收入都不错，王艳东就是一个例子，因为之前学过设计，他现在负责淘宝网店的精修图片和电商运营维护，每个月能拿到五六千元的工资。他现在自己能做电商维护，平面包装设计，书本、纸箱、塑料袋的包装设计他都可以独立完成。这些技术都是他在双创中心里学到的，双创中心除了给他可以展示自己的平台，还给了他一份自信和面对生活的勇气。他说：“能实现自己的价值，也就是说不再是别人眼中或者自己心中的一个什么也做不了的人了。”通过这些帮扶，不仅让残疾人可以自立地生活，更重要的是增强了他们的自信，激发了他们内心的动力。

乔海兵经常对村里人说，贫困并不可怕，可怕的是我们没有战胜贫困的勇气和决心。国家提出双扶，要扶起智慧和志气，这是根本。所以他坚信，在扶贫的道路上，残疾人不仅不会掉队，还会和我们一道携起手来帮助别人，与大家一道向小康迈进。

通过大家的帮助和自身努力，目前内蒙古建档立卡贫困残疾人全部脱贫，稳定实现贫困残疾人及其家庭“不愁吃、不愁穿、义务教育、基本医疗、住房安全有保障”的目标。达到了全面建成小康社会，残疾人一个也不能少的目标要求。

功成不必在我，功成必定有我。作为一名脱贫攻坚的参与者与见证者，我深感荣幸。体会到这改天换地的伟大历程，感受到这改天换地的伟大成就。在帮助残疾人脱贫时，也被他们的脱贫故事感动着。起点不同，工作内容不同，但目标只有一个，实现全面小康，共圆中国梦。

我在内蒙有只羊　你在内蒙有朋友

郝悦

2017 年我接到支部书记的工作任务部署要求，让我负责动员本市爱心企业积极投入到“精准扶贫”公益活动中。在北京市残联、北京市残疾人福利基金会领导的大力支持和协调下，我利用公益助残组织的优势，多方联系、对接助残扶贫资源，整体推动援蒙、援河北公益扶贫工作。共募集公益款 240.4 万元，帮助两地 1200 多名贫困残疾人解决实际问题。

积极动员基金会理事和理事单位率先垂范，捐款捐物，全面打响脱贫攻坚突击战

我按照市残联党组及基金会理事会的决策部署，带领基金会理事单位及理事多次拜访爱心企业、爱心人士，宣传脱贫攻坚政策，积极引导理事所在单位参与受帮扶地区脱贫攻坚工作。国华置业率先垂范连续两年捐赠善款 80 万元，用于支持“我在内蒙有只羊”项目，采购内蒙古通辽地区建档立卡残疾人贫困户饲养的肉羊 200 只，直接实现为每户贫

困残疾养羊户增收2000元，同时，国华置业又将购置的200只肉羊反捐给基金会，用于春节前夕改善北京市一户四残残疾家庭生活，实现了双向扶贫。“我在内蒙有只羊”活动，不仅拉开了京蒙帮扶的序幕，更架起了一座京蒙扶残助残的互帮互惠之路。

“授人以鱼，不如授人以渔”，就业是改善残疾人生活状况的根本途径。2019年我来到科右前旗俄体镇俄体村残疾人就业扶贫车间。残疾人就业扶贫车间主要以加工棉裤为主，年销售额130余万元，带动58名贫困群众年均增收2.4万余元。

此起彼伏的缝纫机咔嗒咔嗒声打破了院落的宁静，屋内十几名工人正在紧张忙碌地裁剪缝制棉裤。我在这里看到，加工车间里，伴随着缝纫机的运作，一位残疾人朋友，名叫兰素英，她正在和姐妹们正在制作棉裤，穿针引线，裁剪缝制，工作井然有序。已经缝制好的棉裤整齐地叠放在一旁。

“没想到我也能通过自己的努力，挣钱养活自己，还能补贴家用，这让我重拾生活的信心。”正在飞针走线手工缝制棉裤的兰素英高兴地说。

她告诉我，由于自己患有再生障碍性贫血，身体极度虚弱，无法干重活，使原本就不富裕的家“雪上加霜”。自从有了残疾人就业扶贫车间，她学会了棉裤制作的手艺，不但能补家用，还可以自己买些喜欢的物品。

“在这里，我看到了自己的价值所在，更重要的是，在这里感受到了社会各界对我们的关心与关爱。”兰素英说，是残疾人就业扶贫车间成就了自己，现在她也希望通过自己的努力，去帮助更多需要帮助的人。

和兰素英一样，在隔壁车间作业的郭哈斯其木格感同身受。“我是先天肢体残疾，此前我一直认为自己是家庭的累赘。”郭哈斯其木格告诉记者，她现在一个月能挣2000多元，终于可以用自己挣的钱给孩子们买零食了，成就感让她体味到了幸福的意义。

如何有效解决贫困残疾人家庭早日脱贫，提升贫困户技能水平，提高劳务组织化程度，拓宽就业渠道，俄体镇以本地在营服装加工厂为主体，整合盟、旗残联及我们通过北京华贸公益基金会募捐筹集的共 56 万元帮扶资金，按照宜建则建、宜改则改、宜租则租原则，在原俄体村村部建设了这座建筑面积 400 平方米、使用面积 1000 平方米的残疾人就业扶贫车间。

车间以“机器进村、手工进家”的模式，实施了“家庭工厂”行动，采取批发铺货为主、零售以私人订制为主销售模式，日均可加工棉裤 50—70 条，现有合作经销商 65 家。他们通过“志智双扶”工作开展“技术送上门、助残促就业”等实用技能培训活动，将手工棉裤缝制批量订单分解到全镇各村贫困户和残疾群众，解决部分贫困家庭的就业和生活保障问题，帮助广大贫困残疾人实现居家就业，从而实现稳定脱贫的目标。

为了加工出消费者满意的高质量产品，扶贫车间还适时开展技术培训。残疾人就业扶贫车间负责人黄岩介绍说：车间还为全镇 58 名残疾人（15 名贫困户）进行了为期 3 天的残疾人职业技能培训。通过技术培训，提高了农村残疾人自身素质和就业能力，拓宽了残疾人家庭的致富渠道，还为残疾人寻找到一条通往小康社会的“康庄大道”。

利用媒体手段广泛宣传基金会脱贫攻坚重点项目，引导公众积极参与，助力脱贫攻坚决胜战

为全面打赢脱贫攻坚战，让公众更好更广泛地了解扶贫政策、扶贫项目、参与途径。2019 年、2020 年连续两年 6 次赴内蒙古贫困地区，围绕“我在内蒙有只羊”拍摄两部专题纪录片并在北京生活频道和财经频道黄金时间播出，动员社会更多爱心人士参与脱贫攻坚项目，通过拍摄贫困户、贫困地区残疾人工作者和社会爱心企业助残等多个视角。展现脱贫攻坚助残项目和感人故事，将真实的扶贫故事、智慧的脱贫实践，通过生动的形式呈现在公众视野。从而体现出温暖、向上的正能量，唤起社会大众对扶贫脱贫攻坚的理解和共识。

肖连权，今年45岁，因病导致重度残疾。妻子施淑辉，今年44岁。女儿刚满20岁，正在读大学。我们从科左中旗政府所在地保康镇驱车30多公里，刚下过雨的路面上，坑坑洼洼，颇为颠簸，来到了胜利乡音德日吐嘎查村。村里道路的尽头就是肖连权的家，两间不大的屋子，家具摆设简单，但收拾得很整洁。屋外有两个羊圈，大的羊圈里有20多只成年肉羊，另外一边小的羊圈里有7只刚出生不久的羔羊，最小的一只刚出生3天。

2014年，肖连权和妻子施淑辉在北京打工，女儿也在北京刚上初中。9月1日那天，孩子刚开学，丈夫肖连权被突如其来的疾病击倒，此后辗转北京各大医院看病，也曾一度在医院ICU病房救治。住院几个月时间，花光了家中多年的积蓄，还向周围亲戚朋友借了几十万元外债。这个家庭一下子陷入了危机。

2015年，经济上的困境，让一家人不得不返回老家科左中旗，贫困笼罩着这个家庭。刚回到老家时，只能借住在别人家一间破旧几乎废弃的房子里。丈夫生病导致身体状况不佳，基本失去劳动能力，常年需要人照顾，女儿还在上初中。

每天妻子施淑辉坐在院子里，对着大门，心里茫然，这种日子要怎么过呢？丈夫的身体、女儿的未来，让施淑辉不得不打起精神来，扛起了整个家。施淑辉说："我相信，只要自己努力，只要每天去干去拼搏，没有做不到的。"

施淑辉一直对女儿说，只要你好好上学好好念书，没有走不出去的。只要努力了，就一定会有结果有收获。女儿也确实努力，这是施淑辉和丈夫在困境中的宽慰。

2019年夏天，肖连权家中收到了一封内蒙古科技大学包头医学院的录取通知书，女儿考上了大学本科，这在音德日吐嘎查村里绝对算得上是重大新闻。在此之前，当地村里孩子考上大学的屈指可数。穷山村里又飞出一只金凤凰。

肖连权和施淑辉夫妻二人既高兴，也有点发愁。原本就不富裕捉襟见肘的家庭，现在女儿读大学的学费和生活费该怎么解决。虽然大学四年学费可以贷款，但是每学期必要的生活费还是要家中准备。

肖连权和施淑辉家中的情况得到了地方各级政府的重视。早在2017年，他们回到老家一年半左右时间，科左中旗残联就把肖连权家评为建档立卡残疾贫困户，补贴两万元，加上村里老乡的支持，为肖连权家新建了房屋。虽然房子不大，但总算是有了自己安身立命的家。残联还无偿发放了14只羊给她。当收到这些羊的时候，施淑辉心里非常激动。

头几年毫无养羊经验，羔羊经常死亡，每次羊只死亡，施淑辉都揪心不已。对她这样的家庭来说，这是巨大的损失。一两年后，逐渐摸清了养羊要领，羊养得越来越好，羊只数量越来越多，羊成了她家最重要的收入来源。每天定时清理羊圈、定时消毒，保证羊的生长环境干净；喂纯天然优质牧草，不添加任何防腐剂，保证羊的食品安全卫生；家中有80米深水井，让羊喝到干净无污染的水；采用严格管理方式来管理母羊与羊羔，提高羔羊存活率；定期对羊体进行驱虫和疫苗接种，做好疾病预防；科左中旗属于禁牧地区，鉴于残疾贫困户家中特殊情况，经政府特批，施淑辉可以在附近草甸上放牧，保证羊的肉质。种种努力，都是为了培育出优质羊。

2019年8月，首次来到科左中旗实地考察，来到肖连权家中，得知夫妻二人在为女儿的大学生活费发愁，肖连权家成为当年“我在内蒙有只羊”项目第一批二十户受益的残疾贫困户之一。合作社采购了施淑辉家中10只羊羔，收益5500元，这无疑是雪中送炭的帮助，解决了女儿大学生活费的燃眉之急。

2020年8月，我们再次来到肖连权家中。正巧即将开学读大二的女儿也在家。暑假期间，女儿在家照顾爸爸，也帮助喂羊。随行的企业家申明杰欣慰地说：“明显感觉一家三口的脸上多了几分笑容。”从首都北京到内蒙古科尔沁草原，京蒙携手，精准助力脱贫攻坚，让更多残疾贫困户走出贫困。

指导中国狮子联会北京代表处党工委，充分发挥党建引领作用，凝聚脱贫攻坚强大合力

我在担任中国狮子联会北京代表处秘书长职务期间，统筹、联系狮子会北京代表处服务队赴张家口、承德、保定、内蒙古开展“精准扶贫”“助学关爱”“和你一起看世界”等扶贫公益服务活动，这些活动以其及时响应与到位服务的优势，不仅给贫困残疾人带去了帮助，也点亮了他们的生活。2020 年中国狮子联会北京代表处向河北省张家口宣化区及赤城县残疾人、残疾人服务机构捐赠价值 14193.5 元的口罩、测温枪、消毒粉、双氧水、卫生湿巾等防疫物资；与内蒙古兴安盟扎赉特旗丰产村开展对口帮扶；为河北易县 48 名残疾人捐赠“暖冬包”送温暖，并建立长期的对口帮扶关系。2019 年中国狮子会北京代表处入选为国务院扶贫办 3 个志愿者扶贫典型案例之一。

向当地扶贫干部学习，积极做好调研，这是开展公益帮扶、确立帮扶项目的头驾马车

为精准实施各类公益项目，我克服孩子年龄小，无人照顾等困难，始终坚持调研当先的工作原则。几年间，带领区县残联、基金会理事、爱心企业家十余次往返于河北、内蒙古两地，累计调研时间 48 天。当地扶贫干部教会了我以“两会”“三查”“四阅”“五问”“六看”的调研方式客观策划、扎实推进各类消费扶贫项目。

“两会”即省市一级座谈会及县乡一级座谈会。通过“两会”实现围绕公益帮扶寻求项目切入、围绕项目实现高效落地。“三查”即走访贫困户查身份证、户口簿，查阅财政一卡通 / 存折。“四阅”即查阅四

种资料：1. 贫困人口动态调整和管理相关资料。2. 当地脱贫规划、计划。3. 当地“双包”管理材料。4. 当地制发的政策文件。“五问”即：一问家庭成员。询问人口构成、年龄、文化程度、劳动技能等，了解贫困户发展能力，判断是否具有发展意愿，是否具备自我发展能力，鉴别公益帮扶群体，尽量避免和政府兜底人群重合。二问家庭资源。了解贫困户收入来源和发展条件。三问家庭收入（工资收入、经营收入、财产收入）。四问家庭支出（当年子女教育支出、医疗自费支出）。五问扶贫政策。询问贫困户基本扶贫政策是否享受。“六看”即看吃、看住、看健康，看帮、看扶、看现场，系统了解贫困残疾户。一看吃。查看米、面、粮、油，判断是否吃得饱。二看住。查看住房，判断住得是否安全。三看健康。查看病历、报销单据，看贫困户状况，判断是否因病致贫。四看帮。查看贫困户明白手册记录，了解当地已经开展的帮扶项目。五看扶。查看各类扶贫项目是否落地，判断能否支撑贫困户脱贫。六看现场。查看贫困地区是否具备实施项目的条件。

通过调研精准甄别受援地区提出的需求是否得体，精准确立项目受助主体，明确筹款候选企业，找准社会筹款角度，确保公益帮扶项目能精准实施。三年的具体工作的落实让我对精准扶贫中的“精准”二字有了更加深刻的理解，响应党和国家的号召，到人民最需要的地方去，这是一名共产党员应有的觉悟和使命。

京东商城通辽扶贫馆上线运营记

赵星

党的十八大以来，扶贫工作进入脱贫攻坚阶段。2017 年，通辽市被纳入国家东西部扶贫协作范畴，由北京市对口帮扶。结对以来，两地携手相牵、守望相助，开展全方位、多领域、深层次合作交流，扶贫协作工作不断向纵深推进。2019 年 4 月至 2021 年 5 月，我主动响应号召，成为北京市第五批援蒙挂职干部团队的一员，来到通辽市扶贫办扶贫协作科工作。挂职干部作为两地协作的桥梁纽带，主要负责推动两地在组织领导、人才交流、资金支持、产业合作、劳务协作、携手奔小康及创新帮扶措施等方面圆满完成各项指标任务。两年中，对我留下深刻印象的，是通辽市扶贫办"线上线下消费扶贫项目"的建设过程。

起心动念，有了方向

2019 年 10 月的一天，我们通辽市扶贫办的朱主任找到我，"赵星，今年自治区的京蒙资金有所结余，正组织各盟市补报一批项目，消费扶贫是今年工作的重点，我们想在线上线下消费扶贫方面报个项目，你对线上平台有没有什么好的想法？”

“线上消费扶贫？好事啊！这样通辽市的特产和扶贫产品就能通过电商平台走出通辽，卖到千家万户了。不过如果我们自己建平台，一方面成本大，需要开发运营；一方面还需要发展注册用户，前期投入的时间、精力都比较大，效果还不一定好。要做我们就在淘宝、京东等全国主流电商平台上做，这两个平台家喻户晓，对通辽产品有很好的推广作用。”

“是啊，淘宝和京东都是好平台，招商、运营管理、售后一整套制度都很成熟，要从线上卖产品，我们就瞄准这两家，如果做好了，更是一个消费扶贫的长效机制。不过，涉及开网店的扶贫项目，咱办里还没有做过，你们北京来的干部见识多，脑子活，项目的论证和实施方案我就交给你，我们一起往前推进。”

“好，那我就跟着您干。”

通过线上线下两条线同时卖产品，能帮助当地的扶贫企业拓展销路，实实在在地产生经济效益，从而带动利益连接的贫困户脱贫。从朱主任办公室出来，我仍难掩兴奋，马上着手搜集相关信息。

在学中干，在干中学

网上开店，首先要了解淘宝和京东的入驻条件。淘宝网主要以品牌旗舰店为方向，通辽扶贫企业的品牌影响力都不大，这种形式不太利于他们抱团发力，形成合力。京东商城特设“中国特产”频道，有针对地方扶贫办授权所开设的地域扶贫馆，并且对馆内入驻产品的品类和数量限制不多，与我们的设想较符合。经集体研究，我们决定把在京东商城开设“中国特产——通辽扶贫馆”作为线上内容。

目标一明确，接下来，需要与京东商城沟通具体入驻事宜。京东集团是北京市工商联的执常委企业，我很快通过京东集团与市工商联的联系人，找到了京东扶贫馆的负责人张军同志。

什么是 GMVP 和京准通、什么是店铺所属权和运营权分离、运营外包有哪几种合作方式、运营成本组成和范围、怎么合作对地方扶贫企业最有利……张军同志不厌其烦地把开馆细则、日常考核等事项给我做了详细讲解。“现在正是开馆的好时候，快的话还能赶上双十一和年货节大促，开馆遇到任何困难和需要您就联系我。”当时的他正在出差的高铁上，隔着时断时续的电话信号，我依然感受到了他的真诚热情和大力支持。在他的引荐下，我又向其他扶贫馆的优质运营商请教了很多成功做法。

经过学习请教，我一个对开网店完全不了解的“小白”，对开好店有了思路。

实地求证，反复论证

项目的实施连着两头，一头是京东平台，一头是通辽本地企业，只有充分考量当地企业的产品组织和资质认证情况，项目方案才能更“接地气”，便于实现。

2013 年，通辽市设立“电子商务产业园”，推动全市优势产品在网上跨境交易。园内聚集吸引了 70 多家电子商务企业和团队，对整合通辽优势产品已有一定基础。为进一步准确核算项目成本，科学设定任务指标，10 月 19 日，我利用周末时间前往产业园进行实地调研。据了解，园内一家企业已在三年前通过当地商务局授权开设了京东商城“通辽特产馆”，与我们打算建设的“通辽扶贫馆”目标相似，这家企业也成为我的重点“取经”对象。走访中，公司李总和周总热情接待了我，将他们近两年店铺运营中在产品整合、运营管理、相关财务数据、遇到困难和解决方案等情况倾囊相授，使我对店铺运营过程有了更充分的认识。

结合京东和当地企业产品两方面情况，我对线上店铺的设想基本成形，项目方案初稿随后很快就拿了出来。扶贫项目的出发点和着眼点都在带贫效果上。朱子波主任对方案非常重视，对每条内容、每个数据设定的依据和考量都反复研究，尤其在带贫模式上提出更多更好的意见。

从初稿到定稿，先后经过六次修改。朱主任带着我反复磨方案的阶段，也是充分研究讨论、项目论证更加成熟的阶段。他总是信心满满，“赵星，要是我们每个月都能这么扎扎实实干一个项目该有多好。”我自己也越讨论越有干劲，仿佛项目目标的实现就在眼前。

找到伙伴，打消顾虑

方案定稿后，以此为依据，我又相继准备了一整套招标文件，每日奔波穿梭在办财务室、市财政局和招标公司之间，并依据财政评审意见和政府采购要求，对各类文件进行调整完善。不经历不知道，一个项目从设想到付诸实现有这么多环节，转念又一想，不出来挂职也很难有机会接触到这些领域，这不正是新情况新挑战吗?

一直到发布招标公告，项目进入了招投标环节。走完公示、备案等程序，已是 11 月中旬。通辽市扶贫办是政府法人，只能作为所有权归属人，店铺运营权需授权给企业法人，所以为项目执行找到好的合作伙伴至关重要。我们向前期咨询过的京东优质运营商、本地业内知名企业广发英雄帖，希望找到最合适的伙伴携手前行。

最终，经过激烈的竞争，通辽市绿色农贸市场成功中标。他们派出最年轻、最有执行力的队伍来负责项目，经过一个月的筹备，线下实体店完成了设计装修，线上也走完了京东商城的开店流程。

万事开头难，项目执行的难点一开始落在了扶贫企业的组织和产品上架上。通辽市优势产业是农牧业，特产以粮油、奶制品、牛羊肉为主，扶贫企业也绝大多数从事这些产品的生产，不仅同质化竞争严重，同时也都是小、散企业，品牌意识和发展规划不强。为把企业组织起来，办里给各旗县下发通知，将全市 40 多家扶贫企业请到了绿色农贸市场。

一个周六的上午，熙熙攘攘的会议室里，扶贫办和绿色农贸市场分别向企业负责人详细介绍着我们的项目。这是市扶贫办第一次将大家组织起来，加之企业顾虑重重，会场很快就人声鼎沸起来，介绍的声音淹没在了各种质疑里：有顾虑绿色农贸市场从中挣钱的，有顾虑相互压价挣不着钱的，有害怕签约条款对企业不利的，还有担心以后产品销售会受制于平台的……我和会务要来了话筒，可朱主任没有使用。“用话筒好像在开会，就把我们和企业的距离拉远了，我就这么讲吧。”“今天我们请大家来，就是要听大家说，更好地为大家服务的，企业所有的考虑都可以现场提出来，我们一个问题一个问题地来。”朱主任提高了声音，他的从容镇定感染了我，我也专注到为企业答疑上来。介绍答疑延长了一个多小时，所有到会企业都做了发言，我们回应了企业提出的所有关切。回去的车上，才发现自己已是口干舌燥，但我相信，只要我们为进入平台的企业服好务，为他们拿到订单，企业在这里挣钱了，顾虑自然会越来越少，信任会越来越多的。

此后，所有企业都与绿色农贸市场签订了供货合同。接下来的半个多月，绿色农贸市场组织第一批 144 件符合资质的产品入驻了京东商城“通辽扶贫馆”，有了对比和竞争，扶贫企业品牌发展的决心信心得到鼓舞，纷纷开始推动更多产品进行资质认证。

为更好地指导项目推进，扶贫办与绿色农贸市场每月召开一次会议，及时发现解决问题，确保项目执行按期按质。

京蒙协作，产销对接

企业和产品集合起来，剩下的就是如何打开销路了。

2020 年 5 月 21 日，新冠肺炎疫情有所好转，北京市援合办来通辽市调研对接京蒙扶贫协作工作，促成北京鹏宇商贸有限公司与通辽绿色农贸市场签署米面粮油各 10 吨、分割猪肉 30 吨，涉及金额约 150 万元的预采购订单。

6 月，绿色农贸市场前往北京新发地洽谈农产品供销合作，向市场商户供应圆葱和白菜。北京市金融局积极组织 19 家企业采购通辽市扶贫产品 47.14 万元。

8 月底，北京市工商联将平台产品纳入工会采购目录，采购大米 890 斤。

10 月底，北京市工商联积极推介通辽扶贫办与会员企业国美集团合作设立扶贫超市。

12 月，通辽——国美扶贫产品体验店落户北京。

2020 年至 2021 年，通辽市农畜产品进京对接展销会、对京消费扶贫展销会、通辽——北京项目对接会分别在京举办，通辽的农特产品进一步走上北京市民的餐桌。截至 2021 年上半年，通过线上线下消费扶贫系统，直接和间接带动扶贫企业销售已突破 2500 万元。

幸福小康路，悠悠京蒙情。辽阔的科尔沁草原见证了京蒙一家亲的深情，不息的西辽河水诉说着京蒙帮扶的感人故事。通辽市扶贫办“线上线下消费扶贫项目”从无到有，逐步落地开花，并结出了丰硕成果，相信在京蒙两地的共同努力下，还会为它书写更加精彩的篇章。

心系草原助脱贫　情满内蒙促攻坚

孙燕清

我自2005年在北京市发展改革委区域经济合作处任职期间，开始参与东西部协作工作，到北京市支援合作办之后，更是集中精力负责京蒙扶贫工作，至今已16年有余，参与到扶贫一线有6年，16年的青春岁月深深烙上了东西部协作的印记，6年的热血和汗水挥洒在内蒙古31个国贫旗县的大地上。我实地见证了内蒙古国贫旗县全部摘帽和脱贫群众收入的快速增长，见证了脱贫地区面貌发生的巨大变化，群众满意度获得感不断提升。我为能参与到这场举世瞩目的脱贫攻坚战中而感到自豪，因为我参与了一场伟大的事业。

无论事大事小、事难事易、事重事轻，都拿出工匠精神去做

我一直推崇把一件事做到极致，做到无可替代。但我的工作性质决定了我不能只专注一件事。作为北京市扶贫协作和支援合作工作领导小组日常协调服务工作机构，扶贫支援办肩负着统筹谋划、推动落实、协

调各方、监督考核、社会动员、做好服务等综合性任务。脱贫攻坚战期间，内蒙古是北京对口帮扶地区脱贫任务最重的一个地区，作为京蒙扶贫协作业务处室的负责人，每天我要不断地开各种会议，要深入研究熟悉国家政策，还要指导各成员单位落实；要研究帮扶机制如何建立，还要关注因责任、政策、工作落实不到位导致规模性返贫情况；要研究如何拟定帮扶项目，还要关注帮扶成效；要研究如何发挥北京优势开展消费帮扶，既关注扶贫产品如何卖出去，还要关注怎样提升产品品质、打造品牌；要研究如何壮大受援地村集体经济和合作社发展，还要协调储备各方资源，为北京市各部门、帮扶地区各级领导、企事业单位和脱贫户提供有效服务；要研究脱贫成效是否可持续，还要关注易地搬迁后续扶持和脱贫人口增收情况；要研究脱贫后如何推进乡村振兴，还要关注“三保障”及饮水安全、基础设施、乡村治理、产业如何发展、就业是否稳定；要分析研究考核指标完成情况，还要找短板补弱项……

三年当中，我日复一日利用 8 小时以外的时间加班思考谋划东西部扶贫协作工作，每天都在为帮扶前方与服务后方之间整合一切资源，这就是我的工作。有时候，既要在帮扶对象质疑或不相信我们能做到的时候提出有效的办法，还要在他们踌躇不定、犹豫不决时，增强他们可以干的决心和能干好的信心；既要为不同的帮扶对象提供有效的帮扶举措，还要为脱贫户持续增收想办法……有时候，当我想要做好所有的工作，却发现高估了自己的能力、低估了事情的复杂性，但不管是什么情况，无论事大事小、事难事易、事重事轻，我都用一种工匠精神去做好每件事，力争做到极致，正是因为时时处处与帮扶地区和对象想在一起、站在一起、干在一起，才得到了受援地的支持和肯定。

三年脱贫攻坚期，在办党组的领导下，我们不负市委市政府的嘱托和贫困群众的期盼，连续三年北京市在全国东西部扶贫协作考核中名列前茅，我们二处分别获得 2018 年北京市脱贫攻坚集体奖和内蒙古自治区脱贫攻坚集体奖。我个人荣获了 2018 年三等功、2019 年北京市三八红旗手、北京市扶贫协作先进个人、2020 年“全国巾帼建功标兵”等荣誉。

紧盯目标尽锐出战，“不是挂职胜似挂职”

我时刻牢记党的初心使命，以习近平总书记“我将无我”的精神投入到助力内蒙古打赢脱贫攻坚战中。在精准施策上出实招，在精准推进上下苦功，在精准落地上见实效，把谋划项目、领导出访、督导调研、迎接国考等工作件件做实、件件做细，真正做到“撸起袖子”全身心投入到这场攻坚战中。每年往返于北京和受援地之间20余次，行程几十万公里，不是在办公室加班，就是在受援县乡村督促指导推动工作，陪伴我的总是夜深人静时的满天繁星。

“看似寻常最奇崛，成如容易却艰辛。”北京市在国家东西部扶贫协作考核中连续三年取得“好”的成绩，是全市各部门协同联动、狠抓落实的结果，是前后方每一位扶贫干部履职尽责、担当奉献、通力合作的结果。几年脱贫攻坚战，一生帮扶情，我坚信一件事、一个团队、一条心、一起拼搏、一定能赢的理念。自2018年国家正式开始对东西部扶贫协作进行考核以来，全处上下同心，日夜奋战，克服人员不足、帮扶任务繁重、考核压力大等困难，尽锐出战，攻坚克难，开拓创新，任劳任怨，平均每人每年加班近800个小时。李明宗主笔考核自评报告，没日没夜加班加点，小孩生病都要等到夜里加完班后才能带孩子去看病；祖东阁的岳父去世只回家了一天，处理完后事又赶赴考核现场；陆军的孩子上高三，但为了完成好东西部协作考核任务，每天都默默坚守，仔细核对大量的数据和佐证材料，没有时间照顾家人；徐静2019年产假没有休完就迅速回到了工作岗位……

记得2018年底东西部扶贫协作考核时，时任北京市常务副市长林克庆见到我们送到原国务院扶贫办考核佐证材料时说：“这么多的材料都是北京市的？我想会有很多材料，但没想到会有这么多，摞起来都要到房顶了。”在考核过程中，负责交叉考核北京市的浙江省考核组的同志讲：“北京市帮扶的项目带贫成效好，脱贫家庭收益一张图清清楚楚，佐证材料整理得规范、清晰，干部对考核指标解释一清二楚，问什么答什么，要什么材料有什么材料。”

每次见到内蒙古受援地领导，他们就会问我：“燕清，你是北京在内蒙古挂职的干部还是我们内蒙古的干部？因为在内蒙古总能见到你的身影。”北京在内蒙古的挂职领队则说：“燕清，你一年中有一半的时间都会在内蒙古调度督导推动工作，不是挂职胜似挂职啊。”

用心用情组织开展健康帮扶，让因病致贫者“重生”

在内蒙古贫困人口中，因病致贫占有相当大的比例。2015 年，在我的组织协调下，北京市率先在内蒙古乌兰察布市开展精准医疗帮扶试点工程，通过筛查、诊疗、救治、防控、管理五项具体措施，解决因病致贫问题。为了做好这个试点工程，我协调北京市医师协会，动员企业为健康扶贫提供远程医疗平台。

2016 年伊始，我们组织北京医疗专家一行 30 余人，到乌兰察布一住就是 40 余天，由于有的乡镇离县城较远，有的乡镇当时连宾馆都没有，我们就住在当地的小学教室或者乡镇办公室，医疗团队克服种种困难，对兴和县因病致贫的 6917 人进行健康体验和重点疾病筛查，并进行系统分类，制定有针对性的诊疗方案。

家住内蒙古兴和县张皋镇冯字号村的陈官虎是本地的贫困户，他单侧股骨头坏死八年了，走路离不开拐杖，为了看病，一家人陷入贫困的境地，他就是这次精准医疗试点帮扶项目的直接受益人。经过健康体检后，他的体检数据直接进入了北京帮扶的健康数据平台，北京的专家精心为他制定了诊疗方案，我通过协调北京医师协会，请北京的专家专程赴乌兰察布市医院，免费为他做了手术。手术后他不仅完全恢复生活自理，而且可以下地参加简单劳动，精准帮扶让他们一家走出了贫困的困境。像陈官虎这样的案例还有许多，通过精准医疗健康帮扶，真正让受援地老百姓在家门口就能看得上病、看得起病、看得好病，有效降低因病致贫比例。2017 年，北京精准医疗健康扶贫工程在内蒙古自治区结对地区全面推广。

打响“兴安盟大米”品牌，助力农民增收

几年前，北京老百姓只知道东北大米好，可不知道内蒙古兴安盟的大米更好。在助力内蒙古打赢脱贫攻坚战过程中，我们围绕兴安盟特有的资源禀赋，秉承生态优先、绿色发展理念，帮助兴安盟把“大米、玉米”产业全力做优做强，打造“兴安盟大米”区域公共品牌，让农民扛起了“金扁担”。

目前，在“兴安盟大米”品牌的带动下，全盟水稻种植基地稳定在 138 万亩种，绿色、有机大米产品基地达到 100 万亩；优质玉米种植基地稳定在 1000 万亩以上，产量稳定在 100 亿斤以上。去年，兴安盟扎赉特旗音德尔镇巨宝村村民柴卫国和孙长龙种了 800 亩水稻，通过京蒙帮扶，在本村保收农业专业合作社的带领下，进行标准化种植、科学化管理，打造统一品牌，并由合作社和龙鼎农业股份有限公司签下订单，以每斤高于市场价 0.1 元的价格保底收购。柴卫国说：“咱们兴安盟的大米现在可有名了，根本不愁卖。”

“兴安盟大米”产业的发展，离不开规模化种植水稻，更离不开众多的大米深加工企业。通过京蒙帮扶，我们帮助兴安盟打造了一批年产能力 10 万吨以上的重点大米加工企业，培育引进了一批技术先进、行业集中度高、品牌影响大、产业链条长、市场竞争力强的农业龙头企业，不断提升农畜产品附加值，促进农民增产增收。像魏家米业、龙鼎农业股份有限公司的生产车间里，京蒙帮扶资金支持了一批现代化的生产线，每天都开足马力进行大米加工生产，加工好的“兴安盟大米”在我们消费帮扶的助力下，直接销往北京和全国各地，现在“兴安盟大米”已经成为北京市民的“米袋子”。

盘活一个国有资产项目，造福一方百姓

2019 年 6 月，北京挂职呼伦贝尔市委常委、副市长李金克打来电话说，呼伦贝尔市莫力达瓦达斡尔自治旗有一个国有资产的生猪屠宰加工项目，已经闲置几年了，如果再找不到合适的企业接手，国有资产不仅会流失，而且更是一种浪费，每年两会期间都有代表提出提案，希望我能帮助协调北京的国企或者民企接管这家企业，这不仅是我们挂职干部心中惦记的事，更是我们扶贫协作干部心之所愿。

于是我先后致电北京顺鑫农业、首农集团、大红门食品加工企业，反复协调北京各方资源，组织首农集团相关领导专程赴莫力达瓦达斡尔自治旗考察调研对接，实地考察项目情况。为确保北京企业落户受援地，又协调呼伦贝尔市委书记专程来京商洽并最终签约，李金克前后方调度召开协调会，联合首农食品集团与当地政府积极协调原有投资企业研商资产处置问题，大红门食品加工企业积极推进项目落地事宜，功夫不负有心人，年出栏 30 万头的呼伦贝尔大红门肉类食品有限公司终于在 2020 年落户莫旗，目前已正式运营。该公司的建成不仅盘活了国有资产，带动了当地的经济发展，让老百姓在家门口就能就业，还能在有效保障周边地区肉品供应的同时，通过冷链物流将肉品运至北京市场，为首都市民提供安全放心肉品，满足首都市民对肉类食品不断增长的需要。曾任莫旗旗委书记郭晓川说："这个企业让我们愁啊！没有你们的大力支持和前后方协调，不会这么快就把一个闲置几年的国有资产给盘活了，太感谢啦！"

面对疫情考验，使出浑身解数帮助内蒙古解决“三难”

脱贫攻坚决战决胜之年突发新冠肺炎疫情，按照蔡奇书记“扶贫支援工作一刻也不能等”的指示要求，我带领全处使出浑身解数，帮助内蒙古受援地区解决外出务工难、项目开工复工难、农畜产品销售难等“三难”问题。

积极组织实施从受援地到企业的“点对点”复工。协调市人力社保局与市交通委、市公安局、市疾控中心等成立返京复工运输工作专班。调度顺义区组织30余家重点企业与科左中旗等贫困县进行对接，利用“北京快车网”向求职者提供“菜单式”岗位信息，会同贫困县为“憋在家”的务工人员申请返岗专列，为需返京务工的人解决“路不通、找不到车”难题，以“点对点”的输送方式帮助170余名闲置劳动力成功返岗务工，比如“快递小哥”孟香宝是科左中旗贫困户，就借助“返岗专列”成功回到了北京的工作岗位。

迅速组织调研组赴内蒙古调研，协调推进扶贫协作项目复工。我市扶贫协作重点地区赤峰市177家扶贫龙头企业2020年6月底复工复产163家，77个扶贫车间除4个受季节影响不能复工外，其余全部复工；乌兰察布市96家扶贫车间上半年70家复工复产，106家龙头企业80多家复工复产……

全力帮助内蒙古贫困地区解决销售难问题。2020年疫情发生后，内蒙古的粮食类和牛羊肉等产品销售出现了滞销，我们动员全市各界购买扶贫产品，累计帮助销售粮食类产品592万公斤，其中大米53万公斤、玉米29.4万公斤、葵花20万公斤，产品滞销得到有效缓解。协调动员字节跳动公司开展“齐心战疫，八方助农”活动，带动内蒙古销售2169万元扶贫产品；帮助乌兰察布开展直播带货，3小时销售土豆23.6万斤，销售额达90万元；赤峰市敖汉旗通过直播，3小时小米销售额达 56 万元……

为加大内蒙古农副产品的销量，2020 年在第七个国家扶贫日到来之际，我们牵头组织开展内蒙古扶贫产品进京推进会等大型消费帮扶系列活动，会前联合内蒙古自治区扶贫办共同研究推介会具体方案、协调商务局上报大型活动方案、协调交管局负责大型活动周边交通，可在协调场馆时，经理一句“没有空档期，时间都排满了，你们再想其他办法吧”差点儿让我们前功尽弃。后经多次协商，一听场馆有其他活动停办退出三天档期，我们迅速落实，京蒙集采推介会成功于 2020 年 10 月 16—18 日在北京农业展览馆开幕，来自内蒙古自治区 31 个国家级贫困旗县、13 个自治区级贫困旗的 167 家企业汇集 9 大类 855 种扶贫产品参展，天赋河套、呼和浩特莜面、兴安盟大米、敖汉小米、锡林郭勒羊肉、科尔沁牛肉、乌兰察布马铃薯等区域公用品牌悉数亮相，集采订单签约 76 亿元，进一步巩固了内蒙古优质农畜产品进京销售渠道，帮助内蒙古自治区有效解决了农副产品滞销、难销问题，使 30 万贫困人口稳定增收得到有效保障。

2020 年底，我们圆满完成助力内蒙古 31 个结对国贫旗县全部摘帽、46 万贫困人口全部脱贫的目标任务，向党中央交上了优异答卷。正如内蒙古自治区党委负责人所说，内蒙古如期打赢脱贫攻坚战，饱含着北京市委和市政府的深切关怀和大力支持，凝结着首都社会各界的倾情付出和无私奉献。

脱贫摘帽不是终点，而是新生活、新奋斗的起点，京蒙协作 25 年，两地人民结下了深情厚谊。只要党和人民需要，我愿意继续做巩固京蒙友谊之桥的使者，在助力内蒙古全面推进乡村振兴的道路上，永怀初心，砥砺前行。

在冀蒙大地脱贫路上书写奋斗之歌

向传杰

“这是中国人民的伟大光荣，是中国共产党的伟大光荣，是中华民族的伟大光荣！”习近平总书记在全国脱贫攻坚总结表彰大会上庄严宣告，我国脱贫攻坚战取得了全面胜利，完成了消除绝对贫困的艰巨任务，千百年来困扰中华民族的绝对贫困问题历史性地画上句号。作为数百万扶贫干部中的普通一员，我有幸亲历并见证了这人类发展史上的伟大奇迹，感到无比自豪。回首几年岁月，那些点点滴滴依旧历历在目。2015 年之前，我是北京市住房和城乡建设委的干部，一次机缘巧合，组织上选派我去内蒙古挂职，从此与东西部扶贫协作结下不解之缘。这是一份需要用心、用情、用力才能干好的工作。六年来，无论工作压力多大，任务多艰巨，我都无怨无悔。

投身东西部扶贫协作，把内蒙古当自己的家

2015 年至 2017 年，我挂职内蒙古自治区党委组织部，任人才工作处副处长（兼任京蒙挂职干部管理办公室副主任）、第三批北京赴蒙挂

职干部团队总联络员、临时党总支委员。我推动了鸿雁柔性引才、引智、引企产业帮扶工作。

内蒙古乌兰察布是我国最大的马铃薯产区，被誉为“中国薯都”。由于地处偏远，这里的土豆常常滞销。帮助乌兰察布卖土豆便成为收获季节北京挂职干部的一项急迫工作。我就想能不能有一个一劳永逸的解决办法呢？为此，我们第三批挂职干部团队多次开会集体研究，认为最好的办法是让土豆在当地就消耗，引进企业就地深加工。哪来企业呢？当时我协助部领导正组织开展柔性引才工作，“不求人才内蒙古所有，但求人才内蒙古所用”，我们把在北京的内蒙古籍高端人才集聚到党组织周围，发挥他们的人才优势。“鸿雁计划”就此诞生了。

我组织成立了“鸿雁行动组委会”，建立了微信群，一传十、十传百，很快在在京内蒙古工业大学校友会等7所在京校友会中就传开了，两三个月，鸿雁嘉宾就达500人，他们当中有教授、企业家、艺术家、文学家、专家学者等。到2015年8月，京津冀、长三角、珠三角等地的鸿雁嘉宾就达到1500人，他们从草原走出来，在自己的领域都事业有成，愿意反哺家乡、反哺草原，热情都很高。这样，我们顺势于当年10月份在北京举办了鸿雁行动招商引才引智活动，接洽了一些有投资意愿的企业家。这当中，北京凯达恒业农业技术开发有限公司的总经理刘长安引起了我们的特别关注。

凯达恒业是北京房山区的一家食品加工企业，效益非常好，替很多国际大品牌膨化食品代工，想扩大生产规模，但是当时又属于北京非首都功能疏解的企业。我就给他牵线，引导他到乌兰察布去。记得当时是11月，内蒙古下了一场大雪，刘总他们带着团队到达察右前旗已经很晚了，路上飘着白毛风，特别冷，我和几位挂职干部领队在风雪中等待的场景打动了刘总一行，他们当时就决定投资建厂。跑土地、跑手续还是很费劲的，我也是多次陪同领队从呼和浩特市连夜赶赴乌兰察布市。2016年上半年，我在北京安贞医院动了两次手术，正赶上凯达恒业落地察右前旗的关键时间节点，我早上从呼和浩特市飞北京首都机场，直奔安贞医院，下了手术台又直奔机场飞内蒙古。我家就在西城区六铺炕，距离安贞医院直线距离就一公里，也没来得及回家看上一眼。在内蒙古党委组织部的一次会议上，时任人才工作处长张秦同志深情地说，传杰同志两过家门而不入，京蒙帮扶干部真的把内蒙古当自己家啊！

凯达恒业实现了当年投资、当年建成、当年投产、当年见效的“北京速度”。现在，在一茬接一茬的北京挂职干部和当地党委政府关心的支持下，凯达恒业在乌兰察布的产业帮扶项目已经成为京蒙帮扶的标杆。2021 年 2 月，凯达恒业总经理刘长安获得了全国脱贫攻坚奖，在人民大会堂受到中央领导接见。

顶着巨大压力，在国家考核中打了一个翻身仗

我所在的北京市支援合作办三处肩负着对口帮扶河北张家口、承德、保定三地 23 个县（区）的扶贫协作任务。东西扶贫协作的成效是否体现到了贫困人口的身上，国家每年是要考核的，而且考核结果要由中央审定后通报。作为支援合作三处处长我亲身参与了国家考核的全过程。2018 年 3 月，中央决定对 2017 年全国东西部扶贫协作实行交叉考核，东部省市互相考，北京市对口帮扶的河北省考核成绩较差，作为东部扶贫协作方，北京市的考核成绩也是“一般”。3 月中旬，北京市召开全市扶贫支援领导小组会议，会上通报了国家考核结果，蔡奇书记明确要求严格落实“看北京首先从政治上看”“立标杆、做示范，把脱贫攻坚当作分内之事和光荣的政治任务”“把党中央交给北京的事办好”。当时我暗咬牙关，心里只有一个念头，就是要和同志们一起迎难而上，坚决啃下脱贫攻坚的硬骨头，这既是完成好党中央和市委交给的任务，也是对每一名扶贫干部的重大考验。

回到单位，我一头扎到办公室，召开支部会，和同事们深入学习领会习近平总书记关于扶贫工作的重要论述和蔡奇书记指示要求，统一思想认识，激发工作热情，树立决战决胜信念。

我们认真分析帮扶河北工作的短板和全市工作不足，研究中央东西部扶贫协作考核指标体系，坚持“干得好才能考得好、考什么干什么”

的理念，围绕考核指标六大项上百个细项，组织全处和各区同志进行培训；每年第三季度就进行查漏补缺，确保指标完成协议；分管市领导带队到国务院扶贫办汇报，争取上级单位的理解支持，之后形成年度惯例。2018年底，办主要领导第一次到河北省扶贫办沟通，会同挂职干部团队，形成一致意见，力争考核取得好成绩；到各区指导部署帮扶重点任务，结合考核指标细化分解任务。

三年脱贫攻坚战期间，我们保持连续作战精神，全处同志基本上是“5+2”“白＋黑”，年平均加班500小时以上，年平均出差50天以上，全力以赴推进京冀扶贫协作各项工作。在应考备考期间，我和全处同志组织各区发改委深入帮扶前方县乡村项目现场督促推动，严格按照国家要求梳理工作材料，积极应考备考；由结对区负责同志带队提前到结队县现场备考，抽到现场核查的县，2018年、2019年和2020年分别由常务副区长、区长、区委书记现场汇报，得到国家考核组充分认可；会同河北省扶贫办向国家考核组争取北京市第一次在考核大会上汇报，取得良好反响。

经过各方持续努力，京冀东西部扶贫协作2018年以来连续三年在全国脱贫攻坚成效综合考核中走在全国前列，助力河北解决了区域性整体贫困，为乡村振兴打下坚实基础。河北省委省政府给北京市委市政府发来热情洋溢的感谢信，受援地区干部群众点赞北京扶贫协作工作真情实意、真金白银、真抓实干、真帮实扶、真功实效。我们支援合作三处于2021年6月荣获全国乡村振兴（脱贫攻坚）先进集体。北京市唯一一个先进集体给了我们处，这是对我们工作最大的肯定。

决战决胜之年，疫情挡不住帮扶的脚步

突如其来的新冠肺炎疫情，给脱贫攻坚收官之年的京冀帮扶工作增加了巨大的难度，我全程组织了克服疫情影响推动京冀帮扶各项工作，特别是推动京冀帮扶项目落地。2020年初，北京新轮换了一批挂职干

部到河北，市委组织部提前组织了岗前培训，我也作为授课老师和大家交流。我还组织了一些参加过援建和熟悉帮扶工作的《北京日报》高级记者同大家分享经验，让新的挂职干部快速了解情况、进入角色，并发挥挂职干部在前方的有利条件，推动京冀各项年度帮扶项目落地落实落细。

4 月 25 日，疫情刚刚缓解可以出京，我就陪同办领导立即赴河北康保、尚义、张北等地，深入县乡村项目现场实地考察项目进度、推动项目实施，和当地干部一起查找堵点、分析难点、聚焦重点，出思路、想办法，督促落实，推动项目尽快实施见效，贫困户尽快受益。有时候白天一整天在项目现场跑，晚上回到会议室就集体开会，研究解决问题。

几年来，京冀共实施帮扶脱贫项目 1942 个，通过项目带动和企业吸纳就业，累计帮助 11 万贫困人口就地就近就业，实现稳定脱贫增收。白石山搬迁产业园、房山涞水扶贫产业园、怀柔丰宁汽车产业园、昌平康保草莓种植产业园等一批京冀帮扶项目带贫成效好、贫困户受益明显，广受欢迎。

因疫情影响，一些受援地出现了扶贫产品滞销的情况。保定市挂职干部团队提议选择几款保定扶贫产品网上促销。我们和抖音直播团队多次沟通，组织了线上直播带货活动。

2020 年 5 月 15 日晚上，我在北京消费扶贫双创中心参加了河北省网信办、北京市扶贫支援办、抖音联合保定市政府、张家口市政府举办的“助脱贫攻坚　推冀商优品”网络直播活动保定专场，向网友推介本地特色优质农产品，京冀两地现场连线两市直播间，共同为保定好物打 call 代言。有“花香正浓，爱意不减”的玫瑰花茶，有营养丰富、入口酥脆、爽到爆不掉渣的香酥脆枣……我们在直播间施展出十八般武艺，对特色优质农产品展开一波又一波的热情推介。抖音达人 @ 吃瓜少女魏淑芬、@ 嘎咕驴玩转保定、@ 河北旅途侦探、@ 小怪的减脂等也通过连麦、短视频的形式为活动加油助力。这场活动吸引了百万网友“驻足”围观，大家纷纷踊跃下单，为助农扶贫添砖加瓦。通过直播形式销售农产品 5.9 万件，总销售额超 225 万元。

2021年4月，河北省宣布，全省现行标准下232.3万农村建档立卡贫困人口全部脱贫，7746个贫困村全部出列，62个贫困县全部摘帽，历史上首次消除绝对贫困和区域性整体贫困！正如河北省委领导所指出的，这些成绩的取得，是中央有关部委、省军区和驻冀部队、京津两市大力支持和全省上下团结奋斗的结果。

风劲帆满图新志，砥砺奋进正当时。在办党组领导和部署下，我带领全处同志继续奋战在支援合作工作前线，为实现乡村振兴、推进京津冀协同发展作出更多的贡献。

我经历的脱贫攻坚故事

张春清

2017 年 4 月 27 日，我被选派到河北省张家口市尚义县任县委常委、副县长，也是北京市赴河北挂职团队尚义党小组组长。昌平对口帮扶的尚义县，隶属于河北省张家口市，位于河北省西北部、内蒙古高原南缘，地处三省六县交界区域。尚义县属“燕山—太行山”集中连片特困地区，是国家级扶贫开发重点县，也是全省 10 个深度贫困县之一。截至 2017 年底，全县有建档立卡贫困村 88 个，贫困人口 14063 户 25841 人，贫困发生率 19.44%。

2017 年 4 月，在北京挂职干部培训会上，我接受了“坝上地区必须抓住气候冷凉的禀赋发展产业脱贫”的基本思路。2017 年 8 月，我提议昌平尚义两地共同谋划东西部扶贫产业园项目，并确定了重点发展苗木繁殖育种的方向。2018 年 2 月双方议定由万德园提供种苗、技术和人才，尚义县负责基地土地流转、大棚及配套建设，产权归属尚义政府，建成后交由北京万德园农业科技发展有限公司经营。基地位于红土梁镇东西部扶贫协作产业园园内，项目一期占地 300 亩，总投资 2275 万元，其中利用东西部扶贫协作资金 1800 万元，建设了草莓育苗棚室和供水、供电设施等，并配套建设了 91.8 千瓦分布式光伏电站。

基地一期可繁育草莓原种苗 50 万株、商品苗 1000 万株，生产鲜果

5 万公斤。同时，基地规划将园林艺术、园艺景观、栽培技术、地域文化有机融合，与休闲观光旅游产业结合，努力将基地打造成集“生态农业、技术展示、草莓采摘、产品加工、科普教育、观光游览”于一体的精品“草莓主题产业园”，最终将基地打造成具有完整景观体系和旅游功能的新型现代农业产业园。

基地扶贫成效显著。截至 2019 年国考，基地已带动 4 个乡镇 46 个村，受益贫困户 2982 户（5287 名贫困人口）；年内就业达 200 人，人均增收 6000 元；资产收益性分配可收入 134 万元；土地租金年收入 18 万元；年“三金收入”320 万元。产业园已成为尚义县对外展示形象的新名片，迎接各级领导和企业交流上千人次。2019 年 5 月 17 日，张家口市产业扶贫现场拉练观摩会议在园区召开。2019 年 7 月 16 日，园区作为河北省产业扶贫、奶业振兴暨农村集体产权制度改革现场会的一站，产业带贫等扶贫模式得到了省市充分肯定。河北省委副书记说：“种苗繁育项目体现了京冀互补优势，体现了东西部扶贫协作成果。”9 月 21 日河北省政法委书记到园区调研时说：“好项目，扶贫脱贫，今后不返贫的好项目。”尚义县县长的评价是“扶贫给钱给物，不如给了个好项目”。

产业园实现当年建设当年见效，获得河北省、市、县三级领导赞许，赢得了老百姓认可，确实来之不易，回首扶贫三年，从“建议”到“成果”，我看到了这些。2017 年 4 月 27 日，涿州交接会后，县委组织部白拥军副部长，把我们尚义帮扶“三剑客”（区老干部局朗文强、区疾控中心解宏瑞和我）接进尚义，同天报到的还有农业部生态总站挂职副县长的张宏斌博士。

在尚义大街边崩爆米花的摊点，开锅“砰”的一声，就回到了 40 年前。县城的第一印象是拍穿越剧的场景，政府宿舍楼后有七八十米高的小山，依山建了座公园。出门向北，沿着泥泞的巷道，穿过“棚户区”的红砖瓦房，绕到麒麟山公园牌楼下，拾级而上，山坡绿化多是抗风固沙的灌木柠条和野杏，栽种得特别整齐。山顶廊亭是县城的制高点，可俯视县城全貌。放眼看去，能上镜的只有学校和医院。公园里常可看到狼毒花，此花开时极为绚丽多姿，听同行的博士县长介绍后，才知它根系大，吸水能力强，能够适应干旱寒冷的气候，生命力强，周围草本植物很难与之抗争，是植被荒漠化的“警示灯”。公园里乔木是些瘦小的杨树，可它们并不是新栽的树苗，了解的人叫它“小老头树”，实际树龄已有十几年。当我看到这些时，文件里“首都水源涵养功能区和生态环境支撑区”才逐渐鲜活起来。

自幼在城市生活的我，对农村不熟悉。降雨量、无霜期、积温这类农业名词早就还给了地理老师，到尚义才知道土豆居然会开花！从军19年，虽说一直在备战，军人崇尚的“首战用我，用我必胜”，退役后领受“参战”任务，还是有些小兴奋，但军转老兵成了扶贫新兵，这仗怎么打？

“世界上怕就怕‘认真’二字，共产党就最讲‘认真’”。为尽快熟悉“三农”，在尚义的三年，我坚持深入乡村，深入贫困户，访遍了全县88个贫困村。田间地头我虚心向农民了解间作、套种、轮种等知识；办公室里我向分管农业副县长请教扶农政策，借着农业部专家县长的资源，考察绿色、生态、节水农业，熟悉有机农业认证流程；从“五谷不分”到嘴边常挂着“无霜期、冻土层、避雨、高架、槽栽……”的变化，让听着农言土话的儿子笑话我说“你扶贫就是种草莓，卖土豆吗？听名就掉渣”。“认真”令我完成了“农盲”到“忙农”的转变。

不知啥时开始关注扶贫的儿子，来尚义最感兴趣的就是看昌平试种的蘑菇和百合，跟我聊卖土豆的点子。在北大附实验学校的跳蚤市场，还拉着他的小伙伴，在老师和同学中推销扶贫产品——尚义谷子禅的燕麦饮料，并将所销售款项一分不少地交给我，反复叮嘱一定要把这钱交到贫困户的手上。

为加快扶贫协作工程的年内完工率，我甚至将项目负责人堵在会议室，完成作业才放行；县里的同事们也没人计较军转说话太直，难接受的缺点，依旧各司其职地协调项目的人、财、物，齐心协力地保障项目，在一起努力奋斗的碰撞中结下了深厚的感情。

北京市赴河北省挂职团队省、市、县三级上下同心，张家口挂职团队支部书记吴向阳，多次深入现场督导工程进度。北京赴河北省挂职团队党委书记李东洲、梁义为园区项目局部变更和资金调整而恳请省级部门支持和呼唤北京后方的火力支援。

昌平农业技术人才培训后的煤矿下岗职工徐金山，返乡后在园子里务工每月拿到3000多元；63岁的榆树湾村残疾贫困户忻龙忠，老两口子告别靠天吃饭的日子，拥有了“三金”农民的满足，他们7月份仅加班费就拿到5000多元；大青沟贫困大学生冯小明，靠自己的双手暑期打临工18天，挣了2000元的生活费；因担心园区不收而隐瞒年龄的76岁的老太太，她说：“我身体好，在家闲不住，还是这好，说说话，干干活，一天80就挣下了，日常开销不用找儿女们要了。”

为给园区选址，原昌平区农委主任董锦华，带着企业老总上车赶路，下车看地，连续奔波7个小时，跑着去抢洗手间。为抢抓农时，在尚未竣工的大棚里，北京万德园农业科技发展有限公司60多岁的总经理带着老伴在园区搭着帐篷吃住，压茬跟进安装苗床设施；北京天安农业老总将企业员工趣味运动会搬到了尚义农场的田间地头。天安尚义农场2019年夏季蔬菜供应量为350吨，2020年克服了新冠肺炎疫情干扰，供应量达到540吨，为保障北京供应、稳定市场作出了贡献。

2019年10月，尚义突发蔬菜滞销预警，眼看即将上冻，菜农的焦虑通过自媒体曝光后，河北省委书记对此事作出批示。得知消息后，市挂职团队迅速联系了京津冀农产品行业联盟，联盟秘书长当即组织北京商超赴尚义外采。由于措施得力，迅速解除了滞销警报，挽回了菜农的损失。

战友团、亲友团、同事团组团到尚义学校捐赠物资，带回尚义特色农产品；区体育局、水务局、园林局、马池口镇、北京市万千家合物业管理有限公司等政府部门和民营企业直购尚义扶贫小米，解决了贫困户销售难题，助力消费扶贫。区农委兰连顺、昌平于红艳七下尚义手把手地指导农户种植百合。

2022年北京冬季奥运会将在北京市和河北省张家口市联合举行，北京、张家口同为主办城市。为响应“三亿人上冰雪”的号召，促进援授双方深度交流，加强京冀两地中小学生冰雪运动的交流，助推张家口市发展“零下经济”，助力北京·张家口冬奥会。我发挥昌平区体育局娘家人优势，促成了“京冀中小学生冬令营”活动。自 2018 年起，已连续组织 3 年，共有尚义 150 名中小学生参加了为期 6 天的冬令营，培训了 5 名专职冰雪教练。冬令营让贫困地区的孩子们，在冰雪体验中培育了攻坚克难的勇气，利用体育特有竞赛属性，磨砺了孩子们的意志品质，为阻断代际贫困提供内生动力。

协作队伍是扶贫协作事业成功的必备要素，没有本地干部参与，扶贫永无止境。我明白，扶贫绝不能大包大揽，只有打造一支当地扶贫协作干部队伍，有序衔接北京帮扶力量，才能避免扶贫资源随人走的尴尬。县委成立了东西部扶贫协作专班后，为使专班相对稳定，解决办公场所不足，我就腾出自己的办公室，借舍合署办公；新人对扶贫协作工作不熟悉，办公软件不熟，我就手把手教，制定工作流程。经过打磨历练的协作专班，为 2018 年的国考翻身仗立下了汗马功劳，在迎接 2019 年国考中，当地干部已能挑起大梁了，专班临时负责人贾建国也转正了，提拔到乡镇任职了。

由扶贫协作创造了中华民族终结绝对贫困的奇迹。奇迹从奋斗中来，奇迹中有一线干部群众的奋斗，奇迹中有受援主体的奋斗，奇迹中还有北京全力援助的奋斗。

推进精选农产品全产业链帮扶

赵可

2019年，我主动报名去河北省张家口市赤城县挂职，任常委副县长，主管东西部扶贫协作工作。赤城距离北京只有两个小时车程，怎么会是国家级贫困县呢？为了找到贫困的原因，一到任我就跑遍了赤城的18个乡镇。越深入了解，我就越对赤城充满感恩之情。赤城是北京重要的水源地。现在北京的饮用水大部分来自“南水北调”工程，作为重要的应急保障水源，赤城依然给密云水库供水。赤城还有丰富的矿产资源，金、铁、沸石矿的储备量都很大。但是，为了蓝天净水，大多数矿业都被停止开采。作为北京人，我们来做扶贫工作，也是对赤城人民的回馈。

先来说一下京城科技示范园，这是北京市科委还有海淀区共建的一个扶贫项目，我去的时候实际上已经建起来了，但我们还需要有一些提升。我们这个园区虽然不大，但是我们会通过引进农业科技的技术，给当地农民做培训来提高当地农业种植技术。比如在选种育种上，包括后期如何栽培，如何打农药，有很多的技术问题需要培训。我们去当地扶贫后，又增设了农业物联网设备。因为赤城面积很大，我们可以通过物联网的方式，在其他的每个乡镇都建一个这样的基地，他们反馈的数据可以直接传到这个总的基地。同时，我们也可以找北京的农业专家来做指导，因为有时候农业问题可能是日常发现的，农业专家不可能时刻都在田间地头，但只要农民遇到问题，就可以通过物联网平台反映出来，专家帮助解答疑惑，对农业生产起到很大的作用。之前我们不了解农业生产，其实这里面的技术含量非常高，现在有了农业科技和专家这样专业指导，有力促进了农民增产增收。

一开始我们其实也不懂农业，比如赤城这个地方本身天气比较冷，虫害比较少，再加上海拔高、日照强度大，所以蔬菜品质是比较好的。农药他们打的也不多，除了本地的虫害之外还有从南方飞过来的害虫，我们当时也是第一次听说外来虫害这么厉害，这些害虫最早从南方飞到中原，再飞到北方地区，有一个迁徙的过程，你在什么时候去打这个农药对农作物的生长和农药残留都有很大影响。如果在早期打，在一定的时间内打农药，就可以把虫卵控制住，抑制害虫的繁殖，农作物在生长过程中会将农药代谢出去，等到上市的时候就没有什么农药残留了。如果为了好看，在上市之前再打一遍农药，虽然没有虫害，但农药残留量是很大的。这个一定要实际体验过才会有真正的感受。通过挂职，我自己丰富了关于农业生产的知识，包括育种、农药、质保等，原来没接触过的知识都得学习。可以说交了一份比较优秀的北京科技扶贫答卷，让当地农民们接触到了很多科技农业新技术，与原来缺少科技的农业种植有很大差别。

科技农业技术到当地转化后，对农民的改变很大的。我举个例子，有一个大姐是贫困户，我们当时在农业科技园区旁边有一个辐射的园区，她在那就能做草莓的育苗，草莓的育苗都是采用先进的技术。她就去学习这个技术，在园区工作，她的收入很稳定，而且她学习技术以后还可以带动他们村里面其他的女同志来学习。那能解决什么问题呢？其实，女同志在农村不能工作，也没有什么收入来源，如果到外面去打工，那她们就得把孩子和老人留在家里，造成留守儿童和空巢老人的社会问题。但如果她们能在家门口就近就业，不仅能快速增加收入，而且能照顾家庭，如果她们有一定的能力还可以再去帮助其他人。这位大姐后来当上村里的妇女代表，能够带动其他妇女一起来工作，因为这种工作需要一定的技术含量，但对体力要求没那么大，适合女同志来做，能够实现共同致富。还有种西瓜的一个贫困户大姐就是这样，以前腰受过伤，所以她重体力劳动就做不了，但是像西瓜打秧这种技术工作，她学会了以后完全可以通过工作来提高收入。而且现在公司对工人待遇都不错，家离单位远的都提供工作餐，往返车接车送。

其实，扶贫工作的成果不仅是农民增加收入，更是个人幸福感的一种提升，对家庭的影响是非常大的。有很多是因病致贫的农民，对家庭负担非常大。我当初包联的一个贫困户小伙子，他是 1986 年出生的，后来得了尿毒症。他母亲去世早，他原来是结了婚的，但是因为他身体不好，得了尿毒症，就离婚了。离婚以后回到家，他父亲一听说这个事，一着急就双耳失聪，完全听不见了。他自己又是重度的尿毒症，没有什么收入来源，家里的一点地都要靠父亲去种，老人家也 60 多岁了，不仅要种地还要去卖农产品。有一次我去他家，问他你父亲怎么没在家呢，他说去卖西瓜了。我说你父亲听不见怎么卖呀，他说还好父亲识字还能通过写字来沟通。所以你想他的情况对一个家庭的影响是非常大的，很多尿毒症患者在当地都解决不了透析，有时候看他身体状态很不好，身体浮肿很严重。我就问他能不能在家做一些透析？后来他跟我说有一个方法可以解决。然后我就联系我们海淀区的司法局，其实司法局没有扶贫的任务，但是因为我自己是司法机构出来的，我说那你得帮助我们一起来做这个扶贫工作。一方面我们请一些专家、律师来帮助当地解决一些法律问题；另一方面动员社会人士进行捐助，去年就给这个小伙子捐了 3 万块钱，就能解决他在家中透析这个大问题，他身体状况就会好很多。我们还让当地的干部给他提供一些力所能及的工作，让他有一定的收入。

刚开始我们去扶贫的时候，其实最主要接触的是卖扶贫产品，因为你把所有的东西做得再好，也得卖得出去对吧？酒香也怕巷子深，而且原来当地人都比较缺乏营销理念以及一些推销营销的方法。比如说红谷米的营销，当地农民们成立了合作社，他们只知道自己的米质量好，用生态种植的方式，全都是人工投入，不能用机器去收割，必须是人工剪穗，这样才能提高产量。因为采用生态的方式种植，产量很低，所以农民们就希望它的价格能卖得高一些，但是价格高市场又不接受，因为没有宣传到位，这个农产品究竟好在什么地方？消费者不知道，也很难接受这么高的价格。所以当时我想要赶快联系商务部门，把线上线下的商超全部都召集过来，我说你看我们的产品很好，你们能不能帮我们销售一下？人家说的也很实在，说你这个产品可能确实挺好，但是价格真的太高了，又没有宣传又没有品牌，而且当时令我们很尴尬的就是，这些经销商给我们指出来说这些产品包装就不过关，进不了市场，包装上的这些宣传用语都是不符合商标法和广告法的表述。比如这个小米包装上写的是有利于降糖降脂、适合孕妇之类的，这都是不能写在商品包装上的。因此，当时我们第一时间是帮他们规范包装，另一方面请我们市场监管部门的人帮他调整，使其达到进入商超的标准。

我们还有一个招收残疾工人的工厂，我去的时候他们大概雇了只有 17 个残疾人，也有这个包装问题，比如做的是粗粮面条，但是把商标标签粘在包装上，这也是不允许的，必须要印在包装上。所有这些问题帮他们解决了，后期帮他去打开销路。他的产品确实不错，而且这个老板很好，他雇的大多数人是残疾工人，包括肢体残疾和智力残疾的工人。工厂提供住宿、吃饭，残疾人在这工作不仅有收入，还有人照顾，包吃包住。不仅如此，工厂还推动了出口创汇，销往美洲、欧洲、以色列等地。在国内也打开了市场，我们当时请海淀区的商超过去跟他签合同，他自己一小时就签了四五十份，签约率差不多是 100%。2020 年由于疫情，订单大幅减少。我通过直播、线下对接等方式，帮着工厂找销路。2020 年 6 月至 9 月，斌赋食品厂的 3 个月的销售额是上一年全年 5 倍以上，工厂招收的残疾人也增加到 70 多个。

规范包装倒是相对容易做，但是品牌的输出是很困难的，所以我们希望能够从知识产权方面入手。刚好我们一起挂职的除了海淀派出的扶贫干部，还有农业农村部派出来的一个副县长在那挂职，我们一起讨论能不能选一些有代表性的农产品去申请原产地标识认证，正好他也是这个方面的专家，所以我们就一起做。

之所以选择赤城赤芍和马营西瓜，是因为要做原产地标识认证必须得有产品在这个地方种植的历史性证据。当地不仅西瓜种植历史悠久，还有很多野生的赤芍，很多农民夏天会去挖一些野生的赤芍销售，但他们可能就没有做产品筛选或者制作包装这些附加值。其实我自己也觉得野生药材的保护也很重要，不能一直开采挖掘而不去做保护。

海淀科技让赤城农产品变得越来越好，然而疫情突发，农产品的销售遇到了困难。“可县长，我们有一万多斤红谷米滞销！”“新收的土豆都要发芽了！”“白草莓快烂在地里了……”听到这些消息让我心急如焚！我们策划的线下活动开展不了，怎么办？当时，直播带货正火，要不我们也试试？当我把这个想法说出来时，农民说我们不懂啊。其实，我也不懂，甚至没看过直播，但是，这新的销售方式，我们必须试一下。

6 月 18 日这天，在无粉丝、无经验、无专业设备的情况下，我尝试直播带货。没想到，观看人数超过了 50 万，极大提高了赤城的知名度，很多我们原来进不去的商超主动联系我们要上赤城产品。10 月在海淀融媒主办的赤城专场中，观看人数再创新高，达到了 610 多万人。我自己直播带货不重要，重要的是要让农民拿起手机这个新农具，在田间地头销售自己的产品。于是，我到红谷米地里、到残疾人工厂里和农民一起开直播，手把手地教。在北京市举办的《家乡带货王》直播大赛中，赤城选手侯延春取得了全国第二名的好成绩。经过线上线下的不断努力，滞销的一万多斤红谷米全部售罄，助残企业 3 个月的销售额是上一年全年销售额的 5 倍以上，2020 年赤城扶贫产品销售额超过 5 个亿，比上一年翻了一番。

在扶贫工作期间，我们始终坚持“实事求是、因地制宜、分类指导、精准扶贫”这十六字方针。首先我们要做到精准，明确到底要帮扶谁，因为每一个贫困户的状况不一样，他是什么情况，他需要什么样的帮助都是需要认真考虑的。同时我们在做这个东西部扶贫的时候，强调是“造血式”的扶贫，不是给钱就完事，也不是把钱分到贫困户手里就可以了，不允许这样的，我们采取产业扶贫的方式，通过让贫困户参与劳动或者是适合他的方式，实现贫困人员的自我调整和提升。比如有些贫困人员可能是因病致贫的，他已经没有特别强的劳动能力了，我们可以通过一些公益岗位给他一些收入。

我们到当地以后，农户跟我们说的最多的话就是感谢共产党，感谢北京，有的知道我们是海淀区的还说感谢海淀，在我抖音短视频底下留言的那些评论都是大家发自内心的。大家认可我们的扶贫工作，才会真情实感说出那么多感谢的话。

扶贫期间我觉得收获是很大的，一个是亲身经历的，再一个就是你做这个事情了以后，你那种责任感骄傲感，这是灵魂深处的升华。我现在有时说起扶贫期间的事情经常会激动，因为我对赤城这个地方的人、对这方土地都充满了感情，也觉得自己能够有能力去做一些事情是很骄傲的。当组织给我这个平台，让我能够去努力工作的时候，应该倍加珍惜。扶贫结束回来以后好多人问我扶贫以后觉得最大感受是什么？我说最大的感受就是我更加热爱共产党，热爱这个国家了。为什么这么讲？就是因为你的成长环境，你不知道有的人还那么贫困，他的生活还有那么多的困难，但是我们党没有抛弃他们，而是动用了这么大的力量去帮助他们，也解决了他们的困难问题，我们在小康路上一个都不能少，我们要实现的是共同富裕的目标。

2021 年七一我在天安门广场上参加庆祝大会，当听到习近平总书记发出对共产党员的号召时，我非常骄傲和自豪。脱贫攻坚、全面小康的成绩是显著的，是一个一个的事实摆在那儿的，我们赢得的是民心，所以我非常激动。如果我们的革命先烈能够看到今天的盛世，会说这个盛世如他们所愿，这真是不容易的。我非常骄傲的是，中国为世界的减贫作了非常大的贡献，是一个特别优秀的中国样板。人的一生是很短暂的，怎么让短暂的生命变得更有价值，生命的长度我们没办法控制，但是生命的宽度和厚度我们是可以把握的。人的价值体现在什么地方，是你能对别人有什么样的作用，能不能让更多的人过得更幸福，这才是人生最大的价值，这也是扶贫工作对我人生最大的启示。

用心帮扶　他乡亦是故乡

章宁环

根据组织安排和个人意愿，2018 年 4 月 11 日，我踏上赴河北省阳原县参加扶贫工作的征程，挂职县扶贫办副主任。其实，一开始对东西部扶贫协作并没有太深刻的认识，对阳原县没有太深入的了解，对扶贫更多是出于对小时候外公下村蹲点的记忆。和家里人商量之后，认为：一是这次扶贫挂职时间安排这么紧急，组织选人的标准高和要求严，是首都落实习近平总书记的精准扶贫精准脱贫战略思想的重要举措，是要事大事，作为党员干部，为组织分忧责无旁贷；二是挂职是促进扶贫协作任务落实的重要保障，也是干部人生当中的一次历练，是增长才干拓宽视野的重要历程；三是之前在负责人口调控工作时，对“环首都贫困带”甚为好奇。

4 月的首都北京已是春暖花开，而距北京仅仅 3 个多小时车程的河北省阳原县却乍暖还寒，村庄、田野一片苍茫。到县扶贫办报到的第二天，就在办公室挂上了阳原县贫困村分布图和脱贫产业布局图，白天主动到全县 14 个乡镇、企业、学校、医院等走访调研，深入了解县情以及帮扶需求，晚上连夜查看有关资料，深入了解阳原的贫困状况、优势资源、产业布局。一个月的调研走访，初步了解到“三难”，一是从农村泥泞土路、大量空心村、破旧的窑洞、苦涩的井水、贫穷的生活、不完整的初级产业链条等县情基础上看到，作为深度贫困县，整体脱贫攻坚难度大。二是作为河北省第二批结对县，面临着工作起步晚、基础不扎实、协作经验不足等困难，一切需要从零开始，从工作进度上看，时刻要对标第一批的先进县区，时刻要对标朝阳区援助的其他县区。三是个人自身急需解决思想观念习惯、生活语言障碍、全新工作领域等难题。

为快速进入角色，打开工作局面，首先是从思想上着手，一是加强学习，以学促思、以学提能、以学笃行，仔细研读习近平总书记关于扶贫工作的重要论述、习近平总书记系列重要讲话精神等，准确把握当前扶贫协作工作形势、任务、要求及标准，与当地扶贫协作工作实际相结合，聚焦“两不愁三保障”核心指标，坚持需求导向、指标导向、问题导向，扎实推进人才交流、资金使用、产业合作、劳务协作、携手奔小康等协作任务落实。二是明确角色定位，牢固树立“四不做、四做”意识，即不做高人，做勤学好问的人，增强做群众工作的本领；不做添乱的人，做规矩人，从县情出发，按照县委县政府决策和北京市、朝阳区关于扶贫协作工作要求，聚焦精准开展各项工作；不做外人，做家里人，把挂职当任职，认真出谋划策当好参谋助手；不做懒人，做作风扎实的人，多下基层一线、多走村入户，树立良好形象。

其次是在工作机制上着手，一是组建机构。争取县委县政府支持，成立县级领导小组，先后组建工作专班、协作办，专职负责推进东西部扶贫协作各项工作。逐渐形成了“专班督导、县镇联动、部门协同”机制，全面推进扶贫协作，不断提升工作的质量和水平。二是完善制度。先后出台实施了《阳原县东西部扶贫协作资金项目管理实施办法》《阳原县东西部扶贫协作招商引资扶持办法》《阳原县关于加强财政支农资金支持脱贫产业健康发展的实施意见》《阳原县养驴产业发展扶持办法》《中共阳原县委组织部关于加强扶贫领域挂职干部服务管理工作的意见》《阳原县人力资源和社会保障局关于东西部扶贫协作北京专业技术人员来阳原生活保障措施》《阳原县东西部扶贫协作社会捐赠资金（物资）使用管理办法》等文件，强化政策支撑。三是建立机制。计划管控机制。紧扣考核指标，制定实施每年度的东西部扶贫协作工作方案，明确工作任务、标准及责任。沟通协调机制。利用微信群等方式，与各级挂职干部团队、前后方结对单位等各方面建立及时有效的沟通联系渠道，确保工作信息的上传下达，确保朝阳区的170个各级帮扶主体的帮扶措施精准实施。加强与朝阳区各部门的沟通联系，及时将北京市、朝阳区与阳原县的相关信息互相传达。统筹调度机制。协助两地举行高层联席会议5次、两地党政主要领导互访6次。协调召开县委常委（扩大）会6次、县政府常务会7次、领导小组会10次、专题调度会33次，有力地推进了各项工作落实。信息报送机制。建立信息员队伍，各乡镇、各扶贫协作任务单位明确1名信息员，坚持周报制度，通过报表、信息等形式及时有效反映扶贫协作工作进展情况，充分发挥信息工作服务决策、沟通交流的作用。新闻宣传机制。在保障县级媒体及时宣传的基础上，累计在省级、央级媒体分别刊发报道12篇、19篇。

最后在工作作风上着手，笃行不怠。一是突出精准。项目谋划聚焦产业扶贫，促进提升县域经济造血功能，在谋划产业项目时着力着眼于延伸产业链条，为脱贫攻坚和区域可持续发展提供坚强助力。二是深入一线，工作靠前一步。深入部门和乡镇村摸清帮扶需求，靠前指导共同谋划帮扶项目，多次到项目建设一线督导督办建设进程，及时帮助沟通协调解决问题。三是密切联系群众。多次深入贫困村和贫困户了解需求，充分利用朝阳区的爱心企业和社会组织优势资源，协调捐资捐物，助力解决实际难题。

用好帮扶资金，不断增强造血功能。一是资金使用效率高。3年来阳原县共接收东西部扶贫协作财政资金23260.01万元，其中北京市帮扶资金14166.2万元，朝阳区级帮扶资金6093.81万元，河北省配套资金3000万元。3年来共谋划86个项目，其中已开工86个、开工率100%；已完工86个、完工率100%；北京帮扶资金支出20260.01万元，支出率100%。二是带贫减贫效果好。累计带动54232名建档立卡户受益。其中，将帮扶资金集中向农业产业化发展倾斜，累计投入1.3亿元用于扶贫产业发展，吸纳638名建档立卡户就业，直接带动43914名建档立卡户增收，带动5706名建档立卡户脱贫出列，实现了资金变资产、资产保收益。按照“政府投资、平台管理、企业合作、贫困户受益”的资产收益类项目运作模式，撬动正奥集团等多家龙头企业2.4亿元的生产经营性投入，培育了华北地区驴产业龙头桑阳牧业、河北省最大的肉牛养殖基地禾牧昌牧业等一大批实力企业，支撑养猪项目占领猪养殖产业链条核心节点，形成了猪、牛、阳原驴等农特产品生产与加工完整产业链，为促进脱贫攻坚向乡村振兴加速转型。帮扶重心向补齐民生短板倾斜，“3+1”保障突出问题得到精准解决。协助建外街道联合爱心企业援建爱心水站，彻底解决两个贫困村690户1784人的安全饮水问题。投入247.5万元支持高氟水集中区东井集镇建设17座健康水站，解决了9个村5504户14614人的安全饮用水问题，这项工作在2019年国家脱贫攻坚成效考核反馈问题中是唯一被提及的正面事例。连续3年共投入1509万元用于健康扶贫，极大提升了乡镇卫生院医疗服务能力水平。投入258万元建成了覆盖全县残疾人的康复服务网络，不断提升了残疾群众的获得感。

加强产业合作，不断释放市场活力。引导北京要素参与脱贫攻坚。积极引导北京企业、北京人士、北京资本通过创办企业、合资、合作等方式在阳原县投资兴业，以发展实体经济支持脱贫攻坚。先后共引进21家企业投资10108.51万元，带动14078名建档立卡户受益。援建扶贫车间带动群众家门口就业。3年来共援建扶贫车间项目6个，吸纳130人就业，其中吸纳110名建档立卡户就业。消费扶贫拓宽农产品变现快速通道。3年来充分利用帮扶资金940万元，重点打造、完善我县消费扶贫工作体系，围绕生产、加工、品牌、包装、质检、市场等关键节点进行布局，在朝阳区高碑店建设运营“阳原县特色产品电商服务和体验中心暨东西部协作消费扶贫体验馆”，建设农产品运营中心，通过推动企业入驻扶贫“832平台”、组织扶贫商品进入北京和朝阳区双创中心等线上线下市场对接活动，3年来推动阳原县农特产品在京销售9874.59万元，带动11046名建档立卡户受益增收。

深化劳务协作，不断增强内生动力。一是有规划。推动两地人社部门分别出台规划、措施，引导企业建立贫困劳动力就业需求清单、岗位供给清单定期发布机制。二是有阵地。挂牌成立劳务协作帮扶工作站和实训基地，强化培训带动就业，着力提高劳务输出的组织化程度。三是有队伍。将北京朝阳区提供的228个扶贫专岗，安置为覆盖200个村的就业扶贫信息员，解决了长期以来村级层面“人社无腿”问题。四是有举措。引进19家企业、援建扶贫车间项目6个，吸纳建档立卡户就近就业；举办了各种培训班27期，培训了1485名建档立卡户，实现了由“体能型向技能型”转变；组织“春风行动”大型招聘会、“民营企业招聘周”等活动4次，通过线上服务方式发布47家用工单位信息，提供就业岗位6700多个。

加大干部人才交流，扶志扶智作用凸显。协调组织、人社部门，将朝阳区选派的116名专业技术人才充实到急需建设、提升的重要部门和一线岗位，为阳原县教育医疗等领域的学科建设、队伍培养、服务能力水平提升等方面发挥了积极的“传帮带”作用。为用好用足朝阳区组织、人才管理等优势资源，每年选派20名党政干部到朝阳区挂职一年，每年选派40名专技人员到北京朝阳区交流学习。干部人才交流数量居河北省市前列，这批干部、人才也成为阳原未来发展的一支生力军。

两地携手奔小康，不断织密帮扶网络。积极推动重点帮扶三个全覆盖。一是14个乡镇结对帮扶全覆盖。阳原县全部14个乡镇与朝阳区的14个街乡形成了结对帮扶关系，3年来14个乡镇共接收朝阳区结对帮扶街乡财政帮扶资金3669万元，共谋划实施了帮扶项目38个，带动了6729名建档立卡户受益。二是20个深度贫困村结对帮扶全覆盖。朝阳区20家企业帮助20个深度贫困村解决了安全用水、消费扶贫、助老助困助学、产业发展、健康服务等方面的需求。三是公立综合性医疗机构结对帮扶全覆盖。阳原县的3家县级医院和14个乡镇卫生院与朝阳区的10家医疗机构形成了结对帮扶关系，双方就远程诊疗、人才交流、学科建设等方面开展了交流合作，为阳原县医疗服务水平提升发挥积极作用。社会力量帮扶全动员。阳原县87个贫困村与朝阳区84个社区（村）、34个贫困村与朝阳区40个企业、18个贫困村与朝阳区18个社会组织、8个学校与朝阳区8个学校形成了结对帮扶关系。另外，朝阳区发改委党总支与高墙乡沙帽台村党支部结成了党建共建关系，以真情实意的帮扶举措描绘了以党建促脱贫的美好画卷。支持创业带动脱贫致富。3年来，投入帮扶资金148.1万元，举办了致富带头人培训班8次、培训了991人，帮助成功创业就业101人，带动672名建档立卡户受益。

打造品牌强矩阵，拓宽农产品变现快速通道。一是扩大影响，让农产品品牌强起来。谋划打造阳原县区域公用品牌原味桑干、扶贫公益品牌原上皇，申请供佛杏、鹦哥绿豆、阳原驴三个特色农产品认定为国家地理标志，推选阳原杂粮进入首批支持革命老区脱贫攻坚一县一品品牌农产品，原味桑干、阳原扶贫、阳昀大杏扁及干果系列、全嘉谷农产品系列、泥河湾杂粮杂豆……一系列扶贫品牌区域公用品牌矩阵形成了阳原县县域特色品牌。其中，泥河湾杂粮商标被评为中国驰名商标，实现了张家口市涉农驰名商标零突破。二是重点打造，让农产品品质硬起来。利用消费扶贫资金在冷藏设施、包装设计、线上线下营销、生产车间改造等方面精准落子，加快建设阳原县农产品质量检测体系和农产品质量溯源体系，重点打造小米、大杏扁、柴鸡蛋、蔬菜、壶菊等优质农特产品，让阳原的农特产品品质硬起来。三是搭建平台，让扶贫产品走出去。推动企业入驻扶贫“832平台”，在朝阳区高碑店建设运营阳原县特色产品电商服务和体验中心暨东西部协作消费扶贫体验馆，组织扶贫商品进入北京和朝阳区双创中心，形成线上线下相结合的购销机制；与北京市朝阳区定期组织开展扶贫产品供需对接活动，在朝阳区相关商超、市场开设阳原县农产品销售专区、专柜等多种供需平台，让扶贫产品走出去、销量涨上去。

2018年8月以来，先后30余次深入县扶贫办包扶的沙帽台村开展帮扶工作，积极协调朝阳区发改委党总支、朝阳区爱心企业的倾力支持，通过编规划、参观学习、企业考察、产业发展、消费扶贫、财物捐助等具体措施，着力在提升村支部领富能力、激发群众内生动力、改善生产生活条件、强化防返贫保障等方面下功夫，助力沙帽台村于2019年5月实现整村脱贫出列。2019年我被该村委会和群众推举为沙帽台村“名誉村长”。

（郝芸婕　整理）

无私奉献　情暖涿鹿

安维

为贯彻落实党中央、北京市委、门头沟区委关于深化东西部扶贫协作、助力帮扶地区打赢脱贫攻坚战的部署要求，2019 年初秋，我所供职的北京市门头沟区医院计划选派经验丰富的医务人员前往河北、内蒙古结对贫困县开展对口帮扶工作。有着 20 多年一线急诊工作经验的我，主动向医院请缨参加这次援派工作，完成这项艰巨而光荣的任务。于是，刚刚结束国庆 70 周年大阅兵医疗保障工作的我，继续奔赴助力打赢脱贫攻坚战的工作一线——河北省张家口市涿鹿县人民医院开展医疗帮扶工作，心中这粒服务贫困地区人民的种子在这个秋天生根发芽。一年多来扶贫工作中的点点滴滴，种种经历，所见所闻，给予了我人生中不可多得的财富，也为我留下了人生难忘的一页。

业精于专　诠释医者仁心

在援派期间，我每天都提前半小时到岗参与早交班，白班一直坚守在科里，认真诊疗每一名患者，把电话号码留在科里，夜间急诊遇到抢救，随叫随到，积极帮助涿鹿县医院胸痛、卒中中心建设。2020年春节疫情期间，我第一时间返岗工作。本该10月底结束援派任务的我，为了帮扶工作需要，积极响应组织号召，将援派时间延长至2021年1月，时刻体现门头沟援派医生的责任担当。

在众多的工作中，我最难忘的还是急危重症患者的抢救工作，那些抢救的场景至今仍历历在目，成为我人生中最重要的瞬间之一。

“医生，医生，快救救我妈！”患者家属声嘶力竭急迫的呼喊伴随着急救车的警鸣瞬间冲进了抢救室。那是一位55岁的女性患者，2020年4月20日14时36分由120急送到急诊室，患者既往乳腺癌病史一年余，脑转移，十几分钟前突然意识丧失，呼吸心跳停止，入抢救室后心电图为直线！我立即对患者进行持续心肺复苏、气管插管、呼吸机机械通气，同时指导当地同事进行急救药物抢救。经过持续1个小时的抢救，患者恢复了自主心律，血压在应用药物下维持130/80毫米汞柱。由于医院未设ICU，我就一直守在患者身旁，根据病情调整呼吸机参数，经过近7个小时的奋战，患者病情终于平稳，撤掉呼吸机后安全送到病房。

患者一家老小脸上挂满泪水，紧紧握着我的手，颤抖着反反复复感激地说：“谢谢北京的专家，救了我的亲人！”这一幕深深印在我的脑海里，时刻激励着我，帮扶支援工作一定要做好，此时的我，一举一动不仅代表我个人，更是代表着首都北京。

还有一位78岁的男性患者，2019年10月30日17时因“呼吸困难30分钟”被120送到急诊。患者患有高血压、冠心病，半小时前玩牌时突然感到喘憋、大汗、烦躁，到抢救室后监测血压190/120毫米汞柱，呼吸26次/分。危急情况下，考虑高血压并急性左心衰，我和同事立即为患者进行吸氧、降压、镇静、利尿等治疗，减低心脏负荷，一小时后患者病情缓解。老人握着我的手，感激地说：“谢谢北京来的医生，救了我的老命！”我一边安抚老人，一边轻轻地说：“这是我应该做的。”这次抢救，我指导当地医护人员首次应用硝普钠治疗高血压合并急性左心衰，患者及家属非常感激。

急诊科每天都在上演着惊心动魄，经受着生与死的考验。当我倾尽全力终于抢救成功，看到患者及家属感激的目光，听到他们感激的话语，我的内心被医生这个职业的神圣与伟大所感动。从接诊患者到病情缓解的过程，是一个来不及想其他而只顾抢救患者的过程，不仅仅是我，急诊科的每一个同事都有着一种坚持。我们常常赞美破茧而出的蝴蝶，悬崖绝壁上盛开的鲜花，因为他们代表着一种力量。抢救病人的过程中，每一个医生都有着一种坚定的信念，不管有多困难，只要携带一颗坚持的心，荆棘遍布，也阻挡不了前行的脚步。

言传身教　做好“传帮带”

我到涿鹿县医院一年多以来，身体力行，言传身教，潜心培养每一名基层急诊科医生。我每天坚持提前半小时上班，即使是休息时间手机也 24 小时处于开机状态，共指导抢救危重病人 200 余人次，参与急诊会诊 1000 余人次，每月组织科里疑难、危重病历讨论，多次参与下乡义诊和给乡医授课。始终将“医者父母心”作为多年的执业准则，始终将患者的生命安全放在第一位。

一年多的援派时间里，我白天通过急诊会诊医治当地病例 1000 余次，晚上不辞辛苦，认真制作 PPT 进行备课，多次对科室医师及周边乡镇基层医师进行授课，充分发挥“传帮带”作用，提升当地医生的专业水平，帮助培养“带不走”的本土医疗人才。

我为急诊科医护培训的内容主要包括：心肺复苏术、除颤术、气管插管术、呼吸机应用、18 导联心电图操作等基本操作技能和抢救药物合理应用等相关知识。帮助科室规范各种制度及抢救流程，多次给全科及相关科室人员授课，内容包括《急性 ST 段抬高型心肌梗死心电图解析》《急性 ST 段抬高型心肌梗死诊断与治疗指南最新版》《临床不典型心肌梗死分析》《心律失常诊断与治疗》《呼吸机的应用》等，大的授课十余次，参加听课医护累计百余人，科内平时遇到特殊病例随时讲解，使全科诊疗技术水平得到很大的提高。2020 年 11 月，涿鹿县医院胸痛中心顺利通过了国家验证，造福于涿鹿百姓。

润物无声云化雨，用心用情“传帮带”。通过一年多的工作实践，我认为，医疗帮扶不仅要提高他们的医疗水平，更要树立他们对职业的信心，用心用情去感化，真心实意去帮扶，想方设法解难题。过硬的专业素养和谦虚的执业风格，使得帮扶单位的同事们不但信任我，更是和我关系亲密，成了朋友，有任何医学方面的问题都愿意向我请教，我还多次参加了当地同事的婚礼，直到现在，我也时刻关注着涿鹿县医院的发展。看到通过运用自己的技术和知识为当地百姓解除了病痛，看到同事们的点滴进步，也深刻体会到了医疗帮扶对打赢脱贫攻坚战的重要意义，将自己的劳动与价值融入这项工作中，终生无悔。

舍小家为大家　无悔的选择

看到病人康复了，我由衷地欣慰。面对家人，我感到深深地愧疚。72 岁的老父亲身体不好，经常需要家人陪同去医院；上高三的儿子也正赶上冲刺高考的重要一年，我却只能在遥远的地方默默地关注他们。我的妻子既要上班又要照顾孩子，压力非常大。但是当我把援派单位不完善的医疗条件和患者迫切的诊疗需求告诉妻子的时候，善良的妻子选择了默默承担。2020 年 7 月，妻子一个人陪同孩子完成了人生中最重要的考试，而我此时离家已经几个月，平日只能通过微信视频进行短暂的沟通，孩子高考时也未能返家，视频中看到儿子紧张的时刻，自己一点都帮不上忙，作为父亲的我偷偷地落下了眼泪。但我也知道这是自己无悔的选择，作为家长，在孩子人生中最重要的一个时期，我不能陪伴在孩子身边，焦急而愧疚的心情可想而知。然而我没有丝毫怨言，一边积极配合涿鹿县医院开展疫情防控工作，一边每天通过电话鼓励儿子，让他安心备考，不要为我担心。

在一年多的援派时间里，我克服种种困难，奋战扶贫一线，为当地贫困群众提供一流的医疗服务，为涿鹿县医院的急诊、急救建设贡献了自己的一份力量。疫情期间，我还结合涿鹿县医院实际情况给他们培训了许多疫情防控的方法。我的辛勤付出，得到了县医院领导同事和当地群众的高度认可，我也牢记医者初心，坚守责任担当，圆满完成了全年帮扶工作任务。

2021 年 3 月 15 日上午，在北京市扶贫协作总结表彰大会上，我获得北京市扶贫协作先进个人的光荣称号。同时儿子也通过自己的努力收获了北京大学的录取通知书，我们父子二人都交出了一份满意的答卷。我无愧于自己的努力，无愧于医生的使命，无愧于群众的希望！

两怀一家亲　携手奔小康

刘金波

2018年4月，受北京市委组织部选派，作为北京市第四批赴河北挂职干部团队中的一员，我从北京市怀柔区来到河北省脱贫攻坚主战场的张家口市参与扶贫协作工作，挂职担任怀安县委常委、政府副县长。

挂职的3年多来，在两地党委政府的坚强领导下，在北京市扶贫支援办、河北省挂职干部团队的悉心指导下，我坚持从两个大局、从京津冀协同发展、从逐步实现共同富裕的战略高度认识推动京冀扶贫协作，把扶贫协作作为光荣的政治任务、义不容辞的责任和分内的事，始终树牢首要意识，坚持首善标准，发扬首创精神，发挥首都优势，争创首位效益，高质量完成了扶贫协作各项任务。京冀两怀齐心协力、携手攻坚，怀安县158个贫困村全部脱贫出列，19683户36181人建档立卡贫困人口全部脱贫，历史性解决了怀安整体贫困问题。

建立健全扶贫协作工作机制

2018年4月，在我的建议下，怀安县委县政府在张家口地区率先成立了京冀对口扶贫协作领导小组和京冀东西部扶贫协作办公室，组建了东西部协作工作专班，研究出台了《怀安县怀柔区扶贫协作工作机制》《怀安县东西部扶贫协作项目资金管理办法》《怀柔区扶贫协作援助资金使用管理办法》《怀安县支持北京市投资企业的八条措施》《怀安县贫困劳动力外出务工交通补贴办法》等规范性文件，把两地对接、沟通运行、项目资金、产业就业等多个层面，纳入制度建设之中。3 年来，累计提交县委常委会、县政府常务会、县扶贫领导小组会研究东西部扶贫协作工作 65 次，协助两地主要党政领导实地对接 9 次，召开高层联席会 16 次，两地扶贫协作工作的有效对接，为怀安县打赢精准脱贫攻坚战奠定了坚实的基础。

狠抓扶贫协作项目资金管理

近 3 年，北京市区两级财政先后投入怀安县对口帮扶资金 1.2 亿元，为了确保最大限度管好用好帮扶资金，造福贫困人口，我带领县直相关部门赴各乡镇逐一实地核查拟申报项目的可行性及带贫效益，本着“宁缺毋滥、务求实效”的原则，建立了《2018—2020 年怀安县东西部扶贫协作项目库》，把好项目申报的第一道关口。在项目推进中，我带领县协作办对项目招投标、开工建设、竣工验收、资金拨付等环节进行全过程监管，并实施倒排工期工作法，挂图作战，每周调度一次工程进度及存在问题，实现了对照目标任务抓落实，强化工作举措抓推进，确保了 63 个东西部扶贫协作项目实现当年开工、当年完工、当年见效，助力怀安 36181 名建档立卡贫困人口受益增收。同时，按照产业就业并重的原则，我多次带队赴京通过招商引资推介会、大型企业座谈会等形式，推介怀安优质投资环境，先后有 7 家北京企业落地怀安投资兴业，直接带动建档立卡贫困人口通过就业实现了稳定增收。

多渠道解决农产品卖难问题

张家口地区物产丰富，品质上乘，特别是怀安县地处晋冀蒙三省交界之处，气候冷凉，空气清新，各种农作物都具有良好的生长环境。但是长期以来，怀安农产品因为地域原因，很难走出张家口，就更别提进入北京市场了。记得2018年国庆期间，我来到建档立卡贫困村第三堡村，这里是怀安贡米原产地，遍地黄金谷穗，农户在田间辛勤收割着。这时，一个贫困户放下手中的镰刀，走过来拉住我的手说："刘县长，你是北京来的干部，你可得帮帮我们呀！咱们这是宫廷贡米，可我们辛辛苦苦一年下来，销路窄，收益低，怎么好产品就卖不上好价钱呢？"

我看在眼里，急在心里，怎么才能为贫困户通过发展生产种植出的优质农产品拓宽销路，帮助他们获得稳定的收益呢？此时，我首先想到的是我的大后方——怀柔区，能不能从对口帮扶层面先解决"走出去"的问题。

我主动向怀柔区发改委、区商务局领导进行汇报，寻求破解怀安扶贫农产品产销对接难题。恰巧怀柔区准备开设怀柔对口帮扶地区优质农产品展销中心，可以为怀安扶贫农产品搭建展销平台。但是新问题又来了，怀柔区有了对接平台，但怀安农产品生产企业小而散，缺少可以承接销售推广职能的企业。为此，我多次与县委统战部、工商联、商务局会商，最终选择了怀安县农创客电商有限公司作为对接企业，并为该企业争取到了免进店费的优惠政策，怀安贡米、杂粮等初级农产品第一次进入了怀柔消费市场。

2020年3月初，受新冠肺炎疫情带来的不利影响，2019年北京援建的设施农业项目种植的绿色蔬菜刚一上市，就面临严重的滞销难题。就在此时，习近平总书记召开决战决胜脱贫攻坚座谈会，并要求多渠道解决农产品卖难问题。此时因疫情原因不能出京的我，心急如焚，我只能先通过微信朋友圈发布蔬菜滞销信息，期待能寻求帮助。此时，怀柔区新农人协会负责人主动与我取得联系，愿意为解决怀安扶贫农产品卖难问题助一臂之力。我们随即行动起来，除主动对接怀柔各大商超外，新农人协会还通过自媒体平台第一时间向普通消费者发布滞销蔬菜销售信息，结果第一批上市的3000斤水果黄瓜不到半天时间就被预售一空。从2020年3月9日开始，怀安绿色蔬菜、扶贫鸡蛋、扶贫冷鲜肉、金丝皇菊等扶贫农产品因为品质好，价格合理，不但走进了怀柔消费市场，还相继进入通州八里桥、顺义石门、朝阳大洋路、丰台岳各庄等大型农产品批发市场。怀安扶贫农产品既得到了北京市场的广泛认可，也没有让受疫情影响的贫困群众遭受损失，这一点真的让我倍感欣慰。

同时，我开始思索利用电商销售拓展怀安扶贫农产品销售渠道。为此，我主动争取各大电商平台支持，首先在淘宝网开设了怀安电商扶贫馆，怀安贡米、柴沟堡熏肉、杂粮养生面、洋河草莓等扶贫农产品陆续上线，并第一时间推出"洋河古韵——怀安贡米"品牌促销活动。该活动启动以来，月均销售小米600余单，我们除了安排小米加工厂家溢价收购贫困户种植的谷子外，还将所有销售利润在结算后二次返还贫困户，让参与小米种植的贫困户真正享受到了农产品销售的最大红利，得到了广大农户的一致好评。我还依稀记得，第三堡村村民莘柱兵曾经激动地对我说："刘县长，现在我守在家门口，就能把谷子全卖了，而且价格还比市场均价高出了不少，真的特别感谢北京市的帮扶，让我真正脱了贫呀。"如今，怀安扶贫农产品已经成功上线扶贫"832平台"、淘宝网、京东网、中粮我买网、星光扶贫馆、农行扶贫商城、建行善融中国、怀柔掌上生活等8家线上电商平台，真正通过电商销售模式倒逼农业生产向标准化、规模化和品牌化转型，提升农产品附加值，让农户真正享受到了产业发展带来的红利。

特别是2020年6月，我接到《北京市2020年消费扶贫行动方案》，当看到要求全市各级财政预算单位预留不低于30%的扶贫农产品采购额度时，我眼前一亮，这不是为怀安扶贫农产品销售又打开了一扇窗吗？咱们先不说北京市有多少财政预算单位，仅怀柔区就有各级财政预算单位173家，这的确是一个广阔的消费市场，更为怀安扶贫农产品获得更多市场认可提供了千载难逢的机会。我说干就干！结合怀柔区实际情况，仅用两天时间，就策划了以进机关、进学校、进医院、进镇街、进社区、进企业、进协会为主要内容的怀安扶贫农特产品“七进”怀柔消费扶贫活动，并于 7 月初全面启动。活动虽然启动了，但社会知晓度、参与度并不是很高。于是我主动出击，通过登门拜访、发送微信、拨打电话等形式，向怀柔区 100 余家财政预算单位主要领导推介怀安扶贫农产品，我推介的理由就是：品味怀安味道，共享脱贫成果。

也许是凭着我这股子愣劲、韧劲，仅半年时间，怀安扶贫冷鲜肉、8311 黄金小米、杂粮养生面、绿色蔬菜、扶贫鸡蛋等扶贫产品，就成功走进了北京怀柔、通州、东城、朝阳、丰台、石景山、昌平、房山的几百家行政企事业单位，1.89 万名北京市民通过工会福利品味怀安味道，共享脱贫成果，全面打通了怀安扶贫农产品产销对接渠道。仅 2020 年，怀安扶贫农产品进京销售额就突破 3.1 亿元，稳居张家口地区 13 个东西部扶贫协作县区第一位。

消费扶贫，集成合力，提质增效，行稳致远。我坚信，在京冀东西部扶贫协作的基础上，怀安扶贫农特产品必将在线上与线下相结合的稳定购销机制下，对进一步稳定脱贫成效，助推怀安扶贫产业发展，带动更多建档立卡贫困人口享受京冀消费扶贫红利，全面打赢脱贫攻坚战起到积极的促进作用。

全力推进两怀携手奔小康

结合首都优势和怀柔资源禀赋，我在开展两地乡镇村、学校、医院、企业和社会组织等层面的帮扶结对工作中，坚持“按需”结对，确保结对成效。比如，针对怀安县医院没有专业儿科，儿童病诊断水平低的实际问题，我积极协调怀安县医院与怀柔妇幼保健院建立帮扶关系，协助怀柔妇幼保健院援派的两名儿科医生打造特色儿科，从儿科建章立制、优化医疗流程、共享科研平台和教学平台、引进先进技术等全面发力，极大促进了怀安县医院儿科诊疗服务能力提升，县域内就诊率每年以 20% 的速度上升，群众的满意度和获得感逐年提升。同时，针对怀安县老弱病残贫困人口较多的实际情况，我多次赴红十字会、残联、慈善协会及各类基金会进行走访，介绍怀安贫困人口现状寻求相应支持，3 年来累计接收到社会各界捐款捐物 1241 万元，让怀安县建档立卡贫困人口切实感受来自北京对口帮扶的浓浓情谊。

两怀一家亲，携手奔小康。通过三年多的扶贫协作工作，我深切感受到了怀安县各部门各镇乡及贫困群众对京冀扶贫协作工作的充分认可。如今每到一处，怀安的乡村两级干部、贫困群众依然会对北京挂职干部团队竖起大拇指，他们动情地说："北京先进的发展理念、丰富的帮扶资源、社会的爱心捐助，源源不断输送到怀安贫困乡村，让我们真切体会到了来自北京对口帮扶的深情厚谊。感恩北京，感恩怀柔！"

雄关漫道真如铁，而今迈步从头越。能够有幸亲历伟大的脱贫攻坚战，能够到怀安来扶贫，能够为怀安做些事情，这是我一生不能忘怀的骄傲！

怀丰一家人　共同铺就产业脱贫幸福路

孟德辉

2019 年 12 月，我受组织委派，暂时告别北京市怀柔区渤海镇人民政府副镇长岗位，前往丰宁满族自治县挂职，任县委常委、县政府副县长，协管东西部扶贫协作、京津冀协同发展和河北丰宁经济开发区相关工作。同我一起到丰宁开展挂职帮扶的，还有 2 名干部和 26 名专业技术人员。

丰宁满族自治县位于北京正北，与怀柔区喇叭沟门满族乡接壤，属于典型的山区县，全县建档立卡贫困人口 13.31 万人，贫困发生率一度达到 30.5%，是国家扶贫开发工作重点县、河北省十个深度贫困县之一。怀丰两地一衣带水、一脉相承、人员相近、地缘相亲，无论是官方还是民间，交往很多，感情一直很好。之前我从来没接触过扶贫工作，刚开始的时候还是有点忐忑，不知道从哪里入手，但是我知道，干扶贫工作要有毅力、有耐心，更要对地区有感情，对老百姓有亲情，2020 年是脱贫攻坚的决战决胜之年，是“十三五”规划和全面建设小康社会的收官之年，时间更是不等人。我们充分发挥丰宁党小组的作用，建成了 29 个人的脱贫攻坚小队，并要求团队要秉承“为河北奉献、为北京增光、为团队添彩”的信念，与丰宁干部群众一道，“拔穷根”“脱真贫”。

深入基层考察调研

既然不知道怎么干，就先学习研究，努力做到脑中有策。像《习近平扶贫论述摘编》和中央、北京市、河北省、承德市对扶贫领域以及东西部扶贫协作各项政策规定和会议精神，我都努力学习，积极参加东西部扶贫协作交流会、扶贫工作研讨会，主动向挂职前辈们请教，学习借鉴先进典型经验，结合当地实际，深入研究思考，形成协助推进产业发展的思路和想法，做到帮扶有对策。

我坚持“学研思干”相结合，带着挂职团队投入了大量时间和精力深入基层了解情况，努力做到胸中有数。我到承担扶贫开发工作的扶贫办、商务局、工信局、发改局、开发区等相关部门进行交流座谈，并深入全县各乡镇走访考察，对全县基本情况，特别是贫困状况、产业发展情况和东西部扶贫协作开展情况有了更全面深入地了解，对自己工作的重点和着力点也有了较为清晰地判断。

我抓紧一切时间，走村进户融入基层，努力做到心中有情。作为扶贫干部，只有深入贫困村、户，找到贫困的穷根在哪儿，扶贫工作才能有的放矢，只有了解贫困户的真正需求是什么，真心实意帮助他们想办法解难题，老百姓才会打心眼里真正的满意。为此，我经常走访贫困村落和贫困户，与基层干部和贫困群众一起拉家常，一起谋划镇村发展，策划产业方向，讲扶贫政策、做思想工作、解实际难题。通过入户走访，我们深切感受到了贫困地区百姓的生产生活状况，也更加坚定了贡献力量助力脱贫攻坚的决心和意志。

积极发挥桥梁纽带作用

作为怀柔区选派的挂职干部，我和挂职团队积极协调各方，确保怀柔和丰宁两地从区县、部门、镇乡等层面加强工作交流和联系，促进两地党政领导交流对接，加速推进携手奔小康结对帮扶速度。两地领导干部还利用视频形式研究帮扶工作，同时，两地还互派干部人才交流学习，自 2016 年以来，怀柔区共派驻 73 名党政干部和专业技术人才到丰宁县开展帮扶活动，两地交流成果斐然，建立了一套沟通有效、合作畅通的合作机制。当时，按照国家要求，怀丰两地还需要新签订结对帮扶协议 12 份，我们通过积极协调沟通，推动协议全部签订，两地累计帮扶结对达到 100 对，发挥了非常好的作用。

我积极与北京市扶贫和支援办及怀柔区发改委、经信局、人保局等其他扶贫相关部门保持畅通的工作联系，同时给结对帮扶镇乡传信息、增情感，多次参加两地组织的对接会、座谈会等，使挂职干部同两地，尤其是承担具体工作的部门和单位有了更好的交流和学习，为共同的目标和任务一起努力。

大力促进产业多元发展

通过各种调研走访，我发现丰宁贫困的深层次原因是产业基础薄弱，全县 8765 平方公里的土地上，工业企业寥寥无几，没有产业自然就没有就业，没有就业自然就没有商业服务业，地区发展就陷入瓶颈。丰宁土地资源丰富、交通便利、劳动力充足，特别适宜作为怀柔科学城的成果转化基地，习近平总书记说过，发展产业是实现脱贫的根本之策。依据丰宁自身优势，我和团队成员们商讨出了两地园区共建的思路：怀柔科学城负责科技成果研发和非首都功能疏解，丰宁负责承接部分科技成果转化和承接疏解出来的非首都需求产能，两地共同发展，相得益彰，这个提议得到了两地党委政府的大力支持。我们与丰宁党政干部一道，与怀柔区各相关部门积极沟通，紧盯项目、积极跑办，把自己作为企业到丰宁投资的桥梁纽带。我和团队成员们不怕苦、不言累，跑项目、办手续、沟通对接、协调推动，样样工作都有我们的身影。举个例子来说，仅仅是引进宏亭汽车部件一家企业，挂职干部就需要往返怀丰两地 20 多次。渐渐地，一家家企业落户丰宁。2018 年 3 月，由怀丰两地共同建设的“怀丰产业园”正式建成亮相，园区总面积 4.1 平方公里，目前已经入驻北京企业 18 家，计划总投资 21.36 亿元，投产后可实现年利税 1.2 亿元，带动 3000 多名劳动力就业，怀丰产业园初具规模，成为京冀产业协作的优秀示范，为丰宁的经济发展和老百姓的脱贫增收注入了强大动力。

丰宁山多水多优质农田也不少，我在调研中发现，当地很适合发展中草药产业，于是瞄准丰宁的特色农业优势，我和团队成员们吸引远鹏、聚顺等 13 家农业企业在丰宁窟窿山等乡镇发展中草药、生猪养殖等产业，种植黄芩、苍术、远志、防风、桔梗、板蓝根等 14 个品种的道地药材，并探索出“一地生四金”的资产收益扶贫新模式，即流转土地收“租金”、务工就业挣“薪金”、扶贫资金入股分“股金”，联营产业赚“现金”，老百姓在家门口就可以解决就业，不仅有工资赚，还有租金收，还有股金分，还有现金拿，充分盘活了低效土地，为贫困群众搭建起多渠道增收平台。

我在与当地干部群众调研走访时发现，丰宁的光照资源特别丰富，特别适合发展光伏产业，但乡镇和村集体财力有限，想发展很难。我利用北京市帮扶资金协助建设了“上建光伏、下种蘑菇”的“农光互补”产业园，既节省了土地，又增加了集体和贫困人口收入。自 2016 年至今，北京市和怀柔区已经累计在丰宁实施对口帮扶项目 83 个，总投资 4.99 亿元，直接带动贫困人口 2.18 万人。

丰宁劳动力充足，但就业很不充分，劳动技能也很欠缺，于是，我积极邀请北京市扶贫与支援办领导及相关领域专家到丰宁举办实用技术培训班和农业产业技术培训班，2020 年先后培训各类人才 492 人次，培训贫困户 791 人次，培训致富带头人 185 人次，分别增长 7.2%、22.8% 和 8.8%。同时，我积极联系怀柔区人力社保部门，解决丰宁贫困劳动力到东部省份就业问题，全年共有 207 人到北京地区就业，累计就业人数达到 1378 人。特别值得一提的是，我和团队成员们在就业扶贫中探索出市场需求式、企业订单式、机构委托式三种模式，打造出丰宁月嫂响亮品牌，实现一人就业，全家小康。

借助消费扶贫的企业，我紧紧抓住北京大市场和“七进”的契机，积极协调北京市、怀柔区政府机关、企事业单位、国有企业食堂和工会采购丰宁县扶贫农副产品。同时还积极探索大型商超对接、扶贫产品展销及电商平台、新型媒体销售等多种形式，扩大丰宁县扶贫农产品影响力和知名度，不断拓宽丰宁县农副产品销售渠道。精心谋划，在怀柔区建立怀丰消费扶贫双创中心，同时还与东城区对口帮扶单位设立销售专柜，积极参加各类推广活动，专门推广销售丰宁扶贫产品，产品反响一直很好，取得了非常好的效果。同时还积极借助承德山水品牌推广契机，在北京双创中心推介十余款丰宁扶贫农副产品，产品质量得到了北京市民的充分认可。2020 年完成东西部消费扶贫 1.8 亿元，“832 平台”销售额位列全国第二，消费扶贫工作获得突破性进展。与此同时，我们还创新了“党建 + 扶贫”模式，在扶智扶贫的基础上，开展“党课 + 消费扶贫”新形式，打开了长城红馆、消费扶贫双创新格局。

我积极发挥各方资源优势，协调北京企业捐款建设光伏发电设备，效果显著。众人拾柴火焰高。以首开集团、首创证券、中利集团为首的社会各界累计向丰宁捐款捐物 4871 万元，在丰宁五道营乡五道营村，村内优质土地用于发展农业，村南的集体荒滩一直闲置，无法耕种也无法用于其他用途，村集体利用首开集团捐赠的资金在荒滩上建设光伏电站，不仅盘活了闲置土地，还解决了村里一部分劳动力就业，同时还可以给全村的贫困户分红，剩余的利润还可以用于村集体公益支出，一举多得的美事。像五道营村这种情况丰宁还有很多，包括易地搬迁的人才家园，也用上了光伏发电，让老百姓有了更多保障。

国道 111 线京丰公交一体化运营后，丰宁群众赴京成本每年可以节省 2000 万元，丰宁急救 120 纳入北京指挥系统，老百姓可以直接到北京的各大医院就诊，真正为百姓铺就了一条幸福路，开辟了一条“生命通道”。

辛勤的努力结出丰硕成果。2019 年，丰宁脱贫摘帽；2020 年，13.31 万贫困人口脱贫出列；丰宁连续三年在国家东西部扶贫协作成效评价考核取得“好”的成绩。中央和各级媒体平台多次报道怀丰扶贫协作的经验做法，《前线》杂志专设版面进行了报道。

一直以来，我带领丰宁挂职干部团队积极践行“一盏灯、一本书、一条心、一家人、一辈子”的“五个一”团队精神，把挂职当任职，弘扬塞罕坝精神，带领队员们前赴后继，用扎实作风向外界展现了北京挂职干部的良好形象。

交一份脱贫攻坚的满意答卷

李铁玉

2018 年 4 月，我被密云区委组织部委派到承德挂职，担任承德市扶贫办党组成员、副主任和北京赴承德第四批挂职团队临时党支部副书记，负责开展东西部扶贫协作各项工作。

创新工作方法

刚到承德工作，从市到县没有形成完整的东西部扶贫协作工作体系，干什么、怎么干、谁来干的问题没有解决，甚至扶贫主体存在分歧，专职机构还没设立。

为此，我多次与市县主要领导、分管领导沟通对接，深入交流，统一思想，最终明确了东西部扶贫协作的主体是受援县，挂职干部应分管、协管此项工作。同时，针对机构人员问题，全力推动成立东西部扶贫协作办公室，并本着上下对口、有效衔接的原则，从挂职干部和市直有关单位抽调骨干力量充实到协作办，东西部扶贫协作机构实现了从无到有的转变，工作步入良性发展轨道。

在扶贫协作中我发现存在各种问题，如工作流程冗长、业务节点设置复杂和沟通协作效率低等，这些问题在一定程度上阻碍了京承扶贫协作的开展。我主动谋划解决这些问题的方法，经过实践和探索，形成了以市东西部扶贫协作办公室为平台，市、县两级挂职团队以各自岗位职责为切入点，推动市、县两级政府、部门开展东西部扶贫协作工作，我们把它归纳为“12345”工作模式，即“构建一支团队、搭建两个平台、强化三大体系、实现四维联动、落实五项制度”。

“12345”工作模式实施后，扶贫协作效率显著提高，受到了承德各级扶贫干部的好评，为承德打好打赢脱贫攻坚战作出了贡献。

督促扶贫项目

东西部扶贫协作资金是北京各级财政过紧日子的情况下支持的，我深深地体会到肩上担子的沉重，承德受援的每一分钱都承载着北京和密云人民的心血和汗水，只有把这些钱都花在刀刃上，才不辜负首都人民的殷切希望。

我们始终把项目帮扶作为主要抓手，紧盯贫困群众稳定增收这一关键任务。3 年来，北京市共投入帮扶资金 4.06 亿元，实施帮扶项目 162 个，涵盖扶贫产业、基础设施、公共服务等各个领域，受益贫困人口近 16 万人。

在项目实施过程中，强化项目过程管理，督促项目实施进度。东西部扶贫资金项目，需要在规定时间段内建设产业项目，保证项目按要求完工，并建立企业扶贫长效机制，在生产运行后要充分发挥东西部扶贫项目的带贫效果，因此时间紧、任务重、压力大、强度高。为应对这些挑战，我提出“走出办公室、扎根第一线”工作方法，在项目建设期内，我走遍了丰宁、滦平两县的扶贫项目点。在春寒料峭时督导怀丰产业园的建设，在烈日酷暑时一线推动滦平扶贫车间落地运行，秋风萧瑟时仔细准备扶贫项目迎考，风雪寒冬时认真谋划来年扶贫工作。

丰宁县大滩镇北沟村有个马厩项目，2016年就立项了，可到了2018年7月底还没开工，我们多方了解情况后，组织、协调丰宁各部门，由丰宁县长带队，县发展改革委员会、环境保护局和农业等部门负责人参加，一起到大滩镇北沟村进行现场办公。

北沟村位于坝上草原，这里风景很美，夏天有很多游客到这里游玩。许多村民为增加收入家中都养马，随处可见的马圈，气味难闻、蚊蝇滋生。实施马厩项目可以治理环境、保护水源，还可以解放劳动力，但因选址问题项目迟迟没能落实。

在现场会上，经多部门协商当场选址，并要求建设单位尽快开工、相关部门协助办理手续。现场会后，马厩很快建成投入使用。村民家中饲养的马匹由马厩集中饲养和管理，富裕的马厩对外出租。租金和游客骑马带来的收入年底结算后，分给村民。马厩项目解放了村民劳动力，规范了旅游市场，环境变得整洁，又给村民带来了稳定的收益。

2020年以来通过我们的积极协调，丰宁引入北京同仁堂实力企业，注册成立远鹏农业发展有限公司，通过承租胡麻营、窟窿山等乡镇流转土地1.2万亩，当年投资8000多万元；密云区和滦平县合作建设高新技术产业开发区，当年落地投资额1100万元。10月，我们牵头开展了京承扶贫协作产业项目对接会，直接促成北京联成集团等投资项目落地；促成腾讯集团北京总部等龙头企业与承德签署投资协议26个，其中现场签约项目17个、场下签约项目9个；促成总投资352亿元人民币，其中正式投资协议总金额约71亿元人民币，框架和战略投资协议金额约281亿元人民币。此次活动实现了大范围、深领域的产业合作，实现了双方优势的精准对接。11月，邀请北京11家知名企业代表来承开展投资对接工作，来访企业与当地政府就项目投资和产业合作进行了深入交流。

3年来，我们紧盯贫困群众稳定增收这一关键任务，共落实北京财政资金4.08亿元，162个帮扶项目落地完工，受益贫困人口近16万人，实现了扶贫、扶智和扶志的责任担当，当地人戏称我是承德的北京老乡。

产业扶贫协作

在我们挂职干部团队的协调引导下，先后引导 41 家北京企业落户承德地区开展扶贫，投资额达 17.22 亿元，带动贫困人口 13020 人；援建扶贫车间 38 个，吸纳贫困人口就业数 646 名。

为使贫困人口能外出务工，我们根据北京劳动力市场需求，围绕就业服务、技能培训、创业带动、劳务输出、开发扶贫专岗等多个方面密切协作。几年来，举办劳务协作培训班 199 期，培训贫困人口 5040 人次，帮助贫困人口实现就业数 28082 人（其中，帮助贫困人口到北京就业数 3980 人，帮助贫困人口省内就近就业数 23368 人，帮助贫困人口到其他地区就业数 734 人）。2020 年，我们积极协调各方力量，克服疫情影响，帮助 870 多人返岗就业。与此同时，还积极协助承德市开展“就业扶贫岗位开发、职业培训提质增效、就业服务扩展”等行动，通过发展产业带动就业、鼓励用工主体吸纳就业、因地制宜引导居家灵活就业、规范公益岗管理保障就业、发展农村新业态促进就业、加强异地扶贫搬迁就业扶持等方式，贫困劳动力累计实现就业 80 万人次以上，累计培训贫困劳动力近百万人次，有劳动能力、有就业意愿的贫困群众实现了充分就业。

2018 年以来共组织京承产业扶贫协作对接会议 10 次，企业实际投资额 17.22 亿元，直接带贫 9487 人；通过劳务协作帮助贫困劳动力 2.8 万人实现就业。

我们不断推动产业项目对接，提升产业协作层次。2020 年 5 月，协助承德市与北京市国资委共同举办了“百家京企进承德”京承精准扶贫产业协作对接活动，19 家北京市管国企对承德市 90 个项目提出合作意愿。此次活动高质高效，产业协作范围覆盖了承德“3+3”特色产业，彰显了挂职干部团队的工作能力和工作水平，实现了精准对接、精准落地、精诚合作，跑出京承产业扶贫协作的“加速度”，走出一条

“团队推动、政企对接、项目唱戏”的新路子。

我们充分发挥“一手托两家”的优势，在京承两地开展了多次大型消费扶贫对接活动，以北京双创中心为依托，和中国农业银行共建网上扶贫商城，全面推动消费扶贫行动，促进产销对接，大力推动“承德山水”消费扶贫产品进北京。数年来，北京市共销售承德地区农特产品超8亿元，直接带动8600多名贫困群众实现增收。

我们不断促成精准结对，延伸合作领域。围绕落实《携手奔小康行动协议书》，北京怀柔、密云与丰宁、滦平不断拓展协作广度深度，推动结对帮扶向乡镇、村延伸，向教育、医疗等领域拓展。2018年以来，京承两地共签署各类携手奔小康协议142份。其中，乡镇之间16份，村村之间61份，村企之间20份，村与社会组织之间7份，学校之间23份，医院之间15份。培训贫困村创业致富带头人559人次，带动贫困人口数2093人。

推进生态益贫

承德市与北京市实施生态管护联防联控机制，在丰宁县创新设置了护水、护草、护站、保洁的“三护一保”公益岗，带动1.3万名贫困户稳定脱贫；利用北京帮扶资金，沿临京的汤河、杨木栅子、大阁等乡镇设立生态管护扶贫专岗，带动1657名贫困户实现稳定增收；依托丰宁重要的生态地位，与北京市联合争取，每年生态公益林管护资金达到2700多万元，针对贫困户设立了“生态护林员专岗”，3427名贫困户通过专业培训后上岗就位，年工资达到8000元，实现了“一人上岗、全家脱贫”；在森林草原防火期等重点时段，设立临时岗位，优先吸纳贫困户参与，年带动1100多户实现增收。紧抓东西部扶贫协作机遇，与北京开展生态共建。加强造林绿化，实施了京冀生态保护水源林建设合作；依托喇嘛沟门自然保护区，将丰宁的汤河、杨木栅子乡纳入范围，联合申报国家森林公园建设，实现首都生态圈北部共建，为区域生态脱贫打下坚实基础；在生态建设中进一步强化带贫作用，北京帮扶资金 266 万元，助力实施了沙棘园区扶贫项目，带动 198 户贫困户实现脱贫。帮助和指导南关乡两个贫困村建设了现代化果园 180 亩，无偿提供种苗 1.2 万株，打造了扶贫示范基地。

三年扶贫路，不忘两地情。三年的扶贫工作生涯倾注了我全身心的热情和精力，我把京承扶贫协作作为展现良好形象的平台，和团队一起高质量地完成了 2018—2020 年东西部扶贫协作工作，在连续三年国家考核中取得“好”的档次，2019 年、2020 年连续两年在国家单独考核的 20 个市州中名列前茅。2019—2020 年，丰宁县、滦平县全部脱贫摘帽、21.28 万贫困人口全部达到脱贫条件。三年扶贫工作经历，在我的人生画卷中描绘了一幅波澜壮阔的场景，也使我收获了人生巨大的财富。

（刘立伟　整理）

见证太行革命老区贫困山乡的幸福蝶变

李继鹏

阜平地处太行山深处，是著名的革命老区，属于燕山——太行山集中连片特殊困难地区。聂荣臻元帅在阜平战斗生活的时候，专门签发过《树叶训令》，禁止部队采摘村庄附近的树叶与民争“食”。阜平当时之贫，由此可见一斑。这些年，在习总书记的亲自关怀下，21万干部群众为摆脱贫困付出了巨大努力，革命老区全面小康胜利在望、县容县貌发生了翻天覆地的变化。2019年12月，我踏上这片红色沃土，挂职河北省阜平县县委常委、副县长，此时脱贫攻坚战已到了决胜的紧要关头，剩余任务依然艰巨，要啃下硬中之硬、攻克坚中之坚，必须以更大决心、更强力度推进。

“扶贫鸽”变致富鸽

推进扶贫开发，首先要有一个好思路、好路子。刚一到阜平，我就带领挂职团队走村串户入企“找路子”，用了不足一个月的时间，走遍了阜平所有的乡镇，掌握了基本情况和群众需求。通过一段时间的了解，更加认识到产业发展是巩固拓展脱贫成果的长久之策，而要想搞好一个产业帮扶项目，确保群众受益，调研考察、落地实施、后续运营每个环节都需要倾注大量心血，不能有一丝懈怠。

自2016年两地签署《携手奔小康行动协议》以来，西城帮扶阜平的路子正是以产业帮扶为主线，带动经济社会发展。在诸多产业中，最具代表性的要属北京市农业产业化重点龙头企业野谷健康产业集团落户阜平，和当地共同建起的健康产业园，打造起以肉鸽养殖为纽带的生态循环产业集合体，为阜平脱贫攻坚注入了新的活力。为了帮助阜平硒鸽健康产业园形成稳固的全产业链，我多次到硒鸽基地考察调研，不仅考察项目的运营管理情况，而且更加注重如何提高特色产业附加值，提升企业的带贫效益，最终决定再次帮扶阜平硒鸽产业园1500万元，用于建设熟食加工车间建设，促进肉鸽全产业链向纵深方向发展。如今，在这个产业基地里，不只养鸽子，还有饲料加工、鸽粪加工、中草药种植、特色餐饮、观光旅游、食品深加工等一系列产业元素，这里已然成为阜平县依托北京市帮扶建成的全国最大的硒鸽产业扶贫富民示范项目。北京飞来的“扶贫鸽”，如今已成了“致富鸽”。

为了加强对扶贫协作项目的管理提质，不断提升产业发展水平，带动更多人群受益，我带领团队定期分析形势任务，在既往京保扶贫协作工作推进机制上进行了调整完善。重新印发了《京保扶贫协作领导小组工作机制》，明确新派挂职干部职务和责任分工。制定《2020年阜平县东西部扶贫协作工作要点》，对标考核和巩固脱贫重点任务，压实细化各部门责任。编制《2020年东西部扶贫协作分项工作计划》，明确时间节点，量化任务安排和目标标准。采取“周督、月报、季度反馈”工作机制，紧盯市区项目实施和问题反馈。对标考核，建立六大方面工作台账，抓细抓实日常工作管理。多次召开部门联席会、项目督办会、专题调度会，在立项、评审、招投标、开工、资金拨付等多个环节，认真把关、扎实推进。在挂职期间，阜平县京冀扶贫协作市级、区级帮扶项目共达到了26个，吸收市、区两级项目总投资达5.2772亿元、京冀扶贫协作资金9733.686万元，实现基础设施、劳务协作、人才交流、产业合作、社会事业五大方面全覆盖，果蔬储藏、肉鸽加工、食用菌菌棒生产、畜牧养殖、生物有机肥加工、板栗加工业等具有阜平优势特色的农业产业集群持续发展壮大，2.8 万人次贫困人口受惠，其中产业类项目通过利益联结机制和吸纳人员就业巩固脱贫 2200 余人，充分发挥了带贫益贫作用。

打赢疫情防控、复工复产“双线战役”

援建扶贫车间，是西城产业扶贫的重要形式。2020 年新年伊始，一场突如其来的新冠肺炎疫情，给阜平经济社会发展带来严重冲击，给家底本就薄弱的扶贫车间雪上加霜。车间的复工复产面临着一系列困难，人员流动有痛点，物流运输有堵点，疫情防控有难点，现金流有断点，原材料供应有卡点。那段日子，大半年无法回到北京家中，我就把阜平当家，和当地干部群众并肩战斗在疫情防控、复工复产一线。无论面临怎样的困难，心中始终秉持着一个信念：要让员工回得来、原料供得上、产品出得去、收入稳得住，争取将疫情对扶贫车间的影响降到最低，保证贫困工人有收入、不返贫。

平阳镇冯家口手工业加工车间就是其中一个，工人大多是阜平本地人，务工人员贫困比例较高，但管理人员主要来自外地，由于受疫情影响，无法按时返回，车间不能复工。我在了解到这一情况后，立即带领挂职干部团队联系相关职能部门，派专车从河南“点对点”将三名管理人员接回阜平，车间也随之复工，保障了车间里建档立卡的贫困工人稳定增收。

史家寨乡的香菇深加工车间，在疫情期间也遇到了销路不畅的难题。我在了解到香菇酱滞销的情况后，首先想到的是利用北京的资源优势和市场优势帮助销售，而后更是在朋友圈带货，想方设法为产品找销路。功夫不负有心人，很快就有一家企业和香菇酱厂成功牵手，销路的问题解决了，厂内务工的建档立卡贫困户收入也就有了保障。就这样，我带领挂职团队走遍了所有的厂房，问题解决了一个又一个。很快，援建的 15 个扶贫车间就全部复工复产。

土疙瘩变金疙瘩

一名挂职干部曾说："保定有好货，北京不知道。"这是河北保定农产品长期以来面临的窘境。疫情期间，阜平县农副产品更是一度出现滞销。经过一段时期的调研，我带领挂职团队以消费扶贫为切口，采取了一系列措施提升品牌知名度和产品美誉度，帮助贫困户稳定脱贫防返贫。建机制，强基础，提升产品竞争力。通过整合县农业局、商务局、扶贫办、林果办等部门力量与资源，建立消费扶贫联系机制；建立县农副产品名录库；根据时间、节令变化，实时更新有关数据；对十余家企业加强农产品品牌建设，培育绿色产品品牌，健全企业资质，促进了扶贫产品竞争力的提升。加强联动，持续多方拓宽销售渠道。加强了与西城区的前后方联动，与美菜网、华天公司、华远三农对接，均达成消费扶贫协议。直播带货，广泛开展"互联网 + 消费扶贫"行动。2020 年 5 月，在北京赴保定挂职干部团队党支部的组织下，积极参加"抖音有好货"直播带货活动，精心挑选特色产品，亲自上场推介。一场直播下来，"带货"数量十分可观，有效订单 3.12 万单，有效金额上百万元，有力地推进了消费扶贫。防返贫，固成果，确保贫困群众稳定增收。多次组织召开专项工作调度会，向当地干部群众宣传消费扶贫的重要意义，大力推广扶贫产品"应认尽认"。2020 年阜平县共认定扶贫产品 412 款，价值总量 13.0897 亿元，向北京地区销售有带贫效果但尚未认定为扶贫产品的农畜牧产品 0.5781 亿元，向全国地区销售经过公示认定的扶贫产品 2.73 亿元，带动贫困人口 30637 人，有效地解决了农产品滞销问题，保证了贫困群众持续稳定增收，为形成防返贫的长效机制，巩固拓展脱贫攻坚成果作出了积极的贡献。

在消费扶贫工作推进中，我还抓住了另一个契机，就是即将到来的北京 2022 冬奥会。为了把阜平的优质农产品推到冬奥这个更大的平台上，先是在阜平积极动员当地种养殖企业，做好产品的信息梳理，而后多次到北京与冬奥组委对接交流，大力推介，几次到北京连家都没有时间回，只为让阜平的优质产品走出去，让阜平的人民富起来。在全力推进阜平消费扶贫工作的关键时期，也恰恰是我儿子高考的关键时期，经过几番犹豫，最终还是选择了舍小家顾大家，全身心地投入到为阜平产品谋出路的工作之中。

打造多方参与精准扶贫平台

到阜平挂职一年以来，我甘愿化身一座桥，牢牢地联系着阜平和西城，促使双方交流愈加深入，合作愈发密切。先是在阜平县城南庄镇晋察冀边区革命纪念馆建立了“北京市西城区党性教育基地”与“北京市西城区青少年爱国主义教育基地”，促进西城区与阜平县红色教育交流交融，使贫困群众既“富了口袋也富了脑袋”，推动两地向更宽领域、更深层次合作发展。接着在阜平又建立了北京市西城区养老服务基地，充分发挥两地的政治地位优势、经济区位特色和独特环境资源，摸索养老服务区域性协同发展的新模式。再之后更是积极对接西城区便民蔬菜集采中心和西城区政府应急蔬菜储备库，协助他们在阜平建立定点采购基地，完善和丰富西城区百姓“菜篮子”的同时，帮助解决阜平县农副产品的销售问题，为进一步推进乡村振兴打下坚实基础。

在对贫困村实地走访的过程中，看到有的乡亲生活还比较困难，心情是沉重的。我通过与村干部、村民、学校进行交流，根据他们的不同需求，动员多方力量，广泛发动社会组织结合自身专业优势，到阜平开展捐资助学、慈善公益医疗救助、支医支教、社会工作和志愿服务等扶贫活动，帮助贫困群众排忧解难。比如，动员西城区食品药品行业协会为夏庄乡夏庄村卫生室捐赠了 300 盒健胃消食片、400 盒藿香正气丸、400 盒连花清瘟胶囊，提升当地卫生室医疗水平；动员西城区益陶然社区发展研究中心为阜平县大台乡大连地村委会捐赠了 2 台彩色打印机，方便村干部开展工作；西城区首铭社区文化服务中心为平阳镇东板峪村小学捐赠了 50 册图书、50 个书包、116 册小人书等，丰富了孩子们的学习生活。一个需求对应一个帮扶措施，真正实现了精准帮扶。2020 年阜平县获得北京市、西城区企事业单位爱心捐款 1850 万元，爱心捐物折款 664.76 万元，超额完成年度任务指标。

2020 年，阜平县退出贫困县序列，正式脱贫摘帽，和全国人民一同步入小康社会。这一路走来，我经常勉励自己，“帮扶阜平脱贫是党交给我的光荣政治任务，要把挂职变‘任职’，将异乡当成故乡”。我也时刻提醒自己，这不仅是一种信念，更是行为准则。挂职期间我始终秉持这种信念，履职尽责、敬业奉献，真正做到了以事业为重，以基层为家，在工作困难面前不退缩，在关键时刻迎难而上，始终以坚定的政治信念，良好的精神状态，踏实的工作作风，本着“到位不越位，帮忙不添乱”的原则，带着北京成熟的工作方法和经验，一心扑在阜平的工作中，有效助力了阜平县的脱贫攻坚，为北京和阜平在国务院扶贫考核中连续三年获得“好”的等次，为实现高质量打赢脱贫攻坚战贡献了自己的一份力量。

行走在阜平这个太行革命老区，看着山河巨变，我时常感慨万千。“民亦劳止，汔可小康。”从几千年前的《诗经》开始，“小康”就成为中华民族的美好向往。阜平的脱贫，是中国反贫困斗争伟大决战中的一个缩影，中华民族的千年梦想即将成真。

唯愿初心化彩虹

胡昊

2019年12月9日，这是我一生难忘的日子。这一天，我受北京市委组织部和丰台区委组织部委派，光荣地来到河北省保定市涞源县，挂职县委常委、副县长，负责东西部扶贫协作等工作。在此后一年半的时间内，我经受了决战决胜脱贫攻坚和疫情防控的双重考验，政治判断力、领悟力和执行力都有了很大的提高。这是一次难得的党性淬炼和人生感悟。

涞源县从1986年开始就是国家扶贫开发工作重点县，也是河北省10个深度贫困县之一。俗话说，知己知彼方能百战不殆，为了打赢脱贫攻坚战，我到涞源后的第一件事，就是进行了深入细致的调研，我发现涞源县在历史上之所以是贫困县，主要是受深山区的地理环境影响，产业结构单一，传统支柱行业采矿业，"靠山吃山"，既浪费资源，又污染环境，传统农业产业又呈现"小、散、弱"的格局。

找到了贫困的根源，对症下药就方便多了。随着丰台区、涞源县两地东西部扶贫协作工作的开展，产业扶贫被双方确定为稳定脱贫的根本之策，并谋划实施了"车间进农村、光伏上屋顶、旅游全县域、农业产业化"四大产业扶贫工程，形成了长短结合、多点支撑、多重覆盖的产业格局，贫困村全部实现三重以上产业覆盖，贫困群众收入逐年稳定增加。不仅如此，我决定在产业项目实施和产业结构优化升级上持续发力，做好全面脱贫与乡村振兴的有效衔接。持续扩大玖兴肉鸡养殖、宝迪养猪、黑木耳种植“两养一种”产业辐射带动效应，玖兴肉鸡养殖项目累计建设的430栋鸡舍全面投入使用，肉鸡的年出栏量达到8100万只，宝迪养猪项目的新建6栋12层“猪上楼”项目主体工程已经完成，预计生猪的年出栏量将达到30万头，有效解决了传统农业产业“小、散、弱”问题。同时，我针对涞源县生猪养殖行业缺少屠宰环节的短板，指导河北桃木疙瘩农业科技股份有限公司完成了屠宰加工项目的编制。结合涞源县“十四五”规划的编制，我考虑到农业本身属于弱质产业（生产周期长、环境影响大、回报见效慢）的实际现状，我积极与中国民族经济开发总公司洽谈快餐工业化生产项目，拟在“两养一种”农产品规模化生产的基础上，大力发展农产品的精深加工，实现多次增值，延伸农业产业链。又与河北雄源服装科技有限公司洽谈，拟依托雄源服装智慧新城的建设，带动县域内116家服装扶贫车间共同发展，实现当地群众更高质量、更充分就业，目前该项目已完成了施工图的编制工作。与北京紫程瑞生会生物技术发展有限公司洽谈生物健康食品及干细胞抗衰康养基地建设项目，拟利用涞源的生态环境优势，大力发展休闲康养产业，目前项目正处于选址阶段。大力发展体育旅游业，盘活和启动了上谷马业马繁育基地扶贫项目，通过“山水林田湖草”综合治理来盘活废弃矿区的思路，完成了项目总体的规划设计，协调解决了历史遗留的土地权属争议，完成了全部马厩的建设，并积极协调北京农商银行向该项目捐赠了100万元，拟用于后续马系列产品加工基地的建设。

酒香也怕巷子深，为了培育扶持优质扶贫产品，我制定完善了《涞源县扶贫产品认定管理办法》《涞源县扶贫产品认定工作计划》，并指导企业产品通过国扶办认定，进入《全国扶贫产品名录》，入驻扶贫“832平台”，截至2020年12月初，已认定扶贫产品69种。成立涞源县特色农产品龙头企业联盟，我与丰台区餐饮住宿行业协会多次沟通联系，在他们的帮助下，策划“消费扶贫宴”等系列活动，引导柴鸡、黑猪、小米、蒲公英面等本地特色农产品龙头企业实现错位发展、优势互补，避免同质化竞争，增强了企业集群和产业集群的竞争优势。涞源谷润农副食品有限公司、桃木疙瘩农业科技公司等8家企业被丰台餐饮协会、丰台旅游联盟授予丰台区餐饮住宿行业协会“荣誉会员”。为了拓宽扶贫产品进京销售渠道。我与卢沟桥街道协商，在岳各庄农产品批发市场设立了北京市消费扶贫双创中心丰涞分中心，陈列了涞源县特色农产品龙头企业联盟的拳头产品。通过与社区机关事业单位、企业、超市等开展消费扶贫活动，实现在京消费扶贫金额8586万元，打通了产业扶贫的最后一公里。利用中国国际服务贸易交易会平台和丰台区餐饮住宿服务行业协会直播间直播推介扶贫产品，宣传“购买一份扶贫产品，奉献一份首都爱心，帮扶一户贫困家庭”的理念，进一步提升扶贫产品的知名度。

人是脱贫致富的关键因素，对于这一点，我始终有着清醒的认识。在挂职期间，我坚持将劳务协作作为脱贫攻坚的主攻方向，协调两地人社部门，通过组织技能培训、开展就业服务以及开发公益岗位等多种形式，打出“就业扶贫”组合拳。一是提升技能。发挥北京市技能培训在线教学资源优势，向涞源县推送51家线上培训平台开展远程技能培训，组织开展育婴师等劳务协作培训25期，培训贫困人口575人次。二是推动就业。通过开展线上线下“春风”招聘活动、规范设置公益岗位、支持稳岗就业补贴、引导产业项目吸纳务工等方式，吸引北京亮亮成业餐饮管理有限责任公司等用工需求量大的企业到涞源招工，推动1945名贫困人口实现就业。三是做好服务保障。我通过跟踪统计贫困人口返岗就业等相关情况，向返岗就业人员发送复工须知与疫情防控知识，开通从涞源县到企业“点对点”返岗就业专车，出台完善《关于鼓励建档立卡贫困劳动力外出就业落实一次性交通补贴的实施方案》等政策，促进722名贫困人口在京稳定就业，帮助500名贫困人口返岗就业，招收145名贫困学生在京就读职业技术学校。

只有需要的，才是最好的。为了推动人才交流，我立足涞源县人才需求，协调丰台区相关部门精准选派37名专业技术人才赴涞源县开展支援帮扶，注重在基层一线开展工作，为当地医疗、教育、科技等领域带来新鲜血液，助力提升公共服务水平。作为丰台赴涞源挂职干部人才的领队，我切实履行第一责任人职责，克服“怕得罪人”“不愿意管”

的思想，严格执行请示报告、请销假、晚点名等制度。同时，坚持严管与厚爱相结合，加强与干部人才的谈心谈话，对思想上的苗头性、倾向性问题及时进行疏导，尽全力协调解决好干部人才的食宿问题。组织援受双方党政干部培训 3 期，累计培训 209 人次。疫情期间，通过网络会议系统远程联动 51 家联席会成员单位领导干部及涞源县的挂职干部共计 110 余人参加扶贫协作培训。举办专业技术人才培训班 11 期，累计培训 337 人次。

一分耕耘一分收获，一滴汗水一个故事。2020 年，统筹帮扶资金 294 万元，修建了南马庄乡望天岭村等 7 条道路、水堡镇水堡村 1 座桥梁、东团堡乡北辛庄村 1 座卫生室、乌龙沟乡小庄村 1 座党建文化中心及图书室，持续改善了百姓的生产生活条件。统筹安排帮扶资金 2000 万元，以一流标准打造了“医院进社区”服务搬迁群众新平台。按照设备配备省内领先、科室设置齐全合理、基本诊疗服务到位的标准，组织推进涞源县福泽园社区卫生服务中心项目建设，及时、有效地为 10236 名社区居民提供基本医疗和基本公共卫生服务，确保易地扶贫搬迁群众搬得出、稳得住。统筹安排帮扶资金 20 万元，实施贫困残疾人温馨家园项目，坚持把“残疾人脱贫，一个都不能少”落到实处，带动建档立卡残疾人 4797 人。该项目使贫困残疾人更好地参与社会活动，享受社会文明成果，受到北京市残联和河北省残联充分肯定。

一条彩虹路，东西协作情。为了延伸帮扶领域，调动各方面积极性，引领市场、社会协同发力，构建专项扶贫、行业扶贫、社会扶贫互为补充的大扶贫格局。协调丰台区 14 个街乡镇帮扶涞源县 17 个贫困乡镇，42 个社区村帮扶涞源县 36 个贫困村，实现与深度贫困乡镇、深度贫困村结对全覆盖。与结对乡镇多次开展互访，聚焦思路互动、观念互通、全力帮扶，尤其是在推动产业发展、帮助销售乡镇农特产品上达成广泛合作。动员 48 家企业参与“万企帮万村”行动，与涞源县 23 个贫困村正式签署帮扶协议，实现深度贫困村结对帮扶全覆盖；引导 17 家社会组织与 17 个贫困村开展结对帮扶。结对企业和社会组织积极落实帮扶协议，开展捐资助学、消费扶贫等多种帮扶活动。我协调两地签订教育、医疗卫生等领域帮扶协议。丰台区学校与涞源县学校建立结对关系 11 个，3 家医院、全部 14 家社区卫生服务中心与涞源县建立结对关系 20 个。结对的学校、医院积极开展帮扶活动，向涞源县结对学校开展教育骨干集中培训和送教上门行动；与涞源县医院建立了远程视频会诊系统，进一步加强了远程医疗指导，同时畅通转诊渠道，为贫困百姓提供便捷医疗服务。培训致富带头人，坚持“选培并重、训用结合、援受联动、注重实效”的原则，我通过协调丰台区相关部门，面向涞源县致富带头人开展实用技术、生产技能、经营管理等培训，在京培训 25 人次，创业成功 7 人，惠及 257 名贫困人口。

2020 年，我有幸深度参与了河北省和国务院扶贫办的东西部扶贫协作考核。特别是“国考”，国务院扶贫办不仅要对 2020 年的脱贫攻坚工作进行考核，还要全面检验 5 年来的总体成效，考核指标也由以往 126 项增加到 136 项。经过河北省推荐，涞源县代表河北省参加“国考”，在深感肩负责任重大的同时，我感受到更多的是无比的光荣，因为能代表河北省参加“国考”，这是对 5 年来丰台区与涞源县扶贫协作成绩的肯定。面对“国考”，我决心担起责任，不敢有丝毫松懈。我们与两地相关部门密切沟通，吃透政策，查缺补漏，同时针对 5 年来帮扶的 154 个项目扎扎实实地开展了“回头看”工作，确保各个环节不出纰漏。协调县委、县政府各职能部门和各乡镇齐心协力，按照考核要求做好充分准备，总结好北京、丰台援派工作经验，向考核组讲好北京、丰台扶贫故事，圆满完成了各项考核任务。涞源县在 2020 年河北省脱贫攻坚（含丰台、涞源扶贫协作）考核中，在全省 62 个受援县排第五名，在保定市 8 个受援县排第一名，取得了优异的成绩。

巧用消费扶贫“金钥匙”解开扶贫产业“致富锁”

魏岩

逆行而上，疫情面前显担当

在新冠肺炎疫情防控常态化背景下，由于疫情防控的需要，随之而来的便是交通运输的困难。无论是国家层面还是地方政府以及社会各界都采取了相关措施，因地制宜，精准扶贫。为此，世纪易联（北京）科技有限公司积极响应石景山区委区政府统筹疫情防控和经济社会发展的决策部署，组织公司人员积极召开高层会议，为石景山区的精准扶贫工作出谋划策，在精准扶贫的工作开展中，我深刻认识到企业对于扶贫工作首先要进行认真学习和领会，形成思想力量和精神力量。于是，作为公司总经理和壹公里果蔬核心创始人之一的我，主持召开扶贫工作动员大会，深入学习贯彻政府扶贫开发的战略思想，动员公司各部门强化责任担当、凝心聚力、聚焦发力、精准用力，扎实做好精准扶贫工作。动员大会开完之后，我带领公司的团队便开始行动起来，深入河北顺平、内蒙古宁城等地开展实地调研。

顾全大局，勇挑重担下基层

脱贫攻坚是一项重大的政治任务和重点民生工程。我深知这项工作责任重大，也深知这项工作的难度。为充分掌握受援地实际情况，我多次深入宁城、顺平等地进行实地考察，进行了认真、细致的调研摸底。在考察过程中，我认真听取村委会干部的情况介绍，查阅大量的资料，我入户与农户交流，主动深入困难群众家庭，了解当地的生活习俗和村民的经济来源，认真倾听农户心中的困扰和期许，与农户建立信任基础，同时也会给他们全面传达党的政策，告诉他们政府和企业是真心实意想要帮助他们解决生产生活问题。

贫困户张某讲到，他们家是靠种植桃树维持生计，小儿子是个残疾人，家庭收入单薄，这几年受新冠肺炎疫情影响，张某一家面临 5 亩大桃滞销难题，外地商户无法前来收购，他们的桃子好多都被放烂，也没有资源去找销售渠道，所以这几年来收入寥寥无几，而且第二年的春耕生产也会受到影响。

听了张某的讲述，我对于宁城、顺平的实际情况有了更加深入地了解，我回到公司就组织召开了宁城、顺平项目的研讨会，经过我们的深入探讨，从调研情况来看，我们首先需要解决农户的燃眉之急，加强扶贫地区的商品采购计划，把农户的产品采购到壹公里果蔬进行售卖，在壹公里果蔬设置扶贫商品专卖区域，同时我们会利用自身的运营经验指导农户将市场需求的发展趋势与当地农产品资源优势相结合，科学分类分级售卖。

找准路子，立足本职谋出路

为让全村贫困户如期实现脱贫，切实解决贫困户收入难题，我经常组织公司人员讨论顺平、宁城的发展思路，确立扶贫工作的核心内容。

一是积极调研科学助农。为充分掌握受援地实际情况，我多次深入到宁城、顺平等地进行实地考察，经过多次和宁城、顺平的贫困户交流当地的农业发展情况，我发现当地的农产品品质非常好，有很大的市场空间。但是因地域贫困、信息不流通等阻碍，大多数农户缺乏对农产品的市场行情及趋势准确的分析，致使在售卖过程中把握不好最佳的售卖时机，同时部分商品没有进行分级，导致很多农产品无法以好的价格进行销售，造成产品滞销。我秉持"授人以鱼，不如授人以渔"的理念，根据考察情况，我与采购团队认真研究后，采购团队除了做好商品的采购工作，更要为农户带去最新的市场供求信息以及有效的市场需求分析，科学指导农户将市场需求的发展趋势与当地农产品资源优势相结合，减少农户盲目跟风种植的现状，培训和指导农户对产品进行分级售卖，实现农户不仅会种植，更会售卖，使其获得最大收益，做到真正的扶贫惠农。

二是对口专售扶贫产品。自我主责扶贫工作以来，不仅解决了贫困地区有货没有销路、有销路没利润的窘况，也为壹公里门店的果蔬增加了优质商品线及明星单品：顺平的西瓜，宁城的黄瓜、西红柿、大桃等，优质的口感和较高的性价比的价格，已经成为被壹公里消费者认可的单品。在区政府的支持下，我们同扶贫基地落实了三个方面的举措。

对口签订扶贫项目。壹公里与顺平县常大村签订了《彩虹西瓜基地战略合作协议》，未来将负责基地产品整体销售工作，结合市场变化及壹公里的销售平台优势，科学有效地结合产地资源，指导基地生产种植节奏及对接先进的种植技术及管理方法，让西瓜产品更加符合市场销售需求，从而在保证基础种植成本的基础上，将西瓜的利润做到最大化，做到了壹公里和贫困基地同呼吸、共命运，你中有我，我中有你，大家一家亲，实现优势互补与资源共享。

优先直采生鲜商品。每年蔬菜销售的5%必须是对口地区的商品，且同等品质商品优先采购对口地区的农产品，在采购价上对口地区的商品采购价不低于市场平均价。生鲜商品的保鲜受季节影响很大，产地直采就更需要付出辛苦，夏天需要农户凌晨2—3点采摘，4—5点验货，凌晨运输，当日到店，才能最大限度保证果蔬鲜度。我和公司高层多次亲自参与产地直采工作，并现场接待送货农户。在严把质量关的同时，对有困难、受灾的果蔬优先采购，尽可能为他们解决实际困难。

专项售卖扶贫商品。为了快速打开门店销量，我还会同运营部和市场部，认真商议对策，亲自部署销售计划，所有门店提供单独大台面设专人售卖扶贫商品，全渠道推广让消费者了解，实现销售最大化，实现在扶贫产业链上，农户、商家、消费者三方受益。根据扶贫地区农产品上市时间，各连锁超市无条件、0 租金配合做专区售卖、专人负责销售精准农超对接的农产品；公司至少每年吸纳两名扶贫地区农户；协助当地在我司连锁超市门店打造特色农产品推广活动，保证全年产品销路通畅。

健全机制，抓实管理促脱贫

为做好精准扶贫工作，实现企业和农户共赢的目标，切实加强扶贫惠农工作的组织领导，严格贯彻落实区委区政府的部署，我组织公司人员积极召开公司高层会议，将扶贫创新列为重要议事日程之一，扎实推进，建立长效机制。同时为更好完成扶贫工作，我将此项工作的落地实施成果与责任人工作绩效直接挂钩，定任务下指标，将每年扶贫各项指标分解到月，落实到人，每月定期进行考核，对扶贫工作进行回顾总结，查找问题，制定改进措施，同时与专项负责人业绩挂钩。制定扶贫专项工作档案，做好相关工作记录并定期回访。

在疫情期间，壹公里果蔬在保民生、保供应的同时，不忘扶贫助农，我带领采购团队先后十余次深入顺平、宁城等地开展实地调研，对接需求，并制订整体采销计划。亲自对接助农产地，累计采购内蒙古莫旗有机农产品、宁城蔬菜、顺平大桃、黄瓜、扁豆、西红柿等共计 1441 余吨，采购总额 1000 万元。

情系民生，无怨无悔争担当

情系农村，情系农民，上为政府分忧，下为百姓解愁，让党放心，为人民谋福利，让群众满意，为推动支援协作作出更多的贡献。自疫情开始以来，我和我的团队经过日夜拼搏和辛勤努力，在扶贫工作上取得了一点点成绩和荣誉，这份荣誉不单单是属于我的，更是壹公里果蔬团队和人民群众对党和国家脱贫攻坚工作大力支持的结果。成绩和荣誉只能代表过去，支援协作工作的任务还很艰巨，未来的路仍需踏实笃行。今后，我会更加严格要求自己，使命在肩，坚持以工作为重，带领壹公里果蔬团队，以自强不息的奋斗精神和爱岗敬业的工作热情，坚持以习近平新时代中国特色社会主义思想为指导，开拓进取，真抓实干，不负重托，不辱使命，为乡村振兴事业、带动更多百姓共同致富、解决实际困难贡献自己的全部力量。

（康烁辰　整理）

南水北调鱼水情　对口协作开新篇

胡新宇

2020年7月27日，我受中共门头沟区委组织部委派到神农架林区挂职，成为北京第六批来此对口协作的干部之一，作为分管文化旅游和体育的副区长，开展为期一年的对口协作工作。

一年多来，我从调查研究入手，深入神农架景区和旅游村30多次，前后组织协调促进两地走访交流18次，凝聚帮扶合力。我牵头组织“精准扶贫饮水思源神农架首届汉服节”，获得湖北省最佳网络文化奖。我全力促进招商引资，推动了中信集团投资50亿元的国家储备林和野生动物园项目、中国旅游集团与神农架旅游开发协议签订等，并促成神农架特色农副产品进京，发挥消费扶贫持久动力。借着冬奥冰雪热潮，组织“北雪南展”“滑山论健”，成功申报全国大众冰雪节主场落地神农架等活动，积极打造林区冰雪旅游品牌。

扑下身子做调研，厘清思路谋大局

挂职前我担任门头沟区文旅局副局长的职务，长期的文化、旅游行业工作经历，加上神农架历史文化底蕴深深吸引着我，我觉得到神农架天地广阔、大有可为。

7月28日，我便接到了第一项任务——指导帮助林区完成国家全域旅游示范区通过验收，我夜以继日利用自身经验，对照验收标准逐项抓好落实，借鉴门头沟区全域旅游示范区申报材料的编制经验，指导完成汇报视频的制作，完成答辩材料的准备工作，并于8月18日协助完成答辩工作和9月底的暗访工作，直至11月，神农架林区顺利通过国家文化和旅游部的答辩、检查和验收，晋升为全国的全域旅游示范区。经此一战，我得到林区广大干部群众认可，实现了从“外人”到“自己人”的角色转换。

刚到神农架，一切都得从零开始，我深知没有调研就没有发言权，为更快地了解神农架发展现状，我开启了“脚下带着泥土”的调研之路。我沉下身，静下心，前后16次深入神农架景区和旅游村了解神农架文化、旅游发展现状、困难和需求，并结合神农架实际与北京样板比对查找林区发展的短板。通过对环神农架区域房县、保康、巴东、竹溪等地的学习走访，找出神农架在区域内的竞合关系和发展定位。

在充分调研的基础上，我发挥多年从事文化和旅游工作的专业优势，积极为林区发展出谋划策、建言献策，提出了文旅融合发展、优先发展龙头景区、区域旅游品牌建设和精品民宿暨乡村振兴的战略。

我对于神农架文旅发展的思路得到上级领导的认可和各方的支持。9月9日至11日，神农架林区党委副书记、政府区长刘启俊，党委常委、统战部部长王常彬和我带领党政代表团，到门头沟区考察经济社会发展情况，进一步深化两地在美丽乡村建设、文化旅游发展、生物制药等方面的对口帮扶和交流合作，就两地共同开展消费扶贫、赛事活动、产业发展等方面达成合作共识，双方明确首先将农产品引入北京市场和民宿旅游两个方面率先启动。

民宿旅游是门头沟和神农架“同频共振”的重要抓手。为了神农架乡村振兴和民宿发展，9月12日至15日，由我带队，国家公园、木鱼镇、泰昌实业公司、野鹤设计公司、神旅集团等公司的九人组成考察团，对浙江莫干山裸心谷、莫干山溪谷、乌镇乌村和门头沟紫阳山庄、原乡里、山里寒舍、谷山村民俗文化村等地进行考察，对南方和北方民宿发展进行调研和学习，为神农架民宿发展打下基础。

凝心聚力抓产业，精准扶贫促民生

农产品进京既有利于神农架消费扶贫，也有利于满足首都消费需求。经过我前期主动对接和积极沟通，工作成果水到渠成。9 月 21 日，协调门头沟区发改委和双创中心，促成神农架林区与门头沟达成意向，并签订合同，将神农架高山云雾茶、生态酒、蜂蜜、矿泉水等五大类商品正式入驻门头沟灵山绿产扶贫超市，为神农架商品开拓市场拓宽了渠道。9 月 24 日，促成北京物美集团与神农架林区商家达成合作意向，为神农架商品进入物美扶贫超市打开通道。10 月 24 日至 25 日，我邀请北京门头沟京门商业和双创超市的领导到神农架对接考察农副产品，就茶叶、矿泉水、蜂蜜、生态酒等进入北京市场达成一致意见，在门头沟双创超市建立了神农架专柜。至此，神农架农产品进京硕果喜人！

2020 年，由于新冠肺炎疫情影响，林区旅游收入下降。疫情防控逐渐常态化，我想用旅游这把“金钥匙”打开林区发展局面。

“胡副区长，疫情终于平稳了，可是每年惯例的旺季也过了，我们家今年收入不好，现在也没啥信心。”沿着大九湖镇转了一圈，餐馆老板、旅店东家的反馈收集了一箩筐。我心里着急，想尽快帮助群众复工复产。在一次会议上，我详细汇报了自己关于促进文旅融合发展，以龙头景区为切入点，以立体宣传矩阵营销模式，打造神农架旅游目的地新形象的工作思路，提出了举办一次文化旅游节，提高林区关注度，得到了与会领导的肯定。

于是，在上级领导大力支持和各方面积极配合下，我牵头制定的“精准扶贫　饮水思源——首届北京门头沟——湖北神农架汉服文化旅游节”执行方案，在 9 月 25 日通过了林区政府办公会。时间紧任务重，从活动策划到实施每个环节，我事无巨细精心筹备，经过一个多月的日夜奋斗，10月19日，“精准扶贫饮水思源神农架首届汉服节”正式启动。中央电视台进行大小屏联动直播，并配发央视评论。《人民日报》、新华社，北京、湖北等中央、省、市级主流媒体和新媒体进行全方位、多角度、立体式报道。整个活动受众人群超过3000万人次，有效集聚神农架旅游人气，为疫情后旅游生产恢复和当地秋冬季旅游吸引了人气，大九湖景区全年游客数量恢复到往年的87%，在全省排名第一。因新媒体和自媒体传播效果突出，该活动被评选为湖北省优秀网络文化项目。活动影响一直持续到年底，成为神农架秋冬季旅游的重要抓手和爆点。

共架桥梁促增收，招商引资聚合力

文化旅游节聚起了人气，我坚定了信心，要借文化节“星星之火”掀起产业发展的燎原之势。我清楚地知道，对于经济总量偏小、经济结构较为单一的神农架而言，推动科学发展、做大经济总量、加快提质升级，最直接、最现实的途径就是招商引资和项目建设。因此，聚力招商引资引进龙头企业，打造林区发展新动能成为我工作的重中之重。

我主动运用北京优势资源，积极推动林下经济发展，邀请国家林草局中国林业产业联合会到神农架调研指导，谋划神农架国家储备林暨野生动物园项目，引入中信集团合作，该项目将为神农架带来约50亿元的投资，促进林下经济高质量可持续发展，为实现全区林下经济100亿元的大目标打下坚实的基础。

我还协助对接中国旅游集团，主动推介资源、创新模式，促成了双方就运营管理、品牌营销、游客导流等战略合作协议的签订，双方将在新华镇神秘踪峡探险世界、环天燕旅游区、神农坛景区、天生桥景区等项目进行合作，共同打造观光体验、户外运动、养生度假等标杆项目。

诸多项目成绩来之不易，合作之路越走越广，重要助力就是京鄂两地的走访交流互动，我积极主动推动了门头沟和神农架两个地区的走访互动 15 次，其中北京市走访指导神农架 4 次，门头沟走访神农架 5 次，神农架走访门头沟 6 次，相互学习借鉴，共同发展。

多层面良好的走访互动，增长了见识、开拓了思路、促进了友谊、增强了感情，为两地携手共同发展搭起了坚实的桥梁。

“北雪南展”做示范，再塑冰雪绿色发展

借着冬奥会的东风和冰雪经济的热潮，我力推神农架冬季冰雪旅游品牌，协助对接国家体育总局，对神农架桂竹园国际滑雪场项目进行考察，并得到批复，成为南方地区最大的滑雪场项目，鄂旅投将在该项目投资 60 亿元，建设冰雪特色小镇，带动神农架冰雪旅游迈上新高度。

春节临近，年味渐浓。我组织大家仍然忙碌在神农架冬季冰雪旅游节活动现场，全力打造神农架冬季冰雪旅游品牌。在我的力推和主导下，神农架成功组织召开神农架大众冰雪节和国家大众冰雪节湖北分会场活动，并创新理念，组织了湖北省首届“滑山论健”滑雪达人对抗赛，全省 14 支队伍参加了比赛，实现全程直播，为神农架冬季冰雪旅游品牌建设迈出了坚实的一步。

无情未必真豪杰，怜子如何不丈夫

回想挂职之初，儿子刚刚小升初，需要父亲更多的陪伴。妻子在中国科学院前沿科技局工作，疫情期间一直承担疫苗研究相关工作，任务艰巨繁重。但我的妻子还是毅然承担起家庭的重担，支持我远赴神农架挂职。“无情未必真豪杰，怜子如何不丈夫。”家庭的困难，我从未对任何人提起，只是把对妻儿的愧疚深深地埋在心底。“组织选派我来神农架挂职是对我的信任，也是组织对我的重托。在挂职的岗位上，发挥自

己最大的能量做好工作，这是我的职责所在。”平心而论，不需要什么豪言壮语，也没有华丽的辞藻，内心始终坚守的是一个共产党员强烈的责任担当。我用兢兢业业的工作诠释着对信仰的坚守、对初心的坚持、对使命的践行，为北京湖北的友谊增加一份力量，为南水北调对口协作开辟新的篇章。

聚焦需求　谋定方法　精准协作

马庆军

十堰市郧阳区地处鄂西北，属南水北调中线工程核心水源区和秦巴山集中连片特困地区，是集老、山、边、贫、库于一体的国家级贫困县。版图面积 3863 平方公里，辖 19 个乡镇（场）和 1 个经济开发区，348 个村（居）民委员会，总人口 63 万人，农业人口 45.89 万人。2020 年 7 月，我从北京市东城区文化和旅游局党组成员、副局长岗位上，接过对口协作接力棒，来到南水北调中线工程核心水源区——十堰市郧阳区任政府党组成员、副区长。

在来到郧阳以前，我对南水北调库区移民并没有多少认知，在心底甚至还有一丝从繁华都市流落到穷乡僻壤的心理落差。挂职一年多来，我深深感受到了当地百姓为“一江清水北送”所做出的努力、奉献和牺牲，也打破了心底原本对于郧阳这个鄂西北偏远山区的偏见，从心底与郧阳建立了情感认同，找到了我工作的价值所在。

感 动 篇

挂职一个月左右，在一次偶然的接待中见到郧阳移民的影像资料，看到几千人胸戴红花脸上闪着泪花的集结场面，看到村民有的肩扛着渡口的匾额、有的怀抱着刻有村名的界石，如负千钧却依然要爬上高点，回望一眼祖屋的场景。“问渠那得清如许，为有源头活水来。”为守护一库清水，库区百姓舍弃故土，淹没良田、休渔上岸，奉献的不只是祖宅和耕地，还有他们最熟悉的乡亲，赖以生存的生活方式，以及刻入骨血的乡土记忆和文化根脉。库区百姓这种舍小家、顾大家，当好守井人的大义之举和高尚情怀值得我感动和尊敬。所以，我们的挂职工作是非常有意义的，我希望通过自己的工作，来回馈库区百姓的牺牲付出。

在得知中国儿艺有赴基层进行公益演出的计划后，我第一时间与中国儿艺取得联系，得到中国儿艺的大力支持。副院长赵寒冰带领《特殊作业》《三只小猪·变变变》剧组来到十堰，把国家院团高质量的舞台艺术送到孩子们身边。我特别希望借助对口协作这个平台，让水源区的孩子们，有更多机会感受和亲近高雅艺术。通过戏剧，去发现生活中的真善美，收获到爱与成长。6 天时间里，中国儿艺在十堰郧阳区、郧西县、丹江口市演出 14 场，用艺术温暖童心，惠及全市 1 万余名孩子。郧阳一中一名学生在观剧后写道：“给爸妈洗一次脚是一件多么不起眼的事，而作为一次特殊作业，使得人人哑口无言，成为‘艰难的任务’，最是无声的爱便是父爱，深沉而热烈，温暖而真挚。”

我特别愿意通过自己的努力，让水源区老百姓在摆脱贫困之后，能在精神文化上拥有更多的获得感、幸福感。“种文化、送文化”是一件有利于长远、有利于未来的事情。

触 动 篇

郧阳地处山区，有“八山半水一分田，半分道路和庄园”之说。近年来，在郧阳区干部群众的奋力拼搏下，虽然已经有了很大改变，但和我长久生活的东城区相比，还是有着很大差距。精准扶贫易地搬迁安置政策实施后，郧阳建设了全国最大的易地扶贫搬迁安置区，解决了群众交通、就业和生活基础设施的问题。2018 年 3 月，东城区与郧阳区共同出资在青龙泉社区建设了东城幼儿园，解决了易迁安置区内幼儿就学的问题。孩子是未来发展的希望，我深知教育对区域发展的重要，我在想，能不能建立一种社会关注机制，让两地的协作延续下去，让老百姓持续享受协作福利。

2020 年 10 月，我在陪同东城区工商联企业家来郧阳区调研时，特意将他们带到了东城幼儿园，并鼓励他们给予长效支持。企业家们在受到触动后，也积极主动参与。不少企业家以个人的名义向幼儿园捐资捐物，为孩子捐赠了小鼓、自行车等设备器材。同时，为帮助幼儿园的孩子们开展研学活动，还捐资建设了香菇体验大棚，为孩子们了解生活、了解家乡创造了良好的条件。那天，我和东城工商联的企业家们到幼儿园看望孩子们，孩子们赶排了节目，打着小鼓欢迎我们，看着孩子们纯真的笑脸，我们的眼眶都湿润了。

在对口协作机制的推动下，越来越多来自北京的优质的教育资源、科学的教育理念、先进的教学设施落地当地的教育机构，教学环境不断改善，助力郧阳区基础教育的快速发展。

带　动　篇

郧阳缺少发达的现代工业，没有完善的产业集群，我走遍郧阳的20个乡镇场，发现85%以上的乡镇支柱产业还是农产品粗加工和矿产品初加工。不仅产出效益低下，产品附加值也无法提升。郧阳究竟能够发展什么产业？这个问题我研究过很多遍，高精尖产业不愿来，集群化产业少空间，重工业又有环保门槛。望着满眼苍翠和奔腾的汉江，我想，也只能在青山绿水上多做文章了。做旅游？位于武当山下，旅游业绝不会是“大树底下好乘凉”，做传统农业？那一分田也全是散布在大山脚下的坡地、洼地。2020年9月，在一次政务接待中，我见到了北鑫榄源油橄榄科技有限公司在杨溪铺镇大尖山上的一块儿油橄榄试验基地。油橄榄这种高端消费产品能否在郧阳成长？带着这个问题，我和企业老总进行了深度交流。在得到肯定答案并得知了企业老总谋划建设集成果展示、科技普及、观光体验和示范推广等功能于一体的科技示范田园综合体时，我仿佛找到了郧阳产业发展的出路。

了解到东方橄榄园的发展规划和需求后，我积极调动两地协作资源，为橄榄园发展提供支撑。将“鑫榄园”纳入“对口协作示范引领工程项目计划”，积极为企业争取协作资金用于土壤改良、产品推广等。既要帮一时之需，更要立足长远，才能实现发展突围。随后，我又联系相关方面的专家从开展生产加工、产品衍生等方面提供技术指导，精准助力郧阳区油橄榄产业发展。目前，园内数千亩橄榄树蓬勃生长并结下了硕果，油橄榄产业被纳入湖北省乡村振兴战略规划。2021年5月18日，2021中国油橄榄加工与营养研讨会在郧阳区国际油橄榄文化交流中心顺利召开。郧阳区获批“第二批国家产业融合发展示范园”，预计“十四五”末期，全区油橄榄基地面积将达到20万亩，预计年产值不低于60亿元。在脱贫攻坚战中，郧阳区委区政府还大力推行“香菇”“袜业”两大兜底产业，配合当地政府，我也积极协调东城区资源援建刘洞镇袜业扶贫车间、白桑关镇庄房村河道治理等项目，项目的顺利完成，对改善乡村风貌、促进产业发展、农民增收致富发挥了积极作用。

联　动　篇

北京和十堰，因山结缘，因水结亲；东城和郧阳，以水为媒，千里走近。近年来，两地党委、政府和社会各界同心同向、同频共振，在文化交流、企业培育、市场对接、消费推介、市政考察、规划设计等方面密切协同、高度联动。受地域、交通、市场等资源影响，郧阳区经济社会发展的方方面面都受到了制约。在郧阳区茶店镇（十堰高新区）工业园区内，我发现园区的 178 家企业中，95% 以上的企业都属于代加工类的前端产品生产企业。郧阳区的一类产业企业和三类产业企业更是缺乏品牌意识和营销意识，用当地人的话说就是处于“望天收”的状态。在和多家企业的负责人交流中我了解到，缺乏先进管理理念是制约企业发展的瓶颈。企业经营观念不更新，企业就难以向好发展。2020 年 11 月 12 日，在东城区工商联会员企业盘古大观整合营销顾问有限公司支持下，中国品牌营销咨询业领军企业卓朴品牌营销集团为郧阳 100 余名企业经营主体开展主题为“突破营销瓶颈　实现高速增长”的公益培训，为郧阳区的企业家们带来了一场“头脑风暴”。

在一年的工作中，这样整合资源，联动发展的案例不胜枚举，每一项工作中，我都以郧阳人的眼光来看、以郧阳人的需求来想，积极发挥自身优势资源，协调引导协作项目落地见效、文旅对接有声有色、教育医疗深入推进、商务对接务实高效。协助十堰市、郧阳区制定文化旅游“十四五”发展规划，指导郧阳区做好文旅资源转化、市场宣传推广、线路产品设计、重大项目规划等工作。东城区 8 家医院与郧阳区相关医院签订帮扶协议，郧阳区近 2000 名中小学校教师享受到京城优质教育资源和全新教育理念。郧阳区 37 家企业、221 种农特产品纳入“832 平台”扶贫产品采购和供应商目录，在京有 7 家消费扶贫专馆相继投入使用，累计带动全区扶贫消费农产品 5.07 亿元，实现了两地协作领域向广度延伸，协作内容朝深度推进。

同担守井使命　共护一库清水

乔广林

南水北调中线工程水源地对口协作始于 2014 年，当时南水北调中线工程竣工即将向河南、河北、北京和天津四省市供水，为贯彻落实国务院关于《丹江口库区及上游地区对口协作工作方案》要求，京鄂双方开展全面对口协作和交流合作，北京市与湖北省十堰市携起手来，共同推动南水北调中线工程建设，共同做好水源地水质保护，共同支持水源地经济社会发展，确保“一江清水永续北送”。按照北京市委、市政府的安排，由海淀区和丹江口市开展对口协作，两地因水结亲，共同谱写了一曲携手护水的赞歌。

来到水源地，爱上了丹江口

丹江口市地处鄂西北，在河南、陕西、湖北三省交界处，是南水北调中线工程核心水源区，有“中国水都”之称。全市总面积 3121 平方公里，辖 20 个镇（办、处、林区），人口 47 万。2020 年 7 月，我从北京市海淀区西北旺镇党委委员、组织部部长岗位上，接受组织安排，作为第六批北京市援派湖北省挂职干部的一员，有幸到丹江口工作，挂职任丹江口市副市长，深切感受到丹江口人民的真挚情谊和为守护一库清水作出的奉献和牺牲。随着挂职时间的推进，我深深地爱上了这片土地，尤其是丹江口的人和丹江口的水。

一是丹江口移民和守井人，让我印象最为深刻。初到丹江口，当地干群为了让我迅速熟悉这方热土，谈及最多的是“移民”。“手捧热土，眼含热泪，默默无语，远走他乡”——透过《汉水丹心》专题片，库区人民舍小家为国家的移民奉献精神和这一幅幅移民画面在我脑海中留下了永不磨灭的印象。

1958年，为了根治汉江下游洪涝灾害，丹江口市水利枢纽工程动工兴建，十万民工苦干十年建成丹江口大坝，1973年建成拦洪蓄水。丹江口大坝的建成，千年古均州及周边千顷良田湮没水底，16余万人移民。2005年，为了解决我国北方缺水问题，国家启动大坝加高工程，丹江口再次动迁移民10万人。二次移民26万人，占现有人口的57%。故土难离，一草一木总关情。他们抛家舍业，背井离乡，为国家建设作出了伟大奉献。这样的一群人怎能不让我刻骨铭心。

我到丹江口工作时，移民工作已经结束，但他们的精神却在这片热土随处可见。现在，一个个“守井人”的故事在这里传唱。听，在高质量发展中，丹江口人以壮士断腕的气魄关停企业200多家，捧回了全国绿水青山就是金山银山示范基地奖牌！看，在精准脱贫战役中，丹江口人以敢教日月换新天的气势率先完成“摘帽”任务，荣获全国脱贫攻坚先进县市！

随着对这方热土的熟悉，我渐渐明白“移民”和“守井人”已然成为丹江口人的形象代言人！现在的丹江口市，由于地处偏远山区，受地势、交通条件影响，山区群众生产生活环境风险偏高，相对落后的情况还是存在的，这让我们到这里挂职的干部感觉肩上的担子还是很重的。但我信心满满，因为有淳朴、善良、厚道、热情的丹江口群众和一群吃苦耐劳、乐于奉献、爱岗敬业的丹江口干部，我们在此一定会有所作为！

二是丹江口的一库清水，让我心绪最为澎湃。刚到丹江口，我第一时间登上了丹江口水利枢纽工程坝顶。俯瞰城区“一江两岸”，我心如浪花翻滚，好一个美丽的滨江城！但见四座桥犹如彩虹跨越汉江，桥上车水马龙、川流不息；桥下湿地公园宛若玉带环绕一江两岸，绿树成荫、游人如织；岸上的新旧城区，高楼林立、和谐静怡，呈现出现代彩绘画卷的视觉美感。在这美感十足的画卷里，居然有北京海淀区的“笔墨”——沧浪洲湿地公园和沧浪洲步行桥均为海淀区援建项目，现已成为该市的网红“打卡点”！

来到丹江口，最让我心绪澎湃的是这里的一库清水。记得第一次乘船进入库区，处处碧波荡漾，波光潋滟，水质清澈，与含黛的远山，吐翠的群岛，勾勒出一幅山清水秀的世外桃源。而听当地人介绍，在这浩瀚的水底，淹没有一座“铁打的古均州”。新中国成立后，伟人毛泽东提出，南方水多，北方水少，如有可能，借点水来也是可以的。从“借水”到“调水”——丹江口，它因水而生、因水而兴，见证了沧海桑田的变迁，见证了旧貌换新颜！

我也因水而爱上了这座城。丹江口水库面积1050平方公里，水质长年保持在国家二类标准以上，真正的“中国好水”。2014年12月12日，南水北调中线工程正式通水，丹江口水库的清水一路北上，行程1432公里，途经河南、河北到达京津。据悉，北京市的饮用水中75%来自丹江口水库。由于这水偏软，烧水水垢大大减少，北京市民最直接的感受是比原来的自来水好喝了。作为一个北方人，每次看见这一库碧水就会想到京津冀干涸的大地，心底就会真切感受到这库源头清水担负的责任与使命——它不仅滋润着京津冀大地，还将是实现强国梦中国梦的保障。

结对发展，海淀助力丹江口脱贫攻坚

巍巍一坝起丹江，浩浩碧水润京城。丹江口市和海淀区作为南水北调中线工程起点和终点，一水相系、因水结缘。2012年海淀区和丹江口市两地缔结友好城市，自此紧紧联系到了一起，开启了两地友好合作新篇章。2014 年南水北调水源地对口协作正式开始，北京市派出第一批挂职干部到十堰市正式开展对口协作，因为前期工作基础好，我本人有幸亲历了海淀区和丹江口市结对子，两地联系日益紧密，合作更加深入广泛的过程。

2019 年 4 月 19 日，湖北省政府批准丹江口市退出贫困县管理。在 2021 年 2 月 25 日召开的在全国脱贫攻坚总结表彰大会上，中共丹江口市委被评为全国脱贫攻坚先进集体，这标志着丹江口市实现了“摆脱贫困，实现小康”的目标。海淀区作为一支新军，在决战时刻的一支生力军，加入丹江口市脱贫攻坚战中。

一是真金投入，突出项目示范引领，有力推动丹江口市经济社会发展。海淀区紧紧围绕“保水质、助扶贫、强民生、促转型”主线，实施了一批援建项目，先后对口援建项目共 20 多个，援助资金超过 1 亿元。在 2020 年对口协作项目中，投资 1700 万元支持丹江口市生物医药化工园区污水处理厂建设，确保园区达标排放，为引入生态工业项目进入园区打下了良好基础，有效推进丹江口市产业转型发展，推动生态振兴。为了精准脱贫，海淀区支持龙山镇金丝皇菊、土关垭镇武当道茶“茶博园”项目建设，充分利用当地优势发展富民产业。在 2020 年抗疫中，海淀区投入帮扶资金 200 万元支持丹江口市中医院建设疫情紧急救治场所，购置救护车辆，改造隔离病房，为丹江口市打赢疫情防控战作出了贡献。

二是真心帮扶，深化结对共建，实现乡镇结对全覆盖。海淀区 16 个街镇与丹江口市 20 个镇（办、处、林区）建立了结对帮扶，实现乡镇结对帮扶全覆盖。结对双方对接交流互访常态化，海淀区街镇在助推丹江口市乡镇产业发展、生态文化旅游、社会基层治理等方面给予了大力支持。丹江口市凉水河镇和海淀区四季青镇结对帮扶是一个典型的例子。为了帮助凉水河镇发展，四季青镇在丹江口投资 8500 万元建设的四季青工业园项目已经建成。项目占地面积 45 亩，建设四栋标准厂房、办公楼及配套设施等，总建筑面积 3.6 万平方米。项目落成后将承接新能源、智能制造、新材料类企业的入驻。浪河镇和海淀镇在结对共建中，发挥当地生态环境优势，引种京西稻成功，通过试验示范，从2018年30亩发展到2021年种植100亩，采取公司加农户的方式，应用有机种植，所产京西稻全部销售到北京市，促进了农民增产增收。

三是真心合作，互惠共赢，对接领域更加广泛。首先是政务对接常态化开展。双方高层互访密切，双方就保水质、扶贫帮扶及深化街镇结对帮扶、产业转型发展等方面进行了深入交流，为双方务实推进对口协作奠定了坚实的基础。其次是商务合作持续拓展。联合海淀区总工会在北京市丹江商会建立了联合工会，为在京丹江口籍企业和员工搭建了温暖之家；北京市受援地区特色扶贫产业双创中心挂牌成立，丹江渔村落户海淀，农产品冷链中转仓在京建成，为丹江口市进京销售搭建了平台。海淀区对口帮扶区县特色产品推介及展销会、北京市直播消费扶贫活动成功举办，丹江口市农特产品在京销售额大幅度提升。2020年“疫情”期间，海淀区发挥融媒体优势，在微信公众号海淀故事——脱贫攻坚专题策划栏目大力宣传促销丹江口市水产品、茶叶、蜂蜜等农特产品，同时借助十堰市消费扶贫产业双创中心、“832扶贫消费平台”等电商线上线下开展农产品销售。最后是干部人才交流不断加强。双方每年互派领导任职交流，海淀区先后为丹江口市送来了多位优秀干部。教育协作交流有声有色，丹江口市一中等多所学校相继与北京101中学等开展了双向交流研讨活动。卫生健康交流持续开展，北京阳光之路公益基金会30余名京城名医来丹义诊，市第一医院与北京协和医院成功开展免费远程会诊。人才培训深入开展，在京开展致富带头人、优秀企业家、乡村振兴带头人、教师跟岗学习等各类培训十余批次，累计培训丹江口市各类人才约1000余人。

主动作为，用心用情工作

在经历疫情洗礼的英雄湖北，适逢疫后重振的特殊时刻，我来丹江口工作，接过了海淀区和丹江口市结对发展的接力棒，围绕“保水质、强民生、促转型”主线，扣紧海淀区和丹江口两地友谊的纽带，推动两地协作共进、合作共赢，同担守井人使命，共同守护一库清水。虽然在丹江口市挂职时间仅一年，我牢记国之大者，带着吃水不忘挖井人的感情来丹江口，用心用情，把挂职当成任职，在加强对接引进资源上尽心尽力，努力发挥好联络员、协调员、宣传员、监督员的作用，不负丹江口人民，争取交出一份满意的答卷。

一是当好宣传员，讲好丹江口故事，宣传丹江口。对口协作的首要工作任务是保水质，丹江口因为水库建设和南水北调先后进行了两次移民，为南水北调工程作出了巨大贡献和牺牲，通水以来，社会各界对水库水质的关注也越来越多。我先后陪同各界人员登丹江口水库大坝巡视十多次，无论是在北京还是在丹江口，一有机会就宣传丹江口，讲好南水北调的故事，让越来越多的人了解丹江口。

二是当好督导员，推动协作项目落到实处，确保协作合作见成效。协调、落实好对口协作项目是挂职干部工作的重中之重。为掌握海淀在丹江口投入的各个项目具体情况，我走访了近两年的对口协作项目，多次下基层了解协作项目进展情况，并要求相关部门、相关责任单位落实好项目。2021 年，白果树化工园污水处理厂项目、武当道茶茶博园项目、龙山金丝皇菊项目相继建成并投入使用，在丹江口大地上更多了些“海淀印记”。

三是当好联络员，深入促进对口协作，助推两地全方位、多层次、宽领域的交流再上新台阶。2020 年 10 月海淀区代表团来丹江口考察，考察库区环境、海淀区援建的四季青工业园等项目，促进了沟通交流。以提升政务服务水平为切入点，带领丹江口市行政审批局赴海淀区考察政务服务工作，促成两地签订结对共建协议。以消费扶贫为切入点，助力丹江口农产品进京销售。紧紧抓住北京消费扶贫月活动机遇，参加了北京消费扶贫市区联动活动，在京宣传推介丹江口农产品，接待海淀区商务局消费扶贫考察团。2020 年丹江口市蜜橘喜获丰收，由于受到疫情的影响，面临销售难的问题。我积极拓展销售渠道。在丰台区花乡政府的支持下，在北京市新发地农产品批发市场和柑橘销售大户进行推介，销售大户和丹江口蜜橘种植合作社当场连线建群，现场达成多项合作协议。在海淀区举行蜜橘推介会，推介会现场，吸引了不少商场超市代表现场订货，不少北京市民现场品鉴并纷纷购买。

四是当好协调员，促进产业对接，为促进丹江发展牵线搭桥。作为南水北调水源地，产业发展限制很多，面临招商难。但是丹江口市绿水青山优势又在一定程度上形成了自身的独特竞争优势。我本着“有所为有所不为”的原则，差异化招商，主动作为，取得了积极进展。我同专门负责招商的市领导在一起梳理近年来招商成功项目，找准地区发展定位，形成共识。结合国家大力支持发展新基建的政策机遇，通过项目导向、招商引资、环境营造进行包装，引进项目。结合区位优势和资源禀赋，发展大数据产业具有独特的优势。谋划武当云谷大数据产业园项目，多次赴武汉和北京招商对接项目资源，发挥汉江集团的优势条件，扭住不放、精诚合作。武当云谷大数据产业园作为区域数据中心、灾备中心、冷数据中心和云计算中心，总投资达 20 多亿元。该项目已于 2020年 8 月正式开工建设，大数据产业将成为丹江口发展的新兴产业。

（周玉娟　整理）

淅川人民有大爱　京豫人民心连心

牛宇闳

“爱”在付出和奉献

2020 年 7 月，我从北京市朝阳区文化和旅游局岗位上，转战河南省南阳市淅川县挂职锻炼，任淅川县人民政府副县长。这是组织的重托，也是我久有的一个夙愿、一个期盼。因为，自 2014 年北京人正式喝上纯净甘甜的丹江水以后，我们就逐渐开始了解到淅川人民，尤其是淅川移民群众的无私奉献。这了解由少到多、由浅入深。所以，也就是从那时候起，我就盼望着有朝一日，能亲自踏上淅川这块热土，来到南水北调中线工程渠首所在地和核心水源区，亲身感受淅川人民“无私奉献、大爱报国”的精神，代表组织、代表北京人民为淅川人民做点小事、做点贡献。最后，经过积极申请和组织考察，我得偿所愿。对此，我感谢组织给了我这个接受心灵洗礼和基层锻炼的机会，也感谢淅川县委、县政府和淅川人民一年来对我工作生活上的关心支持和照顾。

转眼之间，为期一年的挂职期就要到了。回想这一年来的亲身经历和所见所闻，内心确实感慨万千。最为真切的体会是：淅川人民有大爱，京豫人民心连心。

淅川人民心中有大爱，“爱”在付出和奉献。这是我亲临淅川、深刻了解淅川后的第一感受。

来淅川之前，我做过一些“功课”，知道淅川县是个处在豫鄂陕三省结合部的一个山区县。但不曾想到的是，淅川2820平方公里的国土，七分之一都是山区；17个乡镇（街道）10个在山区；67万人，一半多属于“山区群众”。更没想到的是，为修建丹江口水库，淅川淹没土地、房屋、道路等，静态损失90余亿元。曾经“一脚踏出油”的肥沃地区顺阳川如今就在水下，曾经的淅川老县城就在水下，曾经的初始都龙城就在水下……为此淅川在半个多世纪内先后经历了两次大移民，先后40万人抛家舍业、客居他乡。尤为值得一提的是，为保护丹江口水库水质，让调水沿线人民喝上放心水，淅川先后拆迁企业300余家，取缔库区养鱼网箱5万多箱，关停禁养区养殖场600多家。“有山不能牧，有矿不能采，有水不能养（鱼），有林不能伐”，可以说是淅川当今和未来经济发展状况的真实写照。

淅川人民有大爱，“爱”在夹缝中求生存、求发展、求双赢。因为区位特殊、功能特殊、责任特殊，近年来，淅川县全面贯彻落实新发展理念，统筹推进水质保护与经济社会发展。

为了水质保护，淅川在国家投入不足的情况下，累计投资十多亿元，建成污水处理厂14个、垃圾处理场18个、农村小型污水处理设施200多个，实现了县乡两级和环库重点村全覆盖。大力开展工业点源和农业面源污染治理；坚持不懈开展造林绿化，完成石漠化治理38.2万亩，建成了库周生态隔离带20万亩，环库森林覆盖率由“十二五”末期的37.9%增加到45.3%。坚持“四水同治”，累计治理水土流失面积1100平方公里，生态修复湿地5000余亩，治理小流域20余条。

为了生态与经济双赢，淅川大力发展生态高效产业。坚持“生态经济化、经济生态化”，瞄准规模化、有机化、品牌化的方向，因地制宜发展软籽石榴、杏李等生态高效产业38万余亩。先后认证绿色有机产品种类64个、基地65.8万亩，被授予全国出口农产品安全示范县和国家有机产品认证示范区。淅川还依托对口协作和电商平台，集中打造了“淅有山川”公用品牌，组织农产品进京，实现了生态效益、经济效益和社会效益的统一。

为了生态与经济双赢，淅川致力加快绿色转型，主动顺应产业政策和保水要求，调结构、促转型，构建现代产业体系。立足传统产业，坚定不移招优引强：以淅减、福森、淅水等龙头企业为依托，招引平煤集团、中联、中建材等高科技、符合环保要求的优质企业，发展汽车零配件、现代中药、新型建材、新能源新材料等新兴产业，引导县内传统企业主动融入上下游产业链，持续延链补链强链，做大产业集群。

为了生态与经济双赢，淅川立足旅游资源，坚定不移融合发展。以全域旅游示范区创建为载体，实施旅游兴县战略，把生态旅游与文明城市、森林城市、园林城市创建等有机融合，实现旅游资源在保护中开发。渠首、丹江湖和荆紫关古镇列入河南省文化旅游强省战略体系，打造了一批环库乡村旅游重点村，环丹江大旅游圈建设初见成效。

京豫人民心连心，“连”在目标一致。挂职一年来，我真切地感受到，在决战决胜脱贫攻坚这场伟大的战役中，在有效衔接乡村振兴新征程中，北京没有忘了淅川，没有忘了淅川人民为南水北调中线工程作出的巨大牺牲和奉献，始终和包括淅川在内的河南人民心连心。京豫合作，目的就是帮助包括淅川在内的河南人民，加快脱贫攻坚进程，共同过上幸福小康生活。为此，自 2014 年开展对口协作以来，北京市先后选派对口支援干部 7 人，先后为淅川援建项目 57 个，援助资金 3.85 亿元。

京豫人民心连心，“连”在方向一致。为了确保一库清水送京津，淅川人民选择了生态与经济双赢的发展路子，大力发展生态产业。为了帮助淅川、支持淅川，北京市和淅川人民心往一处想、劲往一处使，淅川的产业选到哪里，对口帮扶的项目和资金就跟到哪里。这里我想举两个例子。

第一个是黄粉虫产业。黄粉虫又叫面包虫，营养兼价值很高。黄粉虫养殖是一项无污染、零排放的高效生态产业，符合丹江水质保护要求。同时，黄粉虫养殖又是一项劳动密集型产业，用工量大，技术含量低，非常适合淅川贫困地区发展。脱贫攻坚战役打响后，按照生态环保的发展理念，淅川县把黄粉虫养殖作为全县脱贫攻坚的主导产业之一。

香花镇何家沟村黄粉虫养殖产业扶贫基地是由淅川县盛世科扬农业科技有限公司2016年投资兴建的，总投资1500万元。俗言道，万事开头难。淅川话讲，叫“头三脚难踢”。该公司前两年同样遭遇了销售难问题。销售难必然带来资金难。当时挂职的干部听说后，立即与淅川对口协作服务中心商议，一定不能让这么好的项目因资金问题使发展受阻。于是就在2018年的援建项目资金中安排600万元给予扶持。我来到淅川后，也经常到该公司调研，帮助出谋划策。目前，该公司已建成450平方米的饲养车间10座，配备有烘干车间、包装压制车间、无菌宠物罐头加工车间、仓库以及综合办公楼等设施，产品主要销往欧美、日韩等国际市场。良好的经济效益给公司和当地群众都带来了巨大的经济效益。

黄粉虫养殖的良好经济效益不仅为何家沟群众脱贫致富解了难，还助推了香花镇何家沟及周边的三碑岗村、黑鱼沟村、贾沟村等村的脱贫攻坚步伐。他们的办法主要是采用代种代养的帮扶机制，由贫困户依托到户增收项目资金，每户出资5000元购置黄粉虫，交予淅川县盛世科扬农业科技有限公司养殖，公司每年按照效益分红，且在5年后把本金返还给贫困户。目前，香花镇何家沟村黄粉虫养殖产业扶贫基地带贫102户，2017年每户分红1180元，2018年每户分红1500元。何家沟村贫困户何志胜，全家有6口人，儿媳为残疾人，2017年通过易地搬迁搬到了何家沟新型社区居住。通过黄粉虫带贫等措施，何志胜一家目前已经脱贫。何家沟村共有建档立卡贫困户85户420人，截至2018年12月，像何志胜这样通过黄粉虫带贫等措施，有83户贫困户413人实现了脱贫摘帽。从这些例子看，我认为这600万，投得很值!

第二个是软籽石榴产业。软籽石榴喜光，耐瘠薄和干旱，坐果率高，有极高的营养价值和经济价值。淅川属南北过渡性气候，温和湿润，雨量丰沛，适宜软籽石榴生长。近年来淅川县把软籽石榴作为主导林果产业强力发展。为了助推该产业发展，2020年，我们为该淅川县仁和康源石榴基地投入对口协作资金500万元，建设水肥一体化，确保产业节约水资源、旱涝保丰收，同时带动其他乡镇发展软籽石榴基地。至目前，淅川软籽石榴千亩以上基地8个，500亩以下大户46个，年产果量达到300余万斤，通过地租、劳务、分红等方式，带动当地群众发展致富4300余户。

一年秋季，我去了九重镇邹楼村丹亚湖石榴基地，公司负责人告诉我："丹亚湖石榴基地创办于2015年，如今已经进入盛果期，年生产正品石榴30余万公斤，效益300余万元，带动了两个村40余户群众。群众除了土地流转收益，还可以在果园里打工，做产业工人，按月领取工资。每年，丹亚湖公司发给基地贫困务工人员的工资多达60余万元，成为贫困户发展致富的重要途径之一。"

我听说丹亚湖石榴基地有个产业工人叫邹会霞，也是邹楼村"十三五"建档立卡贫困户，一家三口人，其中有两人是残疾人。邹会霞在丹亚湖石榴基地务工，每年收入两万余元。与邹会霞一样，邹会晓也曾是在丹亚湖石榴基地务工的贫困户，一家五口人，一个女儿重度残疾，生活不能自理，还有两个孩子正在读书，三个孩子都需要照顾，不能外出打工。邹会晓一年四季在丹亚湖石榴基地打工，还与妻子习明春一起种了八亩地，养了三头牛。邹会晓说："有了党的好政策，有了丹亚湖石榴基地这个平台，我们的生活就有奔头。"

还有个石榴基地叫豫淅红，位于老城杨山、险峰两个村，面积8000余亩。自2018年开始，豫淅红的石榴陆续进入盛果期。杨山村六组汤青珍一家四口人，丈夫身体不好，不能干重活，两个孩子一个读初中，一个读小学。汤青珍原来在郑州务工，丈夫在家带小孩。汤青珍返乡后在豫淅红石榴基地务工，并逐步掌握了苗木栽培技术，成为公司的技术骨干，负责豫淅红基地的石榴苗培育，按月领取工资。不仅如此，汤青珍家还养了四头牛、六只羊，流转了十亩土地，种植了石榴，打算自己当庄园主。看看这些例子，我回头准备建议，随后的援建资金要继续对这些产业进行扶持。

京豫人民心连心，"连"在积极搭建桥梁纽带，全面推进对口协作。七年来，我们充分发挥桥梁纽带作用，有效对接北京和朝阳区各类资源，深化项目合作与智力帮扶。去年以来，我先后协调朝阳区文旅局、文联调研组深入淅川调研并召开座谈会，推动朝阳与淅川文化旅游的发展合作，组织淅川县文广旅局参加"北京朝阳国际文化旅游节"，推介浙川旅游资源，推介活动在北京市电视台进行了报道，提升淅川县对外影响力，助推旅游发展。在淅川县举办“朝阳艺象”美术、摄影、音乐艺术展，邀请朝阳区文联深入淅川以对口协作、饮水思源、心存感恩为主题开展艺术创作。著名词作家孙义勇创作了歌曲《梦圆淅川》，著名作曲家龙伟华为之谱曲，亚洲爱乐乐团演奏，朝阳区音乐家协会副主席、著名女高音歌唱家张华敏演唱，在淅川组织了新歌发布会，演唱现场《梦圆淅川》感动着每一位淅川人，也再次感动了所有倾心打造这首新歌的艺术家。组织报告团到中国科学院大学开展宣讲，我也做了两个半小时关于南水北调的演讲，通过交流互动，推动国科大在淅川县建立科普教育基地。组织淅川县优特农产品参加2020年全国消费扶贫月活动、朝阳区消费扶贫市区联动活动等，立足北京双创中心扶贫平台，广泛筛选淅川县特色农产品，拓宽销售渠道，帮助建立订单农业。组织县老城镇、香花镇等乡镇赴朝阳区结对街乡互访交流，朝阳区王四营乡捐助淅川县香花镇200万元修建道路，朝阳区来广营乡华茂基金会捐款20万元，支持淅川毛堂乡纸坊沟村肉牛养殖基地项目建设，带动当地群众增收。组织淅川残联赴朝阳区残联对接，深入交流沟通残疾人对口帮扶工作，朝阳区残联捐助26万元用于淅川康复中心购买康复器械，并开展了残疾人工作者培训。协调朝阳区红十字会捐赠100万元常用药品等。通过组织推动多途径、多渠道的协作交流活动，深化了朝阳和淅川之间的情谊，通过交流协作，助推了淅川文化与社会事业的发展。

京豫人民心连心，“连”在积极谋划长远，为“十四五”对口协作打好基础。今年以来，我充分发挥专业优势，深入调研，积极与河南省、市发改委沟通协调，提出“十四五”要讲好新时代的南水北调故事，对口协作项目要更深地融入大局、服务全局，落实习总书记就推进南水北调后续工程高质量发展的战略部署。立足于三条基线为淅川县谋划重点项目，一是把水源区的生态环境保护作为重中之重，从守护生命线的政治高度，切实维护南水北调工程安全、供水安全、水质安全；二是感恩移民、关爱移民，通过乡村振兴为库区人民发展谋幸福；三是从国之大事的高度大力宣传南水北调，大力发展文化旅游和生态旅游，讲好新时代的南水北调和淅川幸福守水人的故事。结合全县重点工作，广泛座谈，科学研究项目建设内容，研判项目实施效果，按照有基础、有规划、有可行、有内容、有主体的“五有”标准，充分论证项目实施的操作性、持续性、前瞻性、实效性。截至目前，共为淅川县“十四五”谋划对口协作重大项目 11 个，总投资约 16.2 亿元，其中，保水质类项目 6 个，总投资约 6.2 亿元；促转型项目 4 个，总投资约 8.5 亿元；公共服务类项目 1 个，总投资约 1.5 亿元。其中环丹江湖复合生态廊道建设项目已被列入河南省“十四五”项目库，拟申请对口协作资金 1 亿元，省发改委配套 4 亿元，加强水源区生态环境保护，构建渠、湖、山、林等有机融合的生态绿廊，打造绿色低碳循环经济生态带，守好一库碧水，用活一段清渠。此外为淅川发展积极争取河南省、南阳市的支持，如《河南省十四五文化旅游发展规划》中写入了支持淅川县旅游和公共文化服务建设；建设南水北调移民博物馆获得河南省文物局的支持，列入“十四五”项目库等。

京豫人民心连心，“连”在深入乡村百姓家，为群众生活排忧解难。去年 7 月份到淅川后，仅半年时间我就把淅川县所有乡镇办事处都走访一遍，深入基层、深入群众、深入项目实地，不仅提高了对县情的认识，也通过访查了解了百姓生活，力所能及地帮助群众解决一些实际问题。在一个后靠移民村，我在调研中发现，村中原有的四口水井都已被库区扩容所淹没，移民时期通过移民工程为百姓打的新井近几年出现了季节性缺水问题，一个组的村民在枯水期存在吃水困难。为此我积极协调镇政府和县水利局，目前已提出解决方案，预计两个月之内该村组的百姓吃水问题就能得到有效解决。调研过程中，我还毫无保留发挥自己规划方面的专业特长，指导乡镇村的发展规划，指导如何做好乡村旅游等等。

挂职一年来，365 天，天天有经历、有感受，可回忆、可总结的事还有很多很多。时间关系，今天咱们就先谈到这里。衷心祝愿淅川的明天更美好！祝新选派的干部谱写挂职工作新篇章！

（赵中三　整理）

我与平谷挂职干部的二三事

卢泽军

要问我从事扶贫工作以来有什么感想，其实我想到的第一个字就是“难”，对上要跑项目、对接政策，对下要做好宣传解释、政策到户等工作。但是在这个过程中能为村上办上几件实事，帮助贫困户在家门口就能找到一个合适的增收门路，我也发自内心觉得所有的付出是值得的。

2017 年 3 月，作为湖北省郧西县委办公室副科级干部的我，被县委办选派到湖北省郧西县安家乡卸甲坡村担任驻村扶贫第一书记、工作队长。卸甲坡村是全县 84 个重点贫困村之一，位于安家乡西北部，距县城 30 公里，辖区面积 23.8 平方公里，人均耕地 2 亩多。全村 6 个村民小组，共 208 户 715 人，其中，建档立卡贫困户 110 户 311 人。山高坡陡、土地贫瘠是这里最明显的特征。

作为驻村第一书记，帮助贫困群众多方面发展产业增收是重要任务。在 2020 年初，突如其来的新冠肺炎疫情，对当地群众发展产业产生了较大影响。外出打工的出不去，本地又没有太多的就业机会，为本村群众谋一条短期增收的出路是摆在村支两委面前的头等大事。

2020 年 7 月，在一次回原单位办事时得知，北京市平谷区选派的新一任挂职副县长张明月到任了，这让我很是欢喜，毕竟平谷区是农业中关村，在发展农业产业方面在全国遥遥领先。前些年，平谷区在安家乡建设的药食同源植物工厂，种植金钗石斛已达到50万丛，年产金钗石斛30吨，带动安家乡1461户贫困户入社发展实现增收，解决疫情就业难题。我决定找张县长汇报一下我们村上的发展现状，希望他能够为我们村牵线搭桥，帮助我们村解决一下实际困难。在单位领导的引荐下，和张县长的沟通汇报很顺利，在听了我的介绍后，他细心地向我问了村上地理条件、人口结构、产业现状、短期需求和长远打算方面的问题。他说要到村上看一看。

随后不久，张县长便来到我们村，他挨家挨户访民情问民意，深入田间地头、产业基地现场实地了解基础情况，又会同县乡联村干部和村支两委商讨援助计划。他说，发展产业既要结合村上的实际情况，又要与县里的扶持政策配套，还要保证短期内能够见效。经过讨论分析，最终确定发展土鸡养殖。

产业确定了，但养殖技术和鸡苗问题，又是一个难题。村集体收入有限，没钱买鸡苗。农户因疫情影响，本身收入就没有保障，更不愿意掏现钱。张县长认为确定好的产业，不能因为没有资金就不实施，耽搁越久影响越大。他表态，鸡苗的事情他想办法，让村上把需求底数摸清楚。张县长的这次调研，让我们村看到了解决燃眉之急的希望。

雷厉风行是平谷挂职干部的一贯作风。过了两天，在张县长的协调下，北京市平谷区华都峪口禽业有限公司把3万只优质鸡苗送到我们卸甲坡村。得知从北京来了一大批优质鸡苗要免费发放，村里的男女老少又是疑惑又是兴奋，疑惑的是真的不要钱？兴奋的是有了经济收入源头。大家纷纷到村委会来一探究竟，当看到加长卡车上一排排个体健硕、叫声清脆的鸡苗后，现场热闹了起来，村民连连称赞。

说发就发，刻不容缓。村上结合县里扶持政策和村内贫困户各自情况，拟定了鸡苗发放计划，全村157户贫困户，除了少数劳动能力较差的，每户发放100只，另外发展2户产业大户，每户养殖1万只。为了保证成活率、成功率，鸡苗发放到户后，张县长又帮我们联系峪口华都禽业有限公司及县畜牧兽医服务中心，协调安排技术人员，到村入户开展养殖技术、防疫技术指导培训。通过一年的养殖效果来看，土鸡养殖非常成功，贫困户养殖的土鸡户均纯收入4500元以上，另外还能享受县内的产业奖扶1000元，加起来每户年增收5500元以上。

家住三组的朱进禄，家庭困难，这次发放给他的100只鸡苗，靠着科学的养殖，成活率达到97%，单凭这一项，全年增加收入5600元，另外县里还给他产业奖扶1000元。一次遇到他，他激动地拉着我的手说："感谢北京给我们免费送鸡苗，这一年的生活开支就不愁了。"

张县长时刻关注着我们村养鸡产业的发展，他提出要培植大户，发挥示范引领作用。唐本玉是本村的养殖大户，早些年就开始从事秦巴黄牛、马头山羊养殖，具备一定的养殖经验。村上在发展土鸡养殖产业后，希望他能够参与进来，带领大家把产业发展壮大。经过动员，一拍即合，村上一次性给他发放了10000只鸡苗，在产业发展过程中，他还带动了十余名贫困劳动力就业。当年，养鸡这一项给他带来增收5万元，10名贫困劳动力获得劳动报酬人均2500元。有了唐本玉这样的示范带动，村里的养殖大户逐步增多，养鸡产业也成了村里的主导产业。

从老百姓喜悦的表情看得出，养鸡产业确实给他们带来了实实在在的效益。张县长心里牵挂着困难群众增收问题，在去年成功养殖的基础上，今年5月，他又积极协调争取，北京平谷峪口华都禽业有限公司再次向郧西捐赠鸡苗10万只，又一次给我们村分派30000只，余下的鸡苗分别发放到土门、香口、夹河、景阳、三官洞林区等边远乡镇26个村2800余户农户手中，小鸡苗带来了大效益。

"愿把郧西当故乡，誓把挂职当任职。"这是张县长放在心中、落实在手上的承诺。因疫情影响，郧西的"两桃"（核桃、大桃）的管护非常不到位，落桃和病虫害严重，特别是大桃尤为明显。张县长在了解此事后，立即向平谷区农业农村部门上报了郧西大桃种植实际情况和存在问题。9月初，由平谷区农业农村局带队，平谷知名果树专家来郧指导，采用现场教学与理论教学相结合的方式，传授果树修剪、病虫害防治、提质增效等种植经验，先后培训致富带头人60多人，对50亩高标准大桃示范园及10亩冬桃示范园改造提升建设提供生产管理技术支持，对17万亩核桃病虫害减产问题进行研究解决，直接带动项目区600余户农户实现增收。同时建立了专家联系平台，打造了一支"不走的专家团队”。

张县长分管文化旅游工作，郧西立足“一江两河”布局，打造全域旅游示范区建设，“天河水乡·百里画廊”“天子渡口·古赛上津”和五龙河等多个各具特色的旅游休闲度假区更是美名在外。2017年平谷区与郧西签订马头山羊产业化养殖项目，如今郧西的马头山羊肉已经是国家地理标志产品。如何做到“一荤一素”，形成产业相互辉映，相得益彰，张县长尝试将平谷的食用菊花宴引进到郧西，这个想法得到郧西县委、县政府的支持，他将北京农科院种植专家多次请到现场勘察指导，目前已在观音镇龙桥村、刘家湾村，香口乡、土门镇和安家乡进行试种20亩观赏菊花、20亩茶用菊花、20亩食用菊花，并推广“合作社+农户”的运营模式，不仅美化了沿线景观环境，同时为发展集体经济注入了源头活水。

组织郧西小提琴扶贫车间制作技师到北京学习，增强“造血”能力；为贫困学生开展爱心资助，开展扶智行动；为困难人口捐赠服装、应急救援包等物资36654件，价值4896373.6元人民币……

一张张爱心清单，一个个帮扶实例，无不表述着平谷区的挂职帮扶干部心系山区人民的真情厚意，他们用脚步丈量民情，用实干温暖民心，他们用看得见、摸得着的实事好事让平谷与郧西人民手握得更紧、心贴得更近。

凝聚真情助巴东

王爱忠

2018 年至 2020 年，正值巴东脱贫攻坚最关键的阶段，能够亲身参与这一划时代的伟大战役，亲身体验脱贫攻坚的艰难历程，目睹巴东脱贫摘帽的历史成就，我感到无比的自豪和骄傲，也深感挂职给予我人生的重大影响。回想两年多脱贫攻坚的经历，至今仍心潮澎湃难以忘怀，我愿意讲讲自己的挂职故事。

湖北省恩施土家族苗族自治州巴东县，位于长江三峡巫峡两岸，人口 49.8 万人，是典型的“老、少、边、穷、库区”县，属恩施州唯一的国家级深度贫困县。作为北京市对口支援县，市政府每年都选派挂职干部进行支援。2018 年 4 月，这种幸运忽然也降临到我的身上，市委组织部选派我任湖北省巴东县人民政府副县长。

踏上巴东的行程，心里满是兴奋，山美水美的地方谁不想去？可是，当车子驶入巴东县城的老国道，沿着悬崖峭壁崎岖狭窄地盘旋时，我才感到这个地方的不易。半个多小时的路程，我双手死死攥着车把手，一身冷汗。司机师傅开玩笑说：王县长，这是巴东最好的路哩，进村的路比这个还差得远呢。

初到县政府办公室报到，就有人告诉我，县政府统一要求，每个领导干部都有扶贫任务，每个县直单位都有扶贫村和扶贫户。给我安排的是距离县城较近的官渡口镇的 4 个贫困村，还有 3 个贫困户。距离较近是指镇政府距离县城近，但是 4 个村中的盘溪槽村和马鬃山村却距离县城近 70 公里，分布在 1300 多米和 600 多米的高山之中，开车在崎岖的山路上需要绕行 3 个多小时。到达这两个村冬季道路结冰，夏季山体塌方非常危险，很多当地人都不愿意走这条路。在北京习惯了宽阔笔直的马路，坐车走这样的路，不但心惊肉跳，而且晕车很厉害。记得第一次下乡去盘溪槽村，走路还不到一半，便下车蹲在路边呕吐了三四次。欣赏美景的好奇和兴奋早已消失殆尽，想到要在这里工作两年，禁不住有点后悔来挂职了。

盘溪槽村是巴东县深度贫困村，全村 221 户 713 人，90% 人口在外地打工，村里只剩下老弱病残在家。由于缺乏带头人和资金，村公共基础设施落后，缺水、断路，垃圾遍地，很多农民的房屋破损不堪、摇摇欲坠。走访贫困户向传明，这是一户因病致贫的农家，他的 80 多岁的父亲生病躺在黑黢黢的屋内，一间上世纪盖的土坯房，房梁有断裂的痕迹。通过交流得知，村里刚刚建设的医务室还没有设备，无法让老人及时看病，也无钱维修房屋。屋旁一个水泥小池，装着半池浑水，苍蝇和蚊虫漂浮着，那是他们家的饮水池。从盘溪槽出来，再进入马鬃山村，这里毗邻长江巫峡腹地，景色优美，自然条件非常好，然而村内基础设施和老百姓的精神状况并没有比盘溪槽村好多少。走进贫困户田泽树家中，发现夫妻二人都有精神障碍，三个天真烂漫的孩子，到了上学年龄竟然一个都没有上学。

晚上独自住在村委会里，我辗转反侧难以入睡，村子的贫困状况让我彻底颠覆了对巴东的认识，优美的自然山水没有和老百姓的幸福生活画等号，如何把眼前的绿水青山变成百姓生活中的金山银山，才是我作为一名扶贫干部身上肩负的责任，从那天起我暗下决心，我一定要努力给这里的老百姓做一点事情，为巴东的脱贫攻坚作一点贡献。

想方设法助脱贫

我来自北京行政机关，基层工作经验少，初到巴东时，又听不太懂巴东的方言，下乡进村感到无所适从，不知道该怎么做。县政府主管扶贫工作的雷玉龙副县长就多次拉着我下乡进村，让我进入贫困户家中检查“两不愁三保障”存在问题，看怎样和群众打交道。让我参加村委会尖刀班脱贫攻坚问题分析会，看怎样在村子里解决问题。带我参加乡镇层面的调度会，看怎样给干部部署任务。一点点、一次次，我的自信心有了，可以独立地和乡镇村干部、和老百姓对话处理问题了。村民的问题都是实际问题，有的是低保政策没有享受到，有的是孩子户口没有解决，有的是发展产业没有资金等。每当遇到老百姓的这些问题，我都把村干部和工作队的干部找在一起，帮助尽快解决，解决不了的，给他们耐心答复。盘溪槽村村卫生室建成后没有医疗设备，我便动用个人关系联系北京企业向捐助医疗设备。马鬃山村没有路灯，老百姓没有集体活动和锻炼身体的地方，我便找资金为他们安路灯、建健身广场。马鬃山村和盘溪槽村缺乏主导产业，我多次到村里调研，和老百姓拉家常，和村委会、尖刀班同志探讨致富渠道，最终想方设法支持他们发展李子种植和中药材种植。贫困户田泽树一家没有按照政策享受低保，三个孩子没有上学，了解情况后协调镇政府快速办理相关手续，帮助他们按政策纳入低保范围，并资助他的三个孩子顺利上学。渐渐地，老百姓对我有了好感，认为我没有架子。当他们在村里喊我王县长的时候，我收获了一种从来没有过的幸福感。

我到巴东挂职的两年，看到当地的干部为了脱贫攻坚长期驻守在条件很差的村里，经常牺牲休息时间，了解贫困户情况，晚上开会，整理脱贫攻坚工作档案，甚至节假日都不休息。他们身上焕发出的奉献精神和为民情怀，深深地感染着我，教育着我，影响着我。我从内心深处感到自己身上的不足，也不断激励我努力工作。

力所能及跑项目

为了争取更多的北京对口支援资金，2018 年我多次回北京向北京市财政局、北京市扶贫支援办领导汇报巴东贫困情况，请求在脱贫攻坚的关键阶段给予更多的资金支持。2018 年 8 月，市政府破例为巴东县新增加资金 8800 万元，支持巴东县脱贫攻坚。这批资金使北京对口支援巴东县资金当年就增加了一倍，极大地鼓舞了我和巴东干部群众的信心。为如期完成脱贫任务，确保资金用好、用规范、用到最需要的地方，我组织县区域合作中心、县财政局、县审计局的同志制定项目资金管理办法，建立项目监管的工作机制，并把大部分精力倾注在如何让资金尽快发挥出扶贫效益上。

巴东许多乡镇卫生院破旧不堪，老百姓看病需要坐几个小时车跑到县城才能看病，我和相关部门的同志们多次深入乡镇，调查了解乡镇卫生院实际情况，最后确定先行安排 2600 万元资金，支持急需改善条件的茶店子、清太坪、溪丘湾乡平阳坝 3 个乡镇，建设硬件条件达到二级医院水平的卫生院，彻底解决 3 个乡镇百姓看病难问题。巴东守着长江、清江没水吃，县政府多次筹划修建调水工程和小型水库，迫于资金压力迟迟没有动工。我和区域合作中心的同志了解情况后积极与有关部门调研协商，安排资金 5800 万元，集中力量新建茶店子等江南三镇集中饮水工程，为信陵镇、野三关镇修建小型水库，解决近 5 万人的长期吃水问题。在扶贫工作中，贫困人口异地搬迁后就业问题突出，县政府规划修建扶贫车间和扶贫厂房，但资金缺口大，实施存在困难，我积极与有关部门和乡镇协商，多方筹措建设资金 6200 万元，支持建设红花岭京援扶贫产业园、野三关硒食品产业园和溪丘湾、茶店子、官渡口京援扶贫厂房，让北京对口支援资金为民生服务、为扶贫助力。

确定资金投入方向还比较简单，最重要的是让资金落到实处，让项目尽快建起来发挥效益。为了督促项目按期开工完工，2018 年以来，我先后几十次组织相关部门对在建项目逐一检查了解，核实项目立项程序，检查督促项目开复工时间，落实项目管理责任。信陵镇福利院项目资金 2018 年初安排后迟迟没有开工，我多次到项目现场并找相关人员了解情况，得知是项目单位前期工作滞后等问题后，积极向县政府领导汇报，并下达项目督办整改通知进行督办，使项目进度得以加快。2019 年野三关中草药市场项目因为前期论证不充分一直没有动工，我多次考察后建议对项目进行调整，减缓资金闲置，将资金用于盘活固定资产、建设硒食品产业园，配套解决冷链仓储方面来，使全县产业链更加齐全，为当地农民农副产品存储外运提供了良好的条件。

就这样，两年来我始终把解决老百姓的民生问题、解决产业发展作为扶贫攻坚的有力抓手，使得北京对口支援资金在当地起到了四两拨千斤的作用，两年 21 个项目在不同乡镇和不同领域崭露头角，开始发挥出作用。当听到巴东干部群众到处传诵的北京事迹和对北京的感激时，我顿时感到自己工作的意义和作为北京干部的自豪。

千方百计找资源

招商引资是县政府安排我的一项任务，每次到北京我都要找各种关系拜访适合与巴东合作的企业，寻找投资意向。2018 年 7 月的一天，市扶贫支援办领导引荐了一家北京企业，我十分兴奋，几乎每周都与该企业进行沟通，每个月都去企业拜访，并带领巴东的企业汇报巴东合作的诚意，踏破铁鞋的劲头使企业领导颇受感动。2019 年该企业与巴东县政府签订了产业扶贫战略合作框架协议，共同组建了“湖北巴东北茶援农服务投资有限公司”，实现资源互补，产业帮扶。

2020 年初突如其来的新冠肺炎疫情，使巴东县农副产品出现不同程度的滞销，也给巴东县巩固脱贫成效带来巨大冲击。为了推销滞销农副产品，解决燃眉之急，我多方奔走在北京寻找渠道。刚开始自己买巴东柑橘给亲戚朋友邮寄，向朋友推荐购买，但这样的推销范围太有限了。恰逢人民文旅、人民优品朋友做网络销售活动，我便积极联系尝试为巴东直播带货，初次带货就帮助销售巴东土豆、柑橘、茶叶等近 2 万元。尝到甜头的我即刻从多方面联系直播，先后通过阿里巴巴平台、淘宝平台、苏宁易购网络平台做直播带货 7 次，丰富了我的带货经验，一时间我成了巴东的网络直播“达人”，销售“网红”。在此基础上，我借助国家消费扶贫的东风，发动挂职干部向北京的原派出单位工会、食堂介绍推荐巴东农产品，令我意外的是，北京市财政局党组对我的请求异常关心，局领导亲自过问采购巴东农产品事宜，让工会直接和我联系，购买巴东农产品 700 余份，购买金额一次性达到 20.7 万元。随后，其他挂职干部单位也传来好消息，特别是北京市财政局采购处等各个处室的领导和同志们知道我在巴东挂职的困难后，也纷纷伸出援助之手，大力推荐市直各部门都来帮助购买巴东产品，巴东农产品订单纷至沓来。一时间，巴东的农产品完全打开了销路，北京又一次成功帮助了巴东。

在我尽力帮助当地完成脱贫攻坚任务的同时，巴东干部群众身上所焕发出来的干净自强、任劳任怨、不畏困难、顽强拼搏的精神也不断地教育和感染着我，让我摒弃了身上的浮躁情绪，摒弃了浓厚的功利思想，开始重新思考人生。就像一粒种子一样，已经深深地植根在我的心里，将在我未来的人生和新的岗位上逐渐发芽、开花、结果。

感谢巴东，感谢我的挂职生活。

寸心系贫困　滴水传真情

李晓亮

我原任北京市水库移民事务中心规划科科长，于2018年4月至2020年7月挂职巴东县水利局党组成员、副局长。2019年底，我负责的2个镇44个村安全饮水问题全部得到解决，4万余名群众的饮水情况全部达到脱贫标准。

守着长江没水喝

巴东县位于湖北省恩施州，长江、清江两江分割，大巴山、巫山、武陵山三山盘踞，自然资源丰富，环境十分优美。作为三峡库区移民城市，28年来在北京市和社会各界的无私援助下，巴东县城已经成为长江上的一颗璀璨明珠，让所有来过巴东的人赞叹不已。

可是，巴东是国家级深度贫困县，很多到过巴东县城的人都不相信这里的贫困，初来乍到的我也有同样的疑问，巴东到底哪里贫困？

初到县水利局，单位就分配了9个贫困户由我负责帮扶。县水利局的贫困户在距离县城130公里外的大面山村，开车在崎岖的山路上走4

个小时才到村委会，这个村 20 个组 684 户村民就在眼前海拔 1600 多米的高山之中，房子从山顶到山脚星罗棋布分散着。我负责的 1 组贫困户在村委会几公里外，有几户汽车无法进去。户与户之间距离很远，不是山林路就是泥巴路、田埂路，只能靠两条腿走路。

我很少走过这样的路，没走几步就摔得浑身是泥，一个叫李发阶的好心村民给我砍了一根竹子，说以后进村入户要拿根棍子，既能当拐杖，还能打狗子打蛇，这算是我进村入户的第一课。

走了一个小时，我才走到了第一个贫困户向大三家。这是一间上世纪盖的土坯房，墙体上裂开了好几道大口子，似乎摇摇欲坠。屋里边黑乎乎的，除了一堆农具，没什么像样的家具，可谓家徒四壁。寻了半天才发现一个 70 多岁的老婆婆瘫坐在竹椅上，两眼直勾勾地看着我过来的方向，老伴正在费劲地给她喂饭。我嚷嚷了半天才知道，男主人向大三耳背，听不清我说话，他的老伴眼睛看不见而且双腿瘫痪，这是一个什么样的家庭啊！当我询问向大三吃水情况时，他带我来到一个泥地上掘的一米多深的土坑旁，坑里是一股浑水，飘满了树叶和水蚊子，四周长满青苔，我问这水人能吃吗，他说他家就吃这水，自己澄一澄就吃了。

我来自北京的农村，也见过北京边远山区的贫困家庭，走访完九个贫困户，让我彻底颠覆了对巴东贫困的理解，我才感受到作为一个扶贫干部身上肩负的责任，从那天起我暗下决心，一定要努力用我的专业知识为这里的百姓解决吃水问题。

随着工作的深入，我才进一步知道巴东大部分山区都存在吃水难的问题，特殊的喀斯特地貌，下雨不存水，守着长江没水喝。家家户户都是收集屋檐水或地上的雨水，直接饮用，水源和水质都没有保障，到了旱季甚至连雨水都没有。人都不够吃，其他的用水就更不用说了，道路、异迁、危改等各类扶贫项目都在抢工期，可没水拌不了混凝土，工期就要延误。发展产业没水也不行，养殖种植需水量都很大。我按县里要求到贫困户谭元平家里指导生猪养殖，消毒防猪瘟，他的媳妇对我说，养猪我比你在行，你还是想法子搞点水，再搞不来水猪都渴干死了。因此我想解决好水的问题是脱贫攻坚的关键。

筹资金建水池找水源

为了争取北京对口支援资金更多地向饮水工程倾斜，我多次向县政府领导汇报，向北京市扶贫支援办领导请求支持，在我的积极努力下，2018—2019 年，北京安排用于解决饮水方面的资金达 4540 万元，约占对北京对口支援资金的 1/4。

为如期完成脱贫任务，县水利局实行领导分片包干制，让我作为组长负责巴东县信陵镇、茶店子镇安全饮水工作。两年来我把大部分精力倾注在这两个乡镇 44 个村的饮水工作上，找水源、建水池、铺管道。为全部达到脱贫标准，实现每家每户有水喝，需要我带领干部一个组一个组、一户一户地解决，工程难度虽然不大，可巴东山大人稀，群众居住分散，工作起来着实费力。最苦的活是找水源，能在茫茫大山里找到一个稳定的好水源很不容易，我和县水利局的干部们穿林子，钻荆棘，一个山头一个山头地找。看高程，测水量，评水质，好不容易找到一个，不是高程不够，就是水量不足，真能利用的水源非常少。一年来，我们在当地找到几十处稳定水源，通过修建集中水池和分散水池，增加生物慢滤池的方式，解决了 30 个村近 3 万人的吃水问题。

建设高山上的调水工程

虽然解决了部分村的吃水问题，但是我发现集镇缺水更加严重。全县 12 个乡镇有一半乡镇集镇不同程度缺水，我分管的茶店子镇是全县最缺水的乡镇，集镇周边有近 2 万人靠天吃水，到了旱季用消防车拉水都供应不上，人大代表和群众年年呼吁县政府解决吃水问题。

茶店子镇水源匮乏，找了很多地方都没有合适的水源。有一天，县兴源公司的同志提出了一个大胆的设想，从南边15公里外的绿葱坡乡调水到茶店子镇。然而，这项工程横跨两个乡镇，管线所到之处全是崇山峻岭、悬崖峭壁，施工难度和资金投入远远超出了想象，对于水利干部来说想都不敢想。2018年8月，县政府最终决定安排北京对口支援资金3000万元，县里自筹3300万元实施此项目，并要求作为脱贫攻坚的硬任务在2019年5月底完成通水。县水利局党组让我牵头负责推动实施。投入大、技术难、风险高、时间紧，我一时压力非常大。

施工最难的是岩口子段，需要在离河谷1000多米高的绝壁上架设几十根半吨重的钢管。项目资金到位了，工程如期启动了，可是新的难题又出现了。岩口子悬崖十分陡峭，输水钢管的架设难度很大。大型机械无法施工的地方，我们就人力施工。没有材料运输车，加上岩口子到主公路处仅有一条毛坯路，导致一般的运输车无法运输，我们就借助履带车转运机械设施、施工材料；没有现成的垂直升降机，我们就利用大型钢管钢梁焊接一个悬空平台，借助钢索固定，安装移动滑轮，通过钢索和两台大功率卷扬机连接，为绝壁量身打造一架垂直升降机，采用蚂蚁搬家式的施工方式，一节一节的运输重达500多公斤的定制输水钢管，实现了钢管在悬崖上成功架设。没有施工条件，我们就在绝壁上凿出一条每次仅能通过一人的施工通道，固定钢管护栏、安全网、安全绳，搭建简易操作平台，便于钢管之间的焊接、防锈和钢管永久固定处理。没有专业的焊接师傅，我们从巴东造船厂聘请专业的焊工，精确焊接每一处钢管接口。

岩口子的施工难度和危险程度在巴东水利建设历史上绝无仅有。我十分担心这段管线出质量问题和安全事故，就和现场负责人在工地同吃同住将近一个月，盯住现场解决问题。吃饭的时候，我给他们讲北京的南水北调工程如何伟大，并且鼓励他们说这里的工程如果做成了，就是巴东的南水北调，干部和工人们听了笑逐颜开，个个变得浑身是劲。

铺设管网需要协调占地，县里财政紧张，工程没有临时占地费和青苗补偿，这意味着管线经过的田地群众要损失一部分庄稼。另外，海拔高的村组管网经过，却吃不上新水厂的水，要白白占地给邻村做贡献，协调工作就更难了。我带领工作组逐村跑管线，既要少占青苗让群众减小损失，又要节约管材减少开挖量，还要考虑高程和水压，这真需要做绣花功夫。我作为北京干部，在这里工作既不懂方言，又不了解风俗，和群众沟通起来存在很大困难，只能一边工作一边向当地同志学习巴东方言，了解土家族的风俗习惯。进村入户的时候群众看我是来自北京的干部，跑前跑后为他们解决吃水问题，而且普通话中夹杂巴东话，土洋结合常常逗得他们哈哈大笑，本来难做的协调工作反而顺利做通了。

铺设主管道的同时，我还要动员 14 个村的群众开挖各户自己的入户管槽，这是村民通水的“最后一公里”。可村里多是留守老人儿童，没有壮劳力，难度较大。于是我就协调镇政府组织驻村工作队和村干部帮没劳力的贫困户义务挖槽子，保证通水时不漏一户不落一人。

每天都有难题需要解决。朱砂土村已有管线无法和管网接驳，我和水管站站长杨周成在村里走了一天，把十几处管网节点挖开查勘，现场画图设计改造方案。背林荒村的一个老婆婆不愿接入管网，我到家去做动员讲政策，经过耐心解释她终于愿意接入，将包在帕子里的 450 元报装费亲手交到我手上。

这个时候，县里已经开始动员百日攻坚，要求 9 月 30 日前全面完成工程建设，茶店子镇主管领导下乡腿摔断了，脚踝肿得老高，鞋穿不进去，趿拉着拖鞋还跟着我跑村上山。我受他感染，再累也咬牙坚持。

2019 年 6 月 3 日晚上终于通水了，茶店子老百姓奔走相告，到处是人们的欢呼，一时间茶店子通水的消息刷爆了朋友圈，这是我从小到大感受到的最热烈的场面。这项工程的成功，让茶店子集镇及周边 14 个村 13670 人吃上了自来水，实现了几代人渴求的吃水梦。

出乎我们意料的是，这项工程的成功不仅仅解决了吃水的问题，而且极大地鼓舞了巴东全县干部脱贫攻坚的士气，增强了巴东水利干部谋划更大水利工程的信心。有人说，这个工程搞出来了，其他乡镇也可以比照这样的工程搞啊！ 2019 年 7 月，茶店子集中饮水工程还被水利部作为解决山区饮水的典型案例，专门向其他省市进行推广。后来，县水利局又实施了野三关镇调水工程，溪丘湾乡的跨县域调水工程，在山区调水上搞出了点小名堂。

授人以鱼，不如授人以渔

巴东饮水的问题历史欠账太多，不光因为资金投入少，更主要的是干部缺理念、缺专业技术、缺管理措施。巴东科班出身的水利干部不足1/4，很多乡镇水管站站长50多岁了，年龄偏大，没有新鲜血液注入。我想如果能把巴东的干部带到北京学习，看一看北京的水利建设，一定受益匪浅。

2019年，北京市水务局为巴东水利系统所有业务股室股长和12个乡镇水管站站长共35名业务骨干，举办了集中培训班。我们还组织参观了南水北调工程、乡镇水厂和村级水厂，与基层水利干部座谈交流。在培训期间，北京水利专家不仅倾囊相赠，还专门帮助解决了巴东水利工程几个实际问题。培训让巴东水利干部学到了北京"量水发展"的新理念和开源节流的新措施，让他们开阔了眼界，找到了差距，为今后巴东水利事业发展提供了新的治水思路。

群众是水，我们是鱼

在这场脱贫攻坚战中，广大干部群众心被凝在一起，力被聚在一起，我听到群众说的最多的话是感谢党感谢政府。群众支持我们，信任我们，看到我们这些扶贫干部，总是热情攀谈，笑脸相迎，又泡茶又让饭，硬往我的包里塞吃的。我的衣服扣子在下乡爬山的时候被树枝扯坏了好几个，有一次要开大会了，我在路边找了个裁缝店缝扣子，裁缝大姐认出我，说什么也不收钱，她说：你从北京那么远的地方来帮我们修自来水，我给你缝几颗扣子不算什么。我从未感受过干部群众的心贴得如此之近。正是这份情感时刻激励着我，战天斗地，破除困难，把一个个不可能变成可能。

我们所处的是一个新时代，脱贫攻坚不仅是党对人民群众的庄严承诺，也在向全世界展示中国模式，输出中国方案。我很荣幸作为一名扶贫战士参与脱贫攻坚战之中，成为新时代的参与者、见证者、亲历者。

编 后 记

在中共中央党史和文献研究院指导下，中共北京市委党史研究室、市地方志办围绕忠实记录新时代首都新发展新实践这个首要职责，与北京市支援合作办联合组织编写《脱贫攻坚口述史·北京卷》，讲好新时代脱贫攻坚故事，发挥存史资政育人作用。

本书采取口述史的形式，选取具有代表性、典型性的扶贫工作者为口述对象，以他们的亲身经历和感人故事为内容，重点记述和反映党的十八大以来北京市开展扶贫支援的历程，深入挖掘脱贫攻坚生动实践中的精彩故事，力求展现全市脱贫攻坚取得的新进展新成就新经验，总结脱贫攻坚经验，弘扬伟大的脱贫攻坚精神，激励广大干部群众牢记初心和使命，为全面建设社会主义现代化国家、实现第二个百年奋斗目标而披坚执锐、勇立新功。

本书供稿单位主要为北京市扶贫协作和支援合作工作领导小组成员单位、各前方指挥部、各挂职干部团队和各结对区。中共北京市委党史研究室、市地方志办第一研究处和市扶贫支援办研究室相互支持配合，共同负责征编工作。市扶贫支援办各有关处室参与相关工作。

谨以此书向在全国脱贫攻坚总结表彰大会、北京市扶贫协作总结表彰大会上受到表彰的先进个人和先进集体表示祝贺，向为扶贫协作作出贡献的各级各部门、各企事业单位和社会组织、广大扶贫支援干部人才和爱心人士致以崇高敬意，向长期关心支持北京扶贫协作事业的中央部门、兄弟省区市和社会各界表示诚挚感谢。

《脱贫攻坚口述史·北京卷》编辑组

2022年8月

后　记

为总结脱贫攻坚的历史和实践经验，推进中国特色社会主义新时代口述史资料征集研究工作，2021年中央党史和文献研究院第七研究部组织全国各省区市党史和文献部门，对征集到的一些领导同志、亲历者的口述史料进行整理，选取反映党和国家脱贫攻坚重大决策在地方贯彻执行情况、本地区具有全国意义或地方特色的重大事件、帮扶对口支援地区合作中的重大事件等史料，编辑了脱贫攻坚口述史丛书。

本丛书在策划、选稿、编辑、出版过程中，得到地方党史和文献部门以及各位作者的大力支持。中央党史和文献研究院院长曲青山和副院长、中央编译局局长柴方国给予了精心指导，中央党史和文献研究院第七研究部刘荣刚、李树泉、徐鹏堂、谢文雄、宿凌、刘一丁、孙迪、张晓飞等同志承担了具体选编工作。中共党史出版社领导和编辑为本丛书的编辑、出版付出了辛勤劳动。中共北京市委党史研究室、市地方志办的同志承担了本书大量编务工作。在此表示衷心感谢。

由于编辑时间紧迫，编者水平有限，书中难免存在不当之处，欢迎广大读者提出宝贵意见。

编　者

2023年10月